安徽省地方标准

公路水运工程三阶段安全风险分析与预防管理规程

DB 34/T 2915—2017

主编单位：安徽省交通控股集团有限公司
安徽省交通建设工程质量监督局
交通运输部公路科学研究院
批准部门：安徽省质量技术监督局
实施日期：2017 年 10 月 15 日

人民交通出版社股份有限公司
China Communications Press Co.,Ltd.

图书在版编目(CIP)数据

公路水运工程三阶段安全风险分析与预防管理规程 / 安徽省交通控股集团有限公司等编. —北京 : 人民交通出版社股份有限公司, 2017. 12

ISBN 978-7-114-14509-4

Ⅰ. ①公… Ⅱ. ①安… Ⅲ. ①道路施工—安全风险—风险管理—管理规程—中国②航道工程—工程施工—安全风险—风险管理—管理规程—中国 Ⅳ. ①U415. 12-65 ②U615. 1-65

中国版本图书馆 CIP 数据核字(2018)第 015235 号

安徽省地方标准

书　　名: **公路水运工程三阶段安全风险分析与预防管理规程**
著 作 者: 安徽省交通控股集团有限公司　等
责任编辑: 岑　瑜
出版发行: 人民交通出版社股份有限公司
地　　址: (100011)北京市朝阳区安定门外外馆斜街 3 号
网　　址: http://www.ccpress.com.cn
销售电话: (010)59757973
总 经 销: 人民交通出版社股份有限公司发行部
经　　销: 各地新华书店
印　　刷: 北京市密东印刷有限公司
开　　本: 880 × 1230　1/16
印　　张: 1.25
字　　数: 35.6 千
版　　次: 2017 年 12 月　第 1 版
印　　次: 2017 年 12 月　第 1 次印刷
书　　号: ISBN 978-7-114-14509-4
定　　价: 19.00 元

目　　次

前　言

为实现公路水运工程安全生产从被动防范向源头管理和预防为主的转变，安徽省交通控股集团有限公司、安徽省交通建设工程质量监督局、交通运输部公路科学研究院开展了公路水运工程建设安全管理技术研究，提出了“三阶段安全风险分析与预防”的安全生产管理理念和方法。现为进一步规范全省公路水运工程建设项目的“三阶段安全风险分析与预防”管理工作，有效运行安全风险管控及隐患排查治理双重预防机制，切实提高公路水运工程施工安全管理水平，制定本标准。

本标准内容主要包括：范围、规范性引用文件、术语和定义、基本要求、预案、预控、预警、持续改进等内容。

本标准的编写工作得到了安徽省高等级公路工程监理有限公司等单位的大力支持，在此表示衷心感谢！希望各单位和个人结合工程实践，提出宝贵的意见和建议（联系地址：安徽省合肥市马鞍山南路856号，邮编：230051，电话：0551-64682576，Email：zjz@ahjt.gov.cn）。

本标准按照GB/T 1.1—2009给出的规则起草。

本标准由安徽省交通运输厅提出并归口。

本标准主要起草单位：安徽省交通控股集团有限公司、安徽省交通建设工程质量监督局、交通运输部公路科学研究院。

本标准主要编写人员：房涛、何光、尤吉、车承志、倪良松、李伟、廖雅杰、易岳林、殷治宁、严摇铃、冷大伟、胡兮、陈磊、李世安、杨弘卿、唐朱宁、刘伟、杜维斌。

公路水运工程三阶段安全风险分析与预防管理规程

1 范围

本标准规定了公路水运工程施工三阶段安全风险分析与预防的术语和定义、基本要求、预案、预控、预警、持续改进等。

本标准适用于安徽省高速公路、大型水运工程新建、改建、扩建建设项目，其他建设项目可参照执行。

2 规范性引用文件

下列文件对于本文件的应用是必不可少的。凡是注日期的引用文件，仅注日期的版本适用于本文件。凡是不注日期的引用文件，其最新版本(包括所有的修改单)适用于本文件。

GB/T 6441　企业职工伤亡事故分类

GB 2894　安全标志及其使用导则

GB/T 2893.1　图形符号　安全色和安全标志　第1部分:安全标志和安全标记的设计原则

GB/T 2963　生产经营单位生产安全事故应急预案编制导则

JGJ 59　建筑施工安全检查标准

JTG F90　公路工程施工安全技术规范

3 术语和定义

3.1

PDCA 循环

PDCA是Plan(计划)、Do(执行)、Check(检查)和Action(实施)各单词的首字母，PDCA循环就是按照这样的顺序进行管理，并且循环无休止地进行下去的科学程序。适用于一切循序渐进的管理工作。

3.2

三阶段安全风险分析与预防

基于系统工程管理和行为科学等理论基础，构建的贯穿工程管理全过程的风险分析和预防机制，以及安全风险管控方法，包括预案、预控、预警三个阶段。

3.3

预案

工程开工前，根据对施工过程中可能发生的事故类别和影响程度，而事先制订的防范风险发生的应对方案。

3.4

预控

施工过程中，在对风险源进行分析的基础上，提出对风险源控制的方法和措施。

3.5

预警

每班作业前，对可能出现的风险向相关人员发出的警示。

3.6

单元预警法

根据所属工程作业内容、作业地点的不同，将管理对象划分为若干单元。通过对单元范围内的施工工艺、施工环境和天气状况等安全风险的综合分析，向作业人员提出相应的安全风险超前警示。

3.7

综合应急预案

为应对工程建设项目各种生产安全事故而制订的综合性工作方案，是应对生产安全事故的总体工作程序、措施和应急预案体系的总纲。

3.8

专项应急预案

针对某一种类的风险可能发生的事故类型，而制订的专项应急工作方案。

3.9

现场处置方案

在具体场所、装置或者设施的情况下，根据不同生产安全事故类型而制订的应急处置措施。

3.10

建设单位

工程建设项目的投资方，承担工程建设管理职责的项目法人。

3.11

项目办

工程建设项目建设单位派驻工程现场指挥、协调、管理各参建单位完成工程建设任务的管理机构。

3.12

施工单位

具有相应资质，从事工程建设活动的法人单位。

3.13

项目部

施工单位具体负责工程建设项目施工的派驻机构。

3.14

监理单位

具有相应资质，从事工程设计、科学研究及工程建设咨询的法人单位。

3.15

监理办

监理单位派驻现场具体负责工程项目建设监理的机构，包括总监理工程师办公室和驻地监理工程师办公室。

4 基本要求

4.1 公路水运工程建设应实施三阶段安全风险分析与预防管理，按规定开展安全风险管控与隐患排查治理工作，并建立相关工作制度。

4.2 项目参建单位应根据风险评估，对三阶段安全风险分析与预防管理进行总体策划。

4.3 项目参建单位应围绕工程安全管理目标，建立风险查找、研判、预警、防范、处置和责任机制，分级分类管控风险，掌握、落实应采取的风险控制措施。

4.4 三阶段安全风险分析与预防各阶段工作关系及主要内容，见图1。

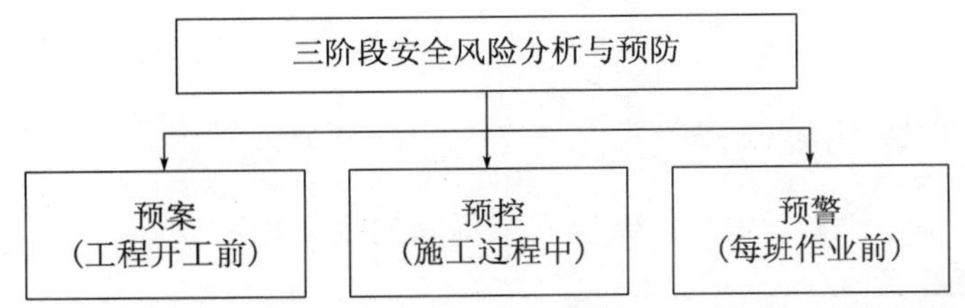

图1　三阶段安全风险分析与预防工作关系及主要内容

5　预案

5.1　一般规定

5.1.1　预案分为综合应急预案、专项应急预案和现场处置方案，见图2。

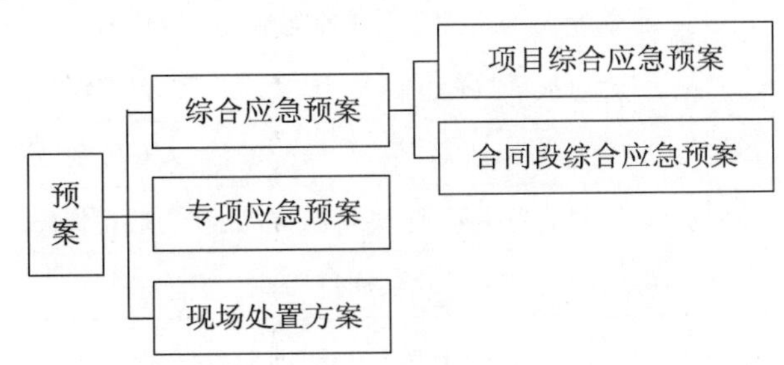

图2　预案分类

5.1.2　项目综合应急预案由项目办组织编制，合同段综合应急预案由项目部组织编制。

5.1.3　专项应急预案和现场处置方案由项目部编制。

5.1.4　现场处置方案的编制范围宜根据危险性较大的分部分项工程等确定，其内容和形式宜与专项施工方案相统一。

5.1.5　预案的编制与审批流程见图3。

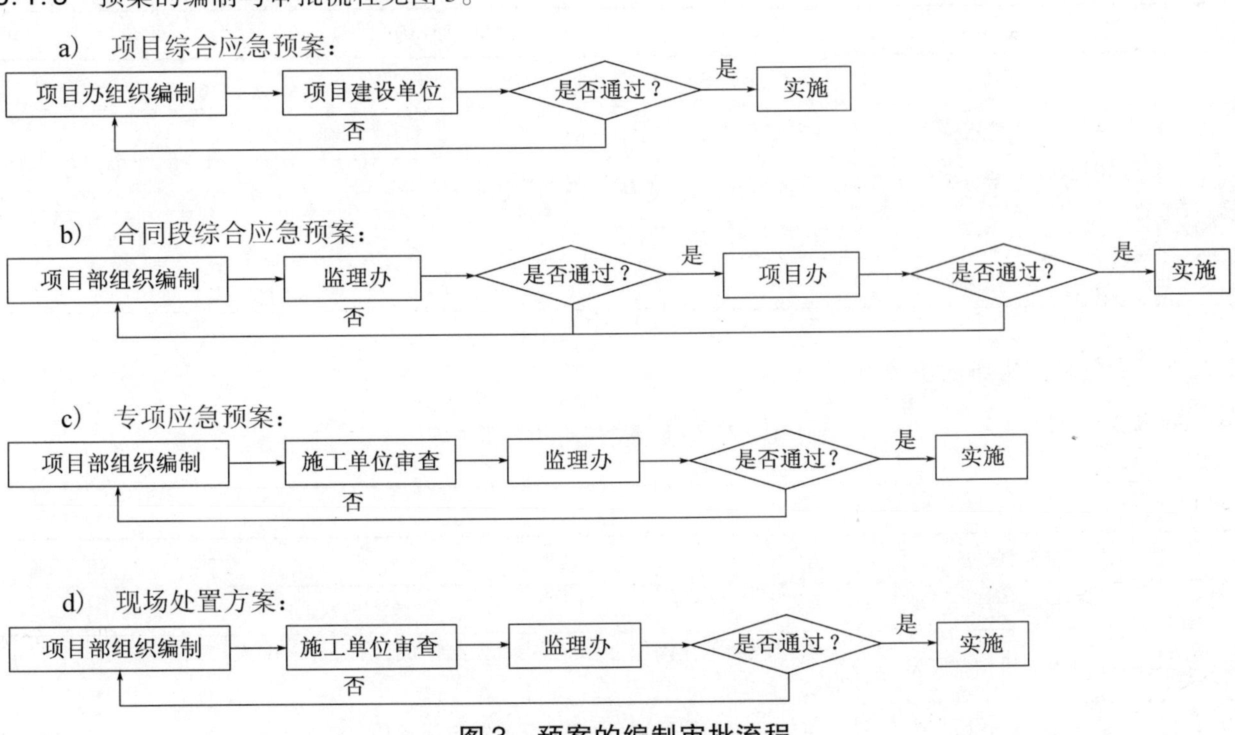

图3　预案的编制审批流程

5.2 预案要点

5.2.1 综合应急预案的主要内容,见表1。

表1 综合应急预案的主要内容

序号	章　　节	主 要 内 容
1	总则	编制目的、编制依据、适用范围、应急预案体系、应急工作原则
2	事故风险描述	工程总体概况、风险源分布情况、事故的主要类型
3	应急组织机构及职责	明确应急组织形式及组成单位和人员,明确构成部门的任务和职责
4	预警及信息报告	预警信息报告
5	应急响应	响应分级、响应程序、处置措施、应急结束
6	信息公开	明确通报事故信息的部门、负责人和程序以及通报原则
7	后期处置	主要明确生产秩序恢复、医疗救治、人员安置、善后赔偿、应急救援评估等内容
8	保障措施	通信与信息保障、应急队伍保障、物资装备保障、其他保障
9	应急预案管理	应急预案培训、演练、修订、备案、实施
注1:项目综合应急预案风险源分布情况以合同段为单位,合同段综合应急预案风险源分布情况以单位工程为单位。 注2:合同段综合应急预案和项目综合应急预案在内容和体系上应相互衔接匹配。		

5.2.2 专项应急预案的主要内容,见表2。

表2 专项应急预案的主要内容

序号	章　　节	主 要 内 容
1	总则	编制目的、编制依据、适用范围、工作原则
2	工程概况	工程基本情况、施工平面布置、施工要求和技术保证条件
3	事故风险分析	事故类型、事故发生的可能性和影响程度
4	防范措施	组织保障、技术措施
5	应急物资装备	—

5.2.3 现场处置方案的主要内容,见表3。

表3 现场处置方案的主要内容

序号	章　　节	主 要 内 容
1	编制依据	—
2	事故特征	—
3	应急组织机构与职责	根据现场工作岗位、组织形式及人员构成,明确各岗位人员的应急工作分工和职责
4	应急处置要点	事故应急处置程序、现场应急处置措施等

表3　现场处置方案的主要内容(续)

序号	章　节	主 要 内 容
5	注意事项	使用抢险救援器材方面、采用救援对策和措施方面、现场应急处置能力确认和人员安全防护、应急救援结束后的注意事项等
注1:现场处置方案应与专项施工方案相统一。 **注2**:专项施工方案中应包含现场处置方案。		

5.3　管理要求

5.3.1　应急预案的管理应遵循统一规划、分类指导、分级负责、动态管理的原则。

5.3.2　预案的管理包括编制、审查、备案、交底、演练、评估、修订等工作。

5.3.3　综合应急预案编制人员的基本条件:

a)　技术部门负责人;

b)　中级及以上技术职称;

c)　具有一定安全生产管理经历(经验)。

5.3.4　专项应急预案和现场处置方案的编制人员的基本条件:安全负责人或专职安全生产管理人员。

5.3.5　应急预案经过评审或者论证后,由本单位主要负责人签署公布,并及时发放到本单位有关部门、岗位和相关应急队伍。

5.3.6　应急预案编制单位应当通过编发培训材料、举办培训班、开展工作研讨等方式,对与实施应急预案相关的管理人员和专业救援人员等,组织开展应急预案交底。

5.3.7　应急预案编制单位应当建立应急演练制度,根据实际情况采取桌面演练、全面演练或功能性演练等方式,组织开展应急演练。

5.3.8　应急预案应实行动态管理,有下列情况之一的,应及时修订:

a)　应急指挥机构及其职责发生重大调整的;

b)　面临的风险发生重大变化的;

c)　重要应急物资发生重大变化的;

d)　预案中的重要信息发生变化的;

e)　在突发事件实际应对和应急演练中发现问题需要作出重大调整的;

f)　应急预案制订单位认为应当修订的其他情况。

6　预控

6.1　一般规定

6.1.1　预控工作应坚持统一要求、分级预控、强化整改、注重实效的原则。

6.1.2　风险源分为一般风险源、较大风险源和重大风险源。

a)　一般风险源是指风险容易直接辨识,易导致一般安全生产事故,现场可及时控制、防范和处置的风险源。

b)　较大风险源是指风险不易直接辨识,一定条件下易导致较大安全生产事故,必须从技术方案、作业环境和管理措施等多角度进行控制、防范和处置的风险源。

c)　重大风险源是一定条件下易导致重大及以上安全生产事故的风险源。

6.1.3　一般风险源处置应由项目部管理实施;较大风险源处置应由项目办管理,项目部实施;重大风险源处置、管理与登记,依据《公路水路行业安全生产风险管理暂行办法》实施。

6.1.4 监理办负责风险管控措施落实情况的督促与检查。

6.2 预控要点

6.2.1 预控工作包括风险源辨识、风险源评估、风险源防控,见图4。

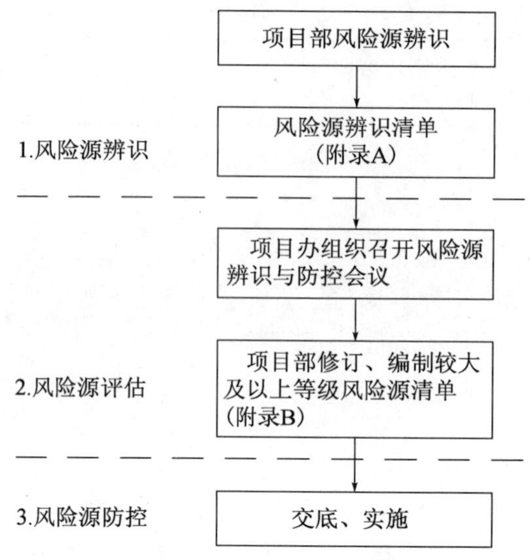

图4 预控工作流程

6.2.2 风险源辨识

a) 风险源辨识时间段宜以月为单位,辨识范围为下个月计划的施工内容;

b) 编制风险源辨识清单,提出风险源分级建议和防控措施,见附录A。

6.2.3 风险源评估

a) 风险源评估宜采用风险源辨识与防控会议的形式,也可以采用专家咨询等其他形式;

b) 风险源评估范围应是项目部提出的较大及以上等级的风险源;

c) 通过分析评估,项目部修订、编制施工安全较大及以上等级风险源清单,见附录B;

d) 风险源辨识与评估应关注:

  1) 当月遗留的问题是否已解决;

  2) 下月工作内容是否符合工程实际;

  3) 风险源辨识是否全面;

  4) 防控措施是否科学合理;

  5) 有无危险性较大工程(工序)实施;

  6) 有无气象灾害、地质灾害等可能发生;

  7) 有无施工工艺或地质条件发生重大变化。

6.2.4 风险源防控

a) 项目部安全负责人应将风险源评估结果和防控措施向专职安全生产管理人员交底;

b) 监理办负责人应将风险源评估结果和防控措施及时布置给安全监理人员。

6.3 管理要求

6.3.1 项目部是风险源辨识的责任主体,风险源清单应由项目部主要负责人审签。

6.3.2 项目办负责组织风险源评估。

6.3.3 风险源辨识与防控会议宜每月底前召开,会议由项目办主持,项目部汇报风险源清单,监理办评价。必要时可邀请有关专家参加。

6.3.4 风险源清单确认后,应特别关注较大及以上等级风险源的变化情况,跟踪观察,动态管理。

6.3.5 对重大风险源管控应单独建档。

7 预警

7.1 一般规定

7.1.1 预警可采取三种形式:班前会;标志标识;风险告知牌(单元预警牌)。

7.1.2 班前会是每班作业前,班组长在作业现场将当班的风险源及防范措施向作业人员交底和告知。

7.1.3 在施工现场,根据作业内容、作业条件、施工环境等因素,设置禁止、警告、指令和提示等信息的安全标志标识。

7.1.4 在施工场地相对固定、风险等级较高的工点或区域,应竖立固定式风险告知牌(单元预警牌),其他施工点可设置移动式风险告知牌(单元预警牌)。

7.2 预警要点

7.2.1 班前会

a) 班前会宜在风险告知牌(单元预警牌)前进行,时间不宜超过 10 分钟。

b) 班组长应讲解当班施工操作要领、存在的风险源及防范措施。

c) 班前会后,班组人员到达岗位,应对工作条件进行自查、互查,确认安全后开工。

d) 每班下班前,班组长检查工点状况,并做好安全生产状态记录。

7.2.2 标志标识

a) 标志标识应根据 GB 2894、GB/T 2893.1 进行制作、设置。

b) 安全标志标识牌应采用坚固耐用的材料制作,在有触电危险的作业场所应使用绝缘材料。

c) 安全标志标识牌应安装牢固、位置合理。

d) 施工现场出入口、施工起重机械设备等处、施工机具旁、出入通道口处、沿线交叉口处、孔洞桥隧口处、基坑边沿及临空临边处、作业场站、爆破及有害气体和液体存放处等均应设置相应的标志标识牌。

7.2.3 风险告知牌(单元预警牌)

a) 风险等级较高,在大型设备设施区域应设置风险告知牌(单元预警牌)。

b) 风险告知牌(单元预警牌)的内容应与施工作业现场工艺、工序相对应。处置措施应准确,有针对性。

c) 风险告知牌(单元预警牌)文字应规范、清晰。

d) 风险告知牌(单元预警牌)应设置在醒目的位置,宜设在施工点出入口。

e) 单元预警牌宜与单元预警法相结合,见附录 C。

7.3 管理要求

7.3.1 项目部应建立班前会制度,安全负责人和专职安全生产管理人员按制度参加班前会。

7.3.2 安全监理人员每月参加班前会应不少于 2 次,并做好记录。

7.3.3　项目办应建立预警情况检查考核制度,每月对各项目部预警情况进行考核,考核结果为“差”的应调整专职安全生产管理人员。

7.3.4　对标志标识和风险告知牌(单元预警牌)应定期进行检查,及时维护和更新。

8　持续改进

8.1　项目办应建立公路水运工程三阶段安全风险分析与预防管理检查和考核制度,每年应对项目部落实情况进行检查与评价。

8.2　项目建设单位应根据国家和上级有关部门布置的安全生产专项活动,对三阶段安全风险分析与预防管理的内容进行丰富和完善。

8.3　当发生较大及以上等级安全生产事故时,应对三阶段安全风险分析与预防管理工作进行检查调整。

附　录　A
施工安全风险源辨识清单

施工安全风险源辨识清单(月)

合同段：　　　　　　　　　　　　　　　　编制时间：

<table>
<tr><td colspan="6">辨识月施工进度总体安排：</td></tr>
<tr><td colspan="6">辨识月易发生的安全事故类型：</td></tr>
<tr><td>序号</td><td>风险源</td><td>危险致因</td><td>事故类型</td><td>风险源等级</td><td>风险防控措施</td></tr>
<tr><td rowspan="4"></td><td rowspan="4"></td><td></td><td></td><td></td><td></td></tr>
<tr><td></td><td></td><td></td><td></td></tr>
<tr><td></td><td></td><td></td><td></td></tr>
<tr><td></td><td></td><td></td><td></td></tr>
</table>

填表说明：(1)“辨识月”是对风险源进行辨识、评估的月份；

(2)“风险源”为公路水运工程施工工序或其所采用的具体工艺；

(3)“危险致因”为导致发生事故的原因；

(4)“事故类型”为本危险致因可能发生的事故类型；

(5)“风险源等级”为一般风险源、较大风险源和重大风险源。

编制：　　　　　　　　　　审核：　　　　　　　　　　安全监理工程师：

附 录 B
施工安全较大及以上风险源辨识清单

施工安全较大及以上风险源辨识清单(月)

合同段： 编制时间：

<table>
<tr><td colspan="8">辨识月施工进度总体安排：</td></tr>
<tr><td colspan="8">辨识月易发生的安全事故类型：</td></tr>
<tr><td>序号</td><td>风险源</td><td>危险致因</td><td>事故类型</td><td>风险源等级</td><td>风险防控措施</td><td>风险处置完成时间</td><td>责任人</td></tr>
<tr><td rowspan="4"></td><td rowspan="4"></td><td></td><td></td><td></td><td></td><td></td><td></td></tr>
<tr><td></td><td></td><td></td><td></td><td></td><td></td></tr>
<tr><td></td><td></td><td></td><td></td><td></td><td></td></tr>
<tr><td></td><td></td><td></td><td></td><td></td><td></td></tr>
</table>

填表说明：(1)“辨识月”是对风险源进行辨识、评估的月份；
(2)“风险源”为公路水运工程施工工序或其所采用的具体工艺；
(3)“危险致因”为导致发生事故的原因；
(4)“事故类型”为本危险致因可能发生的事故类型；
(5)“风险源等级”为较大风险源和重大风险源。

编制： 审核： 监理办： 项目办：

附　录　C
单元预警法

单元预警法是根据所属工程作业内容、作业地点的不同，将管理对象划分为若干单元。通过对单元范围内的施工工艺、施工环境和天气状况等安全风险的综合分析，向作业人员提出相应的安全风险超前警示。应用单元预警法进行安全生产管理的前提是安全生产责任体系健全，管理制度完善，机具设备基本完好，一线管理和施工作业人员达到应有的基本素质。

C.1　应用单元预警法的步骤如下(图C.1)：

a)　确定管理对象和范围，划分单元；

b)　检查应用单元预警法进行安全生产管理的前提条件是否符合；

c)　熟悉单元范围内工作目标与计划、施工工艺和工序、机具设备运转状况以及其他技术要求；

d)　检查当日的安全生产情况，并做好记录和分析；

e)　了解下一个工作日的工作内容、天气状况，确定安全风险预警等级，并以一定形式传达给现场作业人员。

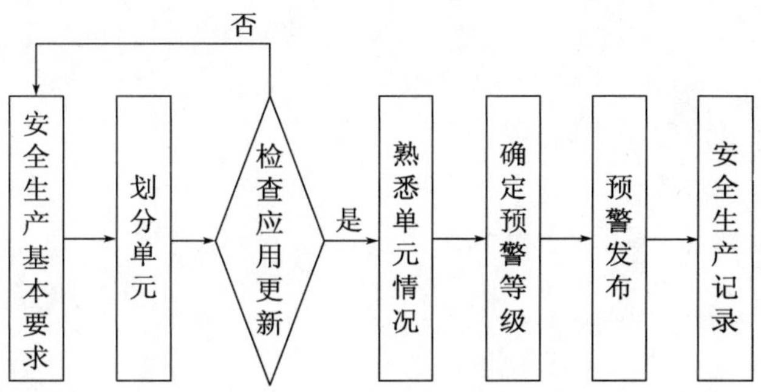

图C.1　单元预警法流程图

C.2　预警单元的划分应按照操作简单、方便可行，生产工序和作业空间相对独立，施工范围相对固定和具有明显的区域界限的原则来划分。

C.3　应用单元预警法，应满足以下4个应用条件：

a)　单元界面是否清晰；

b)　作业人员是否进行过安全教育和培训；

c)　现场能否正常作业；

d)　现场有无必要的安全生产保障措施。

C.4　熟悉单元情况可根据建设工程的特点，应从以下5个途径进行了解：

a)　工程目标；

b)　工程主要内容；

c)　工程实施的主要工序和时间；

d)　工程实施中的主要危险；

e)　工程所处的环境(包括地形、气候)。

C.5　确定预警等级

根据危险程度、影响范围、可能造成的人员伤亡和财产损失的程度，预警等级可划分为“一般”“较重”“严重”和“特别严重”4 个等级。相应的预警颜色为蓝、黄、橙、红。

C.5.1 预警等级划分应考虑的因素

C.5.1.1 施工工艺

a） 大于 2m 的高空（开挖深度）的高处作业；
b） 多台机械设备的同时作业；
c） 爆破作业；
d） 大型支架、模板、门架的安装与拆除；
e） 起吊、打桩、钻井（眼）、搅拌、摊铺等机械作业；
f） 水上、潜水作业；
g） 梁板现浇与架设。

C.5.1.2 施工环境

a） 易燃、易爆物品；
b） 临时用电；
c） 边通车、边施工；
d） 水上通航；
e） 粉尘、噪声、通风不良等；
f） 隐蔽工程。

C.5.1.3 施工气候

a） 雨天、雾天、大风、冰雪和夜晚等；
b） 高温、严寒。

C.5.2 预警等级的确认

a） 直接判定。以施工工艺为主，符合任意一条即为较重等级，符合两条及以上至少为严重等级。
b） 综合判定。以施工工艺为基础，同时考虑施工环境、施工气候，如果在施工环境、施工气候因素中出现 1 项或 2 项，再提高一个等级。
c） 其他情况可依据人员、设备、管理人员水平综合判定。

C.6 预警发布

预警发布形式主要有两种：班前会告知和单元预警牌信息发布。通常是在作业人员上班入口处、预制场、钢筋加工厂等相对固定、工序相对集中的施工点设置“安全生产单元预警牌”，见图 C.2。

C.7 安全生产检查记录

安全员检查当日的安全生产情况，并做好记录和分析。安全监理工程师每天检查预警单元的预警信息发布是否及时准确，防控措施是否落实到位。

C.8 单元预警工作管理措施

根据分级管理的原则，不同预警等级的管理措施见表 C。

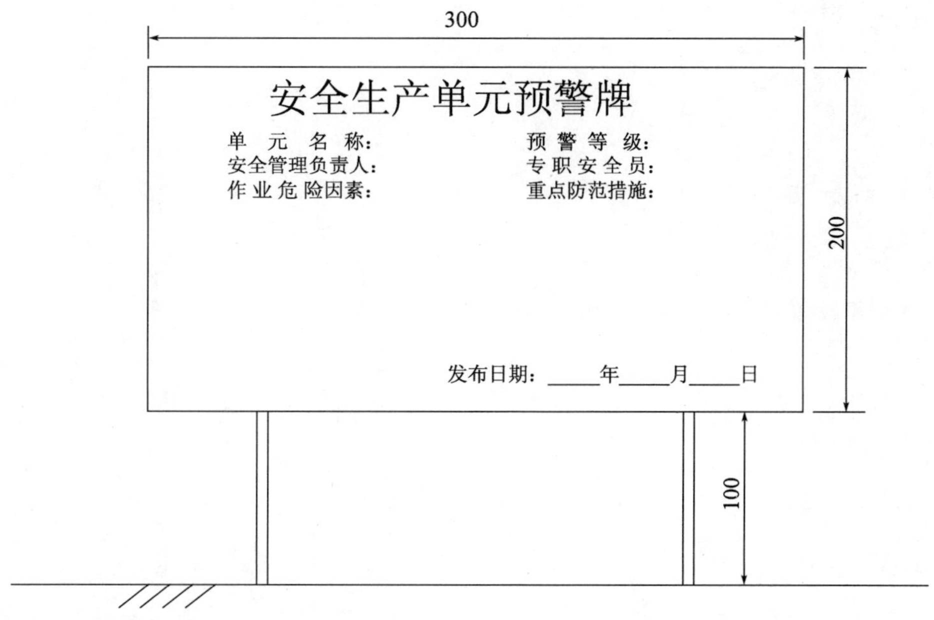

说明:1. 警示牌为白底红字。

2. 尺寸可据实际自行确定。

3. 尺寸标注单位为 cm。

图 C.2 安全生产单元预警牌制作示意图

表C 预 警 管 理 措 施

预警等级	预警颜色	现场监控管理要求
一般	蓝色	由现场兼职安全员旁站,其他部门和人员巡视
较重	黄色	由现场兼职安全员旁站,其他部门和人员巡视,专职安全员重点巡视
严重	橙色	由现场专职安全员、现场兼职安全员、技术员旁站,其他部门和人员巡视,安全监理工程师重点巡视
特别严重	红色	停止施工。如确需施工的,必须由安全监理工程师、现场专(兼)职安全员、技术员旁站,项目业主和监理单位分管安全的负责人、施工单位项目经理、总工程师重点巡视

武汉大学人文社会科学资深教授文丛

馬克昌文集

乙酉年春 张思卿题签

武汉大学出版社

图书在版编目(CIP)数据

马克昌文集/马克昌著.—武汉:武汉大学出版社,2005.9
武汉大学人文社会科学资深教授文丛
ISBN 7-307-04688-1

Ⅰ.马… Ⅱ.马… Ⅲ.①马克昌—文集 ②刑法—法的理论—中国—文集 Ⅳ.D924.01-53

中国版本图书馆CIP数据核字(2005)第103015号

责任编辑:郭园园　　责任校对:王　建　　版式设计:支　笛

出版发行:**武汉大学出版社** (430072 武昌 珞珈山)
(电子邮件:wdp4@whu.edu.cn 网址:www.wdp.com.cn)
印刷:武汉中远印务有限公司
开本:787×980 1/16　印张:35.25　字数:541千字　插页:8
版次:2005年9月第1版　2005年9月第1次印刷
ISBN 7-307-04688-1/D·649　定价:66.00元

马克昌

1926年8月出生，河南省西华县人，1950年武汉大学法律系本科毕业，1952年中国人民大学法律系刑法研究生班毕业。现任武汉大学法学院教授、博士生导师，兼任中国法学会刑法学研究会名誉会长、中国法学会董必武法律思想研究会副会长。

主要著作有：

《刑法学》（副主编）

《中国刑法学》（副主编）

《论共同犯罪》（与人合著）

《犯罪通论》（主编）

《刑罚通论》（主编）

《中国刑事政策学》（主编）

《刑法学全书》（第一主编）

《刑法理论探索》

《近代西方刑法学说史略》（主编）

《经济犯罪新论》（主编）

《刑法学》（主编之一）

《比较刑法原理》等

发表论文一百余篇。

马克昌

1926年8月出生，河南省西华县人，1950年武汉大学法律系本科毕业，1952年中国人民大学法律系刑法研究生班毕业。现任武汉大学法学院教授，博士生导师，兼任中国法学会刑法学研究会名誉会长，中国法学会董必武法律思想研究会副会长。

主要著作有：

《刑法学》（副主编）

《中国刑法学》（副主编）

《论共同犯罪》（与人合著）

《犯罪通论》（主编）

《刑罚通论》（主编）

《中国刑事政策学》（主编）

《刑法学全书》（第一主编）

《刑法理论探索》

《近代西方刑法学说史略》（主编）

《经济犯罪新论》（主编）

《刑法学》（主编之一）

《比较刑法原理》等

发表论文一百余篇。

1 ▸ 青年时期

2 ▸ 1952年6月和中国人民大学法律系刑法教研室同志欢送前苏联专家贝斯特洛娃教授归国合影（前排右3）

3 ▸ 1951年在中国人民大学法律系学习

4 ▸ 1980年11月16日会见被告人吴法宪，与其谈话

5 ▸ 1980年11月23日在中华人民共和国特别法庭第二审判庭辩护人席上（左）

1 ▸ 在武汉大学首届刑法博士论文答辩会上（左1）

2 ▸ 1994年5月指导博士后李希慧

3 ▸ 1996年11月参加中华人民共和国刑法修订座谈会（前排右1）

1 ▸ 2005年9月在北京召开的第二十二届世界法律大会“反腐败的国际合作”专题研讨会上发言

2 ▸ 1985年11月访问加拿大

3 ▸ 1985年11月访问耶鲁大学法学院，与哥斯廷教授、欧文·费斯教授等合影（左 2 ）

1 ▸ 1994年9月在巴西里约热内卢国际刑法学协会第15次大会上

2 ▸ 1994年9月与国际刑法学协会主席巴西奥尼教授会见

3 ▸ 1999年9月在匈牙利布达佩斯与国际刑法学协会主席巴西奥尼等合影

4 ▸ 2004年4月30日在澳门“区际刑事司法协助法律研讨会”上发言

1

2

1 ▸ 2004年5月在日本京都“第九次日中刑事法学术讨论会”上中方资深教授与日方代表团团长西原春夫教授合影

2 ▸ 2003年12月在台北政治大学作学术报告

3 ▸ 2004年10月与马普刑法研究所所长阿尔布莱希特教授合影

4 ▸ 2004年10月访问德国马普刑法研究所著名学者耶赛克教授

3

4

1 ▸ 2004年10月在巴黎卢浮宫前

2 ▸ 1995年10月在庆祝70寿辰大会上

3 ▸ 2004年4月与老伴曹智慧合影

4 ▸ 2005年8月在80寿辰家宴上和老伴及孙儿辈们

目　　录

第二编 比较刑法学

第三编 中外刑法史

第四编 其他

附编 对作者的学术思想、学术著作的介绍和评论

附录 马克昌教授著述表

自　序

我今年 79 岁，按照湖北习俗：做寿，男做虚，女做实；因此，弟子们去年即开始筹备为我做寿，方正出版社胡驰副社长并准备为我出一本刑法论文集，以示祝贺。随后，武汉大学社会科学部和武汉大学出版社通知：拟出一套“武汉大学人文社会科学资深教授文丛”，每位资深教授出一部文集，今年全部出齐，我也忝列其中。考虑到这是学校的安排，自应遵照执行，只好将出书方案改变，即由方正出版社移到武汉大学出版社出版。于此，特向方正出版社和胡驰同志表示歉意和谢意。

根据校社科部和出版社的要求，文集名称为：“作者名字 + 文集”，内容包括照片、论文、序、跋和其他文字性作品以及记者和其他学者所作的学术访谈。本书基本上按照上述要求编集。需要说明的是：在古稀做寿时，1995 年曾由法律出版社出版过一本《刑法理论探索》，收录论文截止于 1993 年。这次准备出版刑法论文集时，本拟只收 1994 年以后发表的刑法论文，但现在学校要求出版文集，收录什么文章需要重新加以考虑。经研究，本文集收录的论文、文章以刑法论文为主，其他方面的论文、文章也酌情收录，但数宜少。同时，收录的刑法论文以 1994 年以后发表的为主，收入古稀做寿书中的论文也酌情收录，但比例宜小。从 1957 年以来，主要是从 1980 年以来，发表刑法及其他方面的论文、文章计 138 篇，收入本文集的为 50 篇。书名虽叫文集，实际可谓自选集。有些篇幅很大的论文，如《关于共犯的比较研究》、《未遂犯比较研究》、《罪数论比较研究》等，因已收入《比较刑法原理》一书，这里均未收录。个别论文收入已出版著作的，收入本文集时作了一些修改，以示与收入某些著作的部分有所不同。所收论文内的一些观点，大多存在争议，其中许多观点我仍坚持原来的意见，但个别观点也有改变。不过，收入本书时观点均未改动，以保留历史的原貌。不当之处，恐难避免，欢迎读者、方家赐教。

本文集由老友张思卿同志不吝翰墨题写书名，使文集增色不少，衷心至为感谢。文集中的论文、文章多亏博士生赵慧同学帮我收集、打印，并对论文取舍提出很好的建议，为文集的出版作出了宝贵贡献。校社会科学部为出版文集作出决策，校出版社对出版文集大力支持，才使文集得以付梓。这里谨向为文集出版付出辛勤劳动的同志，一并表示诚挚的谢意。

马克昌

2005年初夏于珞珈山

第一编

中国刑法学

改进中国刑法学研究之我见

一、中国刑法学研究的现状

《法商研究》编辑部的约稿函要求就“中国刑法学应当向何处去”展开讨论，而要谈“中国刑法学向何处去”，就不能不对中国刑法学研究的现状作出实事求是的评价。那么，应当怎样评价中国刑法学研究的现状呢？笔者认为，中国刑法学的研究目前确实存在严重问题，但仍然有所前进。

中国刑法学研究中存在的严重问题，主要有以下几点：

首先是学风浮躁，忽视厚积。这是笔者感到的中国刑法学研究中存在的比较严重的问题。它突出表现为不重视丰厚的知识积累，不是踏踏实实地进行研究，而是追求快出成果，多出成果；不是厚积薄发，而是边积边发，甚至薄积厚发，通过电脑操作，将文稿稍做技术处理，放在多部书中出版，缺乏潜心研究，追求成果数量，这样的著作自然缺乏应有的学术厚重感。

其次是赶时出书，不顾质量。这个问题在 1997 年修订的刑法公布之后表现得最为显明。为了便于读者学习修订的刑法，撰写解释修订的刑法的著作本无可非议，但有些作者不是采取严肃态度，为了追风赶时，不顾条件纷纷出书，甚至在修订的刑法公布后极短的时间内，解释刑法的著作便有若干部面世。由于时间过于短促，以致解释的内容与条文不相符合。一年之内这方面的著作据说不下百余种，其中当然不乏佳作，但确有一些著作实在粗糙，以致物议沸腾，一时不止。这虽然已成往事，但教训仍应汲取。

再次是对实际问题研究不够。刑法学是一门应用法学，应当与刑事司法实践密切结合。对此，近些年来刑法学者做过一些努力，但还很不够。特别是在我国社会急剧变革时期，各种新的危害行为不断出现，使刑法的适用遇到困难。例如，足球比赛中的“黑哨”行为能否构成犯罪？构成什么犯罪？又如，破坏体育彩票发行的行为是否构成犯罪？应当如何处理？这些问题都在刑法学界引起争论，但均未写出有分量的论文。同时由于形势的变化，国际国内出现的恐怖犯罪活动、邪教组织犯罪、洗钱犯罪等，十分猖獗，对这些犯罪也缺乏应有的研究。问题尚不止于此，此只例示而已。

此外，比较刑法的研究还相当薄弱，有些理论、观点脱离实际，也是我国刑法学研究中不可忽视的问题。

另一方面，也应该看到中国刑法学的研究仍然有所前进，其主要表现是：

1. 研究课题有所开拓。1997 年修订的刑法总则和分则较之 1979 年的刑法都有所修正，特别是分则修订的内容更多。这些年来刑法学者主要是围绕修订的刑法中提出的新问题进行研究的。如特殊防卫、自首立功、国家工作人员、妨害社会主义市场经济秩序犯罪、黑社会性质组织犯罪、计算机犯罪等，这些问题多为过去所未曾研究。近两三年来，一些博士研究生和青年学者研究的课题更为扩大，国外刑法理论中的一些问题也列入他们的研究视野。如期待可能性、正犯、间接正犯、帮助犯、不能犯、行为无价值论与结果无价值论等，都作为博士选题进行研究。2002 年 10 月在西安召开的刑法学研究会年会上，提交的关于期待可能性的论文达 17 篇之多，讨论时引起与会人员的激烈争论。有的学者还将器官移植中的刑法问题作为研究课题，更表现了相当的开拓性。

2. 优良成果不断出现。如前所述，在刑法学研究成果中确有一些缺乏学术厚重感的著作，有的甚至存在错误，但这些年来还是不断有问题研究深入、社会评价颇好的著作出版。如 2000 年出版的《法益初论》、《新型经济犯罪研究》、《关于惩罚的哲学——刑罚根据论》、《刑法的精神与范畴》，2001 年出版的《本体刑法学》、《恐怖主义、邪教、黑社会》，2002 年出版的《有组织犯罪研究——中国大陆黑社会（性质）犯罪研究》（第 1 卷）等，这些著作虽然不是完美无缺，但均对问题进行了深入的研究，受到读者肯定的评价。

此外，在比较刑法学方面，近两年来也出版了颇有影响的著作，如《财产罪比较研究》、《比较刑法原理》等；还有对案例进行理论分析的著作，如《中国刑法案例与学理研究》等，使刑法理论与刑事司法实践密切结合，也值得称道。

总之，中国刑法学研究确实存在严重问题，应当予以足够重视，但是整体上仍在前进。对其现状给予实事求是的评价，有利于弥补缺陷，明确努力的方向。

二、改进中国刑法学研究的设想

根据笔者对中国刑法学研究现状的看法，下面谈的是如何改进中国刑法学的研究，说不上"勾划中国刑法学未来走向的蓝图"，不过是针对笔者认为存在的缺点，提出几点改进的设想。

1. 一定要厚积薄发，潜心研究，致力于写出高质量的论著。学术研究，是一项坐冷板凳的事业，一定要甘于寂寞，认真读书，兀兀穷年，积累知识，经过相当时间的研究，写出有创见的成果，而不是人云亦云之作。苏东坡所说的"博观而约取，厚积而薄发"，讲的正是这一做学问的道理。事实的确如此，例如，有的学者在评价《刑法的精神与范畴》一书时写道："通读该书深感作者经过10年磨此剑，确实是厚积薄发，在许多问题上提出了独到的见解。"①十年磨一剑，霜刃自然锋，可以说这是此书受到肯定评价的根本原因。因此，我希望刑法学者不要急于求成，要设定高质量、高水平的目标，经过若干年的努力，写出高质量的论著贡献给社会。不过对质量的追求不能过高，过高的要求也脱离实际。同时还要说明，多出成果并不是坏事，问题在于不能忽视质量、片面追求数量。只要注意在质量上下功夫，个人确有才华，成果累累，自然应加以肯定。

2. 密切联系刑事司法实际，注意研究刑事司法实践中提出的问题。前面谈到，中国刑法学对实际问题研究得不够，我们应当努力改正这一缺点。如何改正？首先是提高思想认识，在思想上明确刑法学

---

① 刘仁文：《〈刑法的精神与范畴〉的评介》，载《政法论坛》2001年第3期。

是一门应用法学，它的生命力在于为刑事司法实践服务并与之密切结合。中国刑法学如果脱离中国的刑事司法实践，它提出的理论观点如果不能为刑事司法实践所接受，也就失去了它的价值。树立这样的认识，是做好与刑事司法实践相结合的思想基础。根据已有的经验，以下办法都是可行的：一是经常深入刑事司法实践进行调查研究，了解实践中存在的问题。例如，前一阶段司法实践曾经提出：诉讼诈欺能否作为诈骗罪论处？制造虚假收据，赖账不还欠款是否构成诈骗罪？金融机构工作人员能否构成非法吸收公众存款罪？等等，都需要在理论上给予解决。二是与司法机关建立密切联系，参加它们遇到的疑难案件的讨论，这对双方都有好处：对实际部门来说，有助于疑难案件的解决；对刑法学者来说，可以了解刑事司法实践中的难题。三是与司法机关工作人员合作申报项目，合作进行研究，互相取长补短，有利于提高研究成果的水平。此外，条件许可，到法院、检察院工作一段时间，是密切联系刑事司法实践最好的办法，这可以学到许多在学校学不到的知识。四是将与刑事司法实践密切结合的课题作为研究项目进行研究，注意解决刑事司法实践提出的问题，这会使研究成果受到实际部门的欢迎，从而使成果有更强的生命力。

3. 加强比较刑法学、外国刑法学的研究，吸收国外刑法学研究的最新成果。中国刑法学本来是在借鉴苏联刑法学的基础上建立起来的，随着时代的发展，又借鉴了德、日刑法学的研究成果。现在看来，外国刑法学中还有许多我们不太熟悉的理论，如代替因果关系论的客观归属论，研究何以处罚共犯的共犯处罚根据论，连续犯、牵连犯在刑事立法上的取消论，等等。所以，加强比较刑法学、外国刑法学的研究，吸收它们的最新成果，对提高中国刑法学的研究质量会大有帮助。过去我们虽然出版了几本这方面的著作，但与中国刑法学的研究成果相比，实在过于薄弱，所以需要加强这方面的研究。为此，刑法学者应当掌握一门至两门外语，至少达到能够阅读外文资料的程度。同时还要进一步做好外国刑法学名著的翻译工作。近几年来翻译出版了几本外国刑法学著作，但还远远不够，需要再翻译出版一批，以便大家研究。最后应当组织力量，有计划、有步骤地进行比较刑法学、外国刑法学的研究，例如进行我国刑法与大陆法系刑法的比较研究、与英美法系刑法的比较研究、与伊斯兰法系刑法的比较研究，等等。这些著作如能一一出版，将会给我国刑法学的研究引进新的内容。

（原载《法商研究》2003年第3期）

向市场经济转变时期刑法观念的更新

江泽民总书记在党的十四大报告中指出，建立社会主义市场经济体制，涉及我国经济基础和上层建筑的许多领域，需要有一系列相应的体制改革和政策。这一指示对刑法领域同样适用。过去我国实行的是产品经济、计划经济，我国的刑法基本上是在这种经济体制下制定的，刑法上的不少观念和制度，是这种经济体制直接或间接的反映。现在我国的经济体制正向社会主义市场经济体制转变，与此相适应，我国刑法的许多观念和制度也要随之转变，才能符合新的经济体制的要求。这就需要进行刑法观念的更新。这里所说的刑法观念的更新，是就与社会主义市场经济体制有关者而言，并非所有刑法观念都要更新。笔者认为，刑法观念的更新，就其主要者而言，可有以下几点：

一、改变强调作为阶级斗争工具的刑法观，树立为发展社会主义市场经济服务的刑法观。只要有阶级斗争存在，刑法就会起着阶级斗争锐利武器的作用，即使在发展社会主义市场经济时代也不例外。不过，在当前发展社会主义市场经济的情况下，阶级斗争只在一定范围内存在，“我国社会的主要矛盾已经不是阶级斗争”，而“是人民日益增长的物质文化需要同落后的社会生产之间的矛盾”，因而“必须把发展生产力摆在首要位置，以经济建设为中心，推动社会全面进步”。① 与此相适应，我国刑法主要已不再是阶级斗争的工具，而应是保护社会主义市场经济发展的有力武器。具体言之，在刑法观念上应有以下几点更新：

（一）就刑法的功能来说，不仅要重视刑法规范人们的行为、维护社会秩序的功能，而且要重视刑法保护社会主义市场经济发展和保

① 见江泽民总书记在党的十四大上的报告。

障公民合法权益的功能。所谓刑法的功能，就是刑法所能起的作用。刑法作为一种法律规范，当然具有规范人们的行为、维护社会秩序的功能，过去强调这一功能是必要的，今后对此也不能忽视。但仅仅这样是不够的，因为刑法还有其他功能，而且社会形势发生了很大变化。据此，必须强调刑法要保护社会主义市场经济的顺利发展不受破坏，强调保障公民的合法权益不受侵犯包括不受司法机关的非法侵犯，以适应当前经济发展的要求。

（二）就刑法的任务来说，刑法既要保护国有经济、集体经济，也要保护个体经济、私营经济。过去，适应产品经济、计划经济的体制，我国刑法只注意保护集体生产，对破坏集体生产，情节严重的，作为犯罪加以打击；而不注意保护个体生产，对破坏个体生产的，刑法未加规定。当前实行的社会主义市场经济，除了国有经济、集体经济外，还不能缺少个体经济、私营经济，因此，保护个体经济、私营经济也是刑法的一项重要任务。与此相适应，刑法中破坏集体生产罪应加以修改，以便把破坏个体生产和私人生产的行为也包括进去，以利于对个体经济、私营经济的保护。

（三）就刑法打击的重点来说，刑法应当由以反革命犯罪为打击的重点，转而以严重经济犯罪和严重危害社会治安的犯罪为打击的重点。新中国成立初期，反革命破坏活动比较严重，为了巩固新生的人民政权，刑法以反革命犯罪为打击的重点是理所当然的。经过几年有力的打击，1957年初毛泽东主席作出“还有反革命，但是不多了”的结论，但由于以后仍然长期“以阶级斗争为纲”，打击的重点并没有改变。党的十一届三中全会拨乱反正，改变了党的“以阶级斗争为纲”的路线，提出以社会主义经济建设为中心，经过多年的改革开放，去年党的十四大提出建立社会主义市场经济体制，社会形势发生巨大变化。当前危害我国社会主义市场经济建设的犯罪，主要不是反革命犯罪，而是严重经济犯罪和严重破坏社会治安的犯罪。因而，刑法现在应当以严重经济犯罪和严重破坏社会治安的犯罪为打击的重点，以便于保护社会主义市场经济的顺利发展。

二、改变单纯以危害统治关系为标准的犯罪观，补充树立以危害社会生产力发展为标准的犯罪观。马克思、恩格斯曾经指出，“犯罪——孤立的个人反对统治关系的斗争”，统治阶级之所以将某种行为规定为犯罪，就在于该种行为危害其统治关系。所以犯罪总是危害统治关系的行为，即使在发展社会主义市场经济的今天也不例外；但应当对这一命题予以补充、完善。由此应当树立以下观点：

（一）是否危害社会生产力的发展，也应当成为判断某一行为是否构成犯罪的标准。马克思主义告诉我们，社会的生产方式是生产力和生产关系的有机统一，生产力是生产方式的物质内容，生产关系是生产方式的社会形式。危害一定的生产关系的行为，固然危害该种社会的生产方式；危害一定的社会生产力的行为，同样危害该种社会的生产方式。由此可见，危害统治关系（即一定的生产关系的表现）的行为，固然可以构成犯罪；危害一定的社会生产力的行为，同样可以构成犯罪，因为它们都是对一定的社会生产方式的危害。这可以说是生产力标准犯罪观的哲学根据。江泽民总书记根据邓小平同志去年视察南方谈话的精神，在党的十四大工作报告中说，判断各方面工作的是非得失，归根到底，要以是否有利于发展社会主义社会的生产力，是否有利于增强社会主义国家的综合国力，是否有利于提高人民的生活水平为标准。由此可以看出，是否危害社会生产力的发展，应是判断一个行为是否构成犯罪的标准。因为这是上述判断工作是非得失标准在区分罪与非罪问题上的具体化。据此可以认为，凡是有利于社会主义社会的生产力发展的，就是对社会有益的行为，就应受法律保护；凡是破坏社会主义社会的生产力发展的，就是对社会有害的行为，情节严重的，就是违法犯罪行为，就应受法律制裁。需要指出的是，这里所说的是社会生产力，不是单纯就某一企业或部门的经济效益而言。如果就某一企业或部门来看，虽然行为的经济效益好，利润高，赚钱多，但却是采用的不正当手段，损害了国家的利益，那就不能说是有利于社会主义社会的生产力，自不应当受到法律保护。只有那些确实有利于发展社会生产力、增强综合国力和提高人民生活水平的行为，才应受到法律保护。

（二）是否危害社会主义市场经济的发展是当前考虑一种行为是否构成犯罪的重要因素。我国之所以将计划经济改为市场经济，是因为当前社会主义市场经济体制是推动我国社会生产力发展的决定力量。因此，有利于社会主义市场经济发展的，必然会有利于社会主义社会的生产力的发展；而破坏社会主义市场经济发展的，必然会破坏社会主义社会的生产力的发展。社会主义市场经济与社会主义社会的生产力的密切关系，决定了是否危害社会主义市场经济的发展，当前对考虑一种行为是否构成犯罪具有重要意义。由此可以作出如下结论：

1. 凡是有利于社会主义市场经济发展的行为，即使过去认为这种行为是犯罪，由于现在已不具有社会危害性，就不应当再作为犯罪处理。例如“从零售商店或其他渠道套购紧俏商品，就地加价倒卖的”，过去被认为是投机倒把行为，情节严重的，构成投机倒把罪。而在发展社会主义市场经济的今天，购得紧俏商品，就地加价出卖，只要货物真实，购买人愿出高价购买而成交，这有利于活跃市场经济，就不应再作为投机倒把罪论处。

2. 凡是破坏社会主义市场经济的行为，情节严重的，应当以犯罪论处。如果刑法未规定该种行为是犯罪的，可以比照刑法分则最相类似的条文定罪判刑，或者由立法机关尽快制定新的刑事法律，将这种行为规定为犯罪并规定相应的法定刑。例如，制造、销售伪劣产品，坑害消费者，利用虚假广告、欺骗顾客，采取不正当竞争手段，损害国家或他人利益，等等，这些都是破坏社会主义市场经济正常秩序的，也就是破坏社会生产力的，因而应当用法律包括刑法，予以严厉禁止。

三、改变与计划经济相适应的刑罚观，树立与市场经济相适应的刑罚观。过去与计划经济相适应，我国刑法对财产刑特别是罚金刑没有给予足够的重视，刑法分则中罚金刑规定得不多，在司法实践中适用得也比较少，对刑罚适用的经济性也注意得不够，可判可不判的不判，可杀可不杀的不杀已很少提及，在贯彻罪刑相适应原则上还存在一些问题，刑事司法中量刑上过与不及都存在，特别是一强调“严打”，量刑往往偏重。针对上述几点，与市场经济相适应的刑罚观则有不同的要求：

（一）改进罚金刑的立法和适用。随着商品经济的发展，罚金应当在我国刑罚体系中跃居重要地位，刑法分则中应增加适用罚金刑的条款。法人犯罪（我国刑法规定为“单位犯罪”）的出现和经济犯罪、贪利性犯罪的激增，扩大了罚金刑适用的可能性，因为罚金刑是对付这些犯罪的有力手段。大家知道，对法人犯罪不能适用自由刑，而宜于适用财产刑，经济犯罪和贪利性犯罪都是追求财产利益的，对这些犯罪适用罚金刑，正好打击犯罪人的贪欲，有利于犯罪的预防。同时在司法实践中需要改进罚金刑的适用，注意运用刑法规定的罚金刑，以打击有关的犯罪。

（二）注意刑罚适用的经济性。所谓经济性，指以较小的代价获得较大的成果。在商品经济中，商品经营者总是企图用最小的垫支资本追求最大限度的利润。这种观念反映在刑罚观上，就是刑罚适用的经济性。它要求把刑罚的适用控制在最低限度，即不需要判处刑罚的，换言之，可以判处刑罚也可以不判处刑罚的，就不要判处刑罚；判处较轻刑罚就可达到刑罚目的的，就不要判处较重刑罚；不需要判处死刑的，就不要判处死刑，以便最大限度地发挥刑罚的效益。

（三）强调罪刑相适应原则。这是商品经济等价交换原则在刑罚观上的反映。商品经济要求等价交换，反映在刑罚观上，就要求刑罚必须与犯罪相适应，即犯罪较轻，刑罚应较轻，犯罪较重，刑罚也应较重。不能重罪轻判，也不能轻罪重判。从罪刑等价出发，有的同志提出对经济犯罪应当废除死刑。因为经济犯罪危害的是经济秩序，而犯罪人所失去的却是生命；生命的价值重于经济，对经济犯罪判处死刑，是不等价的交换。从商品经济的观点来看，这种意见不是毫无道理。

向社会主义市场经济过渡的形势不断发展着，刑事立法赶不上形势的发展而显得比较滞后，于是社会的现实生活同刑法中的有些规定发生了矛盾。这该怎么处理呢？我们认为，这应当从犯罪的实质特征出发，根据该行为是否具有社会危害性及其程度为标准来加以认定。如果行为确实不具有社会危害性，甚至是对社会有益的行为，尽管行为符合刑法规定的某种犯罪构成，那也不应当作为犯罪处理。

（原载《武汉检察》1993 年第 1 期）

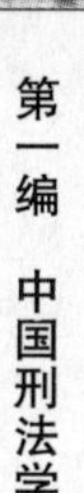

论我国刑法的基本原则

1979年刑法没有规定基本原则，理论界有些同志建议修订刑法时，将基本原则在刑法中加以规定，至于规定哪些基本原则，仁者见仁，智者见智，意见颇有分歧。新刑法采纳了明文规定基本原则的建议，而以三个条文规定了三项基本原则。笔者认为刑法的基本原则并不只有上述三项，但限于篇幅，下面仅对新刑法规定的基本原则加以论述。

一、罪刑法定原则

罪刑法定原则，是指什么行为是犯罪和对这种行为处以何种刑罚，必须预先由法律明文加以规定的原则。这一原则，国际上不少国家在刑法典中均明文加以规定。如1975年《联邦德国刑法典》第1条（法无规定者不处罚）规定："本法只处罚行为前法律已有明文规定的行为。"1965年《意大利刑法典》第1条（罪刑法定主义）规定："行为非经法律明文规定犯罪及刑罚者，不得定罪科刑。"因而罪刑法定原则被认为是近代刑法的基本原则。新刑法根据我国法制建设的情况和健全社会主义法制的要求，参考国外的立法例，于第3条明文规定了这一原则，即"法律明文规定为犯罪行为的，依照法律定罪处刑；法律没有明文规定为犯罪行为的，不得定罪处刑"。那么，如何理解这一原则呢？罪刑法定原则是18世纪西方启蒙思想家为反对封建刑法的罪刑擅断而提出的，它的核心或宗旨是限制司法权的滥用和保障人权。它的内容或者说派生原则，经过学者长期研究，被认为主要有以下六项：

（一）排斥习惯法。即习惯法不能成为刑法的渊源，刑法的渊源只能是由立法机关通过的成文法。法院不能以习惯法对行为人定罪判刑，而只能以规定犯罪和刑罚的成文法作为定罪判刑的依据。因而德国学者迈耶将这一派生原则概括为“除法律规定，不得科刑”；① 日本学者内田文昭、内藤谦均概括为“法律主义”。②《中华人民共和国刑法》历来排斥习惯法，新刑法对罪刑法定原则的表述要求犯罪法定化，而且要求刑罚法定化；法院只能依照法律的规定定罪判刑，绝不能对犯罪人判处法律规定之外的刑罚。

（二）禁止类推。类推是对刑法没有明文规定为犯罪的行为，比照分则中同它最相类似的条文定罪判刑的制度，它有悖于罪刑法定原则。因为按照罪刑法定原则的要求，行为的定罪判刑，必须根据事前法律明文所作的规定，而类推则是对刑法没有明文规定为犯罪的行为，根据法官的理解，依照与之最相类似的条文定罪判刑。这可能导致法官随意适用法律，侵害公民的自由权利。因之，禁止类推被认为是罪刑法定原则的一个派生原则。我国 1979 年制定刑法时，考虑到刑法分则的条文不多（只有 103 条），可能有些犯罪行为需要追究刑事责任，刑法又没有明文规定，因而规定了加以严格限制的类推制度，但它终究是不符合罪刑法定原则的。这次修订刑法，立法机关考虑到刑法分则条文增加了 300 多条，对各种犯罪进一步作了明确、具体的规定，审判机关办案总很少使用类推，现在已有必要也有条件取消类推的规定，③ 因而新刑法取消了类推制度，这样我国刑法可以说真正采用了罪刑法定原则。

（三）刑法无溯及效力，或称事后法的禁止。即不许根据行为后施行的刑法处罚刑法施行前的行为。主张这一派生原则的理由有二：一是一个人只能根据已经施行的法律规范自己的行为，依行为当时的法律不构成犯罪，他的行为就是合法的，行为后的法律规定构成犯罪，用以对他处罚，这是行为人所不能预测的，可以说是“不教而

① 转引自［日］《泷川幸辰著作集》（第 4 卷），世界思想社 1981 年版，第 31 页。

② ［日］内田文昭：《刑法Ⅰ总论》，青林书院新社 1977 年版，第 44 页；［日］内藤谦：《刑法讲义总论》（上），有斐阁 1983 年版，第 28 页。

③ 见王汉斌副委员长《关于〈中华人民共和国刑法（修订草案）〉的说明》。

诛”。二是既然行为时是合法的行为，行为后的法律认为是犯罪并用来处罚行为人，人们不知道今后自己的行为是否会定罪判刑，不免心怀惶恐，忐忑不安，不利于维护社会的安定。由于这些理由都是从保障个人权利出发的，所以后来西方学者根据“有利被告”的原则，对刑法无溯及力的观点有所改变，即不再主张刑法绝对无溯及力，而是主张新法重于旧法时，无溯及力；新法轻于旧法时，则有溯及力，并认为这不仅不违反罪刑法定的要求，而且正符合罪刑法定原则的宗旨。如1988年修订的《韩国刑法》第1条规定：“（一）犯罪的构成与处罚，依行为时的法律。（二）犯罪后由于法律变更，其行为不构成犯罪或者其刑罚轻于旧法的，则依照新法……”这一规定表明轻法溯及既往与罪刑法定原则的一致性。我国刑法在关于溯及力问题上采取从旧兼从轻原则，即原则上适用旧法，“但是，如果本法不认为是犯罪或者处刑较轻的，适用本法”，这是符合罪刑法定原则的。但是过去有个别单行刑法（如1983年《关于严惩严重危害社会治安的犯罪分子的决定》）提高了某些犯罪的法定刑，在时间效力上却规定溯及适用，这不符合罪刑法定原则的宗旨。如果说刑法过去没有明文规定罪刑法定原则还可作为特别规定加以解释，但新刑法已明文规定了罪刑法定原则，今后我们应当特别注意避免这种情况再度发生。

（四）禁止绝对的不确定刑。绝对的不确定刑，指法律未明文规定确定的刑罚。由于这种情况违反罪刑法定原则而被禁止，它包括两种情况：一是刑种和刑量均没有法定的场合，例如，规定对直接责任人员可以由司法机关依法追究刑事责任。二是只规定刑种而没有确定刑量的场合，如构成犯罪的处有期徒刑。后一情况称为绝对的不定期刑，它违反罪刑法定原则也为学者所公认。至于相对的不定期刑，有的学者明确提出不同看法。如日本内藤谦教授说：“与此相反，相对的不定期刑（确定长期与短期而宣告的不定期刑……）不认为违反罪刑法定主义。”① 我们认为相对的不定期刑，由于没有判处确定的刑期，而将实际执行的刑期由行刑机关确定同样违反罪刑法定原则的要求，因为它有悖于罪刑法定原则保障人权的宗旨。我国刑法分则除个别情况规定的是绝对确定的法定刑（如情节特别严重的处死刑）外，绝大

---

① ［日］内藤谦：《刑法讲义总论》（上），有斐阁1983年版，第35页。

多数是相对确定的法定刑，这完全符合罪刑法定原则。事实上当前各国采用罪刑法定原则的刑法典，其法定刑绝大多数是相对确定的法定刑。

（五）明确性原则。“所谓明确性原则，指立法者必须具体地并且明确地规定刑罚法规定的内容的原则。”① 这一原则早在启蒙思想家的著作中就已论及。如孟德斯鸠在《论法的精神》一书中就曾说过，“法律的用语，对每一个人要能够唤起同样的观念”，又说，“在法律已经把各种观念很明确地加以规定之后，就不应再回头使用含糊笼统的措辞”。② 这就是要求立法者立法时用语必须明确易懂，避免含糊笼统。但明确性原则被认为是罪刑法定原则的派生原则，则是近年来的事情。所以与上述四个派生原则相比，上述四个派生原则是传统的派生原则；明确性原则可以说是新的派生原则。它之所以被认为是罪刑法定原则的派生原则，因为西方学者一般认为，罪刑法定原则："1. 对一般预先适当告知成刑罚对象的行为，给予国民以预测行动的可能性；2. 具有防止裁判官等的法律执行机关恣意地适用刑罚法规，滥用刑罚权的机能。”③ 而如果刑法用语不明确，罪刑法定原则的上述机能就很难发挥。这就要求明确性原则应当成为罪刑法定原则的派生原则之一。我国立法机关对明确性原则相当重视，这次修订刑法，提出 1979 年刑法存在的问题，第一个就是“制定刑法时对有些犯罪行为具体分析研究不够，规定得不够具体，不好操作，或者执行时随意性大，如渎职罪、流氓罪、投机倒把罪三个‘口袋’，规定得比较笼统”。④ 这也就是某些犯罪行为的规定不够明确，所以修订刑法时很注意在明确性上下功夫，以致新刑法在这方面有较大改进，“内容详细清晰，明确具体，可操作性强”，⑤ 因而受到人们的赞扬。

（六）实体的适当原则。指刑法规定的犯罪和刑罚都应认为适当的原则。原来罪刑法定原则只理解为犯罪与刑罚的法定，20 世纪 60 年代以来，日本学者团藤重光等由于受美国宪法中适当的法律程序原

① ［日］大谷实：《刑法讲义总论》，成文堂 1994 年第 4 版，第 68 页。

② ［法］孟德斯鸠：《论法的精神》（下），商务印书馆 1982 年版，第 297 页。

③ ［日］大谷实：《刑法讲义总论》，成文堂 1995 年版，第 68～69 页。

④ 见王汉斌副委员长《关于〈中华人民共和国刑法（修订草案）〉的说明》。

⑤ 1997 年 3 月 11 日《人民法院报》。

则（due process of law）的影响，提出实体的适当原则应是罪刑法定原则的派生原则，以后为日本刑法学界所承认。所以这一原则与明确性原则一样，也是罪刑法定原则的新的派生原则。参考日本学者的研究成果，我们认为这一原则包括如下两方面的内容：1. 犯罪规定的适当，即在刑法中将该行为规定为犯罪有合理的根据，亦即根据行为侵犯客体的重要性和行为对社会危害的严重程度，应当将该行为在刑法中作为犯罪加以规定。新刑法第13条明文规定了犯罪的定义，同时规定“但是情节显著轻微危害不大的，不认为是犯罪”，为我们判断犯罪的规定是否适当提供了科学的标准。2. 刑罚规定的适当，包括残酷刑罚的禁止和罪刑的相当。我国刑法是社会主义刑法，残酷的刑罚与我国刑法的性质根本不相容，因而在我国刑法中没有也不可能存在。罪刑的相当已作为我国刑法的基本原则为新刑法明文加以规定。对此，将在后面专门加以论述，这里不拟赘言。

据上所述可以看到，我国刑法具备了罪刑法定原则的所有内容，因而可以说新刑法彻底贯彻了罪刑法定原则。

二、刑法面前人人平等原则

刑法面前人人平等原则，指对实施了犯罪行为的人，在适用刑法上，不分种族、性别、职业、地位、出身、财产状况，一律依照刑法的规定，同等地追究刑事责任。这一原则是我国宪法规定的公民在法律面前一律平等原则在刑法上的具体化。法律面前人人平等，是18世纪西方启蒙思想家为反对封建特权而提出的。西方刑法学者也以此反对封建社会贵族在刑法中享受特权的身份刑法。我国刑法是社会主义刑法，历来主张在适用刑法上一律平等。彭真同志1979年6月7日在全国人大常委会上所作《关于刑法（草案）刑事诉讼法（草案）的说明》中特别提出：“刑法公布施行后，必须坚决做到有法必依、执法必严、违法必究。公民在适用法律上人人平等，不允许有任何特权。”① 同年6月26日在第五届全国人大第二次会议上他在所作《关

① 北京政法学院刑法教研室编印：《我国刑法立法资料汇编》，1980年版，第203页。

于七个法律草案的说明》中又强调指出："在法律面前人人平等，是我们全体人民、全体共产党员和革命干部的口号，是反对任何人搞特权的思想武器……对于违法犯罪的人，不管他资格多老，地位多高，功劳多大，都不能加以纵容和包庇，都应该依法制裁。在我们社会主义国家里……不允许有任何超越法律之外或者凌驾于法律之上的特权。"① 80年代初邓小平同志反复指示说："我们要在全国坚决实行这样一些原则：有法必依，违法必究，执法必严，在法律面前人人平等。"②"公民在法律和制度面前人人平等……不论谁犯了法，都要由公安机关依法侦查，司法机关依法办理，任何人都不许干扰法律的实施，任何人犯了法都不能逍遥法外。"③ 这表明在适用刑法上人人平等，是我国刑法的坚定立场。但在修订刑法过程中，对要不要在刑法中规定这一原则却存在不同意见。否定说不赞成在刑法中规定这一原则，主要理由是：法律面前人人平等，是我国宪法规定的原则，宪法是母法，刑法是子法，宪法规定的原则，当然对刑法起指导作用，因而没有必要在刑法中重复规定这一原则。肯定说主张应当在刑法中规定这一原则，主要理由是：1. 宪法虽然规定了公民在法律面前人人平等原则，但这并不能排除在部门法中把这一原则具体化，关键在于是否在该部门法中需要加以规定。事实上在我国民事诉讼法、刑事诉讼法等部门法中都规定了这一原则，因为这些重要的部门法有此需要。刑法直接涉及人们的生命、自由和财产，岂不是更有必要在其中规定这一原则吗？2. 由于我国封建社会历史很长，人们受封建思想影响很深，所以我们虽然强调公民在适用法律上人人平等，实际上在现实生活中由于种种原因，往往不能真正做到。因此，在刑法中明文规定这一原则，有利于避免在刑事司法实践中出现超越法律的特权问题。立法机关认为："这个原则宪法已有规定，在刑法中再明确规定是有实际意义的。"④ 因而新刑法于第4条规定了这一原则，即"对

① 北京政法学院刑法教研室编印：《我国刑法立法资料汇编》，1980年版，第211页。

②《邓小平文选》（1975～1982年），人民出版社1983年版，第219页。

③《邓小平文选》（1975～1982年），人民出版社1983年版，第292页。

④ 见王汉斌副委员长《关于〈中华人民共和国刑法（修订草案）〉的说明》。

任何人犯罪，在适用法律上一律平等。不允许任何人有超越法律的特权”。

那么，如何理解和适用这一原则呢？我们认为这一原则是对犯罪人在适用刑法上的平等，不是刑事立法问题。在刑法中由于不同的人，其行为的社会危害性程度不同，立法者会规定具有某种身份的人才能构成犯罪，不具有某种身份的人不构成该种犯罪（这种情况在刑法理论上叫构成身份），如玩忽职守罪，只有国家机关工作人员才能构成，非国家机关工作人员则不构成；或者会规定具有某种身份的人从轻、减轻处罚或者从重处罚（这种情况在刑法理论上叫加减身份），如刑法规定未成年人犯罪从轻、减轻处罚，国家机关工作人员犯诬告陷害罪的从重处罚。这些不同规定反映了对不同身份的人的区别对待，是刑事立法权的正确行使，不发生我们所说的平等不平等问题。至于在司法实践中，审判人员以事实为根据，以法律为准绳，依据刑法的规定，对具有或不具有某种身份的人，追究或不追究刑事责任、从严或从宽处罚，这是有法必依，严格执法，不能认为它不符合刑法面前人人平等原则。

这一原则的适用，我们认为应包含如下三个方面：

1. 在定罪上平等。即行为符合刑法的某一犯罪，不论行为人出身、地位、财产状况如何，都应依照法律条文的规定平等地定罪，不能由于身份、地位的不同，离开刑法的规定而出入人罪。应当强调的是，绝不允许拥有某种权力的人，以权压法，逃避依法定罪制裁。邓小平同志曾经提出的“越是高级干部子弟、越是高级干部、越是名人，他们的违法事件越要抓紧查处……”就是强调在追究违法犯罪的责任上，不允许有超越法律之上的特权。

2. 在量刑上平等。即犯有同样罪行的人，依据相同的量刑标准判处刑罚，不得在法律之外因行为人的出身、地位、财产状况等的不同而减轻或加重处罚。在制定 1979 年刑法时第 57 条关于量刑的一般原则的规定，在“应当根据犯罪的事实、犯罪的性质、情节和对社会的危害程度”一句之后，原来还有“参照犯罪分子的个人情况”的句子，讨论时认为：“犯罪分子的个人情况，易使人理解为包括出身成分，出身成分好就从轻处罚，出身成分不好就从重处罚，这势必违反在法律面前人人平等的原则。为了避免可能产生的这些副作用，因此将上述那一句删除。"① 这表明要在量刑上平等，早为我国立法机关所重视。

3. 在行刑上平等。即被判处同样刑罚的人，应当依法受到相同的待遇，不得在法律之外因出身、地位、财产状况等的不同而受到优待或苛待。至于"监狱根据罪犯的犯罪类型、刑罚种类、刑期、改造表现等情况，对罪犯实行分别关押，采取不同方式管理"（《监狱法》第 39 条第 2 款），这是依据罪犯的犯罪类型、刑罚种类、刑期、改造表现等情况而作的区别对待，不是依据罪犯的出身、地位、财产状况等而作的区别对待。这种区别对待是正当的、必要的，不发生在行刑上不平等问题。总之，我国刑法一直强调公民在适用法律上一律平等，反对任何超越法律的特权，并且这种适用法律上的平等贯彻到了定罪、量刑和行刑各个方面。

三、罪刑相当原则

罪刑相当原则，或称罪刑均衡原则、罪刑相适应原则，通常指刑罚的轻重与犯罪行为的社会危害性程度相适应。这一原则是 18 世纪西方启蒙思想家为反对封建刑法的重刑主义而提出的。格劳秀斯主张惩罚之苦等于行为之恶。霍布斯要求量刑适当，罚必当罪。孟德斯鸠认为罪与刑之间应有适当的比例，刑罚的轻重应当协调。贝卡里亚明确提出"刑罚与犯罪相对称"的观点，主张犯罪行为有一个从最严重犯罪到最轻微犯罪顺序排列的阶梯，那就需要有一个相应的由最重到最轻的刑罚阶梯，互相对称，勿乱其序，就有了衡量自由与暴政程度的共同标尺。② 马克思也是主张罪刑相适应的。马克思说，如果犯罪的概念要有惩罚，那么实际的罪行就要有一定的惩罚尺度，罪犯"受惩罚的界限应该是他的行为的界限"。③ 我国刑法学者普遍认为罪刑

① 高铭暄：《中华人民共和国刑法的孕育与诞生》，法律出版社 1981 年版，第 88～89 页。

② 见［意］贝卡里亚：《论犯罪与刑罚》，中国大百科全书出版社 1993 年版，第 65～66 页。

③ 《马克思恩格斯全集》（第 1 卷），第 140～141 页。

相适应原则是我国刑法的基本原则之一，并建议在修订刑法时，将这一原则在刑法中明文加以规定。新刑法第 5 条明文规定了这一原则，即“刑罚的轻重，应当与犯罪分子所犯罪行和承担的刑事责任相适应”。那么，应当怎样理解这一原则呢？我们认为我国刑法规定的这一原则包括如下内容：

（一）在立法上，法定刑必须与犯罪行为的性质和社会危害性程度相适应。这里有两层含义：1. 法定刑的刑罚种类应当与犯罪的性质相适应。按照贝卡里亚的观点，刑罚所剥夺的利益应当是犯罪所追求的利益或侵害的利益，应当针对犯罪人所追求的不同利益设置不同的刑种。这种观点如果绝对化，固然是错误的；但从一定意义上说是有其可取之处的。如对危害生命的杀人罪，应设置死刑；对贪财图利的走私罪，生产、销售伪劣商品罪，应设置罚金或没收财产；滥用政治权利危害社会秩序的非法集会、游行、示威拒不服从解散命令罪，破坏集会、游行、示威拒不服从解散命令罪，破坏集会、游行、示威秩序罪，应设置剥夺政治权利；绝大多数犯罪，应设置各种自由刑。2. 法定刑的轻重应与犯罪的社会危害性程度相适应。即轻罪应当规定轻的法定刑，如盗窃、侮辱尸体罪，法定刑为 3 年以下有期徒刑、拘役或者管制；中等危害程度的犯罪应当规定中等严重程度的法定刑，如过失致人死亡罪，法定刑为 3 年以上 7 年以下有期徒刑；重罪应当规定重的法定刑，如嫖宿幼女罪，法定刑为 5 年以上有期徒刑；极重罪应当规定极重的刑罚，如故意杀人罪，法定刑为死刑、无期徒刑或者 10 年以上有期徒刑。各罪还可根据情节的不同，规定不同档次的法定刑。法定刑与犯罪危害程度相适应，这是法院判刑与犯罪相适应的前提。

（二）在裁判时，对犯罪人的宣告刑应当与犯罪行为和承担的刑事责任相适应。宣告刑是法官就特定犯罪在裁判上实际量定宣告刑罚。确定宣告刑，首先应考虑与犯罪行为的轻重相适应，在与危害程度相当的法定刑的范围内选择应当判处的刑罚。如故意伤害罪有三个量刑档次，如果是致人重伤，那就应当在第二个量刑档次即 3 年以上 10 年以下有期徒刑范围内选择应当判处的刑罚。其次必须考虑承担的刑事责任。刑事责任指行为人由于实施犯罪行为，而应承受代表国家的司法机关依法给予的惩罚或责难，它包括责任的有无和责任的大小。这里所说的承担的刑事责任，指刑事责任有大小而言。因为既然谈到刑罚，自然以具有刑事责任为前提；至于判处什么刑罚，应当根据刑事责任的大小来确定。所以宣告刑还应当与承担的刑事责任大小相适应。刑事责任的大小，首先由犯罪行为的社会危害性程度的大小来决定，但并不限于此。此外，它还受到行为人犯罪的情节、犯罪前的表现和犯罪后的态度的影响。犯罪中的情节，指实施犯罪时存在于构成要件以外的影响行为人人身危险性大小的情节，如未成年人、防卫过当、预备犯、未遂犯、中止犯、主犯、从犯、胁从犯等。犯罪前的表现，指行为人犯罪前反映他的人身危险性大小的表现情况，如一贯守法、见义勇为，或者具有前科、多次受过行政拘留或劳动教养、甚至受过严厉刑罚处罚等。犯罪后的态度，指犯罪后行为人采取什么态度，而这种态度反映了行为人的人身危险性的大小，如自首、立功、真诚悔改、积极退赃，或者毁灭罪证、制造伪证、畏罪潜逃、订立攻守同盟等。所有这些都影响刑事责任的大小，在量刑时都应认真加以考虑，才能真正做到宣告刑与刑事责任的大小相适应，这才符合新刑法第 5 条规定的要求。

如何理解刑罚与刑事责任相适应？我国刑法学者看法并不一致。一种观点将刑事责任解释为未然之罪，刑罚与刑事责任相适应，也就是罪刑相均衡。如有的同志说："罪刑均衡，一方面是指刑罚与已然之罪（所犯罪行）的社会危害性程度相适应，他方面是指刑罚与未然之罪的可能性，也就是本条所称刑事责任程度相适应。"① 另一观点将刑事责任解释为刑罚个别化，认为刑罚与犯罪行为的刑事责任相适应。是罪责刑相适应。如有的同志说："此项基本原则的确立，肯定了我国刑法中一贯坚持的刑罚的轻重与犯罪的社会危害性相一致的原则，吸收了刑罚个别化的基本精神，体现了现代刑法理论中重视行为人个体状况的思潮"，② 标题是罪责刑相适应原则。我们认为影响刑事责任大小的因素是多种多样的，影响刑事责任的程度也大不相同，有的情节可能使刑事责任减少到最低限度，如犯罪较轻，自首又立大

① 陈兴良著：《刑法疏议》，中国人民公安大学出版社 1997 年版，第 78 页。

② 赵秉志主编：《新刑法全书》，中国人民公安大学出版社 1997 年版，第 102 页。

功的，予以免除处罚。这样处理与行为人很小的责任相适应，但不好说是与未然之罪相适应，因为未然之罪并不存在。刑事责任是具有刑罚个别化的意义的，但两者毕竟具有不同的含义。新刑法第 5 条既规定刑罚与犯罪行为相适应，又规定与刑事责任相适应，因而我们赞同本条规定的原则，应当称为“罪责刑相适应原则”，这才真正符合本条规定的完整含义。

总之，我国新刑法规定了三项基本原则，取消了类推制度，在注重打击犯罪，发挥刑法维护社会秩序功能的同时，又致力于健全社会主义法制，发挥刑法的人权保障功能，确实是我国刑事立法的一大进步。

（原载《中央检察官管理学院学报》1997 年第 4 期）

我国刑法适用范围理论的发展

——《关于禁毒的决定》的探讨

《关于禁毒的决定》（以下简称《决定》）第13条规定："中华人民共和国公民在中华人民共和国领域外犯走私、贩卖、运输、制造毒品罪的，适用本决定。外国人在中华人民共和国领域外犯罪进入我国领域的，我国司法机关有管辖权，除依照我国参加、缔结的国际公约或者双边条约实行引渡的以外，适用本决定。"这是对我国刑法适用范围的重要补充修改，不仅对《决定》的适用具有现实意义，而且对我国刑法理论的发展也有深远影响，值得认真加以研究。

《决定》第13条第1款是对我国刑法第4条、第5条的补充修改，也是对我国刑法空间适用范围的属人原则的充实完善。刑法第4条规定，我国公民在我国领域外犯反革命罪，伪造国家货币罪，伪造有价证券罪，贪污罪，受贿罪，泄露国家机密罪，冒充国家工作人员招摇撞骗罪，伪造公文、证件、印章罪，适用我国刑法。第5条规定，我国公民在我国领域外"犯前条以外的罪，而按本法规定的最低刑为3年以上有期徒刑的，也适用本法；但是按照犯罪地的法律不受处罚的除外"。上述第4条未列走私、贩卖、运输、制造毒品罪，对它只能依照第5条处理，即法定刑为3年以上有期徒刑并且按照犯罪地的法律应受处罚，才能适用我国刑法。《决定》第13条第1款的规定突破了刑法第5条适用的限制，这更有利于打击走私、贩卖、运输、制造毒品的犯罪。《决定》之所以作这样的修改补充，是从我国公民在我国领域外进行这类犯罪活动日益增多的实际情况出发的。他们与国外的毒品犯罪分子勾结，进行上述犯罪活动，往往并不亲自走私、贩卖、运输毒品到国内，为了有效地打击这种犯罪行为，《决定》第13条第1款的规定是十分必要的，这就可以不受刑法第5条适用的限制，直接适用《决定》予以应有的惩处。这对制止毒品向国内渗

透和对我国禁毒工作的开展是非常有利的。为了正确适用《决定》第13条第1款，我们认为需要解决以下几个问题：

（一）适用《决定》第13条第1款的犯罪是否仅限于《决定》第2条规定的走私、贩卖、运输、制造毒品罪？根据《决定》的规定，似乎只能给予肯定答复。有的著作阐释第13条第1款时也只谈我国公民在我国领域外犯走私、贩卖、运输、制造毒品罪的，都可适用本《决定》，而未论及其他条文规定的犯罪。我们认为，《决定》第2条规定的走私、贩卖、运输、制造毒品罪，当然适用第13条第1款的规定，因为这些犯罪是毒品犯罪中最严重的犯罪，是我们打击毒品犯罪的重点所在。此外，有的也应适用《决定》第13条第1款的规定，即1.《决定》第9条规定的犯罪："容留他人吸食、注射毒品并出售毒品的。"2.《决定》第10条规定的下述犯罪："依法从事生产、运输、管理、使用国家管制的麻醉药品、精神药品的人员违反国家规定……向走私、贩卖毒品的犯罪分子或者以牟利为目的，向吸食、注射毒品的人提供国家管制的麻醉药品、精神药品的。"理由是：上述两种犯罪实际就是贩卖毒品。1991年最高人民法院《关于十二省、自治区法院审理毒品犯罪案工作会议纪要》中指出："……容留他人吸食、注射并出售毒品的，应以贩卖毒品罪论处"，其性质和社会危害程度，与《决定》第2条规定的犯罪没有实质差别，此其一；其二，上述两种犯罪，处理部分规定为"依照第2条的规定处罚"，表明立法者将它们与第2条规定的犯罪同等看待的意图。因之我们认为，不应将上述两种犯罪排除在《决定》第13条第1款的适用之外。

（二）对我国公民在我国领域外犯《决定》规定的其他犯罪怎样适用《决定》？前面所述犯罪之外的其他犯罪不能适用《决定》第13条第1款处理，是毫无疑问的，但不等于说它们根本不能适用《决定》。由于《决定》对此未作补充规定，自然应当依照刑法总则第5条的规定适用《决定》。具体言之，《决定》规定的其他犯罪必须符合下列条件，才能适用《决定》：1.法律规定最低刑为3年以上有期徒刑的。据此，非法持有毒品罪，非法运输、携带制造毒品进出境罪，强迫他人吸食、注射毒品罪等犯罪，《决定》规定的最低刑均为3年以上有期徒刑，自然可能适用《决定》。2.按照犯罪地的法律应受刑罚处罚的。如果犯罪地的法律不作为犯罪处罚，即使符合第一个条件，也不发生适用《决定》的问题。上述几种犯罪行为及其他行为，我国于1989年参加的《联合国禁止非法贩运麻醉药品和精神药物公约》（以下简称《禁麻公约》），均要求各缔约国采取必要可能的措施将它们确定为其国内法中的刑事犯罪。如遇上述行为，应了解犯罪地的法律是否已将其作为犯罪加以规定，然后确定是否适用《决定》。

（三）如何理解在我国领域外犯走私、贩卖、运输、制造毒品罪？我国领域，指我国主权所及的区域，包括领陆、领水和领空以及我国的船舶和飞机。根据1992年通过的《中华人民共和国领海及毗连区法》（以下简称《领海法》）第2条规定："中华人民共和国陆地领土包括中华人民共和国大陆及其沿海岛屿、台湾及其包括钓鱼岛在内的附属各岛屿、澎湖列岛、东沙群岛、西沙群岛、中沙群岛、南沙群岛以及其他一切属于中华人民共和国的岛屿。"领水包括领海和内水。根据《领海法》第2条第1款和第3条第1款的规定，我国领海是邻接我国陆地领土和内水的海域，我国领海的宽度为从领海基线起12海里。我国内水包括我国陆地领土内的湖泊、内海、河流以及我国领海基线向陆地一侧的水域。我国领空指我国陆地领土和领水的上部空间。根据刑法第3条第3款规定，犯罪的行为或者结果有一项发生在我国领域内的，就认为在我国领域内犯罪。据此，只有我国公民犯走私、贩卖、运输、制造毒品罪的行为和结果，都发生在我国领域之外，才能认为是我国公民在我国领域外犯走私、贩卖、运输、制造毒品罪，如果行为或结果有一项发生在国内，这种毒品犯罪就不能认为是在我国领域外犯罪，而应认为是在我国领域内犯罪，直接由我国法院管辖。

《决定》第13条第2款是对我国刑法关于毒品犯罪的普遍管辖的决定。这一规定不仅有利于与国际社会配合打击国际毒品犯罪，而且弥补了在刑事立法上未规定普遍管辖原则的缺陷。普遍管辖原则又称世界主义，"指违反本国刑罚法规的行为，不问在任何地域实施，可以适用本国刑法的原则"。① 这一原则是为了对付日益严重的国际犯罪活动而确立的。作为国际犯罪，原来就有海盗、贩卖奴隶、麻醉药品或鸦片海洛因的秘密交易，随后又有劫持飞机、劫持人质等国际恐

① ［日］大谷实：《刑法讲义总论》，成文堂1986年版，第97页。

怖活动。为了预防和打击这类犯罪行为，各国缔结了各种有关的国际条约。同时，犯罪的国际化由于交通工具的飞速发展而变得日益突出，因而对于刑事案件的国际协助成为不可或缺，这对各国刑法的适用范围自然产生积极的影响。正是为了加强同这类犯罪作斗争，即使犯罪行为不在本国实施，也未侵害本国利益，并且犯罪人不是本国公民，有关国际条约要求本国对这类案件也有权管辖。据此，有些国家对普遍管辖原则在其刑法典中作了专门规定。例如 1976 年《德意志联邦共和国刑法典》第 6 条（妨害国际保护法益的国外行为）就是如此。该条规定："无论犯罪地的法律如何规定，在国外的下列犯罪同样适用德国刑法：1. 灭绝种族罪……3. 危害航空交通罪……5. 非法经营毒品罪……9. 根据对德意志联邦共和国有约束力的国际条约的规定而应追诉的在国外的犯罪。"

1979 年公布的我国刑法，没有规定普遍管辖原则的条文。当时我国刑法理论界对这一原则（当时叫"世界主义"）多持否定态度。例如有的著作认为："至于世界主义，则是为帝国主义和霸权主义服务的刑法理论。这个理论的鼓吹者企图为世界各国制定一部世界通用的刑法，以便于帝国主义和霸权主义者得肆意践踏各国主权，因而在事实上是根本行不通的。"① 笔者对世界主义当时也持否定的观点。这是长期闭关锁国、闭目塞听的表现。如前所述，由于国际犯罪活动的猖獗和犯罪国际化的严重，为了对付这类犯罪，各国缔结了许多国际条约，例如：1963 年 9 月在东京签订的《关于在航空器内的犯罪及某些其他行为的公约》（简称《东京公约》）、1970 年 12 月在海牙签订的《关于制止非法劫持航空器的公约》（简称《海牙公约》）、1971 年 9 月在蒙特利尔签订的《关于制止危害民用航空安全的非法行为的公约》（简称《蒙特利尔公约》）等，均有普遍管辖原则的规定。我国于 1978 年 10 月加入了《东京公约》，1980 年 10 月加入了《海牙公约》和《蒙特利尔公约》。这样，我国就承担着对实施条约规定的罪行行使管辖权的义务；但我国刑法对此尚无规定，不利于我国对上述罪行行使管辖权。为了解决这一问题，全国人大常委会于

① 张尚鷟：《中华人民共和国刑法概论》（总则部分），法律出版社 1983 年版，第 41 页。

1987年6月23日审议通过了《关于对中华人民共和国缔结或者参加的国际条约所规定的罪行行使刑事管辖权的决定》，规定“对于中华人民共和国缔结或者参加的国际条约所规定的罪行，中华人民共和国在所承担条约义务的范围内，行使刑事管辖权”。这就扩大了我国刑法的适用范围，使我国刑法更能适应斗争的需要。但对哪种具体犯罪可以按照普遍管辖原则行使管辖权，我国刑法仍然缺乏规定，《决定》第13条第2款正好弥补了这一缺陷。

《决定》第13条第2款是参照《禁麻公约》第4条第2款（b）项而规定的。该项内容是：“当被指控的罪犯在其领土内，并且不把他引渡到另一缔约国时，也可采取必要的措施，对其按第3条第1款确定的犯罪，确定本国的管辖权。”这里所谓第3条第1款确定的犯罪，包括所有毒品犯罪，而我国的《决定》则将适用普遍管辖原则的毒品犯罪作了适当限制。根据《决定》第13条第2款的规定，适用本条款行使刑事管辖权，必须具备下列条件：

1. 外国人在我国领域外犯走私、贩卖、运输、制造毒品罪。外国人指具有外国国籍的人或无国籍人。我国领域，如前所述，指我国主权所及的区域包括领陆、领水和领空以及我国的船舶和飞机。所谓在我国领域外，指犯罪的行为和结果均在我国领域之外。如果其中一项发生在我国领域内，即为在我国领域内犯罪，则不发生适用《决定》第13条第2款的问题。所犯之罪为走私、贩卖、运输、制造毒品罪，这是对我国刑法第6条规定的突破。该条规定，外国人在我国领域外对我国“国家和公民犯罪，而按本法规定的最低刑为3年以上有期徒刑的，可以适用本法；但是，按照犯罪地的法律不受处罚的除外”。这是根据保护原则所作的规定，限于侵犯我国国家和公民利益的犯罪（此外还要符合其他条件），而本条款明文规定为“犯前款罪”即犯走私、贩卖、运输、制造毒品罪，而不问这些犯罪是否侵犯我国国家或侵犯我国公民的利益，也不问其法定最低刑是否为3年以上有期徒刑。至于适用本条款的犯罪是否仅限于《决定》第2条规定的走私、贩卖、运输、制造毒品罪，笔者的观点与阐述本条第1款的观点相同，兹不赘述。

2. 进入我国领域。指外国人在我国领域外犯了走私、贩卖、运输、制造毒品罪之后进入我国国境之内，亦即进入我国主权所及的范

围。因为只有这时我国才能对该外国人行使刑事管辖权，即我国司法机关将外国毒品罪犯予以拘留、逮捕、起诉、审判。如果在我国领域外犯罪的外国毒品罪犯，没有进入我国领域，我国就没有对其行使管辖权的义务，也没有对其行使管辖权的可能，自不发生本条款的适用问题。

3．不需要依照我国参加、缔结的国际公约或者双边条约实行引渡。国际公约主要指《禁麻公约》，这一公约是1988年12月19日通过的，我国于1989年9月经全国人大常委会批准参加了这个公约。双边条约主要指两个国家签订的包含有引渡内容的条约，我国虽与有的国家签订了关于民事和刑事司法协助的双边条约，但还缺乏关于引渡的规定，将来当会与有的国家签订这样的条约。如果依照我国参加、缔结的国际公约或者双边条约将毒品罪犯引渡给有管辖权和请求引渡的国家，也就不会发生我国对该毒品罪犯的刑事管辖权。

只有符合上述三个条件，我国司法机关才能对进入我国境内的外国毒品罪犯，依照《决定》的规定予以惩罚。至于什么叫引渡，在什么条件下引渡或不引渡，下面我们专门加以研究。

何谓引渡？国内有关著作表述不一，表述虽各有所长，也各有所不足。限于篇幅，这里不拟对各种定义一一列举和评述。在笔者看来，对引渡的定义可作如下表述：引渡是指犯有可引渡之罪的人所在的国家，应有管辖权的国家的请求，根据国际条约及有关国内法的规定，通过外交途径，将引渡对象移交给请求国审判或处罚的国际司法协助行为。由此可见，引渡具有如下特征：1．被请求国是他国指控为犯罪的人或被判刑的人所在的国家。2．请求国是有刑事管辖权的国家。有刑事管辖权的国家：（1）是犯罪发生地的国家，（2）是罪犯国籍所属的国家，（3）是受害的国家。几个国家同时要求引渡时，通常将罪犯引渡给犯罪发生地的国家。3．引渡的对象是被他国指控为犯罪的人或被判刑的人，并且所犯之罪为可引渡的犯罪。可引渡的犯罪在条约中用列举法或概括法“相同原则”来加以规定。这种人可能是请求国公民、被请求国公民，也可能是第三国公民。4．引渡的根据是请求国与被请求国缔结的或共同参与的有关引渡的双边条约、多边条约或国际公约以及国内法的有关规定。5．引渡的方式是通过外交途径进行。6．引渡的性质是国际刑事司法协助。国际刑事司法协助主要有：狭义的刑事司法协助（送达文书及调查取证）、引渡、诉讼的移管、外国刑事判决的承认和执行。7. 引渡的目的是使犯有引渡罪行的人受到应有的审判或应有的处罚。

某种犯罪是否可引渡，根据引渡的原则来确定。引渡原则主要有：1. 双重犯罪原则又称相同原则或双方可罚性原则，指请求引渡的犯罪（引渡犯罪），根据请求国的刑法与被请求国的刑法，均构成犯罪并应受一定刑罚处罚时，才能引渡。2. 专一原则又称同一原则或特定罪名原则，指请求国对被引渡回国的人，只能就请求引渡时所指控的罪名进行起诉或惩处，而不能审判或处罚异于引渡罪名的其他犯罪。3. 本国公民不引渡原则，这是大陆法系国家的一贯主张。理由主要是国家对本国人在外国犯罪具有属人管辖权，并担心将本国人移交给请求国后，会遭受不公正的审判和处罚。与此相反，英美法系国家不赞成这一原则，认为过分强调对本国公民的保护，可能起到纵容国际犯罪的效果。1988 年通过的《禁麻公约》中，即删去了草案里“本国公民不引渡”的条款。4. 政治犯不引渡原则，是法国资产阶级革命后逐步形成的一项国际法原则。现在已为关于引渡的国际条约所普遍接受。政治犯的含义由各国的国内法加以规定。但这一原则不适用于国际犯罪。《禁麻公约》第 3 条第 10 款规定：“……凡依照本条确定的犯罪均不得视为经济犯罪或政治犯罪或认为是出于政治动机。”5. 一事不再理原则或称一案不再判原则，即“被请求国主管当局已宣布了对某人所犯的一项或几项罪的最终判决，凡以该罪名请求引渡者，不应予以引渡，凡被请求国主管当局已决定对同一项或几项罪不予起诉或中止诉讼者，得拒绝予以引渡”（《欧洲引渡公约》第 9 条）。6. 或引渡或起诉原则，是普遍管辖原则的具体表现。其目的在于使在逃罪犯难漏法网。《禁麻公约》第 4 条第 2 款（b）项与第 9 款对此作了详细规定。

《禁麻公约》设立专条即第 6 条规定关于引渡的规范。由于我国参加了《禁麻公约》，因之，在毒品犯罪的引渡上，除我国国内法另有规定外，应当适用《禁麻公约》的规定。该公约第 6 条第 3 款、第 4 款规定：“如果一缔约国要求引渡须以存在有一项条约为条件，在接到与之未订有引渡条约的另一缔约国的引渡请求时，它可将本公约视为就本条适用的任何犯罪进行引渡的法律依据。缔约国若需具体立

法才能将本公约当做引渡的法律依据，则应考虑制定可能必要的立法。”“不以存在一项条约为引渡条件的缔约国应承认本条所适用的犯罪为其相互间可予引渡的犯罪。”我国《决定》第13条第2款承认“依照我国参加、缔结的国际公约或者双边条约实行引渡”，自然意味着将《禁麻公约》视为对毒品犯罪进行引渡的法律依据。

那么，哪些毒品犯罪可以引渡呢？《禁麻公约》第6条第1款规定，引渡“应适用于缔约国按照第3条第1款所确定的犯罪”。该公约第3条第1款确定的犯罪范围很广，包括违反公约的规定，生产、制造、提炼、配制、提供、兜售、分销、出售，以任何条件交付、经纪、发送、过境发送、运输、进口或出口任何麻醉药品或精神药物；为生产麻醉药品而种植罂粟、古柯或大麻植物，非法占有或购买任何麻醉药品或精神药物；明知其用途或目的是非法种植、生产或制造麻醉药品或精神药物而制造、运输或分销设备、材料或表一和表二所列物质；组织、管理或资助上述任何犯罪；明知其财产来自上述任何犯罪或参与此种犯罪行为，为了隐瞒或掩饰该财产的非法来源或为了协助行为人逃避惩罚而转换或转让财产；明知财产得自上述犯罪或参与此种犯罪行为而隐瞒或掩饰该财产的真实性质、来源、所在地，处置、转移相关的权利或所有权；获取、占有或使用明知得自毒品犯罪的财产；占有明知其被用于或将用于非法种植、生产或制造麻醉药品或精神药物的设备、材料或表一和表二所列物质；以任何手段公开鼓动或引诱他人去犯按照本条确定的任何罪行或非法使用麻醉药品或精神药物；参与进行；合伙或共谋进行，进行未遂以及帮助、教唆、便利和参谋进行按本条确定的任何犯罪。

在什么情况下毒品犯罪不予引渡呢？《禁麻公约》和《决定》规定在以下两种情况下毒品犯罪不予引渡：1. 引渡可能引起不良后果。《禁麻公约》第6条第6款规定：“被请求国在考虑根据本条提出的请求时，如果有充分理由使其司法或其他主管当局认为按该请求行事就会便利对任何人因其种族、宗教、国籍或政治观点进行起诉或惩罚或使受请求影响的任何人由于上述任一原因遭受损害，则可拒绝按该请求行事。”2. 犯罪人是我国公民。《禁麻公约》虽未规定本国公民不引渡原则，但其第4条第3款规定：“本公约不排除任一缔约国行使按照其国内法确立的任何刑事管辖权。”而我国刑法第5条和《决定》

第13条第1款均明文规定我国刑法的属人管辖权，因而我国公民在我国领域外犯毒品罪后，回到我国的，不予引渡。对不予引渡的毒品犯罪，依照“或引渡或起诉原则”，适用《决定》论处；如果属于我国国籍的毒品罪犯在国外受到刑罚宣告后或刑罚执行中逃回我国，我国“应在其法律允许并且符合该法律要求的情况下，根据请求国的申请，考虑执行请求国法律判处的该项刑罚或未满的刑期”（《禁麻公约》第6条第10款）。

（原载《政治与法律》1993年第3期）

我国区际刑事司法协助的内容刍议

区际刑事司法协助，是相对于国际刑事司法协助而言的。我国大陆与香港、澳门等特别行政区，现在还没有关于区际刑事司法协助的法律，但我国与许多国家签订了有关刑事司法协助的条约，国际刑事司法协助在国际刑法理论上早有研究。借鉴国际刑事司法协助的内容，结合我国实行“一国两制”的具体情况，能够设想出区际刑事司法协助应有的内容。

刑事司法协助的内容，也有学者称为刑事司法协助的形式、形态或范围。从国际刑事司法协助来看，国际刑事司法协助的内容，是与国际刑事司法协助的概念紧密相联的。日本学者森下忠写道：国际刑事司法协助的词语，在广义、狭义各种各样的意义上使用，大别之有（1）狭义的、（2）广义的与（3）最广义的三种。狭义的司法协助，通常称为“小司法协助”。广义的司法协助包括犯罪人引渡和狭义的司法协助。最广义的司法协助包括犯罪人引渡和狭义的司法协助以及刑事追诉的移管和外国刑事判决的执行。最广义的司法协助的概念是第二次世界大战后登场的。① 我国学者董番舆教授等也持同样的观点，并指出：狭义的司法协助包括对证人及鉴定人的询问、物的引渡、搜查与扣押、查证、文书送达、情报提供等。② 他进而指出：根据荷、比、卢三国公约，国际刑事司法协助的形式可以分为四种：

① 参见［日］森下忠：《国际刑事司法协助的理论》，成文堂1983年版，第1页。

② 参见董番舆：《关于国际刑事司法协助及其形式》，载《政法论坛》1988年第5期，第41页。

（一）引渡（extradition），即从某一国家把人犯引渡给其他国家的司法当局。（二）狭义的司法协助，它特别包括对其他国家司法当局提供情报及证据物。（三）在一国执行由其他国家作出的刑事裁判。（四）追诉的移管。在某一国的犯罪，准许在另一国家追诉。就前两种来说，被请求国不是亲自担负处罚的主要部分，而是援助请求国，所以这两种形态的协助被称为“第二位的”。反之，就后两种而言，被请求国担负处罚的重要部分，其结果，请求国从其负担中解放出来。因此，这两种形式的协助被称为“第一位的”。① 也有学者将刑事司法协助分为古典形式和新形式的司法协助。古典形式的刑事司法协助，指引渡和狭义的刑事司法协助；新形式的刑事司法协助，指刑事诉讼的移管、外国刑事判决的执行以及在外国受缓期执行判决者的保护观察。② 同时，近十几年来，我国与几十个国家签订了民事和刑事司法协助条约、刑事司法协助条约和引渡条约，这些条约对刑事司法协助的内容都有具体规定。例如，中国和希腊关于民事和刑事司法协助的协定第 28 条规定：“根据本协定的规定，缔约双方应相互提供以下各项刑事司法的协助：（一）送达文书；（二）进行鉴定和司法勘验；（三）向有关人员录取证词；（四）搜查、扣押和移交文件、证物与赃款赃物；（五）安排证人、鉴定人和在押人员出庭作证；（六）刑事诉讼的转移；（七）通报刑事判决。”又如，中国和保加利亚引渡条约第 1 条规定：“缔约双方有义务根据本条约的规定和条件，经适当请求，相互引渡在诉讼或者根据已生效的判决执行监禁。”这些规定为我们研讨我国区际刑事司法协助的内容提供了有益的参考。

根据上述理论观点和条约资料，结合我国“一国两制”的现实和有关情况，笔者认为，我国区际刑事司法协助的内容，可以分为如下三类：（一）狭义的刑事司法协助；（二）移交犯罪嫌疑人、被判刑人；（三）新形式的刑事司法协助。每一类中，依据具体情况，可能进一步再分为若干种。现分述如下：

---

① 参见董番舆：《关于国际刑事司法协助及其形式》，载《政法论坛》1988 年第 5 期，第 43～44 页。

② 邵沙平：《现代国际刑法教程》，武汉大学出版社 1993 年版，第 229 页。

一、狭义的刑事司法协助

狭义的刑事司法协助，有学者称为预审合作，并说明这种预审合作与我国大陆刑事诉讼中的预审有很大区别。在我国大陆刑事诉讼中，“预审”是指侦查阶段对刑事被告人的询问以及有关的调查取证活动，一般从逮捕开始，到移送检察院审查起诉时结束。而国际刑事司法协助中所谓的“预审”，则不是特指某一诉讼阶段，它恰恰与裁断相对而言，完全是为裁断提供依据的准备性活动。①笔者认为，这种提法具有概括性，是其优点；但将它与大陆刑事诉讼中的“预审”一词并用，容易引起误解，因而这里还是采用前述通常的提法——狭义的刑事司法协助。

狭义的国际刑事司法协助的内容，中外学者都有说明。从前面所引董番舆教授的见解可以窥见。日本学者森下忠教授在自己的著作中对此内容早有论及，② 见解与董教授所述完全一致。同时，我国与许多国家有关刑事司法协助条约中的规定，大多为狭义的刑事司法协助的内容。例如，中国和加拿大刑事司法协助条约第 2 条规定：“协助应包括：（一）刑事诉讼文书的送达；（二）调查取证和获取有关人员的陈述；（三）搜查和扣押；（四）获取和提供鉴定人鉴定；（五）移交物证；（六）提供犯罪记录和法庭记录；（七）提供书证；（八）准许或协助包括在押人员在内的有关人员赴请求方作证或协助调查取证；（九）涉及赃款赃物和归还被害人财物的措施。”中国和保加利亚刑事司法协助条约第 1 条第 2 款规定，提供的协助包括以下各项：（一）送达刑事诉讼文书；（二）查找和辨认有关人员；（三）进行专家鉴定和现场司法勘验；（四）向有关人员录取证词；（五）搜查、扣押和移交书证、物证与赃款赃物；（六）安排证人和鉴定人出庭作证；（七）安排在押人员出庭作证；（八）通报刑事诉讼结果；（九）提供

---

① 黄风：《论国际刑事司法协助中的“预审”合作》，载中华人民共和国司法部司法协助局等编：《国际司法协助与区际冲突法论文集》，武汉大学出版社 1989 年版，第 85～86 页

② ［日］森下忠：《国际刑事司法协助的理论》，成文堂 1983 年版，第 2 页。

有关司法记录和交换法律资料。借鉴上述国际刑事司法协助的内容，结合我国大陆与港、澳地区实行“一国两制”的有关情况，我国狭义的区际刑事司法协助的内容似应包括如下事项：

（一）送达刑事诉讼文书

在跨越两个国家或法域的刑事诉讼中，协助送达刑事诉讼文书是每一案件不可缺少的首要环节。在我国与其他国家签订的刑事司法协助条约中，往往将送达刑事诉讼文书列为协助范围的第一个项目，因而这里也首先论述送达刑事诉讼文书。

送达刑事诉讼文书，是被请求协助的一方将请求方司法机关制作的刑事诉讼文书，如起诉书、传票、拘捕通知书、不起诉决定书、刑事判决书等及时、合法地送交诉讼参与人或与诉讼有关的其他人员的活动。①

送达刑事诉讼文书应以请求书的形式提出，请求书应载明下列内容：请求机关和被请求机关的名称；当事人及请求书中所涉及的其他人员的姓名、职业、住所或居所；请求协助的案件的名称；所涉案件的基本犯罪事实和有关法律规定；请求送达文书的名称和请求送达的时限。请求书由请求机关签署和盖章。被请求机关如果因请求书中所示的地址不确切而无法执行请求，应采取适当措施以确定地址，或要求请求方提供补充材料，或通知请求方，说明妨碍执行的原因，并退回请求方递交的文书和材料，被请求机关应及时将执行请求的结果通知请求机关，并附证明请求已予执行的文件。送达回证应注明收件日期和收件人姓名，应由执行送达机关盖章和执行送达人签名。如收件人拒收，应注明拒受的理由。

（二）代为询问有关人员，制作、提供询问笔录

这里所谓有关人员，指证人、被害人、鉴定人、犯罪嫌疑人和被告人。中国和哈萨克斯坦关于民事和刑事司法协助条约第 22 条就协助的范围规定：“缔约双方应根据要求，在刑事方面相互代为询问证

① 黄进主编：《区际司法协助的理论与实务》，武汉大学出版社 1994 年版，第 122 页。

人、被害人、鉴定人、嫌疑人和被控犯罪的人……”这一协助事项对于区际刑事司法协助也具有借鉴意义。

证人的证言、被害人的陈述、鉴定人的鉴定和犯罪嫌疑人、被告人的供述或辩解，都是刑事诉讼中经常使用的证据，对认定案件事实都具有重要价值。在他们居住在被请求方而离境出庭有困难时，请求方可以委托被请求方代为询问，被请求方应制作询问笔录，提供给请求方在刑事诉讼中作为证据使用。

同时还应规定作证的拒绝，即被请求方执行请求方的请求时，有关人员遇有下列有拒绝作证的特权和义务的任何一种情况时，可以拒绝作证：1. 根据被请求一方的法律；2. 根据请求一方的法律，并且此种特权或义务已在请求书中说明，或者应被请求机关的要求，请求机关已通过其他方式向被请求机关确认。

（三）安排证人、鉴定人和在押人员出庭作证或协助调查

在刑事诉讼中，证人提供证言和鉴定人发表鉴定意见，对确定罪行的有无或轻重具有关键作用，因而他们的出庭作证常常是刑事诉讼程序的要求。为此，在国际刑事司法互助条约中对证人和鉴定人出庭作证或协助调查通常有所规定，我国内地和港、澳地区的区际刑事司法协助也有必要加以借鉴。

在区际刑事司法协助中，当请求方认为证人或鉴定人有必要到其司法机关亲自履行有关的诉讼行为，可以邀请被请求方境内人员到请求方境内作证或协助调查。在证人或鉴定人表明态度后，被请求方应将他们是否同意接受此项请求的答复通知请求方。

在证人和鉴定人入境出庭作证时，请求方应当支付旅费、食宿费和一定的津贴。这些费用的概数，请求方应在请求书或传票中说明。如果证人或鉴定人要求预付，请求方应向其预付部分或全部上述费用。

同时，对入境作证的证人或进行鉴定的鉴定人要给予保护。请求方不得因其入境前所犯的罪行或者因其证词或鉴定结论而追究其刑事责任，或以任何其他方式剥夺或限制其人身自由。请求方和被请求方双方均不应对未按照请求或传唤到请求方境内作证或鉴定的人进行威胁、处罚或采取强制措施。

如果请求方的司法机关认为有必要让在被请求方境内的在押人员出庭作证，只要他们本人同意，被请求方可根据请求将该人移交给请求方。为此，双方应就移交该人的要求和条件达成协议。请求方应在其领土内继续关押被移交人，作证后应在商定的期限内将其交还给被请求方。请求方接到被请求方无须继续拘禁上述人员的通知时，应恢复其自由。同时对证人和鉴定人保护的规定，应在适当范围内对他们适用。

（四）协助到被请求方调查

根据案件的情况，请求方往往需要到被请求方调查取证，以利于案件的审理。因而协助到被请求方调查，也就成为国际刑事司法协助的内容。我国与加拿大、保加利亚、塞浦路斯等国签订的有关刑事司法协助的条约中都有这方面的规定。笔者认为，这种协助既然在国家与国家之间能够进行，那么，在我国内地与港、澳、台地区之间进行，自然不应成为问题。

这就要求，被请求方应当根据请求将执行调查取证请求的时间和地点通知请求方，只要请求方的法律不予禁止，被请求方应当准许请求方在被请求方的主管机关根据请求进行调查取证或提供其他司法协助时到场。请求方到场的与调查取证或诉讼有关的司法人员或其他人员可按照被请求方同意的方式提问和进行记录。自然，到场的人员应当遵守被请求方的法律。

（五）委托勘验、检查、鉴定、搜查和扣押

勘验、检查、鉴定、搜查和扣押都是查清案件事实不可缺少的侦查措施，它们在国际刑事司法协助条约中也常有规定。例如，我国与塔吉克斯坦、韩国等有关国际刑事司法协助条约第 21 条、第 17 条的规定都是适例。因而我国学者主张：“内地和港、澳、台地区司法机关在必要情况下，可以互相委托勘验犯罪现场，检查物品与人身，检验尸体，进行司法鉴定，为搜集证据搜查人身与住宅，扣押物证和书证。”① 笔者认为这个意见是适宜的。

---

① 黄进主编：《区际司法协助的理论与实务》，武汉大学出版社 1994 年版，第 124 页。

勘验、检查、鉴定、搜查和扣押的请求应以请求书形式提出。请求书中应载有说明上述行动依请求方法律为合法的资料。被请求方应在法律允许的范围内执行上述请求，并向请求方提供其所要求的勘验、检查、鉴定搜查的材料与结果以及扣押地点、扣押状况和被扣押的材料随后被监管的情况。

（六）移交物证、书证和赃款赃物

移交物证、书证和赃款赃物，在我国与乌克兰民事和刑事司法协助条约中曾明文加以规定，我们认为，这也应成为我国内地与港、澳、台地区刑事司法协助的内容。“物证，是指能够证明案件事实的一切物品和痕迹。”“书证，是指用文字、符号、图画等所表达的思想内容来证明案件事实的书面材料。”① 它们是刑事诉讼中广泛使用的证据，当请求方需要这些证据时可以向被请求方提出请求。请求提供物证时，被请求方应移交请求方要求提供的作为证据的物品，但物品的移交不得侵犯被请求方以及与该物品有关的第三者的权利。请求提供书证时，被请求方可以移交请求方要求提供的文件的副本或影印件；如果请求方明示移交原件时，被请求方应尽可能提供原件。移交给请求方的物品及文件，应根据被请求方的要求尽快归还；但被请求方放弃归还要求的不在此限。

罪犯在请求方境内犯罪时非法获得的、但在被请求方境内发现的赃款赃物，经请求方请求，被请求方应予以移交给请求方。但此项移交不得损害被请求方或与该财物有关的第三者的权利。如果上述赃款赃物对被请求方境内其他未决刑事案件的审理是必不可少的，被请求方可暂缓移交，但应及时通知请求方。

（七）其他形式协助

我国与其他国家签订的国际刑事司法协助条约中通常还规定上述形式以外的其他形式的协助，如查找或辨认人员或物品、提供犯罪记录、通报刑事诉讼结果等。笔者认为，这些形式的协助，我国内地与

---

① 程荣斌主编：《中国刑事诉讼法教程》，中国人民大学出版社 1997 年版，第 315～316 页。

港、澳、台地区的区际刑事司法协助也可采用。

如果请求方对案件涉及的人员或物品在被请求方下落不明时，可以向被请求方提出查找和辨认的请求。被请求方应根据请求，尽力查找请求书中所指人员或物品的下落，辨认该人员的身份。

如果被告人在被请求方曾被判过刑而在被请求方又因犯罪被追究刑事责任，请求方可以向被请求方提出提供犯罪记录的要求，被请求方应根据请求，提供该人在被请求方的犯罪记录和法院对其进行审判的有关情况。

双方还应相互递送各自法院对另一方居民所作的生效裁决副本或案情摘要。

二、移交犯罪嫌疑人、被判刑人

（一）概述

移交犯罪嫌疑人、被判刑人，在海峡两岸实际上已经存在。1990年9月海峡两岸红十字会组织，在金门就双方执行海上遣返事宜达成《金门协议》，规定“刑事嫌疑犯和刑事犯”为遣返对象。1998年5月中国大陆方面将劫持台湾民航客机至大陆的犯罪嫌疑人遣返移交给台湾当局。两个月后，台湾当局将劫机去台的黄树则和韩风英遣返回大陆。2001年6月，又有8名劫机者从台湾遣返移交给大陆有关机关。这些“移交犯罪嫌疑人、被判刑人”的实践活动，为我们研究这一课题提供了有益的资料。

“移交犯罪嫌疑人、被判刑人”，这种情况发生在主权国家之间称为引渡。主权国家为了促进双方在惩治犯罪方面的有效合作，国家之间（双边或多边）往往签订引渡条约。我国从1993年8月与泰国签订引渡条约以来，已与近10个国家签订了引渡条约。区际刑事司法协助，由于是在同一主权国家之内不同法域进行，与主权国家之间的国际刑事司法协助性质不同，因而“移交犯罪嫌疑人、被判刑人”不称为引渡。但引渡条约中的有关规定，对我们研究区际刑事司法协助中的“移交犯罪嫌疑人、被判刑人”仍有参考价值。

（二）可移交的犯罪嫌疑人、被判刑人

可移交的犯罪嫌疑人，我们认为应当是实施了涉嫌比较严重的犯罪，轻微的犯罪没有必要请求移交。参考我国与有关国家签订的引渡条约，可移交的犯罪嫌疑人，可以是依照内地刑法或者港、澳、台刑法实施了可能判处1年以上有期徒刑或监禁的犯罪。

可移交的被判刑人，应当是还有较长的尚未执行的刑期，否则也没有必要请求移交。参考上述引渡条约，可移交的被判刑人，可以是判决中尚未执行的刑期不少于6个月的服刑人。

根据引渡条约，可引渡的犯罪必须符合双重犯罪原则、政治犯不引渡原则、死刑犯不引渡原则、本国公民不引渡原则。那么，区际刑事司法协助移交犯罪嫌疑人、被判刑人是否要遵循这些原则呢？现分述如下：

1. 双重犯罪原则。所谓双重犯罪原则，即请求移交一方的刑法与被请求移交一方的刑法均认为构成犯罪时，才能予以移交。这一原则虽为签订引渡条约的各国所认可，但我国不同法域之间移交犯罪嫌疑人、被判刑人能否适用，我国学者则意见不一。有的主张应当坚持双重犯罪原则，理由是：（1）"坚持双重犯罪原则符合罪刑法定的精神"。（2）"坚持双重犯罪原则，可以简化对可移交之罪的立法和审查标准"。① 与此相反，有的学者主张不适用双重犯罪原则，认为"在区际司法协助中只要行为人违反了行为地的刑律，按照该法规定应当承担刑事责任，该法域的司法当局就可以向罪犯逃亡地的有关方面发出协助请求。经被请求方审查，如果认为按本区域刑法不属于犯罪，但是，只要属于犯罪地刑法的制裁范围，就应当予以协助"。②

笔者赞同第二种观点，主要理由是：（1）不同法域刑法规定的犯罪不尽相同，如采用双重犯罪原则，会给行为人以逃避刑罚的空子。例如，内地刑法规定侵犯少数民族风俗习惯行为属于犯罪，但香港地

---

① 黄进主编：《区际司法协助的理论与实务》，武汉大学出版社1994年版，第127～128页。

② 黄进、黄风主编：《区际司法协助研究》，中国政法大学出版社1993年版，第193页。

区刑法无此规定；香港地区刑法规定鸡奸行为为犯罪，但内地刑法无此规定。如果内地居民实施了侵害少数民族风俗习惯罪后逃到香港、香港居民实施了鸡奸罪后逃到内地，按照双重犯罪原则，均不能移交，这就使实施了犯罪行为的人逃避了刑罚惩罚。（2）在同一主权国家的管辖下，不同法域之间应当互相尊重对方的刑法规定，以维护各自的司法权力。因为这毕竟是同一主权国家内部的问题，无须按照主权国家之间的原则处理。仍以上述事例为例，如果香港应内地的请求，将实施了侵害少数民族风俗习惯罪后逃到香港的内地居民予以移交，内地应香港的要求将实施了鸡奸罪后逃到内地的香港居民予以移交，这样各法域的司法权力都可得到维护。同时应当指出的是，它并不与罪刑法定原则相矛盾，对犯罪的认定无不以行为地的刑法规定为准绳。

2. 政治犯不引渡原则。所谓政治犯不引渡原则，即要求被引渡的对象是政治犯时，被要求国可以拒绝引渡，并给予庇护的权利。它是世界各国在引渡问题上普遍承认的原则，我国在与有关国家签订的引渡条约中，都规定有“被请求的缔约一方已给予被请求引渡人受庇护的权利”为应当拒绝引渡的情形之一。但这是国家与国家之间的通例，对于一个国家内部区际刑事司法协助而言，我们认为，不应当适用“政治犯不移交原则”。对此，我国学者的观点没有分歧，都认为政治犯罪不管发生在哪个法域，都对整个国家造成危害，该法域的司法机关都有同它作斗争的义务，应当采取措施积极予以协助，而没有给予庇护的权利。①《香港特别行政区基本法》第 23 条规定：“香港特别行政区应自行立法禁止任何叛国、分裂国家、煽动叛乱、颠覆中央人民政府及窃取国家机密的行为，禁止外国的政治性组织或团体在香港特别行政区进行政治活动……”《澳门特别行政区基本法》第 23 条亦有同样规定。这表明港、澳“特别行政区作为中华人民共和国的一部分，负有维护国家的主权、统一和领土完整的责任。”② 所以，

① 黄进、黄风主编：《区际司法协助研究》，中国政法大学出版社 1993 年版，第 194 页；黄进主编：《区际司法协助的理论与实务》，武汉大学出版社 1994 年版，第 129～132 页。

② 王叔文主编：《香港特别行政区基本法导论》，中共中央党校出版社 1990 年版，第 121 页。

如有政治犯逃到这些法域，各有关当局都应当提供协助予以移交。此外，军事犯罪也应同样处理。

3. 死刑犯不引渡原则和本国公民不引渡原则。死刑犯不引渡原则也为一些国家的引渡条约或引渡法所承认。例如，1982 年德国国际刑事司法协助法第 8 条规定："其行为根据请求国法适用死刑时，只有请求国保证不科处死刑或者不执行死刑，才能允许引渡。"1957 年欧洲引渡条约第 11 条、奥地利协助法第 20 条等也有类似条文。① 但我国与有关国家签订的引渡条约和我国的引渡法对此均未作规定，表明我国不排斥死刑犯引渡的态度。据此，我们认为，我国区际刑事司法协助，自然不应当适用"死刑犯不移交原则"。港、澳地区刑法没有死刑，内地和台湾地区刑法则有死刑。各法域应当互相尊重对方的法律制度，如果有人在内地犯了应当判处死刑的犯罪后逃到其他法域，其他法域有关当局应当根据内地的请求，提供协助予以移交。

本国公民不引渡原则也是国际引渡条约中公认的原则，我国与有关国家签订的引渡条约与我国引渡法中同样坚持这一原则。但"本地居民不移交"却不宜在我国区际刑事司法中适用。因为不论哪一法域的居民，都是中华人民共和国公民，在哪一法域犯罪，自应依照该法域即犯罪地的刑法追究刑事责任，这有利于案件的审理，不发生公正不公正的问题，否则，如果坚持本地居民不移交原则，"不仅违反了相互尊重和属地管辖的原则，而且实在是后患无穷，对两地都没有好处"。②

此外，属于普遍管辖的案件如劫持航空器犯罪，不论哪一法域都有管辖权，本来可以不移交犯罪嫌疑人、被判刑人，但考虑到移交会更有利于遏止犯罪，也可以通过协商，相互予以移交。大陆与台湾相互遣送移交劫机者的合作，取得了很好的遏制劫机犯罪的效果，充分地证明了这一做法的妥当性。

---

① ［日］森下忠：《犯罪人引渡法的理论》，成文堂 1993 年版，第 209 页。

② 赵国强：《基本法与区际司法协助》，中国社会科学出版社 2000 年版，第 183 页。

三、新形式的刑事司法协助

（一）刑事诉讼的移管

刑事诉讼的移管，或称转移诉讼，是第二次世界大战以后发展起来的国际刑事司法协助的一种形式。其主要特点是请求方将本来属于其管辖的案件转移给被请求方追诉和执行判决。它有利于确保被告人出庭受审，有利于调查取证，有利于判决的执行和服刑人复归社会，因而得到国际社会的认可。如同有的学者主张的那样，我们认为我国区际刑事司法协助也可采用这种形式。

内地与港、澳、台地区在什么情况下可以向对方提出转移诉讼的请求呢？参考 1972 年 5 月 15 日在斯特拉斯堡（Strasbourg）签订的《欧洲刑事诉讼移管条约》第 8 条第 1 款的规定，① 法域的一方在如下情况下可以请求另一方提起诉讼：

1. 犯罪嫌疑人、被告人在被请求方有常住居所。

2. 犯罪嫌疑人、被告人是被请求方的居民，或者被请求方是其出生地。

3. 犯罪嫌疑人、被告人在被请求方正在或将要服剥夺自由的刑罚。

4. 犯罪嫌疑人、被告人在被请求方已成为同一犯罪或其他犯罪的追诉对象。

5. 转移诉讼有利于案件真实情况的发现，特别是最重要的证据在被请求方。

6. 认为在被请求方执行被宣告的有罪判决会有利于受刑人复归社会。

7. 认为不能确保被告人出席请求方庭审，而能够确保其出席被请求方庭审。

8. 认为即使采取移交被判刑人的程序也不能执行被宣告的有罪判决，而在被请求方则有可能执行。

① ［日］森下忠：《国际刑法的新动向》，成文堂 1979 年版，第 319 页。

当某人被怀疑犯有内地或港、澳、台地区刑法规定的犯罪时，可以向另一方提出转移诉讼的请求。被请求方接到请求后，根据协议和本地区的法律进行审查，决定是否接受或拒绝。被请求方可以在以下一种或数种情况下拒绝转移诉讼的请求：

1. 不符合上述请求转移诉讼的条件。

2. 被请求方接到请求时，依照该地区的法律规定已过追诉时效。

3. 被请求追诉的行为，在请求方或被请求方已经受到追诉，根据"一罪不再罚"的原则不能再行提起诉讼。

4. 犯罪实施于请求方法域以外。

5. 被请求追诉的行为，被请求方的刑法规定不构成犯罪。在移交犯罪嫌疑人、被判刑人的问题上，我们主张不适用"双重犯罪原则"，但转移诉讼不同。转移诉讼是原为请求方管辖的案件转移到被请求方提起诉讼，只有被请求方的刑法也认为构成犯罪，才可能进行诉讼，所以转移诉讼必须坚持"双重犯罪原则"；否则，被请求方的刑法如果认为不构成犯罪，就没有本地法律根据进行审理，也就只能拒绝转移诉讼的请求。

至于"军事犯罪"，由于港、澳地区刑法对此未作规定，根据"双重犯罪原则"，内地与港、澳地区之间自然不发生转移诉讼问题。台湾地区则有所不同，按照我国政府的设想，台湾与大陆统一后可以有自己的军队。"为保证台湾地区军队依法独立行使其职能，内地与台湾地区之间在转移诉讼方面可以有'军事犯罪不转移'的协议。"①

（二）代为执行刑事判决

代为执行刑事判决，在国际刑事司法互助中称为外国刑事判决的执行，指某一法域（国家）应另一法域（他国）的请求，根据协议和本地（本国）刑法的规定，执行另一法域（他国）对本地居民（本国公民）或特定关系人在另一法域（他国）犯罪所作的刑事判决。外国刑事判决的执行，也是第二次世界大战后发展起来的国际刑事司法协助的新形式。这种形式有利于刑事判决的执行，有利于被判刑人复归

① 黄进主编：《区际司法协助的理论与实务》，武汉大学出版社 1994 年版，第 137 页。

社会，因而代为执行刑事判决，我国区际刑事司法协助也应当加以采用。

代为执行刑事判决所判处的刑罚，可以是自由刑（徒刑、监禁）、财产刑（罚金或没收）与资格刑（剥夺或停止权利或者禁止或限制资格）。代为执行的刑罚应以本地刑法规定有该刑种为限。

内地与港、澳、台地区在什么情况下可以向对方提出代为执行刑事判决的请求呢？参考1970年5月28日在海牙签订的《关于刑事判决的国际效力的欧洲条约》第5条的规定，① 裁判的一方在如下情况下可以请求另一方代为执行刑事判决：

1. 被判刑人在被请求方有常住居所。

2. 在被请求方执行被判处的刑罚，有利于促进被判刑人复归社会。

3. 被判刑人在被请求方正在或即将服剥夺自由的刑罚，在请求方不可能执行剥夺自由的判决。

4. 被请求方是被判刑人的出生地，并且表明愿意执行对被判刑人的刑罚。

5. 认为即使请求移交被判刑人，在请求方也不可能执行该制裁，但在被请求方能够执行。

内地和港、澳、台地区请求被请求方执行刑事判决必须以书面形式提出请求，被请求方收到请求后，根据协议和本地区的法律进行审查，决定是否同意或拒绝。被请求方可以基于如下一种或数种理由拒绝代为执行刑事判决的请求：

1. 不符合上述请求代为执行刑事判决的条件。

2. 被请求方接到请求时，依照该地区的法律规定已过行刑时效。

3. 被请求方主管机关对同一行为决定不予追诉或者决定终止已经提起的公诉。

4. 犯罪系在请求方法域之外实施。

5. 被请求方不能执行该种刑罚。

6. 被请求方认为请求方自己能够执行该刑事判决。

7. 受有罪判决者行为时的年龄在被请求方不能被追诉。

① ［日］森下忠：《国际刑法的新动向》，成文堂1979年版，第245页。

再者，违反“双重犯罪原则”、“一事不再罚原则”以及违反被请求方的法律制度的基本原则和国际承诺等都可能成为被请求方拒绝代为执行刑事判决的理由。

此外，1964 年 11 月 30 日在斯特拉斯堡签订的《关于缓刑者与假释者的保护观察的欧洲条约》，对缔约国一方所作的刑事判决，在别国领域内确保缓刑者或假释者的复归社会，进而在不遵守所定条件时负有应当执行制裁的义务作了详细规定。① 由于缓刑者和假释者的常住居所不在作出有罪判决的国家，而在其他国家，所以请求其常住居所所在国家进行保护观察或执行刑罚，有利于犯罪人适应社会生活和犯罪人的改善。因而我们认为，这一形式，我国区际刑事司法协助也值得借鉴。限于篇幅，不再论述。

（原载《浙江社会科学》2002 年第 6 期）

① ［日］森下忠：《国际刑法的新动向》，成文堂 1979 年版，第 161～167 页。

犯罪构成的分类

对犯罪构成如何分类，在我国还很少有人进行研究，国外刑法学者的意见也很不一致。例如日本刑法学者木村亀二在《刑法总论》中把犯罪构成分为两类，即基本的构成与派生的构成、完结的构成与待补充的构成。大塚仁在《注解刑法》（总则）中则分为三类，即基本的构成与修正的构成、积极的构成与消极的构成、完结的构成与待补充的构成。苏联刑法学者特拉依宁在《犯罪构成的一般学说》中分为如下三类：（1）作为刑法典分则体系结构的基础的犯罪构成的分类；（2）按照各犯罪构成所包含的犯罪行为的社会危害程度进行的分类；（3）按照构成的法律结构进行的分类。然后，进行更详细的区分。我们认为日本刑法学者的分类失之于简单，但他们将刑法总则规定的未遂犯和共犯的构成，也列入犯罪构成的分类之中，则是他们的优点。特拉依宁的分类细致周详，对研究我国刑法中犯罪构成的分类很有参考价值，但也有不当之处，如将叙述的构成列入简单的构成之中，就不科学。因为这表明复杂的构成中没有叙述的构成，其实不然，可以说复杂的构成都是叙述的构成。因此，如何对我国刑法中的犯罪构成进行分类，需要在批判地参考刑法理论现有成果的基础上，对我国刑法的规定，进行认真的研究、探讨。笔者认为，可以从不同角度，用不同标准将我国刑法中的犯罪构成分为如下几类：

一、以犯罪构成的形态为标准，可以分为基本的犯罪构成与修正的犯罪构成

基本的犯罪构成，指刑法条文就某一犯罪的基本形态规定的犯罪构成，例如，刑法第 91 条规定的背叛祖国罪，第 92 条规定的阴谋颠

覆政府罪、阴谋分裂国家罪以及其他绝大多数条文规定的犯罪是基本的犯罪构成。基本的犯罪构成一般是既遂犯和单独犯的犯罪构成，由刑法分则或专门刑事法律所规定。修正的犯罪构成，指以基本的犯罪构成为前提，适应行为的发展阶段或共同犯罪的形式而分别加以修改变更的犯罪构成，预备犯、未遂犯、中止犯和主犯、从犯、胁从犯、教唆犯的犯罪构成，就是两类不同的修正的犯罪构成。修正的犯罪构成是以基本的犯罪构成为基础，根据各自的特点而加以修正的，它们分别规定在刑法总则之中。因而不能说预备犯或胁从犯不存在犯罪构成。只是在确定这类犯罪构成时，要把有关犯罪在分则中规定的犯罪构成和总则中关于该修正的犯罪构成的规定结合起来加以认定。例如，为了进行反革命破坏而制造炸药，这是反革命破坏罪的预备犯，应当根据刑法分则第 100 条的规定和总则第 19 条的规定确定它的犯罪构成。

二、以犯罪构成中行为的社会危害程度为标准，可以分为普通犯罪构成与危害严重或危害较轻的犯罪构成

普通的犯罪构成，或称独立的犯罪构成，指刑法条文对具有通常危害程度的行为所规定的犯罪构成。相对于危害严重或危害较轻的犯罪构成，它是犯罪构成的基本形态。例如，刑法第 139 条第 1 款规定的强奸罪，就是普通的强奸罪的构成。危害严重或危害较轻的犯罪构成，或称派生的犯罪构成。危害严重的犯罪构成，指由于犯罪主体、犯罪情节或危害结果不同，行为的社会危害性因而增大，相应地规定加重刑罚或从重处罚的犯罪构成。例如，刑法第 139 条第 3 款规定的，是加重处罚强奸罪的构成；第 4 款规定的，是从重处罚的强奸罪的构成。危害较轻的犯罪构成，指由于犯罪情节较轻，行为的社会危害性因而较小，相应地规定减轻刑罚的犯罪构成。例如，刑法第 132 条后段规定的，是危害较轻的杀人罪的构成。这三种犯罪构成并非在某一犯罪中同时存在。根据我国刑法的规定，存在普通的犯罪构成和危害严重的犯罪构成的条文较多，如刑法第 94 条、第 102 条、第 111 条、第 112 条、第 113 条、第 114 条、第 115 条等条文的规定都是适

例。存在普通的犯罪构成和危害较轻的犯罪构成的条文，则为数较少，如刑法第 95 条、第 96 条、第 97 条、第 98 条、第 99 条、第 100 条、第 101 条等条文规定的都是适例。区分这些犯罪构成的意义在于使人们了解：刑罚的轻重与犯罪行为社会危害性的大小相适应，即使同一种犯罪，社会危害性大小不同，法定刑的轻重也不一样。

三、以法律条文对犯罪构成要件表述的情况为标准，可以分为叙述的犯罪构成与空白的犯罪构成

叙述的犯罪构成，或称完结的犯罪构成，指刑法条文对犯罪构成的要件予以简单或详细叙述的犯罪构成。例如，刑法第 132 条规定“故意杀人的”，第 172 条规定“明知是犯罪所得的赃物而予以窝藏或代为销售的”，都是叙述的犯罪构成。空白的犯罪构成，或称待补充的犯罪构成，指刑法条文没有将犯罪构成的要件予以明白地揭示，而是需要援引其他规范来说明的犯罪构成。这种犯罪构成的特点是，从刑法条文本身还不能了解犯罪构成的要件，而必须通过其他规范才能了解该种犯罪构成。例如，刑法第 116 条规定：“违反海关法规，进行走私，情节严重的”是走私罪。这里没有揭示走私罪的构成要件，而是援引了海关法规，所以，要想查明走私罪的构成，必须了解海关法规对走私行为的规定。区分这类犯罪构成的意义在于使人们懂得：有些犯罪构成，根据刑法条文本身就可以确定；而有些犯罪构成，则需要利用其他规范才能查明。在遇到后一种情况时，必须注意对其他规范的了解、利用。

四、以犯罪构成内部的结构状况为标准，可以分为简单的犯罪构成和复杂的犯罪构成

简单的犯罪构成，或称单纯的犯罪构成，指刑法条文规定的犯罪构成的诸要件均属单一的犯罪构成。例如，刑法第 134 条第 1 款规定的故意伤害罪的构成就是例子。本条规定的是一个客体——他人的身体健康，一种行为——伤害，一种罪过形式——故意。复杂的犯罪构成，或称混合的犯罪构成，指刑法条文规定的犯罪构成的诸要件并非

均属单一的犯罪构成。它又可细分为不同的种类：

（一）选择的犯罪构成，指刑法条文规定有供选择的构成要件的犯罪构成。其特点在于，就该种犯罪构成，法律规定了几个供选择的要件，但对于构成犯罪来说，需要具备的并不是刑法条文所列举的供选择的全部要件，而只要具备其中一个要件就够了。例如，刑法第120条规定："以营利为目的，伪造或者倒卖计划供应票证"，其中"伪造"、"倒卖"就是供选择的要件，具备两者之间任何一个要件都可以构成本罪。供选择的要件，在刑法条文上往往用"或者"一词或顿号来表示。选择的犯罪构成，情况极为复杂。从选择性要件的性质来看，有不同性质要件的选择和同一性质要件的选择。前者如刑法第129条规定，"违反保护水产资源法规，在禁渔区、禁渔期或者使用禁用的工具、方法捕捞水产品"，这里的选择性要件的性质就不相同，即属于行为的地点、行为的时间、行为的方法的选择；后者如刑法第150条规定"以暴力、胁迫或者其他方法抢劫公私财物的"，这里的选择要件——暴力、胁迫、其他方法，性质相同，即属于行为的不同方法的选择。根据我国刑法条文的规定，同一性质要件的选择，除了行为的不同方法的选择之外，还有不同犯罪对象的选择（如刑法第108条规定的"轨道、桥梁、隧道、公路、机场、航道、灯塔标志"），不同危害结果的选择（如刑法第150条第2款规定的"致人重伤、死亡"），不同犯罪地点的选择（如刑法第159条规定的"车站、码头、民用航空站、商场、公园、影剧院……"），不同犯罪主体的选择（如刑法第148条规定的"证人、鉴定人、记录人、翻译人"）以及不同犯罪目的的选择（如刑法第125条规定的"泄愤报复或者其他个人目的"），此外还有其他要件的选择，难以尽述。从选择性要件的层次来看，有单层选择、双层选择和多层选择。单层选择，如刑法第169条规定"以营利为目的，引诱、容留妇女卖淫的"。双层选择，如刑法第171条规定"制造、贩卖、运输鸦片、海洛因、吗啡或者其他毒品的"。第一层选择是制造、贩卖、运输等行为的选择；第二层选择是鸦片、海洛因、吗啡、其他毒品等犯罪物品的选择。多层选择，如刑法第167条规定"伪造、变造或者盗窃、抢夺、毁灭国家机关、企业、事业单位、人民团体的公文、证件、印章的"。第一层选择是伪造、变造、盗窃、抢夺、毁灭等行为的选择；第二层选择是国家机关、企业、事业单位、人民团体的选择；第三层选择是公文、证件、印章的选择。像刑法第151条规定的“盗窃、诈骗、抢夺公私财物数额较大的”以及其他类似条文，每一选择性行为都构成独立的犯罪，不属于选择的犯罪构成。应当特别指出的是，在遇有选择的犯罪构成时，只要具备一个选择性要件，就能构成犯罪；并且在具备两个或两个以上的选择性要件时，也只是构成一个犯罪，而不是构成数个犯罪。

（二）包括两个行为的犯罪构成，即刑法条文规定的犯罪构成所包含的不是某一个行为，而是两个或更多的行为。其特点是，这里所规定的行为，不是选择性的要件，只要具备其中一个行为就够了；而是必须两个行为都具备，才能构成该种犯罪。例如，刑法第139条规定的强奸罪，就包括暴力（或胁迫）和奸淫两种行为，只有这两种行为都具备时，强奸罪（既遂）才能成立。

（三）包括两个罪过形式的犯罪构成，即刑法条文规定的犯罪构成所包含的不是一个罪过形式，而是两个罪过形式。其特点是，具备该两个罪过形式，才能构成该种犯罪，而不是构成两个犯罪。例如，刑法第113条规定的交通肇事罪，就包含两个罪过形式，即对违反规章制度的罪过（这种罪过可能是过失，也可能是故意）和对造成的危害结果的罪过（这种罪过只能是过失）。

（四）包括两个客体的犯罪构成，即在刑法条文规定的一个具体的犯罪构成中包括两个独立的互不相同的客体。这种犯罪构成可能表现为一个侵害行为同时侵害了两个客体。例如，刑法第148条规定的伪证罪就是一个侵害行为——伪证，同时侵害了公民的人身权利和国家司法机关的正常活动两个客体。它也可能表现为两个侵害行为侵害了两个客体。例如，刑法第150条规定的抢劫罪就是由两个侵害行为——暴力（或胁迫）和夺取财物，侵害了两个客体——公民的人身权利和公私财产所有权。

区分这类犯罪构成，不仅可以帮助我们分析各种犯罪构成的内部结构，而且可以帮助我们划分一罪与数罪，避免把上述各种复杂的犯罪构成当做数罪看待，以致混淆一罪与数罪的区别。

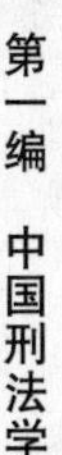

五、以犯罪构成包含属于独立犯罪行为的数目为标准，可以分单一的犯罪构成与结合的犯罪构成

单一的犯罪构成，指刑法条文规定包括单一犯罪行为的犯罪构成。我国刑法分则绝大多数条文都是单一的犯罪构成。结合的犯罪构成，指刑法条文规定一个犯罪构成中包括两个或两个以上原为独立犯罪行为的犯罪构成。例如，刑法第 191 条第 2 款规定的邮电工作人员私自开拆邮件而窃取财物的，就包括两种独立的犯罪行为，即邮电工作人员私自开拆邮件罪与贪污罪，本罪就是将上述两种独立的犯罪行为结合在一个犯罪构成之中。这种犯罪构成在我国刑法中为数极少。符合这种犯罪构成的犯罪，在罪数论中叫做结合犯。了解这种犯罪构成，可以帮助我们正确解决并合论罪问题，不致把结合的犯罪构成当做数罪来处理。

总之，研究犯罪构成的分类，有助于我们深入地了解各种犯罪构成，更好地理解刑法和正确地适用刑法。

（原载《法学》1984 年第 10 期）

论我国刑法上行为的概念

行为在刑法科学中居于相当重要的地位。它不仅是连接犯罪构成诸要件的纽带，而且也是刑事责任理论赖以建立的支柱。“无行为则无犯罪亦无刑罚”这一法律格言，正是对行为在刑法中作用的高度概括。因此，各国刑法学者历来都十分重视对行为的研究，并从不同角度、不同层次、不同立场，提出了各种各样的行为学说，极大地丰富了刑法理论。

但是，从我国刑法学研究的历史和现状看，应当说我们对刑法上的行为，还缺乏比较全面、系统和深入的研究。其中许多问题，目前尚未触及或者较少专门研究，这不能不说是我国刑法学基础理论研究中的一个缺憾。为此，本文仅就我国刑法上行为的概念，作一专门探讨，抛砖引玉，以期引起刑法学界对行为理论的深入研究。

什么是刑法上的行为？目前在我国刑法学界似乎并不存在任何争议。各种刑法论著在对刑法上的行为下定义时，大多认为“刑法上的行为是指自然人在自己的意识和意志支配下所实施的危害社会的、违反刑法的外部的身体动静”。从这一定义可以看出，我国刑法学者基本上是把犯罪行为作为刑法上行为的惟一研究对象，甚至把犯罪行为等同于刑法上的行为。这种对行为的内涵和外延所做的过于狭隘的理解，使得我们无法对我国刑法上规定的各种行为，作出合理的解释。为了正确地界定刑法上行为的概念和范围，笔者认为，必须澄清以下几个问题：

一、刑法上的行为是否仅限于有意识的行为

刑法上的行为是否仅限于有意识的行为，亦即行为是否必须以人

的主观意思（故意和过失）为构成要素？这是国外刑法学者争论已久的一个问题。围绕这一问题，曾经提出了三种不同的行为学说。一是“身体动作说”。这种学说认为，行为是一种单纯的身体运动或静止。人的主观意思不是行为的构成要素，因此，基于自由意思支配的身体动静和缺乏自由意思支配的身体动静，都具有刑法上的意义。这是一种最广义的行为概念。按照这种学说，刑法上的行为不仅包括故意行为和过失行为，而且也包括无意识的身体动静（如睡梦中的言行）和丧失意思支配能力时的身体动静（如身体被强制下的身体举动、精神病患者的侵害等）。二是“有意行为说”。这种学说认为，刑法上的行为，必须是有意识的行为，人的意思是行为的必备要素。如果只是单纯的身体动作而缺乏意思要素，不论其造成何种危害，都不是刑法上的行为。例如日本刑法学者泷川幸辰认为，“行为是基于意志的身体运动或不动。基于意志的态度叫意志表现。不是意志表现的，不是行为”。① 按照这种观点，刑法上的行为有两个基本要素，即客观要素——外部的身体动静和主观要素——故意和过失。三是“目的行为说”。这种学说认为，刑法上的行为不仅是一种有意识的举动，而且是一种有目的的举动。这种目的性表现为，行为者总是先确定一定的目标，然后选择相应的手段，进而支配调节人的身体活动，最后实现预定的目的。按照这种学说，目的行为不仅存在于故意的场合，而且也存在于过失的场合。只不过在故意行为中其目的性是现实的、明确的，而在过失行为中其目地性是潜在的、可能的而已。持这种观点的学者有德国的魏尔兹（Welzel），日本的平场安治、福田平、木村龟二等人。例如木村龟二认为：“目的行为论意义上的行为概念是妥当的。在这个意义上，所谓行为可以解释为实现被预见的结果的有意识、有目的的动作。”②

在上述三种行为学说中，以“有意行为说”为通说，它为绝大多数刑法学者所主张。“身体动作说”用来解释广义的行为概念，也是恰当的，因而亦为一些刑法学者所支持。例如我国台湾刑法学者高仰

① ［日］《泷川幸辰刑法著作集》（第2卷），世界思想社1981年版，第603页。

② ［日］木村龟二：《刑法总论》，有斐阁1984年增补版，第167页。

止认为："最广义之行为概念，即自然行为概念，乃事实概念之行为，只须有身体上一切举动，即可视为行为，并不限于犯罪行为。"① 至于"目的行为说"，由于它无法对过失行为作出合理的解释，因而受到许多刑法学者的批评。

目前，我国刑法学者对刑法上行为的解释，实际上采用的是"有意行为说"。即在行为的客观要素上，要求必须有表现于外部的身体动静；在行为的主观要素上，要求必须出于犯罪的故意或过失。因此，单纯的身体动静如身体的反射运动、睡梦中的语言和行动、精神病人的举动、被暴力强制下的身体动静等，则不是刑法上的行为。这种行为概念，对于触犯刑法的犯罪行为来说，当然是完全适用的。但是，如果用这一概念来解释刑法上的所有行为，则不免发生困难。从我国刑法对行为的规定来看，不仅有基于意识和意志支配的有意行为，而且也有缺乏意识和意志支配的无意行为。这种无意识的行为，或者说缺乏犯罪的故意和过失的行为，在我国刑法上至少有两种情况：一是意外事件中的行为。刑法第 13 条规定："行为在客观上虽然造成了损害结果，但是不是出于故意或者过失，而是由于不能抗拒或者不能预见的原因所引起的，不认为是犯罪。"从这一规定可以看出，在意外事件中，尽管行为人对损害结果的发生，主观上不存在故意和过失，因而不构成犯罪，但它同样是一种行为。例如，某甲不知道也不可能知道某乙患有严重的肝脏坏死之病且已濒临死亡，某日因生活琐事与某乙发生争吵，气愤中向乙腹部打了一拳，致乙当场死亡。由于某甲对某乙死亡的结果既无故意也无过失，故不负刑事责任。但是，如果据此认为某甲的打击行为，不是刑法上的行为，则是不符合刑法规定的。二是精神病人在丧失意识和意志能力状态下所实施的侵害行为。我国刑法第 15 条规定："精神病人在不能辨认或者不能控制自己行为的时候造成危害结果的，不负刑事责任。"按照这一规定，精神病患者在丧失辨别是非能力的情况下所实施的缺乏意识因素的侵害行为，以及在丧失控制能力的情况下所实施的缺乏意志支配的侵害行为，都具有刑法上的意义。它和具有犯罪故意和过失的危害行为相

① 高仰止：《刑法总则之理论与实用》，台湾五南图书出版公司 1983 年版，第 197 页。

比，只有是否构成犯罪和是否承担刑事责任的区别，而不存在是否同属刑法上的行为的问题。由此可见，在我国刑法上，行为的外延不仅包括有意行为，而且也包括无意行为。

二、刑法上的行为是否包含危害结果

刑法上的行为是否包含危害结果，亦即危害结果是否行为的构成要素？也是刑法学上争论已久的一个问题。从争论的结果看，主要分为消极说和积极说两派主张。持消极说的学者认为，刑法上的行为以基于意思支配的身体动静为必要，至于这种意思活动是否会造成或者事实上是否造成危害结果，可以不问。因此，危害结果并非行为的构成要素。持积极说的学者则认为，刑法上的行为是由意思、举动和结果三要素构成的。它是由人的有意识的身体动静而引起结果的因果联系的必然过程。如果排除了结果这一因素，行为则不具有刑法上的意义。这就是在刑法理论中颇有影响的“因果行为论”。持这种观点的刑法学者有德国的李斯特（Liszt），日本的冈田庄作、木村龟二等。例如冈田庄作认为，“将意思举动与结果分离来考究，或者认为行为中包含结果，虽然结论存在争议，但我从积极说”。① 木村龟二的观点更加明确，他在对行为下定义时写道：“所谓行为意味着新给支配可能的态度及由其产生的外部结果。”② 在我国台湾刑法学者中，赞同上述观点的，也不乏其人。如高仰止认为，“行为之构成，须具备三项要素：（一）心素（意思决定），（二）体素（身体动静），（三）因身体动静而引起外界之变化……虽有意思之决定，而未随之发生身体动静，或者其意思决定与所生动静不相一致，则二者缺乏因果关系，而非法律上所谓之行为也”。③ 除了上述两种学说外，在学者中还有一种折中说，即认为有的行为包含结果，有的行为则不包含结

① ［日］冈田庄作：《刑法原论·总论》，明治大学出版部 1934 年版，第 220 页。

② ［日］木村龟二：《刑法事典》，青林书院新社 1984 年版，第 63 页。

③ 高仰止：《刑法总则之理论与实用》，台湾五南图书出版公司 1983 年版，第 175～176 页。

果。例如日本学者岛田武夫认为，“法律学上的行为一词，必须仅指意思活动没有理由，同时必须只能包含意思活动与结果两者也没有根据。行为一词在什么意义上使用，是解释者的自由。从而本书中的行为一词，或者应当仅指意思活动，或者应在包含意思活动与结果两者意义上使用”。① 这种观点不无道理。

我国现行刑法学体系中，都把行为和结果作为犯罪构成客观方面的两个独立要素加以研究。对于行为本身是否包含危害结果问题，还未见分歧意见。绝大多数学者认为行为不包含结果。有的同志甚至认为，把危害结果独立出来进行研究，是我国刑法学区别于资产阶级刑法学的一大特色。这种看法虽然有一定道理，但却不够全面。

所谓危害结果乃是人的行为对外界所造成的损害。这种损害既有物质性的有形的损害，也有精神性的无形的损害。从这个意义上讲，任何一种行为都会造成一定的结果，不包含结果的行为是不存在的。但是，就法律意义而言，行为是否包含结果，不能凭空杜撰，也不能盲目地妄下结论。而必须以法律规定为标准，来确定行为与结果之间的关系。从我国刑法的规定来看，可以区分为两种情况。（一）不包含结果的行为。这种行为主要有：（1）隔地犯中的危害行为。当犯罪的行为和结果不在同一地点发生时，按照择一原则，只要行为发生在本国领域内，就应当适用本国刑法，追究其刑事责任。例如我国刑法第 3 条第 3 款规定：“犯罪的行为或者结果有一项发生在中华人民共和国领域内的，就认为是在中华人民共和国领域内犯罪。”这里所说的行为显然不包含结果。（2）故意、过失定义中的行为。我国刑法第 11 条规定：“明知自己的行为会发生危害社会的结果，并且希望或者放任这种结果发生，因而构成犯罪的，是故意犯罪。”第 12 条规定：“应当预见自己的行为可能发生危害社会的结果，因为疏忽大意而没有预见，或者已经预见而轻信能够避免，以致发生这种结果的，是过失犯罪。”在这两个条文中，行为和结果都被明确划分出来，显然这两个条文中所使用的“行为”一词，都不包含结果在内。此外，规定意外事件条文中的行为，也是与结果并列的，自然也不包含结果。（二）包含结果的行为。在我国刑法条文中，这种行为主要有：（1）

① ［日］岛田武夫：《日本刑法新论·总论》，1924 年版，第 126 页。

与“犯罪”一词连用的行为。我国刑法第 2 条规定：“中华人民共和国刑法的任务，是用刑罚同一切反革命和其他刑事犯罪行为作斗争……”以是否要求一定的危害结果为犯罪构成的要件为标准，犯罪可分为行为犯和结果犯。前者不要求一定的危害结果为犯罪构成的要件，只要实施作为犯罪构成要件的行为就够了；后者则要求一定的危害结果为犯罪构成的要件，只有实施犯罪构成要件的行为后，一定的危害结果发生了，犯罪才是既遂。上述条文中所说的犯罪行为，兼指上述两种情况，因而结果也包括在行为概念之中。又如刑法第 78 条规定：“……犯罪行为有连续或者继续状态的，从犯罪行为终了之日起算。”所谓犯罪行为的连续状态，即刑法理论上的连续犯，指基于同一的或概括的犯罪故意，连续多次实施性质相同的几个犯罪行为，触犯同一罪名的犯罪。例如，连续盗窃、连续抢劫、连续诈骗等，所连续实施的这些犯罪，不论既遂、未遂，都不影响连续犯的成立。可见这里所说的行为并未将结果排除在外。(2) 犯罪定义中的行为。我国刑法第 10 条对在我国的犯罪下了一个完整的定义。该条规定：“一切危害国家主权和领土完整……以及其他危害社会的行为，都是犯罪。”这里所说的危害社会的行为，是犯罪的核心。而如上所述，犯罪有行为犯和结果犯之分，这里所说的危害社会的行为，自然不仅限于行为犯，而且包括结果犯。因而这里所说的行为，自然也可能包含结果。(3) 与过失连用的行为。1935 年旧中国刑法第 12 条第 2 款规定：“过失行为之处罚，以有特别规定者为限。”我国现行刑法也采用了这一原则，于第 12 条第 2 款规定：“过失犯罪，法律有规定的才负刑事责任。”论者认为，规定这一条款是必要的，但表述不够科学，即将过失行为表述为过失犯罪。这样表述所含意思是，在我国存在着法律没有规定的、不负刑事责任的过失犯罪。为什么法律没有规定，也不负刑事责任，竟说成是犯罪呢？显然与刑法基本理论不符，因而建议在修改刑法时，将本款中的“过失犯罪”一词改为“过失行为”。① 笔者也持同样的观点。而犯罪的过失行为，只有当一定的危害结果发生时才能构成。没有危害结果发生，就不可能是刑法上的过

① 薛瑞麟、侯国云主编：《刑法的修改与完善》，中国政法大学出版社 1990 年版，第 87～88 页。

失行为。所以这里所说的行为，当然包含结果在内。此外，还有某些条文中的行为，也包含结果，不再一一列举。总之，行为是否包含结果，不可一概而论，只有具体情况具体分析，才能得到正确的理解。

三、刑法上的行为是否都是具有社会危害性和刑事违法性的犯罪行为

对于这一问题，在资产阶级刑法学者中同样存在不同意见。肯定说者认为："刑法各本条所指之'行为'，非普通所称之'行为'，而系构成要件上之行为，故主张'行为'应在构成要件内容上予以把握，在构成要件之先论述'行为'即无意义。"① 否定说者则认为："'行为'系独立的成为犯罪要件之一者，则在论述是否成立犯罪时，若先检讨其不能称为'行为'者，即不能成立犯罪，自无再行检讨有无'不法'及'责任'等之必要。因此……在构成要件阶段前讨论行为之性格，亦不能谓无具有实定法上的意义。"② 在持否定说的学者中，看法也不尽相同。如日本刑法学者大谷实认为："成为刑法评价对象的行为，是如前所述基于人的意思支配可能的具有社会意义的人的外部态度，构成要件中的行为是将具有上述属性的行为各个类型化的行为。"③ 冈田庄作则指出："行为有权利行为、放任行为、可罚行为。第一，如狱吏绞杀死刑囚犯的行为；第二，如和奸的行为；第三，只刑法上科刑的违法行为。成为刑法上问题的，主要是可罚行为。"④ 否定说的观点，特别是冈田庄作的观点，对我们研究刑法上的行为，颇有参考价值。

我国的社会主义刑法理论认为，社会危害性是犯罪的本质特征，是对各种行为进行罪与非罪评价的实质标准；而刑事违法性则是犯罪的法律特征，是区分犯罪行为与一般违法行为和合法行为的法律标

① 洪福增：《刑法理论之基础》，台湾刑事法杂志社 1977 年版，第 35 页。

② 洪福增：《刑法理论之基础》，台湾刑事法杂志社 1977 年版，第 39 页。

③ ［日］大谷实：《刑法讲义总论》，成文堂 1986 年版，第 158 页。

④ ［日］冈田庄作：《刑法原论·总论》，明治大学出版部 1934 年第 22 版，第 218 页。

准。这两大标准作为解决刑事责任问题的前提条件，无疑是非常正确的。但是，在研究刑法上的行为时，许多同志总是有意或无意地用犯罪行为的特征来概括刑法上的所有行为，于是把刑法上的行为都当做具有社会危害性和刑事违法性的行为，这种看法是不符合我国刑事立法的实际情况的。从我国刑法的规定来看，行为一词虽然主要是指犯罪行为，但也存在着非罪行为、权利行为的情况：（1）指犯罪行为。如我国刑法第 90 条规定："以推翻无产阶级专政的政权和社会主义制度为目的，危害中华人民共和国的行为，都是反革命罪。"这里所说的行为，就是指具有社会危害性和刑事违法性的犯罪行为。（2）指非罪行为。如刑法第 9 条规定："……中华人民共和国成立以后本法施行以前的行为，如果当时的法律、法令、政策不认为是犯罪的，适用当时的法律、法令、政策。"据此，当时的法律、法令、政策不认为是犯罪，而现行刑法认为是犯罪的，例如侵犯公民通信自由的行为，适用当时的法律、法令、政策，不认为是犯罪。可见这里所说的行为，就指的是非犯罪的行为。（3）指权利行为。如我国刑法第 17 条规定："……正当防卫行为，不负刑事责任。"刑法第 18 条规定："……紧急避险行为，不负刑事责任。"由于正当防卫行为和紧急避险行为都是对社会有益的行为，因而它不仅不是刑法所禁止的，而且是刑法所允许所鼓励的。对一般人而言，可以说它是法律所赋予的一种权利行为。由此可见，把没有社会危害性和缺乏刑事违法性的行为排斥于刑法之外，是缺乏根据的。

综上所述，我们认为可以把我国刑法上规定的各种行为，根据不同的标准区分为以下几种：（一）以是否基于意思的支配为标准，可以区分为有意行为和无意行为。（二）以是否包含结果为标准，可以区分为包含结果的行为和不包含结果的行为。（三）以是否具有社会危害性和刑事违法性为标准，可以区分为犯罪行为、非罪行为与排除社会危害性和刑事违法性行为（即权利行为）。

（原载《法学研究》1991 年第 2 期）

如何解决刑法科学中的因果关系

“华东政法学报”创刊号发表的梅泽濬同志的论文，对刑法科学中的因果关系问题作了比较全面的分析，可是对在刑法科学中行为与危害社会结果之间怎样才具有因果关系的问题却缺乏足够的阐述。在上述学报第二期上所发表的姜焕宸同志的文章，对梅同志的几个论点虽作了基本恰当的批评，但他却没有提出什么是刑法科学中的因果关系的正面看法。为了在争论中使问题逐步得到解决，这里我仅就如何解决刑法科学中的因果关系——即行为与危害社会结果之间怎样才具有因果关系这个问题发表一下自己的意见。①

马克思列宁主义哲学关于因果关系的学说是解决刑法科学中因果关系的基础。为了正确地解决刑法科学中的因果关系问题，首先需要阐明一下马克思列宁主义哲学如何了解因果关系。

从马克思列宁主义哲学看来，因果关系表现为一种现象必然产生另一种现象，表现为一种现象和被其所产生的另一种现象之间的必然联系。②

这里所谓原因与结果之间的必然联系，不应当理解为由原因产生

---

① 本文的任务限于阐明如何解决刑法科学中的因果关系，所以这里不打算对因果关系问题（无论哲学上或刑法科学上的）作全面的考察。

② 许多关于马克思列宁主义的哲学著作中都曾指出因果关系是必然联系。例如，在亚历山大洛夫主编的《辩证唯物主义》一书中写道：“现象的因果依赖性表现于一种现象必然引起另一种现象”（《辩证唯物主义》，人民出版社）。“存在于原因和结果之间的不是简单的顺序性，而是深刻的、必然的、内在的相互联系”（同上书，第83页）。维图·加林诺夫在其《客观世界的规律及其认识和利用》一书中写道：“因果依赖关系表现着先发生的现象（原因）和后发生的现象（行动）之间的必然联系。”（《学习译丛》1956年第6期，第33页）

结果的不可避免性。因为把必然性解释为不可避免性，就无异否认了偶然性，否认了偶然性对必然性发展的一定作用。同时它会走到宿命论的立场，否定主观能动性的作用，把人变成命运的工具。把必然性解释为不可避免性，只是对“必然”的字面的解释，它没有也不可能揭露必然性这一哲学范畴的深刻内容。所谓必然性乃是现象的这样一种发展，这种发展的根据存在于该现象本身之中，它是由该种现象合规律地产生的；并且必然性始终是在一定条件下的必然性，它不能离开一定的条件而发生作用。原因和结果的联系正表现着这样一种性质：

首先，作为原因的现象具有结果发生的实在可能性。列宁曾经指出：“‘……结果并不包含……原因中没有包含的东西’反过来也是一样……”① 这就是说，在原因中已经包含着结果所包含的东西。例如，一个玻璃圆球在一块平滑的玻璃上置放，把圆球推动一下，它在玻璃面上就滚动起来。在这个例子中，推动是原因，圆球滚动是结果，在圆球滚动（结果）中所包含的力在推动（原因）中就已经包含了。由于在原因中包含着结果所包含的东西，从而作为原因的现象无不存在有结果发生的实在可能性。因此，某一现象具有结果发生的实在可能性，乃是对于确认该种现象是结果发生的原因所首先必需的。根据这一点，我们可以在对结果的产生起作用的诸条件中，把原因和条件区别开来。某一现象虽然对结果的发生也起着一定的作用，但如果在现象中没有包含结果所包含的东西，亦即该现象不具有结果发生的实在可能性，那它就不是结果发生的原因，而是结果发生的条件。如上例中，玻璃球的圆形，玻璃面的平滑，都对玻璃球的滚动起着一定作用，但它们本身并不包含圆球滚动所包含的力，所以它们只是圆球滚动（结果）发生的条件。

其次，作为原因的现象不仅具有结果发生的实在可能性，而且还合乎规律地引起结果的发生。因为因果关系乃是一个现象（原因）和被其产生的另一现象（结果）之间的合规律的联系，所以，只有当具有结果发生的实在可能性的某一现象根据合规律的发展产生某种结果的时候，某一现象与所发生的结果之间才存在有因果关系。否则，如

① 列宁：《哲学笔记》，人民出版社 1974 年版，第 141 页。

果某一现象虽然具有结果发生的实在可能性，但由于另外的现象切断它的合规律的发展，而由该另外的现象产生出该种结果，亦即该种结果不是由具有结果发生的实在可能性的某一现象合规律的发展所产生，而是由另外的现象合规律的发展所产生，那么，某一现象和所发生的结果之间就没有因果关系存在。因此，仅仅确定某一现象具有结果发生的实在可能性对于认为某一现象是结果发生的原因来说还是不够的。

最后，因果关系只能是在一定的具体条件下的因果关系。原因是不能离开它所处的一定的具体条件而发生作用的，作为原因的现象只有在一定的具体条件下才能合规律地产生出某种结果。同一原因，如果它所处的条件不同，也就会产生出不同的结果来。例如，在社会主义制度的条件下，技术的发达是劳动者福利增长的一个原因，而在资本主义制度条件下，技术的发达却是失业和贫穷现象增多的一个原因。所以在考察事物的因果关系时绝不能撇开它所处的具体条件。

这就是原因和结果的必然联系的内容。这里需要说明：我们说因果关系是必然联系，它的意思是表示因果联系就其联系的性质来说是必然联系，并不是把因果性和必然性这两个哲学范畴混为一谈。因果性与必然性是同一类型的范畴，但它们并不是同一的概念。必然性是指事物发展的总趋势而言的，而因果性则是就已经出现的两个现象之间的联系而言。而只有在总的趋势上是必然性的东西已经变成现实的时候，才能谈到有因果关系的存在。

原因和结果的联系既然是必然联系，那么在偶然联系的情况下有无因果关系呢？为了解决这个问题，应当进一步考察一下必然性和偶然性以及它们同因果性之间的关系。

马克思列宁主义哲学在承认客观物质世界一切现象发生的必然性时，并不否认偶然性的存在。马克思列宁主义哲学认为偶然性也如同必然性一样是客观物质世界所固有的现象。

所谓必然性，已如前述：乃是现象的这样一种发展。这种发展的根据存在于该现象本身之中，它是由该种现象合规律地产生的。反之，所谓偶然性则在该现象本身中并无它的根据，它不是由该现象合规律地产生的，在该现象必然发展的历程中它是可能发生也可能不发生的。例如每个植物的生长都有一定的期限，这是植物有机体的必然

性，但在某棵植物生长过程中，某日一颗坠落的陨石将它压死，对于这个植物的发展来说就是一种偶然性。

必然性与偶然性虽然是对立的一对范畴，但它们仍然是互相联系的、辩证统一的。偶然性是必然性的补充和表现形式，必然性通过偶然性开拓自己的道路，通过一系列的偶然性而表现出来。

一切必然性都被原因所决定，但偶然性也不是没有原因的。没有原因的偶然性是不存在的，“偶然性在必然性的基础上产生，并总是以一定的必然的原因为依据”。① 所以，如果抛开某一偶然现象之所以是偶然性的该一定过程，而仅仅从它所由产生的原因上去观察时，那它就表现为必然现象了。可见在一种关系或过程上是偶然的，在另一种关系或过程上却成为必然的了。因此，“偶然的是必然的，而必然的又是偶然的”。② 所以我们绝不能把这两个概念断然地割裂开来。但也必须指出，我们说“偶然的是必然的，必然的也是偶然的”这只是说明必然性与偶然性的辩证关系，并不是说必然性和偶然性就是同一的东西。我们所以说偶然的是必然的，这是因为偶然的东西也是从原因发生的必然的东西，但应知道，它的发生在该事物中、在该一定过程中并无根据。它发生的根据存在于另一事物中、另一过程中。而必然性的发生则在该事物中、在该一定过程中有它的根据。在这个意义上，我们应把必然性与偶然性严格地区别开来。

由此可见：原因与结果的联系总是必然联系，对于偶然性来说，我们固然不能一般地说偶然性没有原因，同时对一定的事物或过程而言，却可以说在偶然联系的情况下不具有因果关系。

简单说来，马克思列宁主义哲学对于因果关系的理解就是如此。

把马克思列宁主义哲学对于因果关系的理解具体运用到刑法科学领域，就会得出如下的结论。

在刑法科学中为了承认人的某种行为与危害社会的结果之间具有因果关系，必须某种行为与所产生危害社会结果之间具有必然的联系。这就是说，只有当在某种具体条件下，某种行为具有危害社会结果发生的实在可能性，并且由该某种行为合规律地产生该种结果时，

① 《哲学研究》1955 年第 3 期，第 46 页。

② 恩格斯：《自然辩证法》，人民出版社 1984 年版，第 180 页。

才能认为某种行为是危害社会结果的原因，亦即才能认为某种行为与危害社会结果之间具有因果关系。

某种行为具有危害社会结果发生的实在可能性是该种行为与危害社会的结果之间具有因果关系的必要前提。所谓某种行为具有危害社会的结果发生的实在可能性，亦即在该种行为中存在有可能使危害社会的结果发生的客观根据时，才能谈到这种行为是危害社会的结果发生的原因。否则，如果某种行为并不具有危害社会的结果发生的实在可能性，亦即在该种行为中并不存在有可能使危害社会的结果发生的客观根据，那就不可能谈到这种行为与危害社会的结果之间具有因果关系。例如某甲殴打某乙，造成某乙轻伤，某乙在医院治疗时，医生某丙玩忽职责，用割过别人恶疮而未经很好消毒的医疗器械给某乙治疗，致使某乙感染毒菌而死。这里某甲的行为虽然也是发生某乙死亡结果所不可缺少的一个条件（因为某甲如未实施殴打某乙的行为造成某乙轻伤，某乙便不会到某丙那里治疗，某乙不去某丙那里治疗，便不会被未经很好消毒的医疗器械传染毒菌致死），但某甲的行为并不具有发生某乙死亡结果的实在可能性。因为某甲的行为仅只造成某乙轻伤，它还不足以破坏人的有机体组织的生命力。所以某甲的行为与某乙的死亡之间没有因果关系，它只是某乙死亡的条件。而医生某丙的行为则具有发生某乙死亡结果的实在可能性，因为用沾染毒菌的器械给某乙治疗，毒菌便能侵入某乙的有机体，从而就能破坏人的有机体组织的生命力，所以，医生某丙的行为可能成为某乙死亡的原因。

某种行为具有危害社会的结果发生的实在可能性只是该种行为与危害社会的结果之间具有因果关系的必要前提，它还不等于某种行为与危害社会的结果之间具有因果关系，因为可能性还不是现实。某种行为虽然具有某种危害社会的结果发生的实在可能性，但在这种可能性向现实合规律地转化的过程中，可能会被也具有某种危害社会结果发生的实在可能性的另一行为（或现象）把这种可能性向现实合规律的转化过程切断，并由这个另一行为（或现象）把某种危害社会的结果发生的实在可能性合规律地变成现实。在这种情况下，某种行为虽然具有某种危害社会结果发生的实在可能性，但这种行为并不是该种危害社会结果发生的原因。该种危害社会结果发生的原因只能是另一行为（或现象），因为该种危害社会的结果正是由也具有某种危害社

会结果发生的实在可能性的另一行为（或现象）中合规律地产生出来。例如某甲与某丙有宿仇，一天某甲伏击某丙，使某丙遭受足以致命的重伤。这天夜里，另一与某丙有宿仇的某乙潜入某丙住宅，以枪弹击中某丙头部，致某丙立时身死。在这个例子中，某甲的行为虽然造成某丙足以致命的重伤，但这个致命重伤向死亡结果的发展过程，却由足以造成某丙死亡的某乙的行为加以切断，并由某乙的行为造成某丙死亡。在这里某甲的行为与某丙的死亡之间就没有因果关系，只有某乙的行为才是某丙死亡的原因。

根据上述原理，我们不难看出我国旧刑法著作中在因果关系理论上所谓“危险说”观点的错误。依照这种学说看来，例如，“甲以杀乙的意思，开枪射击，乙负伤而逃入医院。医院失火，乙因之罹火灾而亡。欲判断甲之枪击行为与乙之死亡是否有因果关系，须以伤痕之轻重为断。若系重伤，则有发生死亡结果之危险。有危险则有原因力，正所谓结果发生以前观之，有结果发生之可能力也。如系轻伤则否”。① 这种观点以“有结果发生之可能力”作为确定行为与结果之间有无因果关系的标准，而不问结果是否由“有结果发生之可能力”的行为合规律地发展所产生。显然，它不仅把可能性和现实等同起来，而且歪曲了因果关系的真实性质，从而把刑事责任的客观基础毫无根据地扩大了。

所以为了承认人的行为与危害社会的结果之间具有因果关系，仅仅确定某种行为具有危害社会的结果发生的实在可能性还是不够的；为了承认人的行为与危害社会的结果之间具有因果关系，除了确定某种行为具有危害社会的结果发生的实在可能性之外，还必须确定由某种行为合规律地产生出该种危害社会的结果。某市人民法院所处理的殷某斗殴致死一案可以作为上述原理的实例。殷某与李某斗殴，殷某用脚踢了李某的腹部，因为李某原有疝气病，被踢后当时腹部疼痛难忍，经送××医院诊治，证明需要开刀，但李某因怕疼痛不愿动手术，遂经中医治疗，服草药数次无效而死。经××医院检查身体证明：“李某是因急性化脓性腹膜炎死亡。急性化脓性腹膜炎是由肠穿孔引起，而肠穿孔之发生与死者在生前斗殴时下腹被踢有关。”在这

① 王觐：《中华刑法论》（总则，中卷），北平朝阳学院 1932 年版，第 375 页。

个实例中，李某的死亡系由于殷某踢了他的腹部引起急性化脓性腹膜炎所致，所以虽然李某因怕疼痛不愿动手术对他的死亡不无影响（因为如果开刀可能治愈而不致死亡），但因它并未影响殷某行为合规律地发展，亦即李某的死亡仍系由于殷某的行为合规律地发展所产生，所以殷某的行为与李某的死亡之间依然存在有因果关系。

必须指出，在我们确定行为与危害社会的结果之间有无因果关系时，是不能凭借抽象的因果关系的一般公式来加以解决的，因为因果关系总是具体的。一个行为总是在一定条件下才存在有危害社会的结果发生的实在可能性，并且也总是在一定条件下才由这种行为合规律地引起危害社会的结果的发生。同一行为如果所处的具体条件不同，就会产生出完全不同的结果。所以在我们确定某种行为是否具有危害社会的结果发生的实在可能性并由这种行为合规律地引起危害社会的结果的产生时，亦即确定某种行为与某种危害社会的结果之间有无因果关系时，绝不能脱离该种行为实施时的具体条件孤立地来加以考察，在这方面关于霍某的事件可以说是一个明显的例子。两岁多的女孩霍某，一天头上碰破了一块皮，她父亲为使她的伤口早日复原，第二天领她到××门诊部去治疗。医师谈某决定给她注射破伤风抗毒素。按照规定在注射破伤风抗毒素以前，必须经过敏感实验，以免造成不良结果，但谈某认为特异体质的人很少，不进行敏感实验就给霍某注射了1 500单位的抗毒素。注射后霍某就闹得很厉害，接着面部出现浮肿，全身发青，大小便失禁，几分钟内就死亡了。经过解剖证明，霍某有淋巴腺增生和胸线扩大的症状，不能注射破伤风抗毒素。在这个实例中，如果霍某不是一个特异体质的人，医生谈某的玩忽行为（不经过敏感实验就注射破伤风抗毒素）就不可能引起霍某死亡的结果。正是因为霍某有淋巴腺增生和胸线扩大的症状，不能注射破伤风抗毒素，即在谈某行为实施时存在着特殊条件，谈某的行为才合规律地引起霍某死亡结果的发生，亦即谈某的行为与霍某的死亡之间存在着因果关系。所以在分析某种行为是否某种危害社会的结果发生的原因时，对于侵害行为对象的特性，实施行为环境的特点，促成或阻碍人的行为的自然力以及其他等，都应与该种行为结合起来仔细地加以研究。只有这样，才能正确地确定该种行为与某种危害社会的结果之间有无因果关系。

根据上述论点，我们认为下面两种观点都是不对的：(1) 把因果关系分成必然因果关系与偶然因果关系，(2) 反对用必然联系来说明因果关系。

把因果关系分成必然因果关系与偶然因果关系的论点，在苏维埃法学界曾得到不少学者的拥护。就在最近一期（1956 年第 7 期）的《苏维埃国家与法》杂志上所发表的 M·Д·萨尔果洛得斯基的“法的理论中因果关系的几个问题”的论文仍然坚持着这种观点。他写道：“关于因果性的分类问题，只有根据结果的偶然原因与必然原因才可能解决。”我们认为把因果关系分成必然因果关系与偶然因果关系两类这种观点是毫无根据的。如前所说，因果关系总是必然联系，偶然性虽然也有它产生的原因，但如果从它产生的原因来观察时，它也就是必然的，这就是说，它（作为原因的结果）和原因之间仍是一种必然联系。例如前面所谈的例子：某甲造成某乙轻伤，医生某丙玩忽职责使某乙感染毒菌而死。这里某甲造成某乙轻伤的行为与某乙的死亡只是偶然联系，因为在某甲造成某乙死亡的行为中并无某乙死亡的根据。所以某甲的行为与某乙的死亡之间没有因果关系。但某乙的死亡不是没有原因的，某乙死亡的根据存在于某丙玩忽职责的行为中，但就某丙玩忽职责的行为与某乙的死亡来看，两者的联系仍是必然的，所以某丙的行为与某乙死亡之间具有因果关系。可见只有在行为与危害社会结果处于必然联系的情况下才能谈到因果关系。如果某种危害社会结果对于某种行为来说是偶然的，那么这种行为与危害社会结果之间就没有因果关系。虽然这种危害社会结果也有它的原因，但是，如果从它的原因上来观察时，它就不再是偶然的，而是必然的了。正是在这个意义上来说，在偶然联系的情况下没有因果关系。既然因果关系总是必然的，在偶然联系情况下没有因果关系，那就不能再用必然性和偶然性解决因果关系分类的问题了。显而易见，把因果关系分成必然的与偶然的，是与因果关系概念本身相矛盾的。①

反对把因果关系分为必然的与偶然的两种，是否必须把因果关系是必然联系的论点也要加以否定呢？有些刑法科学工作者对这个问题

① 由于梅泽濬同志在他的论文中对区分必然因果关系与偶然因果关系的观点做了比较详细的批判，这里我对这种观点的错误只作一个简单的分析。

作了肯定的答复。例如姜焕宸同志认为梅泽濬同志一方面批评因果关系分成必然因果关系和偶然因果关系的论点，另一方面自己又主张在行为必然地造成结果时才有因果关系，似乎梅同志“自己却陷于自相矛盾中”。① 这就是说，既然批评因果关系分成必然的与偶然的论点，那就不能再说只有行为必然造成结果时才有因果关系。在我们看来，姜同志对于梅同志的指责是不能令人赞同的。需要知道，区分必然的因果关系与偶然的因果关系这是因果关系的分类问题，而认为因果关系是必然联系则是说明因果联系的性质问题，这两个不同的问题是不应混淆起来的。在这里反对把因果关系分成必然的和偶然的，正是以因果关系是必然联系的论点为前提的。我们认为把因果关系分成必然的和偶然的观点固然必须反对，但却不应因此也否认了因果关系的必然联系的性质。

从上述观点出发，我们感到在苏联某些刑法著作中对这个问题的论点也还大有值得商榷的余地。

T·B·采列捷里在其“刑法中的因果关系”学位论文中说：“……在必然性的概念中不仅包括着规律性的因素……而且包含着不可避免的因素……假定只有行为的必然后果才负责任，那么，就可能使审判员造成这样一种观念，仿佛只有当某人的行为不可避免地要引起某种危害社会后果时，才应该负责任。”②

前面我们已经指出马克思列宁主义哲学并不是宿命论地把必然性简单地理解为不可避免性，可见这种责难的出发点就是错误的。既然这种论点是建筑在对必然性不正确了解的基础上，那就很难保证它本身是正确的了。

Г·А·克里盖尔等在其对1952年《苏维埃刑法总则》的书评中写道：“如果教科书的作者们证明因果关系与无因果关系同必然性和偶然性相适应的话，那么他们的主张（按：指行为与结果处于必然联系的情况下始有因果关系，在偶然联系的情况下该行为与结果没有因果关系——引者）就有成立的权利，但是因为这种反辩证法的原则，他

① 《华东政法学报》1956年第2期。

② 转引自T·Л·塞尔格叶娃：《苏联最高法院刑事案件审判实践中的因果关系问题》，载《苏维埃刑法论文选译》（第1辑），中国人民大学版，第128页。

们永远也不能证明，所以他们的整个因果关系的主张，其本身基础是有毛病的，因而是社会主义刑法的理论和实践所不能接受的。”①

M·Д·萨尔果洛得斯基和Н·С·阿列克谢夫在其评《苏维埃刑法总则》(1952年版）一文中也说，认为“……在偶然联系的场合下没有因果关系……这样来解决问题，是与马克思主义哲学的原理相抵触的……”②

的确，偶然性不是与因果性相对立的，偶然性也有它的原因，从这点来说，要想证明因果关系与无因果关系同必然性和偶然性相适应，那确实是反辩证法的，那确实是与马克思列宁主义哲学的原理相抵触的。但是正如我们前面所说，偶然性虽然也有它的原因，可是它的原因却不在于某种事物本身，而在于另一事物。从另一事物来看，偶然性虽然有它的原因，但在这里它也就是必然性，而从某种事物本身来看，偶然性却没有它的原因。正是而且仅仅是从这个一定的某种事物本身来着眼，我们说在偶然联系情况下没有因果关系。由此可见，尽管能够证明偶然性也有原因，由于偶然性的原因在于另一事物，所以也就不能因而否认偶然性对于某种事物本身来说并无因果关系。显然他们还不了解：“偶然的东西正因为它是偶然的，所以有某种根据，同时也正因为是偶然的，所以也就没有根据。”③

根据上面的论述，可以看到，那些反对因果关系是必然联系的论点的理由是站不住脚的。因此结论仍不能不是：只有当某种行为与危害社会的结果处于必然联系的情况下，才能谈到该种行为与该种危害社会的结果之间具有因果关系。

最后应当说明，我们虽然认为不能否认因果关系的必然联系的性质，但同时感到像梅同志那样仅只简单地提出“这种行为而必然引起的损害结果，才是我们所说的刑法中的因果关系”④ 还是很不够的。因为仅仅提出“必然”的概念揭示它的联系的性质而不对它的内容进行具体的分析，也就很难帮助我们摆脱“概念上的游戏”。因此我们

---

① 《苏维埃刑法论文选译》(第2辑），中国人民大学版，第129页。

② 《苏维埃刑法论文选译》(第2辑），中国人民大学版，第187页。

③ 恩格斯：《自然辩证法》，人民出版社，第182页。

④ 《华东政法学报》1956年第1期。

认为在研究刑法中的因果关系时，不能只限于简单地说行为必然的结果才有因果关系，行为偶然的结果没有因果关系；而应当进一步分析行为与危害社会结果之间的因果关系的具体内容和特点，把因果关系之所以成为因果关系，因果关系之所以不同于其他关系的地方比较具体地揭露出来。只有这样，才能帮助我们便于解决这个在刑法科学中既重要又复杂的因果关系问题。

（原载《法学》1957 年第 1 期）

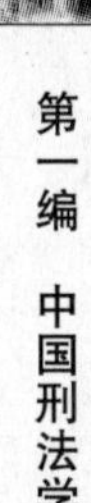

故意犯罪过程中的犯罪形态概说

1985年我国刑法学界将“故意犯罪的阶段”的提法改为“故意犯罪过程中的犯罪形态”。什么是故意犯罪过程中的犯罪形态？很有研究的必要。

什么是故意犯罪的阶段？故意犯罪有哪些阶段？能否使用故意犯罪阶段这一概念？刑法学界意见纷纭。关于故意犯罪阶段的争论，可以分为两类基本观点：一是故意犯罪阶段概念肯定说，一是故意犯罪阶段概念否定说。

主张故意犯罪阶段概念肯定说者，观点仍很分歧。大体分以下几种：

（一）停顿阶段说，认为故意犯罪的阶段是“犯罪者实行故意犯罪行为可能停顿的各阶段”。它表明着犯罪者的意图实现的程度。这些阶段，有的认为包括犯罪的预备、未遂和既遂。有的认为是犯罪的预备、未遂和中止。还有的认为是犯罪的预备、未遂、中止和既遂。

（二）不同过程说，认为故意犯罪的阶段是表明犯罪行为发展程度的各个不同的过程。故意犯罪的发展，有的认为一般要经过如下四个阶段：（1）犯意的形成；（2）犯罪的准备；（3）犯罪的实行；（4）犯罪结果的发生。未遂则不是一个犯罪阶段，而是处在实行阶段的一种被中断的状态。而有的认为故意犯罪分为如下四个阶段：（1）犯意表示；（2）犯罪预备；（3）犯罪未遂；（4）犯罪既遂。

（三）行为状态说，认为故意犯罪的阶段，是表明犯罪程度的各种已停顿的行为状态，即在犯罪发展过程中出现的各种不同的结局。这种意见认为，故意犯罪的发展应当分为“犯罪的预备”、“犯罪的未遂”、“犯罪的既遂”三个阶段。不能把“犯罪阶段”和“犯罪发展过程”混为一谈。而故意犯罪的发展过程则分为：（1）犯意的产生；

(2) 犯罪的预备;(3) 犯罪的实行;(4) 犯罪的完成。未遂本身不是犯罪的一个过程,而是处在"预备"和"既遂"当中的一个犯罪阶段。犯罪中止,可能发生在预备阶段,也可能发生在未遂阶段,因而它不是一个独立的犯罪阶段。

(四) 停顿阶段或形态说。认为"故意犯罪阶段,是指在故意犯罪活动过程中可能停顿的阶段或可能出现的形态。这些阶段包括犯罪预备、犯罪未遂和犯罪既遂,以及与犯罪预备、未遂直接相关的犯罪中止"。

主张故意犯罪阶段概念否定说者,认为用"故意犯罪发展阶段"或"故意犯罪活动过程中可能停顿的阶段"来概括犯罪的预备、未遂、中止和既遂不够妥当,因为它们并非犯罪发展阶段或可能停顿的阶段,而是已经停顿的各种行为状态。同时故意犯罪不都能显示出阶段来,所以用"故意犯罪阶段"的提法,显得以偏概全,很不确切,因而主张直接采用"犯罪的预备、未遂和中止"为题。

我们认为用"故意犯罪的阶段"来概括犯罪的预备、未遂、中止和既遂,确实不够科学。理由是:(一) 停顿阶段说,把犯罪预备、未遂、中止和既遂概括为可能停顿的阶段,不符合客观实际。因为构成未遂或中止,都是事实上已经形成的犯罪形态,而不是可能停顿的阶段。(二) 不同过程说,把不同过程与行为状态加以区别,确实很有见地,但这样解释故意犯罪的阶段,未能概括犯罪预备、未遂、中止和既遂等犯罪形态,而这些犯罪形态才是这一问题所要研究的根本内容。(三) 行为状态说,用行为状态解释犯罪阶段,虽然概括了犯罪的预备、未遂、中止和既遂,但这种解释也有商榷的余地。诚然,犯罪的预备、未遂、中止和既遂是不同的犯罪形态,但它们不具有犯罪行为发展过程中的阶段性。众所周知,犯罪形态和犯罪阶段各有不同的特点:犯罪形态不具有前后的连接性,某种犯罪形态一经成立,就不可能转变为另一种形态。例如,犯罪未遂或中止一经构成,就不可能转为犯罪既遂。而犯罪阶段则是前后互相连接的,它可以由前一阶段转入后一阶段。例如,犯罪预备完成以后,可转入实行阶段。可见犯罪阶段和犯罪形态两个概念具有不同的内容,因而不宜用"故意犯罪的阶段"来概括犯罪的预备、未遂、中止和既遂等犯罪形态。(四) 停顿阶段或形态说,将"故意犯罪的阶段"表述为,兼指可能停顿的阶段或可能出现的形态，也就不可避免地同时具有停顿阶段说和行为状态说的缺点，因而问题没有解决。就此而言，应当说故意犯罪阶段概念否定说是有道理的。

但不能由此得出结论，可以不要一个概括性的提法，而只能直接采用“犯罪的预备、未遂、中止”的标题。因为在学术研究中，科学的抽象是必要的。如果只能罗列现象，而不能进行科学概括，就难免给人以支离破碎之感；同时，未概括出它们共同具备的特征，也说明我们的认识还不深入，因此问题不在于要不要某种概括，而在于这种概括是否正确。据此，我们虽然同意不用“故意犯罪阶段”的提法，但认为需要用另一种比较恰当的概括性提法，即“故意犯罪过程中的犯罪形态”来替代，这一提法科学地概括了犯罪的预备、未遂、中止和既遂的共同特征：1. 它们都是一种犯罪形态；2. 它们都是在犯罪过程中发生的犯罪形态。使用“犯罪过程”一词有其法律根据，刑法第21条“在犯罪过程中，自动中止犯罪”的表述就用了“犯罪过程”，表明犯罪中止是在过程中发生的犯罪形态。

什么是故意犯罪过程中的犯罪形态？所谓故意犯罪过程中的犯罪形态，指故意犯罪在其发展过程中的不同阶段所发生的各种犯罪形态。

故意犯罪过程，指由犯罪预备，经犯罪的实行，到犯罪结果发生的全过程。故意犯罪在其发展进程中往往表现出阶段性，这就是所谓的故意犯罪阶段。什么是故意犯罪阶段，故意犯罪有哪些阶段，目前仍存在争议。我们认为，故意犯罪阶段是指故意犯罪行为发展过程中的一定的进程，它有如下特点：1. 具有一定的社会危害性，即它已经威胁或侵犯到刑法所保护的社会关系；2. 具有前后的连接性，即由前一阶段可以转入后一阶段。故意犯罪的发展，通常认为具有如下四个阶段：1. 犯意的产生或形成或犯意表示；2. 犯罪的预备；3. 犯罪的着手或犯罪的实行；4. 犯罪的完成或犯罪结果的发生。在我们看来，犯意的产生或形成，虽是犯罪行为的起因，但不能列为一个阶段，因它还只是思想活动，尚未表现为外在的犯罪行为，而我们所说的犯罪阶段，是指罪犯行为发展过程中的某一进程，因此，故意犯罪过程不应从犯意的产生或形成开始。换言之，犯意的产生或形成不应成为故意犯罪的一个阶段。犯意表示只是犯罪意图的单纯的流露，它不是为了实现犯罪意图而采取的活动，它不仅无助于主体实现自己的目的，相反地，还可能对预谋实施的犯罪造成障碍，因而犯意表示也不可能成为故意犯罪的一个阶段。犯罪的着手是犯罪实行的开始，或者叫做起点，不应脱离犯罪实行而独立存在，因之不能单独成为故意犯罪的一个阶段。犯罪的完成或犯罪结果的发生，意味着行为完全符合刑法规定的犯罪构成要件，它是犯罪的一种形态，而不是一个阶段。由于犯罪预备已表现为外部行为，并危及着刑法所保护的社会关系，具有一定的社会危害性；同时行为人经过犯罪的预备，即可转入犯罪的实行，具有前后连接性特点，因之故意犯罪的阶段应当从犯罪预备开始。犯罪的实行，即实施符合犯罪构成客观要件的行为，是故意犯罪的重要阶段，为大家公认，无需赘述。此外，某些犯罪在犯罪实行之后到结果发生之前，有一个时间间隔。在这个间隔中还可能发生未遂或中止问题，如实行终了的未遂或者自动有效地防止犯罪结果发生的犯罪中止都是如此。因而把这一间隔也列为犯罪过程中的一个阶段，与犯罪未遂的实际情况和我国刑法第 21 条的规定才相符合。由此我们认为，故意犯罪过程中应当分为犯罪预备、犯罪实行和实行之后三个阶段。

犯罪形态指各种犯罪行为客观表现的状态。它不是以犯罪客体为根据对犯罪行为所作的考察，如反革命犯、普通刑事犯等，它们虽然是不同的犯罪种类，但不是这里所说的犯罪形态。同时它也不是以犯罪的主观要件为根据对犯罪行为所作的考察，如故意犯、过失犯、目的犯等，这些自然也是一种犯罪分类，但也不是这里所说的犯罪形态。这里所说的犯罪形态是以犯罪行为的某些共同的客观事实特征的概括，是刑法总则研究的对象。犯罪行为从不同的标准来考察，可以表现为各种形态。例如：以犯罪人数为标准来考察，可以区分为：单独犯、共犯、实行犯、共同实行犯、聚众犯、集团犯等犯罪形态。以犯罪数量为标准来考察，可以区分为：单纯一罪（继续犯、吸收犯、接续犯等）、包括一罪（结合犯、惯犯、常业犯等）、处罚上一罪（想像竞合犯、牵连犯、连续犯等）和实际的数罪等犯罪形态。故意犯罪过程中的犯罪形态，是指在犯罪行为发展进程中发生的犯罪形态。这就以在犯罪过程中发生为标准，将这种犯罪形态与以犯罪人数为标准区分的犯罪形态或以犯罪数量为标准区分的犯罪形态区别开来。在理

论上，故意犯罪过程中的犯罪形态表现为两种类型：1. 犯罪的完成形态，即既遂；2. 犯罪的未完成形态，即预备、未遂与中止。既遂或预备、未遂与中止，都是在犯罪过程中发生的行为状态。犯罪既遂是在犯罪实行之后发生的行为状态，犯罪未遂是在实行阶段或实行之后发生的行为状态，犯罪中止则是在犯罪预备阶段、实行阶段或实行之后危害结果产生之前发生的行为状态。

故意犯罪过程中的各种犯罪形态，由于主客观要件不同，它们的社会危害性程度很不一致。为了贯彻罪刑相适应的原则，对于不同的犯罪形态，刑法规定了不同的刑事责任。犯罪既遂是犯罪的完成形态，刑法分则是以犯罪既遂为标本加以规定的，所以犯罪既遂的刑事责任，也由刑法分则的有关条文来规定。犯罪预备、犯罪未遂、犯罪中止是犯罪的未完成形态，它们并不完全具备刑法分则所规定的某一犯罪构成的客观要件，因而由总则对这些犯罪形态的要件作出专门规定。在确定这些犯罪形态的构成要件时，应当把总则第 19 条、第 20 条、第 21 条的规定，与分则对某一具体犯罪的规定有机结合起来加以认定。研究这些犯罪形态，就是要研究它们的构成要件，区分此犯罪形态与彼犯罪形态的特征，掌握对它们的处罚原则和立法精神，这样，在处理有关这些犯罪形态的案件时，才能做到划清界限，区别对待，正确地定性量刑。

（原载《中国律师》1989 年第 1 期）

论预备犯

什么是预备犯？什么是未遂犯？在司法实践中对一个具体案件的认定往往发生争论。为了准确地定性和量刑，对什么是预备犯以及有关问题进行研究，是很必要的。

一、预备犯的概念和条件

我国刑法第19条规定："为了犯罪，准备工具、制造条件的，是犯罪预备。"这一定义揭示了犯罪预备的本质特征，但还不能说是预备犯的概念。根据我们的理解，已经实施犯罪的预备行为，由于行为人意志以外的原因而未着手实行犯罪的，是预备犯。构成预备犯，必须具备如下条件：

（一）已经实施犯罪的预备行为。犯罪的预备行为是为犯罪制造便利条件的行为，是为实现犯罪意图而采取的积极活动，它使行为人在某种程度上便利于犯罪的完成，因而它包含着对社会关系的实际威胁，所以犯罪的预备行为是具有社会危害性的行为。例如，某甲为了杀害自己的妻子，去药店买了毒药。这种购买毒药的行为，是他为了实现杀人的意图而实施的，它在一定程度上便利于他将要实施的杀人行为。根据犯罪预备行为的这一特点，可以把它与犯意表示区别开来。犯意表示只是犯罪意图的单纯的流露，它不是为了实现犯罪意图而采取的活动，并且它也不会便利于犯罪的完成。而犯罪的预备行为，则不论从行为人主观意图或客观效果上看，都是为实施犯罪创造便利条件。例如某乙想盗窃财务科的现金，一天他告诉其朋友某丙说："我打算偷财务科几百元现金。"这是犯意表示。如果某乙向某丙说："我打算偷财务科几百元现金，你同我一块干吧！"这就不是单纯

的犯意表示，而是犯罪的预备行为。

（二）必须在犯罪预备过程中停顿下来。犯罪的预备就其实际的发展情况看，可能有三种结果：1. 在犯罪预备过程中被阻止而停顿下来。2. 经过犯罪预备，进而着手实行犯罪，在实行犯罪过程中被阻止而停顿下来。3. 完成了预期的犯罪。而作为犯罪阶段的预备，是指在犯罪预备过程中停顿下来的状态。构成预备犯的，只能是上述三种情况中的第一种情况。所以，如果行为人在实施了犯罪的预备行为之后，已进入实行犯罪的过程，那就不能再按预备犯论处了。例如，某乙为了盗窃财务科的现金，自己配制了一把万能钥匙，一天夜里他带着万能钥匙潜入财务科，由于他打不开保险柜，因而未能完成盗窃犯罪。这里某乙就不再是预备犯，因为他已着手实行犯罪，犯罪预备行为已为实行行为所吸收。

（三）犯罪在预备过程中停顿下来，是由于行为人意志以外的原因。这就是说，犯罪在预备过程中停顿下来，不是出于行为人自动地不去实行犯罪，而是违背行为人本人意志的。造成这种在犯罪预备过程中停顿下来的原因，从实际情况上看，主要是经公安机关发觉、被害人或第三人发觉报案而予以逮捕；或者由于被害人闻迅逃避，或防范严密难以下手；或者因为勾结共犯遭到拒绝，或感到作案条件尚不成熟而未进行下去。如果由于行为人自动中止犯罪而停顿在犯罪预备过程中，那就构成中止犯，而不再是预备犯了。例如王某，1983 年 7 月 15 日晚，见女青年李某坐在床上织毛衣，即生奸淫邪念。次日凌晨，破窗跳入李的宿舍，取下灯泡，打开房门，在走廊里顺手操起一根约一尺长的桌撑，然后关闭电闸，返回屋内，走到李的床边停下。李听到动静醒来，即拉灯察看，灯未拉亮，以为停电就又睡了。王某意欲行奸时，在“谁家没有父母姐妹，干这事太缺德了”的思想驱使下，遂自动中止了犯罪行为。这里王某就不是预备犯，而是中止犯。因为王某虽然在犯罪预备过程中停顿下来，而未进一步实行以暴力、胁迫或者其他手段的强奸行为，但他之所以在犯罪预备过程中停顿下来，不是由于他意志以外的原因，而是他自动中止犯罪的结果。

总之，只有具备上述三个条件，才能构成预备犯。

二、犯罪预备的表现形式

为犯罪创造条件的预备行为，其表现形式是多种多样的。根据我国的审判实践，它主要表现为：

（一）准备犯罪工具。犯罪工具应理解为为实行犯罪而利用的各种物品，如杀人用的刀枪、毒药，伪造货币用的机器、纸张、颜料，盗窃用的万能钥匙等。总之，凡能便利行为人实施犯罪的东西，都是犯罪工具。所谓准备犯罪工具包括制造、寻求犯罪工具，以及使犯罪工具适合于犯罪的需要。制造犯罪工具，如制造走私用的夹底箱。寻求犯罪工具，可能是购买、借用或收集可能用的工具，也可能是偷窃必要的工具。所谓使犯罪工具适合于犯罪的需要，就是对某种工具进行加工以便这种工具能在犯罪时使用。例如，为了杀人而磨刀，为了盗窃而配制万能钥匙等。准备犯罪工具是最常见的犯罪预备行为，所以我国刑法第 19 条将这一犯罪预备形式特别揭示出来。

（二）调查犯罪场所和被害人行踪。调查犯罪场所就是了解将要实施犯罪的场所及其周围的情况。如盗窃犯为了便于盗窃，事前调查谁家有钱，家中门户关闭情况以及从何处进出等。调查被害人行踪就是了解被害人的活动情况和规律。如杀人犯为了便于杀害被害人，事前了解被害人何时在家，何时外出，家住在何处，上下班经过哪里等。所有这些活动都是为了犯罪创造条件的行为，因而都是犯罪的预备行为。

（三）出发前往犯罪场所或诱骗被害人赴犯罪地点。为了实施犯罪，行为人需要到达犯罪场所。例如为了杀害被害人，动身前往被害人家中。同时为了实施犯罪，需要一定的环境，所以实践上犯罪分子往往诱骗被害人赴偏僻地点以便实施犯罪。这些活动也都是为了犯罪创造条件，因而也都是犯罪的预备行为。例如某甲与某乙（女）谈恋爱，某乙不同意，某甲怀恨在心，一天身怀尖刀，约某乙到城外河边去谈话，以便将其杀害。由于某甲在途中暴露出杀害某乙的意思，某乙未再往约定地点，并将某甲告发加以逮捕。某甲即构成杀人罪的预备犯。

（四）追踪被害人或守候被害人的到来。追踪被害人可能是追上

被害人即时实施犯罪，也可能是尾随被害人以便遇到适当场所或机会再行实施犯罪。不论前者或后者，都是犯罪的预备行为。行为人在一定地点守候，等待被害人的到来，以便实施犯罪，也是犯罪的预备行为。例如张某探知与其离婚的妻子刘某（女工），晚上10时下班，乃暗藏一瓶硫酸在小巷口等候，以便刘某经过时，将硫酸撒在她的脸上，毁其容颜。由于刘某换班（换了上下班的时间），致使当天张某未能遇到刘某。张某在巷口等待刘某以便毁其容颜的行为，就是伤害罪的预备行为。

（五）排除实施犯罪的障碍。排除实施犯罪可能遇到的障碍，是对实施犯罪创造有利的条件，因而也是犯罪的预备行为。例如，为了防止去杀被害人时其家中的狗叫，事先将其家中的狗毒死；为了便于从劳改场所脱逃而挖墙洞等，都是犯罪预备的实例。

（六）拟订实施犯罪的计划。即商定或草拟如何实施犯罪的办法。一个人特别是几个人共同实施犯罪时通常事先要进行一番研究、计划，以便顺利地完成预期犯罪。凡是商定实施犯罪的方法、地点、时间、行为人的分工，以及商定如何毁灭罪迹、隐匿罪犯或转移赃物等都是拟制实施犯罪的计划。例如赵某、孙某先后都与田某结婚后离婚，因此两人产生报复恶念，商定用石灰撒田的眼睛，用刀把她的面部毁坏，并用铁锤把她打瘸，随后赵某自动中止犯罪并向公安机关自首，以致犯罪计划未能实行。孙某即应对伤害罪的预备犯负责。

此外，犯罪预备还可能表现为勾结犯罪同伙，练习犯罪技能以及筹集进行犯罪活动所需要的资金等。总之，超出犯意表示制造犯罪条件，尚未着手实行犯罪的一切行为，都是犯罪预备。

三、犯罪预备与阴谋、未遂

犯罪预备与阴谋和未遂，密切相关，但含义不同。为了深入了解犯罪预备，需要进一步探讨一下它们之间的关系和区别。

（一）犯罪预备与阴谋。所谓阴谋，指两人以上就实行一定的犯罪共同进行谋议。其特征是：1. 两人以上。一个人图谋犯罪，不是我国刑法所规定的阴谋；2. 为了实行一定犯罪。两人以上不是就犯罪的行为所进行的谋议，也不是我国刑法所说的阴谋。3. 共同进行谋议，即两个以上具有犯罪故意的人就一定犯罪的实行进行谋划、商量。它可能有犯罪的单纯合意，也可能是就犯罪实行的方法、步骤、分工进行协商。如果一人提议犯罪，他人不同意的，由于缺乏犯罪的合意，则不能认为是阴谋。至于阴谋的性质是什么？即阴谋是否犯罪的一个阶段？对此，在刑法理论上有三种不同的见解：一种见解认为，阴谋属于犯意表示的阶段。如我国学者张尚鷟同志说："阴谋基本上属于故意犯罪的犯意表示阶段。"① 另一种见解认为，阴谋是犯罪预备的一种形态。如日本学者木村龟二说："共谋或共同谋议是两人以上者之间形成超越各个共同者的意思的团体的'共同意思'，其共同意思以实行一个犯罪为目的的场合叫阴谋，以实行不定多数的犯罪为目的的场合叫'犯罪团体'均属于预备。"② 第三种见解认为，阴谋是先于预备行为的一个犯罪阶段。如日本学者宫本英修说："所谓阴谋罪指两人以上之间成立的未达于预备程度的实行犯罪的合意……阴谋本质上说常常是预备的一种。然而刑法区别预备的类型与阴谋的类型，所以阴谋应当解释为仅仅限于实行一定犯罪的单纯的合意，如果更精心谋议、确定准备或实行的具体的方法，就应当说已经达到预备的程度。"③ 我们认为，根据我国刑法的规定，阴谋已经超越于犯意表示，也不是犯罪的一个独立阶段，而是犯罪预备的一种表现形式。因为阴谋已不是犯意的单纯的流露。我国刑法总则既没有规定阴谋阶段，刑法分则也没有像《日本刑法》那样将预备和阴谋并列。从其实际作用看，它也是为了犯罪制造条件，完全符合犯罪预备的本质特征，自应属于犯罪预备的表现之一。我国刑法第 91 条、第 92 条规定了阴谋背叛祖国罪、阴谋颠覆政府、分裂国家罪，这是由于该三种罪行特别严重，所以规定为阴谋犯，以便根据条文规定的法定刑予以严厉的打击。至于其他未规定为阴谋犯的犯罪，并非对这些犯罪的阴谋一律都不加以处罚，而应按照该种犯罪的预备，根据刑法分则的有关条文和刑法总则第 19 条的规定予以处理。

---

① 张尚鷟：《中华人民共和国刑法概论》，法律出版社 1983 年版，第 158～159 页。

② ［日］木村龟二：《刑法总论》，有斐阁 1984 年增补版，第 406 页。

③ ［日］宫本英修：《刑法学粹》，成文堂 1986 年版，第 306 页。

（二）犯罪预备与未遂。犯罪未遂是犯罪预备的后一阶段。根据我国刑法第20条的规定："已经着手实行犯罪，由于犯罪分子意志以外的原因而未得逞的，是犯罪未遂。"犯罪未遂具有如下特征：第一，行为人已经着手实行犯罪；第二，没有得逞即没有完成预期的犯罪；第三，没有得逞是由于犯罪分子意志以外的原因。由此可见，在犯罪未遂的场合，行为人已经着手实行犯罪，二者的区别就在于是否已经着手实行犯罪。那么，怎样理解犯罪实行的着手呢？对此，刑法理论上有各种学说：1. 客观说，即以行为人的客观行为为标准，确定实行的着手的学说。有的以开始相当于犯罪构成要件的行为为实行的着手；有的以实施完成犯罪所必要的行为为实行的着手或者以发生对法益侵害的现实危险性为实行的着手。2. 主观说，即以行为人的主观的犯意为标准，确定实行的着手的学说。它认为从行为人所实施的行为可以确定地认识犯意的成立时为实行的着手，或者认为有完成力的犯意的飞跃的表动为实行的着手。3. 折中说，即从行为人的计划整体看，从法益侵害的危险性是否迫切为标准确定实行的着手的学说。它把外部的行为既作为犯罪的意思的征表，又在某种程度上作为客观的危险的东西来把握。

我们认为上述诸说虽然似乎各有一定的道理，但都不够科学。因为犯罪是主、客观要件的统一，实行的着手也只能以主、客观要件的统一为标准才能正确地加以认定。片面地强调某一方面的因素，都不能得出准确的结论。折中说虽然兼顾到主、客观要件两个方面，但两个方面都没有给予恰当的说明。在我们看来，确定实行的着手应考虑如下情况：1. 行为人开始实施属于犯罪构成要件的行为。2. 这里所说的犯罪构成要件是行为人意图实施的犯罪的构成要件。犯罪构成要件的行为是由刑法分则规定的，因此，在确定某种行为是否已经属于犯罪构成要件的行为时，应以刑法分则对该种犯罪构成要件的行为规定为出发点。但由于法律的规定往往只是抽象的、原则的，而实际案件则是具体的、复杂的，所以，在确定某种行为是否属于犯罪构成要件的行为时，还必须结合各个具体案件的不同特点来考察。作为犯罪构成要件的行为，可以概括指出如下特点：它已开始侵害犯罪客体，本身能够造成危害结果的发生，如果没有犯罪分子意志以外的原因出现，而让它无阻碍地发展下去，该种犯罪就会完成。与此相反，犯罪预备行为是犯罪构成要件之外的行为，它只是为了侵害客体创造方便条件，还没有开始侵害犯罪客体，如果没有进一步行为的实行，就不可能完成犯罪。例如张某打算驾驶摩托车，在其所在单位财会人员至银行提取职工工资返回途中守候，伺机抢过装钱的皮包，然后驾车逃跑。至预定之日，张某化装后驾车至银行附近等候，因见人较多，怕被抓住受罚，未等财会人员从银行出来，即驾车离去。张某的行为仅仅停留在等候被害人从银行取钱出来后，伺机进行抢夺，还没有着手实行相当于抢夺罪的客观要件的行为，没有开始侵害犯罪客体——公共财产，所以张某只能以抢夺罪的预备犯论处，不能以未遂犯论处。

四、对预备犯的处罚

对犯罪的预备行为如何处罚，各国刑法的规定不尽相同。立法例主要有三种情况：（一）不论刑法总则和分则都没有处罚犯罪预备的规定，如1940年《巴西刑法典》、1954年《格陵兰刑法典》等；（二）只在刑法分则条文中特别规定处罚某种犯罪预备，如现行《日本刑法》分则，有八个条文规定处罚八种严重犯罪的预备行为；（三）在刑法总则中规定对犯罪预备的处罚，如1960年《苏俄刑法典》、1952年《阿尔巴尼亚刑法典》等。我国刑法对预备犯处罚的规定，属于第三种情况。

我国刑法第19条第2款规定："对于预备犯，可以比照既遂犯从轻、减轻处罚或者免除处罚。"我们理解，这一规定包括如下内容：

（一）处罚预备犯是我国刑法的原则规定

这是因为犯罪预备行为，尽管它本身不可能直接造成危害结果，但它已经威胁到一定的社会关系，其进一步行为的实行，就可能引起犯罪结果的发生；并且预备犯是由于行为人意志以外的原因而被迫在犯罪预备过程中停顿下来的，行为人希望犯罪结果发生的主观状态并没有改变。可见从犯罪的客观方面和主观方面来看，预备犯是有社会危害性和人身危险性的，因此，我国刑法规定原则上处罚预备犯。那种认为犯罪预备行为不存在犯罪客体，还不构成犯罪，因而不应处罚的观点，是错误的。

（二）预备犯一般应当比照既遂犯从轻、减轻处罚或者免除处罚

这是因为犯罪预备行为对一定的社会关系还没有开始侵害，它距社会危害结果的发生，不论在时间上或空间上毕竟都还有相当的距离。所以它比未遂犯社会危害性要小，比既遂犯社会危害性更小。根据罪刑相适应的原则，对预备犯一般自应比照既遂犯从轻或减轻处罚。对那些不严重的犯罪或较轻的犯罪的预备行为，由于其社会危害性不大，可以免除刑罚，甚至可以不以犯罪论处。

（三）少数情节恶劣的预备犯也可以不从轻、减轻处罚

例如，准备实施危害特别严重的犯罪；或者犯罪分子特别凶恶，屡教不改，人身危险性很大；或者准备实施犯罪的手段特别凶狠，可能危及广大人民的人身财产安全等，由于其社会危害性大，就可以不从轻、减轻处罚，以便给予应有的打击。在司法实践中对极少数劫持飞机的预备犯就是这样处理的。这体现了罪刑相当、区别对待的政策原则。

审判人员在对预备犯量刑时，是从轻处罚、减轻处罚或免除处罚，应当综合考虑如下情况，然后加以确定：1. 行为人所准备实施的犯罪的社会危害程度，如准备实施的是持械聚众叛乱罪或一般伤害罪等；2. 预备犯本人的人身危险程度，如是初犯或是累犯，是一贯表现较好或是“三进宫”、“四进宫”屡教不改；3. 犯罪行为的准备情况和程度。如准备实施犯罪的工具是具有极大杀伤力的武器或是一般生活用品，是刚刚开始进行准备或已经准备完毕等。只有这样，才能给预备犯以恰当的处罚。

此外，还需要指出的是，一种犯罪的预备，也可能是另一种犯罪的既遂。例如，为了进行抢劫，先盗窃了他人的枪支子弹。这里盗窃他人枪支子弹，对抢劫罪来说，是犯罪预备；对盗窃枪支弹药罪来说，则是犯罪既遂。对于这种情况应当怎样处理呢？理论上有不同意见。有的主张按照数罪并罚原则合并处罚，有的主张按牵连犯对待。我们认为应按想像竞合犯处理；如果盗窃枪支子弹后，又进而实施了抢劫罪的，才应按牵连犯处理。

（原载《河南法学》1984 年试刊第 1 期）

论共同犯罪的概念和要件[①]

共同犯罪或叫共犯，是与单独犯罪相对而言的，它是社会生活中的一种犯罪现象。凡是由两人或两人以上共同故意实施犯罪的即是共同犯罪。这种犯罪，较一人实施犯罪的社会危害性为大。这是因为：(1) 可能对国家和公民的利益造成更为严重的危害；(2) 可能密谋商讨，互相分工，采用更复杂、更狡猾的犯罪方法，使犯罪易于实行；(3) 可能研讨对策，互相包庇，采用诡诈的手段消灭罪迹，毁灭罪证，便于逃避侦查。共同犯罪集团中的每一个人在共同犯罪中所起的作用不会完全相同，甚至很不相同。为了恰当地确定他们各自的罪责，就需要区别对待，分清他们每个人在共同犯罪中所处的地位和所起的作用。

我国刑法第 22 条规定："共同犯罪是指两人以上共同故意犯罪。"与外国刑法学者和外国刑事立法对共同犯罪所下的定义相比，我国刑法中关于共同犯罪的定义具有严密的科学性和高度的概括性。这一定义揭示了共同犯罪的主、客观要件。它既不扩大共同犯罪的范围，也不缩小共同犯罪的范围，是符合社会生活中共同犯罪的实际情况的。

在外国刑法学者对共同犯罪所下的定义中，存在着两种错误的倾向：

(一) 有些共同犯罪的定义扩大了共同犯罪的范围。如日本刑法学者牧野英一说："数人共同实施犯罪，为共犯。"[②] 大塚仁说："所谓共犯，在广义上，指两人以上的行为者共同实现犯罪的一切场

① 本文是与罗平同志合作撰写的。

② ［日］牧野英一：《日本刑法》(上)，有斐阁 1939 年第 64 版，第 407 页。

合。”① 法国刑法学者 G.Stefani、G.Levasseur、D.Bouloc 指出：“共犯是犯罪分担的一种形态，即由数人实行的犯罪的一种形态。”② 所有这些定义都没有谈到共犯成立要件的主观方面——共同故意。这样，一方是故意，一方是过失；或者行为人都是过失；或者一个是故意犯甲罪，一个是故意犯乙罪，都可以构成共犯。这就大大地扩大了共犯的范围。有的学者在共同犯罪的定义中，虽然列举了共同犯罪的主观要件，但没有提到共同犯罪人之间的一定的主观联系。《苏维埃刑法总则》(1938 年版）写道：“……苏维埃刑法上的共同犯罪，是两人或两人以上故意地参加实施故意犯罪的行为。”这个定义没有揭示构成共同犯罪的必要条件——共同犯罪人之间的共同故意和共同行为。这样，两个人即使没有主观上的联系，只要同时同地犯同一个罪；或者一个人犯罪之后，另一个利用他所创造的条件进行犯罪，都可以认为是共同犯罪，同样扩大了共同犯罪的范围。

（二）有些共同犯罪的定义缩小了共同犯罪的范围。如帝俄时期的塔干采夫教授解释说：“协议乃是共同犯罪的根本条件，在还没有证实每个被检举负共同责任的人员协议之前，是谈不到作为罪过的特殊类型的共同犯罪的。”十月革命胜利后，这种观点在苏联刑法学者中间也有反映。如拉普切夫在《苏维埃刑法上的共同犯罪》一文中写道：“苏维埃刑法上的共同犯罪，可以确定为：几个人根据协议参加实施一个或几个犯罪的行为。”③ 这些定义把数人之间的协议列在共同犯罪的概念之中，这就大大缩小了共同犯罪的范围。因为数人之间有协议固然可以共同犯罪；没有协议，同样也能共同犯罪。按上述定义，没有协议的共同犯罪，就被排除在共同犯罪的范围之内。

《阿尔巴尼亚刑法典》关于共同犯罪的定义，虽然在内涵上比较恰当，但表述却不够周密、概括。该法典第 12 条规定：“数人共同故意实施犯罪或者以这种目的组织犯罪团体的，都是共同犯罪。”组织

① ［日］大塚仁：《注解刑法》，青林书院 1977 年版，第 385 页。

② ［法］G.Stefani 等著，泽登俊雄译：《法国刑事法·总论》，成文堂 1981 年版，第 219 页。

③ 转引自［前苏联］特拉依宁：《犯罪构成的一般学说》，中国人民大学出版社 1958 年版，第 234 页。

犯罪团体，不过是共同犯罪的一种特殊形式，它本可包括在“数人共同故意实施犯罪”的含义之内。这里把两者相提并论，就显得在逻辑上不够严谨，在文字上不够简练。

由此不难看出，我国刑法关于共同犯罪概念的规定，不论在内容表述上或立法技术上，都是值得称道的。

为了深入了解我国刑法中共同犯罪的概念，需要对共同犯罪定义中所揭示的共同犯罪的主、客观要件分别加以探讨。

根据我国刑法关于共同犯罪概念的规定，共同犯罪的成立，必须具备如下要件：

（一）从犯罪主体方面看，行为人必须是两人以上，即共同犯罪的成立，必须是两人以上共同实施犯罪。一个人单独犯罪，不能构成共同犯罪。共同犯罪者必须都是达到刑事责任年龄和具有刑事责任能力的人。共同犯罪案件中没有达到刑事责任年龄，不具有刑事责任能力的人不是共犯。如果一个具有刑事责任能力的人利用一个未成年人或精神病人（即缺乏刑事责任能力的人）去实施犯罪行为，被利用者不构成犯罪，利用者则作为实行犯来处理。这种情况在资产阶级刑法理论上叫做间接正犯。资产阶级刑法学者认为，间接正犯是正犯即实行犯的一种，而不是共犯的一种。在我国社会生活中也存在这种犯罪形式。审判实践认为，这种情况不过是把被利用者当做犯罪的工具，犯罪者通过操纵这一工具来实施自己想犯的罪，所以应径依该罪的单独犯论处。例如，妇女某甲利用自己5岁的小孩某乙进行盗窃活动，人民法院即以盗窃罪对该妇女定罪判刑，既没有视为共同犯罪，也没有使用间接正犯的概念。

（二）从犯罪的客观方面看，各共同犯罪人必须具有共同的犯罪行为。所谓共同的犯罪行为，指各共同犯罪人的行为都是指向同一的特定犯罪，互相联系，互相配合，成为一个统一的犯罪活动整体，他们每个人的行为都是共同犯罪行为的一个有机组成部分，在发生犯罪结果的情况下，他们每个人的行为都与犯罪结果之间存在着因果关系。

共同犯罪行为的形式，不限于共同的作为，也包括共同的不作为，有时甚至是作为和不作为的结合。例如盗窃犯某乙，事前同某工厂仓库值班员某甲约好，乘甲值班时，乙来盗窃该仓库的财物，届时，甲借故离开现场，任乙盗窃，事后两人将赃款平分。甲的行为是不作为，乙的行为是作为。甲的不作为对乙的作为起了配合、帮助和支持作用。这一共同犯罪就是作为与不作为的结合。

共同犯罪行为的方式，既可能是共同实施犯罪行为，也可能是同一犯罪不同行为的分担：有的引起他人犯意，有的帮助他人犯罪，有的直接实行犯罪。尽管他们行为的方式不同，但都是指向同一的特定犯罪，并且互相联系，互相配合，因而仍然是共同的犯罪行为。

所谓同一的特定犯罪，是仅限于一个犯罪，还是在数个犯罪中也可能存在？在刑法理论中，其说不一。犯罪共同说认为，共同关系是数人共犯一罪的关系，所以行为的分担仅限于一个犯罪，才成立共同犯罪。行为共同说则认为，共同关系为共同表现恶性的关系，只要行为共同，即为共同表现恶性。所以数个犯罪既可由数人相联络而实施，也可认为有行为的分担，对此数个犯罪，自可成立共同犯罪。我们认为共同犯罪总是就特定的即具体的犯罪而言的，只要具备共同犯罪的客观方面和主观方面的要件，则这种特定的犯罪不论是一个还是数个，都不影响共同犯罪的成立。在现实生活中，流氓犯罪集团的成员，往往既有流氓罪的共同行为和共同故意，又有强奸罪的共同行为和共同故意。审判实践认为他们不仅构成流氓罪的共同犯罪，而且也构成强奸罪的共同犯罪。这是符合共同犯罪原理的。

共同实施的犯罪是结果犯时，必须是每一共同犯罪人的行为都与犯罪结果之间存在着因果关系。确定共同犯罪人的行为与危害结果之间的因果关系，固然要以刑法中的因果关系的一般原理作指导，但是共同犯罪中的因果关系毕竟还有其特殊性，即它不是单个人的行为而是数人的共同行为与结果之间的因果关系。在共同犯罪的场合，各共同犯罪人基于共同犯罪意思的联络，彼此的行为互相补充、互相利用而共同实施犯罪。所以，对他们的行为应当统一地加以考察，不能孤立地只就某人本身的行为是否现实地引起结果产生，来认定其行为与结果之间有无因果关系。下面根据共同犯罪的不同情况，分别加以说明：

（1）在共同直接实行犯罪的场合，应将各共同犯罪人实行的行为作为统一体来考察，以确定其行为与犯罪结果之间是否有因果关系。如果共同犯罪人中有一人的行为直接引起犯罪结果的发生，其他共同犯罪人的行为，虽然没有直接产生危害结果，根据共同犯罪行为是有机统一体的特点，也应认为这种行为与危害结果之间具有因果关系。例如，甲、乙共谋开枪射击杀害丙，甲开枪未中，乙开枪致丙死亡。根据共同犯罪行为的特点，甲、乙的行为与丙的死亡之间均有因果关系，甲、乙均应负杀人既遂的责任。不能认为丙的死亡只与乙的行为有因果关系，而与甲的行为没有因果关系，从而让甲负杀人未遂的责任，让乙负杀人既遂的责任。

(2) 在共同犯罪人之间存在分工的场合，即在共同犯罪人之间存在实行犯、教唆犯、帮助犯的场合，教唆犯、帮助犯仅仅是教唆他人犯罪或者帮助他人犯罪，并未参与实施犯罪构成要件的行为，其因果关系如何，对此资产阶级刑法理论上有各种不同的学说，但都没有给予科学的说明。我们认为，在共同犯罪人存在分工的情况下，共同犯罪行为与危害结果之间的因果关系的特点是：教唆犯、从犯的行为引起或促进实行犯的犯罪行为，实行犯的犯罪行为直接引起危害结果的发生。教唆犯、从犯和实行犯的行为，作为共同犯罪行为的有机整体，都与危害结果之间存在着因果关系。

（三）从犯罪的主观方面看，各共同犯罪人之间必须具有共同的犯罪故意。这种共同的犯罪故意，把各个共同犯罪人联系在一起，使各共同犯罪人的行为在共同犯罪故意支配下统一起来。因之，要成立共同犯罪，除了确定两人以上具有共同的犯罪行为之外，还必须确定他们具有共同的犯罪故意。所谓共同的犯罪故意包括以下内容：(1) 共同犯罪人认识到不是自己一个人单独实施犯罪，而是两人以上共同实施犯罪；(2) 共同犯罪人预见到共同犯罪行为的性质以及共同犯罪行为所引起的社会危害结果，自然，这种预见只能是概括的预见；(3) 共同犯罪人一般是希望共同犯罪行为所引起的社会危害结果发生，但在个别情况下，也可能其中有人是放任社会危害结果发生。以上三点，是共同犯罪在主观方面必须同时具备的特征，不具备这些特征，就不可能构成共同犯罪。由此可以作出如下结论：

(1) 缺乏主观联系的同时犯，不是共同犯罪。两人以上的实行犯，没有犯罪的意思，即没有意思联络而同时或在近乎同时的前后关系中实行犯罪的，叫同时犯。同时犯虽然各有故意，但缺乏主观的联系，因而不是共同犯罪，而是同时实行的两个以上的单独犯，从而限

于各自对自己的行为负担责任。例如，甲、乙各以盗窃的故意偶然地同时潜入某仓库，分别盗窃了价值人民币 1 000 元和 1 500 元的财物。甲、乙均构成了盗窃罪。对他们只能依照各自的罪行论处，而不能按共同犯罪处罚。但《日本刑法》第 207 条对同时伤害犯的处理有例外规定："两人以上施加暴力致使他人受到伤害，在不能辨认所加伤害的轻重或不能辨认是何人所伤时，虽非共犯也应依共犯的规定处断。"这是数人同时对被害人造成伤害，在不能辨认所加伤害的轻重或何人所伤的情况下，作为共同犯罪处理的特例。日本刑法的这种特例，可供我们参考。

(2) 实施犯罪时故意内容不同的人，不构成共同犯罪。数人同时实施犯罪，甚至同时对同一犯罪对象实施犯罪，如果故意的内容不同，就不是共同的犯罪故意，因而不能按共同犯罪处理。例如，林某与杨某曾因故发生争吵、斗殴。某日晚林及其妻与杨及其妻在街上相遇，林、杨又互相殴打，林头部被杨妻打出了血，林妻见状，跑回家将儿子林甲叫醒，林甲持锄赶来，用锄背朝杨的头部打了一下，接着林某手持木棒连续猛击杨的头部、面部，致其立即死亡。一审法院对林某与林甲以共同故意杀人论罪。省高级人民法院复核认为，林某的行为已构成故意杀人罪，但林甲只有伤害的故意，没有杀人的故意，与林某故意的内容不同，因而认定林甲不构成林某杀人案的共犯，只以故意伤害罪论处。这样处理是符合共同犯罪构成要件的。

(3) 超出共同故意之外的犯罪，不属于共同犯罪。在数人以共同的犯罪故意共同实施犯罪的过程中，个别共同犯罪人超出共同的故意，又犯他罪的，除其原有共同故意的犯罪成立共同犯罪外，所犯的他罪，只能由实施该犯罪行为的人员负责，而不能按共同犯罪处理。例如，蔡某和刘某、马某、邹某共同策划抢劫某大队代销店。某日深夜，四人携带作案工具，凿墙入室，发现店内有两名女青年同睡一床，由蔡指挥将两女青年捆起。当马、刘劫取财物时，邹与蔡分别对女青年进行了强奸。这里，蔡、刘、马、邹四人构成抢劫罪的共同犯罪，对超出共同故意的强奸罪，只能由实施强奸行为的邹某与蔡某负刑事责任。

围绕共同犯罪的概念和要件，在理论界还存在着一些争论。这里谈谈我们的看法。

（一）仅仅参与共谋，而未参与实行犯罪行为的，是否构成共同犯罪？在我国刑法理论界持有不同意见。一种意见认为，仅仅参与共谋，不构成共同犯罪。如有的同志提出，应当划清“共同犯罪与犯罪人之间虽有共同故意，但无共同行为的界限”。举例说：“例如，甲乙共谋杀死丙，相约某晚到丙家共同下手杀死丙。但到时候乙未来，甲一人将丙杀死。甲与乙不构成共同犯罪，甲单独构成杀人既遂罪，而乙参与了密谋杀人，只应对杀人的预备行为负责。”① 另一种意见认为，共谋而未实行，构成共同犯罪。如有的同志指出，“共同犯罪行为包含犯罪的预备和犯罪的实行，共谋是一种共同犯罪行为”。② 我们同意后一种观点。前一种观点是由于对共同行为作了狭隘的理解所产生。实际上，共同行为不仅指犯罪的实行行为，而且指犯罪的教唆行为或帮助行为，其中自然包括共谋行为。因为共谋是指数人就准备实施的犯罪进行谋议，它可能是对犯罪的教唆，也可能是对犯罪的帮助，因而共谋本身就是共同犯罪行为。不能认为数人共谋犯罪，其中有的人未参与实行，就是没有共同行为，进而否认其为共同犯罪。

（二）隐匿行为、包庇行为是否构成共同犯罪？对此，外国刑事立法有不同的规定，刑法理论上也有不同的看法。在刑事立法上，一种规定是，不问事前是否通谋，只要事后隐匿、包庇犯罪的，都是共同犯罪。如 1926 年《苏俄刑法典》第 17 条第 3 款规定：“以建议、指点、供给工具和排除障碍等方法帮助实施犯罪，或者藏匿犯罪人或消灭罪迹的，是帮助犯。”在刑法理论上，犯罪共同说的部分学者认为，事后的隐匿、包庇行为属于共同犯罪。行为共同说的学者则不同意这种观点。我们认为，对事后的隐匿行为或包庇行为应作具体分析。如果事前或犯罪过程中没有通谋时，对危害结果的发生，就不存在因果关系，因而不构成共同犯罪。如果事前或犯罪过程中通谋，事后又加以隐匿、包庇的，对犯罪结果的发生便存在因果关系，并且具有共同的故意，故应成立共同犯罪。我国刑法第 162 条对窝藏或者作假证明包庇反革命分子或其他犯罪分子的，分别规定为独立的犯罪，同时规定：“犯前两款罪，事前通谋的，以共同犯罪论处。”这是完全

① 《吉林大学社会科学学报》1982 年第 1 期，第 65 页。

② 《法学》1984 年第 6 期，第 25～26 页。

合乎刑法关于共同犯罪的原理的。

（三）单方面具有共同犯罪的故意能否成立共同犯罪？即能否成立片面的共犯？在刑法理论上有两种不同的观点：一是承认片面的共同犯罪。如日本学者牧野英一说："盖共同加功的意思属于犯人之心理的事项，其互相交换或共犯者的双方有此交换，不过是外界的事项。故予辈认为，作为共犯的主观要件的此意思，在其片面的场合，尚可成立，在这种场合，对于有此意思的一方，生共犯的效果。"① 这种观点在我国刑法学界也有反映。如有的同志在分析共同犯罪人主观上联系的三种不同情况时指出："第三是共犯者在主观上联系程度最低的一种情况，即共犯者之间没有协议，只限于共犯者知道另一个共犯者的故意和行为的犯罪性质而共同实施同一犯罪。"在这样的情况下，"同样也可能发生共同犯罪"。二是否认片面的共同犯罪。如日本学者西原春夫说："因为作为共同成立要件的意思疏通，必须是相互的，例如甲知道乙的犯意，单方面参与乙的犯罪这种'片面的共犯'的场合，不成立共犯；从而甲的参与，除了其本身独立成为某些犯罪的场合外，甲为无罪。"② 我国刑法学界有较多的同志都持这种观点。如有的同志说：所谓片面的共同犯罪，"这种看法是值得商榷的，因为共同犯罪构成的条件是两人以上基于共同故意实施了共同犯罪，这是全面的相互的，如果是片面的故意，与共同犯罪的含义是矛盾的"。③ 我们认为，片面的共同犯罪是可能存在的，但不是在任何种类的共同犯罪人之间都能存在。具体言之，教唆犯罪不可能成立片面的共犯，共同实行犯罪也难以成立片面的共犯，暗中给实行犯实施犯罪以帮助，事实上是可能的。这种行为，就帮助者一方来说，完全具备共同犯罪的要件，应以片面的共犯论处为宜。这与共同犯罪的概念并不矛盾，因为所谓共同故意，并非必须是相互疏通的，只要行为人认识到自己是同他人一起共同实施同一犯罪，那么，就应当认为该行为人具有共同故意。

---

① ［日］牧野英一：《日本刑法》（上），有斐阁 1939 年第 64 版，第 444～445 页。

② ［日］西原春夫：《刑法总论》，成文堂 1978 年版，第 334 页。

③ 《吉林大学社会科学学报》1982 年第 1 期，第 65 页。

（四）过失罪能否成立共同犯罪？对此，刑法理论上有两种不同的见解。（1）过失罪有共同犯罪说。这种见解认为，对于某种犯罪，只要有数人的共同行为，就可成立共同犯罪，不论他是出于故意还是过失，对共同犯罪的成立不产生影响。不过，出于故意的，为故意共同犯罪；出于过失的，为过失共同犯罪。例如前苏联学者特拉依宁说："在行为人有各种罪过形式——故意和过失的情况下，不发生共同犯罪的问题。只有在所有的人的行为都是过失实施的情况下，才发生过失的共同犯罪问题。"①（2）过失罪无共同犯罪说。这种见解认为，共同犯罪以数人之间有共同故意为必要条件，只有具有共同故意，才能将数人的共同行为联结成为共同犯罪的整体。而过失罪，不能使共同行为人之间产生意思联络，因而不能成立共同犯罪。如前苏联学者索洛维叶夫写道："共同实施的犯罪行为的社会危害性比单个行为人实施的类似犯罪行为的社会危害性大，乃是共同实施犯罪行为的特点，这就决定了参加实施这种犯罪行为的每一个人的社会危害性要大，因而必须对他们处以较重的刑罚。而实施过失的犯罪行为，却不能说明犯罪行为和实施犯罪行为的人有较大的社会危害性。他们的过失活动是造成了一个犯罪结果，但他们每个人的罪过在这时具有单个的性质。因此，我们认为，不能把几个人过失造成的犯罪结果看做是共同犯罪。"②

在马克思主义的刑法学理论看来，过失犯罪是不可能构成共同犯罪的。因为：（1）共同犯罪之所以比个人单独犯罪具有更大的社会危害性，正在于通过共同故意使数人结成犯罪的整体，彼此互相支持，互相配合，易于作大案要案，对社会造成严重危害。而在过失犯罪的情况下，行为人缺乏对共同犯罪的认识，不能使数人的共同行为具有共同犯罪所要求的那种内在一致性。（2）刑法总则中规定共同犯罪，是因为行为人在共同犯罪中所起的作用不同或者分工不同，需要根据各自的作用或分工确定其刑事责任。而在过失犯罪的情况下，无主

① 北京政法学院刑法教研室编印：《外国刑法参考资料》（第 2 辑），1982 年，第 329 页。

② 北京政法学院刑法教研室编印：《外国刑法参考资料》（第 2 辑），1982 年，第 328 页。

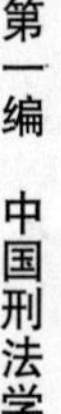

犯、从犯或教唆犯的区分，只能根据各人的过失犯罪情况论罪处刑。据此，我国刑法第22条第2款规定："两人以上共同过失犯罪，不以共同犯罪论处，应当负刑事责任的，按照他们所犯的罪分别处罚。"这就从立法上对过失罪不存在共同犯罪给予了明确回答，并对解决共同过失犯罪人的刑事责任问题作出了科学规定。

（原载《政法论坛》1985年第4期）

共同犯罪与身份

在刑法分则中的大多数犯罪任何人都可以构成，如杀人罪、伤害罪、抢劫罪等；但也有一部分犯罪，必须行为人具有某种特定的身份才能构成，如贪污罪、受贿罪，只有国家工作人员才能构成。这一类犯罪是特殊主体的犯罪，在刑法理论上通常叫做“身份犯”。行为人具有特定的身份是成立身份犯的要件，不具有特定身份的人自然不能单独构成这种犯罪。那么，能否与具有特定身份的人一起构成这种犯罪的共同犯罪呢？对于无特定身份者与有特定身份者共同实施犯罪应当怎样处罚呢？这些问题需要认真加以研究，予以适当的解决。

一

我国现行刑法总则没有关于共同犯罪与身份的规定。只是中华人民共和国成立初期公布实施的《中华人民共和国惩治贪污条例》第12条曾规定：“非国家工作人员勾结国家工作人员伙同贪污者，应参照本条例第3、4、5、10、11各条的规定予以惩治。”这虽是关于共同犯罪与身份的规定，但只是限于贪污罪，还不是解决这一问题的一般规范。而外国刑法和旧中国刑法在刑法总则中规定共同犯罪与身份问题的，却有不少立法例。如1974年《奥地利刑法典》第14条规定：“（1）法律规定行为之可罚性、刑度系取决于与不法行为有关行为人之个人特定身份关系时，如参与人之中仅有一人具有此种关系时，所有参与人均适用此项规定。行为之不法系取决于行为人于直接实施犯行或以其他特定方式参与行为之际，应具备特殊身份关系者，亦同。（2）因特定身份关系，而免除刑责时，仅具有此种身份关系之参与人，始适用之。”《日本刑法》第65条规定：“（一）凡参与因犯

人身份而构成的犯罪行为的人，虽不具有这种身份，仍是共犯。（二）因身份致刑罚有轻重时，没有这种身份的人，仍判处通常的刑罚。”1935年旧中国刑法第31条规定：“因身份或其他特定关系成立之罪，其共同实施或教唆帮助者，虽无特定关系，仍以共犯论。因身份或其他特定关系，致刑有重轻或免除者，其无特定关系之人，科以通常之刑。”此外，1976年联邦德国刑法第28条，1968年《德意志民主共和国刑法典》第22条第4、5款，1971年《瑞士刑法典》第26条，1975年韩国刑法第33条等均有类似规定。这些规定在研究共同犯罪与身份问题上值得我们参考。

“身份”一词，《辞海》的解释是：“人的出身、地位或资格。”这是普通意义上的身份，它揭示了身份的特征具有继续性。在刑法理论上对身份的解释与此有所不同。不过，刑法理论上对身份的解释也不一致。有的把身份解释得很宽，如日本判例解释说：“刑法第65条所谓身份，不只是限于男女的性别、内外国人的差别、亲属关系、作为公务员那样的关系，而是指一切关于一定犯罪行为的犯人的人的关系的特殊地位或状态。”① 这里把身份解释为包括特定关系。有的把身份解释得较窄，认为身份为特定关系之一种，特定关系包括身份和其他特定关系。所谓身份专指属于行为人的特定资格，如公务员、军人、男女、亲属关系等，其他特定关系，指身份以外的一切具有人的关系的特殊地位或状态，如依法逮捕的人犯、依法应负扶养义务的人等。在我们看来，身份就其本来的意义上，不包含其他特定关系，但为了研究的方便起见，不妨把身份作广义的解释。当然这也只能是属于有关人身的情况；属于人的主观方面的情况，如具有某种目的（反革命的目的、营利的目的等），自不应解释为身份。

身份从其形成上分，有自然的身份和法律上的身份。前者指基于一定的事实关系而形成的身份，如男女性别、亲属关系、本国人与外国人等；后者指基于法律所赋予而形成的身份，如国家工作人员、司法工作人员、邮电工作人员、证人、鉴定人、记录人、翻译人等。

身份从其在定罪量刑的作用上分，有犯罪构成要件的身份（或叫构成的身份）和影响刑罚轻重的身份（或叫加减的身份）。某种犯罪

① 转引自［日］团藤重光：《刑法纲要总论》，创文社1981年版，第392页。

必须行为人具有一定的身份才能成立，不具备法律要求的特定身份，这种犯罪就不能成立。这种犯罪在刑法理论上叫真正身份犯。法律要求构成身份犯的犯罪主体所必须具有的身份，是犯罪构成要件的身份。刑法上没有规定必须具有一定的身份才能构成的犯罪，具有一定的身份犯这种罪时法律规定予以从重、加重或从轻、减轻处罚。这种犯罪在刑罚理论上叫不真正身份犯。法律要求构成不真正身份犯时影响量刑从重、加重或从轻、减轻的身份，叫影响刑罚轻重的身份。此外，在刑法理论上还有一种叫做消极的身份，即由于具备一定的身份使刑法上规定的某种犯罪不能成立或免予处罚。对于与具有消极的身份的人共同犯罪如何处理呢?《日本刑法》第244条规定：“（一）直系血亲、配偶及同居的亲属之间，犯第235条的罪（按该条为盗窃），第235条之二的罪（按该条为侵夺）及这些罪的未遂罪的，免除其刑罚。其他亲属之间犯上述罪时，告诉的才处理。（二）对于非亲属的共犯，不适用前项的规定。”我国刑法没有这样的规定，但最高人民法院、最高人民检察院《关于当前办理盗窃案件中具体应用法律的若干问题的解答》中指出：“要把偷窃自己家里或近亲属的，同在社会上作案的加以区别。”它虽没有明确提出前者不构成犯罪，但实际的意思是：“对此类案件，一般可不按犯罪处理；对确有追究刑事责任必要的，在处理时也应同在社会上作案的有所区别。”在司法实践中，对家庭成员之间的盗窃，一般也是不作为盗窃罪处理的。如果非家庭成员伙同家庭成员共同实行盗窃，数额较大的，根据具体情况，对家庭成员可以不以盗窃论罪，但对非家庭成员仍应以盗窃罪追究刑事责任。由于这方面的问题不多，所以只在这里连带说明，下面不再专门论述。

二

行为人具有一定的身份才能构成的犯罪，行为人的一定身份，在我国刑法理论上叫做犯罪的特殊主体。不具有该种身份的人，固然不能直接构成该种犯罪，但与有一定身份者构成共同犯罪，在理论上已为大家所公认。至于能构成什么样的共犯，即除了能够构成教唆犯、帮助犯或组织犯外，能否构成共同实行犯（共同正犯），却还有不同的看法。一种是否定说，认为无身份者不能与有身份者构成真正身份犯的共同实行犯，而只能构成真正身份犯的教唆犯、帮助犯或组织犯。如前苏联著名刑法学者特拉依宁说："在社会主义刑法体系中，关于非公职人员参与实施渎职罪应负责任问题，是不容怀疑的……但是，必须注意，渎职罪中的共犯毕竟有某些不容忽视的特点。问题的实质在于，非公职人员可以是渎职罪的组织犯、教唆犯或帮助犯，但是渎职罪的执行犯却只能是公职人员。所以有这个特点，是因为在实际中只有公职人员才是公务职能的执行者：由他们发布命令，签署文件等。因此，事实上，也只有他们才能构成渎职罪。因此，职务行为的惟一执行者——公职人员自然也就是渎职罪的惟一执行犯。由此得出结论：在渎职罪的共犯中，非公职人员只能作为组织犯、教唆犯或帮助犯负责。"① 又如日本学者小野清一郎说："共同正犯本来系正犯(即实行者)；身份犯仅有其身份者可实行之。如此解释时，则在此所称之'加功'，系实行以外之加功，所谓'共犯'意味着教唆犯或从犯。"② 另一种是肯定说，认为无身份者能够与有身份者共同构成真正身份犯的共同实行犯。例如在日本主张共谋共同正犯和共同意思主体说的学者们认为："在无身份者作为共犯参与到真正身份犯的场合，'换言之，两人以上的异心别体的个人，为实现构成一定的身份犯这一共同目的，变为同心一体，在构成这种身份犯的场合，该共同意思主体便构成了身份犯'……所以无身份者参与真正身份犯，不论是作为共同正犯，还是作为教唆犯或从犯，都以真正身份犯论……"③ 此外，持共犯独立性见解的学者如木村龟二，虽认为这种情况不能成立共犯，但由于日本刑法第 65 条第 1 项的规定，而例外地将此视为共犯而予以处罚，可以适用于共同正犯、教唆犯及从犯所有的共犯形式。④ 我们认为，真正身份犯或者说特殊主体的犯罪，毕竟只有具有一定身份的特殊主体实行犯罪才可能构成，无身份者是不可能实施真

---

① ［前苏联］特拉依宁：《犯罪构成的一般学说》，中国人民大学出版社 1958 年版，第 243～244 页。

② 转引自《日本刑法判例评释选集》，汉林出版社 1977 年版，第 133 页。

③ 转引自日本刑法学会编：《刑法讲座》(4)，有斐阁 1969 年版，第 163 页。

④ 参见［日］木村龟二：《刑法总论》，有斐阁 1984 年增补版，第 425 页。

正身份犯的实行行为的，例如我国刑法中规定的背叛祖国罪，只有我国公民才能构成，外国人是不可能实行我国刑法中的背叛祖国罪的。因而除非法律特别规定无身份者与有身份者可以构成真正身份犯的共同实行犯外，实际是不可能构成真正身份犯的共同实行犯的。在真正身份犯中无身份者只能作为教唆犯、帮助犯（从犯）或组织犯。我国刑法是将共同犯罪人分为主犯、从犯、胁从犯和教唆犯的，从我国刑法看来，无身份者能够与有身份者构成真正身份犯的共同犯罪，不仅可以构成真正身份犯的教唆犯、从犯、胁从犯，也可以构成主犯甚至首要分子，这应根据其在共同犯罪中所起的作用来确定。构成什么样的身份犯，则应根据有身份者的实行行为来确定。

在刑法中，强奸罪是以男子为犯罪主体的犯罪，但妇女可以作为教唆或帮助男子实施强奸的共犯，则为我国刑法学界所公认。最高人民法院、最高人民检察院、公安部《关于当前办理强奸案件中具体应用法律的若干问题的解答》中明确指出："妇女教唆或帮助男子实施强奸犯罪的，是共同犯罪，应当按照她在强奸犯罪活动中所起的作用，分别定为教唆犯或从犯，依照刑法有关条款论处。"司法实践中正是这样处理的。马某（女）协助梁某（男）实施强奸案就是一个例子。梁某、马某均无业，在一起鬼混，1980 年 5 月某日晚，见一少女白某（15 岁）在街上游转，梁某即起歹意，经询问得知，白某系从外地来此寻母未遇，无处投宿，梁让她吃饭后，即找地方住下，3 人同睡一床，10 时许，梁让白脱裤子，白不从，遂让马抓住白的左手，梁一手抓住白的右手，一手将白的裤子脱掉，实施了强奸。白被强奸后，机智地逃出呼救，随后将被告抓获。某市区人民法院审理时，因马某是女性，罪名能否与梁某共同定为强奸罪，没有把握，遂向省高级人民法院请示，经批复认为，马某虽为女性，但在这一案件中的罪行是协助梁某强奸少女，故已构成犯罪，可定为强奸犯梁某的同案犯，负强奸共犯的责任。这是无身份者作为真正身份犯的从犯的实例。

同时，在司法实践中，还有无身份者作为真正身份犯的主犯的情况。主犯是无身份者，能不能定为真正身份犯呢？由于对这一问题认识不清，因而这类案件容易引起争论。李某指使温某贪污案就是如此。某公社合作商店出纳员温某，1980 年 4 月，利用职务之便，先

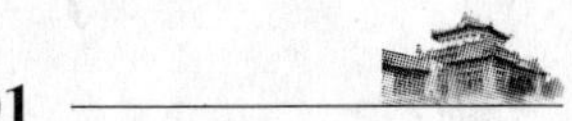

后4次挪用公款740元，借给恋爱对象李某，李某因无钱归还，多次动员温某窃取公款，还拉拢待业青年王某一起策划窃取公款办法：由温在7月9日下午下班时，先窃走自己经管的保险柜内的现金1000元，再把商店大门和保险柜的钥匙放在厕所里面，夜间李某伙同王某取得钥匙，潜入商店，伪造被盗现场，掩盖温某窃取公款的罪行。然后李某将他们的谋划告诉温某，温某表示同意，按照李某的策划将公款盗出，放妥钥匙。当晚李某亦按照预谋伙同王某在商店里伪造了现场。温某窃出的1 000元公款，全部交给了李某，李怕搜查，除分给王某120元外，其余赃款都转移到自己寝室里窝藏。在审理过程中，对此案如何定罪，意见不一。有的认为应定盗窃罪，理由是：李某在共同犯罪中起了组织、策划、教唆的作用，而且还亲自伪造现场，转移目标，窝藏赃款，是本案的首要分子，因此，本案应根据李某行为的性质定为盗窃罪。有的认为应定贪污罪，理由是：温某是利用出纳的职务之便，监守自盗，其行为具备了贪污罪的特征，应根据她的国家工作人员身份将本案定为贪污罪。这一案件在定罪问题上所以发生争论，就是由于不明确认定犯罪性质的根据是什么。刑法理论认为，案件的性质依犯罪的实行犯的行为性质来确定，认定是否构成真正身份犯以及构成怎样的真正身份犯，应当以有身份者所实施的犯罪构成要件的行为为根据，而不以谁在共同犯罪中所起作用最大为转移。本案温某是出纳员，她利用职务之便，窃取公款，其实行行为符合贪污罪的特征。实行犯行为的性质既然是贪污罪，本案自应以贪污罪定罪。温某直接完成犯罪，是本案的主犯。李某是本案的教唆犯、策划者，又伪造现场，转移目标，在共同犯罪中起了更大的作用，亦应定为本案（贪污罪）的主犯。但他毕竟不是直接实行犯罪的人，即不是实行犯，因而不能以他起的作用更大，将本案定为盗窃罪。至于王某在本案共同犯罪中所起的作用较小，应定为从犯，自不待言。

我国刑法没有规定共同实行犯，因而如果是无身份者与有身份者共同实行某种真正身份犯的行为，例如非国家工作人员的妇女与其国家工作人员的丈夫共同收受贿赂，则不发生按某种真正身份犯的共同实行犯定罪问题，而应按照无身份者在共同犯罪中所起的实际作用，分别定为从犯、胁从犯或主犯。

以上所述，是无身份者教唆、帮助有身份者实施或共同实施真正身份犯的情况。那么，有身份者能否教唆、帮助无身份者实施真正身份犯呢？例如国家工作人员教唆或帮助普通公民收受贿赂，是否构成受贿罪的共同犯罪？对此，刑法理论上也有不同意见：（一）是依共犯处理说：认为有身份者教唆、帮助无身份者实施因身份而构成的犯罪，两者已结为一体而取得该种身份，因而可依共犯处理。（二）是有身份者成立教唆犯、无身份者成立帮助犯说：认为有身份者教唆无身份者实施因身份而构成的犯罪时，无身份者的实行行为，实由于有身份者的教唆行为所致，因而仍应成立该罪的教唆犯；无身份者由于其协助有身份者的行为而完成犯罪，应成立该罪的帮助犯。（三）有身份者成立间接正犯，无身份者为从犯或无罪说：认为有身份者教唆、帮助无身份者实施因身份而成立的犯罪，有身份者是利用“无身份有故意的工具”，应成立间接正犯。无身份者或认为是间接正犯的从犯，或认为不过是被利用的工具，而不构成犯罪。这一观点在日本已成为通说，但仍然受到有些学者的批评。在我们看来，上述诸说均有不妥。无身份者受有身份者教唆、帮助就认为已取得了“身份”，理由何在，并未给予说明。无身份者既然由于没有身份而不能构成该种身份犯，又怎能谈到是对该种身份犯的教唆或帮助？间接正犯是利用他人作为工具实行自己的犯罪，而有些真正身份犯，有身份者根本不可能利用无身份的他人实行这种犯罪，因而并不是任何真正的身份犯都可能有间接正犯存在。最后一说虽有其可取之处，但也缺乏分析。我们认为真正身份犯，有的是由自然的身份所构成，有的是由法律上的身份所构成。两者的情况有所不同，不能一概而论。由自然的身份构成的真正身份犯，不具有该种身份者就不能实行该种犯罪。例如外国人不能构成我国刑法中背叛祖国罪的实行犯，妇女不能构成强奸罪的实行犯。既然无身份者不能构成这种真正身份犯的实行犯，因而有身份者也就不能构成无身份者实施这种因身份而构成的犯罪的教唆犯、帮助犯以至间接正犯。由法律上的身份构成的真正身份犯，不具有该种身份的人虽不能构成该种犯罪的实行犯，但在事实上却是能够实施该种犯罪行为的，例如非国家工作人员的妇女，可以代其国家工作人员的丈夫收受贿赂。因而有身份者虽不能构成无身份者实施这种因身份而构成的犯罪的教唆犯或帮助犯，却可以构成这种犯罪的间接正犯，无身份者构成这种犯罪的从犯或胁从犯。例如国家工作人员

唆使其非国家工作人员的妻子代为收受贿赂，国家工作人员构成受贿罪的间接正犯，依受贿罪的主犯处理，其非国家工作人员的妻子则构成受贿罪的从犯或胁从犯。

三

影响刑罚轻重的身份有两种情况：

（一）身份不影响犯罪的性质，仅仅影响刑罚的轻重。这就是不论有身份者或无身份者实施某种行为，犯罪的性质相同，只是有身份者或者从重处罚，或者从轻处罚。例如刑法第 119 条规定："国家工作人员利用职务上的便利，犯走私、投机倒把罪的，从重处罚。"这就是国家工作人员进行走私或投机倒把的，走私罪、投机倒把罪的性质不发生变化，仅仅在量刑上予以从重处罚。又如刑法第 14 条第 3 款规定："已满 14 岁不满 18 岁的人犯罪，应当从轻或者减轻处罚。"未成年人实施犯罪，并不因为其为未成年人而改变犯罪性质，但依法应当予以从轻或减轻处罚。在这种情况下，具有影响刑罚轻重的身份者与无身份者共同实施某种犯罪时，对无身份者按照通常的刑罚处罚，对有身份者则依法予以从重或从轻、减轻处罚。例如国家工作人员某甲与普通公民某乙共同犯走私罪，对某乙依照刑法第 116 条或第 118 条规定的法定刑处罚，对某甲除依照刑法第 116 条或第 118 条规定的法定刑外，还应依刑法第 119 条的规定从重处罚。

（二）身份影响犯罪的性质，同时影响刑罚的轻重。这就是无身份者实施某种行为，构成一种犯罪，有身份者实施该种行为，则构成另一种犯罪。后者的法定刑较前者的法定刑为重。例如普通公民隐匿、毁弃或者非法开拆他人信件，情节严重的，构成侵犯公民通信自由罪，法定刑为 1 年以下有期徒刑或者拘役。而邮电工作人员私自开拆或隐匿、毁弃邮件、电报的，构成邮电工作人员私拆、隐匿、毁弃邮件、电报罪，法定刑为 2 年以下有期徒刑或者拘役。在这种情况下，无身份者参与有身份者共同实施犯罪时，应当对他们怎样处理呢？在理论上颇有一些问题值得研究。

第一，无身份者参与有身份者共同实施犯罪，应当按照什么罪定罪？例如普通公民某甲教唆、帮助现役军人某乙盗窃武器弹药，或与现役军人某乙一起共同盗窃武器弹药。对某甲是按（军人）盗窃武器装备罪的共犯处理，还是按刑法中的盗窃枪支弹药罪定罪？对此有两种不同的意见。主张犯罪共同说者认为，无身份者构成与有身份者的共同犯罪；主张行为共同说者认为，无身份者构成通常的犯罪。我们认为，犯罪的性质是由什么人实行犯罪构成要件的行为来确定，所以，无身份者（如普通公民）教唆或帮助有身份者（如现役军人）实施某种犯罪行为（如盗窃武器弹药），无身份者依身份犯（如盗窃武器装备罪）的教唆犯或从犯处理。如果无身份者与有身份者一起共同实施犯罪，应当按照无身份的犯罪和有身份的犯罪分别定罪。就上述例子来说，普通公民某甲构成盗窃枪支弹药罪，现役军人某乙则构成（军人）盗窃武器装备罪。

第二，无身份者参与有身份者共同实施犯罪，应当怎样处罚？对此，《日本刑法》第65条第2款明文规定："因身份致刑罚有轻重时，没有这种身份的人，仍判处通常的刑罚。"日本学者久礼田益喜对本条解释为："……所以当有身份者犯此种犯罪而无身份者为教唆犯或从犯时，教唆者准无身份的正犯，从犯按照无身份的正犯之刑予以减轻。"① 团藤重光举例说："非业务上占有者甲与业务上占有者乙共同侵占其共同占有的他人之物时，甲虽根据第1项成为业务上侵占罪的共同正犯，但他的刑罚则依照通常的侵占罪处断。"② 我国刑法没有这种规定。根据前述案件的性质依犯罪的实行犯的行为的性质来确定的法理，我们认为，无身份者与有身份者共同实施某种犯罪时，应当按照他们各自所犯的罪行的法定刑处罚。仍就上例来说，即普通公民甲按照盗窃枪支弹药罪的法定刑处罚，现役军人乙则按照（军人）盗窃武器装备罪的法定刑处罚。如果无身份者教唆或帮助有身份者实施因其身份构成的犯罪，虽应按身份犯的教唆犯或从犯论处，但其无身份的情况在量刑时应当作为从轻或减轻处罚的情节予以考虑。就上例来说，普通公民甲虽应依（军人）盗窃武器装备罪的教唆犯或从犯论罪处刑，但应考虑其非军人身份的情况，在量刑时予以从轻或减轻处罚，这样处理比较合理，比较公平。因为无身份者毕竟不具有实施该

① ［日］久礼田益喜：《日本刑法总论》，严松堂1925年版，第342页。

② ［日］团藤重光：《刑法纲要总论》，创文社1981年版，第397页。

犯罪的身份，不应与有身份者同样处罚。

第三，有身份者参与无身份者共同实施犯罪，应当如何处理？在刑法理论上刑法学者认为这是一个问题，例如日本学者团藤重光说："关于不真正身份犯，即正犯没有这种身份，教唆者、帮助者有这种身份的场合，存在着疑问。例如，教唆、帮助他人杀害自己的父母，常习赌博者教唆、帮助非常习者赌博等就是这种情况。分别作为杀尊亲属或常习赌博的教唆、帮助者科处刑罚的观点已成为通说、判例。这如同共犯独立性说，从把教唆行为、帮助行为视为实行行为的立场来看，是当然的结论。然而把教唆、帮助看做是与基本的构成要件不同的行为类型时，应当说这个结论是不妥当的。"① 我们认为，如前所述，犯罪的性质应以行为人的犯罪实行行为为根据来加以确定，有身份者教唆、帮助无身份者实施某种犯罪行为，只能构成无身份者的犯罪的教唆者或帮助者。例如现役军人教唆、帮助普通公民盗窃武器弹药，对现役军人自应以刑法第 112 条规定的盗窃枪支弹药罪的教唆犯或从犯论处。因为普通公民盗窃枪支弹药，构成刑法第 112 条的盗窃枪支弹药罪，教唆、帮助这种犯罪，自应以这种犯罪的教唆犯或从犯处理。不能因为有现役军人的身份，而改变他所教唆或帮助的犯罪的性质。当然，他的身份在量刑时可以作为从重情节来考虑。

（原载《法学研究》1986 年第 5 期）

① ［日］团藤重光：《刑法纲要总论》，创文社 1981 年版，第 397 页。

共同犯罪理论中若干争议问题

一、关于片面共犯

所谓片面共犯，指行为人单方面有与他人共同实施犯罪的故意，并与之共同实施犯罪，但他人不知情的情况。不知情的他人仅就自己的行为负刑事责任，不构成共同犯罪，对此没有异议；但行为人能否成立片面共犯以及成立的范围如何，在中外刑法理论上都存在争论。

（一）能否成立片面共犯，对此有否定说与肯定说之争

1. 否定说，认为不存在所谓片面共犯。如日本刑法学者植松正说："共犯以共犯者间的意志联络为要件……所谓片面的共犯，由于欠缺共犯成立的重要条件，著者认为应当完全否定它。"① 又如西原春夫说："因为作为共犯成立要件的意思疏通，必须是相互的，例如甲知道乙的犯意，单方面参与乙的犯罪这种片面的共犯的场合，不成立共犯；从而甲的参与，除了其本身独立成为某些犯罪的场合外，甲为无罪。"② 此外，前苏联学者 M·N·科瓦廖夫、我国学者何秉松等均持此说。何秉松教授指出："关于片面共犯是不是共犯，刑法理论上一直存在争论。我们认为，根据我国刑法的规定不应承认它是共犯。因为，他的故意和行为都是单方面的，而不是行为人相互之间的共同故意和相互利用对方的行为，与我国刑法规定的共同犯罪的概念

① ［日］植松正：《再订刑法概论》（总论），劲草书房 1974 年版，第 381 页。

② ［日］西原春夫：《刑法总论》改订准备版（下卷），成文堂 1995 年版，第 184 页。

不符合。片面共犯这概念自身在逻辑上就是矛盾的。"①

2. 肯定说，认为能够成立片面共犯。如日本著名刑法学者牧野英一说："共同加功的意思属于犯罪人心理的事项，其互相交换或者共犯者的双方有此交换，不过是外界的事项。所以我们认为，作为共犯的主观要件的这种意思，即使在其片面的场合也可成立。在该场合，对于有这种意思的一方，产生共犯的效果。"② 又如冈田朝太郎说："于条文上曰共同（日刑第60条）、曰教唆（日刑第61条）、曰帮助（日刑第62条），对于仅一方有共同犯罪之观念之情形，非特未见任何加以排斥之文字，甚至对于具有共同犯罪之观念而共同者之罪恶，于他方已有辨识与未能辨识两情况，亦无差别或者差别甚微，故主义上赞成第三说（按：主张无论正规、教唆犯或从犯均能成立片面共犯）。"③ 此外，前苏联学者特拉依宁、旧中国学者王觐、当代我国学者陈兴良等均持此说。

（二）片面共犯成立的范围。持肯定说者对片面共犯成立的范围，意见也不一致。归纳起来，主要有五种不同观点

1. 片面共犯存在范围无限制说，主张共同正犯（实行犯）、教唆犯、帮助犯（从犯）都能成立片面共犯。如旧中国学者王觐说："余以为意思联络，属于犯人心理的事项，相互认识，乃外界之事项，意思联络，既为共犯之主观的要件，则以片面的合意，即生共犯之效果。申言之，有此共同犯罪之认识者，成立一方共犯，对于无此认识之犯罪者，以单独正犯处断。"④ 我国当代也有人认为："在片面合意的共同犯罪中，不仅帮助犯和教唆犯可以构成片面共犯，实行犯也可以成为片面共犯。"⑤

2. 片面共同正犯和片面从犯说，主张共同正犯与从犯都能成立

① 何秉松：《刑法教科书》，中国法制出版社1997年版，第373～374页。

② ［日］牧野英一：《日本刑法》（上），有斐阁1939年版第64版，第444～445页。

③ 陈子平：《共同正犯与共犯论》，台湾五南图书出版公司2000年版，第38～39页。

④ 王觐：《中华刑法论》，中华书局1932年版，第593页。

⑤ 李敏：《论片面合意的共同犯罪》，《政法论坛》1986年第3期，第40页。

片面共犯。如日本学者佐伯千仞、植田重正既肯定片面共同正犯存在，又肯定片面从犯存在。①

3. 片面教唆犯和片面帮助犯说，主张教唆犯和帮助犯都能成立片面共犯。如前苏联学者特拉依宁说："因此，必然得出如下结论，在每个共犯对其他共犯所参加的活动缺乏互相了解的场合，也完全可能有共同犯罪。只是必须注意只有在执行犯不了解其他参加人（教唆犯或帮助犯）的场合，缺乏互相了解才不排除共同犯罪。"②

4. 片面从犯说，主张只有从犯才能够成立片面共犯。如日本学者大塚仁说："因为共同正犯是根据各共同者互相利用、互相补充其行为而行动，共同实现了犯罪，使负担'皆为正犯'的责任，作为其主观方面的要件，各共同者间互相利用、互相补充对方的意思的存在不可或缺，所以，共同实行的意思要在共同者间互相存在，片面共同正犯的观念不应当被承认。与之相反，因为作为从犯的要件，刑法上一方面仅仅认为帮助正犯的事实存在是必要的（刑法第 62 条），同时其处分不过是专门对帮助行为本身追究罪责（刑法第 63 条）。所以，只要基于帮助意思的帮助事实存在就够了，与正犯者间的意思联络不一定被认为必要，片面从犯的观念当能够肯定。这样，我认为通说、判例的立场是妥当的。"③

5. 片面有形从犯说，主张无形的从犯不成立片面从犯，而只有有形的从犯才成立片面从犯。如日本学者川端博说："根据认为使正犯的实行行为容易，即使正犯者不具有获得帮助者的意识客观上也是可能的；第 62 条法律条文没有要求帮助者与被帮助者之间有意思联络是自然的等，承认片面的从犯是妥当的。但是，精神帮助的场合，正犯如果没有认识帮助行为存在，就不能说犯行变得容易。应当认为片面从犯不成立。④ 众所周知，帮助行为理论上分为有形的帮助或称物质的帮助与无形的帮助或称精神的帮助，前者例如提供犯罪工具，

① ［日］团藤重光：《注解刑法·总则》(3)，有斐阁 1981 年版，第 809 页。

② ［前苏联］特拉依宁：《犯罪构成的一般学说》，中国人民大学出版社 1958 年版，第 236 页。

③ ［日］福田平、大塚仁：《刑法总论Ⅰ》，有斐阁 1974 年版，第 341～342 页。

④ ［日］川端博：《刑法总论讲义》，成文堂 1997 年版，第 568 页。

后者例如指认犯罪对象。此说只承认片面有形从犯，而不承认片面无形从犯。我国学者吴振兴教授亦持此说。

（三）对片面共犯争议的评价

如前所述，片面共犯否定说认为，共犯的成立以共犯者间有意思疏通为成立要件，单方面加功于他人犯罪，由于缺乏意思疏通，不成立共犯。笔者认为，就日本刑法来看，未必妥当。因为日本刑法规定："帮助正犯的，是从犯"（第62条），并未要求必须是正犯者知道他人帮助，才构成从犯，因而在解释论上片面从犯能够成立。况且，如不承认片面从犯，主张在不能独立成为某些犯罪时，即认为犯罪，就会使帮助他人犯罪者不能受到应有的惩罚，不利于对社会的保护。所以，此说在日本是非通说观点。就我国刑法来看，由于我国刑法明文规定"共同犯罪是两人以上共同故意犯罪"（第25条），很容易使人认为"片面共犯这个概念自身在逻辑上就是矛盾的"，因而一些学者持片面共犯否定说。否定片面共犯的概念，不等于片面帮助他人犯罪的情况不存在，对此如何处理，持此说的学者意见不一：有的避而不谈，有的提出以间接正犯论处。避而不谈是回避矛盾；作为间接正犯处理，明显加重了帮助者的刑罚，并且片面从犯与间接正犯的概念不相符合。于是又有学者提出修改刑法，增加"帮助他人犯罪，他人不知帮助之情的，对帮助者应当从轻、减轻处罚或者免除处罚"。这自然是比较好的解决办法，但在刑法未作规定之前如何解决这一问题，仍然有待研究。在笔者看来，共同犯罪与共犯的概念有所不同，应当加以区别：共同犯罪，指数人共同实施犯罪的现象；而共犯一词有时指共同犯罪的现象，有时指加功于他人犯罪者，如帮助犯、教唆犯等，是与正犯相对应的概念。构成共同犯罪，需要参加人的犯罪意思互相沟通；加功于他人犯罪的，即使没有与他人沟通也能成立某种共犯，如帮助犯。所以，《德国刑法典》规定："对他人故意实施的违法行为故意予以帮助的，是帮助犯"（第27条第1款），据此，德国著名刑法学者耶赛克等指出，对于帮助犯来说，"正犯甚至不需要知道他提供的帮助（所谓的秘密帮助）”。① 我国刑法没有规定帮助犯，但刑法理论上承认这种共犯形式。笔者认为，我国对帮助犯也应采用如同德、日等国刑法所作的规定和学者的解释。这样，承认片面帮助犯，也就不会发生概念本身存在逻辑上的矛盾的问题。

至于片面共犯肯定说，内部意见颇不一致。如上所述，笔者赞同片面帮助犯（从犯）能够成立的观点，进而言之，认为片面有形帮助犯说更为适宜。理由是暗中给实行犯以有形帮助，如暗中提供犯罪工具、设置障碍防止被害人逃跑等，在社会生活中并不少见，对帮助他人犯罪者不加处罚，会放纵犯罪；如要处罚，自然以片面帮助犯论处为宜，因为他毕竟只是给他人实行犯罪以帮助。至于片面共同正犯，在实际生活中很难发生；即使发生了，也可以根据情况，对单方面故意与他人共同实行犯罪者，依单独实行犯论处，没有必要承认片面共同正犯。教唆者教唆他人实行犯罪，他人由于受到教唆而产生犯罪故意并实施了犯罪，即使被教唆者不知他人对其教唆，也无碍于教唆犯的成立。我国刑法第 29 条规定，“教唆他人犯罪的”是教唆犯，并未规定必须被教唆人知道他人对其教唆，被教唆人不知道他人对其教唆，只要其确系由于教唆者唆使其犯罪的言词而引起犯意，教唆者就符合刑法关于教唆犯的规定，因而也不需要承认片面教唆犯。在立法例上，1912 年《中华民国暂行新刑律》第 34 条规定：“知本犯之情而共同者，虽本犯不知共同之情，仍以共犯论。”本条对片面共犯的范围未加限制。1928 年《中华民国刑法》第 46 条规定：“知正犯之情而帮助正犯者，虽正犯不知共同之情，仍以从犯论。”本条改正了暂行新刑律的有关规定，对片面共犯只限于片面从犯（帮助犯），这一精神也为 1935 年《中华民国刑法》第 30 条所采用。此外，《泰国刑法》第 86 条规定：“于他人犯罪前或犯罪时，以任何方法帮助或便利其犯罪者，为从犯……犯罪人不知帮助或便利之情者，亦同。”本条只限于片面从犯（帮助犯）。这些立法例都是承认片面帮助犯（从犯）的，值得借鉴。笔者主张，在立法上可对片面帮助者的刑事责任加以规定，但认为实际上此情况只有在有形的帮助的场合才会存在，

① ［德］耶赛克、魏根特：《德国刑法教科书》（总论），中国法制出版社 2001 年版，第 837 页。

刑法未规定前，也可承认片面帮助犯。

二、我国刑法对共同犯罪人的分类问题

我国刑法理论对共同犯罪人采用何种标准分类？如何分类？教唆犯是否共同犯罪人的独立种类？也是现在仍然存在争议的问题。概括起来，主要有以下几种观点。

第一种观点认为："我国刑法采用了新的四分法，即分为主犯、从犯、胁从犯和教唆犯。这种分类方法主要是以共同犯罪人在共同犯罪中所起的作用为分类标准；同时，这种分类方法也照顾到共同犯罪人的分工情况。"特别是刑法"划分出教唆犯这一类，有利于正确地定罪，而且该条又明确规定，对教唆犯应当按照他在共同犯罪中所起的作用处罚。这样就将教唆犯这一分类，纳入以'在共同犯罪中所起的作用'为分类标准的体系中，从而获得了分类的统一性"。① 这一观点至今仍有相当的影响。

第二种观点认为，教唆犯，根据情况分别归入主犯或从犯，因而不能与主犯、从犯并列成为共同犯罪人的独立种类。理由是：(1) 实行犯、组织犯、教唆犯和帮助犯是在低层次上进行分类所得出的子项，而主犯、从犯、胁从犯是在高层次上进行分类所得出的子项，如将教唆犯与主犯、从犯并列，就犯了超级划分的逻辑错误；(2) 分类所得的子项之和必须与被分的母项正好相等，共犯人是母项，主犯、从犯、胁从犯是分类所得的子项，他们正好相等，把教唆犯加进去，就犯了分类过宽的逻辑错误；(3) 不能因为刑法中规定"教唆犯"这一名称，就认为它是共犯人的独立种类，如果是这样，刑法中规定的"首要分子"也是共同犯罪人的独立种类了，这难以令人赞同。②③

第三种观点认为："主犯、从犯、胁从犯是按作用分类的共同犯

---

① 高铭暄：《新中国刑法学研究综述》，河南人民出版社 1986 年版，第 358 页。

② 张明楷：《教唆犯不是共犯人中的独立种类》，《法学研究》1986 年第 3 期，第 42～44 页。

③ 张明楷：《刑法的基本立场》，中国法制出版社 2002 年版，第 291～293 页。

罪人的基本种类，而教唆犯则是按分工分类的共同犯罪人的特殊种类……在理论上可将我国刑法中的共同犯罪人分为两类：第一类，以分工为标准分为组织犯、实行犯、帮助犯、教唆犯；第二类，以作用为标准分为主犯、从犯、胁从犯。”在以分工为标准的分类中，“除教唆犯外，组织犯、实行犯、帮助犯都不是法定的共同犯罪人种类”①。

如何评价上述观点呢？笔者仍持第三种观点，认为前两者均有可取之处，但都值得商榷。

第一种观点肯定了教唆犯是我国刑法中共同犯罪人的独立的种类，是正确的、可取的，但有两点值得商榷。其一，认为我国刑法将以分工为标准分类的教唆犯，纳入以作用为标准的分类体系中，从而获得了分类的统一性。这是将两种不同的分类标准混为一谈，须知教唆犯是以分工为标准分类的共同犯罪人的一种，根据刑法规定对其按主犯处罚或者按从犯处罚，只是如何处罚问题，并未因而就将之纳入以“作用”为标准的分类体系中，从而也就谈不到“获得了分类的统一性”。其二，将教唆犯与主犯、从犯、胁从犯并列，这是将两种不同的分类标准混为一谈的结果，根据逻辑规则，一种分类只能根据同一标准，不能根据两种不同的标准。共同犯罪人以分工为标准分为组织犯、实行犯、帮助犯、教唆犯，以作用为标准分为主犯、从犯、胁从犯，将教唆犯列入主犯、从犯、胁从犯的体系，就违反了上述逻辑规则，犯了逻辑错误。

第二种观点指出了将教唆犯与主犯、从犯、胁从犯并列的失误，是应当肯定的；但也有两点值得研究。其一，将我国刑法中共同犯罪人的分类只限于以“作用”为标准的一种，而否认以“分工”为标准的分类的存在，是不符合我国刑法规定的实际的。这种观点认为，共犯人是母项，主犯、从犯、胁从犯是分类所得的子项，子项之和与母项正好相等，在子项中加进教唆犯，就犯了分类过宽的逻辑错误。我们认为，以此来批评将教唆犯与主犯、从犯、胁从犯并列虽有道理，但这不符合第一种观点的本意。第一种观点并不认为教唆犯是按“作用”分类所得的子项，而认为是按“分工”为标准所得的子项。它不否定以“分工”为标准的分类的存在，其错误在于将两种不同的标准

① 马克昌：《犯罪通论》，武汉大学出版社1999年版，第540～541页。

混为一谈。上述的批评否定了教唆犯是以“分工”为标准的分类的子项之一，实际上也否定了以“分工”为标准的分类的存在。其二，否认教唆犯是我国刑法中共同犯罪人的独立种类。的确，教唆犯不能与主犯、从犯、胁从犯并列，但不能因而否定教唆犯是我国刑法中共同犯罪人种类之一。我们认为，是不是共同犯罪人的独立种类，只能以法律规定为标准。我国刑法第26条规定了主犯，第27条规定了从犯，第28条规定了胁从犯，第29条规定了教唆犯。既然承认第26～28条规定的主犯、从犯、胁从犯为共同犯罪人的种类，有什么理由否定第29条规定的教唆犯为共同犯罪人的独立种类呢？第二种观点为自己的主张论证说，不能因为刑法中规定“教唆犯”的名称，就认为是共同犯罪人的种类，如果是这样，则刑法中规定的“首要分子”也可是共同犯罪人的独立种类了。这种说法似乎有理，实际上却犯了作者曾经指出的超级划分的逻辑错误。根据刑法规定，教唆犯是与主犯、从犯、胁从犯处于相同地位的共同犯罪人的种类，而首要分子不过是主犯的种类之一。根据刑法第26条规定，主犯包括组织、领导犯罪集团的首要分子与首要分子以外的主犯。可见首要分子只是主犯的一种，与教唆犯并不处于相同的地位，或者说处于较教唆犯低一级的层次，所以刑法规定的教唆犯是共同犯罪人的种类，而首要分子则不是共同犯罪人的种类。这种观点的失误在于，只看刑法是否规定，而不看刑法如何规定，因而所作论断，难以令人信服。

持上述观点的学者，在其所著刑法学教材中又宣称：“我国刑法仅将共犯人分为主犯、从犯与胁从犯；至于组织犯、（共同）正犯、教唆犯与帮助犯，则只是理论上的分类。”① 这里认为教唆犯是理论上共同犯罪人分类的一种，也就是仍然否认教唆犯是我国刑法规定的共同犯罪人分类的一种。我们认为，组织犯、实行犯、教唆犯和帮助犯在我国确实是刑法理论上的分类，但其中教唆犯却不仅仅是理论上共同犯罪人分类的一种，而且也是刑法规定的共同犯罪人的特殊种类。认为教唆犯只是理论上的分类，也就是否认刑法上对它有规定，那么，它在刑法上与主犯、从犯、胁从犯同样有明文规定又该作何解释呢？该书作者随后将主犯、从犯、胁从犯列为“共犯人的法定分

① 张明楷：《刑法学》，法律出版社2003年版，第340页。

类”，“法定”这里自然是指刑法规定；刑法对教唆犯也作了规定，为什么被排除在“法定”之外呢？实在难以理解。

我们仍然认为第三种观点是正确的。有的学者表示赞同这一观点时论述说：笔者认为前述第三种观点较好地解决这一问题。持此观点的论者，一方面肯定教唆犯是共同犯罪人的独立种类，另一方面又坚持分类标准同一性的原则，只是认为教唆犯是以分工为标准分类的结果，主犯、从犯、胁从犯是以作用为标准分类的结果。两种分类结果虽不能并列合一，却可以同时存在。因为分类标准同一，并不意味着对一事物只能作一种分类，事实上，从不同的角度，采用不同的标准分类是完全可能的。并且采用不同的标准所作的分类之间出现交叉重叠，也是极为普遍和正常的现象，如教唆犯，同时又可能是主犯或从犯，这并非是什么逻辑错误，而是体现了客观事物的复杂性和事物之间的普遍联系性。① 这一论述对第三种观点的正确性进一步作了说明。

三、教唆犯是否具有两重性

（一）问题的缘起

西方刑法学者在共犯理论中有共犯从属性说与共犯独立性说的争论。受这一争论的影响，我国有刑法学者在20世纪80年代初研究教唆犯的性质时，就曾提出教唆犯具有两重性的观点，认为教唆犯既有从属性，又有独立性。教唆犯的犯罪意图只有通过被教唆人的决意并实施所教唆的犯罪行为才能达到，所以就教唆犯与被教唆人的关系来讲，教唆犯处于从属地位，因而具有从属性。但是教唆犯的教唆行为本身已显示对社会危害的严重性，无论被教唆人是否去实行犯罪，教唆行为本身就应该认为是犯罪，所以教唆犯在共犯中处于相对独立的地位，因而具有相对独立性。② 随后，有学者提出我国刑法中的教唆

① 赵秉志：《刑法争议问题研究》（上卷），河南人民出版社1996年版，第447页。

② 伍柳村：《试论教唆犯的二重性》，《法学研究》1982年第1期，第17页。

只具有独立性的意见，认为教唆犯的教唆行为本身就是独立的犯罪，被教唆人是否实施犯罪，对教唆犯的成立不产生影响。教唆犯是被处罚的独立主体，并不从属于实行犯，而只具有独立性。① 再后又有学者提出从属性、独立性、两重性否定说，认为我国刑法中的教唆犯既无从属性，又无独立性，更无两重性可言。我国刑法对教唆犯的规定，完全摒弃了所谓两重性的结论，讨论我国刑法规定的教唆犯是否具有从属性、独立性或者两重性，没有任何理论意义与实际意义。②此后，两重性说得到一些学者的赞同，并在肯定两重性说的基础上提出修正意见：如有的学者提出，教唆犯是一个法律概念，论证教唆犯的独立性或从属性，必须结合一个国家的法律规定来进行。认为我国刑法第 26 条规定的教唆犯，确实具有两重性，但独立性是主要的。③还有学者提出共犯从属性与独立性统一说，认为从属性与独立性是辩证统一不可分割的：从属性是在相对独立性的基础上的从属性，而独立性是在相对从属性前提下的独立性。因此，在共犯的这种两重性中，不存在孰主孰从的问题。④ 主张两重性否定说的学者，看到两重性说不仅没有偃旗息鼓，反而有所发展，于是在自己的新著中对两重性展开了全面的评论。学术研究总是在不断争论中发展的，争论是好事不是坏事。基于此，笔者对上述争议问题，愿意再发表一下自己的意见。由于论争需要取得共同的标准，因此首先将西方学者关于共犯从属性与独立性的论述作一介绍。

（二）西方刑法学者关于共犯从属性与共犯独立性的学说

1. 关于共犯从属性与独立性的一般论述

日本学者西原春夫教授认为：“所谓共犯从属性说，指共犯为了成立犯罪要正犯者至少着手实行犯罪的原理。主张共犯从属性的学说，叫共犯从属性说，与共犯独立性说相对应。共犯独立性说，指共

① 余淦才：《试论教唆犯的刑事责任》，《安徽大学学报》1983 年第 2 期，第 63 页。

② 高铭暄：《新中国刑法学研究综述》，河南人民出版社 1986 年版，第 368 页。

③ 马克昌：《犯罪通论》，武汉大学出版社 1999 年版，第 556～557 页。

④ 陈兴良：《共同犯罪论》，中国社会科学出版社 1992 年版，第 56 页。

犯的可罚性存在于共犯的行为本身中，共犯为了成立犯罪不一定要正犯者着手实行犯罪，是主张共犯的独立性的，我国的通说立足于共犯从属性说。”① 需要说明，这里所说的共犯是指狭义的共犯，即仅指教唆和帮助犯（从犯）。

日本学者大塚仁对此有比较详细的论述。他指出：共犯独立性说，认为教唆犯、从犯也是行为人的反社会的征表，具有指向犯罪结果的原因力，其本身就应该是可罚的，因而是独立的、固有的犯罪。共犯从属性说，认为处于间接地位的教唆犯、从犯只有从属于处于直接地位的正犯才带有犯罪性，据此可称它们为“从属性共犯”。承认“从属性共犯”有其实质的和形式的理由：从实质的观点看，正犯行为本身具有实现犯罪的现实危险性、侵害性，而教唆犯、从犯行为所具有的实现某种犯罪的危险性、侵害性只有以正犯的存在为介体才表现出来；从形式的观点看，现行刑法明显是以共犯从属性说为基础的，即（日本）刑法第 61 条规定“教唆他人实行犯罪的”，可看成是规定了教唆犯从属于正犯而成立的旨意。②

德国学者耶赛克等在著作中写道：“共犯（教唆犯和帮助犯）是以依赖于故意之正犯的存在而存在的（从属性），因为只有实施了正犯行为，第 26 条和第 27 条规定的不法构成要件才得以实现。”③ 他们认为《德国刑法典》第 26 条、第 27 条的规定是限制从属性的，同时指出：“在责任方面，第 29 条完全排除了从属性，这是第 26 条、第 27 条限制从属性的必然结果。责任独立性原则，意味着有多人参与犯罪的，每个参与人只按其自己的责任大小受处罚。”④《德国刑法典》第 29 条（对共犯处罚的独立性）规定：“数人共同犯罪的，各依自己的罪责受处罚，而对他人的处罚如何，对其无影响。”这里耶赛

---

① ［日］西原春夫：《刑法总论》改订准备版（下卷），成文堂 1995 年版，第 377 页。

② ［日］大塚仁：《犯罪论的基本问题》，中国政法大学出版社 1993 年版，第 278～279 页。

③ ［德］耶赛克、魏根特：《德国刑法教科书》（总论），中国法制出版社 2001 年版，第 792 页。

④ ［德］耶赛克、魏根特：《德国刑法教科书》（总论），中国法制出版社 2001 年版，第 800 页。

克等分别论述了共犯成立犯罪的从属性和责任非难即对共犯处罚的独立性。

2. 关于理解“共犯从属性”的不同观点

日本学者齐藤金作认为：“从来上述共犯的从属性，被认为有两种意义，即：第一是成立上的从属性，教唆犯或从犯为了成立犯罪，至少要正犯着手于犯罪的实行；第二是处罚上的从属性，为了教唆犯或从犯被处罚，必须要正犯被处罚，正犯被处罚，就意味着教唆犯或从犯亦被处罚。”①

平野龙一博士“将共犯的从属性分为三种，分别命名为实行从属性、要素从属性以及罪名从属性。(1) 实行从属性，是有关于作为共犯的成立要件，正犯的实行行为是否必要的问题；(2) 要素从属性，是正犯的行为中，要求具备什么样的要素的问题；(3) 罪名从属性，是共犯是否必须和正犯的罪名相同的问题。上述分类中，(1) 是有无从属性的问题，(2) 是从属性的程度问题，(3) 是有关是犯罪共同还是行为共同的问题”。②

山中敬一则指出，共犯从属性的概念在如下四种意义上使用：(1) 实行从属性=共犯的处罚从属于正犯的实行；(2) 罪名从属性=共犯的罪名从属于正犯的罪名；(3) 可罚从属性=共犯的处罚根据从属于正犯的犯罪；(4) 要素从属性=共犯的处罚从属于正犯的构成要件或违法性或者责任。③

上述观点虽然不尽相同，但都从不同方面阐明了共犯从属性的意义，有助于我们准确理解共犯从属性的含义和我国刑法中的教唆犯究竟有无从属性与独立性。

(三) 对异议的回应

笔者是主张教唆犯具有两重性的。要论证教唆犯的从属性或独立性，应当了解从属性指的是什么？从属性通常包括犯罪的从属性和处罚的从属性两个方面。前者指教唆犯因被教唆人实施犯罪而构成，被

---

① [日] 齐藤金作:《共犯理论的研究》，有斐阁 1945 年版，第 120 页。

② [日] 大谷实:《刑法总论》，法律出版社 2003 年版，第 304 页。

③ [日] 山中敬一:《刑法总论Ⅱ》，成文堂 1999 年版，第 752 页。

教唆人未实施犯罪，教唆犯即不成立。被教唆人犯罪既遂、未遂或预备，教唆犯也是犯罪既遂、未遂或预备。后者指对教唆犯依照实行犯的刑罚处罚。刑法规定的教唆犯完全符合上述情况的，就是具有从属性，不符合或不完全符合上述情况的，就是具有独立性或一定的独立性。据此，我们认为我国刑法规定的教唆犯，确实具有两重性，但独立性是主要的。具体言之，刑法第 29 条第 1 款规定的教唆犯，只有在被教唆人实施犯罪时才能成立。这时教唆人与被教唆人构成共同犯罪关系，被教唆人实施的犯罪行为是犯罪预备、未遂或既遂，教唆犯也是犯罪预备、未遂或既遂，这就是教唆犯罪的从属性。但这一款规定的刑事责任，则是依其在共同犯罪中的作用处罚，而不是依照实行犯的刑罚处罚，这就是教唆犯处罚的独立性。第 29 条第 2 款规定的教唆犯，是被教唆人没有犯被教唆之罪的情况。在这种情况下，教唆犯与被教唆人根本不成立共同犯罪关系，刑法却仍然对之规定了刑事责任。这里的教唆犯既无犯罪的从属性，也无刑罚的从属性，亦即只有独立性。① 持两重性否定说者对这一主张提出了异议，笔者尊重其学术讨论的自由权利，并感到有的提法能给人以启发，但整体说来，认为其所提出的观点值得商榷。现对驳论观点依其顺序，逐一予以论析。

首先，这里驳论有三点，其一说："在教唆犯只有一人的情况下，只有被教唆的人犯被教唆的罪，才有共犯中的教唆犯可言，这显然是就共犯的成立条件而言的，而不能说明教唆犯的从属性。"② 根据前面的介绍，日本学者齐藤金作将共犯的从属性分为两种，第一种便是成立上的从属性；大谷实介绍平野龙一所说的实行从属性，也解释为是关于共犯的成立要件问题。可见在日本学者看来，教唆犯、从犯的成立条件从属于正犯的实行犯罪，是从犯从属性的表现之一。笔者的论断正是意图从共犯成立条件上说明教唆犯的从属性的一面，根据也就是上述日本学者的理论。驳论者对此断然否认，显然与上述日本学者的理论相左。其二说："只要是构成共同犯罪的，不管是教唆犯与实行犯构成共犯，还是教唆犯之间构成共犯，都应当运用第 1 款。而

① 马克昌：《犯罪通论》，武汉大学出版社 1999 年版，第 556 页。

② 张明楷：《刑法的基本立场》，中国法制出版社 2002 年版，第 310～312 页。

在教唆犯构成共犯的情况下，并没有实行犯，即没有实行犯的情况下，也应适用第1款，这说明第1款的规定只是与共同犯罪有关，而与从属性无关。”这一驳论也难以成立。如前所述，笔者将刑法第29条第1款分为两个方面论述，就“教唆他人犯罪”而言，只有在被教唆人实施犯罪时才能成立，这正是教唆犯构成共犯关系成立的条件，如同前面其一所说，它是成立上的从属性，并非与从属性无关。就教唆犯的刑事责任而言，由于刑法规定按照他所起的作用处罚，这表明了教唆犯的独立性。驳论者所举的例子，认为可以适用第1款，都是就刑事责任来说的，这当然没有从属性。说它没有从属性，不正好说明在这种情况下教唆犯的独立性吗？其三说：“第29条第1款并没有说明，在被教唆的人没有犯被教唆的罪时，教唆者的行为不成立犯罪，因而没有肯定教唆犯的从属性。”其实这种情况即“被教唆的人没有犯被教唆的罪”，已由第29条第2款作了构成犯罪的规定，这正说明了教唆犯的独立性。第1款未规定这种情况下教唆犯不成立犯罪，并不能否定教唆人与被教唆人是否成立共犯取决于被教唆人是否实施被教唆的罪这种成立上的从属性。

其次，驳论写道：“马先生认为，在教唆人与被教唆人构成共同犯罪关系时，被教唆人实施的犯罪行为是犯罪预备、未遂或既遂，教唆犯也是犯罪预备、未遂或既遂，这就是教唆犯犯罪的从属性。但事实上也并非完全如此。共同犯罪的形态是一个非常复杂的问题，其中的难点之一是，共同犯罪本身的形态与各共犯人的形态不一定完全一致，各共犯人的犯罪形态也不一定完全相同。”这一驳论在一定程度上肯定了笔者关于教唆犯的从属性的观点。驳论在引述了笔者的论点后说，“事实上也并非完全如此”；并非完全如此，也就是还有相当部分如此，这无疑并非完全否定笔者的论点。遗憾的是驳论者用偷换概念的方法进行驳论，即用犯罪形态的概念偷换笔者所说的犯罪预备、未遂或既遂，因而提出了犯罪中止问题。笔者只说被教唆人实施的犯罪行为是犯罪预备、未遂或既遂，教唆犯也是犯罪预备、未遂或既遂，其中并未提到犯罪中止也是如此。以之加以驳难，岂不是强加于人？还要指出的是，笔者并未说，“这就是教唆犯犯罪的从属性”，笔者的表述清楚地说明上述情况只是教唆犯的从属性的表现形式之一。

驳论继续说：“根据马先生的前述观点，适用第29条第1款时表明教唆犯的从属性。果真如此，则出现了以下矛盾：如果被教唆的人没有犯被教唆的罪（如连预备行为也没有实施），则适用第 29 条第 2 款，可以从轻或者减轻处罚；如果被教唆的人开始实施被教唆之罪的预备行为但没有着手实行，成立犯罪预备，则教唆犯也成立犯罪预备，而根据刑法第 22 条的规定，‘对于预备犯，可以比照既遂犯从轻、减轻或者免除处罚。’本来后者重于前者，可后者的处罚原则却轻于前者。这显然导致了不协调。”这的确导致了不协调，但这是立法对第 29 条第 2 款的规定造成的。从当时参加立法的高铭暄教授的札记就可以清楚地看到：“如果被教唆的人没有犯被教唆的罪……应当如何处罚？理论上有的主张这种情况相当于犯罪的预备，应按犯罪预备的原则加以处罚；有的主张这种情况相当于犯罪未遂，应按犯罪未遂的原则加以处罚。三十三稿规定‘可以从轻、减轻或者免除处罚’，相当于预备犯；刑法规定‘可以从轻或者减轻处罚’，相当于未遂犯。”① 如果按三十三稿的规定，就不会发生这个矛盾，而按刑法的规定，这一矛盾就很难避免。因为被教唆人实施了犯罪预备，就不能适用规定“被教唆的人没有犯被教唆的罪”的第 2 款，也就不能适用“可以从轻或者减轻处罚”；而只能适用规定“教唆他人犯罪”的第 1 款，也就只能适用对预备犯处罚的规定，看来这不合理。如果想改变这种不协调，对教唆犯不按犯罪预备处理，改为适用第 2 款，这会产生新的矛盾。因为被教唆人已经实施了犯罪预备，对教唆人理应按第 1 款处理却不按第 1 款处理，而按规定“被教唆人没有犯被教唆的罪”的第 2 款处理，显然与刑法的规定不符，从而有悖于罪刑法定原则。可见这一不协调，不论依从属性原则或者不依从属性原则都难以解决。因而不能由此否定这种情况下的教唆犯的从属性，更何况被教唆人实施的犯罪行为是未遂或既遂，教唆犯也是未遂或既遂，驳论者并未否定呢！

再次，驳论写道：“如果说刑法第 29 条第 1 款表明了教唆犯的从属性，第 2 款的规定表明了教唆犯的独立性，就可能出现这样的局面：当教唆犯教唆他人犯罪后，他人还没有犯罪时，我们便可以肯定

① 高铭暄：《中华人民共和国刑法的孕育和诞生》，法律出版社 1981 年版，第 57 页。

教唆行为成立犯罪，教唆犯具有独立性；当过了一段时间后，被教唆的人实施了被教唆的罪时，教唆犯便转为从属性了。这也难以思议。”其实，这没有什么难以思议，情况发生变化，性质自然也发生变化。驳论者所作说明，可能有两种情况：一是教唆人教唆他人犯罪，他人没有犯罪，法院对教唆犯作了有罪处理后，教唆人又教唆他人犯罪，他人犯了所教唆的罪并且既遂时，对教唆人如同对被教唆人一样，也依所教唆的犯罪既遂处理，前者表现独立性，后者表现从属性，情况不同，性质有别，这显然不难理解；二是教唆人教唆他人犯罪，他人没有犯罪，法院没有对其处理，后来被教唆人犯了所教唆的罪并且既遂，这时对教唆人只能同对被教唆人一样，按所教唆的犯罪既遂处理，前者既然没有经法院处理，也就谈不上独立性，所以这种情况只是从属性。可见驳论不成为反对教唆的从属性和独立性的理由。

最后，驳论说：“马先生认为，从属性包括犯罪的从属性与处罚的从属性，处罚的从属性是指对教唆犯依照实行犯的刑罚处罚。实际上，从属性并不包含这种处罚程度的从属性。”的确，从属性并不包含这种程度的从属性，这一意见是对的，但笔者并没有说教唆犯的处罚程度从属于实行犯的处罚程度，而只是说教唆犯依照实行犯的刑罚处罚，意思也就是齐藤金作所说的处罚上的从属性，即为了教唆犯被处罚，就要正犯被处罚。驳论提出这样的问题，看来笔者原来的提法即“教唆犯依照实行犯的刑罚处罚”还不准确，可参照齐藤的提法改为：教唆犯是否被处罚依实行犯是否被处罚而定。这就不涉及处罚程度问题了。

（原载《华中科技大学学报·社会科学版》2004 年第 1 期）

想像的数罪和法规竞合

一人在判决宣告以前犯数罪的，应当按照我国刑法第 64 条的规定，实行数罪并罚。而为了正确适用数罪并罚，就必须将形似数罪，实为一罪或处理时作为一罪的情况逐一进行研究，以免对它们用数罪并罚的办法来处理。想像的数罪就是形似数罪，处理时作为一罪的情况，是为了正确适用数罪并罚需要认真研究的情况之一。而法规竞合与想像的数罪极为相似，为了将想像的数罪研究清楚，需要将法规竞合一并加以研究。因而，这里将法规竞合与想像的数罪放在一起探讨。

一、想像的数罪

想像的数罪是与实际的数罪相对而言。实际的数罪指数个行为触犯数个罪名的情况。如某甲先犯杀人罪，又犯强奸罪就是实际的数罪。对实际的数罪，按照我国刑法第 64 条规定的数罪并罚的办法处理。想像的数罪，或叫想像并合犯，指一个行为触犯数个罪名的情况。例如：李某与任某有隙，蓄意杀害任某报仇。一天晚上，任某在打谷场看电影时，李某将一颗炸弹投到任某坐处，不仅将任某炸死，而且炸死炸伤任某周围的群众 5 人。李某的行为触犯了杀人罪和爆炸罪两个罪名，就是想像的数罪或想像并合犯。对想像的数罪不适用数罪并罚。想像的数罪，在很多国家，均由刑事立法加以规定。如 1926 年《苏俄刑法典》第 49 条、1942 年《蒙古人民共和国刑法典》第 47 条、1950 年《朝鲜民主主义人民共和国刑法》第 50 条、1871 年《德国刑法典》第 73 条、现行《日本刑法》第 54 条都是适例。我国刑法对想像的数罪未作规定，而由审判实践作为一罪论处。

想像的数罪，在法律上的性质如何，刑法理论中有三种不同的主张：

（一）想像的犯罪竞合说。这种主张认为，想像的数罪是数个犯罪行为想像上的竞合。换言之，想像的数罪是一个行为外观上具有数个犯罪行为的性质。审判这种数罪，虽然可以依照其所触犯的数个罪名中的一个罪名处断，但是应当将其所触犯的数个罪名都进行有罪的宣告。德国刑法学者巴尔（V.Bar）、柏林格（Beling）等均持此说。日本旧派著名刑法学者大场茂马也赞同这种观点。他说："关于我国刑法中的牵连犯（按：大场茂马把想像的数罪分为两种，牵连犯是其中之一）不采用第三说之实体上的数罪说是明确的；不过，是采用第一说之想像的数罪竞合说，还是采用第二说之法律竞合说，虽然不无置疑的余地，但以解释为倾向于第一说为妥当。"①

（二）法律竞合说。这种主张认为，犯罪是行为，一个行为构成一个犯罪，数个行为构成数个犯罪。想像的数罪是一个行为触犯数个罪名，那就只是数个罪名竞合，而非数个犯罪。因而想像的数罪，不过是在数个可以适用的法律条文中，确定应当适用哪一法条而已。德国著名刑法学者李斯特（V.Liszt）、迈耶（M.E.Mayer）等力主此说。李斯特说："一个行为，触犯数个罪名时，非数罪竞合，而为数个刑罚法之竞合，即法律竞合，而非犯罪竞合。"日本旧派著名刑法学者泷川幸辰也持这种见解。他说："我把想像上的竞合解释为法条竞合，所以把刑法第 54 条第 1 项前段一个行为触犯数罪名时……以其最重之刑处断的规定，解释为从竞合的法条中确定可以适用的法条。"②

（三）实体上的数罪竞合说。这种主张认为，犯罪的个数应依犯罪行为与结果的因果关系个数而定。一个因果关系为一罪，数个因果关系为数罪。举枪向人射击，一枪射死一人，射伤一人，不能说不是具有两个因果关系。既有两个因果关系，自然构成实际上的数罪。德国刑法学者布黎（V.Buri）等持此主张。日本刑法学者岛田武夫也坚

① ［日］大场茂马：《刑法纲要》，1917 年版，第 239～240 页。
② ［日］《法学论丛》第 3 卷第 3 期，第 49 页。

持这种看法。他明确表示：“我以为想像的数罪是实体数罪。”①

在我们看来，上述几种主张都没有给想像的数罪以科学的说明。想像的犯罪竞合说，虽然正确地指出了它是一个行为外观上具有数个犯罪行为的性质，并且恰当地提出了按照其中一个罪名处理的原则，但却要求对其所触犯的数个罪名一一进行有罪的宣告，这实际上是把想像的数罪和实际的数罪，同样看待。法律竞合说，把想像的数罪与法规竞合完全等同起来。他们没有看到想像的数罪与法规竞合有其相同的一面，还有其不同的一面，自然难以作出正确的结论。至于实体上的数罪竞合说，用因果关系的个数作为确定罪数的标准，把一行为外观上具有数个犯罪行为的性质，看做就是实体上的数罪，这就混淆了两者之间的差别。应当知道，犯罪是符合犯罪构成诸要件的行为，用犯罪构成中的一个要件作为区分犯罪个数的标准，显然不可能把犯罪的个数真正区分清楚，因而也就不可能对想像的数罪作出科学的解释。我们认为，想像的数罪是出于一个犯意和一个行为，而触犯数个罪名。它只是外观上符合数个犯罪构成，既与出于数个行为，构成数个犯罪的实际的数罪，在性质上大异其趣；又与一个行为触犯数个法律条文的法规竞合不尽相同，因而需要将它作为独立的问题来进行研究。

想像的数罪具有如下两个特征：

（一）出于一个行为。所谓一个行为，指基于一个犯意实行的，为完成预期的一罪的全部动作。动作可能不止一个，如系出于一个犯意，虽然实行数个动作，亦不失为一个行为。例如用毒药杀人，可能将毒药分数次让被害人服食，仍属一个杀人行为。想像的数罪要求的是一个行为，至于行为产生一个结果或产生数个结果，对于想像的数罪的成立不产生影响。因之，把想像的数罪解释为“行为人以一个故意（或过失），实行一个犯罪行为，产生了法律定为犯罪的几个犯罪结果，从而触犯了法律上规定的几个罪名”。② 将产生几个犯罪结果作为想像的数罪的要件，我们认为是不妥当的，因为它缩小了想像的数罪的范围，与各国刑事立法关于想像的数罪的规定也不相符。各国

① ［日］岛田武夫：《日本刑法新论》，1924年版，第398页。

② 《法学研究》1981年第4期，第33页。

刑事立法均以一个行为触犯数罪名为想像的数罪的成立要件，而没有另外附加必须产生数个犯罪结果为条件。想像的数罪是以一个行为为前提，至于是一个故意行为，或一个过失行为，不影响想像的数罪的成立。例如：某甲玩枪，不慎走火，打死一人，打伤一人，就是一个过失行为触犯过失杀人罪与过失伤害罪两个罪名，同样是想像的数罪。

（二）一个行为触犯数罪名。想像的数罪只能是一个行为触犯数个罪名，如果是数个行为触犯数个罪名，则是实际的数罪，非想像的数罪。如果是作为犯罪手段的行为或结果的行为触犯其他罪名，则构成牵连犯，亦非想像的数罪。所谓一个行为触犯数罪名，就是一个行为在形式上或外观上同时构成刑法规定的数个犯罪。至于数个罪名是否必须相同，在刑法理论上，意见并不一致。我们认为，数个罪名应当只限于不同种的罪名，如放火罪、杀人罪、伤害罪等；同种的罪名，则不构成想像的数罪。此外，如果一行为触犯数罪名，是由于法律的错杂规定所造成，只是法律的适用问题，也不是想像的数罪，而是法规竞合。

想像的数罪，在刑法理论中通常分为异种类的想像的数罪和同种类的想像的数罪两类。

所谓异种类的想像的数罪，指一个行为触犯不同种的数罪名。又可分为三种情况：（1）一行为产生数个不同的结果而触犯数罪名。如开一枪杀死一人，伤害一人，即一行为产生两个结果，触犯了杀人罪与伤害罪两个罪名。(2) 一行为产生一个结果而触犯数罪名。如以暴力方法阻碍国家工作人员依法执行职务而造成国家工作人员重伤，即一行为产生一个结果——重伤，触犯阻碍执行公务罪和伤害罪两个罪名。(3) 一行为触犯数罪名。如某甲偷得手枪两支，交给某乙代为窝藏。某乙的窝藏行为触犯窝藏赃物罪和私藏枪支罪两个罪名。异种类的想像的数罪是想像的数罪，为大多数刑法学者所公认。

所谓同种类的想像的数罪，指一行为触犯同种的数罪名。如一枪击死两人，触犯两个杀人罪。同种类的想像的数罪，能否认为是想像的数罪，刑法学者之间意见很不一致。有人认为：一行为触犯同种的数罪名，是一罪名而非数罪名，因而不能构成想像的数罪。日本新派著名刑法学者牧野英一从犯意说出发，也不承认同种类的想像的数罪。他说：“然而以犯意为基础考虑时，在被害法益为复数的场合，其犯意可以认为是符合该法条的单一的犯意。如此解释时，同种类的竞合的观念，可谓无用。”① 另有人认为：被害法益的个数，不限于同种或异种。一行为侵害数个法益，即触犯数个罪名，不能因为被害法益是否同种而有不同。承认同种类的想像的数罪的某些学者，又将法益分为专属法益与普通法益两种。专属法益因不同的人而成立。普通法益，不拘被害者之数如何，可以概括地考虑。侵害专属法益，如杀死两人，是侵害两个法益，成立想像的数罪；侵害普通法益，如一行为窃取两人财物，如出于一个犯意时，则不成立想像的数罪，只成立一罪。根据我国的审判实践，我们认为，只有异种类的想像的数罪，才能构成想像的数罪。因为只有数个不同的罪名，才是数罪名；数个相同的罪名，即使是侵犯所谓不同的专属法益，仍然只是一罪名，因而也就谈不到想像的数罪。况且承认想像的数罪，目的在于在行为触犯的数罪名中，解决应按哪一个罪名定罪量刑的问题。同种类的想像的数罪，在确定行为的罪名上不发生任何疑问，因而把它作为想像的数罪，对审判工作也没有什么实际意义。

对想像的数罪如何处理，外国刑法的规定不尽相同。大致说来，可以分为两种情况：（一）对所触犯的每个罪名分别判处刑罚后，再依规定最重的犯罪和最重的刑罚的条文决定适当的刑罚。如 1926 年《苏俄刑法典》第 49 条规定：“在被告人的行为包含了数个犯罪的要件，以及在被告人实施了数个犯罪行为而都没有判决的情况下，法院先对每一个犯罪个别决定适当的社会保卫方法，然后，再依照规定最严重的犯罪和最重的社会保卫方法的条文，来决定最后的社会保卫方法。”1942 年《蒙古人民共和国刑法典》第 47 条、1950 年《朝鲜民主主义人民共和国刑法》第 50 条与《苏俄刑法典》的规定基本相同。（二）仅适用数罪名中规定最重刑罚的条文判刑。如现行《日本刑法》第45 条规定：“未经确定判决的数罪是并合罪……”第 54 条规定：“（一）同一行为而触犯数个罪名，或作为犯罪手段或结果的行为，触犯其他罪名的，按照其最重刑判处……”前一种规定，要求对想像的数罪，首先分别判处刑罚，与实际的数罪同样处理。这就没有对想像

① ［日］牧野英一：《日本刑法》（上），有斐阁 1939 年第 64 版，第 507 页。

的数罪与实际的数罪实行区别对待。后一种规定，对想像的数罪"从一重处断"，对实际的数罪实行并罚，表现了对想像的数罪与对实际的数罪的不同处理，比较妥当。

在我国审判实践中，对想像的数罪应当如何处理？根据我国的实际情况参考外国的立法例，我们认为，应当按照数罪中法定刑最重之罪论处，而不能像处理实际的数罪那样实行并罚。这是因为想像的数罪，行为人仅仅实施了一个犯罪行为，与实际的数罪系实施了数个犯罪行为大不相同；如果按照触犯的罪名实行数罪并罚，就会使行为人遭受过重的处罚，显然与我国刑法中罪刑相适应的原则不符。所谓按照数罪中法定刑最重之罪论处，意思是：(1) 根据数罪中法定刑最重之罪定罪。如一行为触犯故意杀人罪、故意伤害罪两个罪名时，故意杀人罪的法定刑是死刑、无期徒刑或10年以上有期徒刑（刑法第132条），故意伤害罪的法定刑是3年以下有期徒刑或者拘役（刑法第134条第1款），应依法定刑最重的杀人罪定罪。(2) 在法定刑最重之罪的法定刑范围内酌情判处刑罚，而不是一律判处该罪法定刑的最高刑。例如故意杀人罪的法定刑是死刑、无期徒刑或者10年以上有期徒刑，按照故意杀人罪定罪量刑时，应在上述法定刑范围内酌情判处，而不是一律都判死刑。(3) 如果其中重罪或轻罪不构成犯罪时，应专就构成犯罪的轻罪或重罪论处。实践中有不少这样的案例。如某甲将2两重的白银管，冒充白金非法出售，得赃款300元。某甲的行为既违反了金银管理法规，又犯了诈骗罪。由于他的出售白银管行为，只是一般的违反金银管理法规，尚不具备"投机倒把，情节严重"的特征，还不构成投机倒把罪。冒充白金出售，并已骗取300元，构成了诈骗罪。所以对某甲的行为应专就诈骗罪论罪判刑。

二、法规竞合

所谓法规竞合指一个犯罪行为，同时触犯数个法律条文，其中一个法律条文成为他一法律条文的一部分。所以，法规竞合必须是：(一) 一个行为触犯数个法规（或条文）。如果是数个行为触犯数个法规（或条文），那就不是法规竞合。如先实施盗窃行为，后实施强奸行为，两个行为触犯两个法律条文，为数罪并罚，非法规竞合。(二)

一法律条文的全部内容为他一法律条文的内容的一部分。如《惩治军人违反职责罪暂行条例》第 4 条第 1 款规定的军人泄露军事机密罪的全部内容，是刑法第 186 条规定的泄露国家机密罪的内容的一部分，一个犯罪行为触犯该两个法律条文时，就是法规竞合。因而一法律条文内容之一部分为他一法律条文内容之部分时，不是法规竞合。如刑法第 157 条规定的“以暴力、威胁方法阻碍国家工作人员依法执行职务”罪与刑法第 134 条规定的“故意伤害他人身体”罪，前一条的“暴力”部分是后一条的内容的一部分，一个犯罪行为触犯该两个法律条文规定的罪名时，不是法规竞合，而是想像的数罪。

在了解什么是法规竞合之后，首先遇到的问题是，法规竞合与想像的数罪到底是一回事还是两回事？其次，如果法规竞合与想像的数罪是两回事，那么，两者的区别究竟在哪里？

关于第一个问题，在刑法理论上很早就有争论。法规竞合与想像的数罪，就一行为触犯数个法律条文来说，并无不同。因而，有些刑法学者就将两者混为一谈。如前面谈到的李斯特、迈耶和泷川幸辰等都把想像的数罪看做是法规竞合。但是，两者并不完全一样。因而大多数刑法学者把法规竞合与想像的数罪分作两个问题来研究。如前面谈到的巴尔、柏林格，此外日本刑法学者冈田庄作、宫本英修、久礼田益喜和西原春夫等都持这种看法。我们认为后一种观点比较符合实际情况。

关于第二个问题，在刑法理论上也有不同的意见。有的以结果是否单一作为区别法规竞合与想像的数罪的标准。认为一行为产生一结果，触犯数法条规定的罪名，为法规竞合；一行为产生数结果，触犯数罪名，为想像的数罪。如宫本英修说：“而此场合（按：指法规竞合）与想像的并合罪不同。在此场合，一行为仅仅止于形式上触犯数个罪名，依结果标准说，仍为一罪的性质；想像的并合罪，在于一个行为实质上触犯数个罪名，从结果标准说，可为数罪的性质。”① 有的以互相竞合的法规相互间的关系为标准，来区分法规竞合与想像的数罪。认为互相竞合的法规中一法规的内容为他法规内容的一部分时，为法规竞合；想像的数罪中互相竞合的法规则不具有这种关系。

① ［日］宫本英修：《刑法学粹》，成文堂 1986 年版，第 445 页。

如冈田庄作说：“在法规竞合，被排斥的法规常常构成被适用的法规的一部分内容。反之，罪的想像上俱发（按：即想像的数罪）则不然。”① 我们认为，前一种说法，把想像的数罪限于一行为产生数结果的场合，如前所述，这不符合各国刑事立法的规定；同时这种说法，依结果标准说，将想像的数罪看做实质上的数罪，这就把两个问题搅在了一起，并且结果标准说本身也是片面的，因为它仅仅以犯罪构成的一个要件作为区分一罪与数罪的标准，以偏概全，难免谬误。因而，我们不赞同这种观点。后一种说法，看出法规竞合和想像的数罪相互区别的实质所在，并提出了将两者区分开来的切合实际的标准，只是像冈田庄作那样的提法，也还不够全面。因为如同冈田庄作所说的被排斥的法规构成被适用的法规的一部分内容时，固然是法规竞合；相反的，被适用的法规构成被排斥的法规的一部分内容时，也是法规竞合。按照冈田庄作的提法，这种情况就被排斥在法规竞合之外了，况且法规竞合与想像的数罪的区别还不仅在于此。

在我们看来，法规竞合与想像的数罪的区别在于：（1）法规竞合，是一个犯罪行为，由于法规的错杂规定，以致违反数项法律条文，犯罪本身是单纯的一罪；而想像的数罪，是一个行为外观上触犯数项罪名，犯罪本身是形式上的数罪。（2）法规竞合，一法条的全部内容为他一法条的内容的一部分；想像的数罪，所触犯的数法条不存在这种关系，它可能是：①触犯内容完全不同的数法规（或条文）；②触犯的数法规，其内容一部分一致，一部分不相同。（3）法规竞合，在竞合的数法规中，仅仅一法规可以适用其行为，其法律适用问题，不是依照“从一重处断”的原则来解决；想像的数罪，竞合的数法规均可以适用其行为，其法律适用问题，依照“从一重处断”的原则来解决。由此可以更清楚地看到：把法规竞合同想像的数罪不加区别的观点是错误的，同时把两者的区别归结为结果的单复的观点，或者归结为是否被排斥的法规构成被适用的法规的一部分内容的观点，也是不恰当的或者是片面的。

法规竞合时，法律适用问题，按照如下原则解决：

---

① ［日］冈田庄作：《刑法原论·总论》，明治大学出版部1934年第22版，第447页。

（一）特别法优于普通法。所谓普通法，指在一般场合普遍适用的法规；所谓特别法，指以普通法的规定为基础，附加特别条件，用以适用特别场合的法规。当普通法与特别法相竞合时，根据特别法优于普通法的原则，适用特别法，不适用普通法。普通法与特别法，不仅指普通刑法与特别刑法的关系，普通刑法中的一般规定与特别规定，以至特别刑法中的一般规定与特别规定，也适用普通法与特别法关系的原则。因之，普通法与特别法的关系，又可分为相异的法律之间与同一法律内部条文之间两种情况：

（1）相异法律之间的普通法与特别法的关系，此即普通刑法与特别刑法的关系。如军人犯偷越国（边）境外逃罪，既触犯了刑法第176条，又触犯了《惩治军人违反职责罪暂行条例》第7条。《惩治军人违反职责罪暂行条例》第7条对于刑法第176条来说，是特别法，当依《惩治军人违反职责罪暂行条例》第7条论处。

（2）同一法律内部条文之间的普通法与特别法的关系。它既可以发生在普通刑法之内，也可能发生在特别刑法之内。前者例如，刑法第118条以走私、投机倒把为常业的……对于第116条走私罪、第117条投机倒把罪，就是特别法。后者例如，《惩治军人违反职责罪暂行条例》第5条第2款战时擅离职守或玩忽职守罪，对于第1款擅离职守或玩忽职守罪，也是特别法。

刑法中特别法与普通法的关系，其形成可有以下几种情况：

（1）由于主体不同的特别法与普通法。犯罪主体不同，特别另有专门法规或条文规定从重处刑因而形成特别法。例如刑法第191条规定的邮电工作人员私拆、隐匿、毁弃邮件、电报罪，对于刑法第149条规定的侵犯公民通信自由罪，就是由于主体不同而形成的特别法与普通法。

（2）由于犯罪对象不同的特别法与普通法。犯罪对象不同，特别另设条文加以规定，因而形成特别法。如刑法第112条规定的盗窃、抢夺枪支、弹药罪，对于刑法第151条规定的盗窃、抢夺罪，就是由于犯罪对象不同而形成的特别法与普通法。

（3）由于时间不同的特别法与普通法。例如《惩治军人违反职责罪暂行条例》第6条第2款战时逃离部队罪，对于第1款逃离部队罪，就是由于时间不同而形成的特别法与普通法。

（4）由于其他条件形成的特别法与普通法。除了上述几种特别法与普通法的关系之外，还有由于其他条件形成的特别法与普通法。例如刑法第113条交通肇事致人死亡，对于刑法第133条过失杀人罪，就是特别法。刑法第133条明确指出："本法另有规定的，依照规定。"就是指的遇有过失致人死亡的另外规定时，适用另外规定的特别法，不适用本条的普通法。

（二）实害法吸收危险法。所谓实害法，指规定发生法定的实际危害结果为某种犯罪构成必要要件的法规（或条文）。所谓危险法，指不要求某种实际危害结果发生，而规定只要有发生某种实际危害结果的危险即构成犯罪的法规（或条文）。如刑法第107条规定破坏火车、汽车、电车、船只、飞机，足以使其发生倾覆、毁坏危险，尚未造成严重后果的，即认为构成犯罪，是危险法；第110条规定破坏交通工具……造成严重后果的，始认为构成犯罪，是实害法。实害法吸收危险法。一行为如同时触犯实害法与危险法时，适用实害法，不适用危险法。

在我国刑法理论中，对想像的数罪和法规竞合，还很少探讨；而这类现象在审判实践中经常遇到，确有研究的必要。为此，这里提出一些不成熟的意见，以期引起注意，共同研讨，恰当地解决这类问题，正确地适用数罪并罚。

（原载《法学研究资料》1982年第1期）

刑事责任的若干问题

关于刑事责任，近几年来发表了不少论文，还出版了几部专著，但对某些问题仍然存在意见分歧。这里拟就如下三个问题，谈谈自己的看法。

一、刑事责任的地位

刑事责任的地位，指刑事责任在刑法中的地位和在刑法理论中的地位。下面分别加以考察。

1. 刑事责任在刑法中的地位

我国刑法总则分为五章，依次为刑法的任务、基本原则和适用范围，犯罪，刑罚，刑罚的具体运用，其他规定，明显表现出是按照刑法——犯罪——刑罚的结构加以规定的。刑事责任只是作为第二章犯罪的第一节与犯罪并列作为节的标题，总则中虽有 12 个条文 20 处提到刑事责任，并且根据刑法第 5 条的规定，似乎将刑事责任与犯罪和刑罚相提并论，但由于对刑事责任缺乏专门规定，因而并未形成犯罪——刑事责任——刑罚的刑法总论体系，更谈不上形成犯罪——刑事责任的刑法总则体系了。这种情况与刑事责任在刑法中的重要地位很不相称，因而有的学者提出完善刑事责任立法的建议，以解决刑事责任与其在刑法中的地位不相称的问题；① 但建议还没有成为现实的立法。所以我们只能说按照现行刑法，刑事责任是与犯罪和刑罚同样重要的范畴，但它在刑法总则的结构上并未得到应有

① 张文等：《刑事责任要义》，北京大学出版社 1997 年版，第 257～261 页。

的反映。

2. 刑事责任在刑法理论中的地位

刑事责任在我国20世纪80年代编写的刑法教材中，或者很少提到，或者着墨不多，可以说在刑法理论中没有什么地位。80年代中期，部分学者开始对刑事责任进行研究并发表研究成果，一些硕士研究生也以刑事责任为论题撰写硕士学位论文，刑事责任问题逐渐引起重视。进入90年代后，随着研究的深入，相继出版了多种研究刑事责任的专著，一些教材也大多增加了论述刑事责任的章节，刑事责任在刑法理论中逐步占有一定的地位。由于认识的不同，学者之间对刑事责任在刑法理论中应占的地位，看法还不一致。概括起来，主要有三种不同观点：

（1）基础理论说。认为刑事责任在价值功能上具有基础理论的意义，它所揭示的是刑法的基本原理，其具体内容应当有犯罪论、刑罚论和罪刑各论。因此在体系上不能把刑事责任论放在犯罪论和刑罚论之间，而应作为刑法学的基本理论置于犯罪论之前，并作为刑法的基本原理来把握。① 个别教材即将“刑事责任”作为一节置于“刑法的性质和任务”一章之中，先于犯罪论予以论述，可以说是上述理论在刑法学体系上的表现。

（2）罪、责平行说。认为刑事责任是与犯罪相对应并发生直接联系的概念。犯罪是刑事责任的前提，刑事责任是犯罪的法律后果，刑罚虽然是实现刑事责任的基本方式，但不是惟一的实现方式，非刑罚处理方法也是实现刑事责任的方式之一。所以刑罚与非刑罚处理方法，同是刑事责任的下位概念。因而犯罪论——刑罚论的体系，应改变为犯罪论——刑事责任论的体系，这样才能摆正犯罪与刑事责任的关系。② 个别教材以刑事责任论取代传统的刑罚论，就是这一理论的体现。

（3）罪、责、刑平行说。认为犯罪、刑事责任、刑罚是各自独立又互相联系的三个范畴，刑事责任则是介于犯罪与刑罚之间联结犯罪

---

① 张智辉：《刑事责任通论》，警官教育出版社1995年版，第15页。

② 张明楷：《刑事责任论》，中国政法大学出版社1992年版，第152～153页。

与刑罚的纽带。刑事责任与犯罪的关系是：犯罪是刑事责任的前提，刑事责任是犯罪的法律后果；刑事责任与刑罚的关系是：刑事责任是刑罚的前提，刑罚是实现刑事责任的基本方式。因而刑法学的理论体系应当是犯罪论——刑事责任论——刑罚论的体系。① 一些教材都将刑事责任作为一章置于犯罪论内容之后、刑罚论内容之前，均系以上述观点为理论根据。

我们认为，基础理论说，将刑事责任看做凌驾于犯罪和刑罚的最上位概念，它的内容包括犯罪论、刑罚论和罪刑各论，这无异将刑事责任等同于刑法，这样扩大刑事责任的内容，既不符合我国刑法关于刑事责任的规定，在理论上也难以在刑法学体系上给刑事责任以应有的地位。因而这一观点为我们所不取。罪责平行说，认为刑罚与非刑罚处理方法都是刑事责任的下位概念，主张以刑事责任论代替刑罚论，在逻辑上是正确的，因而得到一些学者的赞同。但我们感到这种体系还值得研究。从刑法立法来看，这种体系明显与刑法体系不符，如前所述，刑法是按照刑法——犯罪——刑罚的结构规定的，此其一。其二，在刑法理论中刑罚理论内容丰富，占有很大篇幅，非刑罚处理方法内容单薄，所占篇幅很小，使两者处于同等地位，未必合理。如果刑法按照有的学者关于完善刑事责任立法所设想的那样修改，在刑法教材中自应采用这种体系；但在刑法未作修改之时，这种体系还不宜在教材中采用。罪、责、刑平行说，认为刑事责任是联结犯罪与刑罚的纽带，三者各自独立又互相联系，主张建立犯罪论——刑事责任论——刑罚论的体系，基本上符合现行刑法的规定，刑法总则第二章第一节的标题是“犯罪与刑事责任”，即将犯罪与刑事责任并列，第三章、第四章均为对刑罚的规定。设置刑罚论，正是这些规定的反映。从理论上看，刑事责任确实是联结犯罪与刑罚的纽带，这可以从刑事责任与两者的关系上得到说明：

（1）刑事责任与犯罪的关系。犯罪是刑事责任产生的法律事实根据，没有犯罪就不可能有刑事责任；刑事责任是犯罪的必然法律后果，只要实施了犯罪，就不能不产生刑事责任，这体现了犯罪与刑事

---

① 中国法学会刑法学研究会编：《全国刑法硕士论文荟萃》，中国人民公安大学出版社 1989 年版，第 20 页。

责任的质的一致性。同时由于各种犯罪的社会危害程度不同，犯罪人承担的刑事责任程度也不相同。一般说来，犯的罪重，刑事责任就重；犯的罪轻，刑事责任就轻。这体现了犯罪与刑事责任的量的一致性。两者的密切关系，于此可以窥见。

(2) 刑事责任与刑罚的关系。刑事责任与刑罚是两个不同的概念。两者的主要区别在于：第一，刑事责任是一种法律责任，刑罚则是一种强制方法。第二，刑事责任是以犯罪人承受刑法规定的惩罚或单纯的否定性法律评价为内容，刑罚则是以剥夺犯罪人一定的法益为内容。第三，刑事责任随实施犯罪而产生，刑罚则随法院的有罪判决生效而出现。但两者具有密切的关系，它表现在：第一，刑事责任的存在是适用刑罚的前提。没有刑事责任，绝不可能适用刑罚；只有存在刑事责任，才有刑罚的适用。第二，刑事责任的大小决定刑罚的轻重。刑事责任大的，刑罚就重；刑事责任小的；刑罚就轻，刑罚轻重根据刑事责任的大小来确定。第三，刑事责任主要通过刑罚而实现。非刑罚处理方法等虽然也是刑事责任的实现形式，但那是次要的，在司法实践中也是为数很少的，而刑罚则是实现刑事责任的主要形式，并且在司法实践中是大量的；同时在刑法立法中，仅用两个条文规定非刑罚处理方法，而用 2 章 16 节 56 个条文规定刑罚，可见两者在刑法立法中地位多么悬殊。因而非刑罚处理方法与刑罚不宜处于并列的地位。据此，笔者认为宜将刑事责任设为一章，置于犯罪论内容之后、刑罚论内容之前，采取犯罪论——刑事责任论——刑罚论的体系。

二、刑事责任的发展阶段

刑事责任从产生到实现，如何划分阶段，意见不一，笔者认为，可以分为如下三个阶段：

1. 刑事责任的产生阶段

刑事责任的产生是否刑事责任的开始？刑事责任从何时开始？我国刑法学界主要有两种不同观点：（1）刑事责任始于犯罪行为实施之时。理由是刑事责任伴随犯罪而产生，无犯罪则无刑事责任，有犯罪必有刑事责任。犯罪行为实施之后，不论是否发现这种犯罪，行为人的刑事责任即同时产生，并客观地存在着。司法机关追究刑事责任，只是使这种客观存在的刑事责任现实化的过程，并不是刑事责任产生的过程。(2) 刑事责任始于法院作出有罪判决之时。理由是刑事责任是犯罪的法律后果，只能由犯罪人来承担。而在人民法院依法作出有罪判决之前，很难说行为人就是犯罪人，也就不能要求其承担刑事责任。刑事责任的开始必须同时具备如下条件：一是被告人被查获，证据确凿，犯罪事实昭然若揭；二是人民法院依法作出有罪判决，犯罪最终被证实①。我们认为，第一种意见是正确的，第二种意见是不恰当的。因为：刑事责任是犯罪的法律后果，只能随着犯罪而产生，所以只要行为人实施了犯罪行为，客观上同时自然产生刑事责任，此其一。其二，行为人犯罪后，司法机关对行为人追究刑事责任，就是因为刑事责任客观上的已经存在；如果根本不存在刑事责任，司法机关怎么可能无中生有地进行追究呢？其三，从刑法的规定看，刑事责任的开始总是同实施犯罪联系在一起的。例如刑法第 17 条第 1 款规定："已满 16 周岁的人犯罪，应当负刑事责任。"应当负刑事责任，以存在刑事责任为前提，表明实施了犯罪，客观上即产生了刑事责任。此外第 17 条第 2 款、第 18 条第 2～4 款的规定，都表明了同样的思想。其四，从刑法规定追诉时效制度来看，也应当认为刑事责任开始于实施犯罪之时。追诉时效，指对犯罪人追究刑事责任的有限期间。刑法规定，犯罪经过一定的期限不再追诉。所谓不再追诉，即不再追究刑事责任，说明实施犯罪后刑事责任即产生了；否则，就不发生不再追诉的问题。第二种观点之所以错误，在于它把刑事责任产生的时间与人民法院使行为人负刑事责任的时间混为一谈。实际上这是两个不同的问题，或者说是刑事责任的不同阶段。并且人民法院追究行为人的刑事责任，以行为人已产生刑事责任为前提，离开了这个前提，人民法院根据什么追究行为人的刑事责任呢？所以刑事责任产生的时间，就是刑事责任开始的时间。

刑事责任的产生阶段，从行为人实施犯罪时起，到司法机关（或

① 赵秉志主编：《刑法争议问题研究》（上卷），河南人民出版社 1996 年版，第 584～589 页。

公安机关）立案时止。所谓实施犯罪时起，不同的犯罪形态，起始的情况也有所不同：对于故意犯罪来说，实施犯罪预备时，刑事责任即行产生；如果犯罪预备不受处罚，着手实行犯罪时，刑事责任便产生；对于过失犯罪来说，犯罪结果发生时，刑事责任才产生。在这一阶段，行为人的刑事责任虽然已经客观地存在着，但司法机关还没有进行追究刑事责任的活动。这可能是因为犯罪没有被发现；或者告诉才处理的犯罪，被害人没有告诉。如果在法定的追诉期限内没有追诉，刑事责任就可能消灭，从而就不存在刑事责任的下一阶段。在司法机关（或公安机关）立案之前，行为人可能出现自首或立功等情况，会影响刑事责任的程度，这仍然属于刑事责任的产生阶段。

2. 刑事责任的确认阶段

这一阶段从司法机关（或公安机关）立案时起，到人民法院作出有罪判决生效时止。在这一阶段，要确认行为人是否实施了犯罪行为，应否负刑事责任，应负怎样的刑事责任以及如何实现刑事责任。因此这一阶段，无论对国家或对犯罪人来说，都很重要。为了保证这一阶段的工作有条不紊地进行，国家立法机关在刑事诉讼法中规定了必要的程序，公安、司法机关必须严格依法办理，正确确认行为人的刑事责任。所谓从司法机关（或公安机关）立案时起，指由公安机关管辖范围的案件，从公安机关立案侦查时起，由检察机关管辖范围的案件，从检察机关立案侦查时起，人民法院依法直接受理的案件，从人民法院受理时起。公安、检察机关进行侦查时，必须客观、公正、实事求是，严禁刑讯逼供和以其他非法方法收集证据。收集证据必须全面，犯罪嫌疑人有罪或者无罪、罪轻或者罪重的证据材料都应收集、调取。在侦查过程中，讯问犯罪嫌疑人、询问证人、勘验、检查、搜查等活动，都必须符合法律的规定，以保证有效地开展侦查工作。

对侦查终结的案件，需要提起公诉的，一律由检察机关审查决定。刑事诉讼法第137条规定："人民检察院审查案件的时候，必须查明：（一）犯罪事实、情节是否清楚，证据是否确实、充分，犯罪性质和罪名的认定是否正确；（二）有无遗漏罪行和其他应当追究刑事责任的人；（三）是否属于不应当追究刑事责任的；（四）有无附带民事诉讼；（五）侦查活动是否合法。”经过审查，如果认为犯罪事实已经查清；证据确实、充分，需要追究刑事责任的，检察机关应当作出提起公诉的决定；如果认为不构成犯罪或者有其他法定不起诉情形的，检察机关应当或者可以作出不起诉的决定。

审判机关对提起公诉的案件进行审查后，符合开庭审判条件的，应当决定开庭审判。在审判中主要解决如下问题：(1) 行为人的行为是否构成犯罪？应否负刑事责任？(2) 如果应负刑事责任，还应综合考虑各种有关情节，确定应负何种程度的刑事责任？(3) 如何实现刑事责任？即主要应判何种刑罚？这些问题的解决，都要以事实为根据，以刑法的规定为准绳。

上述侦查、起诉、审判三个刑事诉讼阶段，就大多数犯罪来说，是刑事责任的确认阶段不可缺少的组成部分。只有经过这三个刑事诉讼阶段，刑事责任才可能得到确认和实现。

3. 刑事责任的实现阶段

这一阶段从人民法院作出有罪判决生效时起，到所决定的刑事制裁措施执行完毕或赦免时止。刑事责任的实现是刑事责任的最后阶段，也是刑事责任阶段的核心。刑法规定刑事责任，依法追究刑事责任，最终都是为了实现刑事责任，所以这一阶段具有特别重要的意义。刑事责任的实现，基本方式是执行刑罚。执行刑罚，主要由司法行政机关完成，持续时间的长短，则因刑种的不同和判决刑期长短的不同而不同。至于因犯罪情节轻微不需要判处刑罚的案件，法院仅宣告有罪而免予刑罚处罚。这种免予刑罚处罚的判决，只要一经发生法律效力，刑事责任即行实现，不存在时间上的持续过程。

在刑事责任的实现阶段，可能出现刑事责任变更的情况。这主要是：(1) 死刑缓期执行 2 年期满的减刑；(2) 管制、拘役、有期徒刑、无期徒刑的减刑；(3) 特赦；(4) 由于遭遇不能抗拒的灾祸缴纳确实有困难时罚金的减免。如何看待假释，意见不一：有的同志认为假释也是刑事责任的变更，有的同志认为假释宜视为刑事责任实现方法的变更。我们赞同后一种观点，因为在假释时，所确定的刑罚并没有变更，只是将犯罪分子附条件提前释放，被假释者违反法定的条件，假释即被撤销，而且在假释考验期限内，被假释者还要由公安机

关予以监督。可见，刑事责任本身并未因假释而变更。

与刑事责任的实现密切相关的，是刑事责任的终结。如何理解刑事责任的终结？理论上主要存在着两种不同观点的争论。一种观点认为，刑事责任的终结包括两种情况：一是因刑事责任的实现而终结，终结时间由于刑事责任实现的方式不同而不同：以刑罚为实现方式的，终结时间是刑罚执行完毕或赦免之时；以非刑罚处理方法为实现方式的，终结时间为非刑罚处理方法执行完毕之时；以免予刑罚处罚为实现方式的，终结时间为法院有罪判决发生法律效力之时。二是因刑事责任的消灭而终结。刑事责任的消灭有犯罪人死亡，犯罪已过追诉时效，告诉才处理的犯罪、没有告诉或撤回告诉。终结时间就是上述情况出现之时。另一种观点认为，刑事责任的终结是指刑事责任的实现，而刑事责任的消灭是没有追究其刑事责任，两者的性质和效果完全不同，所以认为刑事责任的消灭也是刑事责任的终结，这就将两种不同性质、不同效果的情况混为一谈。① 我们认为第一种观点是正确的。因为刑事责任可以因其实现而终结，也可以因其消灭而终结。例如犯罪在未过追诉时效期限时，犯罪人的刑事责任时刻都处于可以追究之中；如果已过追诉时效期限，刑事责任即归于消灭，不能再予以追究，这在事实上也就是犯罪人的刑事责任已经终结。与刑事责任的实现不再追究行为人的刑事责任，在这一根本点上并无差别。

三、刑事责任的实现方式

刑事责任究竟有哪些实现方式，见解较多，但由于刑法的修订，原来的一些单行刑法已经失效，有些见解现在已失去法律依据，所以我们认为，关于刑事责任的实现方式的不同见解主要是：

1. 认为刑事责任的实现方式，指国家强制犯罪人实际承担的刑事制裁措施，计有以下三种：（1）基本方式，即通过给予刑罚处罚的方法来实现。（2）辅助方式，即通过非刑罚处理方法来实现。（3）特殊方式，即通过宣布行为是犯罪、行为人是犯罪人的方法来实现。

---

① 赵秉志主编：《刑法争议问题研究》（上卷），河南人民出版社 1996 年版，第 584～589 页。

2. 认为实现刑事责任是指为了使犯罪行为人承担其刑事责任而采取的具体行动，实现的方法包括：(1) 刑事强制措施，主要指刑罚，此外还包括免予刑事处分、予以训诫，责令具结悔过、赔礼道歉、赔偿损失等强制措施。(2) 刑事诉讼强制措施，指拘传、取保候审、监视居住、逮捕和拘留。不过只有在行为人的行为经法院作出有罪判决并发生法律效力时，此前所采取的刑事诉讼强制措施，才成为实现刑事责任的方法。(3) 其他强制措施，指被剥夺政治权利的人不得被选举或任命担任某些职务。通过外交途径解决享有外交特权和豁免权的外国人的刑事责任问题。

3. 认为刑事责任的实现方法只有刑罚一种。除此之外，不存在或者说法律并未规定其他实现刑事责任的方法。

4. 认为刑事责任的实现方法，是国家强制犯罪人实际承担的法律处分措施，主要包括两大类：(1) 刑罚，这是实现刑事责任的基本方法。(2) 非刑罚处理方法，指司法机关对犯罪分子直接适用或者由主管部门适用的刑罚以外的各种法律措施，主要包括现行刑法第 36、37 条规定的训诫、具结悔过等处分，第 17 条规定的收容教养，第 64 条规定的责令退赔、追缴违法所得、没收违禁品和犯罪工具。这是实现刑事责任的辅助性的、次要的方法。①

如何看待上述不同见解呢？在我们看来，首先应对刑事责任的实现方式（方法）加以界定。所谓刑事责任的实现方式（方法），必须是刑法规定的、以犯罪为前提的由犯罪人承担的法律后果，是国家制裁犯罪人的方法和犯罪人承担制裁的方法。据此，我们认为，第一，刑事诉讼强制措施不是刑事责任的实现方式之一。因为：(1) 刑事诉讼强制措施是为了保证刑事诉讼程序正常进行而采取的措施，不是在实体上对犯罪的制裁。(2) 刑事诉讼强制措施是在刑事责任确认阶段的措施，不是在判决有罪确定应负刑事责任时使犯罪人承受的负担。认为刑事诉讼强制措施是刑事责任的实现方式，就把诉讼法上的强制措施与刑法上的刑事制裁方法混为一谈了。第二，刑罚和非刑罚处理方法之外的其他强制措施也不是刑事责任的实现方式。上述观点中提

① 赵秉志主编：《刑法争议问题研究》（上卷），河南人民出版社 1996 年版，第 593 页。

到的如下几种都属于这种情况：（1）通过外交途径解决的享有外交特权和豁免权的外国人的刑事责任问题。通过外交途径，是解决这类外国人的刑事责任的特殊办法，而不是刑事责任的实现。因为这时连刑事责任的确认阶段都还没有完全结束。（2）收容教养。根据刑法第17条第4款的规定，"因不满16周岁不予刑事处罚的……也可以由政府收容教养"。不满16周岁即未达法定年龄，实施了对社会造成损害的行为，并不构成犯罪，也就谈不到负刑事责任。这是一种社会保护措施，与刑事责任的实现毫无关系。（3）责令退赔、追缴违法所得。犯罪分子违法所得的一切财物，都是通过犯罪获得的，他根本无权占有，理应予以追缴或责令退赔。这是使受损失的财产恢复原状，而不是什么刑事责任的实现。（4）没收违禁品和犯罪工具。违禁品，指法律禁止私人非法持有的物品，如枪支、弹药、毒品等。犯罪分子持有这类物品，当然应予没收。这是一种行政强制措施，而不是实现刑事责任的方式。犯罪工具，指犯罪分子用以进行犯罪使用的本人的物品，如用以杀人使用的凶器、伪造货币使用的印刷机等。这类物品具有诉讼证据的作用，所以没收犯罪工具是刑事诉讼中的强制措施，如前所述，不应将它与刑事责任的实现相混淆。第三，只有刑罚才是刑事责任的实现方式，不符合刑法的规定。因为除刑罚外，刑法还规定了非刑罚处理方法。同时免予刑罚处罚的有罪判决，也是对犯罪的否定和对犯罪人的谴责，亦即以犯罪为前提的犯罪人的法律上的负担。这些都是刑事责任的实现方式，不应加以否定。所以比较起来，对刑事责任实现方式的见解，当以第一种意见为妥。

（原载《郑州大学学报》（哲学社会科学版）1999年第5期）

马克思主义经典作家关于死刑的基本观点

死刑是统治阶级镇压被统治阶级的反抗、维护自己统治的最严厉的暴力手段。马克思主义者如何看待死刑？首先是看这种暴力手段掌握在什么阶级手里，用来反对什么阶级。革命导师列宁告诉我们：任何国家都意味着使用暴力，而全部区别就在于：这种暴力是用来反对被剥削者还是反对剥削者。这种暴力是不是用来反对劳动者和被剥削者阶级的。这是我们如何看待死刑的出发点和根本立场。从这一立场出发，马克思主义者根据死刑掌握在什么阶级手里，用来反对什么阶级而采取不同态度。这就是坚决反对剥削者国家镇压劳动人民的死刑，公开申明胜利了的无产阶级为巩固无产阶级统治而采用死刑的必要性。

1. 革命导师论剥削者国家的死刑

对剥削者国家镇压劳动人民的死刑，马克思主义经典作家总是给以深刻的揭露和批判，将他们这种暴力手段的阶级性和残酷性无情地揭示出来。

剥削者国家死刑的锋芒主要是指向奴隶、农奴、农民和无产阶级等广大劳动人民的。马克思在《资本论》中多次揭露英国法律中死刑的阶级性质。他指出："爱德华六世在他即位的第一年（1547 年）颁布的法令规定……（奴隶）如果第三次逃亡，就要当做叛国犯处死……如果奴隶图谋反抗主人，也要被处死……伊丽莎白执政时期的1572 年的法令规定，没有得到行乞许可的…… 第三次重犯，就要毫

不容情地当做叛国犯处死。”① 显然，当时英国统治者的死刑主要是指向奴隶和其他劳动人民的。恩格斯在《德国农民战争》中揭露《加洛林纳法典》所规定的许多残酷死刑都是为农民准备的。他说：“《加洛林纳法典》中的各章论到……‘斩首’、‘车裂’、‘火焚’、‘夹火钳’、‘四马分尸’等，其中没有一项没有被这些尊贵的老爷和保护人随时一高兴就用在农民身上。”②这就是剥削者国家类型之一的封建国家死刑的阶级性质。

同时剥削者国家的死刑又以极其残酷为特点。恩格斯在1844年评论英国刑法时曾经指出：“谁都知道，英国的刑法典在欧洲是最森严的，就野蛮来说，早在1810年它就已经毫不亚于《加洛林纳法典》了：焚烧，轮辗，砍四块，从活人身上挖出内脏等曾是惯用的几种刑罚。”③ 1532年德国的《加洛林纳法典》是以野蛮残酷著名于世的封建法典。恩格斯在这里尖锐地抨击了它的野蛮残酷，就是因为它是以焚刑、轮辗、支解（砍四块）等残酷的死刑为惯用的刑罚。英国刑法就野蛮性来说既然不亚于《加洛林纳法典》，那么，它的死刑的野蛮残酷也就可以想见了。

不仅如此，马克思主义创始人还从理论上批判了剥削者国家死刑适用的无理和无效。马克思在《死刑——科布顿先生的小册子——英格兰银行的措施》一文中说：“的确，想找出一个原则，可以用来论证在以文明自负的社会里死刑是公正的或适宜的，那是很困难的，也许是根本不可能的。一般说来，刑罚应该是一种感化或恫吓的手段。可是，有什么权利用惩罚一个人来感化或恫吓其他的人呢？况且历史和统计科学非常清楚地证明，从该隐以来，利用刑罚来感化或恫吓世界就从来没有成功过。”④ 马克思这里所说的“以文明自负”的社会指的资本主义社会。资本主义社会自负为文明的社会，而死刑则被资产阶级思想家认为是不文明的、野蛮的刑罚。在自负为文明的社会里仍然适用极不文明的刑罚，显然，它的适宜性是很难加以论证的。而

① 《马克思恩格斯全集》(第23卷)，第803～804页。
② 《马克思恩格斯全集》(第7卷)，第397页。
③ 《马克思恩格斯全集》(第1卷)，第701页。
④ 《马克思恩格斯全集》(第8卷)，第578页。

且事实证明：剥削者国家利用死刑来恫吓世界从来就没有成功过。马克思在引用了《晨报》的统计表之后说："这个统计表证明……不仅自杀，而且连最残暴的杀人行为都是在处死罪犯之后立即发生的。"① 这有力地说明了剥削者国家适用死刑没有达到恫吓他人的效果。

对于剥削阶级镇压劳动人民的死刑，马克思主义者当然是坚决反对的；但是当某一新生的剥削阶级例如资产阶级取得统治权之初，利用死刑巩固革命政权，反对另一腐朽的剥削阶级例如封建地主阶级的时候，马克思主义对于这种死刑却给予肯定的评价。对于伟大的资产阶级革命家罗伯斯庇尔为了维护资产阶级革命政权，由主张废除死刑转到坚决采取革命恐怖，恩格斯、列宁都曾给予肯定的评价，就是很好的例证。在雅各宾政权岌岌可危的时候，由于罗伯斯庇尔采取了革命恐怖措施，坚决镇压了反革命分子，而使革命政权得到了巩固。针对这种情况，恩格斯评论说："在那时，为了使罗伯斯庇尔能在当时的国内条件下保持住政权使恐怖达到疯狂的程度是必要的。"② 列宁在评定罗伯斯庇尔所采取的革命恐怖的意义时，也曾指出："法国伟大的资产阶级革命家在125年以前就对一切压迫者、地主和资本家采取了恐怖手段，而使革命成了伟大的革命！"③ 因为这时资产阶级政权用死刑这个武器来反对腐朽没落的封建地主阶级，所以革命导师给这种恐怖手段以很高的评价。由此可见，即使对剥削阶级适用的死刑，也不能抽象地一概加以否定，而应根据这种暴力是反对什么阶级，实事求是地加以评定。

2. 列宁论社会主义国家采用死刑的必要性

伟大革命导师列宁在他的著作中，对无产阶级推翻了资产阶级统治、建立了社会主义国家之后还必须适用死刑，作了充分的论证。

列宁指出，马克思主义者从来主张对阶级敌人是不能放弃使用死刑的。针对考茨基胡说什么布尔什维克"以前是反对死刑的，现在却

① 《马克思恩格斯全集》(第8卷)，第578页。

② 《马克思恩格斯全集》(第37卷)，第311～312页。

③ 《列宁全集》(第25卷)，第346～347页。

大批枪杀人”的谰言，他写道：“说布尔什维克反对在革命时期采用死刑，这明明是撒谎。1903 年，即布尔什维主义产生的那一年，在我党第二次代表大会上制定了党纲，大会的记录中记载着，要把废除死刑列入党纲的想法只引起了嘲笑的喊声：‘对尼古拉二世也这样吗?’”这说明布尔什维克在其产生之初，就反对废除死刑。接着列宁强调：“任何一个革命政府没有死刑是不行的，全部问题仅在于该政府用死刑这个武器来对付哪一个阶级。”①

无产阶级之所以必须采用死刑，这是阶级斗争形势的客观需要。列宁不止一次地论述了这一马克思主义原理。“在残酷的国内战争正在进行，资产阶级阴谋引入外国军队来推翻工人政府的时期，工人阶级的革命政党竟不采用死刑来惩处这种行动，是可以想像的吗?除去不可救药的可笑的书呆子以外，任何一个人都会否定地回答这些问题的。”② 外国的武装干涉，国内阶级敌人的暴乱，严重地威胁着年轻的社会主义共和国。在这种情况下，为了保卫无产阶级政权，革命政府怎么能够不采用死刑呢?

可是，在这种形势下，却有人反对死刑，并因而宽纵了罪大恶极的反革命分子。对这种人，列宁给予了辛辣的嘲弄和批判。他说：“当克拉斯诺夫在彼得格勒出现并交出自己宝剑的时候，由于当时知识分子的偏见还很大，由于他们反对死刑，俄国工人曾经宽宏大量地释放了他，而在顿河区域，也是由于知识分子反对死刑的偏见，又释放了他。现在我们看一看人民法院，那个没有像克拉斯诺夫枪毙工人和农民那样地枪毙克拉斯诺夫的工农法院。有人对我们说，如果在捷尔任斯基的委员会里把他枪毙，那很好，但是如果法院在全体人民面前公开宣布：他是一个反革命分子，应该枪毙，那就不好了。说这些假仁假义的话的人在政治上是麻木不仁的。”列宁满怀愤怒地斥责这种反对死刑的人是假仁假义，是麻木不仁，接着斩钉截铁地作出结论说：“不愿装出一副伪善面孔的革命者就不能放弃死刑。没有一个革命和内战时期是不执行枪决的。”③

---

① 《列宁全集》(第 30 卷)，第 9 页。

② 《列宁全集》(第 30 卷)，第 10 页。

③ 《列宁全集》(第 27 卷)，第 484 页。

正因为这样，列宁认为社会主义法律应该公开申明采用死刑、采用镇压的原则立场。所以，列宁为1922年《苏俄刑法典》草案的编制问题，给库尔斯基写信说："草案虽然有许多缺点，但我相信基本思想是明确的：公开地提出原则性的和政治上正确的（而不是狭隘的法律上）原理，来说明镇压的实质和理由、它的必要性和范围。法院不应该取消镇压，答应这样做是自欺欺人，法院应该在原则上明确地毫无掩饰地说明镇压的道理，并使它具有法律根据。这一点应该尽量广泛地表述出来，因为只有革命的法律意识和革命的良心，才能提出使它实施得比较广泛的条件。"①

同时，列宁还论述了无产阶级专政同各种犯罪行为作斗争，必须采取多种多样的手段，而死刑则是多种多样手段中不可缺少的手段之一。他说，对富人、骗子和懒汉实行实际统计和监督的数千种方式和方法，应当由公社本身和城乡基层组织制定并在实践中加以检验。在方式方法方面的多样性，可以保证生机勃勃地胜利地达到共同一致的目标，即肃清俄国土地上的一切害虫，肃清骗子这种跳蚤和富人这种臭虫，等等。在一个地方捉十个富人、一打骗子、半打逃避工作的工人……去坐牢。在另一个地方叫他们去打扫厕所。在第三个地方，一当监禁期满就发给他们一张黄色卡片，使全体人民在他们悔过以前把他们当做危害分子加以监视。在第四个地方，从十个寄生虫中挑出一个来就地枪决。在第五个地方，想出各种不同的办法来配合运用……方式愈多愈好，共同的经验也就愈加丰富，社会主义的胜利也就愈加可靠，愈加迅速……②

列宁不仅一般地说明了无产阶级政权采用死刑的必要性，而且阐述了对反革命、贪污、投机、强盗等适用死刑的问题。

1922年就《苏俄刑法典》编制问题，给司法人民委员库尔斯基的信中，列宁曾对反革命罪的概念和处刑拟了几个方案。方案一写道："凡进行宣传、鼓动或协助一种组织不承认业已代替资本主义的共产主义所有制，并图谋通过武装干涉、封锁、间谍活动、津贴报刊等手段以暴力推翻共产主义所有制的国际资产阶级效力者，一律处以

① 《列宁全集》（第33卷），第320页。
② 《列宁全集》（第26卷），第388页。

极刑；其情节较轻者，剥夺自由或驱逐出境。”①这里明确地提出，对情节严重的反革命罪一律处以死刑。

1918年列宁在《给俄共中央的信》中说：“不枪毙这样的贪污犯，而判了轻得令人发笑的刑罚，这对共产党和革命者来说是可耻的行为。”② 这里说明了对严重贪污犯适用死刑的正当性。

同年，在《彼得格勒苏维埃主席团和粮食机关代表联席会议》中，列宁指出：“如果我们对投机分子不采取就地枪决的恐怖手段，我们就会一事无成。此外，对强盗也必须采取同样坚决的行动——就地枪决。”③ 这就是说，为了保证社会主义事业的成功，对投机犯和强盗必须适用最严厉的恐怖手段——死刑。

列宁关于死刑的论述是多方面的。这些光辉思想今天仍是我们无产阶级专政和刑法理论中的宝贵财富。

3. 毛泽东同志关于死刑的基本观点

毛泽东同志把马克思主义关于无产阶级专政和革命法制的原理与我国革命和法制建设的实践相结合，就我国刑法中的死刑发表了一系列精辟的理论和指示，直到今天，对我国刑法科学中死刑的研究和司法工作中死刑的适用仍然具有指导意义。

毛泽东同志关于死刑的思想，概括起来可有如下几点：

(1)“决不废除死刑”。从维护革命秩序和保护人民群众利益出发，毛泽东同志一贯主张不能放弃适用死刑。早在1927年大革命时期，他在《湖南农民运动考察报告》中就热情洋溢地赞扬农民枪毙大劣绅、大土豪的革命行动。毛泽东同志说：“这样的大劣绅、大土豪，枪毙一个，全县震动，于肃清封建余孽，极有效力……每县至少要把几个罪大恶极的处决了，才是镇压反动派的有效办法。”④ 1940年抗日战争时期，在论述抗日根据地的各项政策时，又说：“应该坚决地

① 《列宁全集》(第33卷)，第320页。

② 《列宁全集》(第27卷)，第298页。

③ 《列宁全集》(第26卷)，第472页。

④ 《毛泽东选集》(第1卷)，第26页。

镇压那些坚决的汉奸分子和坚决的反共分子，非此不足以保卫抗日的革命势力。”① 1948 年解放战争时期，毛泽东同志在《关于目前党的政策中的几个重要问题》一文中，再次指出：“极少数真正罪大恶极分子经人民法庭认真审讯判决，并经一定政府机关（县级或分区一级所组织的委员会）批准枪决予以公布，这是完全必要的革命秩序。”② 解放以后，我们建立了无产阶级专政的政权，为了保卫无产阶级专政和广大人民群众，毛泽东同志反复强调适用死刑的极端必要性。解放初期，针对某些地方杀了一批匪首、恶霸、特务的情况，他称赞说：“我以为这个处置是很必要的，只有如此，才能使敌焰下降，民气大伸”；并斩钉截铁地指出：“要坚决地杀掉一切应杀的反动分子（不应杀者，当然不杀）。”到 1956 年和 1957 年，毛泽东同志还一再指出：“解放以后，我们肃清了一批反革命分子。一些有严重罪行的反革命分子被处了死刑。这是完全必要的，这是广大群众的要求，这是为了解放长期被反革命分子和各种恶霸分子压迫的广大群众，也就是为了解放生产力。我们如果不这样做，人民群众就抬不起头来。”③ 事实正是这样。解放初期，由于刚刚解放，镇压反革命工作来不及大规模地开展，加上人民政府一些工作人员一度犯了“宽大无边”的错误，反革命分子乘机猖狂活动，大肆进行破坏，给国家和人民的利益造成了严重的损失。及至大张旗鼓地开展了镇反运动，坚决地杀掉和适当地惩处了一批应杀和应予惩处的反革命分子，结果正气大为伸张，社会秩序空前良好，人民民主政权日益巩固。实践证明：无产阶级专政是不能放弃使用死刑的。解放初期是这样，现在也还是这样。去年 11 月以后整顿大中城市治安的实践就证明了这一点。去年第三季度以后，由于林彪、“四人帮”的流毒和我们的打击不够有力，一些大中城市刑事犯罪活动极为嚣张，社会治安情况比较严重。经过整顿，处决了一批罪大恶极的杀人、强奸、抢劫等严重犯罪分子，适当处理

① 《毛泽东选集》（第 2 卷），第 725 页。
② 《毛泽东选集》（第 4 卷），第 1214 页。
③ 《关于正确处理人民内部矛盾的问题》，人民出版社 1960 年版，第 14～15 页。

了各种不同情节的妨害社会秩序的犯罪分子，某些大中城市的社会治安情况，遂即有了明显的好转。事实再一次说明，死刑这一武器，无产阶级专政是不能弃置不用的。毛泽东同志所指示的“决不废除死刑”，应当是我们相当长的历史时期的指导方针。

(2)“坚持少杀，严禁乱杀”。杀人要少，不要杀错，这也是毛泽东同志的一贯思想。早在抗日战争时期，毛泽东同志在《论政策》一文中即曾指出：“决不可多杀人，决不可牵涉到任何无辜分子。”① 解放战争时期，又严厉批评多杀乱杀的错误。他说：“必须坚持少杀，严禁乱杀。主张多杀乱杀是错误的，它只会使我党丧失同情，脱离群众，陷于孤立。”② 中华人民共和国成立之后，毛泽东同志一再指示：“不要杀错”，“一定不可捕错杀错”，“杀人要少”。为什么要采取坚持少杀，严禁乱杀的政策呢？这是因为这个政策：(1) 可以获得广大社会人士的同情；杀人太多太滥，就会脱离群众。(2) 可以尽量避免错杀，“断首不可复续”，在适用死刑上必须慎重。(3) 可以分化反革命势力，利于彻底消灭反革命。(4) 保存了大批的劳动力，利于国家的建设事业。(5) 又保存了大批的活证据，有利于司法机关对案件的审理。所以这个政策是一个正确的政策，在理论和实践上均应当坚决贯彻执行。

为了正确地贯彻执行“坚持少杀，严禁乱杀”的政策，毛泽东同志对于应杀和不应杀的界限还作了详细的说明：对于有血债或其他最严重的罪行非杀不足以平民愤者和最严重地损害国家利益者，必须坚决地判处死刑，并迅即执行。对于没有血债，民愤不大和虽然严重地损害国家利益但尚未达到最严重的程度、而又罪该处死者，应当采取判处死刑，缓期 2 年执行，强迫劳动，以观后效的政策。此外，凡介在可杀可不杀之间的人一定不要杀，如果杀了就是犯错误。”毛泽东同志制定的这些原则，使司法机关贯彻执行“少杀”政策有了比较具体的准绳。

(3) 适用死刑，必须慎重。为了保证死刑的正确适用，切实贯彻

① 《毛泽东选集》(第 2 卷)，第 725 页。

② 《毛泽东选集》(第 4 卷)，第 1214 页。

“少杀”的原则，毛泽东同志还特别强调适用死刑，必须慎重，坚决地反对草率从事的偏向，以避免在适用死刑上发生错误。为此，毛泽东同志对适用死刑特别提出了审批制度，并根据形势的发展，不断地提出了严格的要求。在解放战争时期，就提出人民法庭判决的死刑，要经过县级或分区一级所组织的委员会批准。新中国成立初期，死刑的批准权在新解放区属省人民政府主席或省人民政府授权之当地专署以上首长。在1951年镇压反革命高潮中，毛泽东同志进一步提出死刑的批准权一律收回到省一级掌握。他说，为了防止在镇压反革命运动的高潮中发生‘左’的偏向，决定从6月1日起，全国一切地方，包括那些至今仍然杀人甚少的地方在内……将杀人批准权一律收回到省一级，离省远者由省级派代表前往处理。任何地方不得要求改变此项决定。在当时的镇反运动中，镇压反革命的任务是非常艰巨的，但在适用死刑上一般没有发生什么问题，正是由于司法机关坚决贯彻执行了毛泽东同志上述一系列指示的结果。

（4）人民犯了法，也有死刑。对于罪大恶极的反革命分子应当适用死刑，这是毫无问题的。对于人民中间的分子犯了最严重的罪行是否也能适用死刑呢？在新中国成立前夕，毛泽东同志在《论人民民主专政》一文中对这个问题已作了明确的回答。他指出：“人民犯了法，也要受处罚，也要坐班房，也有死刑，但这是若干个别的情形，和对于反动阶级当做一个阶级的专政来说，有原则的区别。”① 我国无产阶级专政的法律，就其阶级本质来说，当然是镇压阶级敌人的，但是它在适用上却具有普遍的约束力，凡是我国公民都必须切实遵守。为了维护社会主义法制的权威，任何人触犯刑律，罪该处死者，都应当依法制裁。即使他原是人民的一分子，甚至在党或国家机关中身居高位，他也没有超越于法律之外的特权。在解放初期的“三反”、“五反”运动中，原来在党和国家机关中身居要职的刘青山、张子善，由于犯了大贪污罪，都被判处了死刑，立即执行。这一事件可以说是毛泽东同志“人民犯了法，也有死刑”思想的最典型的体现。

---

① 《毛泽东选集》（第4卷），第1 413页。

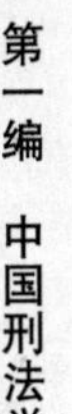

我国刑法中的死刑，就是根据马克思主义经典作家关于死刑的理论，结合我国司法实践适用死刑的经验而规定的。

（原载《社会科学论丛》1982 年试刊第 2 期）

论死刑的适用

我国现在还不能废除死刑，但应限制死刑的适用，这已成为刑法学界的通说。因此，关于死刑的存废问题，这里不再讨论，关于我国刑法中究竟应当对哪些犯罪规定死刑，于此也不加研究。本文只拟根据现行刑法的规定，结合司法实践中的经验和问题，就如何正确适用死刑略加探讨。

行动总是受思想支配的。要正确地适用死刑，首先必须对死刑有正确的认识，对死刑的适用有正确的指导思想。

应当怎样认识死刑？我们认为，一方面，死刑是与犯罪作斗争的最严厉的暴力手段，较之其他刑种具有更大的威慑力量，当前在我国是与最严重的犯罪作斗争不可或缺的工具。另一方面，死刑也存在不可克服的缺点。首先，死刑的威慑力量是有限的，因为有些犯罪分子决心犯罪已将生死置之度外；有些犯罪分子采用诡秘方法自以为犯罪不会被发现，死刑对这些犯罪分子都不会发生威慑作用。革命导师马克思在《死刑——科布顿先生的小册子——英格兰银行的措施》一文中说："……历史和统计科学非常清楚地证明，从该隐（按：该隐是基督教《圣经》中亚当的长子，曾杀死他的弟弟Abel）以来，利用刑罚来感化或恫吓世界从来没有成功过……不仅自杀，而且连最残暴的杀人行为都是在处死罪犯之后立即发生的。"①这虽然说的是剥削阶级国家适用死刑的情况，但在我国也可得到一定程度的印证。例如在严厉打击严重刑事犯罪斗争中，我们虽然处决了一批罪大恶极的犯罪分子，但多年来大案要案发案率一直居高不下，便是死刑威慑力量有限的证明。"第二条，可以杀错人。一颗脑袋落地，历史证明是接不

① 《马克思恩格斯全集》(第8卷)，第578页。

起来的，也不像韭菜那样，割了一次还可以长起来，割错了，想改正错误也没有办法。第三条，消灭证据。镇压反革命要有证据。这个反革命常常就是那个反革命的活证据，有官司可以请教他。你把他消灭了，可能就再找不到证据了。这就只有利于反革命，而不利于革命。”① 毛泽东同志这里虽然是就反革命而言的，但对其他犯罪分子也同样适用。此外，死刑还有其他缺点，不再一一列举。由此可见，对于死刑必须用一分为二的观点来看待，我们既不能轻视死刑、废除死刑，也绝不能迷信死刑、乱用死刑。

什么是正确适用死刑的指导思想？我们认为，毛泽东同志及中央其他领导同志关于死刑的论述，是我们正确适用死刑的指针，应当深刻领会，牢牢掌握。他们关于死刑的论述，主要可以归纳为如下几点：

（一）罪大恶极，立杀不贷。毛泽东同志根据我国的具体情况，虽然主张“决不废除死刑”，但认为立即执行死刑只适用于罪大恶极不杀不足以平民愤的犯罪分子。1950 年 5 月，他在修改第三次全国公安会议决议时指示：“对于有血债或其他最严重的罪行非杀不足以平民愤者和最严重地损害国家利益者，必须坚决地判处死刑，并迅即执行。对于没有血债、民愤不大和虽然严重地损害国家利益但尚未达到最严重的程度，而又罪该处死者，应当采取判处死刑，缓期 2 年执行，强迫劳动，以观后效的政策。”② 同年 6 月 15 日，他再次指示：对于罪大恶极民愤甚深非杀不足以平民愤者，必须处死，以平民愤。只对那些民愤不深，人民不要求处死，但又犯有死罪者，方可判处死刑，缓期 2 年执行，强迫劳动，以观后效。”就将判处死刑立即执行的，限于极少数罪大恶极民愤甚深的分子，对这些人必须予以狠狠打击，决不宽贷。邓小平同志 1986 年 1 月 17 日在中央政治局常委会上的讲话中说：“现在杀人一般只是杀那些犯杀人罪的人，其他的严重犯罪活动呢……经济犯罪特别严重的，使国家损失几百万、上千万的

---

① 毛泽东：《论十大关系》（1946 年 4 月 25 日）。

② 毛泽东：《镇压反革命必须实行党的群众路线》（1951 年 5 月）。

国家工作人员，为什么不可以按刑法规定判死刑？”① 指示我们对杀人以外的其他严重犯罪活动包括经济犯罪特别严重的，都要依法适用死刑，绝对不能手软。

（二）坚持少杀、严防错杀。这是毛泽东同志在死刑适用上的一贯思想。抗日战争时期，他在《论政策》一文中即曾指出：“决不可多杀人，决不可牵涉到任何无辜分子。”② 解放战争时期，他严厉批评主张多杀、乱杀的错误，指出：“必须坚持少杀，严禁乱杀。主张多杀、乱杀是错误的，它只会使我党丧失同情，脱离群众，陷于孤立。”③ 中华人民共和国成立后，即使在镇压反革命高潮中，他在对镇反的指示中也反复强调“一定不可捕错杀错”，④ 并指示，“凡介在可杀可不杀之间的人一定不要杀，如果杀了就是犯错误”。⑤ 为什么在死刑适用上采取“坚持少杀，严防错杀”的指导思想？因为这可以获得广大社会人士的同情，避免脱离群众；可以分化反革命势力，利于彻底消灭反革命；又可保存大批的劳动力，利于国家的建设事业。因而这一指导思想是正确的，即使在现在，它仍然闪烁着不可磨灭的光辉。彭真同志1979年6月26日在第五届全国人大二次会议上关于七个法律草案说明中说：“我国现在还不能也不应废除死刑，但应尽量减少适用。”这说明坚持少杀的思想在刑法中得到贯彻。深刻领会和掌握这一思想，有助于我们正确地适用死刑。

（三）适用死刑，必须慎重。为了保证死刑的正确适用，避免错杀，毛泽东同志还特别强调适用死刑，必须谨慎从事。在1951年镇反运动中，他指示：“惟独草率从事，错捕错杀了人，则影响很坏。请你们对镇反工作，实行严格控制，务必谨慎从事，务必纠正一切草

---

① 邓小平：《建设有中国特色的社会主义》增补本，人民出版社1987年第2版，第129页。

② 《毛泽东选集》（第2卷），1991年版，第767页。

③ 《毛泽东选集》（第4卷），1991年版，第1 271页。

④ 毛泽东：《镇压反革命必须打得稳、打得准、打得狠》（1950年12月～1951年9月）。

⑤ 毛泽东：《镇压反革命必须实行党的群众路线》（1951年5月）。

率从事的偏向。”① 邓小平同志1986年1月17日在中央政治局常委会上的讲话中也指示：“杀人要慎重，但总得要杀一些。”② 本着谨慎从事的原则，毛泽东同志还强调适用死刑的审批制度，并根据形势的发展，对审批提出更严格的要求。中华人民共和国成立初期，人民法庭的死刑判决，要经省人民政府（或省人民政府特令之专员公署）或大行政区人民政府（军政委员会）批准。1951年5月，根据形势的变化，毛泽东同志提出，死刑的批准权一律收回到省一级掌握。他指示，为了防止在镇压反革命运动的高潮中发生‘左’的偏向，决定从6月1日起，全国一切地方，包括那些至今仍然杀人甚少的地方在内……将杀人的批准权一律收回到省一级，离省远者由省级派代表前往处理。任何地方不得要求改变此项决定。审批制度的不断完善，使死刑的慎重适用在程序上得到了保证。彭真同志1979年6月26日在第五届人大二次会议上关于七个法律草案说明中说：“为了贯彻少杀的方针和力求避免发生不可挽救的冤案、假案、错案，这次恢复了死刑一律由最高人民法院判决或者核准的规定。”我国刑法关于死刑复核的规定后来虽然有些变化，但说明中所概括的少杀、慎杀的精神至今对司法实践仍有指导意义。

要正确适用死刑，在正确的指导思想指导下，首先必须严格遵守法的规定和坚决执行惩办与宽大相结合的刑事政策。

我国刑法有关适用死刑的规定很多，概括起来，可有以下几个方面：

（一）我国刑法总则关于死刑刑种的规定。刑法第43条规定：“死刑只适用于罪大恶极的犯罪分子。对于应当判处死刑的犯罪分子，如果不是必须立即执行的，可以判处死刑同时宣告缓期2年执行，实行劳动改造，以观后效。”所谓罪大恶极，指罪行对国家和人民的利益危害特别严重、情节特别恶劣，既包括行为的极其严重的社会危害性，也包括行为人的极其严重的人身危险性。对于不是罪大恶极的犯

① 毛泽东：《镇压反革命必须打得稳、打得准、打得狠》（1950年12月～1951年9月）

② 邓小平：《建设有中国特色的社会主义》增补本，人民出版社1987年第2版，第129页。

罪分子，自然不能判处死刑。根据刑法规定，适用“死缓”的条件是：1. 所犯罪行按其危害社会的严重程度应当判处死刑。这是适用“死缓”的前提条件，不该判处死刑的，自不产生“死缓”问题。2. 不是必须立即执行。这是适用“死缓”的实质条件。根据审判实践：“不是必须立即执行”的情况主要有：（1）罪该判处死刑，但罪行不是最严重地损害国家或人民的利益；（2）罪该判处死刑，但罪犯在共同犯罪中没有起最重要的作用；（3）罪该判处死刑，但罪犯在犯罪后自首或有立功表现；（4）罪该判处死刑，但缺乏直接证据，且已无法查找，为了留有余地，也往往判处“死缓”。我们认为这样做是恰当的。

刑法第 44 条规定：“犯罪的时候不满 18 岁的人和审判的时候怀孕的妇女，不适用死刑。已满 16 岁不满 18 岁的，如果所犯罪行特别严重，可以判处死刑缓期 2 年执行。”这是从犯罪主体上对适用死刑所加的限制。按照这一规定，对不满 18 岁的罪犯，绝不能判处死刑立即执行；因而即使只差 1 天未满 18 岁，仍是不满 18 岁的人，自应适用上述规定，不能判处死刑立即执行。审判时怀孕的妇女不适用死刑，既包括不适用死刑立即执行，也包括不适用死刑缓期二年执行。司法实践中曾遇到两种情况：一是案件起诉到法院前，被告人在关押期间被人工流产，可否认为不是怀孕妇女？二是法院受理案件时，被告人是怀孕妇女，可否做人工流产后判处死刑？经请示最高人民法院，答复称上述情况均应视同怀孕妇女，不适用死刑。我们认为最高人民法院的答复是完全正确的，应当坚决执行。

（二）我国刑法总则关于死刑裁量的规定。死刑的裁量，虽以量刑的一般规定为依据，但有自己的特点。刑法第 57 条规定了量刑的一般原则：“对于犯罪分子决定刑罚的时候，应当根据犯罪的事实，犯罪的性质、情节和对于社会的危害程度，依照本法的有关规定判处。”裁量适用死刑，也必须遵循这一规定。

1. 裁量适用死刑，要特别强调以犯罪事实为根据。应判死刑的犯罪事实确实存在和实施这种犯罪事实的人查明无误，才可能适用死刑。如果犯罪事实未能查清或者某人是否实施该种犯罪尚待查实，那就绝对不能适用死刑；否则，就会犯错误。在这个问题上，司法实践是非常重视的，但在个别案件中仍有失误。这种教训必须引以为戒，

牢牢记取，以保证死刑适用的正确性。

2. 裁量适用死刑，必须准确地认定犯罪性质。只有刑法分则或特别刑法规定的法定刑中挂有死刑的犯罪，才能对之裁量适用死刑。如果某种犯罪，其法定刑并无死刑，就绝对不能适用死刑，司法实践上对此一般都能严格掌握。如某市发生一起恶性交通肇事案件，造成在车站上候车者5人死亡，引起群众强烈不满，当时虽然有人提出对罪犯应处死刑，但法院始终坚持刑法对交通肇事罪没有规定死刑，其最高刑只是7年有期徒刑，因而依法判处法定最高刑，而没有适用死刑。这是十分正确的。但在“严打”斗争初期，个别地方为了能对罪犯判处死刑，将本来所犯不挂死刑的犯罪，认定为挂有死刑的另一种犯罪。这种做法当然是错误的，因而受到应有的批评和制止。所以，为了正确适用死刑，必须准确地认定犯罪性质，只有确属挂有死刑的犯罪，才能适用死刑。

3. 裁量适用死刑，也必须认真考虑犯罪情节。犯罪情节反映犯罪的社会危害程度的大小和行为人人身危险性的大小。法定刑挂有死刑的犯罪，并非都适用死刑，而必须危害严重或特别严重、情节恶劣或特别恶劣，才适用死刑。因而在遇到刑法规定的这类犯罪时，必须认真了解和考虑犯罪情节，查明危害是否严重或特别严重、情节是否恶劣或特别恶劣，然后才能确定是否适用死刑。如刑法第103条规定：“本章上述反革命罪行中，除第98条、第99条、第102条外，对国家和人民危害特别严重、情节特别恶劣的，可以判处死刑。”就本条规定可以适用死刑的犯罪而言，都必须具有危害特别严重、情节特别恶劣的事实情况，才可能适用死刑；否则，是不应当适用死刑的。所以对某一具体犯罪确定适用死刑时，必须全面了解犯罪情节，考察犯罪情节是否达到条文规定可以判处死刑的程度。我国刑法总则、分则和特别刑法中规定了减轻、从轻、免除处罚和加重、从重的各种情节，其中有的规定为应当从轻或从重，有的规定为“可以”从轻或从重，在适用死刑时，对这些情节都应加以考虑。如果罪行虽应判处死刑，但具有法定“应当”减轻的情节，如已满14岁未满16岁的人犯致人死亡的抢劫罪，即不能适用死刑。

4. 裁量适用死刑，还需要综合考虑犯罪对社会的危害程度。犯罪性质、法定情节以及酌定情节都反映犯罪对社会的危害程度，这些在裁量适用死刑时应综合起来全面加以考察。此外，社会的政治、经济、治安形势，也影响犯罪对社会的危害程度。在治安形势严峻或者发生严重自然灾害时，某些犯罪的社会危害程度可能增大；在治安秩序良好或者风调雨顺、五谷丰登时期，某些犯罪的社会危害程度可能减小。所以在适用死刑时不能不考虑案件发生时的社会形势。应当说明的是，这种考虑只能以依法为前提；如果过分夸大形势的影响，以致离开刑法的规定适用死刑，自为法律所不许。

（三）我国刑法分则和特别刑法关于死刑犯罪的规定。刑法分则和后来陆续公布的特别刑法规定的死刑犯罪计有40多个条文，60多个罪名。这些条文关于罪状的规定，形式不一，除故意杀人罪仅规定罪名未附加条件外，有的罪状分为不同档次，死刑罪限定危害严重、情节恶劣或危害特别严重、情节特别恶劣；有的死刑罪不仅规定行为特征，而且要求必须具有所列情形之一；也有的既规定行为特征，又要求必须具备所列情形之一，还附加情节特别严重的条件。关于法定刑的规定方式有：1．“处死刑”，2．“可以判处死刑”，3．“处死刑、无期徒刑或者10年以上有期徒刑”，4．“处10年以上有期徒刑、无期徒刑或者死刑”，5．“处15年有期徒刑、无期徒刑或者死刑”，6．“处无期徒刑或者死刑”，7．“可以在刑法规定的最高刑以上处刑，直至判处死刑”。适用死刑必须依照刑法分则的规定，不挂死刑的犯罪固然不能适用死刑；即使挂有死刑的犯罪，也不一定适用死刑；只有完全符合刑法分则或特别刑法所规定的适用死刑的条件，才可以适用死刑。

为了正确适用死刑，除严格以事实为根据，以法律为准绳，根据刑法的规定外，还必须充分考虑惩办与宽大相结合的刑事政策。惩办与宽大相结合，不仅是我国的刑事立法政策，也是我国的刑事司法政策，它对我们正确适用死刑起着指导作用，因而我们在适用死刑时必须充分考虑这一政策，以保证死刑适用的正确性。例如，桂广庆犯投机倒把罪和受贿罪，非法所得40多万元，邓安薇、宋顺文贪污公款14万多元，论罪均应判处死刑，但桂广庆由于投案自首，积极退赃，被从宽处罚（决定执行有期徒刑15年，剥夺政治权利3年）；而邓安薇、宋顺文畏罪潜逃，偷越国境，被依法严惩，处以死刑。这生动地体现了“坦白从宽、抗拒从严”的政策，既做到了“少杀”，又严惩了顽犯，有利于分化犯罪分子，使死刑的适用收到很好的社会效果。

要正确适用死刑，还需要在诉讼程序上严格把关。

整个诉讼程序，都是为了保证案件得到正确处理，从而也是保证死刑正确适用所必需的，因此，在诉讼进程的每一个环节上都应当严格把关。限于篇幅，这里不拟对每一环节都加以论述，而只就侦查和死刑复核两个环节，探讨如何保证死刑的正确适用。

（一）侦查。“侦查是指公安机关和人民检察院在办理案件过程中，依照法律进行的专门调查工作和有关的强制性措施。”（《刑事诉讼法》第53条第1款），其目的在于：发现和收集证据，查明犯罪事实和犯罪人，防止罪犯逃避刑事追究。为此，侦查必须坚持实事求是，做到客观、全面、及时，既要注意保护好人，又要防止放纵犯罪。具体到保证死刑正确适用上，就是既做到未犯死罪的人不致被错判死刑；又做到确犯死罪的人得以揭露受到应有的惩处。在揭露死罪犯人上，我们的公安机关和检察机关具有丰富的经验，这是基本的一面；但另一方面，我们也有沉痛的教训。这就是在讯问被告人时，采用刑讯逼供，导致冤假错案发生。例如，甲村发生一起强奸案，经被害人指认赵某是犯罪分子，赵某在刑讯逼供下，供认了自己的“犯罪行为”，致被判处死刑立即执行。后来一个盗窃犯被抓获，他供述了盗窃犯罪后，还交待了自己在甲村所犯强奸罪行，交待与原来被害人的陈述相同，证明他才是甲村一案的真正强奸犯，赵某被判死刑，纯属冤案。又如乙村某妇女告钱某强奸了她，钱某最初矢口否认，后来受到刑讯逼供，只好招认。法院发现供述中的矛盾，下去深入调查，终于揭露某妇女是诬告陷害，于是将钱某无罪释放，对某妇女以诬告陷害罪追究刑事责任，从而避免了一起错案。这两个实例充分说明了在侦查中严禁刑讯逼供，采用客观、全面、及时的正确侦讯办法，对揭露真正的死刑罪犯，避免冤假错案的发生，具有十分重要的意义。所以，做好侦查工作，严格搞好这一环节，是保证死刑正确适用的第一道关口。

（二）死刑复核。死刑复核是死刑案件的特别监督程序，是保证死刑正确适用的重要环节。刑法第43条第2款规定：“死刑除依法由最高人民法院判决的以外，都应当报请最高人民法院核准。死刑缓期执行的，可以由高级人民法院判决或者核准。”1983年9月2日全国人大常委会修改的《人民法院组织法》第13条规定："……严重危害公共安全和社会治安判处死刑的案件的核准权，最高人民法院在必要的时候，得授权省、自治区、直辖市的高级人民法院行使。"最高人民法院根据上述规定，于同月9日发出通知，指出："在当前……对杀人、强奸、抢劫、爆炸以及其他严重危害公共安全和社会治安判处死刑的案件的核准权，本院依法授权由各省、自治区、直辖市高级人民法院和解放军军事法院行使。"各地对反革命案件和贪污受贿等严重经济犯罪案件判处死刑的，仍由高级人民法院复核同意后，报最高人民法院核准。1991年6月6日，最高人民法院又发出通知，将云南省的部分毒品犯罪死刑案件的核准权，"依法授权由云南省高级人民法院行使"。这是正确和及时适用死刑的程序保证。

最高人民法院、高级人民法院对其负责核准的死刑案件，都极为重视。为了保证核准的死刑案件正确无误，他们制定措施，明确职责，严格要求，层层把关。

首先是承办人对案件事实绝对负责，认真全面阅卷，仔细核对证据，注意发现问题。对律师的辩护意见，逐一研究，考虑是否合理，认为合理的，即予采纳。如果没有附送律师辩护意见，则要求报请核准的法院补送。如果认为证据不足，往往亲自前往调查。上海高级人民法院还对承办人提出"三接触"的要求，要求承办人接触被告人、犯罪现场和被害人，听取申辩理由，了解作案条件，核对犯罪事实，严肃认真地在"准"字上狠下功夫。

其次是合议庭成员共同阅卷和评议。经过共同阅卷，合议庭就死刑案件的事实是否存在，认定的依据是否充分，适用的法律是否正确，全面进行审查评议，对有争议的案件，各自充分发表意见，共同为案件的质量把关。

再次是审判业务庭听取承办人和合议庭关于死刑案件的汇报，对死刑案件进行审查。听取汇报后，既审查犯罪事实，又审查法律适用。在确认犯罪事实无误后，报送主管院长审核。主管院长认为事实清楚时，提请审判委员会讨论。

最后是审判委员会讨论和作出决断。这是死刑案件复核的决定性阶段，对保证死刑正确适用至关重要。为了便于审判委员会严格把关，要求承办人、合议庭和审判业务庭的意见均应事前提交审判委员会委员，以便及早熟悉案情和争论焦点，利于会上讨论。审判委员会认为事实不清的，交审判业务庭补充调查核实后再行讨论。讨论中对法律适用是否正确，所判死刑应否核准，充分发表意见，讨论充分后进行表决，根据表决结果以多数人的意见作出决断。由于严格把关，每年总有相当一部分死刑案件未予核准，对死刑的正确适用，确实在程序上起到了保证作用。

司法实践中的这些经验，我认为是很宝贵的，值得重视和规范化。另一方面，为了保证死刑适用的正确性，笔者认为，死刑复核工作有些地方还需要加以改进。这里主要谈谈审判委员会通过死刑表决的票数问题。现时审判委员会对复核的死刑案件经过讨论后，表决时是以超过半数的多数票通过的。我们认为，死刑复核案件不同于其他案件，其他案件以超过半数的多数票通过，固无不可；但死刑案件有其特别的重要性，为了保证死刑的正确适用，我们认为，对于死刑复核案件，应以 2/3 以上（含 2/3）的多数票通过。对重要事项的表决，以 2/3 以上的多数票通过，在社会生活中是不乏其例的。例如，在高等学校中正常晋升职称，以超过半数的多数票通过；破格晋升职称，则以 2/3 以上的多数票通过。《中华人民共和国学位条例》第 10 条规定："学位论文答辩委员会……就是否授予硕士学位或博士学位作出决议。决议以不记名投票方式，经全体成员 2/3 以上通过。"《国家社会科学基金暂行条例》第 18 条第 1 款规定："各基金组根据评议情况对申请项目进行审议，并采用无记名投票方式表决，2/3 以上多数通过。"实际工作中都是按照两个条例的规定进行的。死刑复核，人命关天，应当说比上述事项更为重要。上述事项尚且采用无记名投票方式表决，2/3 以上多数通过；死刑复核，岂不是更应当采用无记名投票方式表决，2/3 以上多数通过吗？因之建议有关单位制定办法，规定最高人民法院、高级人民法院的审判委员会对复核死刑案件的审议，以无记名投票方式来表决，2/3 以上多数票通过，这更符合党的慎重适用死刑的一贯指导思想，更有利于保证死刑的正确适用。

（原载《人民检察》1993 年第 1 期）

有效限制死刑的适用刍议

根据我国国情，短期内不可能废除死刑，我们需要在如何有效地限制死刑的适用上多做些工作。现就如何有效地限制死刑的适用，谈几点意见。

一、适应当前形势，切实执行“少杀、慎杀”的刑事政策

2001年11月我国加入了世界贸易组织，当前国家实行更加开放的政策。我国的经济固然不能不受到其他国家经济的影响，法律同样也不能例外。作为法律部门之一的刑法虽然有它的特殊性，但也不能墨守成规，置国际的情况于不顾。近些年来关于刑法中死刑的情况，在国际上呈现两个明显的特点：其一是国际组织通过一系列限制死刑或废除死刑的重要文件。早在1966年联合国大会就通过了载有限制死刑条款的《公民权利与政治权利国际公约》，1984年联合国经济与社会理事会批准了限制死刑的《关于保证面对死刑的人的权利的保护的保障措施》，1989年联合国大会通过了《旨在废除死刑的公民权利与政治权利国际公约第二项任择议定书》，1990年《美洲人权公约》成员国通过了《〈美洲人权公约〉旨在废除死刑的议定书》，1999年欧洲理事会通过了《关于无死刑的欧洲的决议》（第1187号）。这些国际文件对有关国家限制或废除死刑起了一定的推动作用。其二是世界上废除死刑的国家日益增加。截至1990年10月，在法律上全面废除死刑的国家和地区有43个，1990年当年就有10个国家废除死刑。到1993年底，这一数字增至53个；到1995年9月底，这一数字达54个；到1996年10月，已有58个国家和地区对全部犯罪废除了死

刑，15 个国家事实上废除了死刑，还有 15 个国家对普通犯罪废除了死刑。①在研究我国如何对待死刑时，我们不能不考虑上述情况。

我国现在还不具备废除死刑的条件，不可能马上废除死刑，但适应当前的形势，不能不考虑如何有效地限制死刑；这样，切实执行“少杀、慎杀”的刑事政策，就成为摆在我们面前的严肃任务。

“少杀、慎杀”是我国建国后就实行的刑事政策。毛泽东主席一贯主张“少杀、慎杀”，中华人民共和国成立后，他一再指示杀人要少。在镇压反革命高潮中，他还强调指出：“凡介在可杀可不杀之间的人一定不要杀，如果杀了就是犯错误。”为什么坚持少杀？因为（1）可以获得广大社会人士的同情，避免脱离群众；（2）可以分化反革命势力，利于彻底消灭反革命；（3）可以保存大批劳动力，利于国家的建设事业；（4）可以保存一批活证据，有利于司法机关对案件的审理。为了切实执行“少杀”的政策，他还强调适用死刑必须慎重，“坚决地反对草率从事的偏向”。据此，他对适用死刑特别提出了审批制度，并根据形势的发展，不断地提出严格的要求。这一政策在过去的审判实践中对正确适用死刑起了有力的指导作用。1979 年制定《中华人民共和国刑法》时，全国人大常委会副委员长彭真在向全国人民代表大会会议上所作《关于七个法律草案说明》中说：“我国现在还不能也不应废除死刑，但应尽量减少使用……为了贯彻少杀的方针和力求避免发生不可挽救的冤案、假案、错案，这次恢复了死刑一律由最高人民法院判决或者核准的规定。同时，还保留了我国特有的死刑也可以缓刑的规定。”② 这说明“少杀、慎杀”的刑事政策已在立法上得到体现。后来由于社会治安形势严峻，死刑罪名才不断增多，但这一政策谁也没有表示已经改变。不过，在司法实践中确有人对这一政策产生误解，因而不再执行“可杀可不杀的，不杀”政策。这对限制死刑的适用极为不利。

当前不仅国际上表现出废除死刑的趋势，国内已宣布全面建设小

---

① 见［日］板仓宏著：《新订刑法总论》，劲草书房 1998 年版，第 402～403 页。

② 高铭暄、赵秉志编：《新中国刑法立法文献资料总览》（上），中国人民公安大学出版社 1998 年版，第 558 页。

康社会，说明我国并不是乱世。死刑的适用必须适应这种形势，切实执行“少杀、慎杀”的刑事政策，严格限制死刑的适用。这要求我们，大力呼吁在刑事立法上尽可能减少死刑罪名，在司法实践上严格限制死刑的适用，逐步减少死刑，最后达到废除死刑的目标。

二、做好舆论工作，尽可能地减少死刑罪名

要有效地限制死刑的适用，在立法上应当尽可能地减少死刑罪名。死刑罪名减少了，死刑的适用自然会减少下来。有没有可能减少死刑罪名呢？笔者认为可能性是存在的。例如，废除经济犯罪的死刑，1996 年修订刑法时法工委的领导同志就曾提出过。他当时特别强调，对经济犯罪规定死刑，会使一些罪该判处死刑的严重经济犯罪分子逃脱惩罚。因为这些人可能乘机逃到国外。我们要求引渡回来，外国当局会以这是死刑犯罪为理由而拒绝引渡，除非我们承诺不判处死刑。这时我们就非常尴尬：如不承诺不判处死刑，外国就不会引渡过来；如承诺不判处死刑，又与我国刑法规定不相符合。总之，我们无法对这类经济犯罪分子适用死刑，不如对经济犯罪不设置死刑，而设置无期徒刑并加大财产刑的力度为好。现在这种情况已经出现，赖昌星案是大家熟悉的例子。这正可以用来说明经济犯罪最好不设置死刑。有关领导对学者的立法建议也不是完全不能听取，例如 1996 年修订刑法时，参与讨论刑法修订草案的学者提出盗窃罪、伤害罪不再设置死刑，曾经得到赞同，在 1996 年 10 月 10 日的刑法修订草案中，这两个罪就没有设置死刑。后来由于受到一些同志的反对，又设置了死刑，但适用范围作了严格限制，实际上大大减少了这两个罪执行死刑的人数。这一方面说明学者关于减少死刑的意见也是可以被采纳的，同时说明只要再做些工作，对这两个罪设置的死刑也能够取消。当然减少死刑不是马上就可办到，这需要我们做好工作。这里我所说的做好工作，主要指做好上层领导的工作，特别是做好负责刑事立法方面的领导人的工作。因为当前如果废除死刑，可能遭到多数人民群众的反对；但减少一些犯罪的死刑，特别是减少一些与公民个人没有直接关系的犯罪的死刑，群众不会产生多大反应，只要主持立法工作的人员和有关领导赞同减少死刑，问题就能解决。西方国家废除死刑

的情况可以成为上述观点的佐证。例如，1981年10月9日法国废除死刑后，费加罗报曾进行了一次民意测验，结果显示：反对废除死刑的人达62%。依职业划分，激烈的反对者依次为：首先是从事农业者（反对率为73%），其次是工人（反对率为68%），再次是商人、手工业者（反对率为61%）。赞成废除死刑的人不过占33%。① 从中可以看出人民群众多数是反对废除死刑的，但法国议会还是以压倒的多数通过了《废除死刑法》。可以说法国废除死刑并不是基于大多数民意的产物。这就告诉我们：我们要减少死刑，关键在于主持立法工作的人员和有关领导。所以应当在这方面做好舆论工作，即利用报纸、刊物发表减少死刑的论文，出版减少死刑以致废除死刑的学术专著，向立法机关提出减少死刑的立法建议，以引起领导层对这一问题的重视。

怎样尽可能减少死刑罪名？对此我国学者发表不少意见，见解虽然不尽相同，但主张减少是一致的。笔者认为，减少哪些死刑罪名，应明确一个标准。这个标准应当是罪刑相适应原则。它要求刑罚既要与犯罪的严重程度相适应，即死刑只能对罪行极其严重的犯罪适用；又要与犯罪行为的性质相适应，即死刑只能对性质上宜于适用死刑的极其严重的犯罪适用；同时也要考虑国民的心理承受能力、国际上对适用死刑的要求，并参考外国刑法规定死刑犯罪的情况。

我国刑法规定有68个死刑罪名，确实太多，大有减少的余地。根据上述标准和要求，对已规定的死刑犯罪，可分别情况做如下处理：

1. 危害国家安全罪一章有7个死刑罪名，只保留武装叛乱、暴乱罪作为死刑犯罪。因为这种犯罪在实行过程中可能实施故意杀人行为，在这种情况下对这种犯罪宜于适用死刑。其余6种犯罪不存在上述情况，所以均取消死刑。这正与有关国际公约对政治犯罪排斥死刑的规定相适应。

2. 危害公共安全罪一章有14个死刑罪名，应将涉枪犯罪和核材料犯罪等4种犯罪不作为死刑犯罪，其余10种犯罪均予以保留死刑。因为前者不直接涉及人的生命，它对社会的危害性只是表现为一种危

① 见《法学セミナー》1982年第1期，第142页。

险性，而不是现实的危害性；后者直接涉及人的生命，对社会具有现实的危害性。

3. 破坏社会主义市场经济秩序罪一章有 15 个死刑罪名，其中生产、销售假药罪与生产、销售有毒有害食品罪均可能发生致人死亡的结果，宜保留为死刑犯罪。其余 13 种犯罪虽然有些也很严重，但不涉及人的生命问题。仅仅实施经济犯罪，刑罚要剥夺他人生命，价值显不相当，因而均宜取消死刑。

4. 侵犯公民人身权利、民主权利罪一章本有 6 个死刑罪名，现在奸淫幼女罪并入强奸罪，只有 5 个死刑罪名。其中故意杀人罪与绑架罪都涉及故意剥夺他人生命，危害最为严重，性质宜用死刑，均应保留死刑。其余 3 种犯罪虽然涉及人的生命，但主观上对死亡结果均非出于故意，应与故意剥夺生命相区别，不宜规定死刑。

5. 侵犯财产罪一章有 2 种死刑犯罪，即抢劫罪与盗窃罪，前者可以保留死刑，因为它涉及人的生命，且对社会治安危害很大；后者应取消死刑，因为它不存在上述问题。

6. 妨害社会管理秩序罪一章有 8 种死刑犯罪，其中暴动越狱罪和聚众持械劫狱罪，可能造成多人死亡的后果，宜保留死刑；走私、贩卖、运输、制造毒品罪，虽不直接涉及人的生命，但考虑到国外不少国家对此罪规定有死刑，也可保留死刑。其余 5 种犯罪均无上述问题，应当取消死刑。

7. 危害国防利益罪有 2 种死刑犯罪，即破坏武器装备、军事设施、军事通信罪和故意提供不合格武器装备、军事设施罪，这两种犯罪都不直接危及人的生命，且多年来也未有一例适用死刑，因而对此两罪规定的死刑应当予以取消。

8. 贪污贿赂罪一章有 2 种死刑犯罪即贪污罪、贿赂罪，这两种犯罪虽然都不涉及人的生命，但它们是权力腐败的表现，人民对之十分不满，且当前贪污贿赂犯罪情况甚为严重，如果取消死刑，难以与人民严惩腐败的要求相适应，所以当以暂时保留死刑为宜。

9. 军人违反职责罪一章有 12 种死刑犯罪，这些犯罪有的只能在战时发生，有的平时和战时都能发生。现在还没有看到这些犯罪适用死刑的案例，可以说死刑只是备而不用，因而对非战时军事犯罪宜完全废除死刑，即使是战时，军事犯罪的死刑也可以减少；如何减少，

这里不再赘述。因为军事犯罪作为一种特别的犯罪，很多国家并未规定在刑法典中，并且战时可以适用死刑的军事犯罪更为特别，也就不便论述了。

按照上述减少死刑犯罪的设想，除去军人违反职责罪中的死刑犯罪外，普通刑事犯罪中就只有 21 种死刑犯罪了。希望经过一定时间的努力，能够达到或接近这一目标。

三、提高法官认识，自觉限制死刑的适用

要有效限制死刑，在刑事立法上减少死刑罪名，当然重要；但要落实减少死刑，还要靠审判人员在司法实践中具体掌握。甚至在不减少死刑罪名的情况下，只要在司法实践中严格控制死刑，也可以达到减少死刑的目的。外国不是有法律上虽未废除死刑，但实际上却没有执行死刑吗？由此可见，只要提高法官的思想认识，在司法实践中自觉限制死刑的适用，就会取得更好地限制死刑、减少死刑的效果。提高法官的认识，现阶段主要是提高其对“少杀、慎杀”刑事政策的认识，对死刑是双刃剑特别是死刑存在问题的认识，对降低犯罪率的根本在于综合治理的认识等。这会促使审判人员自觉执行死刑的刑事政策，从而严格限制死刑的适用。那么，从哪些方面限制死刑的适用呢？

（一）严格掌握适用死刑的条件

这里所谓适用死刑的条件，包括积极条件与消极条件，即符合适用死刑的条件与不能适用死刑的条件。

1. 符合适用死刑的条件，是适用死刑的法定条件。刑法总则第48条规定：“死刑只适用于罪行极其严重的犯罪分子。”同时刑法分则中的死刑犯罪，往往规定有适用死刑的具体条件。例如危害国家安全罪一章有 7 种死刑犯罪，对这 7 种犯罪，刑法第 113 条规定只有“对国家和人民危害特别严重、情节特别恶劣的”，才“可以判处死刑”。对某种犯罪能否适用死刑，首先应根据刑法分则的规定，考察是否符合适用死刑的条件，同时结合刑法总则的规定，考虑行为人所犯罪行是否已经达到极其严重的程度。罪行是否极其严重，既要从犯

罪性质、手段、危害后果等，考察其犯罪行为是否极其严重，也要从犯罪动机、行为人一贯表现等，考察行为人人身危险性是否极其严重，然后确定是否适用死刑。在确定是否适用死刑时，应当根据“少杀、慎杀”的刑事政策，对适用死刑的条件从严掌握。

2. 不能适用死刑的条件，即行为人所犯罪行虽然极其严重，罪该判处死刑，但刑法规定对之不适用死刑的条件。刑法总则第49条规定：“犯罪的时候不满18周岁的人和审判的时候怀孕的妇女，不适用死刑。”由此可见，刑法规定不能适用死刑的条件有二：

（1）犯罪时不满18周岁的人。不满18周岁的人，是未成年人，他们的思想还不成熟，可塑性很大，容易改造，对他们犯罪的惩罚应与成年人犯罪相区别。因此，刑法第17条第3款规定：“已满14周岁不满18周岁的人犯罪，应当从轻或者减轻处罚。”对他们不适用死刑，可以说是第17条第3款规定当然引出的结论。同时世界上许多国家如日本、俄罗斯、越南、朝鲜、蒙古等也都有同样的规定，不仅我国如此。还应指出，这里强调的是犯罪的时候不满18周岁，所以，即使审判的时候已满18周岁，只要犯罪的时候不满18周岁，仍然不适用死刑。所谓不满18周岁，指以公历年、月、日计算，过了18周岁生日的第2天起，才认为已满18周岁。这是刑法的硬性规定，必须严格遵守。即使距满18周岁只差1天，仍然是不满18周岁也就不能适用死刑；否则，就是违法，这是绝对不能允许的。

（2）审判时怀孕的妇女。审判时怀孕的妇女不适用死刑，是基于人道主义的考虑。所谓“不适用死刑”，指的是不能判处死刑，而不是暂时不执行死刑，等到分娩后再执行死刑。这里强调的是审判的时候怀孕的妇女，所以即使犯罪的时候没有怀孕，只要审判的时候怀孕，就不能适用死刑。根据司法解释，作为被告人的怀孕妇女，在关押期间被人工流产，仍应视为审判时怀孕的妇女不适用死刑，并且不允许为了对审判时怀孕的妇女判处死刑而对她进行人工流产。人民法院如果在审判时发现，被告人在羁押受审时已是孕妇的，同样应当依照上述法律规定不适用死刑。最高人民法院的司法解释，严格限制了死刑的适用，符合立法精神和“少杀、慎杀”的刑事政策，应当坚决予以执行。

（二）扩大死刑缓期执行的适用

刑法第 48 条第 1 款后段规定："对于应当判处死刑的犯罪分子，如果不是必须立即执行的，可以判处死刑同时宣告缓期 2 年执行。"这就是死刑缓期执行制度，简称"死缓"。"死缓"设立的初衷，就在于限制死刑立即执行，实施以来收到了很好的效果。判处"死缓"的罪犯，在缓刑 2 年期满，绝大多数未执行死刑，其中执行了死刑的，只是极为个别的情况。实践证明这是限制死刑执行的一项很好的制度，所以不论 1979 年刑法还是 1997 年修订的刑法都规定了这一制度。"死缓"适用的条件有二：首先是"应当判处死刑的犯罪分子"。这是适用"死缓"的前提条件。在这个条件上，它与前述适用死刑的条件完全相同，即必须"罪行极其严重"，绝对不能将不具备"罪行极其严重"的罪犯判处死刑然后宣告缓期 2 年执行。因为"死缓"不是独立刑种，它不过是死刑执行的一种方式；不应当判处死刑的，也就不发生判处"死缓"的问题。其次是"不是必须立即执行"。这是适用"死缓"的实质条件。如何理解"不是必须立即执行"的标准，学者间有不同的看法。笔者认为，主要应当从"主客观相统一"上考虑，即犯罪行为和行为人的人身危险性是否特别极其严重，同时也要结合考虑其他情节。司法实践中认定"不是必须立即执行"而宣告"死缓"的一些情况值得重视。这些情况主要有：1. 罪该判处死刑，但犯罪行为还不是最严重地损害国家或公民的利益。2. 罪该判处死刑，但在共同犯罪活动中还不是起最主要作用的犯罪分子，即不是第一主犯。3. 罪该判处死刑，但罪犯在犯罪后有自首、立功或者立大功的表现。4. 罪该判处死刑，但被害人在引发犯罪中有重大过错。5. 罪该判处死刑，但缺乏直接证据，且已无法查找，为了留有余地，也往往判处"死缓"。这种情况应当是间接证据能够形成链条，足以证明被告人的行为构成死刑犯罪，如果证据不足以证明构成犯罪时，应当宣告无罪，而绝不能判处"死缓"。

从执行的实际情况看，"死缓"制度确实是有效限制死刑执行的制度，过去在相当程度上限制了死刑的执行，但学者们认为这一制度还可以进一步发挥作用。根据有关著作分析，我国每年判处死刑的，至少有3/4是死刑立即执行。① 这就是说，判处“死缓”的还不足1/4。同时就个人观察，报上披露的某些案件，其中有的被告人似以判处“死缓”为宜，却判处了死刑立即执行。由此笔者感到，“死缓”很有扩大适用的余地。我们要进一步宣传“少杀、慎杀”的刑事政策和“死缓”制度的重要意义，提高审判人员判处“死缓”的积极性，以尽量扩大“死缓”的适用。如能做到判处死缓的案例达到判处死刑案件的1/2或者更高，那就在限制死刑的道路上较大地前进了。

至于死刑缓期2年执行，2年期满如何处理，由于实际上执行死刑的情况很少，刑法关于这方面的规定就不再赘述。

（三）改进现行死刑核准制度

死刑核准制度是我国“少杀、慎杀”刑事政策的体现，在司法实践中行之已久，核准的情况也有变化。1979年刑法明确规定：“死刑除依法由最高人民法院判决的以外，都应当报请最高人民法院核准。”即死刑核准权在最高人民法院。随后由于社会治安形势严峻，最高人民法院将部分死刑核准权下放到高级人民法院。1983年又根据《人民法院组织法》的规定，发出《关于授权高级人民法院核准部分死刑案件的通知》，将杀人、强奸、抢劫、爆炸以及其他严重危害公共安全和社会治安判处死刑案件的核准权授权给高级人民法院行使。1991～1996年，最高人民法院将毒品犯罪案件判处死刑的核准权先后授权给云南、广东、广西、四川、甘肃等省、自治区高级人民法院。1996年修订的刑事诉讼法、1997年修订的刑法，都明确规定死刑由最高人民法院核准。可是，1997年最高人民法院再次发出通知，将危害国家安全罪、破坏社会主义市场经济秩序罪、贪污贿赂罪和毒品犯罪之外的犯罪案件判处死刑的核准权授权给高级人民法院。这样，1996年刑事诉讼法和1997年刑法关于死刑由最高人民法院核准的规定就大大打了折扣。对此，学者曾提出尖锐的批评意见。

据悉，最高人民法院对死刑的核准是很慎重的，高级人民法院呈报核准的死刑案件中，有相当一部分没有予以核准，这对限制死刑的适用起了良好的作用。为了正确地使用死刑，应当改变目前实行的死

① 胡云腾：《死刑通论》，中国政法大学出版社1995年版，第271页。

刑核准权制度，而依照刑事诉讼法和刑法的规定，死刑核准权完全由最高人民法院行使。同时，笔者认为，最高人民法院审判委员会讨论是否核准死刑案件时，应当改变审判委员会成员超过半数赞成即行通过的现行做法，而采取2/3以上赞成才通过的办法。因为死刑关系到一个人的生死大事，必须持特别慎重的态度。这会更好地贯彻“少杀、慎杀”政策，有利于有效地限制死刑的适用。

（原载《法学家》2003年第1期）

论死刑缓期执行

一

死刑缓期执行，简称死缓，是对应当判处死刑不是必须立即执行的犯罪分子同时宣告缓期2年执行的刑罚制度。它是我们党和国家长期执行的“少杀、慎杀”政策的法律表现，是当前处理死刑问题的一项正确有力的措施。

关于死缓制度，过去有人持否定态度，认为对不能判处死刑的罪犯适用死缓，是宽纵犯罪分子，无原则地讲人道主义。现在这种观点已经不存在了，但从处理的一些案件来看，如何正确认识死缓制度仍然值得重视。那么怎样认识死缓制度呢？我们认为毛泽东同志对死缓的评价给我们作了明确的回答。在谈到死刑缓期执行时，他说：“这个政策是一个慎重的政策，可以避免犯错误。这个政策可以获得广大社会人士的同情。这个政策可以分化反革命势力，利于彻底消灭反革命。这个政策又保存了大批的劳动力，利于国家的建设事业。因此，这是一个正确的政策。”① 实践是检验真理的标准。经过几十年的刑事司法实践，证明毛泽东同志对死缓的上述评价是完全正确的。根据对部分地区的了解，判处死缓的人数在判处死刑的人数中占不小的比例，并且缓期2年执行期满以后，实际执行死刑的人数只是个别的，大多数改为无期徒刑或者15年以上20年以下有期徒刑。这说明死缓制度贯彻了“少杀、慎杀”的政策，使判处死缓的罪犯得到改造，化

① 毛泽东：《镇压反革命必须打得稳、打得狠、打得准》（1950年12月～1951年9月）。

消极因素成了积极因素，符合我国刑罚改造罪犯成为新人的目的；同时也赢得了国际上的赞誉，有的国家如日本在讨论刑法修改时，一些学者还主张引进我国的死缓制度。

综上所述，可以得出如下结论：

（1）死缓是我们党和国家的“少杀、慎杀”政策的体现，是限制死刑执行的有力措施。（2）死缓有利于集中力量打击最严重的犯罪分子，分化犯罪分子，是贯彻罪、责、刑相适应原则的刑罚制度。（3）死缓鼓励罪犯悔罪自新，有利于死缓罪犯加强改造，争取成为自食其力，有益社会的新人。（4）死缓符合世界限制适用死刑的趋势，表现了我国刑罚的特点，在国际上产生了良好的影响。（5）我们应当充分肯定和正确认识我国刑法中的死缓制度，并重视执行这一制度。

二

正确执行死缓制度，必须严格遵守适用死缓的条件。根据我国刑法第 43 条规定，适用死缓的条件是：

（一）罪犯应当判处死刑

这是适用死缓的前提条件，也是适用死缓与适用无期徒刑区别之所在。什么是罪犯应当判处死刑？1979 年刑法第 43 条规定：“死刑只适用于罪大恶极的犯罪分子。”1997 年修订刑法于第 48 条改为：“死刑只适用于罪行极其严重的犯罪分子。”据此，罪犯应当判处死刑，是指犯罪分子的罪行极其严重。所谓罪行极其严重，通常解释为罪行对国家和人民危害特别严重和情节特别恶劣。这样解释固然无误，但仍嫌不足。笔者认为，从主客观的统一来看，罪行极其严重，应指犯罪的性质和危害后果特别严重、情节特别恶劣（或特别严重）。具体言之：（1）犯罪性质特别严重，即从整体看是具有特别严重社会危害性的重罪；从主客观相统一上考察，性质特别严重的犯罪都是故意犯罪；刑法只对特别严重的犯罪如故意杀人罪、抢劫罪、绑架罪等才在法定刑中规定有死刑。如果犯罪的性质不严重，如铁路营运安全事故罪、交通肇事罪等，即使造成了特别严重的后果或者情节特别恶劣，都不能认为是罪行极其严重。（2）危害后果特别严重，即客观上导致众多人员死亡、被害人多、财产损失巨大或者其他特别严重的后果。性质特别严重的犯罪，并不一定是危害后果特别严重，对这类犯罪，法律往往列举危害特别严重的具体后果作为可以适用死刑的条件。例如在抢劫罪中，刑法规定“抢劫数额巨大的”，“抢劫致人重伤、死亡的”，就属于这种情况。(3) 情节特别恶劣（或特别严重），即犯罪的手段特别残忍、在犯罪中起最主要的作用、具有卑劣的犯罪目的或者特别恶劣、特别严重的情节。性质特别严重的犯罪，也不是都具有特别恶劣的情节，法律往往列举特别恶劣的具体情节作为这类犯罪可以运用死刑的条件。例如，在故意伤害罪中，刑法规定“以特别残忍的手段致人重伤造成严重残废的”；在走私、贩卖、运输、制造毒品罪中，刑法规定“走私、贩卖、运输、制造毒品集团的首要分子”等均属于这种情况。性质特别严重的犯罪，根据具体情况，或者造成了特别严重的后果（如绑架罪致被绑架人死亡），或者具有多种特别严重情节（如抢劫罪抢劫银行并且抢劫数额巨大的），才应当认为罪行极其严重。总之，评价罪行是否极其严重，不能只从客观危害上看，还应结合主观恶性上看，根据犯罪性质和案件的具体情况综合加以认定，才可能作出正确的结论。

为了正确适用死刑，我们认为，必须遵循以下原则：

1. 坚持少杀、慎杀政策。1997 年修订的刑法，取消了对未成年人可以判处死缓的规定，对盗窃罪、伤害罪适用死刑做了严格限制，将原来可以适用死刑的引诱幼女卖淫罪、嫖宿幼女罪均改为 5 年以上有期徒刑，都是这一政策的反映。

2. 必须犯罪事实清楚，证据确凿。处理任何刑事案件，都必须做到犯罪事实清楚，证据确凿，适用死刑的案件更要如此。否则，就可能发生错判错杀；一旦杀错了，“想改正错误也没有办法”。① 所以对适用死刑的犯罪事实必须查清验明，证据确凿无误，千万不能草率从事。实践中使用刑讯逼供，违法取证，误杀无辜的案件，虽然是个别的，但这样的教训确实沉痛。我们应当牢牢记取，引以为戒，杜绝类似事件的发生。

3. 严格根据刑法分则的规定。这是罪刑法定原则的当然要求。

① 毛泽东：《论十大关系》(1956 年 4 月 25 日)。

我国刑法对哪些犯罪在具备什么条件下可以或应当适用死刑，都有明确的规定。如对危害国家安全罪，刑法第113条规定除几种犯罪外，“对国家和人民危害特别严重、情节特别恶劣的，可以判处死刑”。又如对放火罪、决水罪、爆炸罪、投毒罪等，刑法第115条规定：“致人重伤、死亡或者使公私财产遭受重大损失的”，可以适用死刑。在适用死刑时，必须严格根据刑法分则的规定，只有对行为符合死刑条件的犯罪，才能适用死刑；绝不能为了适用死刑，将不符合适用死刑条件的行为，按照死刑条件的犯罪定罪处罚，适用死刑。

4. 必须罪行严重。什么是罪行极其严重，前面已经论述，这里需要补充的是：刑法分则规定可以适用死刑犯罪的某些危害特别严重或情节特别恶劣的情况，往往不是仅仅对适用死刑而言的，而是就适用10年以上有期徒刑、无期徒刑或者死刑而言的。所以某些性质特别严重的犯罪，具备某种危害特别严重的情节，并不当然就是罪行极其严重。以抢劫罪为例，“入户抢劫的”、“在公共交通工具上抢劫的”等，都是可以适用上述三种刑种的情况。如果仅仅“入户抢劫”，所抢数额不大，且未伤害事主，抢劫一户即被抓获，这种情况就很难说是罪行极其严重。所以，必须根据案情，结合刑法规定，综合各种情节判断，足以认定罪行极其严重时，才应适用死刑。

5. 适用死刑还要与犯罪分子应当承担的刑事责任相适应。这就是说，适用死刑除了罪行极其严重外，行为人还必须负有极其严重的刑事责任。刑事责任首先是由罪行决定的，此外还受其他因素的影响。罪行极其严重，刑事责任当然也极其严重，除此之外，如果是累犯，应当从重处罚，这就对其应负的刑事责任增加砝码。在这种情况下，自然应当适用死刑。但是如果行为人具有法定的可以从轻或减轻处罚或者应当减轻或免除处罚的情节，如自首、立功、自首又有重大立功表现，行为人的刑事责任就可以或应当从轻或减轻。在这种情况下，即使罪行极其严重，也可能不适用死刑。

（二）不是必须立即执行

这是适用死刑的实质条件，也是适用死缓与适用死刑立即执行的区别之所在。是否必须立即执行，对于适用死缓至关重要。但怎样认定不是必须立即执行，法律并未具体规定。1997年修订刑法时，有的同志指出，这样的规定不明确，建议将“不是必须立即执行”作出具体规定，以减少执法的随意性。但修订的刑法未作修改，仍然保留了原来的表述。所谓“不是必须立即执行”，指固然犯有死罪，但根据具体情况，不是一定要立即执行死刑。这应当从罪行和刑事责任两方面考察，即从罪行上看，不是必须立即执行的与必须立即执行的相比，后者罪行的社会危害性一般说来要比前者严重。从刑事责任上看，罪行最严重的，一般说来要负最严重的刑事责任。但如果罪犯具有法定的应当从轻或减轻处罚的情节，刑事责任就应适当减轻，这时就不再负最严重的刑事责任。与此相适应，所判死刑也就不是必须立即执行。而如果罪行极端严重，罪犯只有酌定从轻处罚的情节，很难影响应负的极端严重的刑事责任，从而所判死刑就必须立即执行。所以是不是必须立即执行，应当将罪行和刑事责任两方面结合起来加以考察，才能正确地加以认定。片面强调某一方面，忽视另一方面，都会对问题的正确解决带来不利影响。

至于在量刑时，怎样具体掌握适用死缓的条件，有些著作往往根据审判实践，列出若干不是必须立即执行的情况，供适用死缓时参考。① 我们认为，这种做法是可取的。在笔者看来，以下几种情况，在认定应当判处死刑不是必须立即执行时，值得重视：(1) 罪该判处死刑，但犯罪行为不是最严重地侵害国家或人民利益，人身危险性不是特别严重的。(2) 罪该判处死刑，但犯罪分子犯罪后坦白交待、认罪悔改、投案自首或有立功表现的。(3) 罪该判处死刑，但被害人有一定过错的。(4) 罪该判处死刑，但在共同犯罪活动中不是起主要作用的。(5) 罪该判处死刑，但缺少直接证据，应当留有余地的。(6) 罪该判处死刑，但从政治、外交等方面考虑，需要按照国家的特殊政策对待的，等等。由于自首或有立功而被判处死缓的案例，在司法实践中较为常见。可是有的案件，罪该判处死刑，但被害人有严重过错，甚至有犯罪行为，而对行为人仍然判处死刑立即执行，表明对死缓的适用，还未引起足够的重视。这需要认真领会少杀、慎杀的政策精神，从思想认识上加以解决。

---

① 参见胡云腾：《死刑通论》，中国政法大学出版社 1995 年版，第 282～287 页；马克昌主编：《刑罚通论》，武汉大学出版社 1995 年版，第 462～465 页。

三

死缓的缓期执行考验期限，法律明确规定为2年。同时根据死刑缓期执行期间死缓犯的不同表现，刑法第50条规定了如下三种不同的法律后果：

（一）判处死刑缓期执行的，在死刑缓期执行期间，如果没有故意犯罪，2年期满以后，减为无期徒刑

1979年刑法原来规定的减为无期徒刑的条件是“如果确有悔改”表现，在执行中感到这一规定不够妥当。因为有些死缓犯在死刑缓期执行期间，既无悔改表现，也无明显抗拒改造的表现。没有抗拒改造、情节恶劣，查证属实，依法就不能执行死刑。既然不能执行死刑，2年期满，也就只好减为无期徒刑；而减为无期徒刑，在法律上又没有根据。这暴露了当时法律的漏洞。1997年修订刑法时，将“确有悔改”修改为“没有故意犯罪”。这一方面放宽了死缓减刑的条件，符合我国少杀、慎杀的政策，同时也弥补了原来立法的缺陷，应当认为这一修改是恰当的。没有故意犯罪，是死缓犯减为无期徒刑的决定性条件。只要没有故意犯罪，即使有过失犯罪或违反监规的情况，2年期满，也应依法减为无期徒刑。并且没有故意犯罪，指在死刑缓期2年执行期间，如果死刑缓期2年执行期满后尚未裁定减刑前又犯新罪的，仍然应当依法减为无期徒刑，然后对他所犯的新罪进行审判。

（二）如果确有重大立功表现，2年期满以后，减为15年以上20年以下有期徒刑

1979年刑法原来规定减为“15年以上20年以下有期徒刑”的条件是“如果确有悔改并有立功表现”，1997年修订刑法时改为“确有重大立功表现”。笔者认为，这样修改并不妥当。因为按照现行规定，只有确有重大立功表现，才能减为“15年以上20年以下有期徒刑”。那么仅有立功表现（不是重大立功表现），就只能与“没有故意犯罪”享受同等待遇，即两者毫无差别地同样减为无期徒刑。显然这对有立

功表现者不公平。在笔者看来，似不如改为“确有悔改并有立功表现或者重大立功表现”为宜。这样不仅将有立功表现与没有故意犯罪区别对待，又有利于鼓励死缓犯的改造。关于什么是重大立功表现，在这里法律没有规定。根据刑法在“减刑”一节的规定，参考关于“立功”的司法解释，笔者认为，重大立功表现有以下几种情况：(1) 阻止他人重大犯罪活动的；(2) 检举监狱内外重大犯罪活动，经查证属实的；(3) 提供侦破其他重大案件的重要线索，经查证属实的；(4) 有发明创造或者重大技术革新的；(5) 在日常生产、生活中舍己救人的；(6) 在抗御自然灾害或者排除重大事故中，有突出贡献的；(7) 对国家和社会有其他重大贡献的。至于减到多少，应当根据重大立功表现的重大程度来确定。

以上两种情况的减刑，刑法规定都只能在“2 年期满以后”进行。“死刑缓期执行期间”应当减刑的，根据刑事诉讼法第 210 条第 2 款规定“由执行机关提出书面意见，报请高级人民法院裁定。监狱法第 31 条规定：“……2 年期满时，所在监狱应当及时提出减刑建议，报经省、自治区、直辖市监狱管理机关审核后，提请高级人民法院裁定。”后面两法的规定，不仅揭示了减刑的程序和机关，而且在“期满”的立法技术上都比刑法的规定科学。刑诉法规定的“期满”，监狱法规定的“期满时”，时间都是确定的，而刑法规定的“期满以后”，时间则是有伸缩性的，期满以后三天五天、十天半月、一月两月甚至更长的时间，都可以说是期满以后。在这些时间中减刑，都可以说符合刑法规定，这就易于造成不及时减刑的后果。因而笔者认为，刑法的这一规定，应当参考后两法的规定加以修改。

（三）如果故意犯罪，查证属实的，由最高人民法院核准，执行死刑

对此，有三个问题需要说明：

1. 关于“故意犯罪”

1979 年刑法原来规定执行死刑的条件是“抗拒改造，情节恶劣，查证属实的”。对于什么是“抗拒改造，情节恶劣”，在刑法学界众说纷纭，意见不一，以致产生歧义，不好掌握。因而在 1997 年修订刑法时，将“抗拒改造，情节恶劣”改为“故意犯罪”，从而解决了聚讼不已的难题。尽管如此，当前对如何理解故意犯罪，仍然存在两种不同意见：一种意见认为，故意犯罪就是刑法第 14 条规定的犯罪，不能是过失犯罪。至于“故意犯罪性质如何，是直接故意犯罪还是间接故意犯罪，服役犯罪是否完成，均在所不问”。① 另一种意见认为，“从以往的审判实践来看，死缓犯执行死刑的是极少数。这极少数情况表现为组织越狱、脱逃拒捕、抢夺武装人员枪支、故意杀人、故意伤害他人身体以及犯有其他严重罪行等。这说明不是一经实施故意犯罪，不问轻重和案情如何，都应执行死刑”。② 笔者赞同后一种意见，认为执行死刑，应限于犯比较严重的故意犯罪。理由是：(1) 这符合过去的司法实际情况。过去在司法实践中只是又犯严重罪的，才执行死刑。(2) 符合死缓贯彻少杀、慎杀政策的精神。死刑犯在服刑期间又犯罪的情况比较复杂，有轻有重，只犯较轻的故意犯罪，还不能说明罪犯怙恶不悛，不堪改造，因而以不执行死刑为宜；否则将造成把一些不该杀的罪犯执行死刑，这有悖于设立死缓制度的初衷。但这样的意见又与刑法规定所用文字是“故意犯罪”不符，最好能够作出有权解释的限制解释，以避免上述矛盾。自然，故意犯罪只有在缓期 2 年执行期间发生，才能执行死刑。2 年期满后裁定减刑前故意犯罪的，只能依法减刑，而不能执行死刑。从司法实际看，死缓犯经过缓期 2 年期满，绝大多数得到了减刑，执行死刑的只是极个别的情况。这表明我国死缓制度的成功。

2. 关于死刑执行时间

故意犯罪，查证属实，执行死刑的，刑法没有规定“2 年期满以后”。因而一般认为，对死缓犯故意犯罪依法执行死刑，不需要等到 2 年期满，在其故意犯罪后，经过法定程序即可执行死刑。对此，刑法学界也有不同认识：一种观点认为，根据刑法第 48 条规定，死缓是判处死刑同时宣告“缓期 2 年执行”，如果未等 2 年期满即执行，有违死缓的本质。并且死缓的宗旨是给罪犯以自新之路，需要考察缓期 2 年执行期间的表现，未等 2 年期满即执行死刑，也有悖于死缓的宗旨。不过，故意犯罪要等 2 年期满才执行死刑，可能出现依法应执

---

① 赵秉志主编：《新刑法典的创制》，法律出版社 1997 年版，第 83 页。

② 何秉松主编：《刑法教科书》，中国法制出版社 1997 年版，第 484 页。

行死刑但基于情理不需要执行死刑的情况。结论是权衡利弊，似乎故意犯罪2年期满后再执行死刑要合适一些。① 与上述观点针锋相对，另一种观点认为，“设立死缓制度的宗旨是控制死刑立即执行的实际范围，给死缓犯以生路。但缓期2年执行是有条件的，刑法第50条已明确列举了可供死缓犯选择的出路。在死刑缓期执行期间，如果死缓犯不思悔改，实施故意杀人、组织越狱等故意犯罪，查证属实，就应核准执行死刑，如果等到2年期满以后再执行死刑，仅从其消极后果上看就是不能接受的，且不论它是否与刑法第50条的规定相抵触”。② 笔者赞同后一种观点，认为死缓犯缓期2年执行期间，故意犯罪，不等2年期满即执行死刑是合理的，既不违反死缓的本质，也不悖于死缓的宗旨。死缓是有条件地暂不执行死刑，在这一点上，它与通常的缓刑是有条件地暂不执行原判刑罚是相同的。通常的缓刑均宣告一定的缓刑考验期，被缓刑人在缓刑考验期内又犯新罪或违反有关规定情节严重的，撤销缓刑，执行原判刑罚，都不认为这违反或有悖于缓刑制度的本质或宗旨。同样道理，死缓犯在缓期执行期间，又故意犯比较严重的罪，事实证明了必须立即执行，也就不应再继续考验，而应依法执行死刑。这可以说是死缓的本质和宗旨的应有之意。因而刑法对此没有规定“2年期满以后”是恰当的。

3. 关于核准死刑的法院

刑法第50条规定，如果故意犯罪，查证属实的，由最高人民法院核准，执行死刑。有的著作对此解释说：必须由最高人民法院核准，才能执行死刑。“这样规定的立法意图，就是对此类死缓罪犯必须执行死刑的，要特别从严掌握。”③而《最高人民法院关于执行〈中华人民共和国刑事诉讼法〉若干问题的解释》第275条第4项规定：“依法应当由最高人民法院核准的死刑案件，判处死刑缓期2年执行的罪犯，在死刑缓期执行期间，如果故意犯罪，查证属实，应当执行死刑的，由高级人民法院报请最高人民法院核准。”第277条规定：

① 参见张明楷：《刑法学》（上），法律出版社1997年版，第428页。

② 何秉松主编：《刑法教科书》，中国法制出版社1997年版，第485页。

③ 周道鸾主编：《刑法的修改与适用》，人民法院出版社1997年版，第151页。

"依授权可以由高级人民法院核准的死刑案件，判处死刑缓期2年执行的罪犯，在死缓执行期间，如果故意犯罪，查证属实，应当执行死刑的，报请高级人民法院核准。"照此解释，死缓犯的死刑，并不都由最高人民法院核准。这样的解释是有权解释，自然应当执行，但是否符合立法的本意，似值得研究。

（原载《中国法学》1999年第2期）

刑罚适用失当及其对策

刑罚适用有广、狭两种意义。狭义的刑罚适用，指人民法院在认定犯罪的基础上，决定对被告人是否判处刑罚、判处什么刑罚以及所判刑罚是否立即执行的活动。广义的刑罚适用，除上述内容外，还指人民法院裁定对某些服刑人是否减刑或假释的活动。本文所要研究的是狭义的刑罚适用。狭义的刑罚适用，通常也称量刑或刑罚裁量。从司法实践情况看，量刑总的来说是适当的，但也存在着失当的情况。这里所说的失当，虽然也包括对案情了解而故意重判或轻判，但主要指的是由于认识或其他原因以致所判刑罚与行为人的罪责不相符合的情况。

一、刑罚适用失当的表现

错误判刑，指无罪而被判刑罚，甚至被判重刑或极刑。这种情况虽然为数不多，但却时有发生。例如云南昆明杜培武故意杀人案，一审判处死刑立即执行，二审改为死缓；辽宁营口李化伟杀妻案，一审判处死缓，二审维持原判；甘肃武威杨文礼、杨黎明、张文静抢劫杀人案，一审判处“二杨”死刑立即执行，判处张文静死缓，甘肃高院发现疑点，发回重审。最后都因真凶被发现，才改判无罪释放。这类案件虽然是个别的，但造成了很坏的社会影响。至于无罪而判处较轻的刑罚，当远不止此数。

轻重失当，即轻罪重判或重罪轻判，这可以表现为畸轻畸重和偏轻偏重。畸轻畸重，指刑罚轻重过于悬殊的情况。如本该判 2 年有期徒刑，却判了 12 年有期徒刑。偏轻偏重指刑罚的轻重相差不是很大，如本应判 5 年有期徒刑，实际判了 7 年有期徒刑。在我国审判实践中，这种情况确实存在。例如，两个被告人作案的时间相同，地点在同一省、同一地区，盗窃相同的物品，价值基本相同，但对两人的处理却悬殊很大，一个被判处 2 年有期徒刑，一个被判处 10 年有期徒刑。偏轻偏重的情况可能更多一些。

缓期失当，指本当判处缓刑而未判处缓刑或者不该判处缓刑而判处了缓刑。西方国家判处缓刑比例较高。如 1964 年，判处缓刑在判处的整个刑罚所占比例，日本为 53.7%，比利时为 49.2%，意大利为 37.9%，法国为 42.5%。英国 1980 年为 42%，1984 年为 44%，1988 年为 43%。我国没有公布过缓刑在判处的整个刑罚中所占的比例，据了解的部分案件，缓刑适用得比较少。与外国相比，可以看出某些案件可以适用缓刑而没有适用缓刑。

二、刑罚适用失当的危害

不利于实现刑罚的目的。刑罚的目的是什么，虽然众说纷纭，但通说认为是预防犯罪。预防犯罪包括特殊预防与一般预防两个方面。特殊预防，指对犯罪人判处刑罚，使之通过服刑得到改造，将来不再犯罪。一般预防，指对犯罪人判处刑罚，使社会上不稳定分子感到犯了罪会被判处刑罚，从而受到震慑不去犯罪。为了达到这些目的，都要以刑罚适用公平为前提。否则，刑罚适用失当，不该判刑或不该判重刑的，无辜被判刑或被判重刑，被判刑人就会感到冤枉、不公平，根本不可能认罪服法，更谈不上得到改造。社会上的不稳定分子，也会由于刑罚适用的不公平而产生不满。反之，不该受到较轻处罚的却受到较轻处罚，受刑人会感到因犯罪得到的多而失去的少，有利可图，自然不可能改变他的犯罪思想。社会上不稳定分子从这种情况中，不是受到威慑，而是受到鼓励，不法意念只可能得到膨胀。总之，刑罚适用失当，使刑罚预防犯罪的目的很难实现。

严重损害司法公正的形象。司法公正是法院审判工作的灵魂，是人民的普遍理念，也是人们的衷心期望。最高人民法院院长肖扬明确指出：公正与效率是 21 世纪人民法院工作的主题，表明法院领导对司法公正的高度重视。但是，刑罚适用失当，表现出来的就不是司法公正，而是司法不公正。这是与人们的期望背道而驰的，必然引起人民对司法公正的怀疑，从而使司法公正的形象受到损害，后果是严重的。正如西方一位著名的哲学家所说：一次不公正的审判，它的后果可能超过10次犯罪。因为犯罪是蔑视法律的，不公正的审判是破坏法律；犯罪是破坏了这个水流，不公正的审判是破坏了这个水源。这不是危言耸听，确实应当引起我们对此的高度关注。

导致国家资源的浪费。国家为了关押改造服刑犯人，需要建造监狱，设置管教人员、警戒人员，供给服刑人员生活用品，每年国家需要拿出一定数目的资金才能维持。人们如果无罪被判徒刑或者多判几年徒刑，这样国家就平白无故多拿出一些资金。就一个人来说，可能多拿出的资金数量不大，但就全国而言，会是很大数字。这样就把国家一大笔资源（包括人力资源）白白浪费掉。如果这些资源用在建设方面，会给国家作出相当的贡献。

三、造成刑罚适用失当的原因

审判人员的素质。“徒法不足以自行。”刑法是要靠审判人员执行的，刑罚能否恰当适用，审判人员的素质起着关键作用。素质包括诸多方面，但思想观念和业务能力应属主要内容。导致审判人员不能正确适用刑罚的，首先是审判人员的不正确思想观念。这些观念主要是：1. 重定性轻量刑。长期以来，对犯罪行为如何定性即确定什么是犯罪十分重视，生怕在这方面犯错误；但对量刑相对来说却重视不够，认为只要大体上过得去，轻一点重一点没有多大关系，因而没有严格把握量刑一定做到恰如其分。2. 重刑思想。我国古代法家韩非子主张：“重一奸之罪，而止境内之邪，此所以为治也。”（韩非·六反）商鞅主张：“故行刑重其轻者，轻者不生，则重者无从至矣。”（《商君书·说民》）这种重刑思想在我国封建社会长期盛行，经久不衰，以致至今在人们思想上还根深蒂固。我们的审判人员往往也不能摆脱其影响，表现在刑罚适用上就认为，与其少判几年，不如多判几年，而不强调刑罚与罪责相适应。（当然，其中也考虑上诉不加刑，判轻了，二审不能加刑；判重了，二审可以改轻一些。）3. 重惩办、轻人权。我国历来强调一切服从国家利益，对个人的人权相对不够重视。新中国成立以来相当长的一段时间讳言人权，因而对刑法惩治犯罪保护社会秩序高度重视，而对刑法保障人权的功能则比较忽视，以致超期羁押、刑讯逼供等问题长期得不到解决，冤假错案包括刑罚适用失当往往由此发生。其次，审判人员的业务水平和业务能力对刑罚能否恰当适用，也至关重要。一些审判人员由于业务水平不高，特别是对刑法新规定的犯罪如金融犯罪、证券犯罪、计算机犯罪等，由于涉及一些专业知识和新的情况，往往不够熟悉，因而在处理案件时，如何掌握量刑的适度，不免存在困难，从而可能由此造成刑罚适用的失当。此外，审判人员的政治素质、职业道德、工作责任心对刑罚适用都会产生影响。

社会舆论的干扰。一个案件发生后，新闻媒体经常进行报道，报道之后往往会形成社会舆论。社会舆论发挥监督作用，常常有利于案件的正确处理，但由于种种原因，也可能会对案件的正确处理形成干扰。例如，张某实施交通肇事和肇事后开车逃跑，将人拖了几百米致人重伤。新闻媒体曝光后，舆论大哗，对行为人一片谴责之声。法院本来对被告人判处无期徒刑，由于舆论的影响，最后判处死刑立即执行。实际上后果类似的案件，只判 15 年有期徒刑。上述案例很好地说明了舆论对案件判刑的干扰。

案外人员的影响。案外人员的范围很广，可能是与行为人有亲戚、同事、同学等这样那样关系的人员，也可能是党政机关的工作人员或领导干部。有亲朋关系者的说情，可能影响审判人员作出有利于被告人的定性或量刑，即造成重罪轻判。党政机关人员的干预，由于他们对案件事实缺乏全面了解和对刑法的不够熟悉以及其他原因，可能造成重罪轻判。另一方面，党政机关人员的干预，也有可能造成轻罪重判的事例。例如，某甲盗印《×××文选》出售侵犯著作权的案件，违法所得数额较大，情节可以说是特别严重，法院原拟判处 6 年有期徒刑，判刑已属较高，但党委有关领导同志认为判刑低，最后法院对被告人判处侵犯著作权罪的最高刑 7 年有期徒刑。在我们看来，此案判处的刑罚高于其罪行的严重程度，当属于刑罚适用失当。

四、防止刑罚适用失当的对策

提高审判人员的素质。对审判人员队伍的建设，十几年来，最高人民法院一直给予关注，审判人员的素质已有很大提高，但仍然赶不上形势的要求。针对解决刑罚适用失当的问题，笔者认为，在提高审判人员素质方面，应当进行如下工作：

1. 开展现代法治思想教育，克服影响正确适用刑罚的观念。现代法治的特点是重视公正，保障人权。审判人员要牢固树立现代法治思想，克服轻视量刑、重刑防奸和忽视人权的观念。须知犯罪定性正确与否固然重要，刑罚适用是否适当也同样重要。如前所述，刑罚适用失当会带来诸多危害，因而我们决不可轻视量刑，而必须在思想上给予高度重视，要求对被告人判处的刑罚务必与其罪责相适应。重刑思想是奴隶社会、封建社会的产物，资本主义国家建立以后，刑罚开始逐渐宽缓，现在已有几十个国家包括英、法、德等国已经废除了死刑，可见重刑思想与时代潮流相违背。同时它与我国刑法的罪责刑相适应原则也不相符合。罪责刑相适应原则要求：刑罚的轻重，应当与犯罪分子所犯罪行和承担的刑事责任相适应。据此，我们只能重罪重判，轻罪轻判，轻重适度，千万不能背离这一原则。保障人权是当今的时代要求，联合国大会 1948 年通过了《世界人权宣言》，1966 年通过了《公民权利和政治权利公约》，这些国际条约从各个方面规定了对人权的保障，尽管它们还存在某些缺陷，却反映了当代大多数国家的要求。我国虽然一段时间讳言人权，但近些年来已对人权的保障给予了关注。在这个问题上，我们司法人员需要与时俱进，切实树立保障人权的意识，避免刑讯逼供，提供确凿无疑的证据，为审判人员准确定罪量刑奠定可靠的基础。

2. 加强在岗教育，不断提高业务水平。刑罚是靠审判人员适用的，为了恰当适用刑罚，审判人员需要熟悉业务，为此，必须加强在岗教育。同时，形势是不断发展的，新的刑法规定和司法解释不断公布，为了适应新的要求，也必须不断地学习。针对解决刑罚适用失当问题，需要加强如何恰当量刑这方面的教育。

3. 切实维护人民法院的独立审判。我国宪法第 126 条规定：“人民法院依照法律规定独立行使审判权，不受行政机关、社会团体和个人的干涉。”人民法院组织法第 4 条也作了同样的规定。但在现实生活中，人民法院审判案件受外界干预的情况还时有发生。一个案件到了法院，人情网、关系网也到了法院，以致影响对案件的定罪和量

刑。所以，为了保障审判人员恰当适用刑罚，需要切实维护法院独立审判，排除对审判人员审理案件的干扰。

4. 规范新闻媒体对案件的报道和正确对待社会舆论。新闻媒体对案件的报道，可以发挥舆论监督作用，也可能影响对案件的正确审理和刑罚的恰当适用。问题在于规范新闻媒体对案件的报道。怎样规范呢？笔者认为，首先要求报道一定要客观如实，不能添枝加叶，夸大事实，追求轰动效应。其次在案件审理结束前，不发表对案件如何判刑的评论，以免影响审判人员对案件的量刑。同时，审判人员也要正确对待社会舆论，做到定罪量刑完全以事实为根据，以法律为准绳，不受社会舆论的影响。

（原载《人民司法》2002 年第 10 期）

关于“严打”的刑法学思考

从2001年4月再次开始的“严打”斗争，已经取得了可喜的成果，现在仍在继续进行。“严打”斗争最初始于1983年8月。当时对于“严打”曾经存在争论，现在公开争论似已不再存在，但对某些问题的认识，仍然值得研究。对此，有必要从刑法学的角度加以思考。

一、“严打”与社会主义法治

所谓“严打”，指依法从重从快打击严重危害社会治安的刑事犯罪分子。当前“严打”的对象为三类犯罪，即：（1）有组织犯罪、带黑社会性质的团伙犯罪和流氓恶势力犯罪；（2）爆炸、杀人、抢劫、绑架等严重暴力犯罪；（3）盗窃等严重影响群众安全感的多发性犯罪。严厉打击这几类严重危害社会治安的犯罪分子是深得人心的。但有的同志还是认为“依法从重从快”的提法是不必要的，因为既然是依法从重从快，那就只要按照法律规定从重从快就可以了，另外提出依法从重从快就是多余的；如果不是依法从重从快，那就是“法外有法”，显然不符合社会主义法治的要求。

我们认为，这种看法似有一定的道理，实际上是对依法“从重”（这里未提“从快”，因为那是刑事诉讼法学思考的问题）缺乏应有的理解。在我们看来，依法“从重”的提法，并非多余，也完全符合社会主义法治的要求。关键是如何理解依法“从重”。所谓依法“从重”，这里是指在社会治安形势严峻的情况下，对几类严重危害社会治安的犯罪分子在法定刑的幅度内予以从重处罚。这样理解，自然可以认为依法“从重”的提法不是多余的，因为这在刑法中并未加以规定。那么，社会治安形势严峻能否成为从重处罚犯罪的合法根据呢？

如果可以成为合法根据，自然不违反社会主义法治的要求；否则，就不符合社会主义法治的要求了。因为社会主义法治原则是“有法可依，有法必依，执法必严，违法必究”。笔者认为，根据社会治安的严峻形势从重处罚某些严重危害社会治安的犯罪分子不仅是必要的，也是有法律根据的，因而是符合社会主义法治要求的。

首先，根据社会形势的不同对犯罪分子处罚有轻重的差别，是我国刑法历来的传统。我国《尚书·吕刑》中说：“轻重诸罚有权。刑罚世轻世重……”意思是说各种刑罚之轻重要根据情况变化而灵活变通。刑罚之轻重还要根据社会情况确定……① 成都武侯祠中有一副对联说：“能攻心则反侧自消，从古知兵非好战；不审时即宽严皆误，今后治蜀要深思。”所谓“不审时即宽严皆误”，意思是不考虑当时的社会形势，不论从宽从严处罚都会错误，也是要求不论从宽从严处罚都要根据当时的社会形势确定。这是后人认为诸葛亮治蜀的经验。

其次，社会形势影响行为的社会危害性的大小，在量刑时应当加以考虑，已成为我国刑法学界一些学者的共识。刑法第 61 条规定：“对于犯罪分子决定刑罚的时候，应当根据犯罪的事实、犯罪的性质、情节和对于社会的危害程度，依照本法的有关规定判处。”所谓“对于社会的危害程度”，“是指犯罪行为对社会所造成的危害的大小，作为犯罪的本质特征；犯罪的社会危害程度，决定着犯罪的有无，也决定着犯罪的轻重。因此，在对犯罪人裁量刑罚时，它是最主要的根据。而犯罪的社会危害程度，是由犯罪事实、犯罪性质和犯罪情节所决定的。因而在量刑时，要全面分析犯罪事实、犯罪性质和情节所体现出来的社会危害程度……此外，在评价犯罪的社会危害程度时，还要适当考虑国家的政治、经济和社会治安形势。”② 因为国家的政治、经济和社会治安形势，能够影响行为的社会危害性的程度，当社会治安形势严峻时，严重危害社会治安的犯罪行为的社会危害性也会增大，因而在量刑时需要从重处罚。刑法第 61 条的规定，就是当前从重处罚严重危害社会治安的犯罪分子的法律依据。

---

① 参见顾宝田注释：《尚书译注》，吉林文史出版社 1995 年版，第 233 页。

② 参见高铭暄主编：《新编中国刑法学》（上册），中国人民大学出版社 1999 年版，第 359～360 页。

由此可见，“严打”与社会主义法治原则是相符合的。其所以相符合，关键在于依法“从重”。从刑法学的角度看，依法“从重”是依照刑法的规定在对该种犯罪规定的法定刑的幅度内选择重的刑种或高的刑度处罚。据此，如下一些问题应当防止发生，避免偏离社会主义法治的要求：（1）为了从重，随意改变案件性质。例如，明明是抢夺，觉得按抢夺处罚，刑上不去，为了从重处罚，将抢夺改为抢劫。这显然违反法律规定，必然造成错案。（2）为了从重，突破国家确定的“严打”对象的范围。此次“严打”，国家确定的“严打”对象为三类犯罪，已如前述。例如，明明不属于前述三类犯罪，为了从重处罚，也作为“严打”对象惩处。这将会影响“严打”斗争的正确进行。

应当强调指出：依法从重打击的对象，只是严重危害社会治安的犯罪分子，不是严重危害社会治安的犯罪分子，则不应从重打击。这次“严打”中央提出了稳、准、狠的要求。稳、准、狠，关键是一个“准”字。“准”就要求打击的对象只能是前述三类犯罪中严重危害社会治安的犯罪分子。还应说明：依法“从重”是针对社会治安的严峻形势提出的，所以，如果严峻治安形势改观，社会治安趋于良好，就不应再适用这一刑事政策。因而我们认为，“严打”这一刑事政策，是我国在特定条件下的特殊刑事政策，只要社会治安的严峻形势没有改变，就应坚决执行这一刑事政策。

二、“严打”与罪责刑相适应原则

“严打”是以依法从重从快的刑事政策为指导的。依法从重从快是一项特殊的刑事政策，但从刑法学的角度看，它不违背并必须符合罪责刑相适应原则。所谓罪责刑相适应，是指刑罚的轻重，应当与犯罪分子所犯罪行和承担的刑事责任相适应。它是我国刑法的基本原则之一，对刑事立法和刑事司法都具有巨大的指导意义。从刑事司法方面讲，罪责刑相适应，要求在裁判时，对犯罪人的宣告刑应当与犯罪行为的轻重和承担的刑事责任大小相适应，刑事责任的大小，首先由犯罪行为的社会危害性程度的大小所决定；此外，它还受到犯罪人犯罪的情节、犯罪前的表现和犯罪后的态度的影响。

当前对前述“严打”对象的犯罪，依法从重处罚，是符合罪责刑相适应原则的。这里所谓的依法从重，是指对那些特定的具有严重社会危害性程度的犯罪，在社会治安形势严峻的情况下，比社会治安正常时期判处相对为重的刑罚。这些犯罪本身都是严重危害社会治安的犯罪，在社会治安形势严峻的情况下，它们的社会危害性程度增大，依法从重处罚，正与其所犯罪行和承担的刑事责任相适应。所以，对那些罪行特别严重，应当判处死刑的罪犯，必须坚决地判处死刑。这也是罪责刑相适应原则的要求。

同时，我们认为“严打”也必须符合罪责刑相适应原则。因为它是刑法的基本原则，任何刑事案件的裁判都必须遵循。为此，下列情况应当防止发生，如有发生，应当立即纠正：

第一，为了从重，动辄顶格判处刑罚。例如，某一抢劫犯罪，按照其社会危害性程度和犯罪人刑事责任的大小，本来判处 4～5 年有期徒刑就够了，为了从重，却判处该档次的最高刑 10 年有期徒刑。这就与罪责刑相适应原则不相符合了。依法从重，是“严打”的要求，我们必须贯彻执行；但依法从重，不是漫无限制地从重，而应当根据该罪行的社会危害性程度和犯罪人的刑事责任的大小，相应地选择从重的刑种或从重的刑度，并非一律顶格判处刑罚，更不能升格判处刑罚。

第二，为了从重，无视犯罪人犯罪后表现好的态度。犯罪人犯罪后表现好的态度是影响犯罪人刑事责任大小从而属于考虑从轻处罚的因素，如果具有这样的态度，在量刑时可以或者应当从轻加以考虑。如果为了从重，对犯罪人表现突出好的态度视而不见，仍然同样从重，这也不符合罪责刑相适应原则。其结果会不利于犯罪分子悔罪自新，因而对争取社会治安形势的好转并无实益。

总之，“严打”必须符合罪责刑相适应原则，否则，必然带来不利的后果。正如近代刑法学奠基人意大利学者贝卡里亚所说：“赏罚上的分配不当就会引起一种越普遍反而越被人忽略的矛盾，即：刑罚的对象正是它自己造成的犯罪。如果对两种不同程度地侵犯社会的犯罪处以同等的刑罚，那么人们就找不到更有力的手段去制止实施能带来较大好处的较大犯罪了。”① 因此，必须牢记：制止犯罪的强有力的手段是刑罚与罪责相适应，即使“严打”也不应忽视这一道理。

三、“严打”与我国的基本刑事政策

如前所述，“严打”是以依法从重从快的特殊刑事政策为指导的，但它同时也不能离开我国基本刑事政策的指导。因为我国基本的刑事政策，不论对刑事立法或刑事司法都具有重要的指导作用。1979 年刑法第 1 条明文规定：“中华人民共和国刑法……依照惩办与宽大相结合的政策……制定。”清楚地表明了它对 1979 年刑法制定的意义。1997 年修订的刑法虽然未再这样规定，但它的指导作用是不言而喻的。这一基本政策最初提出时，本来就是针对刑事司法而言的，现在虽然已有了刑法典，但它对刑事司法仍然起着指导作用。对“严打”来说，自然也不例外。我国的基本刑事政策即惩办与宽大相结合的政策，其基本精神是：区别对待，宽严相济，惩办少数，改造多数。其内容为：首恶必办，胁从不问；坦白从宽，抗拒从严；立功折罪，立大功受奖。现根据这些内容，说明“严打”与它们的关系：

（一）“严打”与“首恶必办，胁从不问”

所谓首恶必办，意思是共同犯罪的首要分子、罪行重大的犯罪分子要予以严厉打击。共同犯罪的首要分子，指犯罪集团的组织者、领导者以及在犯罪集团或者聚众犯罪中起组织、策划、指挥作用的犯罪分子。这些首要分子以及罪行重大的犯罪分子社会危害性程度极大，应当从重予以打击。必办，就是从严惩办，应当判处重刑（死刑、无期徒刑等）的，坚决依法判处重刑，绝不宽贷。所谓胁从不问，意思是被胁迫参加犯罪活动的，不必追究刑事责任。这是党的“扩大教育面，缩小打击面”的政策在刑事领域中的体现，是新中国成立初期处理反革命案件的指导原则，但在 1979 年刑法和 1997 年修订的刑法中，这一政策已发生了某些变化，现在执行这一政策时，应当依照刑

① 参见［意］贝卡里亚：《论犯罪与刑罚》，中国大百科全书出版社 1993 年版，第 65 页。

法的规定执行。现行刑法第28条规定："对于被胁迫参加犯罪的，应当按照他的犯罪情节减轻处罚或者免除处罚。"被胁迫参加犯罪的人，其社会危害性程度小，应当宽恕，但不是一律不加追究，而是根据情况或者减轻处罚或者免除处罚。据此可见，对"严打"对象的犯罪，也要区别对待：依法从重处罚的，是前述三类犯罪中的首要分子和罪行重大的犯罪分子；对于前述三类犯罪中的胁从犯，则应依照刑法的规定，予以减轻处罚或者免除处罚，而不能作为"严打"的对象也给予严厉打击。

（二）"严打"与"坦白从宽，抗拒从严"

所谓坦白从宽，意思是犯罪人如实交待自己犯罪事实的，予以从轻、减轻处罚或者免除处罚。坦白有广义的坦白与狭义的坦白。广义的坦白包括自首在内，狭义的坦白，指不包括自首的坦白。那么，什么是自首呢？根据刑法第67条的规定："犯罪以后自动投案，如实供述自己的罪行的，是自首……被采取强制措施的犯罪嫌疑人、被告人和正在服刑的罪犯，如实供述司法机关还未掌握的本人其他罪行的，以自首论。"最高人民法院1998年4月6日的司法解释对什么是"自动投案"和"如实供述自己的罪行"做了解释，指出："自动投案，是指犯罪事实或者犯罪嫌疑人未被司法机关发觉，或者虽被发觉，但犯罪嫌疑人尚未受到讯问、未被采取强制措施时，主动、直接向公安机关、人民检察院或者人民法院投案。""如实供述自己的罪行，是犯罪嫌疑人自动投案后如实交待自己的主要犯罪事实。"① 据此可以认为，狭义的坦白，是指犯罪嫌疑人被动归案后，如实供述自己的主要犯罪事实。详言之，是指犯罪事实已被司法机关发觉，而对犯罪嫌疑人进行传讯或审理时，犯罪嫌疑人如实供述自己的罪行的行为。犯罪嫌疑人、被告人在被采取强制措施后或者罪犯在服刑期间如实供述司法机关还未掌握的本人同种犯罪行为的，也是坦白。但经人证、物证证明时再供认罪行的，是招供而不属于坦白。自首与坦白反映了犯罪分子的人身危险性程度的不同，自首的犯罪人的人身危险性相对较

---

① 参见周道鸾主编：《最新刑事与国家赔偿审判工作手册》，人民法院出版社2000年版，第227、288页。

轻，是法定的从宽处罚的情节，根据刑法第 67 条的规定，犯罪后自首的，可以从轻或者减轻处罚；其中犯罪较轻的，可以免除处罚。坦白的犯罪人的人身危险性相对轻的程度较低，是酌定的从宽处罚的情节，从宽的幅度通常比自首要小。所谓抗拒从严，意思是对抗侦查、审判的，予以从重处罚。抗拒，指犯罪后毁灭罪证嫁祸于人；逮捕时暴力拒捕，畏罪潜逃；与其他犯罪嫌疑人订立攻守同盟，或威胁、阻止同案犯罪嫌疑人供认犯罪事实等行为，但拒不供述罪行，不应视为抗拒。抗拒，反映了行为人的较大的人身危险性，所以在法定刑的幅度内予以从重处罚。在“严打”斗争中，应当重视这一政策的适用，因为它有利于严厉打击和分化瓦解犯罪分子。对属于前述三类犯罪中的严重犯罪分子而又进行抗拒的，应当依法从重，坚决予以打击。而对具有自首或坦白情节的，应当根据情况依法从轻、减轻处罚或者免除处罚。对于后一方面，需要特别引起注意：千万不能因为“严打”而置“自首”或“坦白”于不顾，因为这会导致犯罪分子丧失对国家政策的信任，使这一政策成为一句不起作用的空话。

（三）“严打”与“立功折罪，立大功受奖”

所谓“立功折罪，立大功受奖”，意思是行为人犯罪后有立功表现的，可以将功与罪相折抵，立有大功的，还要给予奖励。这一政策在 1997 年修订的刑法中得到了反映，但具体规定与原有意思相比有所修正。根据刑法第 68 条的规定：“犯罪分子有揭发他人犯罪行为，查证属实的，或者提供重要线索，从而得以侦破其他案件等有立功表现的，可以从轻或者减轻处罚；有重大立功表现的，可以减轻或者免除处罚。犯罪后自首又有重大立功表现的，应当减轻或者免除处罚。”在个别附属刑法中有“有重大立功表现的，给予奖励”的规定，可以认为是“立大功受奖”政策的法律体现，但它不具有普遍意义。在审判实践中关于立功的政策，自应按照刑法的规定执行。在“严打”斗争中，对这一政策的适用同样应当给予重视，因为它有利于分化瓦解犯罪分子和揭露犯罪。在实际工作中，审判机关非常注意这一政策的适用。例如，一名严重犯罪分子，在“严打”中被判处死刑立即执行，在尚未执行期间，他揭发了别人的犯罪行为，经查证属实，法院随即裁定将其死刑立即执行改为死缓，当时兑现政策，收到了良好的

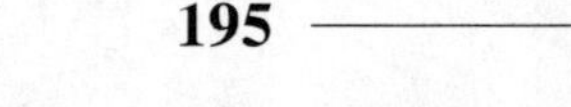

效果。我们认为这种做法，应当予以充分的肯定。

结 束 语

“严打”斗争当然是刑法领域里的问题，但是“严打”所希望达到的目标——改善严峻的治安状况，却不是仅仅依靠刑罚打击手段所能解决得了的。邓小平同志早在1984年就曾讲过：“我们对刑事犯罪活动的打击是必要的，今后还要继续打击下去，但是只靠打击不能解决根本的问题，翻两番，把经济搞上去才是真正治本的途径。”① 1991年3月2日全国人大常委会通过了《关于加强社会治安综合治理的决定》明确指出：社会治安综合治理是解决我国社会治安问题的根本途径，社会治安综合治理必须坚持打防并举、标本兼治、重在治本的方针，社会治安综合治理的范围包括打击、防范、教育、管理、建设、改造等六个方面，必须动员和组织全社会的力量，运用政治的、法律的、行政的、经济的、文化的、教育的等多种手段进行综合治理，从根本上预防和减少违法犯罪，维护社会治安。可见打击虽然是社会治安综合治理的首要环节，当前更具有重要意义，但必须看到它是治标，不是治本。我们应当标本兼治，重在治本，切实将社会治安综合治理工作做好，社会治安严峻形势问题才有可能逐步得到解决。

（原载《刑法热点疑难问题探讨》（上册），中国人民公安大学出版社2002年版）

① 参见《邓小平文选》（第3卷），人民出版社1993年版，第89页。

论自首

一

自首制度在我国具有长远的历史。根据学者研究，早在奴隶制的周朝初期，就有自首制度的雏形。《尚书·康诰》中说："既道极厥辜，时乃不可杀。"① 明丘濬认为："此后世律文自首者免罪之条所自出也。"② 当然，它与后世的自首制度还大不相同。

到了封建社会，不仅刑法中很早就明确规定有自首从宽的制度，而且随着封建统治者统治的需要和经验的积累，这种制度更不断得到发展，以致达到相当完备的程度。

根据出土文献记载，在秦律中已有自首减刑的制度。当时"自首"叫做"自出"或"自告"。《睡虎地秦墓竹简·法律问答》中载："把其叚（假）以亡，得及自出，当为盗不当？自出，以亡论。其得，坐臧（赃）为盗；盗罪轻于亡，以亡论。"意思是：携带借用的官有物品逃亡，被捕获以及自首，应否作为盗窃？自首，以逃亡论罪。如系捕获，按赃数作为盗窃；如以盗窃处罪轻于以逃亡处罪，则仍以逃亡论罪。③ 这里明确地提出了"自出"的概念和自出减轻处罚的办法。虽然不是秦律原文，但由此可知，我国古代刑法早在秦律中就有自首的规定。

---

① "既道极厥辜，时乃不可杀。"按照宋蔡沈《书集传》的解释是："既自称道尽输其情，不敢隐匿，罪虽大，时乃不可杀。"

② 见《大学衍义补》卷100。

③ 见《睡虎地秦墓竹简》，第207页。

汉律中也有自首制度。当时不称“自首”，而称“自告”。根据《汉书》记载，汉律中的自首制度有两点值得注意：（1）汉律中有“先自告，除其罪”[①] 的律文，可见汉律中已有自首免除刑事责任的原则规定。（2）案情严重的罪犯，不能适用自首免除刑责。伍被“诣吏自告与淮南王谋反”，张汤以“被首为王画反计，罪无赦”为理由，卒将被处死，[②] 说明自首免刑的适用还有一定的限制。三国时魏律始称“自首”，但自首可能给以减轻处罚，不尽免除刑事责任。

自首制度在律文中作详细规定的，始于唐律。根据《唐律·名例》的规定，其自首制度包括以下内容：

（一）自首免除罪责：（1）“诸犯罪未发而自首者原其罪，其轻罪虽发，因首重罪者免其重罪；即因问所劾之事而别言余罪者亦如之。”（2）“诸犯罪共亡，轻罪能捕重罪者，及轻罪等半以上首者，皆除其罪。”

（二）自首减轻罪责：（1）“自首不实及不尽者，以不实不尽之罪罪之，至死者听减一等。其知人欲告及亡叛而自首者，减罪二等坐之；即亡叛者虽不自首，能归还本所者亦同。”（2）“因罪人以致罪，而罪人自死者，听减本罪二等。若罪人自首及遇恩原减者，亦准罪人原减法。”

（三）不适用自首减免：（1）“其闻首告，被追不赴者，不得原罪。”（2）“其于人损伤，于物不可备偿，即事发逃亡，若越度关及奸并私习天文者，并不在自首之例。”

（四）作为自首看待：（1）“遣人代首，若于法得相容隐者为首及相告言者，各听如罪人身自首法。”（2）“诸盗诈取人财物而于财主首露者，与经官司自首同。”

《唐律》中关于自首的规定，概念明确，区分细致，符合封建统治者的需要，因而成为后世王朝规定自首的典范。

《宋刑统·名例律》中“犯罪已发未发自首”条，完全沿袭《唐律》。不过，宋神宗熙宁元年（1068 年）七月癸酉诏另规定：“谋杀已伤，案问欲举，自首，从谋杀减二等论”这一规定以后屡有变更。

---

① 见《汉书·衡山王传》。

② 见《汉书·伍被传》。

元祐元年（1086 年），采纳给事中范纯仁建议，改为按《嘉祐编敕》定断，即“应犯罪之人，因疑被执，赃证未明，或徒党就擒，未被指说，但诘问便承，皆从律按问欲举首减之科。若已经诘问，隐拒本罪，不在首减之例”。① 这就把如实供认，也作为自首减刑处理。

《明律·名例》中“犯罪自首”条，虽因袭《唐律》，但文字上稍有变更，内容上也有所增益。如在“强窃盗诈欺取人财物而于事主处首服”之后，增加“受人枉法不枉法赃，悔过回付还主者，与经官司自首同，皆得免罪。若知人欲告而于财主处首还者，亦得减罪二等。其强窃盗若能捕获同伴解官者，亦得免罪，又依常人一体给赏”。它表明了《明律》对自首的规定又有所发展。

《清律·名例》中“犯罪自首”条，完全沿用《明律》。不过，清代清律之外的条文，对律中关于自首的规定作了较多的补充。如（1）小功、缌麻亲，首告得减本罪三等，无服之亲减一等；其谋反、叛逆未行而亲属首告，正犯同自首律免罪；若已行这，正犯不免。（2）闻拿投首主犯，于本罪上减一等科断。（3）越狱半年投首者，仍照原拟罪名，如同伙越狱，有一人于限内投首供出同伙，于半年内尽行拿获者，减原罪一等。类似这样的具体补充，还有不少。论者以为“其中区分过于繁琐，远不如律文之简易可行”。这种情况，直到《暂行新刑律》才得到改变。

半殖民地半封建中国刑法，从 1912 年的《暂行新刑律》开始，虽然依旧都有自首的规定，但内容和形式却发生不少变化。《暂行新刑律》在总则中专设“自首”一章，明确地规定了自首的定义和处理原则：“犯罪未发觉而自首于官受审判者，得减轻本刑一等”；并规定了“首服”，即“犯亲告罪而向有告诉权之人首服，受官之审判者，亦同”。同时，对别首余罪规定了“得减所首罪之刑一等”。此外，还有“预备或阴谋犯分则特定各条之罪”未至实行而自首者“得免除或减轻其刑”的规定，并于分则中特定犯罪（如内乱罪、外患罪等）规定“自首者，免除其刑”。《暂行新刑律》关于自首的规定，在内容上较过去又有所发展，但律文却较为精简。

1923 年刑法关于自首的规定，只简化为 1 条 2 款：“对于未发觉

① 见《宋史·刑法志》。

之罪，自首于该管公务员受裁判者，得减所首罪之刑1/3。向被害人告诉人或有请求权之人自首，而受该管公务员裁判者，亦同。”关于特别自首，无论总则或分则，都未加以规定。1935年刑法总则中关于自首的规定更只简化为1条不分款，即“对于未发觉之罪自首而受裁判者，减轻其刑，但有特别规定者，依其规定”。所谓特别规定，指刑法分则或特别刑法中对某种犯罪另设减轻或免除其刑的规定。其分则中对所谓内乱罪、行贿罪和参与犯罪结社罪的自首，均规定“减轻或免除其刑”。条文最为简括，处理采必减主义，另外规定特别自首，是1935年刑法关于自首的规定的特点。

应当指出：我国历代统治者对自首制度之所以特别重视，其目的不仅在于用来对付刑事犯罪，更重要的是为了用以瓦解进步势力，破坏革命运动。封建刑法中“亡叛”自首的规定和1935年刑法分则中“预备或阴谋犯”所谓内乱罪自首的规定，最清楚不过地表明了这种反动意图。但是，作为法律文化，旧中国刑法中关于自首的规定，对我们毕竟还有可以参考之处。

为了分化瓦解反革命分子和普通刑事犯罪分子，人民民主政权一贯十分重视自首制度。早在第二次国内革命战争时期，为了加强同反革命分子的斗争，一些苏区革命政权就相继颁布了反革命罪犯的自首条例，如1932年的《湘赣省苏政府自首自新条例》等；或在惩治反革命犯的单行条例中规定自首自新的条款，如中央苏区1934年公布的《中华苏维埃共和国惩治反革命条例》等。后一条例第36条规定：“凡犯本条例所列各罪之一未被发觉而自己向苏维埃报告者（自首分子），或既发觉而悔过忠实报告其犯罪内容，帮助肃反机关破获其他同谋犯罪者（自新分子），得按照各该条文的规定，减轻处罚。”区分自首与自新，自首自新适用于反革命犯，处理采用得减主义，根据自首者的不同出身处理有所区别，是这一时期人民民主法制关于自首规定的主要特点。

抗日战争时期，革命根据地的人民政权，为了同汉奸、盗匪、敌特以及贪污、盗窃等犯罪作斗争，也非常注意利用自首这一刑法制度。这一时期不仅有较多的单行刑事法律，如1939年的《陕甘宁边区抗战时期惩治汉奸条例（草案）》、《陕甘宁边区抗战时期惩治盗匪条例（草案）》、《陕甘宁边区惩治贪污条例（草案）》、1943年的《晋察冀边区处理伪军伪组织人员办法》等都规定有自首的条款；而且也颁布了特种犯罪的自新、自首条例，如 1938 年的《晋察冀边区汉奸自首单行条例》、1945 年的《山东省汉奸自首自新暂行条例》。概括起来，这些规定具有如下主要特点：(1) 适用自首的犯罪已较前一时期增加，对于汉奸、盗匪、敌特、贪污、盗窃等犯罪都可适用自首。(2) 处理原则不限于采用得减主义，有的规定为“得减刑”，有的规定为“得减轻或免除其刑”，有的规定为“应减刑或免刑”，办法不尽一致。(3) 自首并不限于犯罪未发觉之前，在未经逮捕之前投案，仍然认为是自首。甚至规定“凡经特别法庭判决，但尚未捕获之汉奸，如自行投案悔过自新或建树抗日功绩者，得依汉奸自首条例减免其罪行”。① (4) 承认余罪的自首。(5) 对严重犯罪限制适用自首，并把自首与立功或悔罪实际表现结合起来，规定这种自首“应减刑或免刑”。不难看出，这一时期人民民主法制关于自首的规定较之前一时期有很大的发展。

解放战争时期，解放区人民政权制定的惩治汉奸、盗匪、贪污等各种单行法令继续规定有自首制度，个别解放区还颁布有汉奸自首条例。这一时期人民民主法制关于自首规定的特点，值得特别提出的是：(1) 区分普通犯罪的自首和情节严重犯罪的自首，并分别规定不同的要求；情节严重犯罪的自首，必须具有立功表现或其他有利于人民解放事业的表现时，才“得免其刑”。② (2) 自首未彻底坦白的，并非完全不认为是自首，而就其隐瞒部分，按照有关规定“酌情处断”。③

中华人民共和国成立以后，中央人民政府颁布的《中华人民共和国惩治反革命条例》、《妨害国家货币治罪暂行条例》等单行刑事法律仍有自首的规定。在司法实践中，人民法院根据“坦白从宽，抗拒从严，立功折罪，立大功受奖”的政策，广泛使用自首这一刑法制度，

① 见 1943 年公布的《晋察冀边区处理伪军伪组织人员办法》第 10 条。

② 见 1945 年 12 月公布的《苏皖边区惩治叛国罪犯（汉奸）暂行条例》第 11 条。

③ 见 1945 年 12 月公布的《苏皖边区惩治叛国罪犯（汉奸）暂行条例》第 13 条。

在同犯罪作斗争中发挥了很大的作用。现行刑法第 63 条关于自首的规定，可以说是我国革命法制中自首制度的发展，是人民民主专政同反革命罪和各种刑事犯罪长期斗争的经验总结。回顾一下自首制度的历史，有助于我们更好地理解现行刑法关于自首规定的内容和精神。

二

什么是自首？成立自首应当具备什么条件？现行刑法均未加以规定。这就需要总结司法实践，在刑法理论上加以解决。

自首是犯罪分子在犯罪以后自动投案，主动地如实交待自己的罪行，并接受审判的行为。成立自首，需要具备如下条件：

（一）必须于犯罪以后自动投案。刑法中自首从轻处罚的规定，是针对已经构成犯罪行为而言的，即在实施了犯罪行为之后，自动投案的，才可能作为自首处理。否则，如果行为人的行为根本不构成犯罪，而误认为已构成犯罪，自动投案的，那就应当按照行为的实际情况来解决。例如，进行走私或投机倒把活动，尚未达到犯罪程度的人，或者实行正当防卫，当场杀害了抢劫犯的人自动投案。这些都不属于刑法中的自首，应分别按照一般违法行为处理，或按照正当防卫不负刑事责任。

自动投案，一般认为，包括以下三种情况：（1）犯罪后犯罪事实未被发觉以前投案；（2）犯罪事实已被发觉，但犯罪人尚未被发觉以前投案；（3）犯罪事实和犯罪人均被发觉，有关机关尚未对犯罪人传讯或采取强制措施以前投案。至于犯罪被发觉后，犯罪分子逃跑后或被通缉时自动归案的，能否认为自首？在刑法学界还存在着争论。有人认为这种情况不能认为是自首。理由是，如果被认为是自首，无异鼓励犯罪分子逃跑。例如两个犯罪分子共同作案后，公安机关逮捕他们时，一个逃跑了，一个没有逃跑而被捕。后来逃跑的犯罪分子自动归案，认为是自首，予以从轻处罚；而没有逃跑的，反而不能受到从轻待遇。这不是鼓励犯罪分子逃跑吗？另有人认为这种情况应当视为自首。理由是，在这种情况下，犯罪事实和犯罪人虽已被发觉，但犯罪分子本人却不知去向，如果他们能自动归案，公安、司法机关就可以对案件侦查、审理。从刑事政策上考虑，视为自首，有助于鼓励犯罪分子自动归案，因而有利于对案件的侦查审理工作。当然，这种情况与犯罪未发觉的自首在处罚上应当有所区别。我们同意后一种观点。因为它符合我国的刑事政策，有助于公安、司法机关同犯罪分子的斗争。认为它会鼓励犯罪分子逃跑，这是不必要的担心。其实，它不是鼓励犯罪分子逃跑，而是鼓励犯罪分子逃跑后自动归案。至于归案后是否可以从轻处罚，那还要全面考虑后才能决定。

自动投案，通常是指犯罪分子亲自主动向有关机关投案。犯罪分子具有投案的诚意，但由于急于消除危害后果或其他正当原因，不能亲自投案，而委托他人代为投案的，也应认为是自动投案。此外，犯罪分子在亲友劝说下投案，或在亲友陪同下投案，或自知罪行败露无法掩盖而投案的，都可以视为自动投案，可以构成自首的条件之一。至于投案的动机可以不论，悔罪与否不影响自首的成立。有的同志则持相反的意见，主张悔罪是成立自首的根本条件，认为“悔罪贯穿于自首的全过程。自首成立的每一个要件都是悔罪的表现。不悔罪，就无所谓自首”。① 我们不同意后一种观点。我们认为它既不符合自首的立法精神，也不符合司法实践中对自首的认定。首先，我国刑法并未把悔罪列为自首的条件，即使刑法草案第二十二稿对自首做了解释性规定时，也同样如此。事实上立法者认为悔罪是某项制度适用的条件时，那就会在刑法中加以规定，如在刑法第 67 条就明确规定“悔罪表现”是适用缓刑的条件。如果立法者认为悔罪是成立自首的根本条件，而在历次刑法草案中对此都不加规定，是不可思议的。其次，我国刑法之所以规定自首“可以从轻处罚”，是考虑到自首的情况比较复杂，自首的动机极不一致，对有悔罪动机而自首的，可以从轻；对无悔罪动机而自首的，则可以不从轻。刑法没有把自首与从轻画等号，这是原因之一。如果认为只有悔罪，才有自首，那么，对自首规定“可以从轻处罚”，就与我国刑罚的目的不相符合。我国刑罚的目的不是报复，而是为了改造犯罪分子，预防犯罪。既然犯罪分子已经悔罪，那就应当从轻处罚，为什么还可以不从轻处罚呢？最后，司法实践对那些犯罪后逃跑，在外走投无路而自动归案的；或者事先预谋，实施严重犯罪后投案，妄图减轻应得惩罚的，都认为是自首，但

① 《法学杂志》1982 年第 6 期，第 38 页。

并不予以从轻处理。这种认定和做法得到广泛的赞许。这说明司法实践认为，投案即使不是出于悔罪，仍然不影响自首的成立。我们的结论是：自动投案的动机如何？是出于真诚悔罪，还是由于走投无路？是慑于人民民主专政的强大威力，还是为了争取从宽处理？对于自首的成立则不产生影响。至于犯罪后被群众扭送归案的，或被公安机关逮捕归案的，或在追捕过程中举手投降、俯首就擒的，当然不是自动投案，都不产生成立自首问题。

审判实践中有这样的情况：犯罪分子犯罪后准备投案，正同家人告别时，被公安人员逮捕。这种情况能否认为是自首？我们认为，犯罪分子虽准备投案，但毕竟尚未投案，因而不宜作为自首看待。如果查明属实，它说明犯罪分子犯罪后的态度较好，可以作为从轻情节在量刑时加以考虑。

所谓向有关机关投案，指向公安机关、检察机关或审判机关投案。实践中向所在单位负责人或保卫部门投案的，也认为可以成立自首。

（二）必须主动地如实交待自己的罪行。犯罪分子必须主动地如实交待自己的罪行，才能成立自首。如果是被迫地如实交待自己的罪行，例如被有关组织询问，或被公安机关传讯或采取强制措施以后，对已被怀疑、发觉的犯罪事实如实交待的，就不是自首，而是坦白。至于在侦查、审判或在服刑中交待其他没有被发觉的犯罪，应否认为是自首，看法还不一致。一种意见认为：这种情况不能视为是自首，因为它不符合主动投案的条件，“可视为坦白交待，认罪态度好，适当从轻处罚”。另一种意见认为，这种情况应当视为自首。例如，审判实践中对郑某一案的处理就是如此。郑某因抢劫被收容审查，在审查期间，主动交待了公安机关未曾掌握的他与另一同伙在一次抢劫中为了逃跑打死了更夫的罪行。某省高级人民法院即认为：郑某在收容审查期间主动坦白了公安机关尚未发觉的杀人罪行，是自首行为。我们同意后一种观点。在我们看来，将这种情况视为自首，符合我国对自首的传统看法。且不说封建刑律中就有“别言余罪者，亦如之”的规定，就是我国革命法制史上也承认余罪的自首。如1945年《山东省汉奸自首自新暂行条例》第3条规定：“前条所称之汉奸被逮捕后，能自首其未被发觉之余罪，并具有前条各款条件之一者，得减刑。”

可见，承认余罪的自首是我国对自首的传统观念。更重要的是，从我国的刑事政策来考虑，也以视自首余罪为自首比较妥当。因为它可以鼓励犯罪分子交待公安机关尚未掌握的罪行，回心向善；又可以减少公安机关破案的困难，有利于对案件的审理。

交待必须如实，才能认为是自首。交待是否如实，以是否交待主要犯罪事实为准。主要犯罪事实交待清楚了，就认为是如实交待；即使没有交待全部的犯罪细节，也不碍于自首的成立。如果捏造事实，掩盖真相，作假交代，就不能成立自首。例如，范某 1981 年 2 月某日晚，潜入某袜厂仓库，盗窃尼龙袜 3 箱，价值人民币 3 900 余元。后公安机关找范询问，范否认盗窃罪行。次日却向当地大队党支部交待，同时又虚构“袜子是×××偷出来的，自己被害煞哉”。最后经公安人员追问，范才讲了作案经过。二审法院即以没有具备“如实地坦白交待自己所犯罪行……”的条件为理由，认为不应定为自首。

交待自己罪行的方式，可能是口头的，也可能是书面的，交待的方式对自首自不产生影响。但交待的内容只能是自己的罪行，如果陈述别人的罪行，则是揭发，而不是自首。交待自己的罪行，是指交待自己犯罪行为的事实，而不是自己所实施的犯罪行为的罪名。只要如实交待了犯罪事实，即使所交待的罪名与所交待的犯罪事实不符，对自首的成立并无影响。

（三）必须接受审判。犯罪分子交待罪行后，接受国家审判，说明其愿负刑事责任，并便于国家对其行使审判权，这才符合刑法规定自首制度的宗旨，因而才能成立自首。否则，虽然用书面或用电话将自己的罪行向有关机关作了交待，却畏罪潜逃，不接受审判，既表现其毫无悔罪之意，又使国家不能对其审理，那就谈不上是什么自首了。

关于“首服”，我国刑法没有明文规定。犯亲告罪向被害人或有权告诉的人陈述自己未被发觉的罪行，可否成为自首？意见还不一致。有的同志认为：我国刑法规定的亲告罪，只有侮辱诽谤罪、干涉他人婚姻自由罪、虐待罪。这三种犯罪，都不可能用秘密方式进行，对于被害人及有权告诉的人来说，不会发生犯罪事实或犯罪人未被发觉的情况，承认向被害人或有权告诉的人陈述自己未被发觉的罪行是自首，实际意义不大，因而这种情况，不按自首对待。我们认为：亲告罪须有被害人或有权告诉之人的告诉，才能处理，所以，犯罪人向被害人或有权告诉的人陈述自己未被发觉的罪行，与向有关机关交待自己的罪行，具有相同的意义，应当视为自首。况且有的亲告罪如侮辱诽谤罪，也并非不能用秘密方式进行，以不会发生犯罪事实或犯罪人未被发现的情况为词，根本否认“首服”存在，理由实欠充分。因而在犯亲告罪时，确实向被害人或有权告诉的人陈述自己未被发觉的罪行，并接受国家审判的，自应按照“自首”处理。

对适用自首的犯罪，我国刑法没有规定任何限制，因而，只要符合自首的条件，不论犯任何罪，都可以按自首处理。理论上有人认为：对事故案件，依法负有责任向主管机关报告情况的人，其报告事故情况的行动，系法令所赋予的特定义务，不按自首处理。并举例说，驾驶人员驾驶车辆发生事故时，依公安部《城市交通规则》第58条规定：“须立即停车抢救被伤的人，并报告附近的交通民警或公安机关听候处理。”驾驶人员肇事后，将事故情况报告交通民警或公安机关的行动，就是履行交通规则所赋予的特定义务，不应再按自首处理。我们不同意这种观点。因为自首是刑法规定的，刑法并未对适用自首的犯罪加以限制，并且它是我国全国人民代表大会通过的基本法律。至于《城市交通规则》则是公安部制定的行政法规，其效力不能超越于刑法之上。如果肇事司机的行为符合自首的条件，自应依照刑法的规定，按照自首处理。并且从实际情况来看，对肇事司机的符合自首条件的行为，如果不按照自首处理，就不能给予应有的鼓励，从而就会影响更好地同犯罪行为作斗争。

三

对自首的犯罪分子应当如何处理？过去的立法例有以下几个原则：（1）得减（相对的减轻），（2）必减（绝对的减轻），（3）得免（相对的免除），（4）必免（绝对的免除），（5）得减免（相对的减轻或免除），（6）必减免（绝对的减轻或免除）；或者根据自首之罪的轻重或自首的情节，分别规定适用的原则。我国刑法总结了我国司法实践运用自首制度的经验，并参考自首的立法例，规定对犯罪以后自首的，按照如下三种情况，分别处理：

（一）犯罪以后自首的，可以从轻处罚。这是对自首处理的一般规定。要正确理解和执行这一规定，首先需要了解刑法为什么规定自首可以从轻处罚。在我们看来，这是因为：(1) 犯罪分子犯罪以后自首的，一般说来，表明他对自己实施的犯罪有所悔悟，易于改造，因而可以从轻处罚。(2) 从刑事政策上考虑，自首从轻处罚，可以鼓励犯罪分子自动投案，改过自新，并能分化瓦解犯罪分子，有利于同犯罪的斗争。(3) 就侦查、审判工作来说，犯罪分子自动投案，有利于案件的迅速侦破和审判，以免公安、司法机关多废时日和力量，并避免累及无辜。同时，由于犯罪的性质情节千差万别，自首的具体情况极不一致，因而规定自首“可以”从轻处罚，而不是“应当”从轻处罚，以便审判机关根据实际情况具体运用，既体现自首从宽的精神，又防止犯罪分子钻空子，逃避应得的惩罚。

其次，怎样理解刑法第 63 条规定的“可以从轻”处罚呢？我们认为，它包括如下三层含义：（1）可以从轻处罚，不是必须从轻处罚。即是否从轻处罚，法院有权根据具体情况决定，可以予以从轻处罚，也可以不予从轻处罚，不是对每一自首的犯罪分子都一律从轻处罚。(2) 一般情况下，自首应当从轻处罚。因为既然刑法作了自首可以从轻处罚的规定，那就表明原则上自首应当给予从轻处罚。如果不予以从轻处罚，应该另有不予以从轻处罚的理由。以刑法规定的是“可以从轻处罚”为词，没有充分理由，对自首的犯罪分子不予从轻处罚，是不妥当的。如孙某因宅基地问题同邻居发生纠纷，得不到解决，遂起杀人恶念。1980 年 10 月 22 日晨，当众用锄头将邻居之子打死，随即到县公安局投案。一审和二审都认为孙某在众目所见无法掩盖罪行的情况下投案，不能减轻处罚，判处死刑和维持原判。最高人民法院复核认为，孙某所犯罪行，论罪应当判处死刑，但考虑到其犯罪后确系投案自首，依法可以从轻处罚，决定改为死刑，缓期二年执行。这一改判是自首可以从轻处罚原则的生动体现。(3) 对极少数罪行特别严重、情节特别恶劣的犯罪分子，即使自首，也不应当从轻处罚。如故意实施危害特别严重的犯罪，或者犯罪分子特别凶恶、犯罪手段极端残忍，或者预谋利用自首逃避应得惩罚而实施严重罪行等，对这类犯罪分子，就不能仅仅因为犯罪以后自首而给予从轻处罚。实践上正是这样处理的。例如谢某以迷信手段诈骗钱财，为了灭

口，用极其残忍的手段，将张氏两家13口人全部杀害，作案后，谢某潜逃外地，在走投无路的情况下，投案自首。人民法院虽认定其有自首行为，但并未从轻处罚，而仍然判处死刑，是完全正确的。

（二）犯罪以后自首，犯罪较轻的，可以减轻或者免除处罚。这是处理犯罪较轻的自首的规定。犯罪的轻重是如何处理自首的法定基本根据。自首的不同情况，对于如何处理自首也有重要影响。所以，要正确理解和执行这一规定，就要区别犯罪的轻重及其程度和自首的各种具体情况。什么是犯罪较轻？什么是犯罪较重？现在还没有统一的解释。所谓犯罪较轻较重，我们认为不能只从犯罪行为的罪名来考虑（如认为杀人、放火、抢劫是重罪，侮辱、诽谤、侵犯公民通信自由是轻罪），而应全面分析犯罪行为的事实、性质、情节和危害后果，然后根据应当判处的刑罚轻重加以确定。一般说来，应当判处3年以下有期徒刑的，可以认为是犯罪较轻，应当判处3年以上有期徒刑的，可以认为是犯罪较重。自首的各种具体情况是如何处理自首必须考虑的酌定情节。这些情节主要是：(1) 投案自首的原因。例如，是犯罪未发觉前，慑于人民民主专政的威力而投案自首还是罪行已经暴露，自知隐藏不住而投案自首；是由于受到党和国家政策的感召或亲友的规劝而自首还是逃跑在外，走投无路而自首。(2) 交待罪行的情况。例如，是彻底交待了自己的犯罪行为，还是交待不够彻底仍有某些保留。(3) 认罪悔罪的态度。例如，是毫无认罪之意，还是尚有悔罪之心；是略有认罪的表现，还是以实际行动表明确实是幡然悔悟。在认定是犯罪较轻的自首时，究竟给予减轻处罚还是免除处罚，除了考虑罪行轻的程度之外，上述自首的各种酌定情节，对量刑往往起着重要作用，也应给予充分的注意。如社员向某在一辆货车翻下公路后去接汽油时，因不懂汽油易燃的性能，在油箱旁使用打火机吸烟，引起火灾，烧毁汽车并烧死车厢内一个小孩。当时谁也不清楚起火原因，县公安局结论是翻车时油箱爆炸起火。数月后向某投案自首。县人民法院认为，本案虽然后果严重，但向某是过失犯罪，而且是在没有发现犯罪事实和犯罪人的情况下主动自首交待的，说明确是真心悔改，因而从宽免予刑事处分。我们认为，这是根据犯罪较轻及其程度和自首的具体情节正确处理自首案件的典型实例。

（三）犯罪以后自首，犯罪较重的，如果有立功表现，也可以减轻或者免除处罚。这是处理犯罪较重的自首的规定。对于犯罪较重的自首，不论自首的具体情节如何，一般都只能从轻处罚，只有同时又有立功表现的，才可以减轻或者免除处罚。所以，对犯罪较重的自首来说，能否减轻或免除处罚，关键是有无立功表现。所谓立功表现，一般理解为犯罪分子自首后，不仅如实地交待了自己的罪行，而且检举了共同犯罪人或其他案件中的犯罪分子，经查证属实，或者提供重大案件的破案线索，帮助公安机关侦破重大案件，破获重要案犯。犯罪较重，自首又有立功表现的，可以根据其犯罪的严重程度和立功的大小，将功折罪，予以减轻处罚或予以免除处罚。关于检举共同犯罪人能否作为立功表现，在法律工作者中还存在着不同意见。有人认为检举共同犯罪人只是如实交代罪行的问题。因为如实交待，就必然供出同案犯，否则就谈不上自首，甚至连坦白也够不上，因而不能认为是立功表现。有人则认为，检举共同犯罪人，对于公安机关及时破案、司法机关及时审理，都有好处，因而有利于同犯罪作斗争，特别是检举公安机关未曾注意到的犯罪分子，更有意义，所以主张应当作为立功表现。实践中有不少案例是按照后一意见处理的。如于某、赵某、佟某、颜某、李某、刘某等人结为一伙，多次拦路抢劫，行凶伤人。刘某在党和国家的政策感召下，于 1977 年 1 月 8 日主动到公安机关自首，并揭发了同伙的罪行。于某、赵某均被判处有期徒刑 15 年，佟某有期徒刑 12 年，颜某有期徒刑 8 年，李某有期徒刑 5 年，刘某因投案自首，并揭发同伙，有立功表现，从宽免予刑事处分。我们认为，从有利于公安、司法机关对案件的及时侦破和审理看，从有利于分化瓦解犯罪分子，更好地同犯罪作斗争看，将检举共同犯罪人作为立功表现，对犯罪以后自首并检举同伙的，予以减轻或免除处罚，是比较恰当的。

（原载《法学评论》1983 年第 1 期）

我国刑法为什么没有规定“恶毒攻击”罪？

“文化大革命”期间盛行的“恶毒攻击”罪，在《中华人民共和国刑法》中没有规定。对此，有人还不太理解。这里谈谈个人的看法，以供参考。

在我看来，我国刑法没有规定“恶毒攻击”罪，是完全正确的。理由如下：

一、对“恶毒攻击”治罪，历来不得人心

对“恶毒攻击”治罪，由来已久。所谓“恶毒攻击”，古代或叫“谤”，或叫“诽谤”，或叫“妖言”，是奴隶社会、封建社会的统治者对人民或臣下议论朝政、批评皇帝所定的罪名，目的在于镇压人们对朝廷的不满，用以维护其残暴的专制统治。可是，对“诽谤”或“妖言”治罪，历来都不得人心。它不仅遭到广大人民的激烈反对，甚至也受到统治阶级内部有识之士的公开谴责。

《国语·周语》中记载的厉王弭谤的故事是较早的典型例子。周厉王（公元前 878～公元前 842 年在位）是西周最残暴的统治者，为政暴虐无道，人民颇有怨言。周王的卿士召公对他说：“老百姓无法忍受您的政令了。”周厉王听了，十分恼怒，马上找来卫国的巫者，使监视“恶毒攻击”的人。巫者报告谁是“恶毒攻击”的“罪犯”，就立即杀掉。于是人民噤若寒蝉，谁也不敢再随便说话。大家在路上相遇，只能使使眼色，把不满深深压在心里。这一下，厉王高兴了，对召公说：“吾能弭谤矣，乃不敢言。”召公回答说：“是鄣之也。防民之口，甚于防川。川壅而溃，伤人必多。民亦如之。是故为川者（治河的人）决之使导，为民者（治民的人）宣之使言……”召公还继续

解释说：人们在心里思考，从嘴中讲出，思虑成熟了，自然流露于言语之间，怎么能够阻止得住呢？如果想封住人们的嘴巴，赞助你的还能有几个呢？周厉王不听，后来终于被人民赶下了台，落得流放到彘（今山西霍县境）的可耻下场。这个历史故事生动地说明了对"恶毒攻击"治罪，多么不得人心。

西汉时文帝废除"诽谤妖言之罪"，是对"恶毒攻击"治罪不得人心的又一证明。以"文景之治"载誉史册的汉文帝是颇有见识的封建帝王。他认识到对"恶毒攻击"治罪的危害，吸取了历史上的教训，下诏坚决废除了"诽谤妖言之罪"。他说：古代治理天下，朝廷专门设置进言的旌旗和诽谤的木牌，让人在旗下提意见，在木牌上写谏言，以便鼓励进谏，通达下情。现在法令规定诽谤朝廷和传播这种言论的人要治罪，使民众和大臣不敢畅所欲言，做皇帝的无从听到自己的过失，这怎么能使远方的贤人聚集到朝廷上来呢？应该废除这一法令。有些人在背后咒骂皇帝，约定相互隐瞒，后来又互相告发，官吏就认为是大逆不道；如果再说些其他的话，官吏又认为是诽谤。"此细民之愚无知抵死，朕甚不取。自今以来，有犯此者勿听治。"①汉文帝认为老百姓咒骂皇帝，批评朝政是愚昧无知，这当然是剥削阶级的偏见；但作为一个封建帝王，在两千多年以前能够看出对"恶毒攻击"治罪，不利于臣民畅所欲言，从而不利于皇帝听取各种意见和及早改正自己的过失，并坚决废除了"诽谤妖言之罪"，却是难能可贵的。这里可以看出，对"恶毒攻击"治罪，即使是有见识的封建帝王也认为不可取，并自动加以废除。

《三国志·高柔传》关于魏除妖谤赏告之法的记载，也是一个很好的例证："文帝践阼……民间数有诽谤妖言，帝疾之。有妖言辄杀，而赏告者。柔上疏曰：'今妖言者必戮，告之者辄赏。既使过误无反善之路，又将开凶狡之群相诬罔之渐，诚非所以息奸省讼，缉熙治道也。昔周公作诰，称殷之祖宗，咸不顾小人之怨。在汉太宗，亦除妖言诽谤之令。臣愚以为宜除妖谤赏告之法，以隆天父养物之仁。'帝不即从，而相诬告者滋甚。帝乃下诏：'敢以诽谤相告者，以所告者罪罪之。'于是遂绝。"治书侍御史高柔反对"妖言者必戮，告之者辄

① 司马迁《史记·孝文本纪》。

赏”的论点是很有见地的。“妖言者必戮”，就会使犯了错误的人没有改正错误、回头向善的道路；而“告之者辄赏”，又会给凶狡之徒进行诬告陷害好人大开方便之门。这实在不是预防犯罪、减少诉讼、光明正大的治理方法。事实确实如此。当魏文帝没有立即接受他的废除妖谤赏告之法的谏言时，诬告就更加厉害。及至接受谏言，下诏“敢以诽谤相告者”反坐，马上就刹住了“以诽谤相告”之风。历史的事实再一次证明反对对“恶毒攻击”治罪的正确性。

明朝文渊阁大学士丘濬也曾对统治者对“恶毒攻击”治罪进行深刻的批判。他说：“所谓妖言之令，尤为无凭据。言出于人之口，而入于人之耳，甚无形迹也。徒以一人之言，而坐其一人之罪，且不可，况其家族乎？有国者恐其摇民惑众，或至奸宄之生，祸乱之作，必明立禁条，须必见于手书，著于简牍，成夫文理，质证对验，明白无疑，然后坐之。不然，且将有如贾生之论秦者矣。生之言曰：‘忠谏者谓之诽谤，深计者谓之妖言，非徒不能禁乱，且因以生乱，而至于亡矣。”① 丘濬从诉讼证据的角度有力地说明了对“恶毒攻击”言论治罪的不当。因为口说是没有凭据的，言语是没有形迹的，从而也就不可能“质证对验，明白无疑”，所以绝不能“徒以一人之言，而坐其一人之罪”。不仅如此，他还引用贾谊的话进一步深刻地指出，所谓诽谤妖言究竟是怎么回事：“忠谏者谓之诽谤，深计者谓之妖言。”这就是说，所谓诽谤，正是忠心耿耿的谏言；所谓妖言，正是深谋远虑的意见。而对这种“诽谤”、“妖言”治罪，实在是人妖颠倒，是非混淆，不仅不能制止动乱，而且会造成动乱，甚而至于导致亡国的结局。这些精辟的论断实在是对历史上对“恶毒攻击”治罪的极为深刻的批判。

不应对“恶毒攻击”治罪，这是反复证明了的历史结论。

二、对“恶毒攻击”治罪，违背革命导师的一贯教导

对“恶毒攻击”治罪，实质上是惩罚“思想犯”。而惩罚“思想犯”，早就受到马克思主义创始人的坚决反对。马克思深刻地指出：

① 丘濬《大学衍义补》卷113。

"凡是不以行为本身而以当事人的思想方式作为主要标准的法律，无非是对非法行为的公开认可。"因为人的单纯的思想，如没有表现为行为，就不可能引起外界的变化，不可能造成危害社会的结果。所以，即使是资产阶级，其上升时期的法律，也大多是以行为本身为标准。"对于法律来说，除了我的行为以外，我是根本不存在的，我根本不是法律的对象。我的行为就是我同法律打交道的惟一领域，因为行为就是我为之要求生存权利、要求现实权利的惟一东西，而且因此我才受到现行法的支配。"可是追究"思想犯"的法律，"不仅要惩罚我所做的，而且要惩罚我所想的，不管我的行为如何。所以，这种法律是对公民名誉的一种侮辱，是威胁着我的生存的一种阴险的陷阱"。① 马克思的这段精辟议论，虽然是针对普鲁士政府 1841 年 12 月 24 日颁布的新书报检查令而发的，但他提出的不能惩罚当事人的思想的原则，对于社会主义的刑事立法仍然具有指导性的意义。尽管在这里马克思没有直接谈到"恶毒攻击"罪，但很显然，按照马克思的观点看来，惩治"恶毒攻击"罪，无非是对公民名誉的一种侮辱，是威胁公民生存的一种陷阱，是对非法行为的公开认可。

如果说马克思只是论述了不能惩罚思想犯的法律原理，那么，列宁对如何处理类似"恶毒攻击"的案件已有具体的指示，从而为处理这类问题树立了马克思列宁主义的准则。事情发生在苏联社会主义政权建立之初的 1919 年。察里津住宅管理局职员彼尔施科娃涂画了她从一本小册子上撕下来的列宁画像，因而被逮捕。当地民警局的派出所所长乌萨乔夫和红军战士米宁不同意逮捕彼尔施科娃，分别向列宁打电报报告这件事，并请求释放她。列宁接到他们的电报后，随即给察里津肃反委员会主席梅什金发了如下一封电报：

一九一九年三月八日　　察里津

因毁坏画像而逮捕人是不行的。请立即释放瓦连廷娜·彼尔施科娃，如果她是反革命分子，那就请您监视她。

人民委员会主席　列宁

此外，列宁还在米宁拍来的电报上写了一段批示，要秘书在"收

① 《马克思恩格斯全集》(第 1 卷)，第 16～17 页。

到肃反委员会主席答复后请提醒我（事后把全部材料交给小品文作家们）”。①显然，列宁不认为涂画领袖像是什么反革命，是犯了什么“恶毒攻击”罪。他不但认为仅仅由于人们破坏了他的画像而逮捕是错误的，不能容许的，而且认为这样做是荒唐可笑的，因而要事后把全部材料交给小品文作家们，希望他们把它写成小品文公布于世，以讽刺和批评这种违法乱纪强加人罪的行为。由此可见，对“恶毒攻击”治罪，同列宁的教导是完全背道而驰的。

斯大林没有直接处理“恶毒攻击”问题，但他在论述群众和领袖之间的关系时，实际上对怎样对待这个问题作了明确的回答。他说：“正是为了前进并改善群众和领袖之间的关系，就应当时时刻刻敞开自我批评的大门，应当使苏维埃人有可能责骂自己的领袖，批评他们的错误，使领袖不会骄傲自大，而群众也不会离开领袖。”②在斯大林看来，应该使人民能够批评自己的领袖，甚至“责骂”自己的领袖，这样才能防止领袖骄傲自大，也才能使群众紧紧团结在领袖的周围。否则，如果人们一批评或“责骂”自己的领袖，立即给扣上“恶毒攻击”的罪名，甚至处以严厉的刑罚，那就只能得到相反的结果了。不难看出，对“恶毒攻击”治罪，同斯大林的主张也是格格不入的。

我们的伟大领袖和导师毛泽东同志曾经直接处理过“恶毒攻击”问题，表现了无产阶级领袖的博大胸怀和马克思主义的原则立场。那是在抗日战争时期最艰苦的年代。1942 年 8 月的一天，延安边区政府小礼堂正在开征粮会议。这时天正下着大雨，忽然一声雷响，礼堂的一根木柱子被雷劈断了，延安县长刘彩云同志不幸触电而死。这件事传出后，有的群众说，为什么雷没有劈毛主席？这话传到毛泽东同志那里，毛泽东同志并没有叫人追查骂自己的人，更没有去抓什么“反革命”，而是向干部了解“骂”的原因。原来，边区政府下达的征粮任务重，群众有意见，便借“劈雷”一事，发泄不满。毛泽东同志了解原委后，指示有关部门将征粮任务从 20 万担减至 16 万担。这样一来，党群关系更加亲近了，毛泽东同志在群众中的威望更加提高

① 据殿兴：《向列宁学习　遵守法治》，载《光明日报》1979 年 4 月 22 日。

② 《斯大林全集》（第 11 卷），第 29 页。

了。此后，毛泽东同志还经常拿这件事教育干部要关心群众生产。①毛泽东同志对这一事件的处理，树立了如何解决类似问题的光辉范例。十分明显，对“恶毒攻击”治罪，同毛泽东同志的教导是根本抵触的。

不要对“恶毒攻击”治罪，这是从马克思到毛泽东等革命导师的一贯教导。

三、对“恶毒攻击”治罪的惨痛教训，必须吸取

我国刑法本来是没有什么“恶毒攻击”罪的。“恶毒攻击”罪是1967年1月林彪、“四人帮”一伙炮制的非法的《公安六条》中规定的。它的第2条规定：凡是“攻击污蔑”一两个领袖人物的，“都是现行反革命行为，应当依法惩办”。从此，“四人帮”一伙及其追随者挥舞着“恶毒攻击”罪这个凶器，更加疯狂地迫害老一代无产阶级革命家和广大人民。一时间，狐鼠肆虐神州，冤狱遍及华夏，黄帝的子孙经受了我国历史上一次空前的大浩劫。这些，现在虽然已经成了历史的陈迹，但是，“前事不忘，后事之师”，为了避免十年悲剧的重演，我们应当从这段严酷的历史中吸取必要的教训：

（一）对“恶毒攻击”治罪，必然破坏社会主义法制，制造大量的冤、假、错案

因为对“恶毒攻击”治罪，是对思想治罪，对言论治罪。而以言治罪，可以曲解别人的言论，断章取义，无限上纲，甚至一时的失言，本是言之无心，也可以说他是言之有意；所以，往往只是对林彪、“四人帮”一伙的倒行逆施稍微表示一点不满的意见，或者写错了字、说错了话，甚至是发表完全正确的观点，都可以不管是否具有反革命罪的犯罪构成，而径以“恶毒攻击”治罪，判处严厉的刑罚。许多冤、假、错案正是这样造成的。这从已经平反的大量的冤、假、错案中可以清楚地看出来。这方面的冤、假、错案大体上有以下几种情况：（1）发表了完全正确的言论或者提出了符合实际的批评，被胡

① 习仲勋：《红太阳照亮了陕甘高原》，载《人民日报》1978年12月20日。

乱分析加以定罪。(2)无意说错了话、写错了字，或损坏了领袖画像，只凭客观后果加以定罪。(3)由于一时一事不满，说了牢骚话，或写了过激言词，被无限上纲加以定罪。(4)因对林彪、“四人帮”的倒行逆施不满，发表反对他们的言论，被无辜地加以定罪。(5)因反对林彪、“四人帮”，由于不了解实际情况，说了错怪领袖的话，或攻击性的言词，被错误地加以定罪。(6)出于其他目的，书写或拼凑反对领袖的标语，被不恰当地加以定罪。当然还有其他一些情况，但主要是上面几种。就上面几种来说，以“恶毒攻击”定为反革命罪，都是不符合法律规定的。按照当时仍然具有法律效力的《惩治反革命条例》第2条规定：“凡以推翻人民民主政权，破坏人民民主事业为目的之各种反革命罪犯，皆依本条例治罪。”这就是说，以反革命定罪，必须具有“推翻人民民主政权，破坏人民民主事业”的反革命目的。所以，过失罪固然不能成为反革命罪，即使是故意罪，如不具有反革命目的，也不能按反革命治罪。上面几种情况，虽然互不相同，但有一点是相同的，即它们都不具备反革命目的，也就都不具备反革命罪的犯罪构成。因而把它们作为反革命定罪，统统都是错误的。这是林彪、“四人帮”破坏社会主义法制、有法不依造成的恶果。现在，虽然这些案件已经平反，难道造成这些冤、假、错案的沉痛教训，我们还不吸取吗?

(二)对“恶毒攻击”治罪，就会违反宪法关于言论自由的规定，造成“黄钟毁弃，瓦釜雷鸣”的政治局面

我国是社会主义国家。我国公民享有包括言论自由在内的广泛民主权利。包括言论自由在内的民主权利，在我国宪法中作了庄严的规定。什么是言论自由呢?言论自由，就是享有公民权的人，可以无拘无束地发表自己的意见：可以发表正确的意见，也可以发表错误的意见；可以发表成熟的意见，也可以发表不成熟的意见；可以发表表扬的意见，也可以发表批评的意见。而对“恶毒攻击”治罪，往往把正确的批评或不同意见，当做反革命判刑。结果只能说歌颂的话，不能说批评的话，只能一言堂，不能群言堂，那还有什么言论自由可言呢?著名的资产阶级法学家孟德斯鸠在《论法的精神》中曾经指出：“言语并不构成‘罪体’。它们仅仅栖息在思想里。在大多数场合，它的本身并没有什么意思，而是通过说话的口气表达意思的。常常相同的一些话，意思都不同。它们的意思是依据他们和其他事物的联系来确定的。有时候沉默不言比一切言语表示的意义还要多。没有比这些含混不清的了。那么，怎能把它当做大逆罪呢？无论什么地方制定这么一项法律，不但不再有自由可言，即连自由的影子也看不见了。”①对“恶毒攻击”治罪，就会把言论自由治得连影子也看不见了，这不是完全违背宪法关于言论自由的规定吗？

对“恶毒攻击”治罪，在实际生活中，必然造成“黄钟毁弃，瓦釜雷鸣”的政治局面。因为对“恶毒攻击”治罪，实际是对批评的言论或不同的意见治罪。这样，具有独立见解，敢于发表逆耳忠言的先进分子，往往受到残酷的镇压。批评意见既然讲不得，阿谀逢迎之词自然成为时令商品；“当面说好话”，成为人们奉行的处世哲学。少数善于迎合林彪、“四人帮”意旨的人物，竟施献媚取宠之术，一时飞黄腾达，不可一世。“黄钟毁弃，瓦釜雷鸣；谗人高张，贤士无名”。林彪、“四人帮”横行时不正是这样的局面吗？粉碎“四人帮”后，经过拨乱反正，我们怎么能允许重新出现这种局面呢？

不能对“恶毒攻击”治罪，这是人民用无数鲜血换来的惨痛教训。

由于上述种种原因，所以，我国刑法没有规定“恶毒攻击”罪。我国刑法没有规定“恶毒攻击”罪，当然不是说不要维护党和国家领导人的威信，不是说可以对他们侮辱、诽谤或造谣中伤。党和国家领导人的威信是必须维护的，但不能简单地把党和国家领导人作为反革命罪的客体来规定。如果有对党和国家领导人不敬的言行，属于思想认识问题的，应当进行教育帮助；触犯刑律，构成侮辱、诽谤罪的，应当根据犯罪事实，依照所犯刑律，以侮辱、诽谤罪论处。如果确以反革命为目的，用张贴反对党和国家领导人的标语、传单或其他方法，宣传煽动推翻无产阶级专政的政权和社会主义制度的，那就应当以反革命宣传煽动罪论罪判刑。

（原载《法学研究资料》1980 年第 2 期）

---

① ［法］孟德斯鸠：《论法的精神》（上册），商务印书馆 1982 年版，第 198 页。

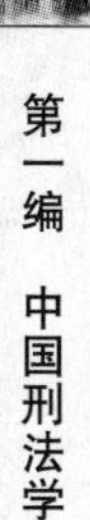

论内幕交易、泄露内幕信息罪

依照市场经济的要求，证券的发行，证券、期货的交易，应当遵循公开、公平、公正和诚实信用的原则。而证券、期货内幕交易或者泄露内幕信息，违反证券、期货交易的原则，使其他投资者处于不利地位，严重损害他们的合法利益，因而在国际上很多国家都用立法形式禁止内幕交易或泄露内幕信息。如美国 1984 年通过了《内部人交易制裁法》，加重了对内部人交易的处罚。1988 年又通过了《内部人交易与证券欺诈执法法》，不仅加重了从事内部交易的刑事处分，而且要求雇主加强对雇佣人的监督；否则，致使内部人从事内幕交易的，给以刑事或行政处分。① 日本 1948 年起施行的现已经十余次修改的《证券贸易法》，还规定了“泄露秘密之罪”，法定刑为处 1 年以下惩役或者 10 万元以下罚金。此外，英、法、比利时、奥地利、西班牙、荷兰、瑞典、挪威、丹麦、芬兰等国都以法律形式对内幕交易处以程度不等的自由刑或罚金。

我国证券市场自 1980 年恢复以来，得到了比较迅速的发展。证券法制建设虽然相对落后，但也出台了一些地方性法规或行政法规。在这些法规中都规定了禁止内幕交易或泄露内幕信息。1990 年 11 月 27 日由上海市人民政府发行的《上海市证券交易管理办法》第 39 条及从 1991 年 6 月 15 日施行的《深圳市股票发行与交易管理暂行办法》第 43 条都有禁止内幕交易的规定。1993 年 4 月 22 日国务院发布的《股票发行与交易管理暂行条例》第 72 条与 1993 年 9 月 2 日国务院证券委员会发布的《禁止证券欺诈行为暂行办法》第 13 条均明确规定禁止内幕交易和泄露内幕信息。但由于这些法规是行政法规或地

① 顾肖荣主编：《证券违法犯罪》，上海人民出版社 1994 年版，第 27 页。

方性法规，不能对内幕交易、泄露内幕信息规定刑事责任，因而难以给予应有的打击。有鉴于此，在修订刑法中，第 180 条专门设置了惩治内幕交易、泄露内幕信息罪的规定，为惩治这种犯罪提供了有力的武器。1998 年 12 月 29 日全国人大常委会通过的《中华人民共和国证券法》第 183 条对惩治内幕交易、泄露内幕信息的行为作了与刑法第 180 条相照应的规定。

1996～1997 年 3 月修订刑法时，基于当时的实际情况，刑法没有规定期货的犯罪。1999 年 5 月 25 日国务院制定了《期货交易管理暂行条例》，并于 1999 年 9 月起施行。该条例第 61 条规定了对期货内幕交易、泄露内幕信息行为的行政处罚，同时规定“构成犯罪的，依法追究刑事责任”。据此，1999 年 12 月 25 日全国人大常委会于《中华人民共和国刑法修正案》第 4 条，对刑法第 180 条做了修订，将期货的有关问题列入该条之中。

刑法第 180 条规定的犯罪，罪名应概括为内幕交易罪还是概括为内幕交易、泄露内幕信息罪？原来有两种观点：一是只概括为内幕交易罪，而将泄露内幕信息包含在内幕交易罪（或证券内幕交易罪）之内。二是概括为内幕交易、泄露内幕信息罪，并说明“本罪为选择性罪名，实践中行为人同时有内幕交易和泄露内幕信息行为，并均构成犯罪的，罪名并列，不实行数罪并罚”。我们同意第二种观点。因为仅仅泄露内幕信息，而未从事证券内幕交易的，不便定为内幕交易罪。而且在行政法规中也是将两者分别规定的，如《禁止证券欺诈行为暂行办法》第 13 条第 1 款规定：“内幕人员和以不正当手段或者其他途径获得内幕信息的其他人员违反本办法，泄露内幕信息，根据内幕信息买卖证券或者建议他人买卖证券的……”这是内幕交易行为；第 2 款规定，“内幕人员泄露内幕信息……还应当依据国家其他有关规定追究其责任”。根据这一规定，即使没有进行内幕交易，只要泄露内幕信息，即应追究责任。可见泄露内幕信息，并不就是内幕交易，因而应将两者并列概括为“内幕交易、泄露内幕信息罪”的选择性罪名为宜。最高人民法院《关于执行〈中华人民共和国刑法〉确定罪名的规定》之所以采用这样的罪名，理由当在于此。

根据刑法修正案第 4 条对刑法第 180 条的修正，内幕交易、泄露内幕信息罪，是指证券、期货交易内幕信息的知情人员或者非法获取

证券、期货交易内幕信息的人员，在涉及证券的发行、证券、期货交易或者其他对证券、期货交易价格有重大影响的信息尚未公开前，买入或者卖出该证券，或者从事与该内幕信息有关的期货交易，或者泄露该信息，情节严重的行为。本罪的构成要件如下：

（一）本罪的客体，是复杂客体，即国家对证券、期货市场的管理秩序和其他投资者的合法利益。内幕交易、泄露内幕信息行为违反了国家证券、期货交易法律、法规关于禁止利用内幕信息进行证券、期货交易的规定，破坏了证券、期货市场运行应当遵循的公开、公平、公正和诚实信用的原则，使证券、期货交易不能有序、有效、正常地运行，从而破坏了国家对证券、期货市场正常的管理秩序。同时，本罪也侵犯了其他投资者的合法利益。《股票发行与交易管理暂行条例》第 19 条第 2 款规定："发行人应当向认购人提供招股说明书。"第 66 条规定：上市公司应当将该条例第六章规定的和按照证券交易场所规定提交的有关报告、公告、信息及文件"向所有股东公开"。《期货交易管理暂行条例》第 34 条规定："期货交易所应当及时公布上市品种期货合约成交量、成交价、持仓量、最高价与最低价、开盘价和收盘价和其他应当公布的信息，并保证信息的真实、准确。"此即要求有关发售证券的公司、单位或期货交易所供给所有投资者以真实的资料信息，用以帮助投资者作出正确的投资决定。由于投资者因获得信息的迟早和多少，其经济利益会受到有利或不利的影响，所以在内幕交易、泄露内幕信息存在的情况下，其他投资者获得信息的渠道不畅、消息闭塞，因而处于十分不利的地位，往往会作出错误的投资决定或者坐失投资良机，以致他们的合法利益受到严重侵犯。

（二）本罪的客观方面，表现为进行内幕交易、泄露内幕信息，情节严重的行为。

1. 进行内幕交易，或者泄露内幕信息。进行内幕交易，即在涉及证券的发行，证券、期货交易或者其他对证券、期货交易价格有重大影响的信息尚未公开前，买入或卖出该证券，或从事与该内幕信息有关的期货交易。

什么是内幕信息？证券法、期货法规中均有规定。证券法第 69 条第 1 款规定："证券交易活动中，涉及公司的经营、财务或者对该公司证券的市场价格有重大影响的尚未公开的信息，为内幕信息。"

《期货交易管理暂行条例》第70条第12项规定："'内幕信息'，是指可能对期货市场价格产生重大影响的尚未公开的信息。"据此，内幕信息有两大特征：第一是重要性，指信息公布后会对证券、期货市场价格产生重大影响，即投资人如果知道这些信息，很可能给他们作出投资决定以重要影响，而不问该项信息所涉及的事情以后是否真会实现。第二是未公开性，指这些重要信息尚未为证券市场上投资人所获悉并用以进行证券买卖或期货交易。

内幕信息包括哪些信息？证券法、期货法规中也均有规定。证券法第69条第2款规定，下列各项信息皆属内幕信息：（1）本法第62条第2款所列重大事件；（2）公司分配股利或者增资的计划；（3）公司股权结构的重大变化；（4）公司债务担保的重大变化；（5）公司营业用主要资产的抵押、出售或者报废一次超过该资产30%；（6）公司的董事、监事、经理、副经理或者其他高级管理人员的行为可能依法承担重大损害赔偿责任；（7）上市公司收购的有关方案；（8）国务院证券监督管理机构认定的对证券交易价格有显著影响的其他信息。第62条第2款所列重大事件为下列情况：（1）公司的经营方针和经营范围的重大变化；（2）公司的重大投资行为和重大的购置财产的决定；（3）公司订立重要合同，而该合同可能对公司的资产、负债、权益和经营成果产生重要影响；（4）公司发生重大债务和未能清偿到期重大债务的违约情况；（5）公司发生重大亏损或者遭受超过净资产10%以上的重大损失；（6）公司生产经营的外部条件发生的重大变化；（7）公司的董事长，1/3以上的董事或者经理发生变动；（8）持有公司5%以上股份的股东，其持有股份情况发生较大变化；（9）公司减资、合并、分立、解散及申请破产的决定；（10）涉及公司的重大诉讼，法院依法撤销股东大会、董事会决议；（11）法律、行政法规规定的其他事项。《期货交易管理暂行条例》第70条第12项规定，内幕信息包括：中国证监会及其他相关部门制定的对期货交易价格可能产生重大影响的政策，期货交易所作出的可能对期货交易价格产生重大影响的决定，期货交易所会员、客户的资金和交易动向以及中国证监会认定的对期货交易价格有显著影响的其他重要信息。了解这些规定，有助于判明什么情况属于内幕信息。需要指出，内幕信息不包括运用公开的信息和资料，对证券、期货市场作出的预测和分析。

构成本罪，必须在内幕信息未公开前买入或者卖出该证券，或者从事与该内幕信息有关的期货交易；否则，本罪不能成立。《禁止证券诈欺行为暂行办法》列举了四种内幕交易行为：（1）内幕人员利用内幕信息买卖证券或者根据内幕信息建议他人买卖证券；（2）内幕人员向他人泄露内幕信息，使他人利用信息进行内幕交易；（3）非内幕人员通过不正当的手段或者其他途径获得内幕信息，并根据该信息买卖证券或者建议他人买卖证券；（4）其他内幕交易行为。上述规定，除（4）以外，都强调必须利用内幕信息，进行证券买卖；否则，就不构成内幕交易。刑法第180条没有强调构成内幕交易罪必须利用了内幕信息，那么，构成本罪是否以利用内幕信息为要件呢？在学理上有的著作明确提出："'利用内幕信息进行证券交易'，是本罪成立的必要条件之一……行为人知情，又买卖了有关证券，是否'利用了'内幕信息，则主要应以其买卖的证券与其所知情的内幕信息间是否有关系，是否涉及该证券的发行、交易和交易价格进行判断。也就是说，只要其知情的内幕信息涉及该证券，而行为人恰恰买入或者卖出或建议他人买卖的就是该证券，则应当认定其是利用了内幕信息进行交易。"① 我们赞同上述观点。在我们看来，刑法第180条虽然没有明文规定"利用内幕信息"的文字，但表述方法实际上包含"利用内幕信息"之意。只要对内幕信息"知情"或非法获悉内幕信息，又在信息未公开前买卖或使人买卖该证券，也就是利用内幕信息进行证券交易，而不需要再规定"利用内幕信息"，以免产生歧义。

泄露内幕信息，指知道内幕信息的人员，将内幕信息透露给不应知悉内幕信息的人。泄露者仅仅泄露了内幕信息，并未使他人利用该信息进行内幕交易。但内幕信息既经泄露，一传十，十传百，可能导致很多人进行证券买卖，使其他投资者或公司遭受严重损失，因而对泄露内幕信息，构成犯罪的，规定了刑事责任。如果内幕人员向他人泄露内幕信息，使他人利用该信息进行内幕交易的，应依内幕交易罪论处。

2. 情节严重。这是本罪构成的必要条件。所谓情节严重，根据

---

① 马克昌、丁慕英主编：《刑法的修改与完善》，人民法院出版社1995年版，第524页。

最高人民检察院、公安部《关于经济犯罪案件追诉标准的规定》第29条，指下列情形之一：（1）内幕交易数额在20万元以上的；（2）多次进行内幕交易、泄露内幕信息的；（3）致使交易价格和交易量异常波动的；（4）造成恶劣影响的。

（三）本罪的主体，是特殊主体，即证券、期货内幕信息的知情人员或者非法获取证券、期货内幕信息的人员，个人和单位均可以构成。有的著作认为"犯罪主体是一般主体，既可以是自然人，也可以是单位"。[①] 我们认为这种观点欠妥。因为本罪并非任何自然人或者单位都可能构成，而只有具备法定条件的个人或单位才可能构成本罪。

1. 证券内幕信息的知情人员，即内幕人员。哪些人属于内幕人员，根据美国法院的判例，大体可以分为以下两类：第一类，传统的内幕人员，其范围大致包括：（1）公司董事、经理和监察人；（2）公司内具有控制权的股东；（3）公司的员工；（4）公司本身。第二类，暂时的内幕人员，指公司的会计、律师等。[②] 什么是内幕信息的知情人员，我国《期货交易暂行条例》第70条第13项作了概括规定，即"'内幕信息的知情人员'，是指由于其管理地位、监督地位或者职业地位，或者作为雇员、专业顾问履行职务，能够接触或者获得内幕信息的人员"。至于哪些人属于内幕人员，证券、期货法律、法规均有规定。证券法第78条规定，下列人员为知悉证券交易内幕信息的知情人员：（1）发行股票或者公司债券的公司董事、监事、经理、副经理及有关的高级管理人员；（2）持有公司5%以上股份的股东；（3）发行股票公司的高级管理人员；（4）由于所任公司职务可以获取公司有关证券交易信息的人员；（5）证券监督管理机构工作人员以及由于法定的职责对证券交易进行管理的其他人员；（6）由于法定职责而参与证券交易的社会中介机构或者证券登记结算机构、证券交易服务机构的有关人员；（7）国务院证券监督管理机构规定的其他人员。上述

---

① 严军兴、肖胜喜主编：《新刑法释义》，中共中央党校出版社1997年版，第212页。

② 见顾肖荣主编：《证券违法犯罪》，上海人民出版社1994年版，第34～36页。

条例第 70 条第 13 项规定期货内幕信息的知情人员包括："期货交易所的理事长、副理事长、总经理、副总经理等高级管理人员以及其他由于任职可获取内幕信息的从业人员，中国证监会的工作人员和其他有关部门的工作人员以及中国证监会规定的其他人员。"

2. 非法获取证券交易内幕信息的人员，即非内幕人员，指上述内幕人员以外，通过非法方法从内幕人员处获取内幕信息的人员。所谓非法方法，可以是盗窃、骗取信息资料或者通过偷听、监听手段获取内幕信息，也可能采取私下交易、套取等手法取得内幕信息。这类人员如果根据其非法获得的内幕信息买卖证券、从事期货交易或者泄露内幕信息、建议他人买卖证券、从事期货交易，情节严重的，构成内幕交易罪。如果仅仅泄露非法获取的内幕信息，并未使他人买卖证券、从事期货交易，而是导致他人买卖证券、从事期货交易，情节严重的，构成泄露内幕信息罪。因为"行为人一旦非法获取内幕信息，就有了在该信息尚未公开前，保守该信息秘密的义务"。①

（四）本罪的主观方面，在学理上见解不一。其一认为："本罪的主观方面是直接故意。即明知是内幕信息而故意利用该信息进行证券交易或故意将该信息泄露给他人进行证券交易。过失不构成本罪。"②其二认为："本罪主观方面只能由故意构成。如果行为人在无意中泄露证券内幕信息的，不构成本罪。"③ 其三认为："内幕交易罪的主观方面只能是直接故意，并且是以为自己或者他人牟取非法利益为目的。泄露内幕信息罪的主观方面可以是故意，也可以是过失。"④ 其四认为："主观上可以是故意，也可以是过失。"⑤ 我们认为，本罪即

---

① 周道鸾等主编：《刑法的修改与适用》，人民法院出版社 1997 年版，第 397 页。

② 邓又天主编：《中华人民共和国刑法释义与司法适用》，中国人民公安大学出版社 1997 年版，第 300 页。

③ 肖扬主编：《中国新刑法学》，中国人民公安大学出版社 1997 年版，第 404 页。

④ 周道鸾等主编：《刑法的修改与适用》，人民法院出版社 1997 年版，第 397 页。

⑤ 严军兴、肖胜喜主编：《新刑法释义》，中共中央党校出版社 1997 年版，第 212 页。

内幕交易、泄露内幕信息罪是选择性罪名，两者的主观方面并不相同，应分别而论，不宜笼统说明，在这个问题上，第三种观点分别论述是正确的。就内幕交易罪而言，其主观方面只能是直接故意，即明知内幕信息而根据该信息买卖证券，并且具有为自己或使他人牟取非法利益（获取利益或者减少损失）的目的。刑法第 180 条并未规定牟取非法利益为本罪要件，但上述暂行办法第 3 条规定："禁止任何单位或者个人以获取利益或者减少损失为目的，利用内幕信息进行证券发行、交易活动。"这里明确指出：内幕交易系以获取利益或者减少损失为目的，这是对内幕交易真实情况的概括。刑法第 180 条虽然没有规定牟取非法利益的目的，但并没有否定上述规定，因而应当承认本罪具有这种目的。就泄露内幕信息罪而言，其主观方面只能是故意，即明知自己的行为会泄露内幕信息而希望或放任内幕信息泄露出去的心理态度，过失则不可能构成本罪。刑法第 15 条第 2 款规定："过失犯罪，法律有规定的才负刑事责任。"刑法第 180 条"泄露该信息"之前没有明文规定"过失"，不像刑法第 398 条对泄露国家秘密罪明文规定"故意或者过失泄露国家秘密"。据此，泄露国家秘密罪，可以由过失构成，而泄露内幕信息罪则不能由过失构成。

（五）认定内幕交易、泄露内幕信息罪应注意的问题。认定内幕交易、泄露内幕信息罪时，要注意区分罪与非罪的界限。认定行为是否构成内幕交易罪，以下三点应当特别加以注意：(1) 内幕信息是否已经公开？信息公开之后，除国家规定禁止买卖股票、禁止从事期货交易的人员外，任何人都可以从事证券交易、期货交易。构成内幕交易罪，必须是在内幕信息尚未公开之前买卖证券或者从事与该内幕信息有关的期货交易。所以确定消息何时公开，对认定本罪是否成立，十分重要。(2) 行为人对内幕信息是否知情？如果行为人不知道内幕信息，只是运用公开的信息和资料，对证券、期货市场作出预测，而在内幕信息未公开前买卖证券或从事期货交易，则不构成本罪。只有知悉内幕信息，在内幕信息未公开前买卖证券或从事期货交易，本罪才可能成立。所以确定行为人对内幕信息是否知情，对认定本罪同样具有重要意义。(3) 情节是否严重？刑法第 180 条规定，情节严重是构成内幕交易罪的要件。只有情节严重的内幕交易，才能构成本罪。虽有内幕交易，如果情节不严重，可以依照上述暂行办法第 13 条的

规定处理。该条规定："根据不同情况，没收非法获取的款项和其他非法所得，并处5万元以上50万元以下的罚款。"所以情节是否严重，是确定内幕交易罪的罪与非罪的界限。在认定构成本罪时，必须慎重地确定情节确已达到严重的程度。认定行为是否构成泄露内幕信息罪，除了必须确定行为人将自己知悉的内幕信息在信息公开之前透露给不应知悉内幕信息的人员并且情节严重之外，应特别注意主观上是否出于故意。如果是出于过失，例如由于对信息资料保管不严，以致让人窃得了内幕信息，则不能构成本罪。

（六）对内幕交易、泄露内幕信息罪的处罚。根据刑法第180条的规定，犯本罪的，处5年以下有期徒刑或者拘役，并处或者单处违法所得1倍以上5倍以下罚金；情节特别严重的，处5年以上10年以下有期徒刑，并处违法所得1倍以上5倍以下罚金。至于什么是情节特别严重，有待司法解释作出规定。

单位犯本罪的，对单位判处罚金，并对其直接负责的主管人员和其他直接责任人员，处5年以下有期徒刑或者拘役。这里值得注意的是：单位犯本罪的，对其直接负责的主管人员和其他直接责任人员的法定刑，较个人犯本罪的法定刑要轻，即不论情节是否特别严重而只规定一个量刑档次——处5年以下有期徒刑或者拘役。

（原载《中国刑事法杂志》1998年第1期，收入本书时作了若干修改）

金融诈骗罪若干问题研究

刑法理论和司法实践中对金融诈骗罪的一些问题存在不同认识，本文拟对其中的若干问题谈谈自己的看法。

一、关于“以非法占有为目的”

这里拟谈两个问题：是否所有的金融诈骗罪都需要“以非法占有为目的”为要件；如何理解“以非法占有为目的”。下面分别论述。

我国刑法中“金融诈骗罪”一节包括八个具体金融诈骗罪，只有第 192 条的集资诈骗罪和第 193 条的贷款诈骗罪分别规定“以非法占有为目的”为该罪的构成要件而其余条文关于票据诈骗罪、金融凭证诈骗罪、信用证诈骗罪等，均未规定“以非法占有为目的”为构成要件。那么，怎样看待这几种诈骗罪呢？尽管不少论著说明这些诈骗罪都是以非法占有为目的，但也有著作采取回避态度，对此不加说明。在司法实践中有的同志常常提出质疑：既然刑法对这些诈骗罪没有规定“以非法占有为目的”，根据什么认为它们有此目的呢？我们认为，票据、金融凭证、信用证、信用卡、有价证券、保险诈骗等六种诈骗罪，无例外地都是以非法占有为目的。理由是：（一）它们都是诈骗罪的一种，是从诈骗罪分离出来的，刑法尽管没有对诈骗罪规定以非法占有为目的，但不论理论上和实践上对诈骗罪以非法占有为目的，普遍予以承认。既然诈骗罪是以非法占有为目的，作为诈骗罪派生出来的各种金融诈骗罪，自然都不可能例外。（二）之所以规定集资、贷款诈骗罪以非法占有为目的，其余诈骗罪未作规定，是出于立法技术上的考虑。集资、贷款诈骗罪，与其他非法集资行为（例如，为了资金周转非法集资）、其他非法骗贷行为（例如，为了‘借鸡生蛋’

骗取贷款）极为相似，为了与这些行为划清界限，需要将非法占为己有的目的明文加以规定。而其余诈骗罪，或者在条文中已有“骗取财物”的规定，或者在个别必要的场合如“恶意透支”规定“非法占有为目的”，一般对非法占有目的不作规定，因为这些是“不言自明”的，即不作规定也可以了解它是以不法占有为目的。对这些犯罪，条文都使用了“诈骗活动”一词，离开了非法占有的目的，也就不可能构成诈骗活动。

如何理解“以非法占有为目的”？在有关金融诈骗罪的著作中一般都没有解释，但在其他有关问题的讨论中，有对“非法占有”的论说。论著认为，民法上的所有权包括四种权能，即占有、使用、收益和处分。刑法上的所谓非法占有，指上述四种权能之一的占有，而不是指所有。我们认为，这样理解不符合刑法理论上通常的解释，也不符合这类犯罪的实际情况。从刑法理论上看，日本和我国台湾学者均认为作为领得罪之一的诈欺罪，其不法占有的意思，是意图将他人之物作为自己的所有物而利用或处分的意思，即不是仅仅意图占有，而是意图不法所有。如日本学者木村龟二说：“不法占有的意思，在所谓领得罪（窃盗、强盗、诈欺、恐吓、侵占）中，作为其主观要件，除了故意以外，不法领得的意思是必要的，通说和判例都这样看……如果根据判例，所谓不法领得的意思，是指‘排除权利人，将他人的物作为自己的所有物，按照其经济上的用途，利用或者处分它的意思’（大判大正 4.5.21 刑录 21 辑第 663 页）。如果根据这一点，那么以一时的利用为目的而盗窃物品（使用盗窃），或者以毁弃、隐匿为目的而盗窃的场合，由于欠缺非法占有的意思，不得成立窃盗罪。将不法领得的意思视为必要的见解的目的当然也就在于此。”① 尽管木村教授也介绍了对上述观点的不同意见，他还是表示，对领得罪来说“应当认为不法领得的意思是不可欠缺的”。② 大谷实在论述不法领得意思时指出，“财物罪的本质，既然最终在于侵害所有权其他本权，作为其主观的要件只是侵害占有的意思是不够的，应当认为伴随侵害占有，作为所有权者（本权者）行动的意思虽然没有记述，但作为构

① ［日］木村龟二：《刑法学词典》，上海翻译出版公司 1991 年版。

② ［日］木村龟二：《刑法学词典》，上海翻译出版公司 1991 年版。

成要件要素是必要的。从而，欠缺这种领得意思的侵害占有——所谓使用盗窃，应当认为不构成盗窃罪”。① 需要说明，日本刑法对诈骗罪的规定是“欺骗他人使之交付财物的”（第246条第1款），法条中没有明文规定以不法占有为目的或不法取得意思，但大谷教授还是认为，作为领得罪（包括诈骗罪在内），其构成要件要素，需要有作为所有权者（本权者）行动的意思。与日本刑法不同，我国台湾“刑法”对诈骗罪明文规定了主观要件，即“意图为自己或第三人不法之所有，以诈术使人将本人或第三人之物交付者”（第339条第1款），台湾学者赵琛对“意图为自己或第三人不法之所有”解释说：“意图不法所有，指欲不法领得其物，排除他人对物之监督权，而行使其所有权内容之意思而言。换言之，行为人之主观上，有于法律上取得所有权之故意，或有于经济上与所有人享同等利益为同等支配之故意……再意图不法所有，无论为自己不法所有，或为第三人不法所有，均非所问，第三人指行为人与被害人以外之人而言，包括自然人及法人在内……”② 蔡墩铭教授分析普通诈骗罪之构成要件时指出：“（二）须有为自己或第三人之不法所有之意图（目的），即行为人有将他人之财物不法移归自己或第三人所有之目的。”③ 据上所述不难看出：不论日本刑法学者或我国台湾刑法学者，都认为诈欺罪的主观要件包括以不法所有为目的，而不是只限于以民法上所有权的四种权能之一“占有所有”为目的。《中华人民共和国刑法》中的诈骗罪，与上面所述的诈欺罪性质相同，作为其构成要件的“以不法占有为目的”中的占有，显然不应为只是民法上所有权的四种权能之一的占有，而应理解为不法所有的意思。从各种金融诈骗罪的实际情况看，无论哪一种金融诈骗犯罪行为人，诈骗财物都不只是仅仅为了自己占有财物，排除他人对财物的控制，而是为了通过占有骗取的财物，追求享受，大肆挥霍，将财物加以使用或处分，也就是以不法所有为目的。自然，这里所说的“所有”，只是不法所有，并且只是行为人主观上的意图，并非在法律上具有所有权。总之，在我们看来，将不法

① ［日］大谷实：《刑法讲义总论》，成文堂1994年第4版。

② 赵琛：《刑法分则实用》（下册），台湾三民书局1979年版。

③ 蔡墩铭：《刑法各论》（修订再版），台湾三民书局1978年版，第233页。

占有理解为不法所有，才是各种金融诈骗罪中“以不法占有为目的”的真正含义。

二、先伪造、变造金融票证，后进行诈骗的定性问题

我国刑法规定了伪造、变造金融票证（包括票据、金融凭证、信用证、信用卡）罪，伪造、变造国家有价证券罪，同时规定了票据诈骗罪、金融凭证诈骗罪、信用证诈骗罪、信用卡诈骗罪、有价证券诈骗罪。那么，自己先伪造、变造了金融票证、国家有价证券，后利用自己伪造、变造的金融票证、国家有价证券进行诈骗活动，应该怎样处理呢？对此，不少学者给予了关注，但如何解决这一问题，意见并不一致。概括言之，有以下几种处理办法：

（一）作为吸收犯，依照金融诈骗罪论处。例如有的著作对刑法第 195 条第 1 款“使用伪造、变造的信用证或者附随的单据、文件”解释为：“使用伪造、变造信用证或者附随的单据、文件，既包括行为人自己伪造、变造后自己使用，也包括伪造、变造后提供给他人使用。”① 这里将行为人自己伪造、变造行为包括在使用行为之内，并没有提出对伪造、变造行为的定罪问题，实际是将伪造、变造行为作为预备行为，被吸收于使用行为即金融诈骗的实行行为之内。

（二）认为这种情况是实际的数罪，应当实行数罪并罚。例如有的同志认为，伪造并使用伪造的信用卡虽然存在牵连关系，但这种信用卡牵连犯罪是实际上的数罪，对其理应实行数罪并罚，而不应“从一重处断”。②

（三）只提出按牵连犯处理，未说明依照何种犯罪论处。如有的著作在论述信用证诈骗罪中的“使用伪造、变造的信用证”指出：“行为人使用的信用证可能是自己伪造、变造的信用证，也可能是他人伪造、变造的。如果行为人使用的是自己伪造、变造的信用证，则

① 胡康生、李福成：《中华人民共和国刑法释义》，法律出版社 1997 年版。

② 侯放、柯葛壮：《信用证信用卡外汇违法犯罪的防范与处罚》，中国检察出版社 1999 年版。

同时触犯了第194条规定的金融票据诈骗罪，按牵连犯处理。”① 至于按牵连犯怎样处理，则未加说明。

（四）认为构成牵连犯，依照目的行为即金融诈骗罪论处。例如，有的著作写道：“……行为人先伪造、变造汇票、本票、支票或者其他银行结算凭证，然后使用该伪造的票证进行诈骗活动。这种情形实际上属于一种牵连情形，应当从一重罪论处，即应以金融票证诈骗罪处罚，而一般不实行两罪并罚。”②

（五）不仅提出按照牵连犯处理，而且比较两罪在刑法上的规定，说明在什么情况下依照目的行为论处。例如，有的著作对这一问题论述说，伪造、变造金融票据并使用伪造、变造的金融票据骗取钱财的，可视为两罪的牵连犯，以一重罪从重处罚，问题是如何选择重罪。比较“两罪法定刑的轻重，除票据诈骗罪因数额特别巨大或者有其他特别严重情节可判处死刑外，伪造票据罪本重于票据诈骗罪，所以在一般情况下，伪造、变造票据后又使用该票据骗取财物的，理应构成伪造、变造票据罪，不再论以票据诈骗罪。只有在极其特殊的场合，即骗取财物既遂，并且数额特别巨大或者具备其他特别严重情节，需判死刑时，才适用票据诈骗罪。③

据上引文，可以看出对这一问题的认识颇有分歧。那么，如何看待上述观点呢？我们认为，意见（一）将伪造、变造行为直接包含于使用行为之中的观点是值得研究的。因为前者既然作为独立的犯罪加以规定，并且确实存在着手段行为与目的行为的关系，所以并不当然包括于后者之中。同时，如果伪造、变造行为情节严重，使用行为诈骗财物只是数额较大，那么依金融诈骗犯罪论处，就会重罪轻判，放纵犯罪，因而难以认为妥当。意见（二）认为是实际数罪，应当数罪并罚的见解，有其一定的理由，因为牵连犯确实是数罪。但我国现在无论刑法理论上或司法实践上，都承认牵连犯及其从一重处断的处理

---

① 曹子丹、侯国云：《中华人民共和国刑法精解》，中国政法大学出版社1997年版。

② 邓又天主编：《中华人民共和国刑法释义与司法适用》，中国人民公安大学出版社1997年版。

③ 叶高峰：《金融犯罪论》，河南大学出版社1999年版。

原则。因之，除了法律特别规定某些牵连犯实行数罪并罚应当依法并罚以外，凡法律没有作出特别规定的，对牵连犯仍应按照“从一重处断”的原则论处，而不能实行数罪并罚。所以主张数罪并罚的意见，实不足取。意见（三）只提出按牵连犯处理，并没有错误，但因为刑法对手段行为之罪及对目的行为之罪规定的法定刑比较复杂，具体应依何种犯罪处理，需要经过分析才能确定。不给予具体说明，实际上并未真正解决问题。意见（四）也认为构成牵连犯，并提出处理的办法，与意见（三）相比有所前进，但所提处理办法则不够恰当。因为牵连犯的处理原则是“从一重处断”（或者说“从一重从重处罚”）。这就需要比较手段行为与目的行为构成之罪何者为重，依何者处理，并不当然依照目的行为即金融诈骗罪处理。所以，此说也不免欠妥。意见（五）既认为构成牵连犯，又比较两种犯罪法定刑的轻重，据以提出依照何种犯罪处理，思路可取，结果较当，是颇有价值的见解。但认为一般情况下应依手段行为即伪造、变造票据罪处理，未免失之于笼统而缺乏分析，则是其不足。下面谈谈我们的处理意见。

首先应当说明，这里仅就自己先伪造、变造金融票证，后自己使用这些票证进行金融诈骗，并且两者均构成犯罪的情况加以研究，因为这时构成牵连犯，如何处理，需要探讨；而不涉及利用他人伪造、变造的金融票证进行诈骗，也不涉及某一方面不构成犯罪的情况，因为这两种情况都只按某种犯罪处理就是了，问题比较简单。当两种犯罪构成牵连犯时，应当比较刑法对两种犯罪规定的法定刑的轻重，结合犯罪的实际情况，按照“从一重处断”的原则，确定应以何种犯罪处罚。现以伪造、变造金融票证罪与票据诈骗罪为例加以说明，其余可循此例解决。

（一）伪造、变造金融票证罪的法定刑分为三个档次，第一档次法定最高刑为5年有期徒刑，最低刑为单处罚金；票据诈骗罪的法定刑也分为三个档次，第一档次法定最高刑亦为5年有期徒刑，最低刑则为拘役。最高刑相同的，以最低刑相比较，票据诈骗罪的最低刑拘役重于伪造、变造金融票证罪的最低刑罚金。如果两者均构成属于第一档次的犯罪，则应以票据诈骗罪论处。

（二）伪造、变造金融票证罪的第二档次法定刑与票据诈骗罪的第二档次法定刑完全相同，如果两者均构成属于第二档次的犯罪，则不论以伪造、变造金融票证罪论处，或以票据诈骗罪论处均无不可，但我们认为，在手段行为与目的行为法定刑同重的情况下，按照通常的理解，以目的行为的犯罪论处较宜，即以票据诈骗罪从重处罚。

（三）伪造、变造金融票证罪的第三档次法定最高刑为无期徒刑，票据诈骗罪的第三档次法定最高刑为死刑，如果两者均构成属于第三档次的犯罪，自应以票据诈骗罪论处。

（四）如果两种犯罪分别构成不同档次的犯罪，则应以构成高的档次的犯罪论处。例如，如果构成伪造、变造金融票证罪属于第二档次，构成票据诈骗罪属于第一档次，则应以伪造、变造金融票证罪论处；反之，则应以票据诈骗罪论处。

三、使用伪造的信用证作担保，骗取银行贷款如何定性

行为人使用伪造、变造的信用证或作废的信用证或骗取的信用证作担保，诈骗银行或其他金融机构的贷款如何定性，理论上也有不同见解：（一）认为构成法条竞合，根据法条竞合的处理原则，认定为信用证诈骗罪。例如，有的著作写道：“利用信用证骗取银行贷款，骗取进口商与其订立货物买卖合同后为其开具信用证，取得信用证后，即以该信用证作担保，骗取银行贷款，这种行为，既触犯了本条规定的犯罪（按：指刑法第195条规定的信用证诈骗罪），又触犯了刑法第193条规定的贷款诈骗罪，在刑法理论上属于法条竞合的情况，根据刑法理论处理法条竞合的一般原则，应认定为信用证诈骗罪。”①（二）认为构成牵连关系，应按牵连犯“择一重罪从重处罚”的原则处罚。例如，有的著作论述说：“但是如果行为人是‘使用伪造、变造的信用证’，‘使用作废的信用证’或者使用‘骗来的信用证’后冒充出口商骗取银行或其他金融机构贷款的，显然触犯了两个法条，两个罪名，在这种情况下由于信用证诈骗属目的行为，而诈骗银行或其他金融机构贷款属结果行为，两者存在牵连关系，也应按牵

① 张穹：《刑法适用手册》（中），中国人民公安大学出版社1997年版。

连犯‘择一重罪从重处罚’的原则处罚。”① 这里作者的意思也是以信用证诈骗罪论处。

如何评价上述两种观点呢？我们认为，两种观点的结论都是正确的，但论证导致结论的前提，应当是构成法条竞合，而不应是构成牵连犯，所以，后一观点值得研究。他们提出的信用证诈骗属目的行为，诈骗银行贷款属结果行为，既不符合牵连犯的理论，也不符合两罪构成的实际。根据牵连犯的理论，“为了能够认定牵连犯，某种犯罪的性质上，通常要是作为其手段的行为，或者某种犯罪的性质上，通常要是作为其结果的行为，即有数个行为，它们立于‘手段——目的’、‘原因——结果’的关系是必要的”。② 由此可以看出，本罪行为具有双向对应的特点，与手段行为相对应，它是目的行为；与结果行为相对应，它是原因行为。③ 可见，如果信用证诈骗属目的行为，那么诈骗银行贷款应属手段行为；如果说诈骗银行贷款属结果行为，那么信用证诈骗应属原因行为，这才构成牵连犯的对应关系。实际上两者也不是原因行为与结果行为、手段行为与目的行为的关系，而是使用伪造的、作废的或骗得的信用证与骗取银行贷款两种行为结合起来，既构成信用证诈骗罪，又构成贷款诈骗罪。这是由于刑法的错杂规定而造成的，所以应当认为是法条竞合，而不应当认为是牵连犯。法条竞合的处理原则主要是特别法优于普通法、重法优于轻法。这里信用证诈骗罪与贷款诈骗罪的规定，不是属于普通法与特别法的关系，应依重法优于轻法的原则处理。信用证诈骗罪法定最高刑为死刑，贷款诈骗罪法定最高刑为无期徒刑，因而这种情况应以信用证诈骗罪论处。

（原载《人民检察》2001 年第 1 期）

---

① 侯放、柯葛壮：《信用证信用卡外汇违法犯罪的防范与处罚》，中国检察出版社 1999 年版。

② ［日］川端博：《刑法总论讲义》，成文堂 1997 年版。

③ 吴振兴：《罪数形态论》，中国检察出版社 1996 年版。

最高人民法院一项司法解释刍议

奸淫幼女罪原是一个独立的罪名，2002 年 3 月 5 日公布的最高人民法院、最高人民检察院《关于执行〈中华人民共和国刑法〉确定罪名的补充规定》取消了奸淫幼女罪罪名，而将奸淫幼女作为强奸罪的一种形式。

奸淫幼女罪是否以明知被害人是未满 14 周岁的幼女为条件，理论上过去曾存在争论，审判实践中认识也不够明确。在并入强奸罪后，辽宁省高级人民法院曾就“关于行为人不明知是不满 14 周岁的幼女而与其自愿发生性关系，是否构成强奸罪问题”，向最高人民法院请示。最高人民法院作出《关于行为人不明知是不满 14 周岁的幼女，双方自愿发生性关系是否构成强奸罪问题的批复》（以下简称《批复》），并于 2003 年 1 月 17 日公布，同年 1 月 24 日起施行。《批复》指出：“行为人明知是不满 14 周岁的幼女而与其发生性关系，不论幼女是否自愿，均依照刑法第 236 条第 2 款的规定，以强奸罪定罪处罚；行为人确实不知是不满 14 周岁的幼女，双方自愿发生性关系，未造成严重后果，情节显著轻微的，不认为是犯罪。”这有利于司法实践正确解决奸淫幼女行为的定罪问题。但也出现了异议，因而有必要加以论析。

一、《批复》的基本观点应予肯定评价

我们认为，最高人民法院这一司法解释的基本观点应当予以肯定评价。理由是：

(一)《批复》反映了刑法理论界的通说

奸淫幼女是否以明知被害人是未满14周岁的幼女为条件才构成强奸罪(或奸淫幼女罪),理论界虽然有不同意见,但目前明确否定“明知”为条件的观点却很少看到,有的是回避是否“明知”。如何秉松教授主编的《刑法教科书》写道:奸淫幼女罪“主观方面是故意,并且具有奸淫的目的”,“客观方面表现为与不满14周岁的幼女发生性交的行为,不管幼女是否同意,也不管行为人用什么方法达到奸淫目的,只要实施与幼女性交的行为,即构成奸淫幼女罪”。① 但未提到是否要求“明知”,这可视为否定说。可是何秉松教授主编的另一教材《刑法教程》却明确提出:奸淫幼女罪必须以“明知”为要件,并对否定说加以批评。书中认为:奸淫幼女罪“主观方面是故意,即行为人明知自己已奸淫的对象是未满14周岁的幼女而仍然与其性交的心理态度”。我国刑法学界和审判实践中有观点认为,行为人对于其奸淫的对象是幼女有无明知或者认识,不影响本罪的成立,这样可以体现国家对幼女的特别保护。我们认为,我国刑法并未将严格责任作为心理责任原则的例外,因此刑法总则中关于犯罪故意的规定适用于刑法分则所规定的全部故意犯罪,作为故意犯罪,奸淫幼女罪的行为人必须明知其所奸淫的对象是幼女,否则奸淫幼女罪将失去其故意犯罪的属性。② 这可以说是肯定说,不少刑法教材,都持类似观点。例如,高铭暄、马克昌两教授主编的《刑法学》指出,“关于构成奸淫幼女罪,是否要求行为人主观上必须明知被害人是幼女……多数人认为,虽然刑法分则条文上未写明知二字,但是,本罪是故意犯罪,而犯罪故意就包含明知自己的行为会造成危害结果的认识因素。如果行为人根本不知道对方是幼女(以为其是少女或成年妇女),对方同意或不反对与其发生性行为,行为人不可能具有造成奸淫幼女危害结果的认识,亦即缺乏奸淫幼女罪的故意,以奸淫幼女罪论处是不妥当的。当然,要求明知是幼女,并非要求必须确知是幼女,而是只要知

① 何秉松主编:《刑法教科书》,中国法制出版社1997年版,第784~785页。

② 何秉松主编:《刑法教程》,中国法制出版社1998年版,第548~549页。

道可能是幼女，或者可能知道是幼女，就构成本罪。”① 苏惠渔教授、孙国祥教授分别主编的《刑法学》所持观点与此大致相同，由此可见，《批复》的观点正是刑法理论界关于构成奸淫幼女罪要求明知被害人是幼女的观点的反映。

（二）国外刑事立法与刑法理论不少持“肯定说”

国外刑事立法中虽有明文规定不以明知幼女年龄为要件的立法例，如加拿大刑法典第 146 条规定：“男子奸淫下列女子，无论其知否为 14 岁或逾 14 岁之人，为公诉罪，处无期徒刑：（1）非其妻子；（2）并未满 14 岁。”又如意大利刑法典第 609-6 规定，在针对不满 14 岁未成年人实施性行为的情况下，“犯罪人不得以不知晓被害人的年龄作为开脱罪责的理由”。但类似规定为数很少。而有的国家的刑事立法明文规定以“明知”为要件或显示以“明知”为要件。前者如《俄罗斯联邦刑法典》第 131 条（强奸）第 3 款第 3 项规定：“明知受害人未满 14 岁而对其实施的，处 8 年以上 15 年以下的剥夺自由。”而普通强奸罪的法定刑为“处 3 年以上 6 年以下的剥夺自由”。根据上述规定，不明知受害人未满 14 岁而对其实施强奸的，只能构成普通强奸罪而不构成加重的强奸罪，这里仅指使用暴力或以使用暴力相威胁等情况而言，至于未使用暴力或未以使用暴力相威胁，则于第 134 条规定“与未满 16 岁的人实行性交和其他性行为”，即“年满 18 岁的人与明知未满 16 岁的人实行性交、同性性交的，处 3 年以下的限制自由或 4 年以下的剥夺自由”。这里明文规定“明知未满 16 岁的人”为构成本罪不可缺少的条件。后者如瑞士联邦刑法典第 187 条（危害未成年人发育，与儿童的性行为）第 4 款规定：“行为人误认为儿童已满 16 岁，如果行为人慎重行事是能够避免此等错误的，处监禁刑。”本条没有明文规定“明知”，但这里规定误认而能够避免的，当指可能知道儿童未满 16 岁，亦即属于我们所说的“明知”的情况。此外，还有国家的刑事立法规定以明知或疏忽幼儿的年龄为要件。如格陵兰刑法典第 52 条甲款规定：“明知或行为时疏忽幼儿的年龄与

① 高铭暄、马克昌主编：《刑法学》（下编），中国法制出版社 1999 年版，第 829 页。

15岁以下的幼儿性交或发生其他性关系者，定与幼儿发生性交罪。”疏忽幼儿年龄，意味着可能知道幼儿的年龄。较多国家的刑事立法回避是否“明知”，而仅规定奸淫未满13岁（或14岁）的幼女的，是否要求“明知”，则委之于解释。例如，日本刑法第176条规定：“以暴行或者胁迫手段对13岁以上的男女实行猥亵行为的，处6个月以上7年以下惩役；对未满13岁的男女实行猥亵的，亦同。”第177条规定：“以暴行或者胁迫手段奸淫13岁以上的女子的，是强奸罪，处2年以上有期惩役；奸淫未满13岁的女子的，亦同。”韩国刑法典第305条、德国刑法典第176条第1款、法国刑法典第222-24条第2款、第222-29条第1款均有类似规定。日本刑法虽然没有明文规定“明知”被害人是幼女为强奸罪的要件，但在刑法理论界多作“肯定说”的解释。例如，大谷实教授在解释强制猥亵罪的故意时说：“本罪的故意是对上述客观的要件为认识。将未满13岁的人误认为13岁以上并基于其同意而实施猥亵行为的场合，是事实的错误，阻却故意。即对于第176条后段之罪的故意来说，必须认识对象是不满13岁的人。认为如果得到同意即使12岁也可以的场合，是违法性的错误，不阻却故意。将13岁以上的人误认为12岁而实施猥亵行为时，只要没有实施暴行、胁迫，就不成立犯罪。”① 在解释强奸罪的故意时，他说：“故意也与强制猥亵的场合同样处理。”② 又如内田文昭教授在谈到强制猥亵罪、强奸罪的主观构成要件要素时写道：“如果说关于年龄的认识，为了成立出于暴行、胁迫的强制猥亵罪、强奸罪，虽然没有必要认识对方为13岁以上（因为认为出于暴行、胁迫的场合可以无视年龄），但非出于暴行、胁迫或者得到同意而实施的场合，应当认为有必要认识对方为未满13岁。在这种场合，误认为对方为13岁以上，阻却强制猥亵罪或者强奸罪的构成要件的故意。”③ 可见《批复》的观点与不少国家的刑事立法或刑法学者的意见基本上相一致，说明这样解释有其刑法理论根据。

---

① ［日］大谷实：《刑法讲义各论》，成文堂1994年第4版，第112页。

② ［日］大谷实：《刑法讲义各论》，成文堂1994年第4版，第113页。

③ ［日］内田文昭：《刑法各论》（上卷），青林书院新社1979年版，第159页。

（三）《批复》符合刑法的基本原则——主客观相统一原则

主客观相统一原则，虽然未被 1997 年刑法明文加以规定，但它在刑法中有具体体现，并且为我国刑法理论界多数学者所承认。根据主客观相统一原则，在认定犯罪时，不仅要求行为人的行为对刑法所保护的社会关系造成相当严重的危害或威胁，而且要求行为人有刑事责任能力和主观上有罪过（故意或过失），否则，就不可能构成犯罪。我国刑法第 14～16 条分别规定了故意犯罪、过失犯罪与意外事件。第 14 条规定："明知自己的行为会发生危害社会的结果，并且希望或者放任这种结果发生，因而构成犯罪的，是故意犯罪。"第 16 条规定："行为在客观上虽然造成了损害结果，但是不是出于故意或者过失，而是由于不能抗拒或者不能预见的原因所引起的，不是犯罪。"可见我国刑法反对客观归罪，英美刑法中的严格责任并不为我国刑法所承认（当然我国刑法也反对主观归罪）。强奸罪是故意犯罪，根据上述规定，对于奸淫幼女而言，套用日本学者大谷实的话来说，首先必须认识（明知）对象是未满 14 周岁的幼女。如果确实不知道（不能预见）对象是幼女，依照规定，不构成犯罪。不难看出，《批复》所说："确实不知道是不满 14 周岁的幼女，双方自愿发生性关系……不认为是犯罪"，完全符合刑法的上述规定，亦即符合刑法的基本原则——主客观相统一原则。

涉及对幼女犯罪的司法解释，过去即曾注意贯彻主客观相统一原则。例如，2001 年 6 月 11 日公布的《最高人民检察院关于构成嫖宿幼女罪主观上是否需要具备明知要件的解释》指出："行为人知道被害人是或者可能是未满 14 周岁幼女而嫖宿的，适用刑法第 360 条第 2 款的规定，以嫖宿幼女罪追究刑事责任。"这里的解释实际是，构成嫖宿幼女罪主观上需要具备明知要件。所谓"行为人知道被害人是或者可能是"幼女，就是"明知"的意思。据此，构成嫖宿幼女罪，要求"行为人知道被害人是或者可能是"幼女而嫖宿；否则，自然不构成本罪。这与最高人民法院的《批复》基本点相同，只是涉及的罪名有别，表述的方式不同而已。说明"两高"在"明知"问题上观点相同，都与主客观相统一原则相符合。

有的同志强调对幼女应予以特殊保护，所以不论是否知道幼女年龄，只要对幼女实施奸淫行为，即可构成强奸罪；否则，就会放纵犯罪。的确，刑法第236条第2款规定奸淫不满14周岁幼女的，以强奸论并且从重处罚，是对幼女实施特殊保护的表现；但刑法对幼女实施特殊保护，并不意味着可以背离主客观相统一原则这一刑法的基本原则。如果对幼女的年龄确实不知道并也不可能知道，仍然依强奸罪追究刑事责任，就会导致我国刑法所反对的客观归罪。正如张明楷教授所说："幼女早熟，身材高大，且虚报年龄，行为人在不知道也不可能知道其为幼女的情况下，经幼女同意发生性交的，不能认定为强奸罪。因为行为人并不明知对方是幼女，缺乏奸淫幼女的故意。如果对此认定为强奸罪，则有客观归罪之嫌。"① 所以，在处理奸淫幼女行为时，应当注意贯彻主客观相统一原则，既要对幼女坚决实行特殊保护，严惩奸淫幼女的犯罪行为；又要防止对这种行为定罪扩大化，避免侵犯人权。

二、改进奸淫幼女适用法律司法解释的建言

我们对最高人民法院《批复》的基本观点虽然是肯定的，但还是感到这个《批复》的提法有待改进；并且认为仅仅依照这个《批复》，对解决奸淫幼女的法律适用问题是不够的，因而建议今后应对奸淫幼女的法律适用作出比较全面的解释，并对这个《批复》的某些提法加以改进，以利于司法实践处理这一问题时便于操作。具体建议如下：

（一）保留《批复》的前半句

《批复》的前半句"行为人明知是不满14周岁的幼女而与其发生性关系，不论幼女是否自愿，均依照刑法第236条第2款的规定，以强奸罪定罪处罚"，在今后司法解释中予以保留。需要指出，这里所谓"明知"，指知道是、知道可能是或者可能知道是。所以，即使不是确知其为幼女，但根据情况（如身体发育情况并非显然超过14周岁），知道可能是或者可能知道是幼女，与其发生性关系，均构成强奸罪。

① 张明楷：《刑法学》，法律出版社2003年版，第696页。

（二）对《批复》的后半句加以修改

《批复》的后半句拟修改为：“行为人确实不知道并且不可能知道是不满 14 周岁的幼女，双方自愿发生性关系，不构成强奸罪。”这里增加“并且不可能知道”的词语，以排除可能知道的情况。因为可能知道是幼女，仍构成强奸罪。所谓“不可能知道”，应当根据具体情况确定，如原来并不了解，幼女谎报年龄或出示伪造的身份证说明超过 14 周岁，且身心发育早熟，看来根本不像幼女，因而确信其不是幼女。这就与刑法第 16 条关于意外事件的规定相符合，而不宜以强奸罪论处。这里没有再表述“未造成严重后果，情节显著轻微的”，因为加上这样的表述，意味着“造成严重后果，情节不显著轻微”时，就应以强奸罪论处，这岂不是与主客观相统一原则矛盾，而成为客观归罪？建议在上述情况下只说不构成强奸罪，如果造成严重后果，根据具体情况，则可能构成其他犯罪。有的同志对“自愿”的说法提出异议，认为未满 14 周岁的幼女没有性行为能力，因而所谓“自愿”是无效的。这种观点是对的，但“自愿”毕竟与暴力、胁迫手段相区别，这种事实在刑法上不能不加以考虑。

（三）增加由于年龄关系等情况不认为是犯罪的内容

瑞士联邦刑法典第 187 条第 2 款规定：“如果为性行为之双方的年龄相差不足 3 年的，行为不处罚。”第 3 款规定：“行为人行为时尚不满 20 岁且具有特殊情况或与被害人结婚的、主管机关可免予追诉、免予移交法院或免予处罚。”这些规定对我们作司法解释有参考价值。在这方面，我国司法实践也有自己的经验。最高人民法院《1995 年以来奸淫幼女案件检查总结》（1957 年 4 月 30 日）写道：“至于个别幼女虽未满 14 周岁，但身心发育早熟，确系自愿与人发生性行为的，法院对被告人酌情从轻或减轻处理，如果男方年龄也很轻，双方确系在恋爱中自愿发生性行为的，则不追究刑事责任。”最高人民法院、最高人民检察院、公安部 1984 年 4 月 26 日印发的《关于当前办理强奸案件中具体应用法律的若干问题的解答》（以下简称《解答》）中说：“14 岁以上不满 16 岁的男少年，同不满 14 岁的幼女发生性的行为，情节显著轻微，危害不大的，依照刑法第 10 条（按：指 1979 年刑法）的规定，不认为是奸淫幼女罪，责成家长和学校严加管教。”①这些经验值得司法解释吸取。

借鉴上述规定和经验，建议司法解释增加如下内容：“14 周岁以上不满 16 周岁的男少年，同不满 14 周岁的幼女双方自愿发生性行为，情节显著轻微，危害不大的，依照刑法第 13 条规定，不认为是犯罪，责令他的家长、监护人和学校严加管教。”这里是指行为人明知对方是幼女的情况。

（四）增加对“从重处罚”的解释

刑法第 236 条第 2 款规定，奸淫幼女的，以强奸论，从重处罚。如何从重处罚，上述《解答》曾有说明，即“对奸淫幼女的，按第 1 款的法定刑从重处罚；具有第 3 款规定的情节的，按该款的法定刑从重处罚。”这一解答，今天仍有指导意义，建议将它增入今后的司法解释中。

（原载《中国刑法学年会文集》，中国人民公安大学出版社 2003 年版）

① 公安部法律政策室编：《执法手册》（第六辑），群众出版社 1985 年版，第 39 页。

受贿罪客观要件探析

关于受贿罪客观方面的要件，当前还存在一些争论，本文拟对此加以探析，以期有助于对问题的深入研讨和解决。

一、关于利用职务上的便利

构成受贿罪，必须行为人利用职务上的便利。如何理解“利用职务上的便利”，学者意见很不一致。有的同志认为，利用职务上的便利在含义上包括两个彼此联系的方面：一是基于工作上的身份而享有的职务权限；二是由于工作上派生出来的工作便利，利用工作便利多发生在有第三者存在的场合，行为人与第三者之间虽然不存在行政上的隶属关系和领导关系，但却存在业务上的管辖关系、横向的经济合作关系或者工作上的互利与制约关系，行为人虽不能从行政领导的角度对第三者发号施令，但他担任的职务具有的地位和身份，对第三者存在着现实的影响，这种影响力就是受贿人得以利用的工作便利。有的同志则认为，利用职务上的便利包括两种情况：1. 通过受贿人本身职务所造成的便利条件。2. 受贿人利用了他人职务所造成的便利条件，即利用本人的职务便利和他人的职务便利，受贿者凭借自己的职务影响或者人事、人情关系，向其他国家工作人员要求给予行贿者利益，这种间接利用他人职务的权利而实施的行为，也应视为受贿人利用职务上的便利。另有的同志认为，职务上的便利不包括与工作相关联的便利所造成的方便条件，“工作便利”是一个很不准确的概念，把工作便利作为受贿罪的构成要件，不仅没有立法根据，在实践中也会混淆罪与非罪，此罪与彼罪的界限。最后有的同志认为，利用职务上的便利包括三重含义：1. 直接利用自己的方便条件，2. 行为人利

用自身职务的影响，即职权范围的延续，3. 行为人利用了原有职务的影响，即职权时间的延续。① 上述观点有不少很好的见解，但也有的提法不够明确，如工作便利。1989 年 11 月 6 日最高人民法院，最高人民检察院《关于执行关于惩治贪污罪贿赂罪的补充规定若干问题的解答》（以下简称《解答》），就此问题专门作了解释：即受贿罪中“利用职务上的便利”，是指利用职权或者与职务有关的便利条件。“职权”是指本人职务范围内的权力。“与职务有关”是指虽然不是直接利用职权，但利用了本人的职权或地位形成的便利条件。国家工作人员不是直接利用本人职权，而是利用本人职权或地位形成的便利条件，通过其他国家工作人员职务的行为，为请托人谋取利益，而本人从中向请托人索取或者非法收受财物的，应以受贿论处，对于单纯利用亲友关系，为请托人办事，从中收受财物的不应以受贿论处。

（一）利用职权的便利。即利用本人担任某种职务所享有的主管、分管、决定或处理以至经办一定事项的权力，如银行信贷员利用发放信贷资金的权力谋取私利，海关工作人员利用查验进出境货物、物品的权力谋取私利等，都是利用职权的便利。我国刑法没有区分不违背职务的受贿罪与违背职务的受贿罪，因而“利用职务的便利”既指实施职务所要求的行为，如户籍警小王将符合由农村户口转为城市户口条件的甲、乙、丙、丁四人，按照规定转为城市户口，而分别收受他们送给的合计 2 000 余元的财物；也包括实施违背职务所要求的行为，如某看守所管理干部罗某，收受服刑犯刘某的家属送给的 3 000 元后，将刑期尚差 5 年未满的罪犯刘某偷偷予以放跑。我们认为，我国刑法虽然没有将受贿罪作如上区分，但在量刑时，对违背职务的受贿罪应当从重处罚，如果违背职务的行为又构成其他犯罪的，应当与受贿罪实行数罪并罚。

（二）利用与职务有关的便利。即不是直接利用职权，而是利用本人的职权或地位形成的便利条件，通过第三者的职务行为谋取私利。这种情况与《日本刑法》中的斡旋受贿罪相似。在《日本刑法》中，受贿罪的主体为公务员或仲裁人，而斡旋受贿罪的主体只是公务

---

① 赖宇、陆德山主编：《中国刑法之争》，吉林大学出版社 1989 年版，第 373～375 页。

员，而不包括仲裁人。根据两高《解答》，利用与职务有关的便利，利用者和第三者都是国家工作人员。《解答》之所以这样规定，可能因为这种情况毕竟不是受贿人直接利用自己的职权，而是通过第三者的职务行为，需要予以适当地限制。据此，利用与职务有关的便利，构成受贿罪，必须具备如下条件：1. 犯罪主体限于国家工作人员。按照《补充规定》的规定，受贿罪的主体，除国家工作人员外，还包括集体经济组织工作人员或者其他从事公务的人员。而通过其他国家工作人员的职务行为，为请托人谋取利益而从中索取或收受贿赂的，其主体则不包括集体经济组织工作人员和其他从事公务的人员。2. 国家工作人员利用了本人职权或地位形成的便利条件，既不是直接利用本人的职权，也不是单纯利用私人关系。所谓利用本人职权和地位形成的便利条件，通常指：第一，国家工作人员的职权和地位对其他国家工作人员具有领导、指导或监督的关系，后者不能不听从其指使。例如主管工业的副市长，让市属钢铁厂的经理批条子，平价卖给请托人四吨钢材，自己收受请托人的贿赂。第二，国家工作人员的职权和地位使其他国家工作人员在工作上对其处于依赖关系。后者虽不在前者领导之下，但因有求于他，以至不能不服从其意志。例如某火车站站长皮某，有权调拨运货车皮，某汽车制造厂经常找其批条子调拨车皮外运厂内制造的汽车。皮某收受请托人贿赂后，利用这种关系让汽车制造厂厂长平价售给请托人运输汽车三辆。司法实践对类似上述行为，均以受贿罪论处是很正确的。3. 必须是通过其他国家工作人员的职务行为，如果是通过非国家工作人员或者通过国家工作人员的非职务行为，均不能构成本罪。《日本刑法》第 197 条之 4 的斡旋贿赂罪对其他公务员的职务行为规定："使其他公务员在其职务上从事不正当的行为或不从事应当作的行为"。与此不同，这里所说的"其他国家工作人员的职务行为，不限于从事不正当的行为或不从事应当作的行为；此外，还包括从事正当的行为。例如某校校长指示基建处处长，将准备兴建的图书馆大楼建筑工程，交给向其请托的甲建筑队承包，实际上该队最符合投标条件，理当中标。事后该队给校长送去 4 000 元人民币以表示感谢。校长收受财物，同样构成受贿罪，就是这种情况的适例。4. 为请托人谋取利益，而本人从中向请托人索取或者非法收受财物。关于"为请托人谋取利益"，两高《解答》

所说"……为他人谋取的利益是否实现，不影响受贿罪的成立"，在这里同样适用。因为这是针对受贿罪所作的解释，利用其他国家工作人员职务行为的受贿罪没有理由将它排除在适用之外。日本学者在解释斡旋受贿罪的"斡旋"时说："斡旋行为虽然是必须实施'使从事职务上不正当的行为或不从事应当作的行为'，但不以从事不正当的行为或不从事应当作的行为的事实实际发生为必要。"① 这种观点值得我们解释本问题时参考。同时，向请托人索取或者非法收受的财物，还必须达到受贿罪的数额标准，才可能构成受贿罪。

有的同志将"已离、退休的国家工作人员，利用本人原有职权或地位形成的便利条件，通过在职的国家工作人员职务上的行为，为请托人谋利益，而本人从中向请托人索取或者非法收受财物的"，也解释为属于"利用职务上的便利"，我们认为这是值得商榷的。理由是：第一，已离、退休的国家工作人员，已无现任职务，也无现任职务形成的便利条件，因而谈不上利用职务之便。第二，离、退休国家工作人员所利用的，是在职国家工作人员职务上的行为，与他现时的"职务"毫无关系，所以只能说是利用第三者职务上的便利。第三，两高《解答》将这种情况解释为"以受贿论处"，即有与通常受贿罪有所不同之意。不同之处除犯罪主体外，也在于它既不是利用职权，也不是利用与职务有关的便利条件。

二、关于贿赂

什么是贿赂？日本刑法学者大多给贿赂下有定义。如大塚仁说："所谓贿赂，是作为公务员、仲裁人关于职务的不正当报酬的利益。"② 植松正指出：贿赂"是具有作为对职务行为等价意义的不法利益"。③ 飞田清弘等认为："贿赂指对公务员或仲裁人的行为（作为或不作为）的不法报酬。"④ 至于贿赂包括哪些具体内容，则有财产

① ［日］植松正：《刑法概论Ⅱ各论》，劲草书房1979年版，第80页。

② ［日］大塚仁：《刑法要论·各论》，成文堂1987年版，第51页。

③ ［日］植松正：《刑法概论Ⅱ各论》，劲草书房1979年版，第70页。

④ ［日］飞田清弘等：《贿赂》，立花书房1979年版，第187页。

利益说与非财产利益说之争，但在日本，非财产利益说占通说的地位，并为判例所采用。植松正说："非物质的利益能否成为贿赂，学说上虽有争论，但由于否定论找不到值得倾听的论据，因而支持肯定说。判例肯定这种观点，认为公私职务的有利地位（大判·大正四·六·一）、性交（大判·大正四·七·九）等也是贿赂。"①

我国刑法理论没有对贿赂下定义，我们认为在我国现行刑法中，贿赂是指作为对国家工作人员、集体经济组织工作人员或其他从事公务的人员利用职务上便利的行为之非法报酬的财产利益。至于贿赂的具体内容，我国刑法学界有财物说、金钱估价说和需要说或称非财产利益说三种观点。第一，财物说。认为"刑事立法规定贿赂内容指财物，明确具体，便于执行。如果把贿赂内容解释为包括不正当利益则笼统抽象，会给守法、执法带来困难，进而会混淆罪与非罪、此罪与彼罪的界限，不可避免会产生扩大化的错误"。② 第二，金钱估价说或物质利益说。认为"从我国过去把受贿行为作为贪污罪惩处的历史来看，受贿罪的对象显然只能指财物或其他能够用货币计算的物质性利益"。③ 第三，需要说或非财产性利益说。认为"贿赂这一概念，从其现代的、被法律规范化了的意义上讲，不但是财物，即金钱和物品，也应是指一切不正当的利益，即能满足受贿人各种生活需要和精神欲望的一切财产性利益和非财产性利益"。④ 为论证此说的合理性，持这种观点的同志提出如下主要理由：1. 在现实生活中，贿赂犯罪绝大部分是以财物进行的，但是，由于近年来我国社会主义商品经济的发展，在我国社会生活中，除了财物以外，能够作为贿赂使用的，不但有诸如债权的设立、债务的免除、免费旅游等财产性利益，而且还有迁移户口、调动工作、提升职务、安置就业、提供女色等非财产性的利益。这些非财产性利益有的是用金钱也买不到的，确实起了收买国家工作人员的作用，把财物以外的不正当利益作为贿赂的内容之一，完全符合我国现实的客观实际。2. 有人认为把国家工作人员收

① ［日］飞田清弘等：《贿赂》，立花书房1979年版，第71页。

② 高铭暄主编：《中国刑法学》，中国人民大学出版社1989年版，第604页。

③ 刘白笔等：《经济刑法学》，群众出版社1989年版，第505页。

④ 《法学研究》1987年第6期，第52页。

受非财产性利益作为受贿罪处理，会扩大受贿罪的打击面。这种观点是错误的，受贿罪与非罪的界限，不在于收受了什么内容的贿赂，而在于行为的社会危害性是否达到了应受刑罚处罚的程度，如果对接受不正当利益的受贿犯罪行为，不依法严惩，会放纵一大批犯罪分子。3. 从外国的刑事立法看，很多国家都把物质利益以外的不正当利益作为贿赂的对象。如《罗马尼亚刑法典》第 254 条规定贿赂的内容为“金钱或其他利益”，《加拿大刑法典》第 109 条规定贿赂的对象为“金钱、兑价物品，职位、处所或雇佣”，《瑞典刑法典》第 20 章第 2 条规定贿赂包括“不正的报酬”。由此可见，受贿罪不以收受财物为限，不是不能成立的。4. 用古代法律中贿赂概念的含义来理解我国刑法中贿赂概念的含义，是不妥当的。因为古代法律中的受贿罪是一种与贪污罪性质相同的犯罪，而我国刑法中规定的贿赂罪与贪污罪是两种性质不同的犯罪。从贿赂一词本身的含义讲，在古代确实仅指金钱和财物，但它与我国其他文字一样，在历史的发展中被赋予新的含义，如果仅拘泥于古人的解释，而不看现时的人们是怎样理解的，就不会理解它的真正含义。①

那么，当前我们究竟应当怎样认定贿赂的具体内容呢？我们的意见可概括为如下几点：

（一）当前我国刑法规定的贿赂仅指财物，即金钱、物品等动产以至不动产如房屋。《补充规定》以“财物”一词取代“贿赂”一词，明确表明了贿赂仅指财物的意图。而且规定受贿罪依照贪污罪处罚，贪污罪是一种财产犯罪，如果贿赂不是财物，就难以按照贪污罪处罚。所以，依照现行法律规定，只有行为人索取或非法收受他人财物的行为，才能构成受贿罪。

（二）索取或非法收受财物之外的财产性利益也应构成受贿罪。财物之外的财产性利益如免除债务、免费旅游或代为偿还行为人所负第三者的债务等，虽然不是财物，但与财物并无本质上的差异，如免除 3 000 元债务与收受 3 000 元财物，在实质上毫无不同；并且索取或收受财产性利益，完全可以用金钱估价，因而同样可以按照贪污罪

① 赖宇、陆德山主编：《中国刑法之争》，吉林大学出版社 1989 年版，第 371～372 页。

处罚，所以应按受贿罪论处。但由于《补充规定》用财物一词取代贿赂一词，现时索取或非法收受财产性利益按受贿罪论处，尚无法律根据。为了便于打击这种犯罪，现在可以通过司法解释对财物一词作扩大解释来解决；将来修改刑法时，可以将财产性利益规定为贿赂的内容，使贿赂不致陷入过于狭隘的困境。

（三）索取或非法收受非财产性利益不宜定为受贿罪。理由如下：1. 按照外国立法例，收受非财产性利益虽然可以构成受贿罪，但我国现行刑法并未作类似规定，因而索取或非法收受非财产性利益定为受贿罪，在法律上没有根据。2. 即使就外国立法例或外国刑法理论而言，仍存在着与上述见解不同的主张，如 1974 年《奥地利刑法典》第 304 条、日本商法第 493 条、日本有限公司法第 81 条等规定的贿赂内容均仅为“财产上的利益”，而不包括非财产性利益。日本刑法学者也有人认为“贿赂限于财产”或者“认为贿赂以有形的或物质的利益为必要”。① 并不是都主张贿赂应当包括非财产性利益。3. 在我国，贿赂是指非法送与财物，就文字本身意义来看，不仅古代如此，现代也仍然如此，尚未赋予它含有非财产性利益的意义。汉代许慎的《说文解字》解释说：“贿，财也”，“赂，遗也”（遗读音为 wèi，赠与之意），贿赂意即赠与财物。1980 年版的《辞海》解释说：“贿赂，私赠财物而行请托。”1983 年版的《现代汉语词典》解释说：“贿赂①用财物买通别人。②用来买通别人的财物。”可见贿赂总是与财物分不开的，我们在刑法上使用贿赂一词，应当重视约定俗成的贿赂含义。因此我国不宜将非财产性利益作为贿赂的内容。4. 相互利用权力进行非财产性利益的交易不符合受贿罪的本质特征，如要定为受贿罪，不少问题难以解决。例如某部门领导甲将另一部门领导乙的儿子提职晋级，乙将甲的儿子由农村户口转为城市户口。但这种情况并不具有受贿罪以权换钱的根本特点；并且在这种情况下，谁是行贿，谁是受贿，也说不清楚；即使按照受贿罪定罪，在什么情况下处理，如何处理，在实践上很难掌握，因而不宜将之以受贿罪定罪处刑。5. 对索取或非法收受非财产性利益的行为，并非只有按受贿罪定罪才能予以处理或打击。有的同志认为，对这种行为，如果不定为受贿罪予

① ［日］飞田清弘等：《贿赂》，立花书房 1979 年版，第 211 页。

以惩罚，就会放纵罪犯，不利于同犯罪行为作斗争。我们认为，权力与权力交换的行为。是党风、社会风气不正的表现，不能指望一律用定罪处刑来解决。按照实际情况，有的可用党纪处理，有的可用政纪处理；对情节严重危害很大的，我们赞成作为犯罪予以打击，问题在于用什么罪名定罪处罚才更科学、更准确。在我们看来，对这种危害行为，如前所述，按受贿罪定罪并不适宜；比较而言，根据具体案情，或以玩忽职守罪或者其他适当罪名定罪处罚，或在刑法中另外规定“滥用职权罪”或者“以权谋私罪”论罪科刑，似比定受贿罪为佳，因为它更符合这种行为的实际特征。

（四）所谓性贿赂在我国更不宜作为受贿罪定罪量刑。性交能否认为是贿赂，《日本刑法》虽无明文规定，但审判实践却持肯定态度，并受到绝大多数刑法学者支持。日本大审院大正四年（1915 年）七月九日判决，将警官在审问女盗窃犯之际，告知承诺性交即行释放，否则送往监狱，经应允后与该女犯发生性交的行为，依《日本刑法》第 197 条第 1 项前段即受贿罪问罪。日本最高裁判所昭和三十六年（1961 年）一月十三日判决，再次申明：“……异性间的性交也可能成为贿赂的目的物，早为判例所示……现在不认为有变更它的必要。”日本学者也多认为“异性间的性交也可能成为贿赂目的的利益。”①在我国利用女色谋取私利的事例，近年来不断出现。例如某市商场经理，与一女“倒爷”勾结成奸，为其开出价值达数万元的紧俏香烟。又如某走私集团成员，利用其妹妹勾引海关工作人员成奸，致海关工作人员放进该集团近 2 000 万元的走私货物入境，如此等等，难以尽举。为了打击这种危害行为，我国有的刑法学者参考日本判例，主张应把性贿赂作为贿赂罪的一种表现形式予以论处，我们不赞成这种观点。因为日本承认性贿赂，是与它们采取需要说解决贿赂的内容问题分不开的，而我们认为需要说对我国来说，实不足取，理由已如前述。一种行为定什么罪名，是与本国的国情相适应的，不能脱离本国的情况，单纯根据外国对某种行为定什么罪，我国也仿效定什么罪。执行预审任务的警官对女盗窃犯，用不允诺性交就送监狱的方法得到同意，与之发生性行为。日本大审院判决虽然按照受贿定罪，但在我

① ［日］飞田清弘等：《贿赂》，立花书房 1979 年版，第 219 页。

国对此定为受贿罪，不论从刑法理论或从司法实践的角度，恐怕都很难令人接受，因为它显然不符合我国人民关于贿赂的观念和我国的法律规定，况且受贿罪是以收受一定数额的财物为是否构成犯罪的界限或科刑轻重的依据的，如果性行为作为贿赂，以性交几次作为罪与非罪的界限或科刑轻重的依据，不易确定，也没有法律根据。“性贿赂”的现象是应当予以否定或打击的，但不一定都用刑法武器，即使危害严重构成犯罪需要动用刑法的，可以从实际情况出发用其他罪名予以惩处。因而我们认为“性贿赂”不宜作为受贿罪定罪；如果国家工作人员贪图女色，利用职权为他人谋取私利，危害严重的，可依照以上关于索取或收受非财产性利益的论述以滥用职权罪定罪，或根据具体情况，依照其他罪名论处。

三、关于受贿的基本方式

根据《关于惩治贪污罪贿赂罪的补充规定》，受贿罪的行为有如下两种基本方式：

（一）索取。1982 年 3 月 8 日《关于严惩严重破坏经济的罪犯的决定》表述为“索取，收受贿赂的”，当时曾有部分学者据此认为，索贿已成为一个独立的犯罪，经过讨论，普遍认为索贿是受贿罪的一种形式。《补充规定》明确规定在一个受贿罪内，这就从立法上对这一争议作了结论。至于如何理解索取，当前仍然存在着不同意见。一种意见认为，索贿“有的是以暗示的方式，要当事人给他送财物才能为其办事，不然就拖延不给办；有的是公然以要挟的方式，迫使当事人给他送财物才为其办事”。① 这里肯定了索贿除索要的方式外，还包括勒索的方式。另一种意见认为，“索贿的实际含义是要求对方提供贿赂，如果他人满足了索贿人的要求，那么仍然是一种行贿行为……《关于惩治贪污罪贿赂罪的补充规定》第 7 条第 3 款规定：‘因被勒索给予国家工作人员、集体经济组织工作人员或者其他从事公务的人员以财物，没有获得不正当利益的，不是行贿。’我们认为，

① 林准主编：《中国刑法教程》，人民法院出版社 1989 年版，第 640 页。

这实际上是把索贿之索规定为勒索之索，因而不妥”。[①] 这里根本否定了索贿包括勒索的方式。我们同意前一种观点。因为在社会现实生活中存在着用勒索即要挟胁迫的方式索取贿赂，然后为被勒索人谋取非法利益的事实，这种情况完全符合受贿罪的特征——以权换钱，而不完全符合敲诈勒索罪的特征——被害人财产受到侵害。如果否定勒索是索贿的一种方式，就会将这种虽实施勒索却使之得到非法利益的行为定为敲诈勒索罪，而这在刑法理论上按照敲诈勒索罪的构成，实在不好解释。

在我们看来，索取，可能是索要，也可能是勒索。前者是行为人利用职务上的便利，向当事人以明示或暗示的方式要求贿赂，而未使用要挟胁迫的方法；后者则使用要挟胁迫的方法，明示或暗示如不送财物其事就不好办或者会有严重后果，迫使当事人给他送财物。当受贿采用勒索方法时，它与敲诈勒索罪在客观方面的区别在于行为人是否利用职务之便。利用职务之便勒索财物的，可能是受贿罪；否则是敲诈勒索罪。由于索贿是行为人居于主动地位，其社会危害性比收受贿赂要大，因而对索贿要从重处罚。

（二）收受。这是受贿罪行为的基本形态，与索贿相比，收受是被动接受，行贿居于主动。所谓收受，指行为人接受行贿人主动交付的贿赂。索取贿赂后，被索取人交付贿赂，行为人接受时，仍为索赂，不属于非法收受。行为人收受贿赂，可能是直接的，即直接从行贿人手中接受贿赂；也可能是间接的，即经过行为人同意或默许由第三者（如行为人的配偶、儿女等）从行贿人手中接受贿赂。收受不论采取直接或间接的形式，都不影响受贿罪的成立。但收受以行为人收到贿赂、取得对贿赂的实际控制为必要；否则，行贿人委托他人转交贿赂，虽然贿赂已脱离行贿人的控制，但他人尚未将贿赂交付行为人，行为人还没有收到贿赂、实际控制贿赂，就不能说已非法收受贿赂。

---

① 杨敦先等：《廉政建设与刑法功能》，法律出版社 1991 年版，第 129 页。

四、关于“为他人谋取利益”问题

鉴于《补充规定》第4条第1款是将“为他人谋取利益”作为收受贿赂的客观要件加以规定的，因而在此对这一问题加以探讨。

“为他人谋取利益”是否受贿罪的客观要件之一，理论上存在着肯定说与否定说的对立。肯定说认为，“‘收受贿赂’的行为，要以为行贿人谋取某种利益为构成本罪的一个必要条件”。至于索贿，“并不要求必须‘为他人谋取利益’为构成要件”。① 这里都是就客观方面的要件而言的。否定说认为“……为他人谋取利益，只是行贿人与受贿人之间货币与权力互相交换达成的默契。就行贿人来说，是对受贿人的一种要求；就受贿人来说，是对行贿人的一种许诺或曰答应。因此，为他人谋取利益只是受贿人的一种心理态度，属于主观要件的范畴。”② 我们赞成否定说的结论，即“为他人谋取利益”属于主观要件；但认为其论述还值得商榷。如前所引，“就行贿人来说，是对受贿人的一种要求；就受贿人来说，是对行贿人的一种许诺或曰答应”，我们认为，由此不可能直接得出“为他人谋取利益”属于主观要件的结论。因为所谓“要求”、“许诺”、“答应”都是主观见之于客观的行为；一方要求，一方许诺，在法律上叫做期约或约定，也是一种行为。台湾学者林山田教授在谈到受贿罪的行为时说：“本罪之行为有三，即：要求、期约或收受……”③ 可见期约（包括要求与许诺）属于行为的范畴，以之作为“为他人谋取利益”属于主观要件的论据，实在有违作者的初衷。

《解答》就如何理解“为他人谋取利益”作了专门解释，指出：“认定受贿罪的行为应当掌握：1. 索取他人财物的，不论是否为他人谋取利益，均可构成受贿罪。2. 非法收受他人财物，同时具备‘为他人谋取利益’的，才能构成受贿罪。为他人谋取的利益是否正当，为他人谋取的利益是否实现，不影响受贿罪的成立。”下面谈谈我们

① 林准主编：《中国刑法教程》，人民法院出版社1989年版，第640页。

② 杨敦先等：《廉政建设与刑法功能》，法律出版社1991年版，第129页。

③ 林山田：《刑法特论》（下），台湾三民书局1979年版，第853页。

对这一问题的认识。

（一）关于非法收受他人财物与“为他人谋取利益”。从《补充规定》第4条第1款的规定（“……或者非法收受他人财物为他人谋取利益的，是受贿罪。”）来看，“为他人谋取利益”似属于受贿罪的客观要件，对此，两高《解答》也是承认的。但《解答》接着解释说：“为他人谋取利益是否实现，不影响受贿罪的成立。”照此解释，则“为他人谋取利益”，又不宜认为是受贿罪的客观要件。因为如果将它作为客观要件，它既然没有实现，这一客观要件即不具备，那就不能不影响行为成为受贿罪的既遂。所以按照两高《解答》，“为他人谋取利益”应当解释为是行为人的意图，是一种心理态度，属于受贿罪的主观要件，这样解释才与刑法理论和司法实践相符合。大家知道，“为他人谋取利益”可能有以下几种情况：1. 意图为他人谋取利益，尚未实际进行；2. 正为他人谋取利益，尚未获得成功；3. 已为他人谋取了部分利益，还未完全实现；4. 为他人谋取的利益，全部满足了要求。从刑法理论上说，如果将“为他人谋取利益”作为主观要件，则只要行为人有此意图，出现上述四种情况中的任何一种，都不影响受贿罪的成立（既遂）；而如果将它作为客观要件，则只有出现上述第四种情况，才可能成立受贿罪既遂，这就缩小了受贿罪既遂的范围，不利于同这种犯罪作斗争。从司法实践看，审理这种案件，都是根据两高《解答》，不论为他人谋取利益是否实现，均按受贿罪（既遂）论处，这实际上是将它作为受贿罪的主观要件看待。为了与刑法理论和司法实践相一致，《补充规定》对这一问题的表述，最好将来能作适当的修改。

（二）关于索取他人财物与“为他人谋取利益”。《补充规定》未规定“为他人谋取利益”为索贿构成受贿罪的要件，两高《解答》明确指出，索贿“不论是否为他人谋取利益，均可构成受贿罪”。从索贿恶性较大来考虑，这样规定，可以说是有一定道理的；但从受贿罪的根本特点来看，就使人感到这样规定值得研究了。我们认为，“为他人谋取利益”当然不应当成为索贿构成受贿罪的客观要件，但同样应当成为索贿构成受贿罪的主观要件。因为如果从主观方面来讲，一个人只是向对方索取财物，主观上根本没有为其谋利益的意图，怎么谈得上是一种权钱的交易呢？既然不是权钱的交易，只是单方面的索要或勒索，也就不成其为贿赂了。因为贿赂的根本特点是一种权钱的交易。由此我们觉得，对于索贿来说，仍然应当认为行为人主观上有为他人谋取利益的意图，至于是否为他人谋取了利益，则不影响受贿罪的成立。这样理解才能与贿赂的根本特点相协调一致。如果行为人根本没有为他人谋取利益的意图，而向对方索要或勒索财物，根据具体情况，可能构成诈骗罪（如谎称要为对方谋利益，对方信以为真而交付数额较大的财物），或者构成敲诈勒索罪（如利用手中的权力要挟对方交付财物，对方慑于权势，不得已而交付相当数量的财物），并应根据行为人的国家工作人员身份，予以从重处罚。这样解释，虽与《补充规定》的文字不相符合，但我们认为这在理论上能够前后贯通，因而建议修改刑法时，对《补充规定》的该条规定也作适当的修订。

（原载《武汉大学学报》（社会科学版）1992 年第 1 期）

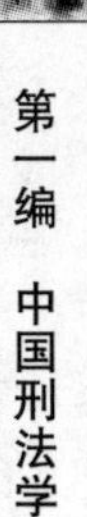

有组织犯罪——全球关注的问题

近几十年来，随着经济全球化、全球信息化的快速发展，人员、资金、货物流动的加快，一些国家社会情况的急遽变化，有组织犯罪活动日益猖獗。它表现在：1. 有组织犯罪的类型增多，如除了实施通常实施的走私毒品、枪支、敲诈勒索、赌博、诈骗、贩卖人口、组织偷渡、行贿、洗钱等犯罪，还进而实施走私核材料、非法买卖人体器官以至恐怖主义等犯罪。2. 有组织犯罪的活动范围不断扩大。它已不限于少数国家，在很多国家有组织犯罪都很严重，而且犯罪活动已不限于在一个国家之内，甚至于大量实施跨国有组织犯罪，即犯罪活动涉及两个以上国家并触犯它们的刑法。这种情况对各国的国家安全、经济发展、法律秩序以及基本人权构成严重的威胁和挑战，它引起各国、各地区（如意大利、奥地利、德国、法国、西班牙、俄国、美国、日本、菲律宾以及我国台湾等）、区域组织（如欧洲安全合作会议等）乃至国际组织（如联合国）的高度重视。有组织犯罪已成为全球关注的问题。

首先，什么是有组织犯罪引起广泛的议论。为了准确有效地打击有组织犯罪，各国学者和有关立法纷纷对有组织犯罪加以界定。如俄国学者阿达什科维奇认为："有组织犯罪是具有严重社会危害性的现象，它以刑事犯罪、黑经济结构以及政权管理机关的腐败三者相结合为特点实施犯罪行为的群体，该群体不仅控制着违法犯罪资金，甚至控制了国家或社会某些领域的部分合法资金。"①美国犯罪学家 D·斯坦利·艾滋恩和杜格·A·蒂默认为："在最一般意义上讲，我们将有组

① 转引自莫洪宪：《有组织犯罪研究》，湖北人民出版社 1998 年版，第 4～5 页。

织犯罪规定为‘旨在通过非法活动获得经济利益而组织起来的商业企业’，这种非法企业要生存下去，至少要依靠三种互相关联的现象：（1）消费者对非法商品、服务和活动的需要；（2）一个组织不断生产或提供这些商品和服务；（3）政府官员和司法官员的腐化，他们为了自己的利益或获得好处而对这类非法组织活动提供保护。”① 日本学者川本哲郎认为有组织犯罪的定义是：“以暴力为宗旨，实施追求利益活动的反社会的越轨集团的犯罪。”② 瑞士学者埃德勒·穆勒和劳佛“给有组织犯罪下了一个非常严格的定义，即由于黑手党和其他有组织犯罪集团所实施的犯罪行为”。③《联合国打击跨国有组织犯罪公约》（以下简称公约）第1条第1款规定：“‘有组织犯罪集团’系指由三人或多人所组成的、在一定时期内存在的、为了实施一项或多项严重犯罪或根据公约确定的犯罪以直接或间接获得金钱或其他物质利益而一致行动的有组织结构的集团。”同时第5条规定参与有组织犯罪集团的行为为犯罪行为，追究刑事责任。

有组织犯罪的定义数不胜数，不遑枚举，以上几种定义，只是九牛一毛，并且学者之间还没有一个定义为大家共同认可，对此还需要进一步研究。就上述定义而言，俄国学者的定义指出了有组织犯罪集团的特点，而定义的中心词却归纳为“群体”，这只能是群体的定义，而不是有组织犯罪的定义。美国学者的定义将有组织犯罪的中心词归结为“商业企业”，尽管它也揭示了有组织犯罪的某些特点，但这样归结，导致有组织犯罪的范围过于狭窄；并且定义的中心词是商业企业，没有对有组织犯罪作出界定。日本学者和瑞士学者的定义，揭示了有组织犯罪是“越轨集团”或“有组织犯罪集团”的犯罪，这样下定义符合界定有组织犯罪的逻辑要求，但什么是越轨集团或什么是有组织犯罪集团都没有界定，不便于人们操作。《公约》专门规定了有组织犯罪集团的定义，并规定了与之有关的犯罪，使人们对有组织犯

① 转引自莫洪宪：《有组织犯罪研究》，湖北人民出版社1998年版，第5页。

② ［日］西原春夫主编：《共犯理论与组织犯罪》，成文堂2003年版，第147页。

③ 转引自［瑞士］尼古拉斯·奎勒兹：《有组织犯罪的国际状况》，载《外国法译评》1997年第4期，第22页。

罪有一个比较清晰的了解，但它并没有给有组织犯罪下定义。根据上述评析，可以得出如下论点：(1) 有组织犯罪是有组织犯罪集团的犯罪。(2) 不能把有组织犯罪简单地归结为某种群体或有组织犯罪集团。(3) 对什么是有组织犯罪集团应当明确地加以界定，阐明其构成要件。

其次，有组织犯罪的范围如何为众多学者和立法所关注。这里所说的有组织犯罪的范围，指有组织犯罪包括哪些犯罪集团的犯罪。这一问题由于法律规定的不同或理解的不同而存在差异或争议。例如，美国加利福尼亚刑法典规定："有组织犯罪就是两人或两人以上在长期目标的基础上从事一种或多种如下行为：1. 提供非法物品或服务，如放高利贷等；2. 掠夺性犯罪，如盗窃、伤害等。还有一些典型的犯罪行为也应列入有组织犯罪定义之中，即五类行为：(1) 敲诈集团；(2) 非法行业；(3) 盗窃集团；(4) 帮派；(5) 恐怖组织。"《俄罗斯联邦刑法典》总则第 35 条第 3、4 款规定："三、如果犯罪是由事先为实施一个或几个犯罪而组织起来的固定团伙实施的，则是有组织的团伙犯罪。四、如果犯罪是由为实施严重犯罪或特别严重的犯罪而成立起来的有严密组织的团伙（组织）实施，或者由为此目的而成立的有组织团伙的联合组织而实施的，是犯罪团伙（犯罪组织）犯罪。"《瑞士联邦刑法典》分则第 260 条 b 规定："(1) 为下列行为之一的，处 5 年以下重惩役或监禁刑：——参加其组织结构和人员组成情况予以保密、目的在于实施暴力犯罪或以犯罪方法获利的组织的；——支持此等组织的犯罪活动的。"我国学者莫洪宪教授认为："所谓有组织犯罪，是指以获取经济利益为目的，10 人或 10 人以上采取暴力和贿赂为主要手段，组成具有组织结构而又长期稳定，严重破坏经济、社会生活秩序的黑社会（性质）组织的犯罪活动。"① 我国著名刑法学家高铭暄教授认为："有组织犯罪应当包括邪教组织、恐怖主义组织以及犯罪集团犯罪。但把间谍组织犯罪排斥在外，认为间谍组织往往是代表一个国家或者一个地区的利益而组织起来的组

---

① 马克昌、莫洪宪主编：《中日共同犯罪比较研究》，武汉大学出版社 2003 年版，第 174 页。

织，具有浓厚的政治色彩，故而，有组织犯罪不应包括间谍组织犯罪。”① 上海学者应培礼、吴军主张有组织犯罪应存在广义与狭义之分，广义的有组织犯罪包括集团犯罪、黑社会性质的组织犯罪和黑社会组织犯罪；狭义的有组织犯罪仅指黑社会组织犯罪。②

怎样看待上述观点呢？笔者认为，应当明确这里所说的有组织犯罪是一个法律概念，不是犯罪学上的概念；既然是法律概念，首先应当以法律规定为依据来认定。各国情况不同，法律规定不同，有组织犯罪的范围也就不同。按照美国加利福尼亚刑法典的规定，有组织犯罪包括敲诈集团、盗窃集团、恐怖组织犯罪，但不包括邪教组织犯罪。对前述《俄罗斯联邦刑法典》的规定，俄国学者认为：“犯罪团体（犯罪组织）是对社会和国家危害性最大的一种共同犯罪形式，也是《俄罗斯刑法典》首次规定的有组织犯罪的表现形式。”③ 依上条款，除刑法有特别规定外，一些严重犯罪的组织，如走私犯罪组织、毒品犯罪组织等都可包括在内。《瑞士联邦刑法典》的规定，是分则中具体罪名的规定，依此规定，参加、支持恐怖主义组织和盗窃集团、诈骗集团、走私集团等的行为，均可构成此罪，可见它涵盖的范围比较广泛。再者，有组织犯罪的范围直接受到其定义的制约。根据日本学者川本哲郎的定义，有组织犯罪既然是“以暴力为宗旨”，自然可以包括恐怖组织犯罪以及邪教组织实施的杀人行为，而盗窃集团、诈骗集团的犯罪则难以包括在内。莫洪宪教授的定义，既然将中心词界定为黑社会（性质）组织的犯罪，自然不包括恐怖主义组织、邪教组织以及其他犯罪集团的犯罪。高铭暄教授对有组织犯罪包括什么、不包括什么，作了明确论断；但对什么是有组织犯罪未予界定，这就不知道以什么为标准承认黑社会性质组织、恐怖组织、邪教组织的犯罪为有组织犯罪，而将间谍组织犯罪排除在外。应培礼、吴军的主张有参考意义，只是他们将广义的有组织犯罪概念作为犯罪学上的

① 马克昌、莫洪宪主编：《中日共同犯罪比较研究》，武汉大学出版社 2003 年版，第 277 页。

② 见应培礼、吴军：《有组织犯罪的概念和特征研究》，载《犯罪研究》2004 年第 4 期，第 19 页。

③ [俄] H·Ф·库兹涅佐娃等主编：《俄罗斯刑法教程（总论）上卷·犯罪论》，中国法制出版社 2002 年版，第 418 页。

概念，不符合本文从刑法学角度研究的要求，同时，将狭义的有组织犯罪仅限于黑社会组织犯罪也有些过于狭窄。

我国刑法学者对有组织犯罪范围的意见分歧，关键是将有组织犯罪作为一般概念来理解，还是作为特定概念来理解。作为一般概念来理解，就会包括各种各样犯罪集团的犯罪；作为特定概念来理解，则认为仅指黑社会（性质）组织的犯罪。那么，究竟应当怎样理解呢？在笔者看来，我国刑法规定了“犯罪集团”，而没有规定“有组织犯罪”。有组织犯罪不是我国刑法的概念，而是从国外翻译过来的概念。国外有组织犯罪的界定也很不一致，我们在认定某国的有组织犯罪时，自然应以某国对有组织犯罪如何规定为依据。我国对有组织犯罪如何理解，则应当以《公约》的规定为依据。因为对有组织犯罪，我国刑法没有规定而《公约》有规定，《公约》已于2003年8月27日经全国人大常委会批准，除个别条款外都在我国适用，即对我国有约束力。按照《公约》的规定，有组织犯罪是一个特定犯罪概念，而不是作为总则的一般概念。因此在我国对有组织犯罪作为特定犯罪概念来理解，才与《公约》的规定相符合。如果借鉴上海学者将有组织犯罪分为广义与狭义来理解，那么，广义的有组织犯罪，应当是我国刑法总则规定的犯罪集团犯罪，狭义的有组织犯罪，仅指黑社会（性质）组织犯罪。

最后，各国纷纷采取有组织犯罪的法律对策。有组织犯罪的对策涉及面很广，限于篇幅，这里只谈法律对策。为了有效地打击和预防日益猖獗的有组织犯罪，各国根据本国情况，纷纷采取适合本国情况的法律对策，即制定各种法律惩治和对付有组织犯罪。

如所周知，暴力团是日本有组织犯罪的代名词，为了对付暴力团，日本曾于1926年制定并施行了《关于处罚暴力行为等的法律》，为了适应新的情况，多次修改，1991年还加以修正。随着有组织犯罪的不断发展，仅仅惩治暴力团行为的法律已不足以对付，于是1999年8月有所谓有组织犯罪对策三法的制定。这里所谓“三法”，即《关于有组织犯罪的处罚及犯罪收益的规制等的法律》（有组织犯罪处罚法）、《为调查犯罪而监听通信的法律》（通信监听法）、《部分修改刑事诉讼法的法律》。《有组织犯罪处罚法》规定：刑法所规定的杀人、非法拘禁，在符合本法要求的条件下，作为特定类型的有组织犯罪加重处罚，同时扩大了对犯罪收益的规制。《通信监听法》规定：接受监听的对象犯罪为只能使用监听通信的侦查方法的有组织犯罪，即只能对毒品犯罪、枪支犯罪、集体偷渡犯罪以及有组织杀人犯罪适用。对刑诉法的部分修改，主要在于加强对证人的保护。这些规定增大了日本打击有组织犯罪的力度。

德国既在刑法典中规定对有组织犯罪的处罚，又以专门法律规定对有组织犯罪人采取限制通信秘密的措施。《德国刑法典》第129条规定："……建立旨在犯罪的组织，或作为成员参加此等组织的，为其宣传或予以支持的，处5年以下自由刑或罚金。三、建立第1款所规定之组织而未遂的，亦应处罚。四、行为人为主犯或幕后策划者，或具有其他特别严重情节的，处6个月以上5年以下自由刑。五、对责任轻微、仅起次要作用的共犯，法院可免除第1款和第3款的刑罚。"此外，刑法典还规定了组织武装集团罪（第127条）和建立恐怖组织罪（第129条a）。这两种犯罪具有与建立犯罪组织罪相区别的犯罪构成。为了便于控制有组织犯罪，德国2001年6月29日施行了《有关限制书信、邮件及电信电话秘密的新规定的法律》。这是对原有同名的法律所做的修订。

《意大利刑法典》分则分别规定了建立或参加犯罪集团罪和参加或领导黑手党型集团罪。其第416条规定："当3人或3人以上为实施犯罪的目的而结成集团时，对发起、建立或组织该集团的，仅因此行为，处以3年至7年有期徒刑。对于犯罪集团的首领，处以为发起人规定的刑罚。如果犯罪集团的成员持武器活动于乡村或公共道路，处以5年至15年有期徒刑。如果集团成员的数量为10人或10人以上，刑罚予以增加。"其第416-2条规定："参加由3人或3人以上组成的黑手党型集团的，仅因此行为，处以4年至9年有期徒刑。"本条还对什么是黑手党型集团作了界定，然后对犯罪集团和黑手党型集团分别规定了更重的法定刑；接着规定："对于被判刑人，一律没收用于实施犯罪的物品、作为犯罪代价、所得或收益的物品和构成对犯罪的利用的物品。"

为了控制有组织犯罪的下游犯罪洗钱，不少国家制定了反洗钱的法律，菲律宾就是其中之一。2001年9月29日菲律宾制定了《反洗钱法》，规定关于贪污、拐骗、麻醉药贸易的非法洗钱为违法；就

1 000万元以上的银行贸易附加向中央银行报告的义务；决定设置反洗钱评议会，授予这个评议会以冻结可疑存款的权限；基于法院的令状对有非法嫌疑的存款进行调查等的权限。为了加大反洗钱的力度，2003 年 3 月 15 日对 2001 年的《反洗钱法》进行修订，修订的主要内容为：1. 对可疑贸易报告的义务，降低发生的最低金额，2. 即使最低贸易额以下，也附加向金融机关报告可疑贸易的义务，3. 关于没有法院命令对可疑存款的调查权限及关于本法施行前的贸易调查权限都授予反洗钱评议会。①

我国内地刑法和台、港、澳地区刑法都采取了针对有组织犯罪的法律对策。内地刑法和澳门刑法典均在法典中对有组织犯罪的惩罚作了规定。香港制定了《有组织及严重罪行条例》，意在通过扣押和没收洗钱者的财产和惩罚洗钱者同有组织犯罪及严重犯罪作斗争。中国台湾地区 1996 年 12 月 11 日公布施行了“组织犯罪防制条例”，它除对有组织犯罪规定徒刑、罚金外，还规定了加重、减轻刑罚情节，财产的追缴、没收，对检举人的奖励、保护、证人资料的封存等，从各方面采取对付有组织犯罪的措施。

如何对付有组织犯罪，也引起了联合国的关注。在《公约》中，对如何打击跨国有组织犯罪作了相当全面的规定。这些规定可概括为以下几个方面：1. 参加有组织犯罪的刑事责任，包括参加有组织犯罪集团行为的刑事定罪、洗钱行为的刑事定罪、腐败行为的刑事定罪，法人责任。2. 对跨国有组织犯罪的刑事诉讼，包括起诉、判决和制裁，没收和扣押，没收犯罪所得或财产的处置，管辖权，保护证人，帮助和保护被害人。3. 打击跨国有组织犯罪的国际合作，包括没收事宜的国际合作，引渡，被判刑人的移交，司法协助，联合调查，特殊侦查手段，刑事诉讼的移交，执法合作。4. 各种必要措施，包括打击洗钱活动的措施，反腐败措施，建立犯罪记录，妨害司法的刑事定罪，加强与司法当局合作的措施，收集、交流和分析关于有组织犯罪的性质的资料，培训和技术援助，通过经济发展和技术援助执行公约，预防。

---

① 见［日］权香淑：《2001 年反洗钱法的改正》，载《外国的立法》第 216 号 2003 年 5 月 25 日，第 169～170 页。

概括上述各国和地区对有组织犯罪的法律对策的内容主要是：1.对有组织犯罪规定严厉或比较严厉的法定刑，并认为只要有组织、领导、参加犯罪组织的行为即构成犯罪。2.对通信、邮件、电信电话的秘密加以控制。3.对有组织犯罪的下游犯罪——洗钱采取必要的措施。4.对举报人的奖励和保护。5.对证人的保护。6.其他措施。这些对策我们没有规定的，都值得参考。至于《公约》中所规定的对策，全面而具体，应予逐步执行。这里值得注意的是，要做到既加强对有组织犯罪的打击，同时还要切实保障人权。应当明确，为了打击有组织犯罪，公民的权利受到某些限制，是难以避免的；以加强打击有组织犯罪为口实，随意侵犯人权，则有悖于当代法治精神。

有组织犯罪是当代全球关注的大问题，需要从各个方面进行研究，因而特组织本专辑，从不同方面撰写论文，使对这一问题的研究深入下去。

（原载《法学论坛》2004 年第 5 期）

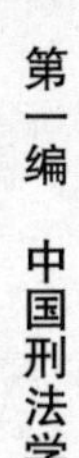

刑法修订的指导思想

修订的《中华人民共和国刑法》（以下简称刑法）通过后，得到了广泛的好评。取得这样的效果，是与刑法修订的正确指导思想分不开的。根据王汉斌副委员长《关于〈中华人民共和国刑法（修订草案）〉的说明》、法工委顾昂然主任在刑法修订座谈会上的讲话以及法工委其他同志的发言，刑法修订的指导思想可以概括如下：

一、要修订成一部统一的比较完备的刑法典。这次修订刑法是在1979年刑法实施17年之久进行的，已经积累了丰富的立法经验和修订刑法的资料，所以需要而且可能修订出一部统一的、比较充实的刑法典。这要求：（一）将已公布施行的单行刑法，经过研究，编入刑法典。从1981年以来，为了适应与犯罪作斗争的需要，全国人大常委会陆续制定、公布、施行了20多个单行刑法。较多单行刑法的施行，使刑法典所起的作用大为减色，并造成一些犯罪的法定刑不平衡，因而需要对这些单行刑法，认真进行研究，然后根据情况或径行编入或修改后编入刑法典，以解决上述问题。（二）将附属刑法中的刑法条款，分别情况，在刑法典中作出相应规定。附属刑法，指民事、经济、行政法律中“依照”、“比照”刑法追究刑事责任和“依法追究刑事责任”的规定。这些条款计有130条，其中有的直接写明比照刑法某一条款论处，这不存在什么问题；而有的规定构成犯罪的，“依法追究刑事责任”，可是刑法中却没有相应的条款。如《中华人民共和国环境保护法》第43条规定，构成污染环境犯罪的，“对直接责任人员依法追究刑事责任”，可是在刑法中并无追究这种犯罪的刑事责任的规定。这类问题，需要通过修订刑法，在刑法典中作出规定来解决。（三）将作为特别刑法的军人违反职责罪，归并在刑法典中规定。军人违反职责罪，是以现役军人为适用对象的特别刑法，因而有的同志曾主张不要归并在刑法典中。立法机关考虑到1979年制定刑法时就曾计划将它作为刑法中的一章来规定，只是由于时间紧迫，当时《惩治军人违反职责罪暂行条例》尚未制定出来，只好先行通过刑法，然后再行通过《惩治军人违反职责罪暂行条例》。可是现在情况不同：《惩治军人违反职责罪条例》已先于刑法典制定出来，为了使修订的刑法成为一部统一的刑法典，有必要也有可能将军人违反职责罪归并在刑法中加以规定。刑法第十章军人违反职责罪，就是这一指导思想的产物。（四）增设规定新的犯罪行为的法律条文。1979年刑法于1980年施行以来，我国政治、经济和社会生活发生了巨大变化，尤其是从计划经济体制向社会主义市场经济体制过渡以来，伴随着体制的改变和经济的发展，出现了不少新情况、新问题，发生了许多新的犯罪，突出的是经济犯罪，如金融犯罪，生产、销售伪劣商品犯罪，证券犯罪等，此外还有计算机犯罪，恐怖活动组织犯罪，黑社会性质组织犯罪，危害国防利益犯罪等。对于新出现的需要追究刑事责任的犯罪行为，经过研究认为有把握的，都在刑法中加以规定。修订的刑法达452条，比1979年刑法192条超过1倍多，融各单行刑法、特别刑法为一体，确实是一部统一的、比较完备的刑法典，可以说它是这一指导思想的硕果。

二、注意保持法律的连续性和稳定性。法律应当根据形势的变化而修改，以期适应新的形势的需要。诚如韩非所言，“法与时转则治，治于世宜则有功”。① 这是问题的一个方面；另一方面，修改法律还必须注意保持法律的连续性和稳定性，因为保持法律的连续性和稳定性，有利于公民知所遵循，维持稳定的社会秩序。所以王汉斌副委员长在《关于〈中华人民共和国刑法（修订草案）〉的说明》中明确提出这一指导思想并加以具体论述：“对刑法的原有规定，包括文字表述和量刑规定，原则上没有什么问题的，尽量不作修改。”② 这次修订刑法，是在1979年制定的刑法的基础上进行的，不是将它丢开，完全重新起草。因为1979年刑法总的来看是一部比较好的刑法，之

① 《韩非子·心度》。

② 赵秉志主编：《新刑法全书》，中国人民公安大学出版社1997年版，第55页。

所以需要修订，主要是因为社会情况发生巨大变化，出现了许多新的犯罪，因而既要修订刑法，又要保持法律的连续性和稳定性。这就要求：除了必须作出补充规定和需要加以修改的以外，对刑法的原有规定，原则上没有什么问题的，即不作修改。例如刑法在我国领域内的效力、在我国领域外犯罪经过外国审判者的刑事责任、享有外交特权的外国人的刑事责任、故意犯罪与过失犯罪的定义、聋哑人或盲人犯罪的处罚、紧急避险、犯罪的预备、未遂和中止以及其他等规定，均未作修改。这明显地表现了新刑法与1979年刑法的连续性和1979年刑法诸多规定稳定性，有利于我国社会主义法制建设的稳步发展。

三、将原来比较笼统、原则的规定尽量作出具体规定。法律语言应当明确、具体，法条的规定应当具有较强的可操作性，这是现代刑法立法的要求。可是，1979年制定刑法时，由于时间紧迫，有些条文对犯罪行为的规定比较笼统、原则，不便操作，如投机倒把罪、流氓罪、玩忽职守罪，由于规定得比较笼统，许多危害行为，只要与其中某一犯罪行为相近，就按该一犯罪定罪判刑，因而被称为三个“口袋罪”，这就使得在执行时随意性较大，不符合现代刑事立法的要求。因而1996年4月修订刑法工作重新进行之初，即明确提出将三个口袋罪加以分解，分别作出具体规定。根据这一指导思想，在修订过程中，将投机倒把罪分解为：生产、销售伪劣商品的犯罪，虚开发票的犯罪，非法经营罪，倒卖有价票证、车船票的犯罪，倒卖文物罪，非法收购、出售珍贵濒危野生动物、野生动物制品罪，牟利性传播淫秽物品罪，为他人提供书号出版淫秽书刊罪等。将流氓罪分解为：猥亵、侮辱妇女罪，猥亵儿童罪，聚众斗殴罪，寻衅滋事罪，聚众淫乱罪等。玩忽职守罪除保留普通玩忽职守罪之外，又增加了滥用职权罪，并另外增设了若干特定的滥用职权罪、玩忽职守罪，限于篇幅，不再一一列举。同时上述各罪均为叙明罪状，条文对犯罪构成要件都作了具体规定。又如盗窃、诈骗、抢夺三个罪，原来其基本罪规定在一个条文中，加重罪规定在一个条文中，但除惯窃、惯骗和数额巨大外，未再规定具体的加重处刑情节。修订的刑法将该三个罪用三个条文加以规定，并分别规定了不同的量刑档次，盗窃罪还规定了可以判处死刑的两种具体情节，另外还单设一条规定了盗用电信设备、设施罪。与1979年刑法相比，新刑法不少规定在可操作性上大为增强。

所以有的委员和代表在审议时说：修订草案在很大程度上改变了“宜粗不宜细”和“宁疏勿密”的创制原则，减少了不少规定过于概括、笼统和含糊的现象，表现了我国立法技术的成熟。

四、有利于健全社会主义法制。1996年2月江泽民同志明确提出“依法治国”的要求，次年1月会见中国法学会第四次会员代表大会代表时讲话中又指出：“依法治国，是社会文明和社会进步的重要标志，也是国家长治久安的重要保障。”① 要依法治国，必须健全社会主义法制，切实做到邓小平同志所说的“有法可依，有法必依，执法必严，违法必究”。刑法是我国的基本法律之一，修订刑法，必须站在健全社会主义法制的高度，修改、完善刑法，使刑法更加进步，才能将刑法修订好。以此思想为指导，1979年制定刑法时根据当时的具体情况而规定的类推制度，便不宜再行保留。因为类推制度是将刑法分则没有明文规定的犯罪，比照分则最相类似的条文定罪判刑的制度，它与要求严格依法办事的社会主义法制原则不相符合。加上当前的立法情况大为改善，条文增加很多，所以需要和可能取消类推制度，而以规定罪刑法定原则来取代。按照罪刑法定原则，法律明文规定为犯罪行为的，依照法律定罪处刑；法律没有明文规定为犯罪的，不得定罪处刑。它完全符合健全社会主义民主与法制的要求。同时修订的刑法还明文规定了在适用法律上一律平等的原则，不允许任何人有超越法律的特权；规定罪刑相适应的原则，要求刑罚的轻重，应当与犯罪人所犯罪行和承担的刑事责任相适应，并据以协调某些犯罪的法定刑，从而使修订的刑法趋于比较完善和有利于健全社会主义法制。因而新刑法取消类推和明文规定上述刑法三项原则，赢得了人们的普遍赞扬，被誉为“是法制建设的一个重大进步”。②

五、注意立足于中国国情。各国法律都是从本国情况出发制定的，我国刑法的修订自然也不例外。这就是说，当前我国国情的特点是什么，修订刑法必须立足于这些国情特点，而绝不能脱离这些实际情况。这次修订刑法，对刑法条文的重大修改包括废、改、立都是根据这一指导思想进行的。当前我国国情的主要特点是：我们正在由计

① 《中国法学》1997年第1期，第5页。

② 《人民法院报》1997年3月11日第1版。

划经济体制向社会主义市场经济体制过渡，国家的中心任务是进行大规模的经济建设，经济得到较快的发展；另一方面，社会治安形势仍然严峻，严重经济犯罪呈增长趋势，各种新的犯罪不断出现。我们正在向市场经济过渡，市场经济从一定意义上说是法制经济，它要求必须严格依法办事，因而原来规定的类推制度，已不符合当前的情况，不得不予以取消，代之以罪刑法定原则。既然当前我国已经从革命时期进入集中力量进行社会主义现代化建设的历史新时期，反革命罪的概念就不如危害国家安全罪科学和符合时宜，因而修订的刑法将“反革命罪”的章名改为“危害国家安全罪”，并将章内的条文作了适当的修改和调整。我国正处在进行经济体制改革的转轨时期，也给经济犯罪分子以可乘之机，各种各样的经济犯罪大量涌现和不断增长。针对这一现实情况，这次修订刑法，一方面将“破坏社会主义经济秩序罪”章名改为“破坏社会主义市场经济秩序罪”，同时大量增加新的经济犯罪的规定。本章之罪由原来的15条，增设到92条，增加6倍多。由于新的犯罪大量涌现，修订的刑法规定新的犯罪的条文除经济犯罪一章外，还达100多条。对于死刑，一些同志主张修订的刑法典应当减少，经济犯罪不要规定死刑。但“考虑到目前社会治安的形势严峻，经济犯罪的情况严重，还不具备废除死刑的条件，这次修订，对现行法律规定的死刑，原则上不减也不增加”。① 可以看出，这次修订刑法，如何修改以及是否修改，都是根据我国的国情来确定的。

六、借鉴国际上有益的立法经验。这是各国修订或制定法典的通例。日本制定旧刑法时，借鉴了1810年《法国刑法典》；制定新刑法即1907年刑法时，借鉴了1871年《德国刑法典》。蒙古人民共和国、朝鲜民主主义人民共和国制定本国刑法时，都借鉴了1926年《苏俄刑法典》。在这个问题上，革命导师也持肯定借鉴的态度。列宁为起草民法典在《给德·伊·库尔斯基的信》中说，凡是西欧各国文献和经验中所有保护劳动人民利益的东西，都一定要吸收。亦即借鉴外国立法中的有益经验。我国在制定1979年刑法时，为了便于借鉴外国刑法立法经验，曾经翻译并出版了《刑法总则分解资料汇编》。这次修

① 王汉斌副委员长《关于〈中华人民共和国刑法（修订草案）〉的说明》，载赵秉志主编：《新刑法全书》，中国人民公安大学出版社1997年版，第59页。

订刑法，法工委负责同志也明确提出“借鉴国际上有益的立法经验”的指导思想。这是因为我国正在向社会主义市场经济体制过渡，如何惩治在市场经济体制下的犯罪和制定刑事立法，在发达的市场经济体制国家和国际社会已有一些经验，可供我们修订刑法时参考。据此，修订刑法借鉴外国立法经验表现为如下几个方面：1. 关于如何对待类推和罪刑法定原则。这一问题的解决除了立足于我国国情外，也借鉴了外国的立法经验。如前苏联和德国在“二战”前，都曾在刑法典中规定了类推，而“二战”后，联邦德国于 1949 年、前苏联于 1958 年先后取消了类推，改采罪刑法定原则。这给我国提供了借鉴的立法经验。2. 关于将反革命罪改为危害国家安全罪。这固然首先是从我国的国情出发的，同时也借鉴了国际上有益的立法经验。在国际上许多国家对这类犯罪，大多采用危害国家安全罪、内乱罪和外患罪或者国事罪，而没有使用反革命罪，这些立法经验为我国修改反革命罪名时所借鉴。3. 关于若干新罪的规定。修订刑法时不少新罪的规定，借鉴了外国的立法经验。如恐怖活动组织罪、侵占罪、洗钱罪、黑社会性质组织罪、斡旋贿赂罪等，都是借鉴外国立法经验而规定的。王汉斌副委员长就规定洗钱罪所作的说明特别提到“许多国家的刑法对洗钱的犯罪行为作了规定”，表明修订的刑法规定洗钱罪，借鉴了国际上有益的立法经验。

（原载《法学前沿》1997 年第 1 辑）

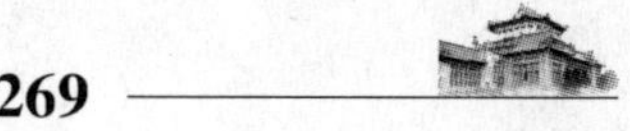

加大改革力度，修改、完善刑法

这里所说的刑法，是指我国法典式的刑法，即《中华人民共和国刑法》。《中华人民共和国刑法》是 1979 年 7 月 6 日公布，1980 年 1 月 1 日开始施行的。实施以来，它对打击犯罪，保护人民，保障改革开放和社会主义建设的顺利进行起了巨大作用。但随着社会情势的变化，特别是随着我国经济体制由计划经济向社会主义市场经济体制的转变，新的社会情况和新的犯罪种类大量出现，以致刑法已远远不能与当前的社会形势相适应。为了解决这一矛盾，早在 1988 年，就着手进行刑法的修改；但对如何修改刑法当时认识还不一致。后来由于种种原因，修改工作时续时断，至今未能完成修改任务。现在《关于修改〈中华人民共和国刑事诉讼法〉的决定》已于今年 3 月 17 日经全国人民代表大会通过，自 1997 年 1 月 1 日起施行。新的刑事诉讼法较之现行刑事诉讼法修改的条款很多，前进的步伐较大，因而被誉为我国民主与法制建设的新的里程碑。当前刑法的修改已紧迫地提到日程上来，那么应当怎样修改刑法呢？如果说过去对此还有争议，现在应当取得共识了。我们认为刑事诉讼法的修改，为刑法的修改树立了榜样，刑法的修改应当学习刑事诉讼法修改的精神，加大改革的力度，改变原来的“宜粗不宜细”的立法观念，对刑法进行全面的系统的修改，在这一重大问题上应当有新的进展或突破，争取修改后的刑法能与新的刑事诉讼法珠联璧合、互相媲美。出于这样的考虑，于此就几个重大问题如何修改，谈谈自己的意见，以供参考。

一、类推与罪刑法定原则

现行刑法第 79 条规定了类推制度。1979 年公布之后，论者普遍认为，根据我国的国情——幅员辽阔，人口众多，情况复杂，政治经济形势发展变化较快；并且要求第一部刑法典把已发生和将发生的一切犯罪都一一明文规定出来，很难办到，因而肯定刑法对有严格限制的类推制度的规定。但是随着社会情况的变化和对刑法修改的酝酿，对类推制度的存废便引起了争论，形成了“保留说”与“取消说”两种对立的观点。“保留说”建议在修改后的刑法中继续保留类推制度。理由提了很多，主要是一部刑法典不可能把所有的犯罪都包罗无遗，取消类推制度，对法无明文规定的危害行为不能依法追究刑事责任，可能导致放纵新的犯罪，不利于保护国家和公民的合法权益。有的同志甚至提出：罪刑法定事实上正在走向衰亡，类推制度重新引起世界各国的重视。因而主张刑法不应取消类推，步他人后尘，搞名不符实的罪刑法定。“取消说”则建议在修改刑法时取消现在规定的类推制度。理由也提了很多，主要是类推制度不利于健全社会主义法制和对公民权利的有效保护，而且类推制度不能从根本上解决法无明文规定的行为的定罪量刑问题，为了适应我国社会主义民主与法制建设发展的趋势，取消刑法中的类推制度是历史的必然要求。① 我们认为，事物总是一分为二的，类推制度自然有它的缺点，也有它的优点。问题在于怎样看待它的优点和缺点，从怎样的角度来看待它的保留和取消。在我们看来，应当从我国社会主义民主与法制不断完善和健全的大局来看待类推制度的存废。据此，我们主张在修改刑法时取消类推制度。主要理由是：

（一）取消类推是健全社会主义民主与法制建设的需要

类推本质上是与罪刑擅断相联系的，社会主义国家采用类推虽然具有不同的性质，但也是与法制不够健全密切相关的。前苏联刑法虽然在建国初期规定了类推制度，并延续 30 多年，但 1958 年《苏联和各加盟共和国刑事立法纲要》即取消了类推。我国 1979 年制定的刑法规定了类推制度，也由于当时的法制还很不健全。现在的情况已大不相同，法制日趋完善，依法治国正被强调，进一步健全社会主义民

① 见赵秉志主编：《刑法修改研究综述》，中国人民公安大学出版社 1990 年版，第 105～108 页。

主与法制建设，已成为广大人民的迫切要求。在这种情况下，仍然保留法制不够健全条件下规定的类推制度，显然不合时宜。

（二）取消类推不会导致放纵犯罪

如前所述，“保留说”的主要理由是担心取消类推可能导致放纵新的犯罪。这种担心，我们是可以理解的，但我们认为却是不必要的。因为有些新的危害行为不可能在刑法中找到与之最相类似的条文，即使保留类推制度，也不可能追究这类行为的刑事责任。按照现行立法体制，全国人大常委会可以根据新的危害社会行为的情况，及时制定新的单行刑事法律，与新的犯罪作斗争。需要指出，虽然这次对刑法是进行全面系统的修订，但新的刑法施行一段时间之后，由于社会情况的变化，仍然不免要制定单行刑事法律，以弥补刑法的不足。

（三）保留类推不符合当代世界刑法发展的潮流

持“保留说”的同志认为，罪刑法定事实上正在走向衰亡，因而主张继续保留类推。其实，这种认识是不符合实际的。如上所述，前苏联刑法原先虽规定了类推制度，但到 1958 年已经取消。1951 年 3 月 1 日生效的《蒙古人民共和国刑法典》、1986 年 1 月 1 日起施行的越南刑法，都明文规定了罪刑法定原则而未采用类推，《德国刑法典》于 1933 年虽曾规定了类推，但 1949 年《德意志联邦共和国基本法》即否定了类推制度。1975 年《联邦德国刑法典》第 1 条明文规定了罪刑法定原则。1994 年 3 月 1 日生效的《法国刑法典》同样采用了罪刑法定原则而否定类推制度。日本刑法虽未规定罪刑法定原则，但日本宪法对罪刑法定原则作了规定，因而日本学者普遍认为日本刑法是采用罪刑法定原则的。日本 1974 年刑法修改草案即明文规定了罪刑法定原则。由此可见，罪刑法定原则“在现代正成为许多国家的刑法的基本原则”。① 不仅如此，联合国大会 1948 年 12 月 10 日通过的《世界人权宣言》第 11 条第 2 款规定：“任何人实行时根据国内法或者国际法不构成犯罪的作为、不作为，不认为有罪，不得科处比该犯

① 见［日］大谷实：《刑法讲义总论》，成文堂 1994 年第 4 版，第 60 页。

罪实行时应适用的刑罚为重的刑罚。”随后，联合国大会 1966 年 12 月 16 日通过的《公民权利和政治权利国际公约》第 15 条第 1 款也作了大体相同的规定。据此，“罪刑法定主义至于在国际法上也被承认”。① 这就是当代世界刑法发展的潮流。我们保留类推，岂不是与这一时代潮流背道而驰？的确还有个别国家的刑法采用类推制度，如《格陵兰刑法典》以及《丹麦刑法典》等，但这毕竟为数甚少，构不成对罪刑法定原则的威胁，怎么能说罪刑法定事实上正在走向衰亡呢？

因而我们不仅赞成在修改的刑法中取消类推，而且主张明文规定罪刑法定原则。因为规定罪刑法定原则除上述理由外，还在于它有着符合健全社会主义民主与法制的更为深刻的内容。

罪刑法定原则，费尔巴哈曾用拉丁语以法谚的形式表述，即“无法律则无刑罚”、“无犯罪则无刑罚”、“无法律规定的刑罚则无犯罪”。随后一些学者认为，罪刑法定原则包含下述四项原则，即（1）习惯刑法的禁止，（2）刑罚法规的不溯及，（3）类推解释的禁止，（4）绝对的不定期刑的禁止。近来不少学者主张增加如下原则：（5）刑罚法规的明确性，（6）刑罚法规内容的适当性。② 明确性原则认为，暧昧不明确的刑罚法规实质上违反罪刑法定原则的要求，因而没有效力。“所谓刑罚法规的内容的适当，指刑罚法规所规定的犯罪与刑罚必须该行为被认为是犯罪有合理的根据，并且刑罚与该犯罪相均衡的适当的原则。”③ 由此认为，犯罪与刑罚即使在法律中明确规定，其内容欠缺处罚的必要性及合理的根据时，就成为刑罚权的滥用，实质上会侵害公民的人权。可见罪刑法定原则不只是对类推的否定，而是有着超出语义的深刻内容。这些要求对于健全我国社会主义法制具有重要意义。因而建议：修改刑法时在规定刑法的立法宗旨和根据之后，设立专条规定罪刑法定原则。条文表述试拟如下：“行为只有本法或者单行刑法规定为犯罪的，才能追究刑事责任。”

① 见［日］大谷实：《刑法讲义总论》，成文堂 1994 年第 4 版，第 60 页。
② 见［日］村井敏邦：《刑法》，岩波书店 1994 年版，第 31 页。
③ 见［日］大谷实：《刑法讲义总论》，成文堂 1994 年第 4 版，第 70 页。

二、法人犯罪及其刑事责任

法人能否成为犯罪主体，我国刑法学界曾经进行过热烈的争论。但现在已有12个单行刑法规定了法人犯罪，涉及罪名50多个。这样，单行刑法充分肯定了法人能够成为犯罪的主体，理论上的争论由刑事立法实际给予了明确解决。现在的问题是在修改的刑法中，(一)是否规定法人犯罪？(二)如何规定法人犯罪？

关于第一个问题，学者间有“赞成说”和“反对说”两种意见的对立。① 我们同意“赞成说”，认为“反对说”的论点难以令人信服。在我们看来，“反对说”的失误在于无视我国已有十多项单行刑法与国际上有些国家的刑法典规定法人犯罪的事实。首先从我国单行刑法看，自1988年1月公布施行的《关于惩治走私罪的补充规定》和《关于惩治贪污罪贿赂罪的补充规定》之后，1990年12月通过的《关于禁毒的决定》与《关于惩治走私、制作、贩卖、传播淫秽物品的犯罪分子的决定》，1992年2月通过的《关于惩治偷税、抗税犯罪的补充规定》，1993年2月、7月通过的《关于惩治假冒注册商标犯罪的补充规定》、《关于惩治生产、销售伪劣商品犯罪的决定》，1994年3月、7月通过的《关于严惩组织、运送他人偷越国（边）境犯罪的补充规定》、《关于惩治侵犯著作权的犯罪的决定》，1995年2月、6月、10月通过的《关于惩治违反公司法犯罪的决定》、《关于惩治破坏金融秩序犯罪的决定》、《关于惩治虚开、伪造和非法出售增值税专用发票犯罪的决定》等单行刑法相继规定了法人犯罪。这些单行刑法规定的法人犯罪，在修改刑法时，要吸收到刑法中去，这是不言而喻的。可见，反对在刑法中规定法人犯罪，显然脱离当前我国的刑事立法实际。其次从外国的刑法典来看，英美法系国家的刑法是承认法人犯罪的，但有的国家并没有刑法典。不过美国1962年公布的《模范刑法典》即规定了法人犯罪及处罚。《模范刑法典》虽然本身没有法律约束力，但对各州的立法工作产生重大影响，在美国有半数的州以

---

① 见赵秉志主编：《刑法修改研究综述》，中国人民公安大学出版社1990年版，第145～146页。

它为蓝本对本州刑法典进行了重大修改或重新制定，所以对美国《模范刑法典》关于法人犯罪的规定不能等闲视之。此外，《印度刑法典》承认法人团体、非法人团体可以成为犯罪的主体。大陆法系国家的刑法过去一般不承认法人犯罪，但由于社会情况的变化，一些国家也逐渐在单行刑法中规定了法人犯罪的刑事责任。不仅如此，1994 年 3 月 1 日生效的《法国刑法典》已经较详细地规定了法人犯罪及其处罚方法。众所周知，法国 1810 年《拿破仑刑法典》是大陆法系刑法典的典范，曾为各国制定刑法典时所仿效。现在《法国刑法典》本身规定了法人犯罪，这一立法现象不能不引起我们的重视。

当前在我国，法人对社会的危害行为日益严重，许多经济犯罪的大案要案往往是法人实施的。正是为了打击法人日益猖狂的犯罪，我国近几年来制定的单行刑法中才相继规定了惩治法人犯罪的条款。不要说现在在外国刑法典中已有规定法人犯罪的立法例，即使没有这样的成例，从我国的现实情况出发，我们认为在修改刑法时也应当在刑法中规定法人犯罪。在这个问题上，现在是应该取得共识的时候了。

关于第二个问题即在刑法中如何规定法人犯罪，学者之间也有不同看法。概括起来有以下四种意见：（一）刑法典总则单纯规定的模式，（二）刑法典总则的通则性规定与其他特别法的分则性规定相结合的立法模式，（三）刑法典总则规定与分则规定相结合的立法模式。①（四）建立一个惩治法人犯罪的法律规范群。② 我们认为，第一种模式，主张刑法总则对法人犯罪作出一些原则性规定是必要的；但仅仅在总则中规定，不在分则或单行刑法中作规定，不便于司法工作人员在实践中具体操作。第二种模式，为追究法人犯罪既提供了刑法总则方面的法律根据，又提供了特别刑法中类似分则的法律根据，并且这种模式具有相当的灵活性，可以适应不断变化发展的客观需要。这些优点确实是值得肯定的，但在当前全面系统修改刑法之际，这种模式却不可取。因为按照这种模式，单行刑法规定的法人犯罪，就只能仍保留在单行刑法中，单行刑法如不吸收在刑法之中，我们对

① 见赵秉志主编：《刑法修改研究综述》，中国人民公安大学出版社 1990 年版，第 146～147 页。

② 见《中国法学》1990 年第 2 期，第 89～90 页。

刑法的修改就只能是小修小改，将刑法修改得与已修改的刑事诉讼法媲美的目标也就不可能达到。第三种模式，既在刑法总则中对法人犯罪作出原则规定，又在分则中对法人犯罪的罪名、犯罪构成和处罚作出规定，便于司法机关具体操作，有利于准确适用法律惩治法人犯罪。我们认为在当前全面系统修改刑法之际，这一模式是可取的；但不应将这一模式绝对化。因为不能排除刑法修改后经过一段时间还会制定单行刑法，在未来的单行刑法中还会规定法人犯罪。只有这样才能适应社会不断变化的形势。第四种模式，设想仿效现行刑法典，制定包括总则与分则的专门惩治法人犯罪的法律。我们不赞同这种意见，因为这一模式“不但会破坏刑法体系的完整与统一，也难以协调与刑法典总则的关系。法人犯罪与自然人犯罪除了主体不同之外，其他许多方面都相同，因而不少处理原则两者都可适用，如果分开立法，重复规定就在所难免”。① 据此，我们认为应采取如下模式，即刑法总则规定与刑法分则规定相结合为主，并于必要时同单行刑法分则性规定相结合。申述如下：

（一）刑法总则对法人犯罪作出原则规定

这主要是规定法人犯罪的概念、处罚原则以及对法人的处罚方法。在总则中是将法人犯罪问题集中一起规定，还是分散在有关章节规定，也有两种不同意见。我们认为，为了刑法体制上的协调，以分别情况分散规定于有关章节为宜。即法人犯罪的概念和处罚原则规定在犯罪与刑事责任一节，对法人的处罚方法规定在刑罚的种类一节。

关于法人犯罪的概念和处罚规定，条文表述试拟如下：

“经法人决策机关决定、批准或者同意，为了谋取法人的非法利益，基于代表法人的资格实施的严重危害社会，依照法律应当追究刑事责任的行为，是法人犯罪。

“对法人犯罪，依照两罚规定追究刑事责任，但是其他法律有特别规定的，从其规定。

“非法人团体犯罪的，依照前两款规定处理。

---

① 马克昌、丁慕英主编：《刑法的修改与完善》，人民法院出版社 1995 年版，第 76 页。

"本法第×条～第×条的规定（即关于故意、过失、意外事件、犯罪的未遂、中止和共同犯罪的规定）适用于法人犯罪和非法人团体犯罪。"

关于对法人的处罚方法的规定，条文表述试拟如下：

"对犯罪法人的刑罚为罚金。

"罚金采用倍比制或者数额制由规定法人犯罪的刑法各本条分别确定。

"对犯罪法人除判处罚金外，根据情况，可以责令停业整顿、吊销营业执照或者解散法人。"

（二）刑法分则或者单行刑法对法人犯罪的罪名、犯罪构成和法定处罚方法作出具体规定

由于我国已有十多项单行刑法对法人犯罪作了许多规定，在刑法分则中如何规定法人犯罪，有成功的经验可资借鉴。只是这方面的规定还不够规范，限于篇幅，这里只提一点，希望改进。即在单行刑法中有的对法人犯罪中的直接责任人员较自然人犯同样的罪规定了较低一些的法定刑，有的则规定对直接责任人员，"依照各该条的规定处罚"，亦即按照自然人犯同样的罪的法定刑处罚。我们认为前一种规定是合理的，因为法人犯罪的直接责任人员往往是受命进行犯罪活动，而且并非为个人谋私利，其人身危险性较犯同样的罪的自然人为小，因而以统一依照前一种做法规定法定刑为宜。

三、死刑的适用范围及其完善

死刑是剥夺受刑人生命的刑罚，在刑罚种类中最为严厉。所以适用死刑之罪在古代虽然很多或较多，但随着社会文明的进步，对死刑的适用越来越加限制。死刑不仅在有些国家已经废除，而且即使保留死刑的国家，刑法中规定适用死刑的犯罪也愈趋减少或者多年不执行死刑。例如日本从 1989～1992 年虽然判处 21 人死刑，但仅在 1989 年执行 1 人死刑。

根据毛泽东主席的教导，我国刑法对死刑的原则是"不废除死刑"，"坚持少杀、严禁乱杀"，"适用死刑，必须慎重"。据此，1979

年制定刑法时，我国对规定适用死刑的犯罪，采取限制的原则。刑法中涉及死刑犯罪的条文只有15条，涉及的罪名为28个。但随着治安形势的严峻和经济犯罪的猖狂以及大量新的严重犯罪的出现，我国陆续颁布了20多项单行刑法。这些单行刑法涉及死刑犯罪的条文有33条，涉及死刑犯罪的罪名近40个。与刑法合计，涉及死刑犯罪的条文达48条，涉及死刑犯罪的罪名达60多个。死刑犯罪在整个分则性条文和罪名中所占的比例大大增加。面对这种情况，学者们发表不少议论。虽然个别学者主张加强并扩大死刑适用的范围，但多数学者主张限制和缩小死刑适用的范围。我们认为，对个别犯罪如海盗罪虽然可以增加死刑，但从总的来看，现在我国刑法中的死刑确实过多。这不论从与外国刑法的比较上来看，或者从我国刑法实践上来看，都是如此。

首先从与外国刑法比较上看，且不说现在已有几十个国家和地区废除了死刑，即使保留死刑国家的刑法规定适用死刑的犯罪也远远少于我国。从我国几个周边国家来看，也是如此。日本适用死刑的犯罪，《日本刑法》规定的有13种，即1. 内乱罪，2. 诱致外患罪，3. 援助外患罪，4. 现住建筑物等放火罪，5. 爆裂物爆炸罪，6. 现住建筑物浸害罪，7. 列车颠覆致死罪，8. 交通危险罪的结果加重犯，9. 水道渗入毒物致死罪，10. 杀人罪，11. 杀害尊亲属罪，12. 强盗致死罪，13. 强盗强奸致死罪。日本特别刑法规定的有5种，即1. 爆炸物使用罪，2. 决斗致死罪，3. 劫持航空机等致死罪，4. 航空机坠落致死罪，5. 杀害人质罪。① 以上合计共有18种，绝大部分与杀人或致死有关而未涉及经济犯罪。韩国适用死刑的犯罪，《大韩民国刑法》规定的有17个条文，其中8条属于内乱罪、外患罪，其余9条都与杀人或致死相关，亦未涉及经济犯罪。印度在许多地方与我国相似，但《印度刑法典》规定适用死刑的犯罪只有6种，即对印度进行战争罪、帮助军人叛变罪、谋杀罪、无期徒刑执行期间犯谋杀罪、无期徒刑犯刑期执行中犯谋杀罪造成伤害的、土匪谋杀罪。这里除两种属危害国家安全的犯罪外，其余的均为不同情况的谋杀罪。越南是社会主义国家，现正致力于现代化经济建设，虽起步较我国稍晚，国情

① 见［日］大谷实：《刑法讲义总论》，成文堂1994年第4版，第517页。

却比较近似，但1986年1月1日起施行的《越南社会主义共和国刑法》规定的适用死刑的犯罪虽多于上述国家，即有26种，可是也远远低于我国刑法的规定。这些立法现象，在我国修改刑法时不能不引起我们深思。

其次从我国刑法实践上看，不论从立法实践或司法实践考察，对适用死刑犯罪的规定都存在一些问题。从立法实践看，有些犯罪规定死刑本来就不妥当，以致后来立法上自行加以变更。如引诱、容留妇女卖淫罪，本来并未规定死刑，但在1983年的《关于严惩严重危害社会治安的犯罪分子的决定》中却规定“情节特别严重的”可以在刑法规定的最高刑以上处刑，直至判处死刑。而在1991年的《关于严禁卖淫嫖娼的决定》中只规定“情节严重的，处5年以上有期徒刑并处……”连无期徒刑都未规定。这表明立法者认识到1983年对本罪规定死刑的失当，而自行加以纠正。本来就不该规定死刑的犯罪，是不是只有引诱、容留妇女卖淫这一种犯罪呢？需要慎重加以审查。从司法实践上看，一是有些犯罪虽然规定了死刑，但长期以来很少适用，如“反革命罪”一章中的大部分犯罪和1983年单行刑法规定的传授犯罪方法罪等；二是有些犯罪虽然大量适用死刑，如杀人罪、抢劫罪，但这类犯罪的发案率却长期居高不下。产生这种情况的原因是多方面的，其中对有的犯罪如伤害罪规定死刑，使伤害罪与杀人罪之刑失衡，也有一定影响。因为行为人会感到与其伤害被害人，不如杀死被害人，横竖都是被处死刑。所以对相对不很严重的犯罪规定死刑，会鼓励行为人实施更严重的犯罪。因而在修改刑法时如何完善死刑的规定，确实值得我们认真考虑。

那么，如何完善适用死刑的规定呢？我们认为，首先对死刑要有一个正确的估价：死刑确实是最具有威慑力的刑罚，用之得当，可以发挥其他刑罚不能比拟的作用；但它也不是抑制严重犯罪的万灵药，它的效用不仅受到各方面的限制，而且过多地使用也会带来副作用。因而死刑应当严格限于对“罪大恶极”的危罪分子才能适用。现行刑法规定的60多种死刑犯罪，死刑适用范围实在过宽，在修改刑法时应大力加以缩减。如何缩减，可从以下几方面考虑：（一）关于“反革命罪”一章的死刑犯罪，可作适当调整。如特务罪与间谍罪合并为一罪，资敌罪、组织越狱罪可以删除，组织反动会道门，利用迷信，

进行反革命活动罪也不需要规定死刑，可以较多地减少本章的死刑犯罪。(二) 经济犯罪，根据市场经济的价值观，一般不宜规定死刑。据此，除保留少数危害特别严重或致人死亡的犯罪以外，多数犯罪如投机倒把，非法出售倒卖、走私珍贵濒危野生动物，非法诈骗集资，票据诈骗，信用证诈骗等犯罪，均可不规定死刑。（三）暴力犯罪中应限于杀人或致人死亡的犯罪。如故意杀人、抢劫致人死亡、强奸致人死亡、绑架勒索致人死亡等犯罪，应规定适用死刑；而故意伤害或致人重伤等犯罪，以不规定死刑为宜。(四) 妨害社会管理秩序的犯罪，如非法传授犯罪方法罪、流氓罪等，均不宜规定死刑。以上只是减少死刑犯罪的大体思路，至于一一探讨哪些犯罪应保留死刑，哪些犯罪应取消死刑，需要专门加以研究。

四、保安措施与劳动教养

保安措施，西方国家叫保安处分。“保安处分是以社会防卫和本人的矫正、教育为目的的处分。”它与刑罚有质的不同，“刑罚的基础是责任，与此相反，保安处分的基础是性格的危险性”。① 但两者又有密切的联系，保安处分具有补充或者代替刑罚的功能，因而西方国家刑法典中往往规定保安处分。如现行《联邦德国刑法典》第 61 条规定：“矫正与保安处分的种类有：1. 收容于精神病院，2. 收容于戒除瘾癖的机构，3. 收容于社会矫治机构，4. 保安监督，5. 行为监督，6. 吊销驾驶执照，7. 禁止从事一定职业。”过去我国学者对保安处分采取完全否定的态度，随着思想的解放和市场经济的发展，人们的观念不断更新，从而逐步认识到作为预防犯罪措施的西方国家的保安处分制度对我国也有借鉴意义。实际上我国的劳动教养就近似西方国家的保安处分制度中的剥夺自由处分。我们之所以称保安措施，而不称保安处分，因为考虑到“处分”一词含有处罚的意思，可是保安处分的宗旨是预防，而非处罚；且有些“处分”如收容于戒除瘾癖的机构，只是使戒除瘾癖的办法，谈不上是什么处罚。“措施”的意思是采取处理的办法，所以将保安处分改称保安措施，更符合保安处分

---

① ［日］正田满三郎：《刑法体系总论》，良书普及会 1979 年版，第 429 页。

立法的宗旨，并能比较科学地概括各种保安处分。

劳动教养既然相当于保安处分的一种，那么我国能否在修改刑法时设立保安措施专节，将劳动教养规定在刑法中呢？我们认为西方国家的保安处分制度弥补了单一刑事制裁手段——刑罚的不足，有利于更有效地同犯罪作斗争，值得我们借鉴；修改刑法时，有必要在刑法中规定保安措施。因为这可以弥补我国刑事制裁体系的不足，改进和完善我国现有的保安措施，并使我国刑法与国际上刑法发展的趋势相适应。至于应当规定哪些保安措施，需要专门研究，这里只就劳动教养问题提出我们的看法。在我们看来，劳动教养应在刑法中作为保安措施的一种加以规定。

劳动教养始于1955年。1957年8月3日公布的《国务院关于劳动教养问题的决定》第2条规定："劳动教养，是对于被劳动教养的人实行强制性教育改造的一种措施，也就是对他们安置就业的一种办法。"这指明了当时劳动教养的性质。1979年11月29日国务院公布施行的《国务院关于劳动教养的补充规定》进一步规定了劳动教养的领导、管理和审批机构——劳动教养委员会、收容的范围——大中城市中需要劳动教养的人和期限——1年至3年必要时得延长1年。1982年1月21日国务院转发、公安部发布的《劳动教养试行办法》对劳动教养问题作了系统的规定。根据这一办法的规定，劳动教养的性质是"对被劳动教养的人实行强制性教育的行政措施"，不再具有安置就业的性质；收容劳动教养的人计有六种，概括言之，是严重违反治安管理法规，屡教不改，或者具有轻微犯罪行为，不够刑事处分且符合收容范围的人；审查决定劳动教养的机构为省、自治区、直辖市和大中城市的人民政府组织的劳动教养委员会，日常工作由公安机关设置的劳动教养管理机构负责；劳动教养期限为1～3年。40年来劳动教养制度在预防犯罪和维护公共秩序方面确实发挥了巨大作用，应当予以肯定。但从健全社会主义法制的角度看，存在的问题也很值得我们重视：其一是劳动教养是一种剥夺1～3年自由的行政措施，虽非行政处罚，却重于行政处罚，由国务院制定法规规定，显然不符合我国社会主义法制的要求。其二是劳动教养，不论规定由人民政府组织劳动教养管理委员会审查决定，或者实际上是由公安机关审查决定，都未经过司法机关，缺乏必要的司法程序和监督制约机制，不利于公民人身权利的保护。出于完善劳动教养立法和健全民主与法制建设的考虑，建议在修改的刑法中设立“保安措施”专节，并于该节规定劳动教养。关于劳动教养的条文表述试拟如下：

“第×条　对下列可以适用劳动教养：

“（一）罪行轻微，不够刑事处分的；

“（二）有流氓、卖淫、盗窃、诈骗等违法犯罪活动，屡教不改，不够刑事处分的；

“（三）教唆他人犯罪，或者向他人传授犯罪方法，不够刑事处分的。

“第×条　对劳动教养的人，实行教育、改造、挽救的方针。

“第×条　劳动教养的期限，为1年以上3年以下。

“适用劳动教养，根据需要劳动教养的人的违法犯罪事实、性质、情节和危害程度，确定劳动教养的时间。

“第×条　劳动教养的时间，从收容之日起计算。收容前先行羁押的，羁押1日折抵劳动教养1日。”

除在刑法中作上述规定外，还应专门制定《劳动教养法》或者《劳动教养实施条例》，对劳动教养的有关问题，作全面细致的规定，以便实践中易于操作。

（原载《法学评论》1996年第5期）

从借鉴刑法立法例谈我国刑法的修改

当前我国刑法正在进行认真的修改。修改州法首先必须以宪法为根据，以党的十三大精神和社会主义初级阶段理论为指导，并从近几年来我国出现的新的政治、经济形势和新的犯罪情况出发，总结我国的司法实践经验。同时也必须借鉴外国的和我国历史上的刑法立法例，吸取其中对我国有用的经验，使我国修改后的刑法趋于完善。

一、吸取外国和我国历史上刑法立法的有益经验，应当成为修改刑法的指导思想

刑法是一个国家的统治阶级维护其阶级的政治、经济利益和社会秩序的重要工具。它受着该国的国家类型、当时的政治经济形势、法律文化传统以及刑法时代思潮的强烈影响。所以各国刑法互不相同，甚至一个国家内的州刑法也彼此各异。但是作为文化现象，它又是人类文化发展的产物，是同犯罪作斗争的经验总结；特别是进入资本主义时代，各国文化互相渗透加强，在刑法立法上一个国家吸取另一国家的立法经验是屡见不鲜的。如1810年《拿破仑刑法典》，为欧洲许多国家制定刑法典所仿效。日本1880年刑法是日本政府聘请法国巴黎大学教授鲍索纳德参照《法国刑法典》制定的。随后其1907年刑法则是参照《德国刑法典》制定的。我国虽然是社会主义国家，但并不排斥外国的和我国历史上刑法立法的经验。在新中国成立初期着手起草刑法时，就曾翻译和编印了许多国家的刑法典和《刑法总则分解资料汇编》。在起草刑法过程中，就吸取了其中对我国有用的经验，这在我国1979年7月公布的现行刑法中有明显的反映。但由于当时历史条件的限制，思想还不够解放，以致不少对我国有用的经验并未

加以吸取。现在情况已大不相同：我国已由闭关锁国的政策，改为实行对外开放、对内搞活的政策；由于经济体制的改革，国家正在实现由产品经济向社会主义商品经济的转变；适应新的形势，人民要求更新法律观念，正确对待西方法律文化；为了加快我国的立法，前些时国家领导人曾表示移植香港的经济立法。这表明我国对资本主义的立法采取更为灵活的态度。刑法与经济法当然不同，谈不上移植问题但也应当比过去进一步解放思想，对刑法立法中适应我国情况，能够为我所用者，要尽量加以吸取，以利于我国刑法的完善。同时，在借鉴各国立法例时，应当特别注意当今世界各国刑法发展的趋势。我国是世界的一员，当今在国际交往频繁的时代，绝不能孤立于各国之外，因而在修改刑法时，对当今各国刑法发展的状况，如轻微犯罪行为的非犯罪、自由刑的社会化、罚金刑的广泛适用、国际上反劫持航空器、反扣留人质的立法等，都应当给予应有的注意，作为修改我国刑法的参考，使我国修改后的刑法符合现代化的要求。因此，我很赞同全国人大法律委员会顾问高西江同志提出的“要吸取外国的对我国有用的经验，注意到世界各国刑法发展的总趋势”作为修改刑法的指导思想的主张。同时认为应当将“吸取我国历史上刑法立法的有益经验”补入这一指导思想。因为我国历史上近现代刑法，虽然具有半封建半殖民地的性质，但它毕竟反映了我国的一些实际情况，并且在立法技术上确有可取之处。他山之石，可以攻玉。切实贯彻这一指导思想，对完善我国刑法将大有裨益。当然，借鉴现有的刑法立法例，不是生搬硬套，而要紧密结合我国的实际情况。这一观点早为大家所公认，兹不赘述。

二、借鉴外国的和我国历史上的刑法立法例，改进我国刑法的立法技术

我国刑法体系严谨，文字简练，确有自己的优点，但在立法技术上还存在某些不足，如有些用词不够准确，容易产生歧义；有些用词不当，甚至不合逻辑；分则有些条文过于简单，适用时不好掌握；条文之前没有标题，以致有些罪名不统一；如此等等，都应在修改刑法时加以改进。在这方面，外国的和我国历史上的刑法立法例，都可以

给我们以借鉴。

关于用词不够准确问题。如我国刑法第153条规定："犯盗窃、诈骗、抢夺罪，为窝藏赃物、抗拒逮捕或者毁灭罪证而当场使用暴力或者以暴力相威胁的，依照……抢劫罪处罚。"这里几个词在理论上和实践上都有不同理解，如"犯盗窃……罪"，是否必须达到数额较大，构成犯罪的程度；"窝藏赃物"，是否包括离开现场后将赃物隐蔽藏匿；"依照……抢劫罪处罚"是否只是按照抢劫罪量刑，而不包括按照抢劫罪定罪等，都曾产生过争论。这些都是用词不够准确而发生的意见分歧。类似本条的立法，《日本刑法》第238条规定："盗窃取得财物后，为拒绝其取还或避免逮捕或湮灭罪迹，而实施暴行或胁迫的，以强盗论。"这里只说"盗窃取得财物"，而未说明取得财物多少；"拒绝其取还"，意思是拒绝被人取回财物；"以强盗论"，显然是以强盗罪定罪，也包括以强盗罪量刑。用词含义明确，不会发生歧义，值得我们修改刑法第153条时参考。

关于用词不合逻辑问题。如对防卫过当，我国刑法第17条第2款规定："正当防卫超过必要限度造成不应有的危害的，应当负刑事责任……"这里使用正当防卫一词就不合逻辑。因为正当防卫超过必要限度，就不是正当防卫；是正当防卫，就不能超过必要限度。1935年旧中国刑法第23条规定："……但防卫行为过当者，得减轻或免除其刑。"这里"防卫行为"的用词就比较贴切。据此，我国刑法第17条第2款，可以改为："防卫行为超过必要限度……"这才不违背逻辑的要求。

关于条文过于简单问题。我国刑法起草时，基于"宜粗不宜细"的思想，条文尽量简化，因而将几个犯罪规定在一个条文里，没有根据每一犯罪的不同情节作进一步的规定。这固然起到了简化条文的作用，却不便于适用。刑法第151条是最典型的例子。该条规定："盗窃、诈骗、抢夺公私财物数额较大的，处……"本条把盗窃、诈骗、抢夺三个罪规定在一起，并且只规定"数额较大"一个情节。第152条虽然规定了"惯盗、惯骗"和"数额巨大"，其他情节未予规定，全由审判人员酌情处理。这就不利于对这类案件做到在量刑上尽可能平衡。对于盗窃罪、诈骗罪等，外国和我国历史上的立法例，一般都

分别加以规定，并且规定得比较详细。如《联邦德国刑法典》即对盗窃、诈骗分别规定，并对盗窃罪规定得很细。该法典第 242 条规定单纯盗窃；第 243 条为加重盗窃，本条列举了 6 种加重情况；第 244 条为携带武器盗窃、盗窃集团；第 247 条为家庭及亲属间的盗窃；第 248 条之 1 为盗窃价值微薄之物，第 248 条之 3 为盗用电力。这些规定可资我们修改刑法时参考。修改刑法应当改变一个条文规定几个犯罪的情况，对多发的犯罪应尽可能规定得详细一些，以便于审判人员在量刑时适用。

此外，不少刑法典，在每一条文之前均列有标题，如《加拿大刑法典》第 11 条的标题为“法规竞合”，第 16 条为“心神丧失”，第 120 条为“伪证”，第 132 条为“越狱”等。这不仅便于理解条文，更重要的是利于罪名统一。我们修改刑法时，如能采用这种做法，便可克服某些罪名不统一的现象（如我国刑法第 157 条规定的犯罪，有的叫妨害公务罪，有的叫阻碍执行职务罪；第 165 条规定的犯罪，有的叫神汉巫婆造谣诈骗罪，有的叫利用迷信造谣诈骗罪，或者叫借迷信造谣诈骗罪，此外还有一些犯罪，罪名也不统一）。

三、吸取外国的和我国历史上刑法立法的有益经验，弥补我国刑法条文的疏漏

我国刑法起草时，要求简练，整个刑法条文只有 192 条。简练固然简练，但不论总则和分则都存在着疏漏。造成某些疏漏的原因，可能是由于考虑不周，也有的是当时缺乏实际的案例。现在修改刑法，这些疏漏应当予以弥补。借鉴外国的和我国历史上的刑法立法的有益经验，有助于弥补我国刑法条文的某些疏漏。

关于弥补总则条文疏漏问题。我国刑法总则条文看来比分则条文修改要少，但也存在一些疏漏。如我国刑法只规定了由于精神障碍的无责任能力，而未规定限制责任能力。事实上人的认识事物和自我控制能力，有一个发展过程。所以很多国家的刑法，在无责任能力之外，都有限制责任能力的规定。如《瑞士刑法典》第 11 条规定：“行为人因精神或意识状况有障碍，或精神发育不全，于行为时对自己行

为不法之辨识，或依辨识而为不法行为之辨识能力减低者，法官得依自由裁量减轻其刑。”这样的立法例就值得仿效。又如，在我国司法实践中虽然经常发生有身份者与无身份者共同实施特殊主体犯罪的情况，对这类问题如何处理也有司法解释，但我国刑法却没有身份犯与共同犯罪的规定。可外国刑法这方面的立法例为数并不少见，如瑞士、奥地利、意大利、韩国、日本等国刑法均有规定。韩国刑法第33条规定：“因身份关系成立之罪，其参与者虽不具此等身份关系，仍适用前之条之规定（按，指共同正犯、教唆犯、从犯的规定）。但因身份关系，致刑有轻重时，其无此等身份之人不科以重刑。”《日本刑法》第65条对后一种情况规定“仍判处通常的刑罚”。这样的立法例在我们修改刑法时也需要参考。

关于弥补分则条文疏漏问题。我国刑法分则条文必须修改之处甚多。根据近几年司法实践中出现的新情况，需要增加不少罪名。这些方面也可以借鉴有关的立法例。如绑票案件，近几年来时有发生，各地对它的处理办法不一，需要在刑法中加以补充规定。对此也有一些现成的立法例可资借鉴。如《意大利刑法典》第630条规定：“意图为自己或他人取得不法利益而掳人勒赎者，处8年以上15年以下徒刑……因而取得不法利益者，处12年以上18年以下徒刑。”在我国司法实践中，有的将掳人勒赎案以抢劫罪论处。这是由于我国刑法没有规定掳人勒赎罪所致。其实两者的犯罪构成并不相同。建议修改刑法时在抢劫罪之外，将掳人勒赎作为独立的犯罪加以规定。又如，侵占他人财物、侵占遗失物等案件，近年来发生的也不少。由于我国刑法没有规定侵占罪，处理起来就感到棘手。而对这种犯罪，有不少立法例规定得相当详细：如1935年旧中国刑法用4个条文规定侵占罪：即第335条的普通侵占罪，第336条的公务公益侵占罪、业务侵占罪，第337条的侵占遗失物罪，第338条的侵占电气与亲属间犯侵占罪准用盗窃罪之规定。如能借鉴这些立法例，在修改刑法时，对普通侵占罪、业务侵占罪、侵占遗失物罪作出规定，将会有利于司法实践对这类犯罪的处理。

最后应当指出，外国的和我国历史上的刑法立法例，在修改我国刑法时，可资借鉴之处远远不止上述这些条文。本文所论，不过是举

例说明，目的在于引起注意：在修改我国刑法时，要重视借鉴外国的和我国历史上的刑法立法例。

（原载《湖北审判》1989 年第 1 期）

罪刑法定原则立法化刍议

罪刑法定原则或称罪刑法定主义，是现代刑法的一项基本原则。当前《中华人民共和国刑法》（以下简称刑法）正在进行修改。修改刑法应否将罪刑法定原则立法化，这是刑法修改中的重大问题，不可能回避。下面拟从罪刑法定原则立法的渊源、演变、现状和趋势，谈谈我们对罪刑法定原则立法化的意见。

一、罪刑法定原则立法的渊源和演变

根据德国学者修特兰达（Schottlander）1911 年发表的《罪刑法定主义的原则的历史的展开》一文的研究，罪刑法定原则渊源于远在中世纪的英国大宪章。1215 年英皇约翰在贵族、僧侣、平民等各阶层结成的大联盟的强烈要求下，签署了共 49 条的特许状，这就是著名的大宪章（MagnaCharter）。其第 39 条规定："凡自由民除经其贵族依法判决或遵照内国法律之规定外，不得加以扣留、监禁、没收财产、剥夺其法律保护权，或加以放逐、伤害、搜索或逮捕。"这被修特兰达认为是罪刑法定原则的渊源。这一观点为后世很多学者所接受，成为刑法学界的通说。不过也有某些学者如日本的泽登佳人、风早八十二、横山晃一郎等教授反对这一见解。横山教授对此说提出质疑说："由费尔巴哈所确定的近代刑法的罪刑法定主义，如果认为起源于英国的大宪章，那么在成为罪刑法定主义渊源的英国，就要承认不成文的普通法是法源，可是在英国直到今天近代刑法不是还不存在吗？其次，成为罪刑法定主义的派生原则的排除习惯法，与不成文的普通法为法源的英国刑法之间也存在着理论上的矛盾。的确，依照被费尔巴哈定式化的近代刑法中的罪刑法定主义，要求以成文的法规明确规定犯罪与刑罚的关系，这样限于以成文的法规为前提，是当然的结论，要求将不成文法从刑法渊源中排除。”① 他的结论是英国的大宪章不可能成为罪刑法定原则的渊源。

但更多的学者如泷川幸辰、木村龟二、大谷实、大野义真等教授还是支持通说的观点。大野教授对上述质疑反驳说：“费尔巴哈在以前所主张的罪刑法定主义的概念，未必意味着罪刑的成文法规定主义，毋宁说这个原则本身，只是一种伴随着历史的发展的意义的思想，求罪刑的法定这种情况的法，不必以本来成为成文法的性格为必要。”② 同时他进一步论述说：“大宪章的历史的重要性，在于它在英国法制史上开辟了新的一章，以大宪章为标志，根据宪法确立了法的支配这一事实。由于大宪章后世几次被确认，作为英国国法的不变部分占有确定不移的地位，并形成英国人权思想的分水岭而固定下来……在它的历史发展的意义上，大宪章成为近代英国中的刑事人权思想的历史渊源。罪刑法定主义，在其本质上被刑事人权思想支配的范围内，大宪章的确可以说是罪刑法定主义的历史的、思想的渊源。”③ 在我们看来，大野教授认为费尔巴哈所主张的罪刑法定原则并不以成文法为前提，是不符合费氏的本意的。费尔巴哈明确提出，“没有法律，也就不存在市民的刑罚。现在的法律不适用时，刑罚也不能适用。”④ 这里所说的法律，自然是指成文法而言，所以日本学者正田满三郎说：费氏的学说，“应当称为制定法主义的刑法理论”。⑤ 因而大野的这一反驳不能成立。但他正面论证大宪章是罪刑法定原则的渊源的观点，我们是赞同的。因为大宪章第39条毕竟具有保障人权的意义，而罪刑法定原则的核心被认为是限制法官的恣意，保障公民的人权。在这个意义上亦即从实质上看，说罪刑法定原则渊源于中世纪的英国大宪章，未可厚非。

大宪章之后，罪刑法定原则的思想，伴随着人权思想的展开，在

---

① 见［日］大野义真：《罪刑法定主义》，世界思想社1982年版，第35页。

② ［日］大野义真：《罪刑法定主义》，世界思想社1982年版，第35～36页。

③ ［日］大野义真：《罪刑法定主义》，世界思想社1982年版，第48页。

④ ［日］转引自山口邦夫：《19世纪德国刑法学研究》，八千代出版股份公司1970年版，第33页。

⑤ ［日］正田满三郎：《刑法体系总论》，良书普及会1979年版，第11页。

英国1628年的《权利请愿书》（Petition of Rights）和1689年的《权利法案》（Bill of Rights）中反复被确认。此后罪刑法定原则远渡重洋，传到北美。英国在北美诸州的殖民地，于1776年5月16日在费城召开大陆会议即十三州的殖民地总会，决定宣布独立，由各个殖民地自选制定宪法。在此基础上首先出现的是1776年6月12日公布的《弗吉尼亚权利法案》。其第8条规定："……除了国家法律或同等的公民的裁判外，任何人的自由不应受到剥夺。"这一规定被誉为美国法律中最初的罪刑法定原则的宣言，以后为许多州所仿效。同年7月4日，正式宣布成立美利坚合众国。1787年颁布的《美利坚合众国宪法》明确规定了事后法的禁止，1791年生效的宪法修正案规定了适当的法律程序（due process of law）原则，罪刑法定原则得到了进一步的发展。

如果说在以普通法为主体的英美法，罪刑法定原则主要从程序方面加以规定，那么它在实体上得到明确表现的，是1789年法国的《人权宣言》。其第8条规定："法律只应当制定严格的、明显的必需的刑罚，而且除非根据在违法行为之前制定、公布并且合法地适用的法律，任何人都不受处罚。"这一规定为法国1791年宪法和刑法典所采用。1810年的《法国刑法典》继续采纳这一原则，其第4条规定："不论违警罪、轻罪或重罪，均不得以实施犯罪前未规定之刑罚处罚之。"从此，罪刑法定原则成为近代刑法的基本原则，因而《法国刑法典》被认为是罪刑法定原则的直接渊源。

《法国刑法典》关于罪刑法定原则的规定，以后为其他国家的刑法典先后仿效：1871年的《德国刑法典》第2条、1889年的《意大利刑法典》第1条、1882年施行的《日本刑法》第1条、1889年的《日本帝国宪法》第23条等均规定了罪刑法定原则。可以看出，罪刑法定原则已成为许多国家刑法的共同原则。不过，否定罪刑法定原则的立法也在一些国家出现。

无产阶级革命胜利后，为了保护新生的政权，1922年《苏俄刑法典》第10条明文规定了类推："个别种类的犯罪行为，如果是本刑法典没有明文规定的，它的刑罚或者社会保卫方法，可以比照在犯罪的重要性和犯罪的种类上同刑法典最相类似的条文，并遵照本刑法典总则的规定来决定。"1924年《苏联及各加盟共和国刑事立法基本原

则》第 3 条、1926 年《苏俄刑法典》第 16 条均作了大体相似的规定。1942 年《蒙古人民共和国刑法典》以 1926 年《苏俄刑法典》为蓝本，于第 15 条也规定了类推。第二次世界大战后，少数新成立的人民民主国家如朝鲜、阿尔巴尼亚，均仿效 1926 年《苏俄刑法典》，在本国的刑法典中规定了类推制度。

同时，某些资本主义国家为了便于维护自己的统治秩序，在刑法典中相继规定类推制度，抛弃罪刑法定原则。1933 年 1 月 1 日起施行的《丹麦刑法典》第 1 条规定："凡丹麦法律定为可罚之行为或此种行为完全相类之动作，始受法律制裁……"德国纳粹政权于 1935 年 6 月 28 日颁布法令，废除宣告罪刑法定原则的《德国刑法典》第 2 条的规定，改为适用类推的新规定，即"任何人，如其行为依法律应处罚者，或依刑事法律的基本原则和人民健全正义感应处罚者，应判处刑罚。如其行为无特定的刑事法律可以直接适用者，应依基本原则最适合于该行为的法律处罚之"。这一含混不清的规定，为德国法西斯政权镇压广大人民提供了法律依据。1954 年《格陵兰刑法典》以《丹麦刑法典》为蓝本，于第 1 条也作了容许类推的规定。

但一些规定类推制度的刑法典，"二战"以后有的已废除类推，转而采取罪刑法定原则。

二、罪刑法定原则立法的现状和趋势

当代各国规定罪刑法定原则的立法，大体有以下三种情况：

（一）罪刑法定原则只在宪法中规定，而未在刑法典中规定。例如，1946 年《日本国宪法》第 31 条规定："任何人非依法律所定程序，不得剥夺其生命或自由，或科以其刑罚。"第 39 条第 1 款规定："任何人如其行为在实行时实属合法，或经认为无罪时，不得追究其刑事上之责任。"但 1907 年的《日本刑法》即现行刑法则未规定罪刑法定原则。又如 1974 年 1 月生效的缅甸宪法第 23 条规定："任何刑法不应有追溯效力，因而处罚犯罪只应根据定罪时现行有效的法律量刑。"而缅甸刑法则未作类似的规定。属于这种情况的，还有挪威、瑞典等国。

（二）罪刑法定原则只在刑法典中规定，而未在宪法中规定。例如1971年修正的《瑞士刑法典》第1条规定："行为之处罚，以法律明文规定科刑者为限。"并于条文前标题为"罪刑法定主义"，但《瑞士联邦宪法》并无类似规定。又如1960年10月27日通过的《苏俄刑法典》废除了1926年《苏俄刑法典》规定的类推，并于第3条规定："只有犯罪人，即故意或过失地实施刑法所规定的危害社会行为的人，才应负刑事责任，并受刑罚。"而当时的和1977年通过的前苏联宪法均无罪刑法定原则的规定。属于这种情况的，还有越南、奥地利等国。

（三）在宪法和刑法典中均规定罪刑法定原则。例如1949年《德意志联邦共和国基本法》第103条第2款规定："如法律业已明文规定但仍发生违法行为，应受处罚。"1976年修正的《联邦德国刑法典》第1条规定："本法只处罚行为前法律已有明文规定的行为。"第2条第1款规定："刑罚及其法律效果依行为时有效的法律。"明文宣示无法无刑和法不溯及的原则。又如1974年《南斯拉夫社会主义联邦共和国宪法》第181条规定："凡法律和依法制定的条例事先没有规定为应受惩罚的行为及未规定刑罚的行为，任何人不得因此受惩罚。只有法律才能规定刑事罪和刑事制裁。"1977年《南斯拉夫刑法典》第3条规定："任何人不得因实施了法律尚未明确规定为犯罪并要处以刑罚的行为而受刑罚或刑事制裁。"属于这种情况的，还有意大利、西班牙等国。

从上述罪刑法定原则的立法现状，不难看出罪刑法定原则的立法较之否定罪刑法定原则的立法占有压倒的优势，不仅如此，从"二战"后特别是20世纪50年代末期以来，罪刑法定原则立法的如下变化，更可以清楚地看到罪刑法定原则立法的日益发展的趋势。

（一）废除类推立法，改为罪刑法定原则立法。"二战"后原来采用类推立法的国家，大多废除类推，改采罪刑法定原则的立法。如《德国刑法典》于1935年虽曾规定了类推，但1946年联合国管理委员会法第11号予以废除，1949年《德意志联邦共和国基本法》则明文规定了罪刑法定原则。《苏俄刑法典》、《蒙古人民共和国刑法典》均曾规定类推，但1958年《苏联和各加盟共和国刑事立法纲要》即取消了类推，1960年《苏俄刑法典》亦废除了类推并明文规定罪刑法定原则。1961年《蒙古人民共和国刑法典》以《苏俄刑法典》为样板，也由类推立法改为罪刑法定原则的立法。这些情况明显地表现了罪刑法定原则立法不断增加的趋势。

（二）罪刑法定原则在刑法典中未作规定，改正刑法草案予以增设。如前所述，有些国家只在宪法中规定了罪刑法定原则，而在刑法中未再重复规定。但“二战”后有的国家在改正刑法草案中增设了罪刑法定原则的规定。例如日本现行刑法未规定罪刑法定原则，但1974年改正刑法草案第1条明文规定了罪刑法定原则：“非依法律之规定，任何行为均不得处罚之。”并于第2条规定禁止事后法和法律有变时适用最有利于行为人的法律。该改正刑法草案虽然尚未通过，但也显示出日本刑法关于罪刑法定原则立法的动向。

（三）罪刑法定原则日益得到国际法上的承认。罪刑法定原则原是各国本国刑法所采取的一项原则，过去并未为国际法所承认。但是联合国大会1948年12月10日通过的《世界人权宣言》第11条第2款对罪刑法定原则作了明文规定：“任何人实行时根据国内法或者国际法不构成犯罪的作为、不作为，不认为犯罪，不得科处比该犯罪实行时应适用的刑罚为重的刑罚。”随后，联合国大会1966年12月16日通过的《公民权利和政治权利国际公约》第15条第1款也作了类似的规定：“任何人的任何作为或不作为，在其发生时依照国内法或国际法均不构成刑事罪者，不得认为犯有刑事罪。所加的刑罚也不得重于犯罪时适用的规定，如果在犯罪之后依法规定了应处以较轻的刑罚，犯罪者应予减刑。”据此，日本学者大谷实教授说：“罪刑法定主义至于在国际法上也被承认。”①

综上所述，可以清楚地看出，罪刑法定原则决不是像有的学者所断言的那样，是日薄西山，气息奄奄之势，相反地，它“在现代正成为许多国家的刑法的基本原则”，② 并得到国际法上的承认。罪刑法定原则在立法上不断增加，在理论上日益完善，这才是当代世界刑法发展的趋势。

---

① ［日］大谷实：《刑法讲义总论》，成文堂1994年第4版，第60页。

② ［日］大谷实：《刑法讲义总论》，成文堂1994年第4版，第60页。

三、对罪刑法定原则立法化的意见

刑法公布后，论者普遍认为：(1) 我国幅员辽阔，人口众多，情况复杂，政治经济形势发展变化较快；(2) 第一部刑法典很难将已发生和将发生的一切犯罪都一一明文规定出来，因而肯定刑法对有严格限制的类推制度的规定。同时多数同志认为，罪刑法定原则是我国刑法的基本原则之一，但也有少数同志对此持否定观点。我们认为在修改的刑法中应当将罪刑法定原则立法化。其主要理由是：

（一）罪刑法定原则立法化是保障人权的要求。如前所述，认为1215年的英国大宪章是罪刑法定原则立法的渊源，主要是从大宪章具有保障人权的意义而言的。因为罪刑法定原则的核心被认为是限制法官的恣意，保障公民的人权。我国是社会主义国家，在社会主义国家中，公民理应享有高度的民主，人权受到充分的保护。在刑法中将罪刑法定原则立法化，正体现社会主义国家对人权的保障。

（二）罪刑法定原则立法化是依法治国的需要。党的十一届三中全会针对十年浩劫期间无法无天的状况，特别强调发展社会主义民主，健全社会主义法制，随后邓小平同志又提出“一手抓建设、一手抓法制”。1996 年年初江泽民主席发表了关于“依法治国”的重要谈话，逐步明确了我国必须建设成社会主义法治国家。依法治国，就要严格依照法律规定处理行政事务和各类案件；因而在刑事立法上明文规定罪刑法定原则，可以说是“依法治国”的当然要求。

（三）罪刑法定原则立法化是时代发展的趋势。前面谈到，原来曾规定类推制度的国家，“二战”以后有些已废除类推，改而采取罪刑法定原则，罪刑法定原则现在已成为很多国家的刑法的基本原则，有些国家不仅在刑法典中加以规定，而且在国家法即宪法中加以规定，20 世纪 40 年代和 60 年代在联合国制定的两个国际文件中也明文揭示了罪刑法定原则。这些情况表明了罪刑法定原则立法化日益增长的趋势。在刑法中规定罪刑法定原则，正与这一时代发展的趋势相符合。

同时我们认为否定刑法采用罪刑法定原则的观点① 是难以成立的。下面仅就他们所提出的主要理由加以评析：

（一）罪刑法定原则有它的特定含义不能任意改变。罪刑法定原则确有它的特定含义，但这一西方刑法中的基本原则，在西方学者研究中，它的内容也是随着时代的发展而有所变化的。日本学者金泽文雄教授指出：罪刑法定主义的内容通常认为包括如下四项派生原则，即 1. 习惯刑法的禁止；2. 刑罚法规的不溯及；3. 类推解释的禁止；4. 绝对的不定期刑的禁止。在现代相继增加了如下派生原则：5. 明确性原则；6. 判例不溯及的变更；7. 实体的正当原则；8. 重刑不溯及轻刑溯及。接着他说："可以预料罪刑法定主义内容的发展今后还将继续。"② 可见以罪刑法定原则含义不能改变作为否定我国刑法采取罪刑法定原则的理由不能成立。

（二）"无法无罪"、"无法无罚"的提法是唯心主义。这是对"无法无罪"、"无法无罪"提法的误解。诚然，犯罪是一种社会现象，但它也是一种法律现象。一种社会危害行为，只有法律规定为犯罪并处以一定刑罚时，才能认为是犯罪并处以相当的刑罚。这是现代国家刑法所普遍采取的原则，是社会进步的表现。众所周知，罪刑法定是与罪刑擅断相对而言的。在封建时代，一个人的行为是否犯罪和如何处罚，完全由最高统治者或者代表他的法官任意加以确定；罪刑擅断使国民的人权毫无保障。为了保障人权，资产阶级启蒙思想家才提出罪刑法定原则，用以反对罪刑擅断。罪刑法定原则要求某种行为法律未规定为犯罪和处以刑罚时，就不能定罪处罚。它并不否定危害行为的客观性，只是强调犯罪和刑罚的法定性。这怎么能说是唯心主义？以此作为理由否定罪刑法定，就将导致法律未规定为犯罪的行为可以定罪，法律未规定处刑的可以处刑，显然与社会主义法治不相符合。

（三）罪刑法定原则有损于我国刑法的权威性，不利于同犯罪作斗争。意思是说刑法典不可能把一切犯罪规定无遗，对法律未规定的

---

① 见高铭暄主编：《新中国刑法学研究综述》，河南人民出版社 1986 年版，第 55～57 页。

② 见［日］中山研一等编：《现代刑法讲座》（第 1 卷），成文堂 1980 年版，第 85～86 页。

危害行为不能运用刑法打击，会引起人民的不满。我们的看法与此不同，我们认为规定罪刑法定原则，将进一步提高我国刑法的权威性。因为只有刑法规定为犯罪的，才能予以定罪处刑，严格执法自然显示出刑法的权威。如有新的社会危害行为出现，全国人大常委会可以根据新的情况，及时制定单行刑事法律与犯罪作斗争，不会导致放纵新的犯罪。如果不管刑法是否规定为犯罪，都可作为犯罪处刑，哪里还谈什么刑法的权威。实际上人民感到不满的是，刑法已作为犯罪规定的，没有予以应有的惩罚；或者刑法未作为犯罪规定的，却受到司法追究或行为人被非法剥夺自由。而要解决这类问题，在刑法典中规定罪刑法定原则，不失为有效举措之一。

据此，我们主张：修改刑法时删去第 79 条关于类推制度的规定，并于修改的刑法中明文规定罪刑法定原则；同时建议参考德国、南斯拉夫等国的立法例，以后修改宪法时，将罪刑法定原则在宪法中也加以规定，以提高人们对刑法这一基本原则的重视，并促进社会主义法制的进一步发展。

（原载《检察理论研究》总第 25 期）

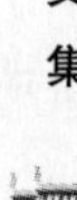

第二编

比较刑法学

罪刑法定主义比较研究

一、罪刑法定主义的意义

所谓罪刑法定主义，是指什么行为是犯罪和对这种行为处以何种刑罚，必须预先由法律明文加以规定的原则。对这一原则的表述，外国学者也不尽相同。日本学者福田平说："罪刑法定主义是像'无法律则无刑罚，无法律则无犯罪（Nella poena sine lege，Nullum crimen sine lege）这一标语的表现所显示的那样，什么样的行为为犯罪，对它科处什么样的刑罚，必须预先以成文的法律加以规定的原则。"①中山研一教授说："所谓罪刑法定主义是为了处罚某种行为，在该行为实行以前，用法律将它规定为犯罪并且应当科处的刑罚的种类与程度也必须用法律加以规定的原则。"② 根据上述定义，罪刑法定主义具有如下特点：1. 犯罪与刑罚必须由成文的法律加以规定；2. 必须在犯罪以前预先加以规定；3. 没有法律规定就没有犯罪；4. 没有法律规定也没有刑罚，即不论对社会有多大危险的行为，如果法律没有预先将它作为犯罪规定时，不得处以刑罚；即使根据法律作为犯罪处罚时，也不得用法律预先规定的刑罚以外的刑罚处罚。

罪刑法定主义的观点，在 17、18 世纪启蒙思想家的著作中就已出现。英国古典自然法学派代表人物之一洛克在他的《政府论》中，曾明确提出："……以法律规定的刑罚处罚任何社会成员的犯罪。"③

① ［日］福田平、大塚仁：《刑法总论Ⅰ》，有斐阁 1979 年版，第 37 页。
② ［日］中山研一：《刑法总论》，成文堂 1989 年版，第 59 页。
③ ［英］洛克：《政府论》（下），商务印书馆 1964 年版，第 53 页。

他认为只有立法机关才享有制定法律的权利，这种权利不能转让给任何他人。国家“应该以正式公布的既定的法律来进行统治”。① 洛克的罪刑法定思想成为古典学派所主张的罪刑法定主义的先河。刑事古典学派创始人贝卡里亚极力主张罪刑法定主义。他明确提出：“只有法律才能为犯罪规定刑罚。只有代表根据社会契约而联合起来的整个社会的立法者才拥有这一权威。”② 又说：“当一部法典业已厘定，就应逐一遵守，法官惟一的使命就是判定公民的行为是否符合成文法律。”③ 被誉为近代刑法学之父的费尔巴哈，1801 年在他的刑法教科书中，用拉丁语以格言的形式表述罪刑法定主义的三原则：“无法律则无刑罚”、“无犯罪则无刑罚”、“无法律规定的刑罚则无犯罪。”从此，罪刑法定主义被定式化，并且表示罪刑法定主义的三个格言得到广泛传播和引用。

罪刑法定主义是针对法国大革命前封建专制国家的罪刑擅断主义而提出的。“所谓罪刑擅断主义，是不以明文预先规定犯罪与刑罚，以如何的行为为犯罪，对之应当科处如何的刑罚，国家的首长或代表它的法官任意加以确定的主义。”④ 在罪刑擅断主义支配下，国家机关恣意行使刑罚权，人权丝毫得不到保障。罪刑法定主义则意图限制基于国家权力的刑罚权的恣意行使，而保护个人的权利，因而它具有自由保障的机能。所以“罪刑法定主义的本质，不是仅仅基于形式的概念而被维持的，毋宁说是基于限制国家的刑罚权而保障国民的人权的刑事人权思想而应予维持。在这个意义上，费尔巴哈的命题，应当解释为在近代刑法的黎明期这一历史的背景下，刑事人权思想的表现形式之一。”⑤ 正因为此，所以罪刑法定主义被普遍认为是近代刑法的基本原则，或者如日本学者大野义真教授所说：“由于费尔巴哈，

① ［英］洛克：《政府论》（下），商务印书馆 1964 年版，第 58 页。

② ［意］贝卡里亚：《论犯罪与刑罚》，中国大百科全书出版社 1993 年版，第 11 页。

③ ［意］贝卡里亚：《论犯罪与刑罚》，中国大百科全书出版社 1993 年版，第 13 页。

④ ［日］牧野英一：《日本刑法》（上），有斐阁 1939 年第 64 版，第 63 页。

⑤ ［日］大野义真：《罪刑法定主义》，世界思想社 1982 年版，第 13 页。

罪刑法定主义作为刑法的大原则，在刑法学上占有不可动摇的地位。”①

二、罪刑法定主义的沿革

（一）罪刑法定主义的早期渊源

根据德国学者修特兰达（Schottlander）1911 年发表的《罪刑法定主义的原则的历史的展开》一文的研究，罪刑法定主义渊源于远在中世纪的英国大宪章。1215 年英皇约翰在贵族、僧侣、平民等各阶层结成的大联盟的强烈要求下签署了共 49 条的特许状，这就是著名的大宪章。其第 39 条规定：“凡自由民除经其贵族依法判决或遵照内国法律之规定外，不得加以扣留、监禁、没收财产、剥夺其法律保护权，或加以放逐、伤害、搜索或逮捕。”这被修特兰达认为是罪刑法定主义的渊源。这一观点为后世很多学者所接受，成为刑法学界的通说。

不过也有某些学者如泽登佳人、风早八十二、横山晃一郎等教授反对这一见解。日本的横山教授对此说提出质疑说：“由费尔巴哈所确定的近代刑法的罪刑法定主义，如果认为起源于英国的大宪章，那么在成为罪刑法定主义渊源的英国，就要承认不成文的普通法是法渊，可是在英国直到今天近代刑法不是还不存在吗？其次，成为罪刑法定主义的派生原则的排除习惯法，与不成文的普通法为法源的英国刑法之间也存在着理论上的矛盾。的确，依照被费尔巴哈定式化的近代刑法中的罪刑法定主义，要求以成文的法规明确规定犯罪与刑罚的关系，这样限于以成文的法规为前提，是当然的结论，要求将不成文法从刑法渊源中排除。”② 他的结论是英国的大宪章不能成为罪刑法定主义的渊源。

但更多的学者如泷川幸辰、木村龟二、大谷实、大野义真等教授还是支持通说的观点。大野教授对上述质疑反驳说：“费尔巴哈在以

---

① ［日］大野义真：《罪刑法定主义》，世界思想社 1982 年版，第 9 页。
② ［日］大野义真：《罪刑法定主义》，世界思想社 1982 年版，第 35 页。

前所主张的罪刑法定主义的概念，未必意味着罪刑的成文法规定主义，毋宁说这个原则本身，只是一种伴随着历史的发展的意义的思想，求罪刑的法定这种情况的法，不必以本来成为成文法的性格为必要。"① 同时他进一步论述说："大宪章的历史的重要性，在于它在英国法制史上开辟了新的一章，以大宪章为标志，根据宪法确立了法的支配这一事实。由于大宪章后世几次被确认，作为英国国法的不变部分占有确定不移的地位，并形成英国人权思想的分水岭而固定下来……在它的历史的发展的意义上，大宪章成为近代英国中的刑事人权思想的历史渊源。罪刑法定主义，在其本质上被刑事人权思想支配的范围内，大宪章的确可以说是罪刑法定主义的历史的、思想的渊源。"② 在我们看来，大野教授认为费尔巴哈所主张的罪刑法定主义并不以成文法为前提，是不符合费氏的本意的，费尔巴哈明确提出："没有法律，也就不存在市民的刑罚。现在的法律不适用时，刑罚也不能适用。"③ 这里所说的法律，自然是指成文法而言。所以日本学者正田满三郎说：费氏的学说，"应当称为制定法主义的刑法理论"。④ 因而大野的这一反驳不能成立。但他下面论证大宪章是罪刑法定主义观点，我们是赞同的。因为大宪章第 39 条毕竟具有保障人权的意义，而罪刑法定主义的核心被认为是限制法官的恣意，保障公民的人权。在这个意义上亦即从实质上看，说罪刑法定主义渊源于中世纪的英国大宪章，无可厚非。在日本，泷川幸辰教授 1919 年发表《罪刑法定主义的历史的考察》以来，以大宪章为罪刑法定主义的历史渊源的见解，已经成为通说。

（二）罪刑法定主义的发展

大宪章之后，罪刑法定主义的思想，伴随着人权思想的展开，在

---

① ［日］大野义真：《罪刑法定主义》，世界思想社 1982 年版，第 36 页。

② ［日］大野义真：《罪刑法定主义》，世界思想社 1982 年版，第 48 页。

③ ［日］山口邦夫：《19 世纪德国刑法学研究》，八千代出版股份公司 1979 年版，第 38 页。

④ ［日］正田满三郎：《刑法体系总论》，良书普及会 1979 年版，第 11 页。

英国1628年的《权利请愿书》（Petition of Rights）和1689年的《权利法案》（Bill of Rights）中反复被确认。《权利法案》的宗旨主要在于限制王权，巩固和扩大国会的权力，从而它正式确立了国会主权的原理和法支配的原理，促进了罪刑法定主义在欧洲的传播。此后，罪刑法定主义远渡重洋，传到北美。英国在北美诸州的殖民地于1772年11月20日在波士顿举行集会，要求承认大宪章及1689年的《权利法案》中所规定的权利。1774年10月14日在费城召开的殖民地总会，发表了主题为“居民依据自然法，拥有不可侵夺之权”的宣言书。其中第5条揭示了罪刑法定主义。1776年5月16日在费城召开了十三州的殖民地总会（又称大陆会议），决定宣布独立，由各个殖民地自行制定根本法。在此基础上首先出现的是1776年6月12日公布的《弗吉尼亚权利法案》。其第8条规定：“……除了国家法律或同等的公民的裁判外，任何人的自由不应受到剥夺。”这一规定被誉为美国法律中最初的罪刑法定主义的原则的宣言，以后为许多州所仿效。同年7月4日，正式宣布成立美利坚合众国。1787年颁布的《美利坚合众国宪法》明确规定了事后法的禁止（宪法第1条第9款第3项规定“……追溯既往的法律不得通过之”），1791年生效的宪法修正案明确规定了适当的法律程序（due process of law）原则（修正案第5条规定：“……未经正当法律程序不得剥夺任何人的生命、自由或财产……”），罪刑法定主义得到了进一步的发展。如果说在以普通法为主体的英美法，罪刑法定主义主要从程序方面加以规定，那么它在实体上得到明确表现的，是1789年法国的《人和公民的权利宣言》，通常简称为《人权宣言》，其第8条规定：“法律只应当制定严格的、明显的必需的刑罚，而且除非根据在违法行为之前制定、公布并且合法的适用的法律，任何人都不受处罚。”这一规定为法国1791年宪法和刑法典所采用。1810年的《法国刑法典》继续采纳这一原则，其第4条规定：“不论违警罪、轻罪或重罪，均不得以实施犯罪前未规定之刑罚处罚之。”它这一规定大致成为欧洲诸国刑法的范例。从此，罪刑法定主义成为近代刑法的基本原则，因而《法国刑法典》被认为是罪刑法定主义的直接渊源。

三、罪刑法定主义的思想理论基础

罪刑法定主义的思想理论基础是什么？学者们的看法虽然有不少相同之处，但也不尽一致。日本著名刑法学家泷川幸辰博士认为，支持罪刑法定主义的，有三种不同的根本思想，即第一是作为英吉利的自由的基石的大宪章思想，第二是宾丁所说的平衡理论，亦即费尔巴哈的心理强制理论，第三是以孟德斯鸠为代表的分权理论。① 在大谷实教授看来，为罪刑法定主义"提供理论基础的，从来都会举出孟德斯鸠的三权分立理论和费尔巴哈的心理强制说。现代的罪刑法定主义，应当解释为以将自由主义作为要旨的人权尊重主义为根据"。② 木村龟二教授指出："罪刑法定主义的原则是在两个思想的背景之上成立的，共同是启蒙的自由主义思想，一是作为国法的思想的三权分立论，另一是作为刑事政策思想的费尔巴哈的心理强制说。"③大野义真教授则认为："罪刑法定主义是在以人权思想为支柱，追求个人自由的长期斗争的历史中培养起来的一个原则。它虽然是以已经成为过去的费尔巴哈的心理强制理论为直接的契机在刑法上确立的，但形成这个原则的思想的基础不是基于单一理念的一元的，最后，支持这一原则的思想的不外是发自于大宪章的自由主义、孟德斯鸠的三权分立理论、法治国思想（法的支配）及法的安定性的理念。而且在现代，除此之外，作为这一原则基础的，国民主权的原理（民主主义）或尊重人性的责任原理被正式提倡。"④ 比较上述诸说，我们认为罪刑法定主义的思想理论基础不是一元的见解是正确的；同时认为现代罪刑法定主义的思想理论基础，由于时代的变迁，与罪刑法定主义产生的思想理论基础，确实有所不同，不应混为一谈。

关于罪刑法定主义产生的思想理论，我们不赞成大宪章思想是罪刑法定主义思想基础的观点。正如外国学者阿达木（G.B.Adams）所

① ［日］《泷川幸辰著作集》（第4卷），世界思想社1981年版，第40～41页。
② ［日］大谷实：《刑法讲义总论》，成文堂1994年第4版，第61页。
③ ［日］木村龟二：《刑法总论》，有斐阁1984年增补版，第93页。
④ ［日］大野义真：《罪刑法定主义》，世界思想社1982年版，第237页。

指出的："大宪章不是打倒封建制度标榜近代意义的自由的文献，它不外是在封建制度内自古以来被承认的关于英国人的自由，阻止由于早被确立的王权的滥用，确认所谓封建的自由。从而大半可以看出，在它的条项之中，纯粹具有封建色彩的规定，或者意味着对封建的滥用的立法的修正的诸规定。"① 据此，我们认为，就自由思想这一点而言，虽然可以说大宪章是罪刑法定主义久远的渊源，但不可能成为近代刑法大原则的罪刑法定主义产生的思想理论基础，因为罪刑法定主义毕竟是启蒙思想家反对封建专制刑法的产物，它产生的思想理论基础，只能求之于启蒙思想家的思想理论。参考上述诸家见解，我们认为，罪刑法定主义产生的思想理论基础，可以举出如下三个方面：

1. 启蒙的自由主义思想。17、18 世纪的启蒙思想家对当时的教会权威和封建制度进行了激烈的抨击，他们提倡理性主义，主张天赋人权、社会契约论等，对后世以很大影响。虽然在许多问题上，他们之间众说纷纭，莫衷一是，但大体上表现出两种倾向：一种倾向称为国家主义学说；另一种倾向称为自由主义学说或个人主义学说。这种启蒙的自由主义思想为罪刑法定主义提供了思想理论基础。英国的洛克认为，人们原来生活在自然状态中，在这种状态中人们是自由的、平等的，根据自然法他们享有人身自由权和财产权，同时不能侵犯他人的这些权利，但每个人的这种权利经常会受到他人的侵犯，为了有效地限制人的随心所欲，才相互订立契约，组成国家团体，以资保障权利。为了达到这个目的，人们需要把自己的一部分权利交给国家，国家必须根据各委托人权利的总和——权力，尽力维持秩序。② 为了保护个人权利，国家拥有对违反者处罚的刑罚权。但国家的立法权和刑罚权的目的，只能是增进个人的幸福。对违反者只能按规定处以刑罚，而绝不能用来损害个人的权利；否则就违反了人们缔结契约、结成国家的宗旨。启蒙的自由主义思想，是新兴资产阶级反对封建专制的思想武器，它的保障人的权利的思想，被认为是罪刑法定主义的核心思想。因而可以说，启蒙的自由主义思想为罪刑法定主义提供了根

---

① ［日］大野义真：《罪刑法定主义》，世界思想社 1982 年版，第 120 页。

② 参见［日］《泷川幸辰著作集》（第 4 卷），世界思想社 1981 年版，第 17 页。

本的思想理论基础。

2. 孟德斯鸠的三权分立论。孟德斯鸠也是启蒙思想家，主张保障个人的自由权利；但是他所提倡的三权分立论是罪刑法定主义在政治法律方面的直接思想基础。孟德斯鸠把政体分为三种，即共和、君主和专制，认为掌握权力的人都容易滥用权力，侵犯个人自由。为了防止权力的滥用，保障个人自由，就必须以权力约束权力。为此，他提出立法、司法、行政三种权力由各个国家机关分别掌握，互相分立。他之所以主张三种权力分立，因为在他看来，“当立法权和行政权集中在同一个人或同一个机关之手，自由便不复存在了……如果司法权同立法权合二为一，则将对公民的生命和自由施行专断的权力，因为法官就是立法者。如果司法权同行政权合一，法官便将握有压迫者的权力。如果一个人或是……同一个机关行使这三种权力，即制定法律权、执行公共决议权和裁判私人犯罪或争讼权，则一切便都完了”。① 所以三种权力必须分别行使，互相制衡。立法机关负责制定法律，裁判机关只能适用法律，并且必须受法律的拘束，法官则是机械地适用法律的工具，法律的解释属于立法权的领域，不允许法官解释法律。因为建立自由的，仅仅是法律，只有这样，才能保障个人的自由，避免法官的擅断。在刑事裁判上，犯罪与刑罚必须预先以法律加以规定，法律没有规定为犯罪的，法官不能论罪，也不能处罚。“这样的思想，导致确定罪刑法定主义的原则。”②

3. 费尔巴哈的心理强制说。心理强制说有各种各样的名称，在它的主张者费尔巴哈时代被称为“法律理论”，费尔巴哈叫做“实定法的理论”，宾丁名之为“平衡说”。在此说的主张者费尔巴哈看来，人具有追求快乐，逃避痛苦的本能。他指出：“人欲求快乐，所以努力得到一定的快乐，人又想逃避一定的痛苦……因而人在可能获得较大的快乐时，就断绝较小的快乐的意念；而可能避免较大的痛苦时，就会忍耐较小的不快乐。基于欲望不满足的不快乐，使他因而避免这

① ［法］孟德斯鸠：《论法的精神》（上册），商务印书馆 1982 年版，第 156 页。

② ［日］木村龟二：《刑法总论》，有斐阁 1984 年增补版，第 94 页。

种不快乐，刺激要满足欲望。”① 人们犯罪就是由于在犯罪时获得快乐的感性冲动而导致的，所以为了防止犯罪，就需要防止、抑制人的这种感性冲动。为了抑制人的这种感性冲动，就要利用犯罪欲求能力这种感性本身，采用成为感性害恶的刑罚，对犯罪加之以痛苦。详言之，为了防止犯罪，必须抑制行为人感性的冲动，即科处作为感性害恶的刑罚，并使人们预先知道因犯罪而受到的痛苦，大于因犯罪所得到的快乐，才能抑制其心理上萌生犯罪的意念。换句话说，行为人由于确信实施犯罪的欲望会带来更大的害恶，就会抑制犯罪的意念而不去犯罪。为了起到心理强制的作用，需要预先用法律明文规定犯罪与刑罚的关系，以便预示利害，使人们知晓趋避。费尔巴哈主张的罪刑法定主义，正是作为心理强制说的结论而被确立的。

四、现代罪刑法定主义的思想理论基础

由于时代的变化，人们的民主主义思想和尊重人权思想的加强，一些学者认为，罪刑法定主义已不能限于从形式上理解，因而它的思想理论基础，较之过去也有所不同。现代罪刑法定主义的思想理论基础可有以下两方面：

1. 民主主义。大谷实教授认为，现代罪刑法定主义“第一，以什么作为犯罪，对它科处什么刑罚，应该以国民亲自决定的民主主义的要求为根据”。② 前田雅英教授认为，“罪刑法定主义的民主主义的要求，在国民主权的先行宪法之下是当然的要求”。③ 民主主义原是西方启蒙思想家提出的思想。第二次世界大战后，人民吸取法西斯独裁统治的血的教训，更加珍视民主主义，人民的这种要求在一些国家的宪法中也有反映，“主权在民”，人民参加国家的管理，不再是一种口号，在不少国家还不同程度地变成现实。根据民主主义的要求，犯

---

① ［日］山口邦夫：《19世纪德国刑法学研究》，八千代出版股份公司1979年版，第27页。

② ［日］大谷实：《刑法讲义总论》，成文堂1994年第4版，第62页。

③ ［日］前田雅英：《刑法总论讲义》（第2版），东京大学出版会1996年版，第109页。

罪与刑罚必须由国民的代表机关即议会制定的法律来规定。这就是为了防止国家权力恣意行使的危险，必须由民主制定的法律规定犯罪与刑罚。

2. 人权尊重主义。大谷实教授指出，现代罪刑法定主义“第二，以为了保障基本的人权特别是自由权，必须将犯罪与刑罚事前对国民明确，能够预测自己的行为是否被处罚的人权尊重主义的要求（自由主义的要求）为根据”。① 前田雅英认为，“着重估价罪刑法定主义的自由主义的要求也是必然的，这种观点以刑罚规定为国民的行为规范为当然的前提”。② 罪刑法定主义的核心，本来就是保障个人的权利，但经过法西斯专制统治一度对人权和人的尊严的践踏，第二次世界大战后，对人权的保障引起特别的关注。人们不仅要求在程序法上保障人权，而且要求在实体法上也保障人权；不仅要求在司法方面保障人权，而且要求在立法方面也要保障人权。根据人权尊重主义的要求，必须事前向国民明示什么行为是犯罪，并且只能在所预告的范围内适用刑罚；同时禁止从事以事后的法律处罚行为人，以保障其自由和人权。

五、罪刑法定主义的内容

罪刑法定主义的内容是什么？学者之间意见颇有不同。德国学者贝林格、修特兰达认为，罪刑法定主义的内容包括如下四点：1. 排除习惯法于刑法规范之外；2. 刑法不承认溯及效力；3. 刑法上不许不定期刑；4. 不许类推。迈耶亦主张罪刑法定主义的内容有四点，但稍有不同：1. 除非法律规定，不得科刑；2. 习惯法从刑法的渊源中除外；3. 刑法中不允许类推；4. 刑法无溯及效力。③ 日本刑法学者内田文昭则认为，罪刑法定主义的内容包括：1. 法律主义；2. 刑罚法规明确性的原则；3. 罪刑均衡原则——残虐刑罚的禁止；4. 绝

① ［日］大谷实：《刑法讲义总论》，成文堂 1994 年第 4 版，第 69 页。

② ［日］前田雅英：《刑法总论讲义》（第 2 版），东京大学出版会 1996 年版，第 110 页。

③ ［日］《泷川幸辰著作集》（第 4 卷），世界思想社 1981 年版，第 31 页。

对不定期刑的禁止；5. 类推解释的禁止；6. 事后法的禁止。①内藤谦教授主张，罪刑法定主义的内容分为形式方面和实质方面，前者包括：1. 法律主义；2. 事后法的禁止；3. 类推解释的禁止；4. 绝对的不定刑的禁止。后者包括：1. 明确性原则；2. 刑罚法规正当的原则。② 金泽文雄教授简要论述罪刑法定主义内容的演变说："第一是成为罪刑法定主义的内容的所谓派生原则的发展，从来可以举出 1. 习惯法的排除（没有成文的法律则没有犯罪）；2. 刑法效力不溯及（没有事前的法律则没有犯罪）；3. 类推解释的禁止（没有严格的法律则没有犯罪）；4. 绝对不确定刑的禁止（没有法律则没有刑罚）四个派生的原则。在现代，对此增加，5. 明确性原则（没有明确的法律则没有犯罪）作为新的派生的原则被承认；又 6. 判例不溯及的变更，即判例的不利的溯及变更的禁止的原则被提倡；进而，7. 实体的正当原则（没有适当的法律则没有犯罪）也成为有力的；进而又 8. 重刑罚不溯及（没有事前的法律则没有刑罚）及轻刑罚的溯及（《公民权利和政治权利国际公约》第 15 条第 1 款后段）被承认。此外，罪刑法定主义也及于保安处分，效力不溯及原则也及于公诉时效，今日都作为重要问题继续被讨论。可以预料罪刑法定主义的内容的发展今后还将继续。"③ 我们认为，罪刑均衡和残虐刑罚的禁止，虽然可以认为属于实体的适当原则的内容，但它们不仅是罪刑法定的问题，而且涉及刑罚裁量和刑罚执行，即它们不仅在立法上体现，而且涉及刑罚裁量和刑罚执行，即它们不仅在立法上体现，而且在司法和行刑上体现，所以不宜认为它们是罪刑法定主义的派生的原则。将罪刑法定主义的内容，分为形式方面和实质方面两类，也未必妥当。如将明确性原则列为实质方面的内容，就值得研究。因为法律用语应当明确，也可以说是立法形式的要求。在我们看来，罪刑法定主义的内容过去曾经形成通说，现在又增加新的内容，因而可从以下两方面论述罪刑法定主义的内容：（一）传统的；（二）新增的。

---

① ［日］内田文昭：《刑法Ⅰ总论》，青林书院新社 1977 年版，第 44～48 页。

② ［日］内藤谦：《刑法讲义总论》（上），有斐阁 1983 年版，第 27～39 页。

③ ［日］中山研一等编：《现代刑法讲座》（第 1 卷），成文堂 1980 年版，第 86 页。

（一）传统的罪刑法定主义的内容及其发展

从来的罪刑法定主义的内容，或者说罪刑法定主义的派生原则，通说认为有以下四项：

1. 排斥习惯法。即刑法的渊源只能是由国会通过的成文法，法院对行为人定罪判刑只能以规定犯罪和刑罚的成文法律为根据，而不能根据习惯法对行为人定罪处刑。这是“法无明文规定不为罪”、“法无明文规定不处刑”的当然结论。《日本刑事诉讼法》第335条规定：“在做有罪的宣告时，必须指明……适用的法令。”日本学者西原春夫将这一原则称为“罪刑的法定性”。他解释说：“首先，犯罪与刑罚必须由‘法律’加以规定。这里所谓法律以国会用法律的形式所制定的法律为原则……在‘法律’之中不包含习惯法，因为习惯其内容未必为国民一般所周知，其范围也不明确，与以刑罚为法律效果的范围不适合。”① 但一些学者认为，习惯虽然不能直接成为刑法的渊源，但对刑法所规定的一定概念的解释，常常不能否定习惯的意义。所以关于犯罪的成立要件和刑罚的量定，在不少情况下仍然要根据习惯、条理来决定。首先关于犯罪的成立要件，例如《日本刑法》第123条规定的妨害水利罪，成为妨害对象的水利，虽然必须是属于他人的水利权，但这种水利权，在很多情况下都是根据习惯来认定。其次关于刑罚的量定，由于刑法对自由刑、财产刑的成文规定范围宽广，法官具有较大裁量的余地，在裁量刑罚时很可能根据习惯、文化观等量定刑罚。大谷实教授指出：“‘不违背公共秩序或善良风俗的习惯，限于法律没有规定的事项，与法有同一的效力’（法例第2条），这一规定对刑法是不适用的；但是在法律上有根据而且习惯、条理的内容是明确时，由于没有排除它的理由，所以关于刑罚法规的解释或违法性的判断等，习惯、条理具有刑罚法规的补充的机能，不应否定。”②

排斥习惯的提法，后来不少学者以法律主义或者罪刑的法定的提法来代替。论述的内容除排斥习惯法之外，还涉及政令与罚则、条例

① ［日］西原春夫：《刑法总论》改订版（上卷），成文堂1995年版，第36页。

② ［日］大谷实：《刑法讲义总论》，成文堂1994年第4版，第62页。

与罚则和判例的法源性问题。

政令与罚则。根据法律主义的原则，行政机关制定的政令本身不能独立设立罚则。日本宪法第 73 条第 6 项但书规定："但政令中除有法律特别授权者外，不得制定罚则。"据此日本学者认为，限于法律特别委任（具体的个别的委任）的场合，承认在政令中创设罚则。

条例与罚则。以条例设置罚则也被认为违反罪刑法定主义。但日本《地方自治法》第 14 条第 5 项规定："普通地方公共团体除法令有特别规定的以外，在条例中对违反条例者可设置科处 2 年以下的惩役或者监禁、10 万元以下的罚金、拘留、科料或没收之刑的规定。"日本学者认为，这一规定是对地方公共团体制定罚则的包括的委任，因而不生违宪问题，并且条例与行政机关制定的命令不同，是基于居民的代表机关的地方议会的决议而成立的自主的立法。在这个意义上，与"法律"同样，符合代表制民主主义的要求。条例实质上具有准法律的性质。①

判例能否成为刑法的渊源？大陆法系国家一般持否定观点。作为法律主义的要求，判例的法源性自然应予否定。因为不是成文法的规定或者超越了成文法的范围，判例不能成为法源，是当然的结论。但也有些学者认为，"罪刑法定主义要求犯罪的定型化；不过，只以法律的规定，即使用多么精密的表达记述犯罪的成立要件，犯罪的定型也只能抽象地规定。由于就各个具体的案件法院所下判断的积累，犯罪定型的具体内容开始形成起来。承认判例有这样意义的形成的机能，不但不违反罪刑法定主义，实际上毋宁应当说是罪刑法定主义的要求。此外，对否定犯罪成立或可罚性的方向的判例的机能，也与罪刑法定主义没有矛盾"。② 因而认为判例在成文法规的范围内具有法源性。

2. 刑法无溯及效力，即不许根据行为后施行的刑罚法规处罚刑罚法规施行前的行为，通常也称为"事后法的禁止"。如 1810 年《法国刑法典》第 4 条规定："不论违警罪、轻罪或重罪，均不得以实施犯罪前未规定之刑处罚之。"这是因为行为人只能根据已经施行的法

---

① ［日］内藤谦：《刑法讲义总论》（上），有斐阁 1983 年版，第 27～39 页。

② ［日］团藤重光：《刑法纲要总论》，创文社 1979 年版，第 46 页。

律来规范自己的行为，预测自己行为的后果。所以罪刑法定主义要求，必须预告由法律规定犯罪与刑罚并公之于众，以便人们知所遵循。否则，如果以行为后施行的刑法为根据处罚施行前的行为，这对行为人实际上是“不教而诛”。不仅如此，既然行为时的适法行为，可以由行为后的法律定罪处刑，人们就无法知道自己的行为今后是否被定罪处罚，不免惶恐不安，无所措手足，这不利于维护社会的安定。所以刑罚法规，只能对其施行以后的行为适用，而不能溯及适用于施行前的行为。这也是实质的人权保障的要求。

由于承认刑法无溯及力的理由是刑法的溯及适用有害于法的安定性并有非法侵害个人自由的危险，因而西方学者从“有利被告”的原则出发，对刑法无溯及力的观点后来有所改变，即在行为时法与裁判时法有变更时，裁判时法如果是重法，没有溯及力；如果是轻法，则有溯及力。学者一般认为，这不违反罪刑法定主义。1871 年《德国刑法典》第 2 条第 2 款规定：“从所犯之时到判决之间，有法律之变更时，适用最轻之法律。”根据 1935 年 6 月 26 日法律，该款改为：“判决时施行的法律如较行为时施行的法律为轻，得适用较轻的法律，案件判决时，如此行为依法律已不处罚，得免予处罚。”日本学者明确提出：“溯及禁止原则有例外灭迹（日本刑法第 6 条规定：‘因犯罪后的法律刑罚有变更时，适用其轻的法律’）。裁判时法比行为时法刑罚轻的场合，承认裁判时法的溯及……行为时法与裁判时法之间有中间法的场合，应适应刑罚最轻的法，不这样解释，由于审理迟速的偶然情况会产生不公平的结果。”① 尔后，轻法溯及得到广泛的认可。

3. 禁止类推解释。类推解释是对于法律没有明文规定的事项，援用关于同它相类似的事项的法律进行解释。按照罪刑法定主义的要求，行为之被认为犯罪和处罚，必须依据事先由法律明文所作的规定。而类推解释则是对法律没有明文规定的事项创造法律，是由法官立法，从而根据类推解释的处罚，超越法官的权限，将导致法官恣意适用法律，侵害个人的自由权利，显然有悖于罪刑法定主义的原则。因之一些学者主张：禁止类推解释，实行严格解释。战前日本宪法虽

① ［日］西原春夫：《刑法总论》改订版（上卷），成文堂 1995 年版，第 40 页。

然规定了罪刑法定主义，但由于牧野英一教授等强调自由法运动与目的论的解释方法，主张刑罚法规的类推解释，能够适应社会的进步，应当加以肯定，以致允许类推解释的观点，在日本一度处于支配地位。战后，由于日本新宪法强调罪刑法定主义，在日本对类推解释的观点复发生变化，禁止不利于被告人的类推解释又成为通说。不少学者主张禁止类推解释，允许扩张解释，认为类推解释与扩张解释的区别在于是否超越法律文字可能的含义的范围。木村龟二教授即持此主张，他说："类推解释与扩张解释的不同在于：扩张解释限于刑法成文语言的可能意义的界限内，相反地，类推解释超越其可能意义的界限，从而对成文没有规定的事项承认刑法规范的妥当性。"① 与此相反，有的学者如植松正教授认为，不许类推，容许扩张解释不外是语言的魔术，明确主张"刑罚法令中的类推某种程度上必须允许"。② 还有学者认为，类推适用违反罪刑法定原则的形式原理的法律主义，即使是扩张解释也不允许。③ 根据罪刑法定主义的宗旨在于保障行为人的自由权利，所以对于不利于被告人的类推解释虽然主张加以禁止，但有利于被告人的类推解释则是允许的，即容许阻却犯罪成立事由、减轻、免除刑罚事由等的类推解释。所以有的学者如内藤谦教授明确提出："不允许不利于被告人的类推解释，是罪刑法定主义的重要内容之一。"④ 西原春夫教授认为："因为原来罪刑法定主义是为了保护被告人的原则，所以……从有利于被告人方面类推解释并不违反罪刑法定主义。从而应当认为关于阻却违法、减轻、免除刑罚等，允许类推适用。"⑤ 由此可见，罪刑法定主义不是在一切情况下都禁止类推，而只是禁止设立新的刑罚和加重处罚这样的类推解释，而不禁止排除违法性、减轻或免除刑罚这样的类推解释。

4．否定绝对不定期刑。这一原则是由罪刑法定主义要求对一定

① ［日］木村龟二：《刑法总论》，有斐阁1984年增补版，第21页。

② ［日］植松正：《刑法概论Ⅰ总论》，劲草书房1974年版，第90页。

③ ［日］刑法理论研究会：《现代刑法学原理（总论）》，三省堂1974年版，第77页。

④ ［日］内藤谦：《刑法讲义总论》（上），有斐阁1983年版，第27～39页。

⑤ ［日］西原春夫：《刑法总论》改订版（上卷），成文堂1995年版，第43页。

的犯罪规定刑罚的种类和程度而产生的。绝对不定期刑是在法律中完全没有规定刑期的自由刑。现代学派的学者认为，犯罪是由行为人的主观恶性所产生，刑罚是矫正、改善罪犯的主观恶性的手段；但对改造犯罪人的主观恶性要求多少时间很难预料，所以法律只能规定不定期刑。法官在判决时，只宣布罪名和刑种，至于究竟服多长刑期，则由行刑机关根据罪犯主观恶性改造的情况来决定。这样确定罪犯的服刑期间长短的权力完全由行刑机关所掌握，这会丧失刑法保障人权的机能。所以不论法定刑或宣告刑都不允许绝对的不定期刑。但绝对确定的刑种和刑期，使法官不能根据具体犯罪的社会危害程度和犯罪人的社会危险程度判处相适应的刑罚，只能机械地作为法律的"传声筒"，这不利于案件的正确处理。因而现代学派的学者提出相对的不定期刑的主张。他们从目的刑论出发，认为刑罚的目的是矫正罪犯，使之复归社会；但需要多少时间方能达到刑罚的目的，则很难预期，因而可以规定和宣告最长期限与最短期限，在这个幅度内，由行刑机关确定实际执行的刑期。对此，理论上有人认为法定刑幅度太广的刑罚法规，给予法官极端的裁量权，由于在各个场合科处怎样的刑罚不明确，因而不符合罪刑法定主义的要求。但有学者明确提出："相对的不定期刑……不认为违反罪刑法定主义。"① 事实上当前世界各国刑法典分则中的法定刑绝大多数为相对确定的法定刑。因为它便于法官考虑各个案件的具体情况裁量刑罚。当然过于广泛的幅度，有悖于罪刑法定主义的宗旨，实不可取。

（二）新增的罪刑法定主义的内容

1. 明确性原则。刑罚法规的明确性，虽是罪刑法定主义成立当时的要求，但明确性原则作为罪刑法定主义的新的派生原则被承认，则是近来的情况。

明确性原则要求立法者必须具体地并且明确地规定刑罚法规，以便预先告知人们成为可罚对象的行为，使国民能够预测自己的行动，并限制法官适用刑法的恣意性。否则，如果规定的刑罚法规含混不清，就不能达到上述目的，是违反罪刑法定主义的宗旨的，从而认为

① ［日］内藤谦：《刑法讲义总论》（上），有斐阁 1983 年版，第 27～39 页。

是无效的。所以明确性原则，又称“含混无效原则”。这一原则，通常认为是关于构成要件的问题。意大利学者杜·帕多瓦尼指出：“明确性原则要求对犯罪的描述必须明确，使人能够准确地划分罪与非罪的界限。”① 德国学者威尔哲尔（Welzel）、鲍曼（Baumann）进而认为，作为罪刑法定主义的要求，也要揭示“法的效果的明确性”，即“刑罚法规明示可罚的行为的类型之同时，也要求以刑罚的种类、分量明示可罚性的程度”。② 杜·帕多瓦尼也持同样的见解。我们认为，这一观点完整地表述了罪刑法定主义的要求。关于明确性的标准，提法虽然不尽相同，但基本精神是一致的。如大谷实教授认为，“应当以有通常的判断力者能够认识、判断的程度为明确的标准”。③ 金泽文雄教授认为，“关于犯罪的构成要件，成为该刑罚法规的适用对象的国民层的平均人，根据法规的文字不能理解什么被禁止的场合，是不明确的、违宪的”。④ 我们认为这一标准是可取的，因为法律是人们的行为规范，只有通常的人能够理解，才能以之作为自己的行动准则。

2. 实体的适当原则，或称刑罚法规适当原则或者适当处罚原则。指刑罚法规规定的犯罪和刑罚都应认为适当的原则。原来罪刑法定主义只理解为“无法律则无犯罪也无刑罚”，只要有法律的规定，不管刑罚法规的内容如何，都被认为不违反罪刑法定主义。但 20 世纪 60 年代以来，由于受美国宪法中适当的法律程序原则的影响，日本一些学者如团藤重光、平野龙一、芝原邦尔等教授在提倡明确性原则的同时，还提出承认实体的适当原则为罪刑法定主义的新的派生原则。随后，这一原则逐步为日本刑法学界所接受。他们认为受美国宪法影响于 1946 年制定的《日本国宪法》第 31 条的规定是实体的适当原则的宪法根据。该条规定：“任何人非依法律所定程序，不得剥夺其生命或自由，或科其他刑罚。”在日本学者看来，该条规定不仅要求程序的适当，而且要求刑罚法规的实体内容的适当。刑罚法规的内容不适

① ［意］杜·帕多瓦尼：《意大利刑法原理》，法律出版社 1998 年版，第 26 页。

② ［日］中山研一等编：《现代刑法讲座》（第 1 卷），成文堂 1980 年版，第 94 页。

③ ［日］大谷实：《刑法讲义总论》，成文堂 1994 年第 4 版，第 69 页。

④ ［日］中山研一等编：《现代刑法讲座》（第 1 卷），成文堂 1980 年版，第 93 页。

当时，被认为违反宪法第31条而成为违宪。团藤教授说："宪法第31条如前所述是由来于美国的适当程序条款，从而虽然没有'适当的'这种表述，但当然必须说要求罪刑的法定是适当的。在不仅程序而且实体必须适当这个意义上，美国所谓的'实体的适当程序'的要求，我国宪法的规定也应当被承认。"① 他们认为，罪刑法定主义的宗旨是保障人权；实体的适当原则体现着实质的保障人权原则，它符合罪刑法定主义本来的宗旨，应该说是当然的。至于这一原则应当包括哪些内容，看法颇不一致。团藤教授认为它包括刑罚规定的适当和罪刑的均衡。大谷实教授原来认为它包括刑罚法规适当的原则和罪刑的均衡，后来又认为实体的适当原则即刑罚法规适当的原则，它包括明确性原则、刑罚法规的内容的适当和绝对的不定刑的禁止。此外，还有一些不同见解。我们认为，大谷教授原来的观点，在论述刑罚法规适当原则时，涉及了什么行为值得处罚，这是可取的；但标题与实体的适当原则同义，是一大缺点。后来他作了修改，表明认识到原来的提法不当，但将明确性原则与绝对的不定刑的禁止列在实体的适当原则之内，也难认为妥帖。因为明确性原则是从语言表述形式而言的，实体的适当原则是就法规内容的实质而言的，不宜将两者混在一起。大谷教授曾说："既述的明确性原则不能直接从这一原则（按：指实体的适当原则）导出。"② 这是正确的。现分别阐述：

（1）刑罚规定的适当，指对某一行为作为犯罪规定刑罚有合理的根据。据此，刑法规定的犯罪，必须是以该行为确实需要用刑罚处罚为前提。"犯罪与刑罚即使在法律中明确规定，但其内容欠缺处罚的必要性和合理的根据时，成为刑罚权的滥用，实质上就会侵害国民的人权。"③ 那么，怎样判断刑罚规定得是否适当？大谷教授曾指出："适当的标准应依刑法的机能，特别是与法益保护机能的关系而定。即以应保护的法益存在为前提，是否有以刑罚法规保护它的必要性成为是否适当的判断标准。"④ 这一见解虽然在该书1994年第4版中被

① ［日］团藤重光：《刑法纲要总论》，创文社1979年版，第49页。
② ［日］大谷实：《刑法讲义总论》，成文堂1994年第4版，第81页。
③ ［日］大谷实：《刑法讲义总论》，成文堂1994年第4版，第70页。
④ ［日］大谷实：《刑法讲义总论》，成文堂1994年第4版，第83页。

删掉，但我们认为仍然值得参考。

（2）罪刑的均衡，或叫罪刑相称或者罪刑相适应，指刑罚的轻重与犯罪的轻重相均衡。这一原则曾被认为是刑法的基本原则之一，它不限于只是刑事立法方面的问题，但首先还是在刑事立法上体现，因而现在被认为是实体的适当原则的一个内容。那么怎样判断罪刑的均衡呢？村井敏邦教授指出："'以眼还眼，以牙还牙'的绝对报应主义作为标准是最明确的，然而作为标准无论怎样明确，根据禁止残酷刑罚的近代人道主义观点，不可能维持它。"① 村井教授否定了同态复仇的标准，根据贝卡利亚的有关论述，主张"犯罪的程度可以根据社会侵害性的大小来决定"。② 至于刑罚的尺度，村井教授认为："在社会侵害性的程度中，对自由的侵害被认为是中心的价值。这样，根据以自由为尺度，犯罪与刑罚进行比较成为可能。由于以自由为尺度的特点，刑法从单纯同害报复思想远离。考虑自由的重要，即使对生命，也能够说自由充分保持均衡。"③ 村井教授虽然认为，对财产犯，自由刑也可以说相适应，但随后又指出："刑罚的适当性比包含其中的罪刑的均衡是重要的原则，从这个观点看，对盗窃案常以剥夺自由的刑罚相对应，是否适当，是成为疑问的。"④ 我们赞同村井教授后面的观点，因为罪刑的均衡，除应当考虑犯罪行为的社会危害性的大小决定刑罚外，还应当考虑犯罪的性质确定适用的刑种。如对危害生命或危害国家安全的特别严重犯罪，可以规定死刑（在废除死刑的国家可以规定无期自由刑）；对危害健康、自由、财产、社会秩序或其他严重犯罪、普通犯罪，可以规定自由刑；对财产犯罪或经济犯罪，可以规定单处或并处财产刑。这将更好地保持罪刑的均衡。

对于上述两个标准，我们虽然认为比较可取，但总感不够妥当。因为它们只谈到刑罚的适当而未涉及犯罪的规定，不免失之于片面；且在刑罚规定的适当标题下，只是论述何种行为需要作为犯罪规定刑罚，实际是犯罪规定的适当。而在罪刑的均衡标题下，又难以论述残

① ［日］村井敏邦：《刑法》，岩波书店 1994 年版，第 47 页。

② ［日］村井敏邦：《刑法》，岩波书店 1994 年版，第 47 页。

③ ［日］村井敏邦：《刑法》，岩波书店 1994 年版，第 47 页。

④ ［日］村井敏邦：《刑法》，岩波书店 1994 年版，第 47 页。

酷刑罚的禁止。据此，宜更改为：①犯罪规定的适当，②刑罚规定的适当。在后一标题下论述残酷刑罚的禁止和罪刑的均衡，这可将规定犯罪与刑罚的刑罚法规的适当完全加以概括，从而可以避免原来标题的片面性。

3. 判例不溯及的变更。如前所述，美国宪法第 1 条第 9 款第 3 项规定，禁止通过“追溯既往的法律”，这样的规定是否及于判例？原来认为它只是对联邦和州的立法机关制定法而言，判例不在此限。但是 1964 年美国最高法院在包伊上诉案的决定中改变了从前的观点，宣布判例无溯及效力。①从“有利被告”的原则出发，判例变更无溯及效力，只限于不利于被告的判例变更。因为不利于被告人的判例变更，如果溯及适用，成为对被告人的意外打击，与根据法律溯及处罚一样，会有害于法的安定性。因而在美国，于被告人不利的判例变更，对将来的案件适用，对该被告人不适用的“不溯及的变更”（Perspective overruling）原则在判例中被确立。随后在联邦德国将不利于被告人的判例更作为“将来效力条款”（Von-nun-an-Klausel）在判决主文中宣告。在日本小暮得雄教授从承认判例是“间接（补充）法源”的立场出发，提倡将禁止判例的不利的、溯及的变更，作为罪刑法定主义的要求。② 这一见解得到日本刑法学者广泛的赞同。

日本现行宪法第 39 条第 1 款规定：“任何人如其行为在实行时实属合法……不得追究其刑事上的责任。”现在日本刑法学者认为，这一禁止溯及的规定，应当扩张适用于判例变更的场合，由裁判机关进行法律解释的余地很大，国民直接看条文很难达到同一的理解，而通过判例的解释，对刑法规定的内容能够理解的程度大大增加，从而国民可能利用这样的法律解释调节自己的行动。如果对被告人不利的判例变更适用于被告人，被告人对处罚就会感到意外且不公正。为了不使产生这种情况，日本宪法第 39 条的禁止溯及的规定，就应当适用于判例变更。这样，判例不溯及的变更被认为是罪刑法定主义的新的派生原则。小暮教授考虑日本宪法第 39 条与日本刑法第 6 条的旨趣，

① 储槐植：《美国刑法》，北京大学出版社 1996 年版，第 35 页。

② ［日］中山研一等编：《现代刑法讲座》（第 1 卷），成文堂 1980 年版，第 95 页。

引申出如下解释："变更判例上的旧解释，将从前认为适法的行为解释为违法，或者将认为应当符合较轻构成要件的行为解释为应当符合较重构成要件，且使依赖的行为者遭受其效果，是不允许的。"① 日本学者认为，这一见解是妥当的，并已为日本判例明确采纳。这一原则为大陆法系国家所承认，表明了在罪刑法定主义问题上两大法系的互相渗透，使罪刑法定主义理论不断发展和完善。我们认为这是值得肯定的。

罪刑法定主义"在现代正成为许多国家的刑法的基本原则"，② 并得到国际法上的承认。罪刑法定主义在立法上不断增加，在理论上日益完善，这是当代世界刑法发展的趋势。

（原载《中外法学》1997 年第 2 期，收入本书时作了若干修改）

① ［日］中山研一等编：《现代刑法讲座》（第 1 卷），成文堂 1980 年版，第 97 页。

② ［日］大谷实：《刑法讲义总论》，成文堂 1994 年第 4 版，第 87 页。

犯罪构成基本理论比较研究

犯罪构成理论是犯罪论的核心，涉及问题很多，一篇论文不可能一一论述，这里仅就犯罪构成的概念和要件等基本理论作一比较研究。

一、犯罪构成的概念

（一）犯罪构成在德、日刑法理论中称为“构成要件”（Tatbestand）。通说认为构成要件理论系由德国学者贝林格（Beling）于1906年在其《犯罪论》著作中首先提出。他认为，犯罪成立的要件有三，即构成要件符合性、违法性与有责性，构成要件是表示刑法分则所规定的犯罪行为的类型或犯罪类型的外部的轮廓。它纯粹由客观的、记述的要素所构成，而不包含主观的、规范的要素。晚年他又作了修正，认为犯罪类型是包括主观与客观要素的违法类型，构成要件则是理论上先于犯罪类型的指导形象。① 贝林格之后，迈耶（Mayer）的构成要件论对贝林格的构成要件论有所发展，麦兹格（Mezger）的违法类型论提出了与贝林格观点的不同意见，但贝林格的理论仍然很有影响。

德国当代著名学者耶赛克等在所著《德国刑法教科书》（总论）一书中，对构成要件概念提出自己的看法。他写道：“‘构成要件’概念在法律用语中的使用往往具有不同的意思。在本教科书中，如上所述，它被理解为‘不法构成要件’（关于‘罪责构成要件’，请参见下文§42I）。在其他情况下，构成要件概念（狭义）表明了参与《基本

① ［日］大谷实：《刑法讲义总论》，成文堂1994年第4版，第120页。

法》第103条第2款意义上的刑法的保障功能的特征的数量。在一般之法理论中，‘构成要件’的表述，表明了产生法律后果的全部先决条件。”①

构成要件理论传到日本，日本学者小野清一郎对构成要件理论进行了深入研究，他分析了理论上的构成要件具有如下特点：1. 构成要件是法律上的概念，其本身必然与符合构成要件的事实明确地区分开来。2. 构成要件是刑法各条中规定的“罪”，亦即特殊了的犯罪概念。换言之，它是特殊的构成要件，而不是一般的构成要件的意思。3. 构成要件是“犯罪类型的轮廓”，它不仅是违法类型，同时也是责任类型。4 构成要件，从其在刑罚法规中所发挥的机能的性质上看，它是客观的、记述性的，然而从其伦理的、法的意义上看，它又有规范的和主观的要素。据此，他认为：“所谓构成要件，是指将违法并有道义责任的行为予以类型化的观念形象（定型），是作为刑罚法规中科刑根据的概念性规定。”② 现代日本刑法学者山中敬一认为，构成要件概念的内容有广狭两种意义。首先被用于“犯罪是符合构成要件的违法、有责行为”定义中的“构成要件”的概念，是最通常的用法，它意味着成为犯罪成立要件的一部分要件（狭义的构成要件）。狭义的构成要件，指记述各个犯罪类型的个别的特征，给该犯罪的典型的不法内容赋予了特征的观念形象，先行于违法性和责任的判断，由给犯罪类型赋予特征的个别要素的集合而成立，将作为犯罪应被处罚的行为与不值得处罚的行为加以区别，是这个意义的构成要件的机能。在这个意义被使用的，是一般意义上的构成要件概念。广义的构成要件，指包含狭义的构成要件、违法性与责任、其他客观的处罚条件等，法律上规定的一切可罚条件的全体。在这个意义上的构成要件概念，因为是指法律上犯罪成立要件的全体，所以没有充足这样的要件的行为，毕竟不能构成犯罪。在这里，这个构成要件称为全构成要件。在这个意义上，也可以说是刑法的罪刑法定主义或者保障机能的

① ［德］耶赛克、魏根特：《德国刑法教科书》（总论），中国法制出版社2001年版，第304页。

② ［日］小野清一郎：《犯罪构成要件理论》，中国人民公安大学出版社1991年版，第6~9页。

表现。从而，也有人将这种构成要件称为保障构成要件。①

需要指出，德、日学者对构成要件的意见并不完全相同，这里引述的只是有代表性的观点。

（二）前苏联学者对犯罪构成理论进行了系统全面的研究，其中最为突出的是著名学者特拉依宁（1883～1957年）。他在其名著《犯罪构成的一般学说》一书中，设专章论述了“社会主义刑法体系中犯罪构成的概念”，指出：“立法者在规定某一犯罪构成时，经常要从表明行为和行为人的社会危害性的大量特征中进行选择，而且必须进行这种选择，选择其中最典型、最重要的特征。法律在刑法规范的罪状中所规定的、从而‘提升’为犯罪构成因素的，正是这些特征……因此，犯罪构成本身所包含的一切要件（因素），都是立法者认为其总和对于评定该作为（或不作为）为危害社会主义国家、因而应受惩罚的行为所必要的。”由此他得出结论：“犯罪构成乃是苏维埃法律认为决定具体的、危害社会主义国家的作为（或不作为）为犯罪的一切客观要件和主观要件（因素）的总和。”②

H.A.别利亚耶夫等在其主编的《苏维埃刑法总论》中设专节论述了犯罪构成的概念，认为：“犯罪构成就是刑事法律规定的危害社会行为，即犯罪要件的总和。”进而指出：“每个具体的犯罪构成都包含有犯罪主体和犯罪主观方面，以及犯罪客体和犯罪的客观方面要件的总和。犯罪构成的一切要件互相联系，每一个要件都是有机统一体的一个组成部分。在某人的行为中，如果缺少一个要件，那就意味着缺少整个犯罪构成。”③ 前苏联学者对犯罪构成概念的表述也有所不同，但基本观点大体一致。

（三）我国刑法理论界对犯罪构成理论进行了深入研究，出版了若干专著，对犯罪构成概念的表述也不一致，但通说认为：“犯罪构成是刑法规定的，决定某一行为的社会危害性及其程度，而为该行为

① ［日］中山敬一：《刑法》，成文堂1999年版，第144～145页。

② ［前苏联］特拉依宁：《犯罪构成的一般学说》，中国人民大学出版社1958年版，第48～49页。

③ ［前苏联］别利亚耶夫、科瓦廖夫：《苏维埃刑法总论》，群众出版社1987年版，第78页。

构成犯罪所必须具备的一切客观要件的有机整体。”① 对于犯罪构成的概念，有的著作还对其特征作了分析，指出，我国刑法的犯罪构成具有如下基本特征：

1. 犯罪构成是决定某一具体行为的社会危害性及其程度而为该行为构成犯罪所必须具备的一切要件的整体。这有两层含义：其一，犯罪构成所包含的要件是决定该行为构成犯罪的一切要件；其二，行为符合犯罪构成即构成犯罪，而不需要另外再具有违法性和有责性。

2. 犯罪构成是一系列客观要件与主观要件的有机统一的整体，既包含成立犯罪所必须具备的客观要件，也包含成立犯罪所不可缺少的主观要件。各个要件之间才能有着密切联系，共同组成一个整体的犯罪构成。

3. 组成犯罪构成的要件是由我国刑法加以规定的。这是我国刑法的基本原则——罪刑法定原则的当然要求。②

（四）通过以上论述，可以看出：

1. 日本的构成要件理论是从德国引进的，将构成要件符合性作为与违法性、有责性并列为犯罪成立要件之一，是相同的。但两者仍有差别：其一，德国学者原来认为构成要件是违法类型，及至耶赛克等认为，构成要件可以分为不法构成要件和罪责构成要件；但在日本学者看来，构成要件是违法类型和有责类型，两者明显不同。其二，耶赛克等认为广义的构成要件内容应当区分为不法构成要件和责任构成要件；山中敬一提出的广义的构成要件包括狭义的构成要件，是指法律上犯罪成立条件的全部，与耶赛克的广义的构成要件含义也不一致。

2. 前苏联的犯罪构成理论与德、日的构成要件理论存在明显的差别：其一，德、日的构成要件理论认为，符合构成要件只是犯罪成立的条件之一，即行为仅仅符合构成要件，还不能认定构成犯罪，必须再判定具有违法性和有责性，犯罪才能成立。而前苏联的犯罪构成理论认为，犯罪构成是犯罪成立要件的理论，具备了犯罪构成所要求

---

① 张明楷：《刑法学》（上），法律出版社 1997 年版，第 96 页。

② 高铭暄、马克昌主编：《刑法学》（上），中国法制出版社 1999 年版，第 85 ~88 页。

的主、客观诸要件，只要不是由于显著轻微并对社会没有危害性，即构成犯罪。其二，德、日的构成要件概念，是与它们的犯罪的形式定义密切联系的。它们认为犯罪是符合构成要件的违法、有责的行为，这一定义没有反映犯罪的社会政治特征，以之为基础的构成要件概念，也就只具有法律形式的特征。前苏联的犯罪构成概念，是与它们的犯罪的形式与实质相统一的定义紧密联系的，它们的犯罪定义首先揭示了犯罪的社会政治特征，即行为对社会的危害性；以之为基础的犯罪构成概念明确指出，犯罪构成是决定危害社会主义国家的行为成为犯罪的各种要件的总和，这就明确揭示了犯罪构成的社会政治特征。

3. 我国刑法中的犯罪构成理论是从前苏联学来的，与德、日的构成要件理论不同，而与前苏联的犯罪构成理论基本上相一致；但也有所发展：其一，我国学者在犯罪构成概念中增加了社会危害性程度，表明犯罪构成不仅说明是否构成犯罪，而且可以反映犯罪行为的轻重。其二，我国学者认为犯罪构成是各种要件的“有机统一整体”，而不仅仅是各种要件的“总和”。尽管前苏联有的学者也强调犯罪构成各要件的相互联系，但其定义中用“总和”表述，而“总和”的语意是“全部加起来的数量”，并无相互联系的意思。“有机统一整体”，既表明了各要件的相互联系，又表明犯罪构成是一个整体，不只是一个个要件相加，比“总和”一词表述较科学合理。

二、犯罪构成的要件

（一）犯罪构成的要件，在德、日刑法理论中称为构成要件的要素。德国著名学者耶赛克等认为：“构成要件的构成要素有法益、行为客体、行为人、行为和结果。通过将这些构成要素结合成构成要件……”① 随后又说：“构成要件由不同的要素组成，其外部的框架形成客观的构成要件要素，属于客观的构成要件要素的还包括行为与

① 耶赛克、魏根特：《德国刑法教科书》（总论），中国法制出版社 2001 年版，第 314 页。

结果之间的因果关系和结果的客观归责。主观构成要件的核心是故意。”① 同时进一步指出，属于主观构成要件要素的，还有：1. 意图犯（超越内心倾向的犯罪）；2. 倾向犯（强烈的内心倾向）；3. 表示犯，构成要求行为人的外部行为必须与内心认识状态相矛盾；4. 不纯正的思想要素，例如刑法典有关条款规定的“残忍”、“阴险”等。②

日本学者对构成要件要素的分类存在不同意见，但如下分类则为不少学者所赞同：

1. 客观的要素与主观的要素

（1）客观的要素。所谓构成要件的客观的要素，指记述表现于外界的现象，离开行为人的意思、目的等主观的要素完全独立，能够认定其在外部存在的要素。它有如下几种：①行为，②结果，③因果关系，④犯罪的主体，⑤行为的客体，⑥行为环境。

（2）主观的要素。所谓构成要件的主观的要素，指记述存在于行为人内心的现象的要素。主观的要素可以分为一般的主观要素与特殊的主观要素。属于前者的有：①故意，②过失；属于后者的有：①目的犯中的目的，②倾向犯中的内心倾向，③表现犯中的内心状态，④被害人的内心状态，⑤主观的正当化要素。

2. 记述的要素与规范的要素

（1）记述的要素，指基于事实认识可能确定的事实。例如杀人罪中“人”、“杀”等。

（2）规范的要素，指只能根据文化的价值尺度才能判断的事实。例如，公然猥亵罪中的“猥亵”等。③

（二）前苏联学者对犯罪构成要件的分类的表述或排列，虽然意见也有分歧；但关于犯罪构成要件所包含的内容，见解基本相同。H·A·别利亚耶夫教授等认为：犯罪构成的一切要件均与犯罪客体及

---

① 耶赛克、魏根特：《德国刑法教科书》（总论），中国法制出版社 2001 年版，第 333 页。

② 耶赛克、魏根特：《德国刑法教科书》（总论），中国法制出版社 2001 年版，第 383～385 页。

③ ［日］西原春夫：《刑法总论》改订版（上卷），成文堂 1995 年版，第 166～173 页。

其客观方面、犯罪主体及其主观方面有关。

犯罪客体是犯罪所侵犯的、受到刑事法律所保护的对象。社会主义社会关系是犯罪客体。犯罪客观方面是指构成犯罪外在方面的要件。行为（作为或不作为）及其结果、行为与结果之间的因果关系、实施犯罪的时间、手段和环境等都属于犯罪的客观方面。

犯罪主体，指实施了犯罪行为、并在犯罪时年满法定年龄的有责任能力者。

犯罪主观方面，指犯罪的内在（心理上的）方面。构成犯罪主观方面的因素有：故意或者过失；动机，即驱使某人实施犯罪时所追求的目的。

犯罪构成的要件通常还分为基本的和随意的两种。基本的（必要的）要件是一切犯罪构成所固有的要件，具体的客体、行为、故意或过失、法定年龄并有责任能力属之。随意要件只是某些犯罪构成所特有的要件，上述要件除基本的要件以外的要件如特殊主体要件、动机、目的等属之。①

（三）我国刑法学者对犯罪构成要件的分类，意见不尽相同，但以高等学校法学教材《刑法学》中的论述较为详细。该教材认为，犯罪构成的要件可以分为以下几类：

1. 客观的要件与主观的要件。客观的要件包括犯罪客体、犯罪对象、犯罪行为、犯罪结果、犯罪的时间、地点和方法等。主观的要件包括刑事责任年龄、刑事责任能力、特定的身份、犯罪的故意或过失、犯罪目的等。

2. 记述的要件和规范的要件。这是从日本引进的，解释与之相同。

3. 共同的要件与选择的要件。解释与前苏联刑法理论中基本的要件和随意的要件相同。

4. 具体的要件与一般的要件。具体的要件，指某一具体的犯罪构成所必须具备的要件，例如受贿罪的构成要件属之。一般的要件，指在一些犯罪构成中共同存在的要件，它包括以下四个方面的要件

---

① ［前苏联］别利亚耶夫、科瓦廖夫：《苏维埃刑法总论》，群众出版社 1987 年版，第 83～85 页。

(不是四个要件)：(1) 犯罪客体，含犯罪对象；(2) 犯罪客观方面，包括危害行为、危害结果（含行为与结果之间的因果关系)、犯罪的时间、地点和方法；(3) 犯罪主体，包括刑事责任年龄、刑事责任能力、自然人、特定身份、单位；(4) 犯罪主观方面，包括犯罪故意、犯罪过失、犯罪目的。①

（四）比较上述诸国关于构成要件的理论，可以得出如下结论：

1. 日本与德国的构成要件均分为主观的要件与客观的要件，内容大致相同，但有较小差别：德国学者将法益列为客观的要件，将不纯正的思想要素列为主观的要件，均为日本理论所不取；日本学者将行为环境列为客观的要件，将被害人的内心状态、主观的正当化要素列为主观的要件，均为德国理论所欠缺。可以说双方互有短长。德国的构成要件理论本来有记述的要素与规范的要素之分，但耶赛克教授的著作未曾论及；日本学者则普遍采用这种分类，且论述清晰，显示出日本学者在这方面有所发展。

2. 前苏联学者对构成要件的分类与德、日不同：他们未采用德、日的分类，而从犯罪客体、犯罪客观方面、犯罪主体、犯罪主观方面为依据分为四个方面的要件加以论述。这种分类与前苏联的犯罪构成是犯罪成立要件的理论相符合，德、日的分类大体上与其构成要件符合性只是犯罪成立条件之一的理论相适应。例如，刑事责任年龄、刑事责任能力均未列为构成要件的要素；但他们将从来作为责任条件的故意或过失列为主观的要件，则突破了“违法是客观的，责任是主观的”传统理论。在日本有的学者主张故意或过失既是构成要件的故意或过失，也是违法性、责任方面的故意或过失，又有学者对上述观点进行批判，显示出他们对这一问题认识的混乱，不如前苏联将故意或过失仅仅列为主观方面的要件科学而合理。日本学者夏目文雄、上野达彦正他们合著的《犯罪概说》中在论述犯罪构成要件时，摒弃了上述日本通常的观点，而采用前苏联学者按照犯罪客体、犯罪客观方面、犯罪主体、犯罪主观方面四分法的分类加以论述，反映了一部分日本学者对其传统理论的否定。前苏联理论中没有记述的要件与规范

① 高铭暄、马克昌主编：《刑法学》(上)，中国法制出版社 1999 年版，第98～102、106 页。

的要件的分析，这是不如德、日理论之处；但它的基本的和随意的要件的论析，为德、日理论所无，则又优于德、日的理论。

3. 我国关于犯罪构成要件的理论，首先是从前苏联学来的，随后又吸收德、日学者关于构成要件要素的见解，同时也有自己的某些特色。比较起来，较之德、日和前苏联的理论都更为妥当。我国吸收了德、日理论中客观的要素与主观的要素、记述的要素与规范的要素的分类，不同于德、日与构成要件是犯罪成立条件之一的理论相适应的观点，将他们未曾列为构成要件要素的刑事责任年龄、刑事责任能力列为主观的要件。我国也引进了前苏联关于犯罪构成要件的理论，例如共同的要件与选择的要件、一般要件的四分法等，都是从前苏联移植过来的；但我国的犯罪构成要件理论也有自己的内容：关于具体的要件与一般的要件的区分，建立构成要件的体系等，上述国家的理论均未曾论及，表明在犯罪构成要件问题上我们一方面学习了外国，一方面也有所开拓。

（原载《犯罪构成与犯罪成立基本理论研究》，中国政法大学出版社2003年版）

结果加重犯比较研究

什么是结果加重犯（或加重结果犯）？意见不一。刑法理论上通常分为广义和狭义两说。广义说认为，结果加重犯，指实施基本的构成要件的行为，发生基本构成要件以外的重结果，因而刑罚被加重的犯罪。如日本学者中川祐夫说：“所谓结果的加重犯，是由于基本犯罪的行为，进而发生较重结果的场合，将该基本犯罪与加重的结果视为一个犯罪，处罚较基本犯罪的刑罚为重的犯罪类型。”① 又如大谷实说：“所谓结果的加重犯，指重视由基本的犯罪产生的结果，规定比对基本的犯罪之刑较重的犯罪。”② 据此，结果加重犯中的基本犯，可能出于故意或过失，重结果可能出于过失或故意。我国台湾学者陈朴生指出：由于四个要件的组合，结果加重犯可能有四种类型。即（甲）基本犯为故意，重结果亦为故意（故意＋故意）。（乙）基本犯为故意，重结果为过失（故意＋过失）。（丙）基本犯为过失，重结果为故意（过失＋故意）。（丁）基本犯为过失，重结果亦为过失（过失＋过失）。③ 我们认为，这四种类型只是根据逻辑推理得出的，并不完全符合实际。实际上丙型即过失＋故意型，在现实生活中不可能存在。尽管如此，广义的结果加重犯的概念，在外延上确实包含结果加重犯的多种类型。狭义说认为，所谓结果加重犯，是指因基本犯的故意行为，发生了超过其故意的重结果时，刑罚被加重的犯罪。如日本学者野村稔说：“关于结果的加重犯，今天从彻底责任主义的观点来看，是作为故意犯的基本犯与作为过失犯的重结果的结合犯，是由

① ［日］藤木英雄等编：《刑法的争点》（新版），有斐阁 1987 年版，第 76 页。

② ［日］大谷实：《刑法总则讲义》，成文堂 1986 年版，第 249～250 页。

③ 陈朴生：《刑法专题研究》，台湾三民书局 1988 年版，第 148 页。

于其重结果刑罚被加重的犯罪。”① 据此，结果加重犯中的基本犯只可能出于故意，重结果只可能出于过失。这就是只承认上述四种类型中的乙型即故意+过失型，才能构成结果加重犯，而否定其余几种类型有结果加重犯的存在。

怎样看待上述两说关于结果加重犯的概念呢？我们认为，研究结果加重犯的概念，绝不能脱离刑事立法实际。鉴于有些国家的刑事立法，规定有基本犯为过失的结果加重犯，面对这种立法实际，狭义说的结果加重犯的概念，就有失之过窄的缺陷。同时认为，对重结果承认可以出于过失，也可以出于故意，难免造成与结合犯的混淆。例如，《日本刑法》第240条规定的强盗致死或致伤，日本判例即认为是结合犯。判例指出：“加之强盗致死伤罪，强盗故意致人于死的场合及因伤害致人于死的场合，本院判例早所是认，即本罪不外是强盗罪与杀人罪的结合罪或强盗罪与伤害致死罪的结合罪。”② 如果认为对重结果可以出于故意，结果加重犯就难以与结合犯区分开来。从这点看，广义说的结果加重犯的概念，使人感到有失之过宽的缺点。因而我们认为，提出折中说的结果加重犯的概念是适宜的。这就是，所谓结果加重犯，指实施基本的犯罪构成的行为，过失致发生基本构成要件以外的重结果，刑法规定较重刑罚处罚的犯罪。

我国刑法中没有规定基本犯罪为过失的结果加重犯，但上述定义的外延完全可以将之包括在内，只需在解释上说明我国现行刑法中结果加重犯的这种特点就可以了；当然也不排除对我国刑法中的结果加重犯专门下一定义，不过，它并不妨碍我们如何对结果加重犯下一个比较科学的定义进行研究。

结果加重犯，须具备三个要件才能构成：（一）须有基本的犯罪构成，（二）产生了基本犯罪构成以外的重结果，（三）刑法规定了比基本犯罪较重的刑罚。但对于上述要件如何理解，刑法学者和各国立法则不尽一致，需要分别加以探讨。

（一）须有基本的犯罪构成。结果加重犯是由基本犯产生了重结果而构成的，所以构成结果加重犯，必须以存在基本的犯罪构成为前

① ［日］野村稔：《未遂犯的研究》，成文堂1984年版，第96页。

② 转引自日本刑法学会编：《刑法讲座》(3)，有斐阁1969年版，第161页。

提。在这点上，刑法学者之间并无分歧，问题在于对基本犯是否只能是实害犯及基本犯是否必须出于故意，则存在争论。

基本犯是否只能是实害犯？依犯罪构成是否以发生一定的危害结果为要件可以分为行为犯和结果犯。行为犯，指只要实施刑法分则规定的某种危害行为就构成既遂的犯罪，而不以发生一定的危害结果为犯罪构成的要件。结果犯，指不仅实施犯罪构成要件的行为，而且必须发生法定的危害结果才构成既遂的犯罪。论者认为，行为犯只要实施一定的行为就够了，并不以发生一定的结果为必要，与结果加重犯的本质不符，自不发生结果加重犯的问题。事实上一些国家刑事立法中的行为犯，也无发生重结果予以从重处罚的规定，因而这一观点应认为是可取的。至于结果犯，由于实施构成要件的行为外，还以发生一定的结果为要件，自然有成立结果加重犯的可能。对此，学者之间并无异议。有的学者在结果加重犯的定义中即明确指明这一点。例如日本学者正田满三郎说："所谓结果的加重犯，指产生一个构成要件相当的结果之后，在发生超过行为者预见的一定结果（重结果）的场合，加重刑罚的犯罪。"① 结果犯，根据结果是实害结果还是危险结果又分为实害犯与危险犯。实害犯，指实施的行为必须对保护的客体造成实际的损害，才构成既遂的犯罪。危险犯，指实施的行为足以造成某种危害结果发生的危险状态，严重危害结果尚未发生，即构成既遂的犯罪。实害犯，可能成立结果加重犯，理论上没有歧见，刑事立法中的实例也比较多，如伤害罪、强盗罪、海盗罪等实害犯，不少国家或地区的刑法都设有结果加重犯的规定。至于危险犯，可否成立结果加重犯？理论上意见不一。有的学者认为，危险犯不成立结果加重犯，出现严重结果时，则构成实害犯。有的学者认为，危险犯能否成立结果加重犯，应根据刑事立法的规定具体分析，有的不成立结果加重犯，有的则成立结果加重犯。例如《日本刑法》第 217 条规定的遗弃罪，被认为是危险犯，第 219 条规定的由于遗弃致人死伤，则为遗弃罪的结果加重犯。我们同意后一观点。因为危险犯能否成立结果加重犯同样不能脱离刑事立法实际作抽象的考察。既然一些国家的刑法

---

① ［日］正田满三郎：《刑法体系总论》，良书普及会 1979 年版，第 110、112 页。

中规定有危险犯的结果加重犯，那就应当予以承认。至于有的危险犯，由于没有重结果的规定或对严重后果采取其他方式规定，不可能构成结果加重犯，那是另外一回事，不能据以一概否定危险犯可能成立结果加重犯。

基本犯是否必须出于故意？对此也有两种不同意见：一种意见认为，结果加重犯的基本犯必须是故意犯。如日本学者木村龟二说："刑法上作为基本的行为以过失为必要的结果加重犯是不存在的。"① 前述野村稔所说"关于结果的加重犯……是作为故意犯的基本犯与作为过失犯的重结果的结合犯"，也是否定过失犯可能成为结果加重犯的基本犯的。另一种意见认为，结果加重犯的基本犯，一般说来是故意犯，但也可能是过失犯。如日本学者西原春夫说："从来，作为基本的犯罪被限于故意犯。可是，关于处罚有关人的健康的公害犯罪的法律第3条第2项承认过失犯的结果加重犯。因此，结果加重犯的定义，从'由作为基本的故意犯罪'……这样的定义就改为像本文那样(按本文定义是：所谓结果的加重犯，指由作为基本的犯罪行为产生行为者没有预见的重结果的场合，对此追究加重责任的犯罪)。"② 如何看待上述两种意见呢？我们认为，一个国家的刑事立法可能没有规定过失犯的结果加重犯，例如我国刑法就是如此，但在理论研究上却不能忽视其他国家刑事立法的规定。除上面西原春夫所述的日本关于惩治公害犯罪外，现行联邦德国刑法典第309条的失火致死罪、第326条的过失损坏水利设施致死罪等都是过失犯的结果加重犯的立法例。基于这些立法实际，我们认为从理论上说第二种观点是正确的，西原春夫适时修正自己的观点是很明智的。

（二）产生了基本犯罪构成以外的重结果。结果加重犯的构成，以发生重结果为不可缺少的条件。对此，学者们的意见是一致的；但围绕重结果，理论上、立法和司法实践上都还存在一些分歧。

首先，结果加重犯的重结果，是否必须由基本犯的实行行为所产生？看法不尽一致。日本学者一般认为，原则上重结果以由基本犯罪的实行行为所产生为必要。例如，伤害致死罪必须由于伤害行为而致

① ［日］木村龟二：《刑法总论》，有斐阁1984年增补版，第172页。
② ［日］西原春夫：《刑法总论》，成文堂1988年版，第188、187页。

被害人死亡。但对强盗致死伤，是否必须由强盗的实行行为所产生，则有不同观点。有的学者认为，强盗致死伤罪，死伤的结果以由作为强盗的手段所实施的暴行、胁迫所产生为必要。另有学者不赞同这种观点，认为就强盗致死伤罪的性质看，这一观点不能说是正确的。因为强盗致死伤罪是着眼于实施强盗的时机容易致人死伤而规定的特别的犯罪，为了保护被害人，它的适用有稍微扩大的必要。日本判例明确解释为死伤的结果由进行强盗的时机实施的行为所产生就够了，不一定直接由强盗的实行行为所产生。如日本 1931 年 10 月 29 日判例说："强盗伤人之罪，由实施强盗者在实施强盗的机会加害于他人而成立，苟伤害限于实施强盗的机会，虽然伤害不是作为夺取财物的手段而实施，强盗致伤罪仍然构成。"强盗罪的被害人仓皇出逃坠落河中受伤的案件，即认为成立强盗致伤罪。我们认为这一观点是正确的，因为它有利于严惩严重强盗犯罪，有力地保护强盗罪的被害人。自然，本罪虽不以强盗罪的实行行为产生重结果为必要，但也不宜无限扩大，宜以与强盗罪具有直接密切相关的行为为限，不应包含实施强盗的机会中与强盗罪无关系的杀人罪、伤害罪。同时本罪是以保护强盗罪的被害人为宗旨，至于盗犯同伙之间互相杀害，显然不能适用本罪。

其次，基本犯罪行为与重结果之间是怎样的关系？对此，有条件说与相当因果关系说之争。条件说认为，基本犯罪与重结果之间只要有条件关系（即条件主义的因果关系）就够了，不需要行为人对重结果能预见或有过失。此说为德国著名学者李斯特（Liszt）、阿尔弗特（Alffeld）、迈耶（M.E.Mayer）等所提倡。日本的判例解释一贯采取条件说的立场，认为关于结果的加重犯，如果作为基本的犯罪与重结果之间仅有条件说的因果关系，可以认为结果加重犯成立。条件说主张，一切行为凡在论理上可以成为结果发生的条件的，都是结果发生的原因。此说无视条件与原因的差别，扩大了负刑事责任的范围，早为多数学者所不取，在此亦不宜采用。

相当因果关系说认为，基本犯罪与重结果之间有相当因果关系时，始可成立结果加重犯。此说为德国学者弗兰克（Frank）、拉德布路赫（Radbruch）等所提倡。日本学者大塚仁也赞同这种观点。他说："……关于重结果，应当确认：行为者有过失的同时，基本的犯罪与重结果之间要存在与其他犯罪中的因果关系同样意义的因果关系。"① 相当因果关系说在大陆法系刑法理论中居于通说的地位。该说主张，在条件说认为有因果关系的条件中，依据人类经验所获得的知识，认为某一条件对于结果的发生为相当的（亦即惹起结果的"盖然性"），视为原因；否则，如果该条件对结果的发生，依吾人日常生活经验认为属于偶然的、非类型的，即非相当的，该条件与结果发生之间即无因果关系。从马克思主义刑法理论来看，相当因果关系说限制条件说主张的条件的范围是可取的。但它主张依照吾人经验，根据是类型的或非类型的条件来认定因果关系，是唯心主义的，因而是不科学的。我们认为，基本犯罪行为与重结果之间应当有因果关系，而是否有因果关系只能以马克思主义哲学的因果关系理论为指导，根据客观的事实来认定。

最后，对重结果是否仅以过失为必要？看法更为分歧。

在刑法理论上，有以下几种观点：

1. 故意过失偶然说。主张对重结果，不论出于故意或出于过失，甚至出于既无故意也无过失的偶然，都可成立结果加重犯。德国学者汤姆森（Thomsen）即持此观点。他将结果加重犯分为三种，即"偶然的结果加重犯"、"由于过失的结果加重犯"及"有故意的结果加重犯"，并认为德国刑法典第 225 条的规定，就是"有故意的结果加重犯"的例子。日本学者木村龟二也持这种见解。他说："关于结果加重犯的结果，虽然一般地不以故意为必要，并且解释上限于没有故意的场合，但以故意为必要的场合还是有的。该种场合叫'有故意的结果加重犯'。关于无故意的结果加重犯的结果有过失的场合与无过失的偶然的场合。前者叫'由于过失的结果加重犯'，后者叫'偶然的结果加重犯'。伤害致死罪（《日本刑法》第 205 条）是无故意的结果加重犯。然而，它是由于过失的结果加重犯，还是偶然的结果加重犯，则委之于解释。"②

2. 预见可能性说。主张因犯基本罪致发生的重结果，只有在行为人行为当时预见其结果发生时，才成立结果加重犯。至于"能预

① ［日］大塚仁：《犯罪论的基本问题》，有斐阁 1982 年版，第 136 页。

② ［日］木村龟二：《刑法总论》，有斐阁 1984 年增补版，第 172～173 页。

见”的标准，则有主张以一般人通常的观念能否预见为标准的客观说、主张以行为人的主观能力能否预见为标准的主观说及主张综合外在的客观的情况与内在主观的能力为判断标准的综合说之争。

3. 过失说。主张由基本犯罪所发生的重结果，必须出于行为人的过失，才能构成结果加重犯。日本学者大塚仁说：“结果加重犯，应看做故意犯与过失犯的复合形态。”① 前述野村稔所倡导的“故意犯与过失犯的结合”，都是采取的过失说。

在刑事立法上，有以下几种立法例：

1. 采用预见可能性说的立法例：如1902年《挪威刑法典》第43条规定：“法律上之可罚行为，由于非因故意之结果而规定加重刑者，仅在行为人能预见此结果之可能性，或行为人能注意其危险而不为防止发生结果时，科以其加重之刑。”

2. 采用至少过失的立法例：如1975年《奥地利刑法典》第7条第2款规定：“犯罪行为有结果加重之规定者，以行为人至少对此结果有过失时，始予以加重处罚。”至少有过失，即最小限度须有过失，也可以说对重结果即使有故意，也不影响结果加重犯的成立。

3. 采用过失说的立法例：如原民主德国刑法典第12条规定：“如果法律对导致特别严重结果有联系的过失行为规定为严重责任时，只有行为人当其所犯的疏忽罪过也达到这种结果时，才应对这种结果负责。”

如何评价上述观点和立法例呢？如前所述，我们认为结果加重犯的重结果不可能出于故意，因为这容易与结合犯混淆不清；同时，有故意的结果加重犯，归根结底是故意犯，并非故意犯以外的东西。如故意伤害致伤，如果致死出于过失，自然构成结果加重犯——故意伤害致死罪，而不可能构成故意伤害故意致死的结果加重犯。所以日本学者正田满三郎说：“正像说上述基本犯能有过失犯的结果加重犯是不合理的一样，应当说此说（按：指承认有故意的结果加重犯）也是不合理的。”②

---

① ［日］大塚仁：《注解刑法》，青林书院新社1977年版，第236、302页。

② ［日］正田满三郎：《刑法体系总论》，良友普及会1979年版，第110、112页。

承认无故意也无过失的偶然的结果加重犯，与现代刑法的责任主义原则显然不相符合。正是因此德国著名刑法学者李斯特说："此陈旧结果责任之遗物，在今日法律意识及合理的刑事政策中已不适当，乃毫无容疑之事。"日本刑法学者牧野英一也说："在此场合，关于其结果没有特别规定以过失为必要……然而如此，对不可抗力仍承担责任，不能不说是非常违反刑事责任的本质的。"① 从马克思主义刑法理论主客观相统一的原理来看，偶然的结果加重犯是不能成立的，因为这完全是客观归罪的产物，而我们是坚决反对客观归罪的（当然也反对主观归罪）。

预见可能性说，学者解释不能预见重结果发生时，不构成结果加重犯，在解释论上与以过失为要件者得出相同的结论——即承认过失的结果加重犯。但预见可能性说只在没有预见重结果发生时才适用，这就排除了出于过于自信的过失构成结果加重犯的可能性，因而我们认为不如直接采取过失说为宜。据此，我们认为采用预见可能说的立法例，因有上述不足，自难令人首肯；采用至少过失说的立法例，实际承认有故意的结果加重犯，亦不足取，结论是只有采用过失说的立法例才较妥当。

（三）刑法规定了比基本犯罪较重的刑罚。对结果加重犯，各国刑法分则都规定了重于基本犯的刑罚，否则，如果对重结果没有较重刑罚的规定，也就谈不到结果加重犯了。但对结果加重犯的较重刑罚如何规定，方式也有所不同。大体上有两种立法例：

第一是规定比照某某罪从重处罚。例如《日本刑法》第 219 条对遗弃致人死伤罪规定："犯前二条的罪（按：指遗弃、保护责任者的遗弃），因而致人于死伤的，应比照伤害罪，从重处断。"

第二是规定比基本犯更重的法定刑。例如《泰国刑法》第 217 条规定："放火于他人之物者，处 6 个月至 7 个月有期徒刑并科 10 000 至 14 000 巴特之罚金。"第 224 条规定："犯第 217 条……之罪，致人于死者，处死刑或无期徒刑。"

上述两种方式，第一种方式只说比照某某罪从重处罚，不便司法人员掌握；有时即使比照某某罪从重处罚了，对重结果的刑罚也可能

① ［日］牧野英一：《日本刑法》（上），有斐阁 1939 年第 64 版，第 240 页。

并不重或重得不多（例如《日本刑法》第221条与第220条第2款，即属这种情况），有失规定结果加重犯的立法本意。第二种方式明确规定了单独的加重处罚的法定刑，既符合结果加重犯的立法本意，也便于在司法实践中审判人员操作。因而我们认为第二种立法例是可取的。

结果加重犯有无未遂问题，西方学者之间也颇有争论。概括言之，有三种不同见解：

（一）否定结果加重犯未遂存在的可能性。这是从来的通说。本来结果加重犯是以古代结果责任的思想为基础，以偶然结果加重犯为中心而论述的，认为对其重结果既无故意也无过失或者虽有故意、过失但不以之为必要，因而其重结果从法律要求上看并非行为人故意所指向，结果加重犯自然不可能有未遂。在这个意义上，正如德国学者柯拉（Kohler）所说："（结果加重犯）即使其重结果发生，行为人的故意根本没有指向时，就不存在。人对所意欲的东西才能有未遂，对没有意欲的结果没有未遂。"此外，德国学者迈耶（M.E.Mayer）、麦兹卡（Mezger）等都有类似看法。我们认为，这种观点基本上是正确的。在我们看来，结果加重犯，以行为人对重结果有过失时才能成立，对重结果出于过失，即对重结果并无意欲，从而对重结果不发生"不得逞"的问题，也就没有未遂可言。根据责任主义的观点，对重结果既无故意也无过失，这属于不负刑事责任的意外事件，根本不构成结果加重犯。在论述结果加重犯未遂时，不应涉及所谓偶然的结果加重犯有无未遂。

（二）结果加重犯的未遂存在于基本犯罪的行为未遂而重结果发生的场合。例如，基本犯罪的强奸行为未遂，但已致被害妇女发生重伤或死亡的结果，构成强奸致伤或致死罪的未遂。德国著名刑法学者李斯特首创此观点。他说："所谓客观的处罚条件，乃系与适合于构成要件的行为本身无关，而独立的伴随于外部的事情。在此限度上言之，是否成立重结果，应依存于基本犯，从而，基本犯如系未遂时，则包含于基本犯之加重结果犯，当然亦系未遂。"① 这一见解把结果加重犯的重结果解释为客观的可罚条件，客观的可罚条件不问犯罪成

---

① 转引自洪福增：《刑法之理论与实践》，台湾刑事法杂志社1988年版，第167页。

为既遂或未遂，由于它存在时犯罪就成为可罚的；对结果加重犯来说，基本的犯罪未遂重结果发生时，成立结果加重犯罪的未遂。但有的学者反对这种见解，认为它存在许多不足之处：1. 该说主张结果加重犯未遂适用刑罚时，成为未遂减轻的基础的不是基本犯之刑，而是结果加重犯之刑，这显然不合理。因为未遂减轻是就未遂的犯罪而论，在本场合由于基本犯未遂，未遂减轻应当以基本犯之刑为基础，以加重犯之刑为基础，很难予以说明。2. 将重结果解释为客观的可罚条件，也不够妥当。因为不论是故意的结果加重犯或过失的结果加重犯，重结果都是该结果加重犯的犯罪构成要件，正是由于行为人的主观罪过行为致重结果发生，才使结果加重犯的社会危害性增大，因而才给予较重的刑罚，可见把重结果解释为结果加重犯之外的客观的可罚条件是不符合立法本意的。3. 重结果既然是结果加重犯的犯罪构成要件，作为犯罪构成要件的重结果已经发生仍然解释为未遂，正如德国学者柯拉所说，是不适合于"刑的权衡"及"事物的合理性"的。因而他主张，在这种情况下，应当认为是结果加重犯的既遂。日本学者木村龟二也持同样看法。

我们认为，结果加重犯的重结果，应以行为人出于过失为必要，否定所谓偶然的结果加重犯的"结果责任"，因而认为重结果是结果加重犯的犯罪构成要件，而不应是客观的可罚条件。由于结果加重犯的立法，重视的是重结果的发生，所以作为犯罪构成要件的重结果发生了，自然构成既遂，而不问基本犯是既遂或未遂。所以对柯拉的观点，我们表示赞同。

（三）结果加重犯的未遂在对重结果有故意而该重结果没有发生的场合才成立。即只有故意的结果加重犯才成立结果加重犯的未遂。木村龟二认为："关于结果加重犯的未遂，应分别情况而论，对加重结果没有故意的场合虽不可能有未遂，但对加重结果有故意的场合，不问基本罪是未遂与既遂，其加重结果没有成立的场合，应认为是结果加重犯的未遂。在这个意义上，应当解释为适用于处罚（日本）刑法第 240 条之罪的未遂的第 243 条的规定，即对强盗杀人罪的加重结果的杀人之点有故意，杀人行为终于未遂的场合。"① 牧野英一也持

① ［日］木村龟二：《刑法总论》，有斐阁 1984 年增补版，第 372 页。

同样观点。他说："在这样的场合，其有犯意时，能够承认其结果加重犯未遂的成立。"①

如前所述，我们认为不宜承认有故意的结果加重犯。正如日本学者大塚仁所指出："为了贯彻责任主义的立场，对结果加重犯的重结果解释为以行为者有过失为必要时，由于意外事件的场合或有故意的场合，本来应从结果的加重犯的范畴中除外。"既然不应承认故意的结果加重犯，也就不存在故意的结果加重犯的未遂。同时我们还认为，以《日本刑法》第240条强盗致死伤罪作为例子证明有结果加重犯的未遂的存在，也是不能令人信服的。因为该条规定的致死伤，确实可能出于故意也可能出于过失。出于故意的，应当是结合犯；出于过失的，才是结果加重犯。1974年日本刑法改正草案即对此两种情况分别作了规定：其第328条为强盗杀人，第327条为强盗致死伤，一为结合犯，一为结果加重犯，理论明确，不宜混淆。现行《日本刑法》第240条的规定，是立法技术未臻成熟的表现，以此论证有结果加重犯的未遂，自不足取。

总之，我们认为，结果加重犯的重结果，只能是出于过失。这种犯罪的特点是，以重结果发生为理由而受较重处罚。所以重结果没有发生，则不构成结果加重犯；重结果发生了，不问基本犯罪行为是既遂或未遂，均构成结果加重犯既遂，不发生未遂问题。

（原载《武汉大学学报》（社会科学版）1993年第6期）

---

① ［日］牧野英一：《日本刑法》（上），有斐阁1939年第64版，第319页。

紧急避险比较研究

紧急避险是近代各国刑法所规定的一项重要的阻却违法事由。但各国的规定有所不同，刑法理论上也存在不少争论，值得深入探讨。本文拟就以下三个问题进行比较研究：一、紧急避险的沿革、概念和法律性质；二、紧急避险的成立要件；三、避险过当和假想避险。

一

（一）紧急避险的概念、沿革和种类。什么是紧急避险？不少学者只是引用刑法对紧急避险的规定作为定义，但也有学者根据刑法规定给紧急避险下定义的。如西原春夫写道："所谓紧急避险，指为了避免对自己或者他人的生命、身体、自由或者财产的现在的危险，不得已实施的行为，由其行为产生的损害不超过其欲避免的损害限度的情况。"① 又如斯库拉托夫等认为："紧急避险——这是行为人为了防止对本人或他人的合法利益、社会和国家的利益构成现实威胁的危险而对第三人（旁人）利益造成损害的情况，其条件是构成威胁的危险不可能用其他手段排除而且所造成的损害小于所防止的损害。②" 再如板仓宏说："为了避免现在的危险，不是已实施的行为，叫紧急避险。"③ 上述前两个定义，表述的繁简和内容有所不同，但基本上是

① 见［日］西原春夫：《刑法总论》改订版（上卷），成文堂 1995 年版，第 247 页。

② ［俄］斯库拉托夫等主编：《俄罗斯联邦刑法典释义》（上册），中国政法大学出版社 2000 年版，第 101 页。

③ ［日］板仓宏：《新订刑法总论》，劲草书房 1998 年版，第 214 页。

一致的，我们认为这比仅仅引用刑法规定作定义为好。后一个定义有自己的特色，可惜过于简单，未能概括全紧急避险的内涵，难以认为准确。

紧急避险的观念比正当防卫的观念发展更晚，在罗马法或日耳曼法中不过是只允许个别的避险行为。即便在加洛林纳刑事法典中也只是规定，为了救助濒临于饥饿的自己或妻子而盗窃食物则委之于法律家的决定（第166条）。1810年法国刑法典（第64条）与1851年普鲁士刑法典（第40条）只是对由于胁迫心理的强制情况作了规定。参考法国刑法典制定的日本旧刑法第75条的规定稍稍加以扩大，即“遇不可抗拒之强制，非其意之行为，不论其罪。遇因天灾或意外之变不可避免之危险，防卫自己或亲属之身体实施之行为亦同。”1871年德国刑法典对于强制的场合（第52条）与由于紧急状态的场合（第54条）承认不可罚，但并没有考虑所有的紧急状态。受德国刑法典影响的日本1907年刑法即现行刑法，则扩大了紧急避险的成立的范围，其第37条第1款规定：“为了避免对自己或者他人的生命、身体、自由或者财产的现在的危险，不得已实施的行为，如由其行为产生的损害不超过其所欲避免的损害限度时，不处罚。”日本学者认为这一规定很难说是充分的为了弥补立法上的不足，学说上采用了超法规的紧急避险的观念。① 现在世界各国刑法典大多规定了紧急避险，如法国刑法典第122－7条，德国刑法典第34、35条，瑞士刑法典第34条，意大利刑法典第54条，俄国刑法典第39条等，均为对紧急避险的规定，只是表述有所不同。

需要特别指出的是德国刑法典第34、35条，它们将紧急避险分为阻却违法性的紧急避险与阻却责任的紧急避险分别加以规定。第34条规定了阻却违法性的紧急避险，即“为使自己或他人的生命、身体、自由、名誉、财产或其他法益免受正在发生的危险，不得已而采取的紧急避险行为不违法。但要考虑到所要造成危害的法益及危害程度，所要保全的法益应明显大于所要造成危害的法益，而该行为实属不得已才为之的，方可适用本条例的规定”。第35条规定了阻却责

① 见日本刑法学会编：《刑法讲座》(2)，有斐阁1973年版，第153页；山中敬一：《刑法总论Ⅰ》，成文堂1999年版，第482页。

任的紧急避险，即“为使自己、亲属或其他与自己关系密切者的生命、身体或自由免受正在发生的危险，不得已而采取的避险行为不负刑事责任。如行为人根据情况，尤其是危险因自己引起，或该人面临危险但具有特定法律关系的，则不适用本款之规定……”德国刑法学者据以将紧急避险分为两类：前者也被称为合法的紧急避险，后者也被称为免责的紧急避险，也有学者将紧急避险分为防卫性的紧急避险和攻击性的紧急避险。这样分类有助于更科学地研究紧急避险问题。

（二）紧急避险的法的性质。对此，有些学者称之为紧急避险的本质，如西原春夫、大塚仁、村井敏邦等。也有学者称之为紧急避险的不处罚根据，如山中敬一。关于紧急避险的法的性质，日、德刑法理论上主要有以下三说：

1. 阻却违法说，或称阻却违法一元说。认为在紧急避险的场合，避险行为被 正当化。此说在德国是有力的主张，在日本是通说，小野清一郎、团藤重光、平野龙一、西原春夫等均持此说。具体说明也有差别：

（1）放任行为说。认为紧急避险不是适法行为，由于作为法上放任的行为而阻却违法性，所以紧急避险的全部是放任行为。德国学者宾丁、日本学者久礼田益喜持此说。还有学者认为，法益同价值的场合是放任行为，德国学者贝林格、日本学者宫本英修持此说。他们并认为，解释为放任行为的场合，对方没有忍受的义务，能以紧急避险或正当防卫相对抗。然而，所谓放任行为，是基于“法上自由的领域的理论，在法益冲突状态中已经产生侵害法益的局面，不可能有放任行为；由于行为在刑法上或是适法或是违法，二者必居其一，不存在第三领域，所以这一见解是不妥当的。①

（2）“违法性”被阻却说，或称为非违法说。在日本是通说。此说以作为正当化原理的“优越的利益的原则”为根据，承认一元的阻却违法性，即为了保全大的利益使小的利益牺牲，对保全法秩序是必要的，紧急避险时，以补充性与均衡性为条件，认为保护、保全优越的利益的避险行为是适法的。然而，对立的法益是同等的时，由于“优越的”利益不存在，优越利益的原则直接成为不妥。因此，以保

① ［日］川端博：《刑法总论讲义》，成文堂 1997 年版，第 353～354 页。

全优越的利益为任务的法秩序，对应当使相对抗的同等的法益哪一个优先这一点，由于此说将避险行为适法化，所以承认保护避免了危险的利益的一方。得到这样的结论的，一方面以保护优越的利益为任务的法秩序，在同等法益相克的场合不偏袒哪一方，另一方面否定放任行为这一概念，认为法“不禁止的”行为或法“容许”的行为全部适法。总之，在价值不同的法益相对立时，牺牲价值小的利益保护价值大的利益，符合法秩序的要求。因为紧急避险是法益与法益的正的冲突，所以认为保护大法益的场合避险行为是适法的。在日本通说也认为刑法第37条的法益权衡性的要件（由其行为产生的危害不超过其所避免的损害限度时）为阻却违法的主要根据。①

（3）阻却可罚的违法性说。此说认为在法益是同价值时，阻却可罚的违法性。大塚仁、吉川经夫、曾根威彦持此说。这是关于优越的利益说的贯彻，承认某种程度的缓和，否定“完全的”适法化。②

2.阻却责任说，或称阻却责任一元说。认为紧急避险行为毕竟是违法的，只是限于以期待不可能性为理由阻却责任；或者说因为紧急避险侵害第三者的法益，所以是违法的；由于没有适法行为的期待可能性，因而阻却责任。在德国以M.E.迈耶的思想为基础，在日本从泷川幸辰博士开始，由植松正、平场安治、泷川春雄等所主张。根据此说，应当同受法所保护的利益对立时，不能将危险转嫁给他人，转嫁行为毕竟应被评价为违法，在这样的紧急状态中，由于没有期待可能性，责任才被阻却。此说的实质的根据在于，如果避险行为的违法性被阻却，那么，避险行为人是将自己遭受牺牲的危险转嫁给他人的人，被转嫁的第三者却必须甘受危险，这样的解释不符合正义，因而对被转嫁者比起转嫁者保护还应当从厚（植松正）。此说认为侵害被法所保护的利益的避险，全部是违法的，仅仅考虑结果的无价值方面，以避险的意思不得已实施的紧急避险的行为的无价值的有无方面

---

① 见［日］川端博：《刑法总论讲义》，成文堂1997年版，第352～353页；日本刑法学会编：《刑法讲座》（2），有斐阁1973年版，第154页。

② ［日］川端博：《刑法总论讲义》，成文堂1997年版，第353页。

完全没有考虑。①

3. 二分说，或称二元说。又分为如下两种：

（1）以阻却违法为原则的二元说。认为紧急避险作为原则是阻却违法事由的，例外是阻却责任事由，为德国的通说。又进而分为两说：第一说认为，为了保护大的法益牺牲小的法益时，是阻却违法事由；法益大小比较困难时，是阻却责任事由。日本学者佐伯千仞、中义胜、中山研一等持此说。根据此说，法益的大小是同样的，大小的比较不可能时，由于行为人对对方主张自己的立场的优越地位没有根据，所以避险行为不能成为阻却违泆事由，莫如与防卫过当的刑罚被免除的情况相同，认为虽然是违法，却是没有责任的行为。法益大小比较困难时，结果不外乎依照同样大的法益对立的情况来解决。

第二说认为，在生命对生命，身体对身体的关系中为了救一方实施紧急避险时是阻却责任事由，在其他的场合是阻却违法事由。木村龟二、大野平吉、阿部纯二持此说。根据此说，日本刑法第 37 条的“由其行为产生的危害不超过其所欲避免的危害限度”的要件，是“不能给予不成比例的损害”，即“不能为了救小的利益而牺牲大的利益”，“限于救同等或者更大的利益”的意义，由于并不是意味着允许只是为了救大的利益使小的利益牺牲的优越的利益说，因而法益同等的场合，紧急避险也成为阻却违法事由。然而，作为人格的根本的要素的生命或者身体，本质上不能比较，因为人格通常应当成为自己的目的，绝不能成为手段，所以在紧急状态中侵害人格，根据法的见地不能允许，是违法的。该场合，由于不能期待作出适法行为的决意，因而责任就被阻却。②

（2）以阻却责任为原则的二分说。认为紧急避险行为作为原则是违法的，但在一定场合例外地阻却违法。立于这一立场的，在德国是 Sauer，在日本是森下忠。在 Sauer 看来，所有的紧急避险，由于心理的压抑之故，基本上应当认为是阻却责任事由，但因为避险行为保护优越的利益时承认紧急权，所以是阻却违法事由。森下忠认为，因为

① 日本刑法学会编：《刑法讲座》（2），有斐阁 1973 年版，第 147～148 页；［日］川端博：《刑法总论讲义》，成文堂 1997 年版，第 353 页。

② ［日］川端博：《刑法总论讲义》，成文堂 1997 年版，第 353～354 页。

紧急避险侵害正当的第三者的法益，所以常常是违法的；但由于期待不可能之故，因而阻却责任。然而在冲突的两法益之间有显著的大的价值之差时，为了维持显著大的法益的紧急避险，例外地阻却行为的违法性。利益冲突的场合，为什么为了救护显著大的利益的避险行为被认为是适法，因为在其限度内，优越的利益的原则的妥当性为国民观念所肯定。①

在意大利刑法理论中紧急避险的合法性根据，存在着“利益平衡说”与“期待可能性”理论。按照前者，根据在于拯救的利益和牺牲的利益具有同等价值：由于两个利益中必然要损失一个（甚至可能二者皆失），保留其中一个，不是一个“负面的”事实，在法律的账簿上，至少可以说是“收支平衡”。按照后者，根据在于因为存在某些特殊情况，不能奢望主体遵守法律为他规定的义务。杜·帕多瓦尼采取前一理论，认为将这种制度放在正当化原因中更符合传统的做法。②

意大利刑法理论中的“利益平衡说”和“期待可能性”理论，相当于日、德刑法理论中的“阻却违法说”与“阻却责任说”，只是没有后者论述的深入。就日、德刑法理论中的诸说来看应当如何评价呢？日本通说是否定以期待可能性理论为紧急避险的合法性根据的，这一点与意大利多数刑法学者的观点相同。如大谷实认为：因为紧急避险的法的性质，应当以现行法的规定为根据来确定，现行法承认对他人的法益的紧急避险，并且规定法益权衡的要件而“不处罚”，所以不可认为只是以不能期待其他适法行为的理由承认犯罪的不成立。从而应当认为阻却责任事由说与二分说是不妥当的，阻却违法性事由说应当受到支持。③ 川端博也明确表示：“个人支持一元的阻却违法性事由说”。就日本刑法第37条的规定而言，我们同意这一观点，问题在于牺牲相同法益的“紧急避险”刑法是否承认。德国刑法是承认

① 见日本刑法学会编：《刑法讲座》(2)，有斐阁1973年版，第151页；中义胜编：《论争刑法》，世界思想社1979年版，第81页。

② ［意］杜·帕多瓦尼：《意大利刑法学原理》，法律出版社1998年版，第172页。

③ ［日］大谷实：《刑法讲义总论》，成文堂1994年第4版，第279页。

的，俄国刑法是否认的。按照德国刑法，自应阻却违法或阻却责任；按照俄国刑法，那就不是适法问题，而是违法问题了。

二

关于紧急避险的要件，理论上也存在不同的意见。俄国总检察长斯库拉托夫等认为，紧急避险的要件分为与构成威胁有关的条件和与防卫有关的条件，属于前者的是：(1) 对本人或他人人身和权利、社会和国家受法律保护的利益构成威胁；(2) 已经存在的；(3) 实际的(现实的)；(4) 在该情况下用不对第三人利益造成损害的其他手段无法排除的。属于后者的是：(1) 防卫是为了保护个人、社会和国家的利益；(2) 紧急避险时不是对造成危险的人，而是对第三人（旁人）造成损失；(3) 防卫应该是及时的；(4) 防卫不应超过必要的限度。紧急避险状态下造成的损害应该小于所防止的损害。① 日本学者西原春夫认为，紧急避险的要件分为：1. 现在的危险；2. 保全利益的行为；3. 手段的相当性；4. 法益均衡。② 山中敬一、川端博将紧急避险的要件分为四个，尽管表述也有差异。但意思是相同的。此外还有其他的见解，难以尽举。我们认为，斯库拉托夫等的意见是可取的，惜其论述过于简单。西原教授将业务上负有特别义务者不适用紧急避险的规定，未列入紧急避险的要件之中，有一定道理，但考虑到这毕竟是适用紧急避险的主体的限制，似以列入要件为宜。山中、川端两教授的四个要件的分法，繁简适宜。分析深入，因而这里参考他们的分法论述。

(一) 对自己或者他人的生命、身体、自由或者财产的现在的危险。

1. 危险的对象（保全的法益）。日本刑法第 37 条规定“对自己或者他人的生命、身体、自由或者财产的现在的危险”，虽然具体地

---

① ［俄］斯库拉托夫等主编：《俄罗斯联邦刑法典释义》（上册），中国政法大学出版社 2000 年版，第 101～103 页。

② ［日］西原春夫：《刑法总论》改订版（上卷），成文堂 1995 年版，第 251～252页。

列举了保全的法益，但对此有例示规定说（通说）与限定列举说的对立。在大谷实看来，如果认为与在正当防卫中规定为“权利”相反，在紧急避险中列举上述法益，本来就是立法者意图限定保全法益的，所以限定列举说是妥当的。然而根据紧急避险的旨趣。承认与正当防卫不同的处理是困难的，所以应当认为包含刑法保护的名誉、贞操等个人法益。对国家法益与社会法益虽有争论，但因为只要承认社会的相当性，没有将紧急避险的适用除外的理由，所以认为作为保全法益除前面的个人法益外，包含国家法益（国家紧急避险）、社会法益，应当解释为承认对这些利益的超法规的紧急避险，作为社会的相当行为阻却违法性。① 山中敬一指出：“对能否承认为了国家法益、社会法益的紧急避险，通说（团藤、福田、大塚、大谷、板仓、川端）虽然采积极说，但有有力的消极说（木村、内藤、中山、内田）。正当防卫的场合，为了国家法益、社会法益的正当防卫被否定。对紧急避险没有必要与正当防卫同样考虑。然而，法律条文列举的是个人法益，② 在这里不能包含国家的存立或安全：消极说是正确的。”我们认为，日本学者的争论，起因于刑法中未列举国家法益、社会法益。俄国刑法典第 39 条明文规定，紧急避险情况下的危险。“即为了排除直接威胁本人或他人人身和权利以及威胁社会和国家受法律保护的利益的危险”。将国家法益、社会法益在条文中明确加以规定，这就不会产生争论了。

2. 危险。所谓危险，指对法益的实害或者危险的状态。危险必须是客观上存在的，不是行为人主观的想象。危险应当根据合理的观察者的客观的事前判断。危险发生的原因如何在所不问，从而，自然现象、事故、人的行动、组织的行动、动物的行动、社会经济的混乱或穷困等由于何者产生均无不可。

人的行动即使是适当行为也可以，然而在有忍受侵害的义务时则不允许。例如，受刑罚的执行时，因为有忍受义务，不能对之紧急避险。对人来说，以对其生命或身体加害的威胁命令其实行符合构成要件的行为时，也是危险。由于社会关系或者社会的状况的危险，称为

① ［日］大谷实：《刑法总论讲义》，成文堂 1994 年第 4 版，第 280 页。

② ［日］山中敬一：《刑法总论Ⅰ》，成文堂 1999 年版，第 489～490 页。

"社会的危险"，这样的情况也能够成为这里所说的危险。

3. 现在性。所谓"现在的"危险，指法益侵害的状态现实存在着或法益侵害的危险正在迫近的情况。所谓"现在的危险"，可以认为与正当防卫时的"急迫"是同义的。然而现在性一词是更广的概念。第一，虽然还不能说迫近，但根据经验上、自然的变化处于立即迫近的状态时，已可以说是"现在的危险"。第二，是所谓继续的危险的情况。所谓继续的危险，指已经经过长时间而继续着，虽然是经常可能向侵害转化的危险迫近的状态，但另一方面侵害的发生也还有可能需要较长时间的情况。

4. 为了他人的避险行为与他人的同意问题。为了他人实施紧急避险，对是否以不违反本人的意思为要件存在着争论。虽然也有积极说（江家义男），但认为紧急避险是阻却违法事由的通说认为，是否违反本人的意思不应过问（大塚仁、香川达夫、内藤谦、大谷实等）。与正当防卫的场合同样，根据保全个人的观念，在"他人"放弃保护法益时，没有必要肯定紧急避险。①

5. 自招危险。对自招危险是否允许紧急避险也有争论。所谓自招危险，指由避险行为人有责地（基于故意或者过失）招来的危险。自招危险与紧急避险成为问题，有如下形式的理由与实质的理由。首先在形式方面，日本旧刑法关于强制与紧急避险规定"遇不可抗拒之强制非其意之行为，不论其罪。遇因天灾或意外之变不可躲避之危险，防卫自己或亲属之身体实施之行为亦同"，所以不是由于"天灾或意外之变"的危险的自招危险，认为是紧急避险是困难的。可是现行日本刑法第 37 条，限于承认对"现在的危险"的紧急避险，因为没有给予任何限制，所以能够认为否定对自招危险的紧急避险的法律条文上的制约完全不存在。其次在实质方面，关于主张"法秩序对避免危险的本能的行动应当是宽容的"之是非，根据衡平原则的观点的检讨被认为是必要的。这个场合，与紧急避险的本质相关联，就要求权利的滥用，期待可能性的有无这一实质的判断。围绕这一实质的理由有以下几种学说：

（1）全面否定说。此说认为："所谓危险是因天灾其他偶然的事

① ［日］山中敬一：《刑法总论Ⅰ》，成文堂 1999 年版，第 490～493 页。

实有产生灾害之虞的状态”（泉二新熊），一律否定对由于有责行为的危险的紧急避险。

（2）全面肯定说。此说认为，根据“对避免危险的本能的行动理应宽容的立法的本旨”来看，对自招危险的紧急避险，一般应当肯定（植松正）。

（3）形式的二分说。此说主张，对基于故意的危险，否定紧急避险的成立；对基于过失的危险，肯定紧急避险的成立（此说从来被称为是折中说）。木村龟二、野村稔持此说。

（4）实质的二分说。此说认为，可以根据实质的观点个别地区别肯定紧急避险的成立与否定紧急避险的成立。团藤重光、平野龙一等持此说，然而区别的标准，见解不一，未必明确。川端博士对诸说的评价结论是，根据实质的观点个别地处理是妥当的。①

对自招危险能否紧急避险，有些国家的刑法明文作出否定性规定，如1950年匈牙利刑法典第16条第2款规定：“紧急避险时所实施的行为，不予处罚，但以行为人对于发生的危害并无罪责……者为限。”现行瑞士刑法典第34条规定：紧急避险行为为处罚，“但以该正在发生的危险非因行为人所致……者为限”。这可能较少引起争论。但不少国家的刑法对此未作规定，这很容易产生不同观点的对立。如法国学者卡·斯特法尼等写道：“对这一问题，理论上也有不同的意见，然而，行为人没有过错，看来是成立紧急避险的必要条件。”②显然斯氏等的观点属于全面否定说。在前苏联刑法理论上对此也有意见分歧。如在著名刑法学者特拉依宁看来，如果危险由于自己的罪过所形成，紧急避险就不能成立。对此，C·A·多马欣指出：这种对紧急避险下危险的形成具有罪过的估计，采取不加区别的态度，是不能认为正确的。于是他作了如下分析：（甲）故意造成危险。这里他区分为两种情况：一是故意造成危险，预见、希望或放任给第三人造成损害的手段来消除这种危险时，不能免除刑事责任，这种行为应认为是挑拨起紧急避险状态的行为。二是故意造成危险，但当时并未打算

---

① ［日］川端博：《刑法总论讲义》，成文堂1997年版，第359～361页。

② ［法］卡·斯特法尼等：《法国刑法总论精义》，中国政法大学出版社1998年版，第368页。

消除这个危险，甚至没有想过侵犯第三人的权利以消除危险的可能性，只是危险形成并开始实现之后才有这种企图。如果禁止在这种场合用造成较小损害的手段来防止较大的损害，就会引起下列后果：第一，社会主义国家将丧失更大的利益；第二，对放弃造成最终损害并有防止这种损害可能的人，毫无根据地予以定罪。（乙）过失造成危险。缺乏预见性和轻率形成破坏别人利益的危险，这一事实不能限制他采用侵犯第三人利益的手段防止危险中可能发生的损害。这种行为在刑法上不能加以处罚。最后，他的结论是：自招危险，在苏维埃刑法中不能免除刑事责任的，只有由挑拨引起的紧急避险。①

我们认为，上述学者的全面否定说、全面肯定说都是片面的，比较而言，形式的二分说较为可取，因为实质的二分说容易流于随意性。C·A·多马欣的见解与形式的二分说有些接近，但较二分说分析深入。它阐明了并非所有故意造成危险的，都不能实行紧急避险，而只是不允许挑拨的“紧急避险”，是有道理的。但要承认是紧急避险，必须牺牲较小的利益，保全较大的法益，这是苏维埃刑法中构成紧急避险的条件之一，否则就不成其为紧急避险了。

（二）为了避免危险不得已实施的行为。对于紧急避险来说，有指向攻击者的场合与转嫁给第三者的场合。将侵害转嫁给第三者的避险行为，称为攻击的紧急避险；反之，避险行为指向危险之来源的人的情况，称为防御的紧急避险。防御的紧急避险，来自人的攻击欠缺“违法性”或者“急迫性”，对攻击者的侵害不构成正当防卫时，或者为了救孕妇的生命、身体不能不牺牲胎儿时等都可以考虑。前苏联学者也有类似的论述。如C·A·多马欣写道：“紧急避难状态下所实施的行为，或者表现为对危难来源的直接影响而对危难来源造成损害，或者表现为对危难来源的消极行为而对第三人造成损害。第一种场合的例子，如对无责任能力人、幼年人……的侵袭实施防卫；第二种场合的例子，如在强迫的影响之下，侵害别人的利益。”② 我们认为，这

① ［苏］C·A·多马欣：《苏维埃刑法中的紧急避难》，法律出版社1957年版，第66～70页。

② ［苏］C·A·多马欣：《苏维埃刑法中的紧急避难》，法律出版社1957年版，第43页。

样的区分有助于对紧急避险的深入研究。

1. 不得已实施的行为。所谓“不得已实施的行为”，意味着是为了保全法益惟一的方法，没有其他可能的方法（团藤重光、藤木英雄、大塚仁、内藤谦等）。日本判例也认为指“除损害他人的法益外没有救助之途的状态”。然而，所谓“不得已实施的行为”，应当认为意味着与正当防卫相同有以“最小限度手段性”与“手段适合性”为内容的必要性，加以没有其他可能的方法这一“补充性”。

所谓补充性原则，意味着在侵害他人的法益以外的方法没有保全法益的方法。而且，最小限度手段性，是侵害他人的法益时选择给予最小限度被害的手段的标准。根据这个标准，在为了保全法益的多个可能性且具有同等适合性的手段时，选择其中之一，都不违反最小限度手段性。

像前面检讨过的那样，因为“现在性”的要件是宽广的，必要性的判断，特别在预防防卫的事例中，在判断“其他方法”的有无之际，首先应当检讨是否有对危险发生源的防御的避险行为的可能性。即根据防止危险发生的情况是应当避险的，不应按照攻击的避险行为将损害转嫁给第三者。在强行紧急避险的事例中，即使危险没有迫近于目前，不知道何时生命的危险有转化为现实的侵害那样的侵害生命的可能性，如果不立刻直接采取行动，侵害的避免就不可能或者会显著困难时，首先应当选择防御的紧急避险的方法。

避险行为是作为或不作为，俄国学者И·М·佳日科娃认为：“在大多数情况下，紧急避险行动是通过积极的行为实施的。但……有时也可以通过不作为实施。当紧急避险状态由于两种义务的冲突而发生时就可能出现这种情形。在这时行为人通过不履行某一义务而预防更大的损害。”① 我国台湾学者林天予也持同样的观点。他说：“避免行为非仅为消极的行为，正如防卫之攻击同，无论积极之行为或消极之行为均属之。”② 所谓消极的行为即不作为，所谓积极的行为即作为。

---

① ［俄］Н·Ф·库兹涅佐娃等主编：《俄罗斯刑法教程（总论）》（上卷·犯罪论），中国法制出版社 2002 年版，第 464 页。

② 蔡墩铭主编：《刑法总则论文选辑》（上），台湾五南图书出版公司 1984 年版，第 405 页。

2. 避险的意思。作为主观的正当化要素的避险的意思是否必要，与防卫的意思相同，存在着争论。通说虽然是必要说（木村龟二、大塚仁、吉川经夫、大谷实、川端博等），但不要说（平野龙一、香川达夫、中山研一、曾根威彦、前田雅英）也是有力的。立于不要说，避险行为能够由过失行为实施是明确的，然而，根据必要说，由过失行为的避险行为也被肯定（大塚仁、川端博、野村稔）。关于过失犯紧急避险成为问题的事例，应当说有两种类型：一是虽然认识紧急状态抱有避险意思实施避险行为，但对避险行为的结果没有认识。反之，另一种事例是没有认识紧急避险状况本身由于过失偶然避险的事例。没有避险的意思出于过失行为偶而处于紧急避险状况的场合属之。对这种事例，根据必要说，就不能承认紧急避险。①

1926 年、1960 年苏俄刑法典关于这一要件规定为“为了排除在当时情况下不能用其他方法避免的危险”。前苏联学者对此通常解释为，“只有当采取其他方法不能拯救受到保护的利益，造成损害是惟一的（‘紧急的’）防止危难的手段时，才能产生紧急避难状态……如果采取其他方法可以避免危难的话，如逃走或者请政权机关的代表帮忙等，就不属于紧急避难状态。一般说来，应当对那些随意给法律所保护的利益造成损害的人追究刑事责任”。② 至于行为人应否选择一种只造成最轻微损害的手段，对此，C·A·多马欣写道：“一个人所支配下的消除危难的手段有好几种，每种手段所造成的损害，都要比所消除的损害为轻，但每一个行为所造成的损害，都是不相等的；如果在这样的条件下，一个人能够使用一种只会造成最轻微的损害的手段，却采用了造成较大损害的手段，那么他的行为是否可以认为是合法的呢……法律上没有规定行为人应当造成最小的损害，所规定的只有一个条件，即造成的损害必须较所防止的损害为轻。”③

C·A·多马欣的观点后来还为 H·A·别利亚耶夫等所主张。我们认

① ［日］山中敬一：《刑法总论Ⅰ》，成文堂 1999 年版，第 493～495 页。

② ［苏］H·A·别利亚耶夫等编：《苏维埃刑法总论》，群众出版社 1987 年版，第 187 页。

③ 见［苏］C·A·多马欣：《苏维埃刑法中的紧急避难》，法律出版社 1957 年版，第 49～50 页。

为，这种观点未必符合苏俄刑法典规定的“不能用其他方法避免”的含义。日本学者对该国刑法规定的“不得已”的解释，认为包含“最小限度手段性”，比较起来，论述较苏维埃刑法理论更为合理。

（三）由避险行为所造成的损害不超过其欲避免的损害限度。根据优越的利益的原则，“利益”应加以衡量，按照二分说，应将保全利益优越于侵害的利益的场合（正当化事由）与两者同等的场合（阻却可罚的责任事由）加以区别。

1．衡量的因素。日本学者认为保全利益优越于侵害利益或者两者是同等的，才成为紧急避险。这个判断，应考虑怎样的要素，根据什么样的标准进行呢？为了衡量对立的利益应当考虑的因素，首先是法定刑。当然，由于法定刑根据侵害的形态所决定，因而对法益的价值来说不是决定的观点。进而作为对此补充的，虽然应当考虑法益的价值之差，但一般说来，秩序规定位于对具体的侵害保护的背后，人格的价值优先于物的价值。而且，对生命、身体的保护，优越于其他人格价值或个人的法益。另外，侵害法益的强度修正法益的抽象的价值关系。损坏器物比短时间的剥夺自由也可能优越。再者，是意想不到的侵害程度，或迫近危险的程度，在衡量的时候都应加以考虑。

2．自律性原理。优越的利益原则，在侵害被转嫁给第三者的紧急避险（攻击的紧急避险）时，该第三者的利益在应被衡量的利益之中，使应包含人格的自律性成为可能。任何人都没有忍受来自他人的对自己的人格的自律性无理侵害的义务。人全部具有自己决定权。对自己的生命、身体、财产等侵害，同时意味着对这样的自律性的侵害。这样的“自律性”，与直接的法益相同，利益衡量之际，第三者方面的利益应当完全包括在内。这样，在认为自律性是利益衡量的因素方面，从来作为“避险行为的相当性”问题或者作为“社会相当性”对待的问题来解决。根据此说，给作为紧急避险的第三者转嫁该损害，可能认为“不相当”。然而，根据“不得已实施”这一要件，不可能推导出“相当性”的要件，与正当防卫的场合相同，“相当性”的要件是不必要的。在前者的事例中，从物上看，不能认为作为“好的衣服”的法益的价值优越于“居住权”的法益价值。在后者的事例中“高价衣服”的法益价值在物上优越于“粗劣衣服”的法益价值。然而穿着“粗劣衣服”的第三者，由于对他无理侵害，也是侵害人格自律权的。这样，由于利益衡量包含自律性，第三者的利益的比重变得重起来。

3. 生命对生命的衡量。在紧急避险的事例方面，有称为危险共同体的事例。如遭难的英国帆船的船员，20天没有食物也没有饮用水一直漂流着，船长杀害眼看就要死亡的少年船员，作为其余船员的食料借以救助的米尼约乃托号事件；再如没有支持两个遭难者的浮力的木板，抓住木板的一方，将另一方杀害借以救助的卡如乃阿得斯之板的事例均属之。

在这些事例中，虽然生命是保全法益，但在利益衡量之际，生命之数能考虑吗？或者生存、延长生命的机会的有无、大小，对于衡量来说成为应当考虑的因素吗？在米尼约乃托号事件中，由于使一人的生命牺牲，多数的其他船员的生命被救，因为通说认为紧急避险是正当化事由，所以这种场合，危害行为就被正当化。然而，牺牲少数生命，多数生命得到救助，适用优越的利益原则，不应将危害行为正当化：这是阻却可罚的责任事由的问题。

再者，自律性原理在生命危险时也能适用吗？不能不认为是个问题。生命是人的生存的基础。生命的基本的不可侵犯性，是所有利益的根源，包含自律性的要求在内，生命与生命对立时，被攻击的生命并没有能进而加上“自律性”的利益。从而，牺牲他人的生命避免对自己的生命的危险时，经常不成为避险过当，可罚的责任能被“阻却”。①

对于紧急避险的这一要件，意大利刑法理论上称为“紧急避险损害的利益与拯救利益间必须相适应”。对此，杜·帕多瓦尼论述说：“由于在紧急避险中受损害的是无辜的第三者的利益，应当采取的更为严格的标准来衡量避险行为是否与损害结果相适应的问题，这个标准就是：被拯救的利益在任何情况下都必须等于或大于被损害的利益。”② 这就是说两者相等，也可能成为紧急避险。它与上述日本学者的观点基本相同。

---

① ［日］山中敬一：《刑法总论Ⅰ》，成文堂1999年版，第496～500页。

② ［意］杜·帕多瓦尼：《意大利刑法学原理》，法律出版社1998年版，第176页。

俄国刑法理论的观点与此不同。斯库拉托夫等认为："在紧急避险状态下造成的损害应该小于所防止的损害。造成等于或大于可能发生的损害都不能以紧急避险状态作为无罪的理由。不应该以损害相当的利益为代价而挽救另一个利益（例如，不应该以他人生命为代价救自己的生命）。"① 法国刑法学者中也有与此相同的观点。卡·斯特法尼等写道："有人认为，在假设相互冲突的两项利益的价值相等的情况下，不应当承认因紧急避险所完成的行为是可以证明具有合法性的行为。例如，为保护自己的生命而杀害一个邻人的行为，就不能认为是一种紧急避险行为。"② 但他们对这种情况下的行为如何定性和处理，则均未作说明。

我们认为，根据作为阻却违法事由的统一原理的目的说或优越的利益说，只有避险行为保护的利益大于损害的利益，才能谈到维护法律秩序，对于社会有利，从而才能成立紧急避险。据此，当以俄国刑法的规定和俄国刑法理论的观点为妥。同时，承认根据具体情况，同等利益冲突时，牺牲一个保全一个，可能阻却责任，也是适宜的，因为这种情况下缺乏适法行为的期待可能性。

（四）业务上负有特别的义务的人，不适用紧急避险的规定。日本刑法第 37 条第 2 款、意大利刑法典第 54 条第 2 款、韩国刑法第 22 条第 2 款等均设有此项规定，只是表述有所不同。日本刑法中所谓"业务上负有特别的义务的人"，即意大利刑法典中所谓"负有特定的置身危险义务的人"。日本学者川端博对此论述说："所谓'业务上负有特别的义务的人'，指例如像自卫官、警察官、消防职员、船长、医师、护士等那样，其业务的性质上，负有应当置身于一定危险的义务的人。成为义务的根据的，可能是法令、契约、习惯。负有这样的义务的人在其义务的范围内，当然不能认为与一般人同样实行紧急避险。然而，这些人，能够实行为了救护他人的法益的紧急避险，并且，为了保护自己的法益紧急避险，在一定的限度内也能承认。例

① ［俄］斯库拉托夫等主编：《俄罗斯联邦刑法典释义》（上册），中国政法大学出版社 2000 年版，第 101～104 页。

② ［法］卡·斯特法尼等：《法国刑法总论精义》，中国政法大学出版社 1998 年版，第 369 页。

如，灭火作业中的消防队员为了避免压在可能崩塌的梁下，破坏邻家的板墙而避险的行为，能够成为紧急避险（小野、团藤、福田、大塚等）。”① 对此，日本学者也有不同意见。如山中敬一写道：“然而，（日本刑法）第37条第2款文字上明确规定全面地‘不适用’，因此，第37条第2款也被批判为过分生硬地规定排除紧急避险的适用，应当删除（森下忠）。”②

意大利刑法学者杜·帕多瓦尼对这一要件也作了论述。他说“……紧急避险不适用于‘负有特定的置身危险义务的人’（如消防队员、警察等）。显然是因为这些人本身负有救助他人的义务。对国家机关履行职能的行为是否可能适用紧急避险（例如，警察为了解救被绑架的人质，对抓住的绑匪进行刑讯逼供；由于在逃同伙威胁要杀死几个人质，法官释放了犯有多重重案的被告），是一个很有争议的问题。现在的通说认为，对这个问题应予否定回答，无疑是一个正确的答案。”③ 其理由是国家权力机关的活动必须服从法律。

对于紧急避险的这一要件或特则，有些国家如法国、俄国、瑞士等国家的刑法典未作规定；已有规定的国家如日本、意大利，学者间意见也有分歧。我们认为，作出这一规定是必要的，但在具体运用这一规定时，需要根据紧急避险的根本精神处理，不应当将它绝对化。例如，为了不让绑匪杀害人质，不得已释放了已抓住的重罪嫌疑人，必须否定这是紧急避险，未必妥当。

三

（一）避险过当。所谓避险过当，指在具备紧急避险的其他要件时，避险行为超过其限度的情况。有（1）违反补充性原则的情况，（2）违反法益权衡原则的情况。对避险过当，日本刑法规定“可以根据情节减轻或者免除刑罚”（第37条第1款），韩国刑法规定“依其

---

① 见［日］川端博：《刑法总论讲义》，成文堂1997年版，第363页。

② ［日］山中敬一：《刑法总论Ⅰ》，成文堂1999年版，第503页。

③ ［意］杜·帕多瓦尼：《意大利刑法学原理》，法律出版社1998年版，第176页。

情况可免除或减轻处罚”（第 22 条第 3 款）。关于减免刑罚的根据，在日本刑法理论上有责任减少说、违法·责任减少说的对立。大谷实认为，因为作为紧急状态中的行为紧急避险的其他要件大体具备，所以能够认为违法性减少；同时因为避险行为是在瞬间实行的，所以应当认为期待可能性也减少，违法性·责任减少说是妥当的。①

避险过当，在俄国刑法理论中称为超过避险限度。对此，斯库拉托夫等论述说：“超过避险限度是指造成的损害显然与构成威胁的损害的性质和程度以及排除危险时的情况不相当，对受法律保护的利益造成的损害等于或者大于所防止的损害。因为刑法典中没有与超过紧急避险限度的责任有关的专门规范，在这种情况下对行为人的行为只能依照刑法典的相应条款并援引第 39 条第 2 款定罪。这种情节，应与其他情节一起，视为减轻刑罚的情节……还应予以注意的是，依照法律的规定（第 39 条第 2 款），只有在故意对受法律保护的利益造成损害的情况下，才应对超过紧急避险限度承担刑事责任。过失造成损害的，排除刑事责任。”②

据前所述，日本刑法中的避险过当所包含的违反法益权衡原则的情况，只是指由避险行为所造成的损害超过所欲避免的损害，而不包含两者相等的情况。而依照俄国刑法，两者相等也会成为超过避险限度。这是由两国刑法对紧急避险条件的规定不同所产生的结果。

（二）假想避险。“所谓假想避险，指符合紧急避险的事实不存在却误认为存在而实行避险行为的行为。与假想防卫同样，假想避险不阻却故意，对假想的情况有相当理由时，能够阻却责任。”③

（三）假想避险过当。“所谓假想避险过当，指不存在现在的危险却误认为存在，而实行避险行为，即使暂时假定现在的危险现实存在，但避险行为违反法益权衡原则的情况。与假想防卫过当的情况同样，假想避险过当不阻却故意应当认为不过按照（日本）刑法第 37

---

① ［日］大谷实：《刑法讲义总论》，成文堂 1994 年第 4 版，第 285～286 页。

② ［俄］斯库拉托夫等主编：《俄罗斯联邦刑法典释义》（上册），中国政法大学出版社 2000 年版，第 104 页。

③ 见［日］大谷实：《刑法讲义总论》，成文堂 1994 年第 4 版，第 285 页。

条第1款但书受刑罚的减免。”① 以上是日本刑法学者的论述。

前苏联学者对假想避险作了如下闸释：“在排除威胁法律所保护的某些利益的危难时，某人由于受特殊环境以及个人品质的影响，对紧急避难条件的某些因素可能会产生错误的理解……在这种情况下，不能认为某人受法律保护的某些利益造成损害的行为在客观上是对社会有益的。在解决这种行为的责任问题时，应……依据某人在具体的环境中所犯错误的无罪情况，他可以因为没有罪过不负刑事责任，也可以只对过失犯罪（不是故意犯罪）负责。”②

日本学者对假想避险的处理，认为不阻却故意，只是有相当理由时阻却责任。在我们看来，不如前苏联学者的论述恰当，即对假想防卫，行为人没有罪过时不负刑事责任，有过失时负过失的罪责，而不发生故意犯罪问题。因为假想防卫是对有无危险即将发生的事实的认识存在错误，而事实的错误通常是阻却故意的，只是一定情况下对象的错误除外。

（原载《浙江社会科学》2001年第4期，此文为法律出版社2002年出版的《比较法在中国》（第2卷）所收录，收入本书时作了若干修改）

① 见［日］大谷实：《刑法讲义总论》，成文堂1994年第4版，第285页。

② ［苏］H·A·别利亚耶夫等主编：《苏维埃刑法总论》，群众出版社1987年版，第189~190页。

德、日刑法理论中的期待可能性

一、期待可能性的概念和理论发展

德、日学者认为，为了行为人对符合构成要件的违法行为有责任，责任能力、故意或过失与违法性的意识的可能性是必要的，同时还要存在适法行为的期待可能性。适法行为的期待可能性（以下简称期待可能性）是作为规范的责任论的核心要素的责任要素。“期待可能性的意义有广狭二义，在广义上，对犯罪行为人而言，指行为人从实施该行为之际的内部的、外部的一切情形观察，期待不实施该行为而实施其他适法行为是可能的情况；在狭义上，指了解上述内部的实情，从行为之际四周的外部的情形观察，期待不实施该违法行为而实施其他适法行为是可能的情况。刑法学上，说到期待可能性时，很少指广义的意义，可以说通常指狭义的意义。”① 在日本通常“所谓期待可能性，指在行为之际的具体情况下，能够期待行为人避免犯罪行为实施适法行为的情况。没有期待可能性时，虽然有对犯罪事实的认识，也存在违法性的意识的可能性，但认为阻却故意责任或过失责任的学说，称为期待可能性的理论。”② 期待可能性，德国学者如耶赛克等称为期待不可能性。日本学者野村稔也称之为期待不可能性，他说：“期待不可能性（期待可能性的不存在）是指在行为者实施犯罪的场合下，在行为时的具体情况下不可能期待他能够实施不是该犯罪行为的其他合法行为。尽管行为者已经意识到自己的行为是违反刑法

① 日本刑法学会编：《刑法讲座》(3)，有斐阁 1969 年版，第 18 页。

② ［日］大谷实：《刑法讲义总论》，成文堂 1994 年第 4 版，第 361～362 页。

规范的，但是由于自己在行为时所处的外部情况的异常性，因而不能不背叛刑法的期待，这样就不能对行为者加以责任的非难。”① 这里还阐明了对期待不可能性事由不追究刑事责任的原因。

期待可能性理论的发展经过如下阶段：

1. 起源。期待可能性的理论，通常认为源于德意志帝国法院1897年3月23日对“癖马案”的判例。案情是：被告人是一位驾驶马车的人，使用一匹常用尾巴绕缰绳妨害驾驭的烈马驾驶马车。一次驾驶时该马癖性发作，将尾绕缰用力下压，经极力制御无效，马惊驰，致使一行人受伤。被告人知道此马的恶癖害怕发生事故，事前曾向雇主提出换马，雇主不许，仍让其使用该马，他担心如不服从，会被解雇只好服从，继续使用该马，以致发生伤人事故。该案检察官以被告驾车之马惊驰、撞人致伤构成过失伤害罪提起公诉，原审法院判决无罪，检察官复以原判不当为由抗诉于帝国法院，帝国法院审理驳回抗诉。其驳回的理由谓：“肯定基于违反义务之过失责任（即不注意之责任），如仅凭被告曾认识驾驭有恶癖之马或将伤及行人一点者，则不能谓为得当；更应以被告当时是否得以基于其认识，而向雇主提出拒绝驾驭此有恶癖之马一点为必要条件。然而，吾人果能期待被告不顾自己职位之得失，而违反雇主之命令拒绝驾驭该有恶癖之马乎？此种期待，恐事实上不可能也。因此，本案被告不应负过失之责任。”② 后来规范的责任论兴起，此一案例遂成为“期待不可能”而阻却责任的有力论据。因而学者称此案例为“期待可能性”理论的起源。

2. 演进。1901年德国学者迈耶发表《有责行为与其种类》的论文，主张责任要素除心理的要素外，还要有非难可能性的存在，最早将责任列入规范要素，首倡“规范责任论”。1907年弗兰克发表《责任概念的构成》的论文，认为责任的本质在于非难可能性，其根据不是行为人的心理状态如何，而在于行为之际的“附随情况”；该情况属正常性则责任重，属异常性则责任轻。所以，与责任能力、故意或过失并列附随情况的正（通）常性，被认为是第三责任要素。1913

---

① ［日］野村稔：《刑法总论》，法律出版社2001年版，第314～315页。

② 洪福增：《刑法之理论与实践》，台湾刑事法杂志社1988年版，第93页。

年J.Goldschmidt发表《紧急状态为责任问题之一》的论文，认为“附随情况”本身并非责任要素，惟有“违反义务性”才是此种责任要素。规范的责任要素，即以义务规范为基础。1922年，B.Freudenthal发表《责任与非难》一文，主张因生活贫困，为求生存出于不得已的犯罪，应当没有责任，而将期待可能性适用的范围扩大；并主张责任的实质，在于“行为人虽应采取其他态度且能采取其他态度，但不为之，竟违反此期待而公然实施其违法行为”这一点，亦即必须求之于适法行为的期待可能性。

3.完成。大体上完成“期待可能性”的理论的，是Eberhard Schmidt。他认为“责任是违法行为的非难可能性”，而基于“实行违法行为的心理过程中的缺陷”。他主张责任既不是单纯的心理的事实，也不是单纯的价值判断，而是以具有责任能力为前提的“心理的事实与价值判断的关系及关联”。因此，他的所谓责任就是违法行为在惹起该行为的心理现象的缺陷而值得非难的情况。经过上述学者的相继讨论、研究与修正，至1920年，期待可能性理论在德国已成为通说。昭和三年（1928年），期待可能性理论由木村龟二介绍到日本，经过佐伯千仞等的努力，在逐渐增加支持者的同时，实务中也表现出对这一理论的关心，在日本产生强烈的影响，“二战”后已完全通说化。①

4.现状。期待可能性理论，现在在德国已禁止乱用，不太顾及。德国学者耶赛克等指出，这个理论已退于背后。他写道：今天，该理论已经变得无足轻重了。在帝国法院首先表明“根据现行法，行为人在故意犯罪情况下，法律规定之外的免责事由，不得予以承认”的立场后，在学术界贯彻了这样一种认识，即刑法在责任领域需要标准，这些标准虽然应当包含对意志形成的评价，但必须被形式化，并从法律上加以规定。期待不可能性这一超法规的免责事由，无论从主观上还是从客观上加以理解，均会削弱刑法的一般预防效果，以至于导致法适用的不平等现象，因为所谓的“期待不可能性”并不是可适用的标准。此外，免责事由根据法律明确的体系表明了例外的规定，这些例外规定不能够被扩大适用。甚至在困难的生活状况下，即使要求当

① 洪福增：《刑法之理论与实践》，台湾刑事法杂志社1988年版，第362～363页。

事人作出巨大牺牲，社会共同体也必须要求服从法律。① 日本学者山中敬一也指出："在德国刑法学中，以期待可能性为规范的责任概念的核心，并且承认一般的阻却责任事由的见解已被克服。"② 但在日本却是另外一种情况。期待可能性理论今天仍为很多日本学者所承认，并进行着广泛深入的研究。正如山中敬一所说："现在虽然被认为'期待可能性的理论的实践作用相对低下'但在学说中，位于规范的责任论的核心，给予作为阻却责任论的理论以支柱的作用，并且认为期待可能性的不存在是超法规的阻却责任事由，是压倒的通说。"③

从上述情况可以看出，当前期待可能性理论在德、日的遭遇颇为不同：期待可能性理论虽然起源和建立于德国，但德国当前对期待可能性作为超法规的免责事由持否定态度；日本的期待可能性理论是从德国引进的，引进后有很大发展，并且当前在日本刑法学界已得到广泛的认可，我们认为，从主客观相统一的犯罪观来看，期待可能性理论是有道理的；但把它作为超法规的阻却责任事由不加限制地适用，也会产生副作用。因而在我们看来，一方面应当肯定这种理论，同时对它的适用要持慎重态度。

二、在犯罪论体系中的地位

对无期待可能性状况下实施的行为，认为不能科处刑罚这一点，学说上是一致的，但期待可能性或者期待不可能性的问题在犯罪论体系中处于怎样的位置，至今见解还不一致。从来，期待可能性的问题被认为属于责任论的领域，但在责任论内部其位置如何，仍有不同的见解。

---

① ［德］耶赛克等：《德国刑法教科书》（总论），中国法制出版社 2001 年版，第 603 页。

② ［日］《西原春夫先生古稀祝贺论文集》（第 2 卷），成文堂 1998 年版，第 149 页。

③ ［日］《西原春夫先生古稀祝贺论文集》（第 2 卷），成文堂 1998 年版，第 150 页。

（一）故意、过失的构成要素说

此说认为故意、过失是责任形式，故意责任、过失责任共同包含非难可能性的要素，欠缺期待可能性时，阻却故意责任、过失责任。德国学者 Freudenthal、E.Schmidt，日本学者团藤重光、板仓宏等持此说。如板仓宏在其著作中写道："期待可能性不仅是责任的有无，也是确定程度的要素。与考虑期待可能性是否存在，它存在的程度如何的同时，必须考虑作为积极的责任要素。从而期待可能性应当认为是故意责任、过失责任的积极的要素。毕竟没有期待可能性时，作为构成要件要素的故意、过失虽然存在，但能阻却故意责任、过失责任。"① 对于此说，福田平有如下批判：期待可能性这一规范的要素，认为是作为心理的活动形式的故意的要素是不委当的。

（二）与责任能力、故意或过失并列的第三责任要素说

此说认为，作为客观的责任要素的适法行为的期待可能性，与是主观的责任要素的故意、过失区别开来，是与从来的责任要素并列的积极的要素。德国学者弗兰克、Goldschmidt、日本学者大塚仁、西原春夫等持此说。如大塚仁说："适法行为的期待可能性，在责任论中给予怎样的体系的地位，学说并不一致。初期，与责任能力和故意、过失并列，认为它是第三责任要素的立场虽然流行，但不久认为包含于故意、过失的概念中而提出的理论的见解就成为一般的见解。前说是将故意、过失的内容，修正单纯作为心理状况把握的心理的责任论的见解，把新作为规范的责任要素被认识的期待可能性，与从来的责任要素加以并列。反之，后说是将故意、过失作为责任的种类、形式来理解，因为作为对行为人的非难的类型把握，所以认为规范的要素也应当包含它。后说虽然是谋求理论的彻底，理解的容易，但不如说前说为优。"② 据此，大塚仁教授原来在著作中采取后说，后来则改采前说。但此说也受到学者的批判，如佐伯千仞指出：一部分学者，"认为它是责任的积极要素，称为与责任能力、故意或过失并列的

---

① ［日］板仓宏：《新订刑法总论》，劲草书房 1998 年版，第 297～298 页。

② ［日］大塚仁：《刑法概论（总论）》改订版，有斐阁 1986 年版，第 418 页。

‘第三责任要素’，但我们认为这是不正确的。原因是期待可能性不是作为与责任能力、故意或过失在同一平面并行的责任要素被发现的，不如根据责任能力与故意或过失并在一起推测它的存在（大致的推定），由于这两者与期待可能性处于前提与结构的关系，使这些并列是理论的谬误。”①

（三）阻却责任事由说

此说认为，期待可能性的不存在是阻却责任事由，是例外妨碍犯罪成立的情况。日本学者佐伯千仞、江家义男、平场安治、中山研一、香川达夫、大谷实、川端博、前田雅英等持此说。如大谷实说：“期待可能性的不存在，应当认为是阻却责任事由，关于其意义有：1．一般的超法规的阻却责任事由说（通说）；2．没有法律的规定根据解释可能承认的特殊的阻却责任事由说的对立。2说对1说批判说，根据其立场会带来刑法的规制机能的减弱，法律秩序的松弛（福田平）。的确，故意、过失及违法性的意识的可能性既然存在，因为大部分场合能够承认非难可能性，所以由于期待可能性的不存在应当适用阻却责任的场合是稀有的，因此，期待可能性的随意适用，招致刑法软弱化的情况必须慎重。然而，期待可能性的理论以行为人的意思决定的非难可能性为判断的标准，是极为合理的，并且，因为否定这种理论意味着否定规范的责任论，所以认为其不存在是一般的阻却责任事由的1说是妥当的。再者，适法行为的期待可能性存在，其程度低时减轻责任。因此，期待可能性是法规上的减轻责任事由的同时，也是超法规定的减轻责任事由。”② 大塚仁对认为期待不可能性仅仅是阻却责任事由的见解曾提出批评，指出：“期待可能性既然不仅有责任存在与否的一面，在决定责任的轻重程度上也起着重要的作用，仅只认为它是消极的责任要素是不适当的。”③ 如上所述，赞同此说的大谷实已经注意到这一点。

---

① ［日］佐伯千仞：《四订刑法讲义（总论）》，有斐阁1981年版，第283～284页

② ［日］大谷实：《刑法讲义总论》，成文堂1994年第4版，第364页。

③ ［日］大塚仁：《刑法概论（总论）》改订版，有斐阁1986年版，第418页。

（四）可罚的阻却、减少责任说

此说认为，没有期待可能性的场合，如同没有责任能力的场合一样，并不是成为没有责任，只是成为没有可罚的责任。不但如此，而且期待可能性减少了的场合，可罚的责任减少，它的位置也设置于责任的阶段。① 这是日本学者山中敬一在其著作中提出的自己的见解。如上所述，期待可能性应当放在责任论中，这一点德、日学者的意见是一致的。我们也认为妥当。至于在责任论内部如何安排，我们赞同责任能力、违法性的意识的可能性和期待可能性都是责任要素的观点，据此，应将期待可能性放在责任能力、违法性的意识的可能性之后论述。

三、基于期待可能性的阻却、减轻责任事由

（一）法规上的事由

当前，德国学者不赞成以期待不可能性作为超法规的免责事由，但承认它可以是法律规定的特别的免责事由。如耶赛克等指出，期待不可能性虽然限制了各个具体构成要件的可罚性，但在下列情况下也不应当作为一般性的超法规免责事由理解：德国刑法典第 258 条第 5 款规定，“为使对其本人所判处的刑罚或保安处分，或者刑罚或保安处分的执行全部或部分无效的，不处罚。”在第 139 条第 3 款第 1 项和第 258 条第 6 款情况下为了有利于亲属的，同样构成特别的免责事由。② 第 139 条第 3 款第 1 项的规定是：“对其亲属的犯罪行为虽未告发，如已真诚努力阻止犯罪的实施或避免犯罪的结果的产生的，不负刑事责任。”但法律规定几种严重的犯罪除外。第 258 条第 6 款的规定是：“为使家属免予刑罚处罚而为上述行为的，不处罚。”所谓上述行为，指使刑罚或保安处分无效的行为。在日本学者看来，法规上

① ［日］山中敬一：《刑法总论Ⅱ》，成文堂 1999 年版，第 648 页。

② ［德］耶赛克等：《德国刑法教科书》（总论），中国法制出版社 2001 年版，第 603～604 页。

的阻却、减轻责任事由有：1. 刑事被告人湮灭自己的刑事被告案件的证据的行为，日本刑法第104条仅仅处罚湮灭有关“他人”刑事案件被告的证据，这作为法律秩序就是表示不能定型地期待刑事被告人不湮灭自己刑事被告案件的证据。2. 犯人或脱逃人的亲属为犯人或脱逃人的利益而藏匿犯人、湮灭证据，日本刑法第105条承认可以免除其刑罚，这是基于东方道德期待不可能或期待困难在法律上的表现。3. 日本刑法第36条第2项、第37条第1项但书，关于防卫过当、避难过当规定可以减轻或免除其刑罚，可以解释为承认由于期待不可能或期待困难原故的阻却或减轻责任。4. 盗犯等防止法第1条第2款规定，在第1款所定的盗犯的场合，“虽然不是对自己或他人的生命、身体或贞操有现在危险，但是，由于行为人恐怖、惊愕、兴奋或狼狈至于当场杀伤犯人时，不处罚”。可以解释为表示期待不可能性。此外，单纯脱逃罪（日本刑法第97条）、自行堕胎罪（第212条）与伪造通货取得后知情行使罪（第152条）的法定刑轻，也是考虑期待可能性的理论。①

比较德、日两国学者论述的由于期待不可能性法规上规定的阻却、减轻责任事由，可以看出，日本学者列举的事由较多，并做了适当的分类，提供了更多的信息，表现出日本学者在这个问题上的研究后来居上。实际上德国刑法典还有些规定也应认为属于这里所说的阻却责任事由，如该法典第33条规定“防卫人由于惶惑、害怕、惊吓而防卫过当的，不负刑事责任”就属这种情况，只是耶赛克等没有论述。

（二）解释上的事由

日本学者认为，期待可能性虽然是一般的超法规的阻却责任事由，但在刑法解释上成为问题的有：

1. 违法拘束命令。所谓违法拘束命令，指例如军队中上级长官对部下的命令，在其服从是绝对义务的场合，该命令是违法的情况。对服从该命令的部下的行为的处理，虽然有：（1）阻却违法事由说，

① ［日］西原春夫：《刑法总论》改订准备版（下卷），成文堂1995年版，第479页。

(2) 阻却责任事由说（通说），但既然是实行违法的命令，就不能否定其行为是违法的，所以应当认为是由于欠缺期待可能性而阻却责任，(2) 说是妥当的。

2. 基于强制的行为。所谓基于强制的行为，指例如像用枪顶撞下被强制犯罪的场合，由于不能抵抗的强制而实施的行为。基于强制的行为，虽然也有认为它是不可罚的立法例，但日本现行刑法没有做特别的规定。强制分为物理的强制与心理的强制，由于物理的强制下的行动不能说是刑法上的行为，所应当限于心理的强制。基于心理的强制的行为，虽有认为是紧急避难的一种见解（牧野英一），但能说认为是由于期待可能性的不存在的阻却责任事由。

3. 义务的冲突、安乐死。这些虽然是阻却违法性事由，但在没有充分具备阻却违法性的要件的场合，能够认定没有期待可能性时，应当认为是超法规的阻却责任。①

西原春夫指出超法规期待不可能的场合有：例如在极端贫困情况下，实施了轻微的盗窃，或者在再就业极其困难的状况下，受职务上的上司强索，如果拒绝，则害怕失业，而实施某种违法行为（例如行贿），都是这种情况的例子。②

据上所述可以看出，日本学者对期待不可能的行为作为超法规的阻却责任的情况处理，采取慎重的态度，我们认为这是正确的。在审判实践中，1933 年 11 月 21 日日本大审院关于第 5 柏岛九案件的判决，被认为是日本期待可能性理论的先驱。该案件的情况是：机动船第 5 柏岛九是一艘渡船、船上定员 24 人，当时乘客上船 127 人，超载为定额的 5 倍，航行中船只覆没，溺死 28 人。原审认为船长构成犯罪，判处 6 个月监禁，大审院认为科刑不当，减为罚金 300 日元。理由是船长曾警告船主超载危险，但船主出于经营上考虑，命令超载运送；该船是前往海军工厂的惟一交通工具，上、下班时间乘船者多难以制止；警察对于超载也置之不理，对于船长来说，明显缺乏期待可能性。此后，虽然还有按照期待可能性理论处理的案件，但总的来

---

① ［日］大谷实：《刑法讲义总论》，成文堂 1994 年第 4 版，第 365 页。

② ［日］西原春夫：《刑法总论》改订准备版（下卷），成文堂 1995 年版，第 479 页。

看，日本判例对期待可能性的理论不是采取积极的态度。我们认为，从刑法的谦抑性和维护法制的严肃性相统一的观点看，这样对待期待可能性的理论是适宜的。

四、期待可能性判断的标准

判断期待可能性的有无、程度，通常认为有以下三说：

（一）行为人标准说

此说认为，以行为人本人的能力为标准，在该具体的行为情况之下，能够决定期待其他适法行为是否可能，即主张应当就各个犯罪的情况，作个别的决定。德国学者 Freudenthal，日本学者团藤重光、大塚仁、内田文昭、板仓宏、大谷实、野村稔等持此说。对行为人标准说，学者有如下批判：1. 使刑事司法不适当的弱化；2. 造成极端的个别化，违反法的划一性的要求；3. 确信犯常常没有期待可能性被认为无罪。对此，大谷实指出："然而，成为这个批判的前提的观念是意思决定论，因为在这个立场所有的行为都是必然产生的，所以不可能采行为人标准说，但如果根据承认人的意思自由的立场，按照行为人标准说，适法行为期待不可能的场合极为稀少，没有造成法律秩序松弛的情况，因而1说的批判不妥当。其次，因为责任的判断与违法性的判断同样是实质的、非类型化的，所以关于责任的强弱的个别化毋宁说是必要的，因而2说的批判也没有理由。再者，确信犯人的场合，是没有行为人当时的具体情况，行为人的思想或世界观成为动机促使犯罪的，因此，在具体的情况下，应当说是有适法行为的期待可能性的，所以3说的批判也没有中的。"①

（二）通常人（或平均人）标准说

此说认为，通常人或平均人处于行为当时的行为人的地位，该通常人是否有实施适法行为的可能性。即可以期待通常人采取适法行为而不实施犯罪行为的，即可认为该行为人具有实施适法行为的期待可

① ［日］大谷实：《刑法讲义总论》，成文堂1994年第4版，第366～367页。

能性。德国学者 Goldschmist、Liszt-Schmicdt、日本学者木村龟二、小野清一郎、江家义男、植松正、西原春夫、前田雅英等持此说。如木村龟二说："期待可能性有无的判断，可能有行为人自身主观的见地的场合与以社会的一般人即平均人为标准客观的见地的场合。立于主观的见地时，各人的判断是各种各样的，根据圣贤与普通人，勇者与怯懦者等而异，然而刑法不是对圣人、贤人的规范，不区别勇者与怯懦者，是对社会的一般人的规范。在这个意义上，期待可能性的有无，以社会的一般人为标准，根据社会的一般人处于行为人的立场适当行为的决意是否可能来决定是妥当的。"① 此说在日本被认为是通说。然而，对此说也有批判，即认为对平均人期待可能，对直接行为人不一定期待可能，在这种场合，对行为人追究责任，违反规范的责任论的旨趣，并且作为判断的标准是不明确的。②

（三）国家（法规范）标准说

此说认为，行为的期待可能性的有无，不是以被期待的方面，而是以期待方面的国家或法律秩序为标准，因此应当根据国家或法律秩序期待什么、期待怎样的程序来决定。德国学者 Wolf、日本学者佐伯千仞、平场安治，平野龙一、中义胜等持此说。根据此说，期待可能性的标准，以国家的基本的法理念作为指导理念，导致行为人在此基础上采取行动的"行为情况的类型来把握"。结果虽然这只有指望洞察社会生活现实的法官的判断，但此际各个法官判断不是根据其个人的见地，必须注意是被法律内在的指导所拘束……拘束这样的法官的判断的最后的标准，这里结果该是回到历史的现实的国家的基本构成理念。③ 对于此说，学者们提出更尖锐的批评。他们指出：此说问法律是在怎样的场合有可能性，答法律秩序认为可能的场合有之，以问等于答，没有提供任何实质的标准（泷川幸辰），结果法规之外就

① ［日］木村龟二：《刑法总论》，有斐阁 1984 年增补版，第 305 页。

② ［日］西原春夫：《刑法总论》改订准备版（下卷），成文堂 1995 年版，第 480 页。

③ ［日］佐伯千仞：《四订刑法讲义（总论）》，有斐阁 1981 年版，第 290 页。

不能承认期待可能性（植松正）。①

我们认为，国家标准说不仅没有提供判断期待可能性的实质标准，而且从国家方面寻求标准本是不妥当的。因为这里要解决的是对行为人的行为的期待可能性的问题，不从行为人方面考虑，问题就不可能解决。通常人标准说毕竟是从行为人角度考虑的，较前说有所进步，但对通常人可以期待行为人的能力低于通常人时，以通常人要求行为人未免失之苛刻，因而此说也难认为妥当。既然个人责任是现代刑法的基本原则，因而判断期待可能性的有无、程度的标准，只能求之于行为人的情况，在我们看来，当以行为人标准说可取。大塚仁在对行为人标准说评价时写道："因此，即使按照行为准说，对有责任能力者的行为人不能期待适当行为的情况，决不必过多担心，所谓能招致刑事司法化，不过是杞人忧天"。② 我们赞同这个评价。详言之，在具体评价时，可以参考普通人标准说，最后根据行为人标准说个别地加以确定：对普通人来说，在当时的具体情况下如无期待可能性，根据行为人的能力和行为时的具体情况，行为人如属于普通人或低于普通人，则可认定行为人没有期待可能性。

五、期待可能性理论对我国刑法理论的意义

笔者认为，期待可能性理论值得我国借鉴，目前我国引进这一理论是必要的、可行的。

首先可以利用期待可能性解释我国刑法中的一些规定，如赃犯物罪、正当防卫、紧急避险。如我国刑法第 312 条规定：明知是犯罪所得的赃物而予以窝藏、转移、收购或者代为销售的、构成窝藏、转移、收购、销售赃物罪。但如果是盗窃分子在盗窃财物后自己再持有、转移、销售自己盗窃的赃物的，则不构成有关的赃物罪，因为不能期待盗窃分子在窃得财物后不持有、转移、销售赃物，因此行为人持有、转移、销售自己窃得的赃物的行为不构成赃物罪。再如刑法规

① ［日］西原春夫：《刑法总论》改订准备版（下卷），成文堂 1995 年版，第 480 页。

② ［日］大塚仁：《刑法概论（总论）》改订版，有斐阁 1986 年版，第 420 页。

定防卫过当和避险过当的“应当减轻或者免除处罚”，这是因为行为人实施正当防卫或者紧急避险时，一般不能期待行为人在紧急情况下能够在合法的限度内实施防卫行为和避险行为，因此应当阻却或者减轻防卫过当或者避险过当人的刑事责任。

同时，应当允许在极其特殊的情况下适用超法规的期待可能性阻却或减轻行为人的刑事责任，并应持慎重态度。例如，刑法学中有这样的经典案例：某夜某女李某骑车下乡途中遇一男青年张某抢车，李某在与张某周旋过程中将其打昏，并趁机骑车逃走。李某逃至最近一村落内一农户家，该农户家只有母女二人，李某向主人讲了自己的遭遇，主人表示同情并收留了她，还安排李某与这户人家的女儿一起睡在北屋。而李某借宿之处正为劫车犯张某家。半夜张某苏醒后回家，看到停在自家院里的自行车正是自己刚才欲劫的自行车，遂向母亲问明来客来历，张某在证实了自己的猜想后又向母亲询问来客睡觉的位置。母亲告诉张某，来客与张某的妹妹睡北屋，来客睡外侧，妹妹睡内侧。张某遂取下墙上的镰刀，悄悄拨开北屋的房门，朝睡在外侧的人的脖子砍了一刀。而实际的情况是李某由于惊恐一直未睡着，听到了张某母子的对话和张某取镰刀的动静后，极度恐慌，急中生智，在不得已的情况下悄悄移动张某妹妹，将她推到土炕外侧，自己睡到张某妹妹的位置上，张某妹妹对此一无所知，张某杀死的实际上是自己的妹妹。后李某寻机逃走。

本案中对李某如何处理一直存在争议，毕竟是由于李某实施了调包行为才导致张某将自己的妹妹杀死，因此对于李某是否应当承担刑事责任存在争议。有学者认为本案构成紧急避险，即李某面临被张某杀害的危险，为了保全自己的生命，在迫不得已的情况下用牺牲张某妹妹生命的方法来避免自己被害，应当认定为紧急避险，不应承担刑事责任。但紧急避险的本质特征，就是为了保全一个较大的合法权益，而将其面临的危险转嫁给另一个较小的合法权益，在本案中，很难说李某和张某的妹妹二者生命谁更宝贵，因为每个人的生命权受到同等保护，因此用紧急避险使行为人免责这一理由并不充分。本案中实施杀人行为的是死者的哥哥张某，李某本身并未实施杀人行为，在当时的紧急情况下，李某实在没有其他方法能够保全自己的生命，出于求生的本能用张某妹妹的生命避免了自己的生命受到损害，在这种极其特殊的情况下，不能期待李某不实施这样的方法保全自己生命的行为，因此应当据以免除李某的刑事责任。

（原载《武汉大学学报（社会科学版）》2002 年第 1 期，收入本书时作了若干修改）

中国内地刑法与澳门刑法中犯罪未完成形态比较研究

犯罪形态指各种犯罪行为的状态。从不同的标准考察，犯罪可以表现为各种各样的形态。以犯罪是否完成为标准，犯罪表现为完成形态和未完成形态两种。犯罪的完成形态，是犯罪既遂，或称既遂犯。犯罪的未完成形态，通常认为有犯罪预备、犯罪未遂和犯罪中止，或称预备犯、未遂犯和中止犯。刑法分则条文关于基本犯罪构成是以犯罪既遂形态为标准而加以规定的，所以日本学者山中敬一教授指出："从而认为既遂类型是基本的构成要件，未遂犯处罚规定，可以说是'构成要件的扩张形式'。"① "所谓既遂犯，指充足构成要件的行为……所谓构成要件的充足，指具备了构成要件的全部要素。在结果犯的场合，结果的发生是必要的。在举动犯的场合，被构成要件记述的行为即实行行为完全实施是必要的。怎样的场合要结果的发生，或要实行行为的遂行，根据各构成要件的解释来决定。从而，探求既遂犯的要件，完全是刑法各论的任务。"② 犯罪的未完成形态是犯罪构成的修正形式，或者说是犯罪阶段上的犯罪形态。由于它具有的社会危害性，因而各国刑法虽然都有关于犯罪未完成形态的规定，但由于国情和指导思想的不同，立法上如何规定，仍然存在较大差异。我国内地刑法（以下简称内地刑法）与澳门刑法关于这方面的规定也有类似情况。内地刑法用专节以 3 个条文规定了犯罪的预备、未遂和中止。《澳门刑法典》则在"犯罪的形式"一章中以 5 个条文规定了预

① ［日］山中敬一：《刑法总论》，成文堂 1999 年版，第 667 页。

② ［日］西原春夫：《刑法总论》改订版（上卷），成文堂 1995 年版，第 312～313 页。

备行为、犯罪未遂、犯罪未遂的可罚性、犯罪中止、共同犯罪情况下之犯罪中止。可以看出，两者从规定的形式到内容，都有同有异，值得探讨。下面拟以内地刑法的规定为序，依次对犯罪预备、犯罪未遂、犯罪中止与《澳门刑法典》的有关规定进行比较研究。

一、犯罪预备

（一）犯罪预备的概念。内地刑法第22条第1款规定：“为了犯罪，准备工具、制造条件的，是犯罪预备。”《澳门刑法典》第20条规定：“预备行为不予处罚。”两者都对预备行为作了规定，但内地刑法规定了犯罪预备的定义，而《澳门刑法典》未对预备行为作出解释。内地刑法虽然明文规定了犯罪预备概念的定义，但这一定义只是将犯罪预备作为一个犯罪阶段，而不是作为一种犯罪形态加以界定。如果作为一种犯罪形态，理论上认为应将犯罪预备作如下解释：犯罪预备，是指为了实行犯罪进行了预备，由于行为人意志以外的原因，未至于着手实行犯罪的犯罪形态。构成犯罪预备，必须具备如下要件：1. 为了实行犯罪进行了预备。即行为人出于犯罪的直接故意，且已经进行了实行犯罪的预备活动。据此，可以将犯罪预备与单纯的犯意表示区别开来。2. 未至于着手实行犯罪。即行为人的行为仅仅停留在犯罪预备阶段，而未向前发展达到着手实行犯罪的地步。是否着手实行犯罪是区别犯罪预备与犯罪未遂的界限。3. 在犯罪预备阶段停顿下来，未至于着手实行犯罪，是由于行为人意志以外的原因。即行为人不是出于自己的意愿自动停留在犯罪预备阶段，这是犯罪预备与在犯罪预备阶段上的犯罪中止的区别之所在。具备上述三个要件，才能构成犯罪预备的犯罪形态。①

《澳门刑法典》虽然未对预备行为作出解释，但在论述澳门刑法的著作中，却对预备行为在理论上作了说明。例如赵国强博士在其专著《澳门刑法总论》中写道：“所谓故意犯罪的预备形态，通常是指行为人为了完成某种有目的的犯罪，事先为实行该种犯罪而作出相应的预备行为……但由于行为人意志以外的原因，致使行为人在进行了

① 马克昌：《刑法理论探索》，法律出版社1995年版，第88～90页。

犯罪的预备行为后，无法再继续实施原来已设想好的有目的的犯罪……构成故意犯罪的预备形态必须具备三个条件：一是主观条件，即行为人之所以进行犯罪的预备行为，主观上完全是为下一步实行某种具体的故意犯罪服务的；二是内涵条件，即行为人所进行的犯罪预备行为，在性质上只是为下一步实行具体的故意犯罪创造条件，这种预备行为本身不会直接引起行为人所希望产生的犯罪后果；三是停止条件，即行为人之所以在进行了预备行为后无法再继续实行预定的故意犯罪，不是出于自愿，而是因为发生了某种行为人预料不到的情况而被迫停止。"①

据上所述可以看出，两地刑法理论对犯罪预备或故意犯罪的预备形态的说明虽然不同，但基本内容并没有实质的差别。

（二）犯罪预备的处罚。根据内地刑法第 22 条第 2 款的规定，"对于预备犯，可以比照既遂犯从轻、减轻处罚或者免除处罚"。即对犯罪预备原则上予以处罚，只是对预备犯一般应当比照既遂犯从轻、减轻或者免除处罚。这是考虑到犯罪预备对社会关系的侵害还没有开始，距危害结果的发生还有相当距离，与犯罪未遂相比，其社会危害性要小，所以做上述规定。实际上对较轻犯罪的预备，并未作为犯罪处理。

根据澳门刑法的规定，预备行为原则上不作为犯罪予以处罚，"但另有规定者除外"，即只有法律有明文规定处罚犯罪预备行为的，才予以刑罚处罚。依照《澳门刑法典》第 261 条和第 266 条的规定，仅对假造货币，使硬币价值降低，假造印花票证、假造印、压印、打印器或图章，造成火警、爆炸及其他特别危险行为，利用释放核能实施上列行为等的预备行为，明文规定了相应的法定刑予以处罚。

比较两地刑法对犯罪预备的处罚原则，我们认为，内地刑法的规定似不如澳门刑法的规定更为可取。因为犯罪的预备行为原则上不处罚有特别规定的予以处罚是有道理的。预备行为之所以原则上不处罚，正如日本学者齐藤诚二所说，理由在于如下三点："（1）它缺乏犯罪的内容，（2）其犯罪的意思证明困难，（3）刑事政策的考虑。"②

---

① 赵国强：《澳门刑法总论》，澳门基金会 1998 年版，第 76～77 页。

② ［日］齐藤诚二：《预备罪的研究》，风间书房 1971 年版，第 92 页。

所谓缺乏犯罪的内容，指预备行为还没有侵害一定的社会关系或法益。所谓犯罪的意思证明困难，例如购买菜刀，就这件事而言，还不能说就是为了杀人而购买凶器。所谓刑事政策上的考虑，指行为本身虽然是预备犯罪，但经过一定时间，可能改变主张，以致不再向前发展，不作处罚规定，有利于鼓励行为人在着手实行犯罪之前停顿下来。因而对犯罪的预备行为原则上应不予处罚。对某些犯罪的预备行为之所以需要特别规定予以处罚，理由在于某些严重犯罪的预备行为已经对一定的社会关系或法益造成威胁，或者该种预备行为本身即具有相当的社会危害性，因而有必要在法律上作出处罚的规定。当然，既是作为预备行为不处罚的例外规定，规定处罚预备行为的犯罪应当限于严重犯罪，并且不宜过多，这也与现代刑法基本原则之一的罪刑法定原则相符合。《澳门刑法典》的规定正是如此。而内地刑法虽然实践上只是对严重犯罪的预备才予以处罚，但由于刑法分则没有明文规定处罚何种犯罪的预备，以致对某种犯罪的预备是否处罚和如何处罚，完全委之于审判人员的裁量，因而不利于国家法制的统一。

二、犯罪未遂

（一）犯罪未遂的概念。内地刑法第 23 条第 1 款规定："已经着手实行犯罪，由于犯罪分子意志以外的原因而未得逞的，是犯罪未遂。"《澳门刑法典》第 21 条第 1 款规定："行为人作出已决定实施之犯罪实行行为，但犯罪未至既遂者，为犯罪未遂。"两者虽然都对犯罪未遂的定义作出规定，但两者的定义却存在重大差别，分别属于不同的立法模式。近代刑法犯罪未遂的概念，主要有两种不同的立法模式：一是法国刑法的模式。1810 年《法国刑法典》第 2 条规定："凡未遂之重罪，已表现于外部行为并继之以着手实施，仅因偶然或非出于犯人本意之情况而中止或未发生结果者，以重罪论。"这是狭义的犯罪未遂即犯罪中止不在犯罪未遂范围之内的最早的立法例。二是德国刑法的模式。1871 年《德国刑法典》第 43 条规定："凡着手于犯重罪或轻罪行为的实行，因而表现其有犯罪的决心，但未完成其所欲犯的重罪或轻罪者，应依犯罪未遂处罚。"这是广义的犯罪未遂即犯罪中止包括在犯罪未遂范围之内的最早的立法例。内地刑法中犯罪未

遂的规定属于法国刑法的模式，而澳门刑法中犯罪未遂的规定则属于德国刑法的模式。可见两地刑法的立法模式迥然不同。

（二）犯罪未遂的要件。由于两地刑法对犯罪未遂采取不同的立法模式，犯罪未遂有狭义、广义的区别，因而两地刑法中犯罪未遂的要件自然也存在差异。内地刑法中的犯罪未遂，理论上通常认为其成立有三个要件：1. 行为人已经着手实行犯罪。2. 犯罪未完成而停止下来。详言之，行为人在着手实行犯罪之后，犯罪“未得逞”。即犯罪未达既遂形态而停止下来。表现形式有三：一是法定的犯罪结果没有发生，二是法定的犯罪行为未能完成，三是法定的危险状态尚未具备。犯罪完成与否，关键是看刑法分则具体犯罪构成要件所要求的犯罪客观方面要件是否完备。3. 犯罪停止在未完成形态是犯罪分子意志以外的原因所致。① 正是由于这一要件，这种犯罪未遂通常称为障碍未遂。澳门刑法中的犯罪未遂，根据《澳门刑法典》的规定，其成立要件有二：1. 行为人作出已决定实施的犯罪的实行行为。2. 犯罪未至于既遂。与内地刑法相比，它没有第三个要件，因而成为广义的犯罪未遂。它的两个要件与内地刑法所提出的前两个要件，内容相同，但在立法上表述互有长短。我们认为，就第一个要件而言，内地刑法表述简练确切，“着手实行”用语为大陆法系一些国家的刑法所使用，易于使人了解。《澳门刑法典》的表述则不够简练，可能由于翻译的原因，文字也不通畅易懂。就第二个要件而言，内地刑法的规定不如澳门刑法的规定用词科学。内地刑法用“未得逞”表示犯罪的未完成。根据《现代汉语词典》，“得逞”的意思是“（坏主意）实现，达到目的”；“未得逞”的意思自然是（坏主意）没有实现，没有达到目的。没有达到犯罪目的，并不就是犯罪未遂。例如以营利为目的的犯罪，只要主观上具有营利的目的，客观上完成了犯罪构成客观方面的要件，就是犯罪既遂，而不问营利目的是否达到，可见“未得逞”不能确切地表述犯罪的未完成状态。澳门刑法用“犯罪未至既遂”表示犯罪的未完成。根据刑法理论，犯罪既遂就是犯罪的完成。日本学者植松正教授说：“这里所谓‘完成’，当意味着法的意义上的完成，

---

① 赵秉志主编：《新刑法教程》，中国人民大学出版社 1997 年版，第 193～194 页。

从而犯人的事实上的意图即使未至于完全实现，如果实现了全部犯罪构成要件，在法上仍是完成。”① 犯罪未至既遂，即未实现全部犯罪构成要件，自然是犯罪的未完成。可见“犯罪未至既遂”是犯罪的未完成状态的确切的表述，值得内地刑法借鉴。

（三）犯罪的实行行为。内地刑法仅仅作了“已经着手实行犯罪”的规定，至于什么是着手实行犯罪或犯罪的实行行为，刑法上未作解释，而由刑法理论加以说明。关于着手实行犯罪，通说认为，指行为人已经开始实施刑法分则规范里具体犯罪构成要件的犯罪行为。② 也有学者认为，实行行为的着手，指已经开始实施可能直接导致行为人所追求的、行为性质所决定的犯罪结果发生的行为。③ 而《澳门刑法典》则对什么是实行行为作了明文规定。根据该刑法典第 21 条第 2 款，下列行为为实行行为：1.“符合一罪状之构成要素之行为”。罪状是刑法分则中规定罪刑关系的条文对具体犯罪及其主要构成要素的描述。符合一罪状的构成要素，就是指行为人实施的行为与刑法分则条文所描绘的某种具体犯罪行为的特征相符合。实施这样的行为就是实行行为。2.“可适当产生符合罪状之结果之行为。”本项规定的“侧重点主要是以某种行为是否会产生一符合罪状之结果，来作为判断犯罪实行的标准，故强调的是行为的后果，而非行为的特征，具体来说，也就是在某行为实施完毕后，从后果去分析该行为是否属于犯罪的实行行为”。④ 实施可适当产生符合罪状的结果的行为，就是实行行为，3.“某些行为，除非属不可预见之情节，根据一般经验，在性质上使人相信在该等行为后将作出以上两项所指之行为。”这项规定主要从不同行为相互间的联系程度上来认定故意犯罪的实行行为。例如某甲暗藏铁棍，跟踪在银行取款的某乙之后，企图走到人少之处进行抢劫，后被某乙发觉报警，从其身上搜出铁棍。跟踪行为很难说符合抢劫罪的罪状，但只要不发生其他特殊情况，某甲必然会对某乙

---

① ［日］植松正：《刑法概论Ⅰ总论》，劲草书房 1974 年版，第 312 页。

② 高铭暄、马克昌主编：《刑法学》（上编），中国法制出版社 1999 年版，第 273 页。

③ 张明楷：《刑法学》，法律出版社 1997 年版，第 254 页。

④ 赵国强：《澳门刑法总论》，澳门基金会 1998 年版，第 82 页。

实施暴力抢劫行为。根据本项规定，这种跟踪行为就可以认定为抢劫罪的实行行为。① 内地刑法由于未对着手实行犯罪作出解释性规定，学理上的解释也不够完善，不便于司法实践掌握。相比之下，澳门刑法对实行行为的规定明确、具体，认定实行行为的标准不拘一格，便于实际部门操作，确有值得借鉴之处。只是第三项规定，与日本刑法理论中补充形式的客观说中的密接行为说相近似，虽有利于法官判案，避免理论上的分歧，但也存在团藤重光教授所指出的密接行为说的缺陷，即“这是使‘实行’的观念不适当的放宽”。② 因而对这项规定，我认为还有待推敲。

（四）犯罪未遂的种类。内地刑法规定的犯罪未遂是狭义的犯罪未遂即障碍未遂，立法上没有规定犯罪未遂的种类，刑法理论上通常认为，犯罪未遂分为：1. 实行终了的未遂与未实行终了的未遂；2. 能犯未遂与不能犯未遂。不能犯未遂又进一步区分为工具不能犯未遂与对象不能犯未遂。《澳门刑法典》第 21 条规定的犯罪未遂是广义的犯罪未遂，根据该刑法典第 21～23 条的规定，犯罪未遂可以分为如下三种：1. 障碍未遂，又分为着手未遂（或称未实行终了的未遂）与实行未遂（或称实行终了的未遂）。2. 不能未遂，又分为方法不能未遂与对象不能未遂。3. 中止未遂（后面专门论述）。比较两地刑法可以看出，除了澳门刑法将中止未遂列为犯罪未遂的种类之一与内地刑法不同外，其余的分类基本相同。但内地刑法对犯罪未遂的分类，只是理论上的划分；而澳门刑法对犯罪未遂的分类则有法律依据。例如《澳门刑法典》第 22 条第 3 款规定：“行为人采用之方法系明显不能者，或犯罪既遂所必要具备之对象不存在者，犯罪未遂不予处罚。”此即不能未遂以及方法不能未遂和对象不能未遂分类的法律依据。我们认为，这样的规定对内地修订刑法具有参考价值。

（五）犯罪未遂的处罚。内地刑法未在刑法分则中规定哪种犯罪的未遂应予处罚，而只是在刑法第 23 条第 2 款规定“对于未遂犯，可以比照既遂犯从轻或者减轻处罚”。对此规定，通常理解为对未遂

---

① 赵国强：《澳门刑法总论》，澳门基金会 1998 年版，第 83 页。

② ［日］团藤重光：《刑法纲要总论》（改订版），创文社 1979 年版，第 330 页。

犯一般要从轻或减轻处罚，但在个别情况下，综合全案案情考察，其社会危害程度并不小于既遂犯时，也可以不比照既遂犯从轻处罚。关于犯罪未遂处罚的规定，澳门刑法有自己的特色。它将犯罪未遂的处罚分为三种情况分别加以规定：一是“有关之既遂犯可处以最高限度超逾3年之徒刑时，犯罪未遂应予处罚”（《澳门刑法典》第22条第1款）。例如，《澳门刑法典》第157条规定，强奸罪法定最高刑为12年徒刑，显然超过3年徒刑，所以这类犯罪，分则条款中虽然没有处罚犯罪未遂的规定，但应依法追究这类犯罪未遂的刑事责任。二是犯罪既遂的法定最高刑为3年徒刑或低于3年徒刑时，分则条文特别规定处罚该种犯罪的未遂的，该种犯罪的未遂才予处罚。此即《澳门刑法典》第22条第1款但书“但另有规定者除外”的情况。例如《澳门刑法典》第197条第1款规定盗窃罪的最高法定刑为3年徒刑，第2款规定“犯罪未遂处罚之”。如果没有规定处罚该种犯罪的未遂，该种犯罪的未遂就不能处罚。对上述两类犯罪未遂处罚时，“以可科处于既遂犯而经特别减轻之刑罚处罚之。”（《澳门刑法典》第22条第2款）三是不能犯的未遂不予处罚。根据《澳门刑法典》第22条第3款的规定，不论方法不能未遂或对象不能未遂均不予处罚。据上所述可以看出，两地刑法对犯罪未遂都规定予以处罚，这是相同的。但在如何处罚上却存在较大差异：1．内地刑法仅在总则中规定犯罪未遂处罚，未列举处罚的范围，在分则条文中也没有相应的规定；澳门刑法不仅在总则中分为两种情况规定对何种犯罪未遂处罚，并且在分则条文中对某些犯罪处罚未遂也有相应的规定。2．内地刑法对犯罪未遂的处罚原则采得减主义，个别情况也可能不从轻或减轻处罚；澳门刑法对犯罪未遂的处罚原则采必减主义，以比既遂犯特别减轻的刑罚处罚。3．内地刑法对不能犯未遂的处罚没有另外作出规定，即按照对未遂犯的处罚原则处理，只是有的理论著作认为对不能犯未遂的处罚应较能犯未遂的处罚为轻；[1] 澳门刑法则明文规定不能犯未遂一律不予处罚。我们认为，澳门刑法对犯罪未遂的处罚采必减主义，对不能犯未遂一律不处罚的规定，都是根据客观主义理论的立法，而忽视了行为人的主观危险性，难以认为是妥当的。但它对犯罪未遂处罚范

① 赵秉志主编：《新刑法教程》，中国人民大学出版社1997年版，第197页。

围的规定比内地刑法规定得具体，有利于审判人员操作和法制的统一，则有借鉴价值。

三、犯罪中止

（一）犯罪中止的概念。内地刑法第 24 条规定："在犯罪过程中，自动放弃犯罪或者自动有效地防止犯罪结果发生的，是犯罪中止。"《澳门刑法典》第 23 条规定："一、行为人因己意放弃继续实行犯罪，或因己意防止犯罪既遂，或犯罪虽既遂，但因己意防止不属该罪状结果发生者，犯罪未遂不予处罚。"从上述规定可以看出：内地刑法的犯罪中止是与犯罪未遂并列的概念，属于法国的立法模式。澳门刑法的犯罪中止则是犯罪未遂的一种，与德国的立法模式相同。不过，两地刑法对犯罪中止的规定都强调放弃犯罪的自动性、彻底性和有效性，这是相同之处；但文字表述不同，且在时间条件的规定上存在重大差别。关于自动性，内地刑法直接用"自动"一词表述，澳门刑法用"因己意"词组表述。关于彻底性，内地刑法表述为"放弃犯罪"，澳门刑法则表述为"放弃继续实行犯罪"。关于有效性，内地刑法的行文是"有效地防止犯罪结果发生的"，澳门刑法的行文是"防止犯罪既遂"或"防止不属该罪状之结果发生者"。在时间条件上，内地刑法规定了"在犯罪过程中"，所谓犯罪过程，指犯罪预备阶段、犯罪实行期间和犯罪实行终了；而澳门刑法则规定为犯罪实行期间、犯罪实行终了和犯罪已经既遂。这就是说，内地刑法不承认犯罪既遂之后还存在犯罪未遂，而澳门刑法则不承认犯罪预备阶段的犯罪中止。我认为，澳门刑法不设犯罪预备阶段的犯罪中止，在理论上是前后一致的。因为它将犯罪中止视为犯罪未遂的一种，而犯罪未遂与犯罪预备是两个互不相同的并列的概念，犯罪预备阶段的犯罪中止自然没有存在的余地。至于它规定的犯罪既遂之后的犯罪未遂，虽有它的积极作用，但在逻辑上是自相矛盾的。

（二）犯罪中止的种类。内地刑法没有规定犯罪中止的种类，但刑法理论根据刑法对犯罪中止的规定，认为犯罪中止可以分为如下类型：一是根据犯罪中止发生的时空范围可分为：1. 预备中止，即发生在犯罪预备阶段的中止；2. 未实行终了中止，即发生在犯罪实行行为尚未终了时的中止；3. 实行终了中止，即发生在犯罪实行行为终了后的中止。二是根据对中止行为的不同要求可分为：1. 消极中止，即犯罪人仅需自动停止犯罪行为继续实行便可成立的犯罪中止；2. 积极中止，即犯罪人需要以积极的作为行为去防止使既遂的犯罪结果发生才能成立的犯罪中止。① 澳门刑法也没有规定犯罪中止的分类，澳门刑法学者根据《澳门刑法典》第23条的规定，认为中止未遂形态主要有三种情况：第一种情况是行为人因己意放弃继续犯罪；第二种情况是行为人因己意防止犯罪既遂；第三种情况是犯罪虽既遂，但因己意防止不属该罪状之结果发生者。论者认为这一规定是针对危险犯而言的，作为危险犯会出现这样的情况，即犯罪因危险的存在已构成既遂，但与该危险直接相关的结果还没有发生，这时行为人还有以自己的行为防止危害结果发生的机会。如果有效地防止了该种危害发生，即构成第三种情况的犯罪中止。② 此外，《澳门刑法典》第23条第2款规定："防止犯罪既遂或防止结果发生之事实虽与犯罪中止人之行为无关，但犯罪中止人曾认真作出努力防止犯罪既遂或防止结果发生者，犯罪未遂不予处罚。"即这种情况亦视为犯罪中止。从两地刑法对犯罪中止的分类来看，两者有相同之处，即都有未实行终了中止和实行终了中止，也可有消极中止和积极中止；但同时两者却存在重大差异。这表现在如下几方面：1. 内地刑法有预备中止，而澳门刑法则没有；2. 澳门刑法承认犯罪既遂之后的犯罪中止，内地刑法则认为犯罪既遂之后不可能有犯罪中止存在；3. 澳门刑法承认行为人曾认真作出努力防止犯罪既遂或防止结果发生，但犯罪未至既遂或结果没有发生与行为人的行为没有因果关系，亦为犯罪中止。内地刑法认为这种情况不成立犯罪中止，为防止犯罪结果发生的努力，只能在量刑时作为从宽情节来考虑。我认为，承认危险犯既遂之后的中止，有鼓励行为人防止实害结果发生的积极作用；但它毕竟与犯罪未遂的概念相矛盾。《澳门刑法典》第21条第1款明文规定，犯罪未遂的重要特征之一是"犯罪未至既遂"，如果已经既遂，也就不

① 赵秉志主编：《新刑法教程》，中国人民大学出版社1997年版，第201～202页。

② 赵国强：《澳门刑法总论》，澳门基金会1998年版，第86～88页。

可能再成为未遂。因此，这种犯罪中止与犯罪未遂概念的矛盾是无法克服的。在我看来，可以将这种情况不作为犯罪中止而作为免予处罚的情节来规定，两者之间的矛盾也就可以消除了。关于虽曾作过努力但与未至既遂无关的犯罪中止，也应这样处理，即不承认其为犯罪中止，而作为免予处罚的情节来规定。

（三）犯罪中止的处理。内地刑法第 24 条第 2 款规定："对于中止犯，没有造成损害的，应当免除处罚，造成损害的，应当减轻处罚。"《澳门刑法典》第 23 条规定，犯罪中止的"犯罪未遂不予处罚"。两相比较，可以看出两者对犯罪中止在处理上的差异：一个是应当免除或减轻处罚，一个是不予处罚。澳门刑法的处理，可能出于刑事政策的考虑。认为如果对犯罪中止给予宽大处理，无异于给行为人"架设后退的黄金桥"（李斯特语），会鼓励更多的人中止犯罪，因而对犯罪中止的处理特别宽大。但这种不加区分地对犯罪中止一律不予处罚是否妥当，我们认为值得研究。因为犯罪是主客观的统一，犯罪中止也有不同的情况：有的既中止了预期的犯罪又没有造成任何损害，有的虽然中止了预期的犯罪但造成了一定的损害甚至严重损害，这就不宜用统一的模式来解决。据此相对而言，内地刑法的规定更为合理。

（四）共同犯罪情况下的犯罪中止。对此，内地刑法没有明文规定，只是理论上研究了共同犯罪情况下的犯罪中止怎样才能构成。《澳门刑法典》第 24 条规定："如属由数行为人共同作出事实，其中因己意防止犯罪既遂或防止结果发生之行为人之犯罪未遂不予处罚，而其中曾认真作出努力防止犯罪既遂或防止结果发生之行为人之犯罪未遂，即使其他共同犯罪人继续实行犯罪或使之既遂，亦不予处罚。"这一规定的前半部分，与内地刑法理论上所认定的犯罪中止大致相同；而后半部分，内地刑法理论认为不构成犯罪中止，防止犯罪既遂的努力只能在量刑时作为从宽处罚的情节来考虑。所以我认为，澳门刑法对共同犯罪情况下的犯罪中止作出规定的做法值得借鉴，但它规定的内容，对我们来说，只能有分析地加以参考。

（原载《武汉大学学报（人文社会科学版）》2000 年第 1 期）

预备犯比较研究

犯罪预备行为是否具有可罚性，预备犯与犯罪预备是否相同，构成预备犯需要具备哪些要件以及如何对预备犯处罚等在各国刑事立法和刑法理论上都存在着分歧，如何正确地解决这些问题，对深入研究我国刑法中预备犯很有参考价值。为此，本文拟从以下几个方面用比较的方法对预备犯加以探讨。

一、犯罪预备行为是否具有可罚性

这里所说的犯罪预备行为，是指停留于为实施犯罪而进行准备的行为状态。犯罪预备行为是否具有刑罚的可罚性，各国刑事立法和刑法理论存在着很大分歧。概括起来有以下几种不同的立法例和不同的见解：

（一）犯罪的预备行为不处罚。即不论刑法总则和分则都未规定处罚预备行为，如 1954 年《格陵兰刑法典》、1968 年《意大利刑法典》、1973 年《罗马尼亚社会主义共和国刑法典》等都是如此。在这种立法例中，犯罪的预备行为不认为是犯罪，也就不予以刑罚处罚。它以刑事古典学派的客观主义刑法理论为立法的根据。这种理论认为，犯罪是实施足以引起损害的符合构成要件的行为，而犯罪的预备行为不可能直接引起损害结果，也不是某种具体犯罪的构成要件的行为，因而不应当作为犯罪予以处罚。

（二）犯罪的预备行为原则上不处罚，严重犯罪的预备犯始予处罚。这在立法上有三种表现方法：1. 总则上规定原则上不处罚预备行为，分则上规定某几种犯罪的预备犯予以处罚。如 1880 年制定的日本旧刑法总则第 111 条规定："虽谋犯罪或为其预备但未行其事者，

非本条特别记载刑名，不科其刑。”分则第125条规定内乱预备犯、第132条规定对外国私开战端预备犯、第186条规定伪造货币器械预备犯等，均较本罪予以减轻处罚。2．总则上规定处罚某种犯罪的预备犯，但分则上未规定何种犯罪的预备犯予以处罚。如1986年施行的《越南社会主义共和国刑法》总则第15条规定“准备实施严重犯罪行为的预备犯要负刑事责任”，至于哪些严重犯罪的预备犯应予处罚，分则上没有规定。3．总则上对预备犯未作任何规定，分则上规定某几种犯罪的预备犯予以处罚。这种办法首先为1791年的法国刑法典所采用，继而为1810年的法国刑法典所接受，以后为许多国家的刑法典所仿效。1907年制定的日本刑法即日本现行刑法也采用这种办法。其总则中对预备犯没有规定，但分则中对8种犯罪的预备犯规定予以处罚，这8种犯罪都是严重的犯罪。

为什么对犯罪的预备行为原则上不处罚而例外予以处罚呢？国外刑法学者发表不少见解。德国刑法学者玛拉哈（Maurach）1965年在其《德国刑法总论》中说：“预备原则上是不可罚的，其理由，一是基于证明技术的要求，一是基于刑事政策的要求。即一方面，预备大多在刑法上没有意义，例如购买灭鼠药，就这件事还不能作出结论说，就是为了杀人而购买毒药。原因是对预备来说，犯意的证明非常困难。另一方面，法律还要充分地考虑、期待相反的情况。在嘴唇和茶杯边缘之间，其中还存在着许多困难和障碍。本身虽然是真正的预备行为，但基于行为者的再考虑，或者由于外部的障碍。经过一定时间，改变为别的情况，以至没有发展到既遂领域的还不少。”“然而，这一预备不可罚性的原则，基于几个重要的例外被打破。即考虑基于这种预备行为，可能给予法的价值以间接的威胁，或这种预备行为本身的危险性，或实施预备行为者的人身危险性，其本身已经引起法秩序的现实的威胁的预备行为也存在。由于这样的考虑，作为对这一原则的例外，只是在有限的场合，预备也被处罚。”① 日本学者齐藤诚二说：“……我认为预备行为作为原则不被处罚的理由，宜理解为在于如下三点：（1）其缺乏犯罪的内容，（2）其犯罪的意思证明困难，

① 转引自［日］齐藤诚二：《预备罪的研究》，风间书房1971年版，第78～79页。

(3) 刑事政策的考虑。”①

（三）犯罪的预备行为原则上应予处罚。这种立法例只在刑法总则上作出原则规定，在分则上并没有规定何种犯罪的预备行为应受处罚。如1926年《苏俄刑法典》第19条规定：“法院对于……犯罪的预备行为，应当同所实施的犯罪行为同样追究……”1960年《苏俄刑法典》第15条第3款规定：“对于预备犯罪和犯罪未遂的行为，应依照本法典分则规定这种犯罪责任的条款处刑。”这种立法方案为蒙古、朝鲜等一些国家的刑事立法所仿效。我国刑法关于预备犯的规定，也属于这一类型。

将预备犯与未遂犯、既遂犯同样处罚，这是实证学派主观主义刑法理论的观点。这种观点认为，犯罪是行为人主观恶性的征表，不论行为表现为预备、未遂或既遂，行为人的主观恶性都是一样的，因而预备犯原则上应当予以处罚。日本刑法学者宫本英修认为，预备一般也应当处罚。他说：“从来关于预备与着手的分界问题，虽然作为处罚不处罚的问题被议论，但从主观主义刑法理论的见地看，不论预备或着手既然都是规范性的征表，此问题必须作为如上两者应当如何处罚的程度问题考察之。而预备，现行法上不过作为例外被处罚，所以这样，毕竟不外与传统的社会感情妥协的结果。”② 前苏联刑法学者别利亚耶夫等主编的《苏维埃刑法总论》认为：“根据《刑法典》第15条的规定，对任何预备行为都要负刑事责任。立法者是把预备行为看做是对社会有害的、创造了实施犯罪条件的行为；但是这并不意味着立法者认为，不管预备行为本质的性质和重要性，也不管它（预备犯罪）的危害性如何，对一切实施犯罪的预备行为都必须无例外地给予刑事惩罚……情节轻微的预备行为没有社会危害性。在这种情况下，它们不是有罪的行为。根据《刑法典》第7条的一般原则，应排除对这种预备行为所负的责任。”③

如何评价上述几种立法例和见解呢？我们认为：第一种立法例是

① 转引自［日］齐藤诚二：《预备罪的研究》，风间书房1971年版，第92页。

② ［日］宫本英修：《刑法学粹》，成文堂1986年版，第368页。

③ ［前苏联］别利亚耶夫、科瓦廖夫主编：《苏维埃刑法总论》，群众出版社1987年版，第205～206页。

不妥当的。因为现实生活中并非任何犯罪的预备行为都没有社会危害性，对一切犯罪的预备犯一律不予处罚，难免有放纵犯罪之虞。同时这种立法例的理论根据客观主义刑法理论也是不科学的。因为任何犯罪都是主、客观的统一，仅仅根据客观而不考虑主观，实在失之于片面性。第三种立法例也值得商榷。因为在司法实践中并非对任何犯罪的预备行为都追究刑事责任，规定对预备犯与未遂犯、既遂犯同样处罚，是与现实生活脱节的。这是从主观主义刑法理论得出的结论，这种理论本身同样有悖于犯罪是主客观相统一的原理，因而也是片面的、不科学的。学者对这一立法例的解释，指出了这并不意味着任何犯罪的预备行为都构成犯罪，是正确的；它实际上揭示了这种立法例本身的不科学性，只是没有用明确的语言说明它的缺陷，使人仍有不足之感。第二种立法便有几种不同的规定方法。我们不赞成在刑法总则中对预备行为不作任何规定的做法，因为在这种情况下，分则中对某些犯罪的预备犯的规定，在总则中就找不到对它的原则规定的依据。在总则中规定预备行为不处罚，例外才处罚，不失为一种办法。如果分则中仅仅规定个别犯罪的预备犯才处罚，总则的上述规定自然是可取的；如果分则中规定较多的（例如十几种）犯罪的预备犯应处罚，似不好再说例外才处罚了。事实上一些国家的刑法分则都规定不少严重犯罪的预备犯处以刑罚，例如韩国刑法有 14 个条文规定 33 种犯罪的预备犯处适当的法定刑。据此，我们觉得以在总则中规定“严重犯罪的预备犯应追究刑事责任”，同时在分则中对那些犯罪的预备犯处以刑罚和怎样处罚也应加以规定。如此，既不至于放纵犯罪，又便于司法工作人员严格依法处理预备犯。这符合建立社会主义市场经济体制时期进一步加强法制要求。

二、预备犯与犯罪预备

预备犯当然以实施犯罪预备的行为为前提，但两者究竟是怎样的关系，各国刑事立法的规定并不明确。在各国刑法典中往往对犯罪预备作出规定，而对预备犯的概念大多没有涉及，在刑法理论上晚近才有学者加以研究，可惜也是语焉不详。

（一）犯罪预备

犯罪预备或称预备犯罪、犯罪的预备行为，有些著作简称为预备或预备行为。1886 年《葡萄牙刑法典》第 14 条规定："预备行为，指促进或准备犯罪的实行，尚未至于着手实行的行为。"这是采取概括法对犯罪预备所下的定义。1960 年《苏俄刑法典》第 15 条规定："为实施犯罪而寻求和准备手段或工具，或者故意创造其他便利条件的，都认为是预备犯罪。"这是采取例示法对犯罪预备所下的定义。我国刑法参考后者而加以简化，于第 19 条规定："为了犯罪，准备工具，制造条件的，是犯罪预备。"由上述定义可看出，犯罪预备的实质是为实施犯罪创造便利条件，至于准备工具或寻求工具等都不过是为实施犯罪创造便利条件的表现。

刑法理论上对犯罪预备的论述与此大体相同，但内容更为丰富。有的揭示了犯罪预备的特征，有的阐明了犯罪预备的主客观要素，有的则将犯罪预备的行为进一步具体化。

德国刑法学者玛拉哈说："所谓预备，是实现企图的犯罪作出相应条件的动作。它以超过单纯的内心计划为其最小限度，而以未至于实行的着手为其最大限度。"① 日本刑法学者大谷实认为，"所谓预备，指以实行犯罪为目的而实施的完成犯罪的准备行为"。② 前一定义为犯罪预备界定了范围，后一定义揭示了犯罪预备的主客观特征。将两者结合起来，有助于我们正确了解犯罪预备的概念。

日本学者冈田庄作分析了犯罪预备的主观要素和客观要素。他写道："1. 主观的要素，作为预备的主观要素应为故意是清楚的，从而不论是由于过失偶而实施预备行为，或者全无犯意而实施预备行为，均非法所要求的预备……2. 客观的要素，作为客观的要素应是实施犯罪实行的准备或使犯罪容易的行为。所以，筹备器具，策划方法，寻找机会，前往行为场所等，属预备行为。"③ 这种分析使人们对犯

① 转引自［日］齐藤诚二：《预备罪的研究》，风间书房 1971 年版，第 130 页。

② ［日］大谷实：《刑法讲义总论》，成文堂 1986 年版，第 371 页。

③ ［日］冈田庄作：《刑法原论·总论》，明治大学出版部 1934 年第 22 页版，第 332～333 页。

罪预备有进一步的认识。

德国刑法学者弗兰克（Frank）在其所著《德国刑法·注释书》(第18版）中列举了若干典型的预备行为，指出预备行为有："共犯者的征集，及阴谋即实现犯罪的合意，犯罪用具的置办及准备，犯行机会的研究，赴犯罪行为现场，守候，使犯罪行为便于实行或实施为了免予处罚的行为。"① 等等。这当然只是例示，实际上预备行为的具体方式远不止于此。例如，了解犯罪现场，调查被害人行踪，追踪被害人，诱骗被害人赴犯罪地点，排除实施犯罪的障碍，拟定实施犯罪的计划，事先研究确保由犯罪得到的利益的方法，练习犯罪技术，筹集进行犯罪活动所需要的资金等，都是犯罪预备，所有这些行为都具有一个共同的特点，即行为的目的在于为了创造实施犯罪的条件，以便最终完成犯罪。

（二）预备犯

预备犯或称预备罪。1919年《苏俄刑法典》第19条规定了预备罪。该条规定："预备实施犯罪的人所实施的寻求购置为实施犯罪所用的工具和手段或者使这种工具和手段适合于犯罪目的的犯罪，认为是预备罪。"这里虽然规定了预备罪，但并未科学揭示预备罪的特征。其他刑法典，有的根本没有使用预备犯的概念，如1960年《苏俄刑法典》、1975年《蒙古人民共和国刑法典》等；有的虽然使用了，但并未解释什么是预备犯，如1980年《中华人民共和国刑法》、1986年《越南社会主义共和国刑法》等。实际上这些刑法典都没有把预备犯与犯罪预备明确地区别开来。

在刑法理论中，有的论文或著作论述了预备犯的特点，或者给预备犯下了定义。前苏联刑法学者库兹佐娃在其《苏维埃刑法中的预备行为和未遂的责任的几个问题》论文中说："犯罪的预备行为乃是犯罪的、应受刑事惩罚的行为。要使人对某种犯罪的预备行为负刑事责任，必须确实地查明犯罪构成的客体、主体、客观方面和主观方面。预备行为应当具备为实施相应的完全确定的犯罪创造条件的这个特

① 转引自［日］齐藤诚二：《预备罪的研究》，风间书房1971年版，第170页。

征。此外，法院应当查明，犯罪没有实行只是由于不以它为转移的情况所致。只有查明了所有这些特征，才能说有犯罪的预备行为存在。”① 这里虽然使用的是犯罪的预备行为的概念，实际上却是论述预备犯，因为它论述了预备犯的构成。

日本学者久礼田益喜在其《日本刑法总论》中将预备罪于“犯罪的形态”一章中加以论述，肯定了预备罪是犯罪的形态之一。但由于日本刑法总则中未规定预备犯，所以他只论述了分则中规定的预备罪。日本学者正田满三郎在其《刑法体系总论》中设“修正的构成要件及符合性”（之三）一章，专门论述了预备犯，并给预备犯下了定义。他说：“所谓预备犯，是以意图实现符合基本构成要件的犯罪事实的目的实施的故意犯，行为者通常亲自投身于实行行为，不是这样的场合，生类似共犯的关系。”②

国外刑法学者对预备犯的论述，虽然揭示了预备犯的一些特点，并给预备犯下了定义，对预备犯的深入研究无疑起了积极作用；但总的来看，他们对预备犯所下的定义不够科学，对预备犯特征的论述也很不全面，亟需进一步进行探讨。

我们认为，所谓预备犯，是指出于实现某种犯罪的目的，为完成犯罪创造便利条件，由于行为人意志以外的原因，而未至于着手实行犯罪的行为。构成预备犯，应当具备下列条件：

1. 必须是出于实现某种犯罪的目的。所以预备犯只能是故意犯，而且其故意只能是直接故意。如果出于间接故意或过失，则不可能构成预备犯。

2. 实施了为完成犯罪创造便利条件的行为，即犯罪的准备行为。至于准备行为的具体方式则是各种各样的，但它们都是实现犯罪意图的积极活动。

3. 未至于着手实行犯罪。即行为停留于犯罪预备的阶段，如果行为人经过犯罪预备转入着手实行，随后或者未遂或者既遂，犯罪预备即被后者所吸收，就不存在预备犯的问题。

---

① 西南政法学院刑法教研室编：《苏联刑法论文选》（第 1 辑），1983 年版，第 242～243 页。

② ［日］正田满三郎：《刑法体系总论》，良书普及会 1979 年版，第 180 页。

4. 未至于着手实行犯罪是由于行为人意志以外的原因。即由于不以行为人个人意志为转移的原因如经告发被逮捕，而未至于着手实行，才可构成预备犯。如果由于行为人自动停止实施犯罪的预备行为而未至于着手实行，在我国刑法看来，构成犯罪中止，不成立预备犯。

（三）预备犯与犯罪预备的关系

预备犯与犯罪预备有什么联系和区别，刑事立法上没有予以解决。刑法理论界不少著作往往把两者混为一谈，如前述库兹佐娃的论文，虽然是论述预备犯，却使用犯罪的预备行为的概念，说明也没有弄清楚预备犯与犯罪预备的区别。日本学者植松正在其《刑法概论 I 总论》中于"犯罪的时间的发展阶段"一章论述预备时，一方面说"预备与阴谋是共同先于犯罪实行着手的阶段"，另一方面又说"预备、阴谋、未遂与共犯一样被认为是'构成要件的修正形式'，也有说成是'刑罚扩张原因'。"① 这样作为犯罪阶段使用预备的概念，作为犯罪形态也使用预备的概念，表明作者没有把预备犯与犯罪预备区分清楚，这种状况在刑法的理论上持续了很长时间。随后毕竟有些学者看出了问题，并试图予以解决。日本学者正田满三郎就作出了努力。他在给预备犯下定义的同时，也对预备作了解释，认为"所谓预备，指为了实现基本的犯罪构成事实于犯罪着手实行前实施的准备行为"。② 这就把预备犯与犯罪预备区别开来，但论述不够充分，因而未能给人造成明确的印象。

我们认为，预备犯与犯罪预备是既有联系、又相区别的不同概念。两者的联系在于，犯罪预备行为是构成预备犯的必要条件，而预备犯只有行为停留于预备阶段才能构成。可以说预备犯离不开犯罪预备，离开犯罪预备就无预备犯可言。两者的区别在于：犯罪预备是犯罪行为的一个阶段，行为人实施了预备行为之后可以转入实行阶段。因之有些著者把预备放在"构成要件该当性"一章于"行为的阶段"标题下加以论述。如我国台湾学者高仰止所著《刑法总则之理论与实

---

① ［日］植松正：《刑法概论　I 总论》，劲草书房 1974 年版，第 313 页。

② ［日］正田满三郎：《刑法体系总论》，良书普及会 1979 年版，第 180 页。

用》一书就是如此。预备犯是犯罪的形态之一，是在预备阶段停顿的状态，行为既构成预备犯就不可能转为未遂犯，它与未遂犯、共犯同是构成要件的修正形式。构成预备犯，不仅应具有犯罪预备行为这一要件，而且还必须具备其他要件，如由于行为人意志以外的原因而未至于着手实行等。所以必须把预备犯与犯罪预备明确区别开来。

三、预备犯的种类和刑事责任

（一）预备犯的种类

外国刑法学者根据不同的标准将预备犯作不同的区分。日本学者冈田庄作说："我国刑法上的预备犯可分两大类别：一为实质上的预备犯，一为形式上的预备犯。前者指刑法未命名预备，其性质属预备阶段的犯罪行为；后者指命名预备的犯罪行为。"① 他认为日本刑法第153条伪造或变造货币、纸币或银行券的准备行为属实质上的预备犯，该条规定处罚以伪造、变造为目的准备机械或原料的行为；日本刑法第78条内乱罪、第88条外患罪、第93条私战罪的预备等属形式上的预备犯。形式上的预备犯大多处罚全部预备行为，伪造变造通货的预备罪仅限于处罚准备机械原料的行为，应当认为前者比后者危险大，不处罚全部预备行为不足以维持社会秩序。日本学者大谷实对预备犯采取另外的分类，他说："预备罪可以分为自己预备罪与他人预备罪、从属预备罪与独立预备罪。所谓自己预备罪，指限于亲自以实施实行行为为目的进行预备的场合成立的预备罪。如杀人预备罪被规定为以'犯前二条之罪为目的'的场合，是自己预备罪。又这种场合，因为是修正杀人罪的基本构成要件而设立的预备罪，在从属于基本的构成要件这个意义上，也叫从属预备罪。所谓他人预备罪，指不但自己实施实行行为目的的场合，而且以完成他人犯罪为目的的实施预备的场合也成立的预备罪。例如伪造通货准（预）备罪（第153条）相当于此。而且由于其构成要件使预备独立类型化，因而也叫独立预

① ［日］冈田庄作：《刑法原论·总论》，明治大学出版部1934年第22版，第332～333页。

备罪。但是应当注意这一点：不一定自己预备罪就是从属预备罪、他人预备罪就是独立预备罪，例如内乱预备罪虽然是从属预备罪，但也可能是他人预备罪。”① 日本学者久礼田益喜将预备罪分为补充的预备罪与独立的预备罪，认为前者是出于补充地处罚该目的罪的预备的旨趣，日本刑法第 78 条（内乱预备）、第 88 条（外患预备）等之罪属之；后者是出于个别的见地独立地处罚可为某一犯罪的预备的旨趣，日本刑法第 100 条之罪（援助脱逃）与第 101 条之罪（看守人等援助脱逃）相比第 107 条之罪（聚众不解散）与第 106 条之罪（骚扰）相比……是包含处于各预备程度的行为的独立的预备罪。”②

预备犯的上述分类是针对分则中规定的预备罪的情况作出的，分则中没有规定预备罪的，不存在上述分类。从理论上说，这种分类当然有助于对预备犯的深入了解，只是还不尽妥当。例如认为属于实质上的预备犯的伪造变造通货的预备罪，仅限于处罚准备机械原料的行为，就日本第 153 条的规定来说是正确的，但不具有普遍意义，即并非实质上的预备犯都只处罚限定的预备行为。如 1975 年《奥地利刑法典》第 244 条预备内乱罪，就不限于处罚内乱的特定预备行为。又将预备犯分为自己预备罪与他人预备罪也值得商榷。日本学者植田重正对他人预备行为即提出批评，认为他人预备行为不应包括于预备行为概念中。因为他人预备行为与实行者是共犯关系，对其以从犯论处较之以预备的正犯论处更为妥当。③ 这种见解是有道理的。久礼田益喜所说的独立预备罪，也难以令人接受。齐藤认为他所例示的犯罪都不是预备罪。实际上这些犯罪都是具有独立性的犯罪，与有关犯罪并不一定成立预备与实行的关系。通过比较，我们认为大谷实从预备犯的构成是从属或独立的角度所作的从属预备罪与独立预备罪的区分是可取的。

（二）预备犯的刑事责任

关于预备犯的刑事责任问题，刑事立法上大体有两种解决方式：

① ［日］大谷实：《刑法讲义总论》，成文堂 1986 年版，第 371～372 页。

② ［日］久礼田益喜：《日本刑法总论》，严松堂 1925 年版，第 266～267 页。

③ ［日］齐藤诚二：《预备罪的研究》，风间书房 1971 年版，第 422 页。

1. 在刑法分则中对某种预备罪规定适当的处刑方法。具体方式有：(1) 对从属预备犯规定较基本罪为轻的法定刑。如《日本刑法》第 88 条外患预备罪的法定刑为 1 年以上 10 年以下惩役，而作为基本罪的诱致外患罪的法定刑为死刑，援助外患罪的法定刑为死刑、无期或 2 年以上惩役。(2) 对从属预备犯规定依照基本罪的条款处罚。如 1956 年《泰国刑法》第 182 条规定："预备犯本节之罪或未遂者，依各该条之规定处罚。"本节之罪为外患罪，各罪均规定了较重的法定刑。这里虽然规定依各该条之规定处罚，并非与基本罪处以相同的刑罚，而应处以低于所犯之罪的 2/3 的刑罚。因为总则中规定"未遂犯依其所犯之罪之刑的 2/3 处罚之。"但未规定预备犯如何处罚。由于预备犯的社会危害性低于未遂犯，对预备犯的处刑自应低于未遂犯。(3) 对无基本罪的独立预备罪规定适当的法定刑。如 1976 年《德意志联邦共和国刑法典》第 80 条预备侵略战争罪的法定刑为终身自由刑或 10 年以上自由刑。

2. 在刑法总则中对如何处理预备犯作出原则性规定，分则未规定处罚何种犯罪的预备犯。具体方式有：(1) 在总则中规定对犯罪预备行为依照分则规定的条款处刑和量刑应当考虑的情节。如 1960 年《苏俄刑法典》第 15 条第 3、4 款规定："对于预备犯罪和犯罪未遂的行为，应依照本法典分则规定这种犯罪责任的条款处刑。法院在处刑时，应当考虑犯罪人所实施的犯罪行为的性质和危害社会的程度、实现犯罪意图的程度，以及未能完成犯罪的原因。"条文没有对预备犯罪是否减轻处罚，如何处罚由法院根据分则有关条文和对预备犯量刑应当考虑的情节酌定。(2) 在总则中除规定对预备行为处刑依据分则有关条款和量刑应考虑的情节外，还规定对预备犯减轻处刑的原则。如 1952 年阿尔巴尼亚刑法典第 10 条第 2、3 款除作了类似上述《苏俄刑法典》的规定外，并规定对预备犯"可以把刑罚减到法律对这种犯罪所规定的最低限度"。这表示了对预备犯的处理与对既遂犯的处理的原则区别，较之《苏俄刑法典》的规定更为科学。

3. 在刑法总则中对如何处理预备犯作出原则性规定，同时在分则中规定何种预备犯应予处罚。如 1979 年前民主德国刑法典第 21 条第 1 款规定："预备犯……必须在法律上有明文规定的，才负刑事责任。"第 4 款规定："预备犯和未遂犯应负的刑事责任，按照已遂犯的规定来决定。但决定他应负的刑事责任时，必须考虑行为人的动机、意图、达到的或可能达到的结果、犯罪行为实现的程度及其未遂的原因。预备犯和未遂犯的处罚可按照特殊减轻处罚的原则减轻刑罚。”同时在分则条文中如第 87～89 条、第 91 条等规定“本条预备犯和未遂犯都要受处罚”。这既明确了处罚何种预备犯，使法院处理时有所遵循；同时规定了处罚的原则，也便于法院量刑。

我国刑法第 19 条第 2 款规定：“对于预备犯可以比照既遂犯从轻、减轻处罚或者免除处罚。”分则未规定处罚何种犯罪的预备犯，可以说是属于上述第二种立法方式。这种立法方式给法院自由裁量的权限太大，不利于维护法制的统一和保护公民的人身权利，是其不足之处。我国刑法明确规定对预备犯处刑的从轻、减轻或免刑的原则，表现了与处理未遂犯、既遂犯的区别，这值得称道。在我国刑法中如何处理预备犯，参考其他国家的立法经验，我们认为，对严重犯罪的预备犯才应处罚，对预备犯的处罚采取应当从轻、减轻或免刑的原则；对非严重犯罪的预备行为不应视为犯罪，自然也不应处刑；对实施的预备行为又符合其他犯罪的构成时，应依想像的竞合犯，从一重罪之刑处断。

（原载《中央检察官管理学院学报》1993 年第 1 期）

评西方刑法理论关于共犯的学说

西方刑法理论关于共犯的学说是各种各样的。它随着资本主义的发展，资本主义社会犯罪的增长，以及与此相应的资产阶级关于犯罪理论的变化而变化。当资本主义上升时期，资产阶级为了反对封建主义，提出了资产阶级民主思想。与此相适应，在刑法理论中以客观的犯罪行为为处罚对象的客观主义理论盛行一时。随着资本主义的不断发展，并且逐渐向帝国主义转化，资本主义社会的矛盾日益加剧，犯罪现象大量增加。为了对付日益增长的犯罪现象，以保卫早已上升为统治阶级的资产阶级的统治秩序，资产阶级感到客观主义理论的无能为力，需要寻求新的对策，于是以行为人的“主观危险性”为处罚对象的主观主义理论应时而生，并逐步排斥客观主义理论而在许多国家处于优势地位。各种各样的共犯学说，不是属于客观主义的范畴，就是受着主观主义理论的影响。

这就是说，西方刑法理论关于共犯的学说，归根结底，都是资本主义社会发展到一定阶段的产物。我们在评论西方刑法理论关于共犯的学说时，应当把握这一基本情况。现就关于共犯成立的学说、关于共犯与正犯关系的学说分别加以评述。

与一人独自实施犯罪的单独犯不同，共犯的特点在于两人以上共同犯罪。两人以上在实施犯罪中具有“共同”关系，是构成共犯的必要要件。因而，怎样才是“共同”，就成为资产阶级刑法学者争论的焦点之一。对此，资产阶级刑法学者有三种不同的学说：

（一）犯罪共同说

犯罪共同说是客观主义的共犯理论。德国刑法学者毕克迈耶

(Birkmeyer）为此说的代表。日本学者小野清一郎、泷川幸辰等都持这一见解。这种学说，根据犯罪的本质为侵害法益的客观事实，认为共犯是两人以上共同对同一法益实施犯罪的侵害。换言之，共犯是两个以上有刑事责任能力的人共同参与实施一个犯罪。所谓“共同”，就是以犯同一犯罪的意思，对同一犯罪事实的协同加功。所以又叫犯意共同说。如毕克迈耶说：“刑法意义上的共犯，指数人为了使一个犯罪结果发生而协力，因而协力者中的各人应就其达成的全结果处罚的场合。”①

根据犯罪共同说，通常得出如下结论：

（1）共犯只能在所实施的行为都具备犯罪构成要件的行为人之间发生。如果有两个共同行为人，其中一人是无责任能力者或无罪过者或具备阻却违法的情况者，这种人的行为既不构成犯罪，那就谈不上构成共犯。

（2）共犯只能在一个犯罪事实范围内发生。如果两人共同实施某种行为，各人所造成的犯罪事实不同，例如两人共同对被害人射击，一人出于杀害的意思，一人出于伤害的意思，由于侵害的法益不同，构成的犯罪事实不同，只能分别构成杀人罪和伤害罪，不能构成共犯。

（3）共犯既然是参与一个犯罪事实，因而有的学者认为，在犯罪后藏匿犯人、湮灭罪证或窝藏赃物等事后帮助行为，能使犯罪的完成可靠，也应认为是共犯的一种，即事后共犯。但赞成这一观点的，现在已很少见。

（4）共犯只能在具有共同犯罪意思的场合发生。如果一方有共同犯罪的意思，另一方没有共同犯罪的意思，或者一方是出于故意，另一方是出于过失，都不能成立共犯。亦即片面的共犯和不同罪过形式的共犯，都不能成立。

资产阶级刑法学者认为，共犯论是建立在因果关系论的基础之上的。共犯学说不同，作为它的基础的因果关系自不相同。犯罪共同说是以因果关系论中的原因说为基础的。用原因说来说明共犯论的代表学者是毕克迈耶。毕氏是原因说中的最有力条件说的倡导者。他认为

---

① 转引自［日］齐藤金作：《共犯理论的研究》，有斐阁1954年版，第34页。

对于结果发生最有力的条件是原因，其余的为单纯条件。共犯是数人为了发生一个犯罪结果而协力，由于在共同犯罪中，行为人不止一人，对结果发生所起的作用可能不同，因而要区别给予较多原因者与不然者。共同加功于一个犯罪结果的数人行为之间，原因的程度或种类既有不同，与此相适应，就需要将共犯者作出共同正犯、教唆犯和从犯的区别。共同惹起犯罪结果的，是共同正犯；仅仅成为结果发生的条件的，是教唆犯或从犯。

（二）行为共同说

行为共同说是主观主义的共犯理论，为德国刑法学者布黎（Buri）所主张，日本学者牧野英一、山冈万之助等都提倡这一学说。这种学说从犯罪是犯人恶性的表现的观点出发，认为共犯中的“共同”关系，不是两人以上共犯一罪的关系，而是共同表现恶性的关系。所以，共犯应理解为两人以上基于共同行为而各自实现自己的犯意。只要行为共同，不仅共犯一罪可以成立共犯，即使各自实施不同的犯罪，也不影响共犯的成立。如牧野英一说：“数人共同实施犯罪，为共犯。”① “故虽可构成数个犯罪事实的行为，既然事实上相关联而实施，因而可以为共犯……”② 依此见解，得出与犯罪共同说相反的结论：

（1）共犯不一定只在所实施的行为都具备犯罪构成要件的行为人之间发生。两人以上只要行为共同，即使其中一人没有责任能力，或缺乏罪过，或具有阻却违法情况，也不影响共犯的成立。不过一方负刑事责任，另一方不发生刑事责任而已。

（2）共犯不一定只在一个犯罪事实范围内发生，只要行为共同，即使扩张及于犯意不同的数个犯罪事实，也无碍于构成共犯。例如，两人共同对被害人实施射击行为，一人出于杀人的意思，一人出于伤害的意思，共同行为及于两个不同的犯罪事实，仍不失为共犯。不过，一人负杀人罪的责任，另一人负伤害罪的责任。

① ［日］牧野英一：《日本刑法》（上），有斐阁1939年第64版，第407页。
② ［日］牧野英一：《日本刑法》（上），有斐阁1939年第64版，第447页。

(3) 共犯既然以共同行为为要件，犯罪后的藏匿犯人、湮灭罪证或窝藏赃物等事后帮助行为，虽能使犯罪结果可靠，但对犯罪的完成丝毫也没有影响，根本谈不上行为共同，因而不承认所谓事后共犯的存在。

(4) 共犯不要求必须出于共同犯罪的意思，因而一方有共同犯罪的意思，另一方没有共同犯罪的意思；或者一方是出于故意，另一方是出于过失，都可以成立共犯。换言之，行为共同说不仅承认片面共犯的存在，而且承认不同罪过形式的共犯存在。只是一方负故意犯罪的责任，另一方负过失犯罪的责任。

德国学者布黎认为“因果关系理论对共犯具有决定的意义”，他用因果关系理论中的条件说阐述自己主观主义的共犯论。在布黎看来，对于一定事实的诸原因力之间没有差别，教唆犯、从犯与正犯同样惹起犯罪结果，因而主张只要加功于犯罪事实的发生，都有同等的地位；从而认为根据犯罪的客观方面是不能区别共犯的，对共犯的区别应当依主观的标准，以行为人的目的——利益的差别探求共同正犯与从犯的区别。他说：“根据如上论述，以犯罪的动作达成自己独自的目的——利益，或者为了他人的利益遂行该犯罪的主行为者，是有正犯的意图者；反之，没有自己独自的目的——利益，完全以其犯罪的动作，作为达成他人目的的手段，不欲以他的动作实行该犯罪的主行为者，是有从犯的意图者。”①

（三）共同意思主体说

共同意思主体说为日本刑法学者草野豹一郎教授所创导，受到齐藤金作、植松正等学者的支持。这一学说把共犯解释为特殊的社会心理现象的共同意思主体的活动。认为两人以上共同犯罪，必先有实现一定犯罪的目的存在，在此目的下，两人以上变为同心一体，即成立共同意思主体，若其中一人着手实行犯罪，即成立共犯。草野说：“一切社会现象不仅由个人的单独行为而生，而且由数人的共同行为

① 转引自［日］齐藤金作：《共犯理论的研究》，有斐阁1954年版，第221页。

而生，此共同现象，在经济学中作为分工或合同关系被研究，在民法、商法中作为法人或组合制度被研究，而从刑法上观察此现象时，则生共犯的观念……惟所谓两人以上共同犯罪，先有为实现一定犯罪的共同目的存在，而在其目的之下，两人以上成为同心一体（共同意思主体），至少其中一人要着手实行犯罪。因为不存在共同目的，所谓共同不仅不能存在，而且不能在共同目的下成为一体，从而就不能有共同意思主体的活动。”①

依照共同意思主体说，所谓两人以上共同，是两个以上的有责任能力者在意思联络下成为一体。为了有意思联络，要有对共同犯行的认识和互相利用他方的行为，全体成员协力而实现犯罪的意思。但要成立共犯还必须有人实行犯罪，即实施相当于分则条文所规定的犯罪构成要件的行为，而实现犯罪事实，并不需要共同者全部分担实行行为，只要共同者中的任何一人出面实行就够了。参与谋议者纵不分担实行行为，只要有人实行，他就要作为共谋共同正犯处理。教唆犯虽未参与实行行为，但他对于犯罪的实行起了重大作用，所以应与实施实行行为的正犯同样处理。不过，教唆犯的成立，要被教唆者答应教唆，决意犯罪并实行犯罪。因为教唆是由教唆者与被教唆者成为共同意思主体成立过程的行为，被教唆者由于应诺教唆而成为共同意思主体，因实行犯罪行为始有共同意思主体的活动。从犯是在共同犯罪关系中起不重要作用的人，他以帮助正犯，使犯罪易于实行为特征。不过，依共同意思主体说，虽不分担实行行为，但参与谋议，对犯罪的成立起重要作用的，也不失为共同正犯。所以不能以分担实行行为与否为区分正犯与从犯的惟一标准。关于行为人在共同犯罪中的地位，草野的共同意思主体说，一方面高唱共犯的团体性，承认共同犯罪成立上的从属性；另一方面，则不承认处罚上的从属性，而以个人责任为原则，认为各个共犯者应当各自负担责任。

这就是犯罪共同说、行为共同说和共同意思主体说的基本内容。那么，应当怎样对这些学说进行评价呢？

革命导师列宁教导我们：“在分析任何一个社会问题时，马克思

---

① ［日］草野豹一郎：《刑法总则讲义》，第1分册，第193页。

主义理论的绝对要求，就是把问题提到一定的历史范围之内。”① 我们在评价西方刑法理论界的共犯学说时，也必须遵循这一教导。

如前所述，犯罪共同说是资产阶级上升时期产生的客观主义的共犯理论。在封建社会，由于封建专制主义的统治，在刑法中实行的是罪刑擅断主义，对共犯的概念和责任缺乏明确的规定。资产阶级思想家为了反对封建专制，争取资产阶级的人权，大力鼓吹资产阶级民主思想，刑法中犯罪共同说的共犯理论就是在这样的历史条件下产生的，可以说它是资产阶级民主思想在共犯理论上的反映。犯罪共同说严格地规定了共犯成立的条件。它要求成立共犯必须具备：（1）两人以上的有责任能力者，（2）对于同一犯罪的共为犯罪行为，（3）对于同一犯罪的共同犯罪意思；否则就不能成立共犯，从而严格地限制了共犯者的构成范围。这是对封建专制刑法的批判，无疑是有历史进步意义的。但这种学说也有其局限性，即用因果关系论中的原因说作为共犯论的基础，不可能对共犯的成立和共犯者的区分作出科学的说明。因为共犯的成立和共犯者的区分，是以共同行为人的客观方面和主观方面的统一为标准的；而客观方面的要件不仅有因果关系，而且有行为人的行为。只以客观方面的一个要件来说明共犯的成立及共犯者的区分，以偏概全，自然难以得出正确的结论。同时，持这种学说者还有人承认事后共犯，把无事前通谋而于犯罪后隐匿罪犯、湮灭罪证或窝藏赃物者作为共犯者的一种，这就与他们的共犯理论本身也不相符合了。尽管如此，总的来看，犯罪共同说的历史贡献还是主要的，因而我们认为对这种学说仍然应当给予历史的肯定的评价。

行为共同说是资本主义向帝国主义转化时期出现的主观主义的共犯理论。在这一时期，资本主义社会所固有的矛盾日益加剧，累犯和共同犯罪现象大量发生，资产阶级认为累犯和共犯都是最危险的罪犯。为了加强同这种最危险的罪犯作斗争，于是他们提出了行为共同说的主观主义共犯理论。因而可以说行为共同说是适应资产阶级加强刑事镇压需要的产物。这种学说放宽了共犯成立的条件。依这种学说看来，只要具备（1）两人以上、（2）共同行为两个条件，就可以成立共犯。这样不仅有责任能力者与无责任能力者共同行为，而且有故

① 《列宁选集》第2集，第512页。

意者与无故意者共同行为，都可以成立共犯，作为最危险的罪犯加以打击。这样就极大地扩大了共犯者的范围，为资产阶级加强刑事镇压提供了理论根据。并且他们只从行为人的主观方面来区别正犯、共犯，而不考虑它们在客观方面的区别。这就必然导致对正犯与共犯区分的随意性，从而根本不可能对正犯与共犯作出科学的区分。因为如上所述，共犯的成立和共犯者的区分是以行为人的客观方面与主观方面的统一为标准的，抛开客观方面，片面地以主观方面区分，又怎能作出符合客观实际的结论？当然，这种学说也不是毫无可取之处。例如，它提出的重视共犯者主观恶性的观点和否定犯罪共同说事后共犯论的见解，都有参考的价值。但作为一种倾向，我们认为行为共同说是应当批判的。

共同意思主体说在资产阶级刑法学者中间影响不大，并且在国内也受到强有力的批评。从马克思主义刑法学的观点看来，这种学说是不科学的。如前所述，共犯的成立和共犯的区分是以行为人的客观方面和主观方面的统一为标准的。共同意思主体说只强调共犯者的意思共同，而不要求实行行为共同，而只要其中有一人实施实行行为，就可以成立共谋共同正犯。显然与共同正犯的概念不合。因为所谓共同正犯，按照《日本刑法》第60条的规定："两人以上共同实行犯罪的，都是正犯。"根据法律规定，显然可见构成共同正犯必须以两人以上共同实行犯罪为要件。尽管有的学者辩解说："像以前指出的那样，虽然单独正犯的行为者必须是实行者，是概念本身自明的，但是在共同正犯，却不一定也这样说。所以，仅可以说就其全体看，实行的存在是不可缺的，然而必需各人各自实施实行的动作，并非作为当然的理论而得出来。"① 然而这种辩解是不能令人信服的。因为刑法规定"两人以上共同实行犯罪"，是以两人以上共同实行犯罪构成要件的行为为必要的。在日本刑法没有修改以前，日本学者对共同意思主体说的解释就缺乏法律根据。同时这种学说扩大了共同正犯的范围，使仅仅参与谋议而没有分担实行行为的人，也要按共同正犯负责。尽管在判刑上，它仍然承认个人责任原则；可是在定罪上，却用团体主义原则，使仅仅参与谋议的人，以共同正犯论处。而正犯，在

① 日本刑法学会编：《刑法讲座》(4)，有斐阁1969年版，第111页。

资产阶级刑法看来，比从犯要严重得多。显然，这样做是不符合资产阶级法制原则的。不过，这种学说从人们互相协力的社会现象上展开自己学说的论述，这在方法论上还能给人们以有益的启示。

共犯与正犯是怎样的关系？即共犯是从属于正犯而成立呢？还是不从属于正犯而具有独立性？对此也一直存在着争论。分析起来，可有以下三种学说：

（一）共犯从属性。一般认为是主张犯罪共同说的自然结论。提倡这种学说的，多为刑事古典学派的学者，如德国的毕克迈耶、迈耶（Mayer）、贝林格（Beling）、麦兹卡（Mezger），日本的泷川幸辰、小野清一郎等。但现代学派的学者中也有人赞成此说，如德国的李斯特（Liszt）。这种学说认为，共犯的犯罪和可罚性是从属于正犯的犯罪性和可罚性而成立的。为了共犯成立犯罪，至少需要正犯已着手于犯罪的实行；正犯者没有实施犯罪行为，共犯的犯罪性和可罚性也就不能成立。贝林格在他的早期著作《犯罪论》中说；"所谓从属的共犯，如果缺乏'正犯'，就完全难以构成。只是对一个'犯罪'能够作为共犯而加功，对不是犯罪的行为，是不能作为共犯而加功的。"①

所谓共犯从属性中的共犯，是仅指狭义的共犯即教唆犯和从犯，还是也指共同正犯？在刑法理论上，虽然也有些学者主张共同正犯的从属性，如毕克迈耶、麦兹卡等，理由是没有其他正犯，就没有共同正犯，但一般学者都否认这种看法，认为所谓共犯的从属性，是指狭义的共犯与正犯的关系，共同正犯在各自行为中虽然存在着相互补充的关系，却不存在狭义的共犯从属于正犯意义上的从属关系。

共犯从属性中的所谓"从属性"，资产阶级刑法学者认为有两种意义：第一是成立上的从属性，指只有正犯着手于犯罪的实行，共犯才能成立。换言之，至少正犯是未遂犯，共犯才能构成。如果正犯处于着手实行以前的阶段，那就不发生共犯问题。因为在这种情况下，教唆或帮助行为与预备行为相同，还不构成犯罪。同时共犯还与正犯成立的犯罪阶段相同，并非离开正犯而独自成立。正犯是犯罪既遂，教唆犯、从犯也是犯罪既遂；正犯是犯罪未遂，教唆犯、从犯也是犯

① 转引自［日］木村亀二：《犯罪论的新构成》（下），有斐阁1978年版，第136页。

罪未遂。第二是处罚上的从属性，即共犯者的行为本不得予以处罚，只是由于加功于他人的犯罪，从属于正犯始受处罚。所以正犯如不存在，就不可能处罚共犯。因而认为共犯的可罚性，并非固有的，而是借用的。所以共犯的处罚以正犯受处罚为前提。但并非共犯与正犯必须判处相同的刑罚。对于共犯的刑罚，仍应依照个人责任的原则，斟酌其个人情况予以判处。

主张这一学说的学者，对共犯从属性理由的论证是各种各样的。有的从共犯的概念本身加以说明，如毕克迈耶；有的用犯罪构成的理论来阐述，如贝林格。李斯特则以因果关系中断论为理论根据，论述共犯的从属性。他说："……现行法认意思自由的教唆行为与结果之间的因果关系，因基于正犯的自由意思的行为而中断，教唆行为失其独立的性质，其处罚亦从属于正犯的成立。"①

共犯从属性说，不仅论证共犯是否具有从属性，而且论述了共犯在怎样的程度上从属于正犯。德国刑法学者迈耶曾将共犯的从属性依其从属程度区分为四种形式：（1）最小限度从属形式：共犯即教唆犯、从犯的成立，只要正犯行为符合于构成要件就够了，即使缺乏违法性及有责性，也无碍于帮助者或教唆者成立共犯。（2）限制从属形式：以正犯行为具备构成要件和违法性，教唆者和帮助者即可从属于正犯的实行行为而成立共犯，即使正犯行为缺乏有责性也不受影响。（3）极端从属形式：必须正犯行为具备构成要件符合性、违法性与有责性，帮助者或教唆者才能成立共犯。（4）最极端从属形式：正犯行为除具备构成要件符合性、违法性、有责性外，并以正犯本身的特性为条件。从而专属于正犯本身的刑罚加重或减轻的事由，也成为教唆者或帮助者的负担，或使之免除负担。

（二）共犯独立性说。共犯独立性说虽曾为刑事古典学派的某些学者如德国的宾丁（Binding）、柯拉（Kohler）等所支持，但主要是现代学派的主观主义共犯理论的主张。一般认为，它是倡导行为共同说的自然结论。德国学者布黎、拿格拉（Nagler），日本学者牧野英一、木村龟二等都是这一学说的倡导者或鼓吹者。在这种学说看来，

---

① 转引自［日］久礼田益喜：《日本刑法总论》，严松堂1925年版，第293页。

共犯是各行为人固有的反社会性的表现，不论教唆犯的教唆行为或从犯的帮助行为无一不是行为人固有的反社会性的流露。因而教唆犯或帮助犯的犯罪是独立的，并非从属于正犯而成立。所以教唆者或帮助者应对教唆行为或帮助行为本身负刑事责任。刑事古典学派的代表之一宾丁就认为：共犯对于正犯是独立的犯罪，共犯的可罚性对于正犯的可罚性是独立的，共犯之所以被处罚，不是因为他人实施了可罚的行为，而是因为共犯者自身实施了犯罪。共犯从属性的童话必须抛弃。① 德国现代学派学者布黎是主观的共犯论的创始人，作为主观的共犯论，反对共犯从属性说，是自然的结论。日本学者牧野英一一直站在主观说的立场，也明确主张共犯的独立性，他在阐述共犯独立性说的观点时指出："以犯罪是犯人恶性的表现时，犯罪是从属于他人的犯罪而成立，没有意义。教唆犯及从犯，犯人固有的反社会性（故意或过失），由此而表现于外部，所以必须说是基于其教唆或帮助行为本身而行为者产生责任。"②

根据共犯独立性说，可以得出与共犯从属性说不同的如下结论：（1）关于共犯未遂成立的范围。依共犯从属性说，共犯要作为犯罪而被处罚，至少以正犯的行为致于实行犯罪为必要，因而共犯的未遂，只能是正犯的行为处于未遂的阶段。而依共犯独立性说，共犯的犯罪性及可罚性，对正犯的犯罪性及可罚性是独立的，共犯的未遂，不仅在正犯是未遂的场合可以成立，而且在正犯停留在犯罪预备阶段也可以成立；甚至在正犯接受教唆或帮助而没有行为，或者拒绝接受教唆或帮助时，都可成立共犯的未遂。（2）关于无身份者加功于身份犯行为的场合。依共犯从属性说因为共犯的犯罪性及可罚性从属于正犯，所以无身份者自然应以共犯论。而依共犯独立性说，共犯的犯罪性及可罚性不从属于正犯，不具有纯正身份犯的身份者的行为，欠缺构成要件的行为者的要素，因而即使作为共犯而加功，也不能作为纯正身份犯的共犯而加以处罚。（3）关于共犯与间接正犯的关系。依共犯从属性说，共犯的犯罪性及可罚性从属于正犯，因而正犯的行为没有犯罪性和可罚性时，故意教唆或帮助的场合，共犯不能成立。这从共犯

① 转引自［日］木村龟二：《刑法总论》，有斐阁1984年增补版，第394页。

② ［日］牧野英一：《日本刑法》（上），有斐阁1939年第64版，第411页。

者行为的当罚性看来是不合理的结论。为了消除这种不合理，于是建立了间接正犯的概念。反之，依共犯独立性说，共犯的犯罪性及可罚性是离开正犯的犯罪性及可罚性而独立论定的，所以被解释为间接正犯的场合，可以解释为正犯成共犯，间接正犯的概念实无存在的必要。

（三）共犯独立犯说。在资产阶级刑法著作中，共犯独立犯说也被叫做共犯独立性说，或者把共犯独立性说也叫做共犯独立犯说。总之，没有将共犯独立犯说与共犯独立性说划分开来。我们认为，共犯独立犯说与共犯独立性，就否认共犯从属性一点来说，是相同的，但两者毕竟有很大的差别。共犯独立性说仍然承认共犯（教唆犯、从犯）与正犯的区分，只是认为共犯的犯罪性和可罚性对于正犯是独立的。而共犯独立犯说则根本取消共犯与正犯的区分。它表现在刑事立法上形成一种否认共犯的倾向。共犯立法的这种倾向，在资产阶级刑法著作中被称为“包括的正犯者概念”、“单一的正犯者概念”或“排他的正犯者概念”。因此，我们将共犯独立犯说与共犯独立性说分开，另外单独加以评述。

共犯独立犯说最激进的代表是挪威刑法学者盖特茨（Getz）。他极力反对从犯与正犯的区分，认为构成犯罪事实的行为，都可以正犯论。在他看来，加功行为可以是结果发生的原因，所以，从客观上不妨把所有的加功者都看做（间接）正犯；从主观上则所有的加功者都是正犯，因为所有加功者的犯意都是指向犯罪本身的。加功者的行为是加功者的犯罪，不是从属于正犯犯罪的附属物。多样性处罚的必要也不是共犯存在的理由。他本着这种主张，曾于1895年在奥地利的林茨（Linz）举行的国际刑法学会议上，就《对关于未遂及共犯作用的立法的见解新派理论的影响如何》讨论题作报告，阐述取消从犯的观点。他的意见虽然为会议所否定，但在他起草的1902年《挪威刑法典》中却得到了立法上的反映。

此外，还有些学者从不同的方面论述共犯独立犯说。如佛尼茨库（Foinitzky）认为，国家刑罚权的对象不是行为而是行为者，对行为者适用刑罚，当然也要考虑行为，因为行为是行为者性格的外部表现。由于各个行为者的行为各有不同的特性，无论单独犯或共犯都是独立的，因此，不论教唆者或正犯都是共同惹起结果的行为者，自应

受同样的处理。加功于实行行为本身的从犯，应与正犯相同，但未直接或间接加功于实行行为的从犯，由于其行为只不过部分地惹起结果，其责任与正犯的责任就不能相同。对这样的帮助者必须作为特别的犯罪加以处罚。事前约定的犯罪后的帮助，是包庇罪的一种，而不是共犯。从而帮助，不可在刑法总则中一般地加以规定，而应依各犯罪的性质和特点在刑法分则规定其刑事责任。这样，在佛氏看来，共犯可有两种处理办法：(1) 所有的共同正犯、教唆犯及主要的从犯，都是相互协力的犯罪的独立正犯。(2) 单纯帮助则是特别罪的独立正犯。既然各种共犯都是这样或那样的正犯，那么，共犯也就完全取消了。

另一学者尼科拉多尼（Nicoladoni）从基于近代心理学的结果的责任论出发反对从来的共犯论。他认为加功者实施自己的行为时，其故意仅只向着他们自身行为惹起的结果，这样，加功者在刑罚上必须个别地负责任。因为他们与正犯相比，是以别的行为、别的意思而行为，所以可以独立地判断；从而所有的故意的教唆或帮助均形成独立的犯罪。既然教唆和帮助都是独立的犯罪，共犯也就不存在了。

上述三位学者，论证的方法虽然有所不同，但他们殊途同归，认为教唆和帮助是独立的犯罪，不存在共犯与正犯的区别，则是他们一致的结论。

共犯从属性说、共犯独立性说以及共犯独立犯说学者之间，一直存在着争论。他们互相指责、互相批评，发表过不少意见。那么，从马克思主义刑法学看来，应当怎样给以评价呢？

共犯从属性说，如犯罪共同说一样，是资产阶级上升时期的共犯理论，也是资产阶级民主思想在共犯理论上的反映。根据这种学说，加功于正犯的教唆行为或帮助行为，只有在正犯已着手实行犯罪时，才能构成共犯和科以刑罚。这就严格地限制了共犯的构成条件和刑事责任。较之封建刑法中共犯概念的模糊不清和广泛规定共犯的刑事责任相比，无疑具有进步意义。

但这种学说却存在很大的局限性：(1) 它只从行为人在共同犯罪中的分工上，而未从在共同犯罪中的作用上分析共犯，不能正确区分出主犯和从犯。甚至把教唆犯也作为从属犯的一种，这就掩盖了教唆犯的真面目。(2) 它没有看到教唆犯的相对独立性。如所周知，教唆犯不仅是犯意的发起者，主观上具有严重的反社会的恶性，而且是犯行的引起者，正是由于他的教唆才引起了正犯的犯罪行为。所以教唆行为本身就具有社会危害性和可罚性。把教唆犯的犯罪性和可罚性，看做完全从属于正犯的犯罪性和可罚性，就会放松对教唆犯应有的打击。(3) 它对共犯从属性的论证缺乏说服力。从共犯概念本身说明共犯从属性的观点，没有说清楚共犯的从属性为什么随着共犯的概念而产生，以尚待证明的问题，作为论证的前提，自难令人信服。用犯罪构成的理论说明共犯从属性的论点，无法解释对教唆犯采用共犯独立性说的立法，对采用共犯独立犯说的立法更不能加以说明。至于用因果关系中断论论述共犯的从属性，也不能自圆其说。既然教唆行为与结果间的因果关系，因基于正犯的自由意思而中断，这就是说正犯行为所造成的犯罪结果与教唆行为之间不存在因果关系。既然如此，为什么教唆行为还从属于正犯呢?

共犯独立性说，如同行为共同说一样，是资本主义向帝国主义转化时期产生的，同样是适应资产阶级加强刑事镇压需要的产物。尽管某些刑事古典学派的学者也支持这一学说，但这只能表明各种学说的互相渗透，而不影响这一学说的实质。

共犯独立性说是与共犯从属性说相对立的。从马克思主义刑法学的观点看来，共犯对正犯完全独立性的观点是不科学的，因为：(1) 它扩大了共犯者的刑事责任范围。按照共犯从属性说，如果行为人教唆或帮助他人犯罪，他人未至于犯罪时，就不构成共犯，从而就不负刑事责任。而按照共犯独立性说，他人未至于犯罪，甚至他人拒绝接受教唆或帮助时，都构成共犯，并负刑事责任。对共犯刑事责任的扩大，正迎合资产阶级统治者加强刑事镇压的需要。(2) 它忽视了教唆犯、从犯对正犯的一定的从属性。共犯固然有其主观的反社会的恶性存在，但在共同犯罪中毕竟要通过正犯之手才能完成犯罪。因之共犯者特别是其中的从犯，不能不在一定程度上对正犯具有从属性。例如某甲提供犯罪工具帮助某乙杀人，如果某乙着手实行杀人而未遂，某甲负帮助杀人未遂之责，如果某乙杀人既遂，某甲则负帮助杀人既遂之责。否认共犯对正犯的这种从属性，也就是否认作为社会现象的共同犯罪的这种实际情况；并且不顾共犯者从属于正犯的不同情况而产生的差别，一律让教唆犯或从犯独立负责，就不可能贯彻执行罪刑相

适应的原则，而只能导致司法专横。

另外，共犯独立性说也有可以参考之处。它强调教唆犯必须对教唆行为本身负刑事责任的观点，批判共犯对正犯完全从属性的见解，都有其合理的内核，需要适当地予以肯定。

共犯独立犯说是资本主义发展到帝国主义时期产生的。它是适应资本主义社会矛盾激化，共同犯罪现象日益增多，资产阶级需要加强刑事镇压的产物。可以说它是赤裸裸地为资产阶级统治者扩大刑事镇压服务的。在这方面，它比共犯独立性说走得更远。

如前所述，共犯独立性说虽然认为共犯对正犯具有独立性，但它毕竟还承认共犯和正犯的区别；而共犯独立犯说，则认为共犯者各人负自己行为的责任，根本否认共犯与正犯区别的必要。它把共犯者同样看成是正犯，完全否认共犯这一犯罪形态。其结果共犯者都按正犯处理，这就比共犯独立性说更加扩大了共犯者的刑事责任。同时这种学说的论点根本不符合作为社会现象的共同犯罪的实际情况。固然，共犯者的行为有其本身的特点，但他们毕竟与正犯具有共同犯罪的关系。这是作为社会现象的共同犯罪的客观存在。这一学说的主张者说什么“何必硬要假定其彼此间有联系的关系”？这是闭着眼睛不看共同犯罪实际的瞎说。他们为了建立迎合资产阶级统治需要的学说，连社会生活中的客观事实都不顾了。这种主张在林茨会议上当众遭到了否决，不是偶然的。可以看出由于它赤裸裸的反动性和反科学性，甚至在资产阶级学者中间也是不得人心的。同时，这种学说在世界上只有个别国家的共犯立法加以采用，而为绝大多数国家的共犯立法所不取。这种情况表明了这一学说的可悲遭遇。

（原载《法学评论》1984年第4期）

中国内地刑法与澳门刑法中罪数形态比较研究

罪数，指犯罪的个数或单复即一罪与数罪。罪数形态，指表现为一罪或数罪的各种类型化的犯罪形态。确定一罪与数罪的区分和某些罪数形态的特征，进而确定各种不同罪数形态的处理原则，对刑事审判的定罪和量刑具有重要意义。因而许多国家和地区在刑法典中明文规定了某些罪数形态和处罚原则，《澳门刑法典》也有这方面的规定。我国内地刑法理论对此虽然作了深入的研究，但在内地刑法中的规定却较简单。将我国内地刑法与澳门刑法关于罪数形态的规定进行比较研究，有助于促进我国罪数理论的发展。考虑到《澳门刑法典》总则有关于罪数形态的专门规定，而我国内地刑法则缺乏这样的规定，因而我们的比较研究拟参照《澳门刑法典》的规定来进行。

一、罪数判断的标准

罪数判断的标准，指判断罪数是一罪还是数罪的依据。依据什么来判断罪数，虽然在中外刑法理论中存在各种学说，但在刑法典中明文规定罪数标准的却比较少见，《澳门刑法典》就属于这种情况。该刑法典第 29 条第 1 款规定："罪数系以实际实现之罪状个数，或以行为人之行为符合同一罪状之次数确定。"这一规定表明：判断行为人是构成一罪还是罪数，应以行为符合刑法典分则所规定的罪状为根据。此可以称为罪状标准说。罪状是刑法分则规定罪刑关系的条文对具体犯罪及其主要构成要件的描述。因而罪状是犯罪构成的载体，也是区分罪与非罪、此罪与彼罪界限的法律依据。从这个意义上说，罪状标准说是值得肯定的。

我国内地刑法没有规定判断罪数的标准。在刑法理论上，我国内地学者普遍主张犯罪构成标准说，认为我国刑法中的犯罪构成，是主观要件和客观要件的统一，是犯罪成立要件的整体，所以判断罪数是一罪还是数罪，应当以犯罪构成为标准。行为具备一个犯罪构成的，是一罪；行为具备数个犯罪构成的，是数罪。从罪状与犯罪构成的关系来看，罪状是犯罪构成的载体，就此而言，两者在判断罪数的根据上，可以说都是科学的。但是罪状毕竟与犯罪构成不同，它只是犯罪构成主要要件的描述，而不是全部构成要件的描述。例如，具体犯罪侵犯什么客体，通常在罪状中即未加以规定，此其一。其二，具体犯罪的主体要件，除特殊主体在罪状中都加以描述外，一般主体的要件(责任年龄、责任能力等)，由于在刑法总则中已作规定，在罪状中就未描述。其三，许多故意犯罪的罪过形式，由于刑法总则规定："法律有特别规定时，出于过失作出之事实，方予处罚。"(《澳门刑法典》第12条) 所以刑法分则条文只对过失犯罪的罪过形式明文加以规定，未明文揭示为过失犯罪的罪过形式的，就是故意犯罪的罪过形式，因而在罪状中对故意犯罪的罪过形式通常也不加说明。《澳门刑法典)第128条规定："杀人者，处10年至20年徒刑。"这里的杀人即指故意杀人，但并未明文规定"故意"。由于罪状不是全部构成要件的描述，作为判断罪数的根据，比较而言，罪状标准说就不如犯罪构成标准说更科学。不仅如此，在集合犯即构成要件本身预想有数个同种类的行为的场合，即使实施了数个同种的犯罪行为，仍然作为一罪论。如"营业犯的场合，即使反复实施未经准许的医业行为，仍不过是成立未经准许医业罪一罪"。① 在这种情况下，根据罪状标准说，行为数次符合分则条文规定的罪状，就会认为构成数罪。这就不能将一罪与数罪很好地区别开来。

二、关于连续犯

《澳门刑法典》在规定罪数的条文中，专门规定了连续犯。该刑

① ［日］前田雅英：《刑法总论讲义》，东京大学出版会1996年第2版，第537页。

法典第 29 条第 2 款规定："数次实现同一罪状或基本上保护同一法益之不同罪状，而实行之方式本质上相同，且系在可相当减轻行为人罪过之同一外在情况诱发下实行者，仅构成一连续犯。"根据这一规定，成立澳门刑法中的连续犯，必须具备如下条件：

1. 数次实现同一罪状或基本上保护同一法益之不同罪状，而实行之方式本质上相同。这里包含两种情况：（1）数次实现同一罪状。数次实现，指数个行为，而不是一个行为。同一罪状，指描述同罪名的罪状。例如，某甲 1999 年 3～5 月盗窃他人动产 6 次，每次都实现了《澳门刑法典》第 197 条规定的盗窃的罪状属之。（2）数次实现基本上保护同一法益之不同罪状，而实行之方式本质上相同。同一法益，指性质相同的法益，而不是指同一个法益。例如，数次侵犯他人财产权利，财产权利即是同一法益。如果两次侵犯他人财产权利，三次侵犯他人人身权利，财产权利和人身权利就不是同一法益。不同罪状，指描述罪名不相同的罪状。实行之方式本质上相同，指具体方法可能不同，但在最基本点上相同，例如，某甲"在一个月内实施了三次诈骗，一次是一般诈骗，一次是保险诈骗，一次是资讯诈骗"。①他人的财产权利是同一法益，《澳门刑法典》第 211～213 条分别规定的描述一般诈骗、保险诈骗、资讯诈骗的罪状，是不同罪状，诈骗是本质上的实行方式。这就是第二种情况的适例。

2. 系在相当减轻行为人罪过之同一外在情况诱发下实行。"相当减轻行为人罪过之同一外在情况"，指客观存在的外在情况能够相当减轻行为人的人身危险性和行为的社会危害性，进而相当减轻行为人的罪责。例如，家庭生活困难，或者经济十分拮据，妻子患病，无法求医等。由于这种外在情况诱发而实施盗窃，即属"在相当减轻行为人罪过之同一外在情况诱发下实行"。比如，甲因贪图享受在 1 个月内连续实施了 5 次抢劫行为……根据《澳门刑法典》的上述规定，甲的 5 次抢劫行为都不具有"相当减轻行为人罪过"的外在情况，所以就不构成连续犯。反之，如果甲因其妻患病无钱医治，1 个月内实施了 5 次抢劫行为，这就属于"数次实现同一罪状，且系在相当减轻行

① 赵国强：《澳门刑法总论》，澳门基金会 1998 年版，第 100～101 页。

为人罪过之同一外在情况诱发下实行”的连续犯。①

对连续犯的处罚，《澳门刑法典》第73条规定：“连续犯，以可科处于连续数行为中最严重行为之刑罚处罚之。”

我国内地刑法没有规定什么是连续犯，只是于刑法第89条规定：“追诉时效从犯罪之日行为有连续……状态的，从犯罪行为终了之日起计算。”这是我国内地学者研究连续犯的法律依据。我国内地刑法理论认为，连续犯是指基于同一或者概括的犯罪故意，连续实施性质相同的独立成罪的数个行为，触犯同一罪名的犯罪形态。构成连续犯需具备如下要件：

1. 必须实施性质相同的独立成罪的数个行为。例如，实施数个行为都是伤害行为，可能构成伤害罪的连续犯。如果实施的数个行为性质不同，例如，一次实施抢劫行为，一次实施杀人行为，一次实施强奸行为，就不构成连续犯。

2. 行为必须基于同一的或概括的犯罪故意。同一的犯罪故意，指行为人实施数次同一犯罪的故意。概括的犯罪故意，指行为人概括地具有实施数次同一犯罪的故意，每次实施具体犯罪不像同一的犯罪故意那样，都明确地包含在行为人的故意内容之中。出于过失是否构成连续犯，通说持否定态度。

3. 性质相同、独立成罪的数个行为必须具有连续性。如何理解数个行为的连续性，刑法学界意见不一。通说认为，确定数个行为的连续性，应当以行为人主客观要件的统一为标准，即确定连续性，不仅需要行为人主观上有同一的或概括的犯罪故意，而且需要客观上数个行为有外部的类似关系和时间上的联系。

4. 行为必须触犯同一罪名。什么是同一罪名？学者之间看法也不一致。比较而言，同一基本犯罪构成说，以基本犯罪构成作为界定的标准易于掌握，值得肯定。据此可以得出如下结论：(1) 独立成罪的数个行为均与具体犯罪的基本构成相符合，当然是同一罪名。(2) 数个行为中有的与某罪的基本构成相符合，有的与该基本构成派生的加重或减轻的构成相符合，也成立同一罪名。(3) 数个行为中有的与某罪的基本构成相符合，有的与该基本构成的修正构成即共犯或犯罪

---

① 参见赵国强：《澳门刑法总论》，澳门基金会1998年版，第100页。

过程中的犯罪形态相符合，同样是触犯同一罪名。①

对连续犯的处罚，应当按照不同情况，依据刑法的有关规定分别从重惩处或者加重惩处。

从上面的论述中可以看出：澳门刑法中的连续犯与我国内地刑法中的连续犯在基本点上是相同的。这就是：（1）必须是数个行为；（2）必须触犯同一罪名；（3）必须是出自故意。《澳门刑法典》在连续犯的定义中虽未揭示故意，但该刑法典未明文揭示过失罪过形式的，即为故意。但两者毕竟存在着重大区别：（1）澳门刑法没有要求数个行为必须出于同一的或概括的犯罪故意。我国内地刑法理论认为，这是数个行为之所以成为连续犯的主观要件；否则，数个行为之间也就不存在连续性。虽然可以认为澳门刑法承认犯罪故意是连续犯的要件，但没有根据认为它承认构成连续犯必须出于同一的或概括的犯罪故意。根据该刑法典的规定，只要（故意）"数次实现同一罪状"，就具备了连续犯的连续性的要件。（2）澳门刑法规定的连续犯，不仅以数个行为触犯同一罪名为要件，而且以实现"基本上保护同一法益之不同罪状，而实行之方式本质上相同"为要件。这就是虽然罪名不同，只要是"保护同一法益"，实行的方式本质上相同，同样可能构成连续犯。例如前述的先实施一般诈骗，又实施保险诈骗，再实施资讯诈骗，也可能构成连续犯。我国内地刑法理论认为，数个行为必须触犯同一罪名，才能成立连续犯；而不承认数次实施性质相近的不同罪名（如诈骗罪、集资诈骗罪、保险诈骗罪），可能成立连续犯。（3）澳门刑法对构成连续犯还规定了限制条件，即必须"系在可相当减轻行为人罪过之同一外在情况诱发下实行者"。这就是只有实施的数罪是在相当减轻罪过的情况下实行的，才可能构成连续犯；否则，就构成数罪。我国内地刑法理论中的连续犯，不以上述限制条件为成立要件。只要以同一的或概括的犯罪故意，数个行为实施同一罪名的数罪，不论是否具备上述限制条件，都成立连续犯。（4）对连续犯的处罚原则也不相同。澳门刑法规定，对连续犯，以处于连续数行为中最严重行为之刑罚处罚。而我国内地刑法理论认为，对连续犯，应依不同情况，根据刑法的有关规定分别从重或加重处罚。

① 参见吴振兴：《罪数形态论》，中国检察出版社1996年版，第246～249页。

上述比较论述说明：澳门刑法一方面限制了连续犯的条件（如要求必须具有相当减轻行为人罪过的情况），同时存在放宽连续犯的条件（如触犯的罪名可以是性质基本相同的不同罪名），处罚上规定只是从一重罪处断。这表现出澳门刑法中连续犯的特色，而与我国内地刑法理论中的连续犯明显不同。笔者认为，澳门刑法中连续犯的特色，在刑法理论上很有研究价值，它为连续犯存废的争论提出了一个折中方案；但从我国内地的审判实践看，似乎并不可取。数次实现“基本上保护同一法益之不同罪状，而实行之方式本质上相同”的规定，不仅扩大了连续犯的范围，而且表述不够明确，在实践中不易操作。要求构成连续犯必须是“在可相当减轻行为人罪过之同一外在情况诱发下实行者”，虽然限制了连续犯的范围，但是这一规定却欠明确，易生歧义。同时增加此一限制，将使一些可以作为连续犯处理的同一罪名的数罪，实行并罚，是否适宜，值得研究。至于只以其中一个最重之罪的刑罚处罚，其余各罪均置而不问，似与罪刑相适应原则不相符合。

三、关于数罪

数罪，在《澳门刑法典》中叫“犯罪竞合”，指行为人不是实施了一个犯罪，而是实施了两个以上的犯罪。如何确定是否数罪？确定数罪的标准是罪状。根据《澳门刑法典》第29条第1款的规定：“罪数系以实际实现之罪状个数，或以行为人之行为符合同一罪状之次数确定。”数罪包括以下几种情况：

1. 行为人的行为符合数个不同的罪状。这可分为以下三种情形：(1) 数个互不相关的行为符合数个不同的罪状，因而构成数个不同的犯罪。例如，某甲一天强奸了一位妇女，随后不久盗窃了一家商店，再过若干天又将缉捕他的一名干警杀害。某甲的行为分别符合了强奸罪，盗窃罪与杀人罪的罪状，构成了三个犯罪。(2) 两个互相牵连的行为符合两个不同的罪状，因而构成两个不同的犯罪。例如，某乙伪造文件进行保险诈骗，手段行为符合伪造文件罪的罪状，目的行为符合保险诈骗罪的罪状，从而构成了两个犯罪。(3) 一个行为符合数个不同的罪状。例如，某丙与张某有仇，决心用枪将他杀害，一天射击张某时，因枪法欠佳和注意不够，以致没有命中张某，而将张某旁边的李某击成重伤。其行为既符合杀人罪（未遂）的罪状，又符合过失伤害罪的罪状，从而也构成两个犯罪。

2. 行为人的行为数次符合同一罪状。“这种情况最常见的是行为人实施了数个性质相同的行为，每个行为独立地看，都能符合同一个罪状，因而构成了几个相同的罪。”① 例如，某甲在1月内8次抢劫他人动产，8次抢劫行为都符合抢劫罪的罪状，所以构成8个抢劫罪。理论上称为“数行为触犯同一罪名”。《澳门刑法典》第71、72条规定了数罪的处罚规则，主刑采限制加重原则，附加刑采并科原则。

我国内地刑法没有规定什么是数罪，但专节规定了“数罪并罚”，因而在罪数论中对数罪也进行研究。我国内地刑法理论以犯罪构成为确定罪数的标准。通常认为，行为人实施数个行为，符合数个犯罪构成，构成数个独立犯罪的，是数罪。数罪主要分为以下几种：

1. 异种数罪与同种数罪。行为人出于数个不同的犯意，实施数个不同的行为，符合数个性质不同的基本犯罪构成，触犯数个不同罪名的数罪，是异种数罪。例如，前述的某甲先犯强奸罪，后犯盗窃罪，又犯杀人罪，就是异种数罪的适例。行为人出于数个相同的犯意，实施数个相同的行为，符合数个性质相同的基本犯罪构成，触犯数个相同罪名的数罪，是同种数罪。例如，某甲出于报复，将与自己离婚的妇女王某杀死，后来为了图财，将与自己一起购货的同伴李某杀死，就是同种数罪的适例。

2. 判决宣告以前的数罪与刑罚执行期间的数罪。行为人在判决宣告以前实施并被发现的数罪，是判决宣告以前的数罪。行为人因犯罪受判决宣告和刑罚执行，在刑罚执行期间发现漏罪或再犯新罪而构成的数罪，是刑罚执行期间的数罪。

对于数罪，我国内地刑法原则上规定实行并罚，并罚的原则是：死刑、无期徒刑采吸收原则，有期徒刑、拘役、管制采限制加重原则，附加刑采并科原则。

根据以上所述，结合有关规定，可以看出澳门刑法中的数罪与我

① 赵国强：《澳门刑法总论》，澳门基金会1998年版，第99页。

国内地刑法中的数罪虽然在根本点上是相同的，但差别却是很大的。两者的相同点是：（1）数个互不相关的行为符合数个不同的罪状，触犯数个不同罪名的数罪，即异种数罪，均为两地的刑法所承认。（2）出于数个相同的犯意（不是同一的或概括的犯意），实施数个相同的行为，符合数个性质相同的犯罪构成，触犯数个罪名相同的数罪，即同种数罪，都为两地的刑法所认可。（3）两地的刑法均承认存在在判决宣告以前的数罪与刑罚执行期间的数罪。我国内地刑法第69条规定："判决宣告以前一人犯数罪的"；第70条规定："判决宣告以后，刑罚执行完毕以前，发现被判刑的犯罪分子在判决宣告以前还有其他罪没有判决的"，这是我国内地刑法理论区分判决宣告以前的数罪与刑罚执行期间的数罪的法律根据。《澳门刑法典》也有类似规定。该刑法典第71条第1款规定："如实施数罪，且该等犯罪系于其中任一犯罪之判刑确定前实施者"，与我国内地刑法第69条的规定相当。其第72条第1款规定："如在判刑确定后，但在有关之刑罚服完前，或在刑罚之时效完成或刑罚消灭前，证明行为人在判刑前曾实施另一犯罪或数罪"，这与我国内地刑法第70条的规定相当。两者的重大差别在于：（1）澳门刑法认为两个互相牵连的行为符合两个不同的罪状，构成两个不同的犯罪，是数罪；而我国内地刑法理论认为这是牵连犯，属于处断上的一罪。所谓牵连犯，是指以实施某一犯罪为目的，其方法行为或结果行为又触犯其他罪名的犯罪形态。对牵连犯不实行数罪并罚，应"从一重从重处罚"。（2）澳门刑法认为一个行为符合数个不同的罪状，也是数罪；而我国内地刑法理论认为这是想象竞合犯，属于实质的一罪。所谓想象竞合犯，是指一个行为触犯数个罪名的犯罪形态，对想象竞合犯，通说主张按"从一重处断原则"处理。（3）澳门刑法笼统认为，数行为触犯同一罪名都是数罪（构成它们所说的连续犯除外）；而我国内地刑法理论认为，数行为触犯同一罪名的，并非都是数罪。具体言之，如果是出于数个犯意，而不是出于同一的或概括的犯罪故意的，是数罪；反之，如果是出于同一的或概括的犯罪故意，连续实施性质相同的独立成罪的数个行为，触犯同一罪名的，则是连续犯，属于处断上的一罪，不实行数罪并罚。

上述比较论述说明，澳门刑法中的数罪如同连续犯一样具有自己的特点。这些特点在刑法理论研究上值得重视，尽管它未必符合我国内地的情况。如前所述，澳门刑法认为牵连犯所触犯的数罪，是数罪而不作为处断的一罪，这样的处理就很有研究价值。我们知道，牵连犯本为数罪，只是处断上作为一罪。为什么是数罪而不并罚要作为一罪处理呢？理论上很少给予充分的说明。我国台湾地区学者蔡墩铭先生指出，牵连犯其本质应为数罪，“至何以将数罪准于一罪……其理由有谓系基于科刑上之要求，即依并合论罪显不适当；有谓有牵连关系之数罪较无牵连关系之数罪，颇值宽恕；各说之见解略有出入，然而牵连犯之所以规定为数罪并罚之例外，只论其一罪，莫非认为行为人为犯一罪而再犯他罪，实出于不得已，即为达到目的而不择手段，恒为人之常情也”。① 所说理由似也难以令人信服。1974 年的《日本改正刑法草案》、1988 年修订的韩国刑法，均未作牵连犯的规定。我国内地 1997 年修订的刑法，分则某些条文明文规定与该犯罪的牵连犯实行数罪并罚（如刑法第 198 条的规定即是）。这些规定均与《澳门刑法典》的规定相符合。这些情况值得我们反思。至于澳门刑法将一行为触犯数罪名即我们所说的想象竞合犯也作为数罪，则失之不够妥当。尽管关于想象竞合犯的本质有不同学说的争论，但我国内地学者大多主张形式的数罪、实质的一罪说。例如，我国台湾地区学者翁国梁认为，想象竞合犯“此之所谓数罪，系指形式上之数罪而言。所谓形式上之数罪，乃就其犯罪之外形观察，虽构成两个以上相同或不同之罪名，但因其仅有一个犯罪行为，与实质上之数罪有数个犯意及数个犯行者，性质上迥然不同。”② 我国内地学者吴振兴教授明确地说：“笔者赞成想象竞合犯为形式的数罪、实质的一罪的主张，认为此主张较好地反映了想象竞合犯的实际。”③ 1988 年修订的韩国刑法第 40 条规定：“一行为触犯数个罪名时，从一重罪处断。”可见想象竞合犯实质上是一罪，在道理上自然不应按照数罪并罚，在实践上并罚未免失之过于苛酷。所以我们认为，像韩国刑法那样明文规定从一重处断，比较可取。同时我们对澳门刑法将出于同一的或概括的犯意，连续实施数个相同的独立成罪的行为，触犯同一罪名的连续犯，

① 蔡墩铭：《刑法总论》，台湾三民书局 1977 年版，第 266 页。
② 翁国梁：《中国刑法总论》，台湾正中书局 1970 年版，第 188 页。
③ 吴振兴：《罪数形态论》，中国检察出版社 1996 年版，第 62 页。

作为数罪处理，也表示怀疑。尽管日本刑法于 1947 年废除了连续犯的规定，但日本学者和审判实践并未完全否定连续犯。前田雅英教授说："但解释上完全不承认连续犯的观点是不合理的。在一定范围内，将连续的行为包括地作为一罪处理有必要性。判例也就大约四个月之间 38 次违法将麻醉药交付给患者的行为包括地承认一罪（最高法院判决 1957 年 7 月 23 日）。"① 我国内地刑法学者对连续犯是一直持肯定态度。我们认为，连续犯如果按照数罪并罚，不仅要一罪一罪地定罪判刑，有违诉讼经济原则，而且在实体上或者刑罚过于严酷，或者导致放纵罪犯，不利于同犯罪作斗争。从我国内地的审判实践来看，当以承认连续犯为宜。关于对数罪的处罚，因为澳门刑法没有规定死刑和无期徒刑，所以在其数罪并罚规则中没有采取吸收原则。至于限制加重原则、并科原则的具体规定，与我国内地刑法的规定也有所不同。由于这已不是罪数形态问题，而是数罪并罚问题，不属本文论述的范围，这里就不再评论了。

四、余　论

《澳门刑法典》第 29 条（犯罪竞合与连续犯）仅仅规定了数罪与连续犯，而未规定结果加重犯，将结果加重犯于第 17 条（因结果之加重刑罚）加以规定，即："如可科处于一事实之，系因一结果之产生而加重，则必须系有可能以行为人至少有过失而将该结果归责于行为人时，方得加重之。"根据这一规定，澳门刑法理论著作则将结果加重犯置于"犯罪构成要素"一章中论述。与此不同，我国内地刑法没有关于结果加重犯的总则性规定，我国内地刑法理论著作多将结果加重犯置于罪数论部分研究。据此，似应对结果加重犯也加以比较，但考虑到澳门刑法并未将它列入罪数论中，所以本文将它放在余论中略作比较研究。

所谓结果加重犯，是指实施基本犯罪构成要件的行为，发生基本犯罪构成要件以外的重结果，因而刑法规定加重刑罚的犯罪形态。对

---

① ［日］前田雅英：《刑法总论讲义》，东京大学出版会 1996 年第 2 版，第 542 页。

结果加重犯，《澳门刑法典》不仅在总则中作了原则性规定，而且在分则中也有若干具体犯罪规定。根据这些规定：澳门刑法中的结果加重犯具有如下特点：（1）基本犯罪不限于故意犯罪，也可能是过失犯罪，即存在基本犯罪为过失犯罪的结果加重犯。从《澳门刑法典》关于过失犯罪的具体规定来看，其立法上完全效仿德国刑法的模式，即认为过失行为造成一定危险的也可构成犯罪，故不少过失犯罪都有结果加重犯的规定。比如，根据《澳门刑法典》第264条规定，只要过失行为造成火灾、爆炸等事故而对他人之生命、健康造成危险的，即使无伤亡，也可定罪处罚；其次，根据《澳门刑法典》第273条规定，如因过失行为造成上述危险并引致他人伤亡的，则须在原有法定刑基础上加重处罚，这就是因过失构成结果加重犯的情况。①（2）加重结果限于由犯罪过失构成。《澳门刑法典》虽然规定对重结果“至少有过失”，即意味着可以包含故意。但葡萄牙“法律专家认为‘至少有过失’的原意就是只能由过失构成”。②根据《澳门刑法典》刑法分则关于结果加重处罚的规定来看，上述论点是正确的，因为结果加重犯的处罚虽然有所加重，但与故意犯罪相比还是要轻得多，可见是按照过失罪过设定的刑罚。例如，《澳门刑法典》第139条规定，过失伤害致死，处2～8年徒刑，而故意杀人，则处10～20年徒刑，足见此处的致死不可能是出于故意。

我国内地刑法总则虽然对结果加重犯没有一般性规定，但分则中规定的具体犯罪有不少是结果加重犯。在刑法理论中，我国内地学者对结果加重犯作了深入的探讨。通说认为，构成结果加重犯必须具备如下要件：（1）实施了基本犯罪构成要件的行为；（2）产生了基本犯罪构成以外的重结果；（3）刑法规定了比基本犯罪较重的刑罚。对基本犯罪和加重结果的罪过形式，虽然意见不尽相同，但多数意见认为，基本犯罪的罪过形式，主要是故意，但不排除过失；加重结果的罪过形式，主要是过失，但有的犯罪也可能出于故意，例如，我国刑法第263条规定的抢劫致人重伤、死亡的，就是如此。

据上所述，澳门刑法中的结果加重犯与我国内地刑法中的结果加

① 赵国强：《澳门刑法总论》，澳门基金会1998年版，第71页。

② 赵国强：《澳门刑法总论》，澳门基金会1998年版，第73页。

重犯，在基本犯罪的罪过形式和对加重结果规定较重的刑罚上，大体是相同的，但在加重结果的罪过形式上则存在着区别：即澳门刑法规定加重结果只能由过失构成，而我国内地刑法规定的加重结果，对有些犯罪来说，只能是出于过失，对另一些犯罪来说，也可能出于故意。在笔者看来，澳门刑法的规定是可取的。因为作为结果加重犯，对重结果规定了较重的刑罚，这种较重的刑罚应当与重结果和对重结果的罪过形式相适应。而故意的罪过形式重于过失的罪过形式，如果同样作为结果加重犯规定，就没有把两者区别开来，有违罪责刑相适应的原则。因而主张对结果加重犯的重结果的罪过形式最好规定限于过失，对重结果出于故意的，可作为结合犯来规定并相应地较结果加重犯提高法定刑，这才与罪责刑相适应的原则相符合。

我国内地刑法理论在罪数论中，除上述问题外，还研究了其他罪数形态，如继续犯、结合犯、吸收犯等。由于这些罪数形态在澳门刑法理论中没有论述，也就不便进行比较了。

（原载《法商研究》1999 年第 6 期）

第三编

中外刑法史

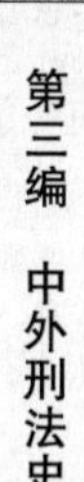

株连考略

十年动乱中，林彪、“四人帮”，为了篡党夺权，疯狂破坏社会主义法制，利用株连手段残酷迫害老一代无产阶级革命家、广大革命干部和群众，造成了擢发难数的冤案、假案和错案。而这都是在“念念不忘无产阶级专政”等貌似革命的口号下进行的，危害极为严重，流毒十分深广，以致林彪覆灭、“四人帮”被粉碎以后，有些人还认不清他们实行的株连的本质。为此，这里拟对株连的立法、司法和“理论”在我国历史上的产生和发展作一简略考察，或许有助于揭露林彪、“四人帮”的封建专制主义和有助于肃清株连的流毒。

株连，即一人犯罪，与罪犯有一定关系的人也连带治罪，连带判刑，好像树木根株互相牵连一样。株连一词，见于《新唐书·酷吏传》：吉温，性阴诡，李林甫恶杨慎矜，委温以狱，“于是慎矜兄弟皆赐死，株连数十族”。株连，古代或叫连坐，或叫缘坐，在我国历史上曾经成为一种法律制度，为历代反动统治者所推行。

在我国古代社会本来是没有“株连”的。《尚书·大禹谟》上说：“罚弗及嗣。”这反映当时罪刑只及于犯人本身，并不连累妻子儿女。从鲧治水不成，被舜放逐而死，并未牵连到他的儿子禹，而且让禹继续负责治水这一事实来看，可见在原始共产社会还没有株连的惩罚方法。株连作为一种刑罚方法最早见于《尚书·甘誓》：“予则孥戮汝”。孥兼指妻子、儿子而言。“孥戮汝”，即把妻子、儿子一并处死。这是禹传位给启，启即位的第二年，有扈氏不服，出兵讨伐他，在“甘”这个地方誓师时说的，并不是当时的成文法。这可以说是后世株连制度的萌芽。后来周武王伐纣时，指出殷纣王的罪状之一是“罪人以族”（《尚书·泰誓上》）。说明商代已有株连的刑罚方法。由此可见，株连是在原始共产社会解体和奴隶制国家产生的过程中出现的。

到了春秋时代，株连已发展成为奴隶制国家的刑事立法。《史记·秦本纪》所载：文公“二十年，法初有三族之罪”，是史书关于株连的刑事立法的最早记录。所谓三族之罪，即罪当夷灭三族。什么是“三族”？解释不尽一致。据《史记·秦本纪》《集解》：“张晏曰：‘父母、兄弟、妻子也’。如淳曰：‘父族、母族、妻族也。”而据《汉书·李陵传》：“于是族陵家，母弟妻子皆伏株。”看来，“三族”当以指父母、兄弟、妻子为是。又据《史记·楚世家》载：灵王十二年春，“鋗人曰：‘新王下法，有敢镶王从王者，罪及三族……’”这说明不独秦国有株连法，当时其他诸侯国也把这一酷刑用刑事立法规定下来。

随着历史的发展，封建制国家代替奴隶制国家之后，新兴地主阶级也继承了奴隶主阶级的株连法，作为维护封建统治镇压农民群众反抗和打击异己力量的武器。为了有效地利用这个武器，他们总结过去的经验，把株连进一步用成文法详细加以规定。战国时魏文侯的老师李悝所著《法经》规定：凡属严重危害封建政权的行为，如盗符、议论国家法令等都要本人处死并“籍其家”，而对越城十人以上更要“夷其乡及族”。这说明封建国家的株连制度，一开始就把其镇压的锋芒主要指向广大劳动人民。

秦孝公时，商鞅带着李悝的《法经》去到秦国，帮助变法。根据《史记·商君列传》，商鞅在变法中制定的株连制度有：(1) 什伍连坐法：“令民为什伍，而相牧司连坐。”五家为伍，十家为什，十家之内，互相监视。发现一家犯罪，其余九家都应揭发，否则都要连带治罪判刑。(2) 收孥法：“事末利及怠而贫者，举以为收孥。”所谓“收孥”，《索隐》解释说：“以言懈怠不事事之人而贫者，则纠举收录其妻子，没为官奴婢。”收孥法和族刑都是株连家属，两者不同的是：族刑大多用于谋反、谋大逆等重罪，受株连的家属都处死刑；而收孥法大多用于较谋反、谋大逆为轻一些的犯罪，受株连的家属则没为官奴婢。嗣后的秦律对株连制度规定更为详细。1974 年湖北云梦睡虎地出土的秦律竹简，给我们提供了宝贵的材料。秦律竹简中不仅规定有家属连坐、邻里连坐，而且规定有职务连坐，即下级官吏犯罪，上级主管官吏连带负刑事责任。秦始皇时，随着阶级斗争的激化，规定适用株连的犯罪日益增多：什么“以古非今者族”（《史记·秦始皇本纪》），“诽谤者族”（《史记·高祖本纪》），“敢有挟书者族”（《汉书·惠

帝纪》张晏注)。人们动不动就要被灭绝三族,终致"天下愁怨,溃而叛之",秦王朝很快被农民大起义的风暴推翻了。

西汉王朝建立之际,刘邦吸取秦王朝灭亡的历史教训,为了争民心,入关时曾与民约法三章,"杀人者死,伤人及盗抵罪,余悉除去秦法"(《史记·高祖本纪》),受到了人民的热烈欢迎。"然其大辟,尚有夷三族之令"(《汉书·刑法志》),收孥相坐律也照样在实行。夷三族之令并规定:"当三族者,皆先黥、劓、斩左右趾,笞杀之,枭其首,菹其骨肉于市。其诽谤詈诅者,又先断舌。故谓之具五刑。"(同上书)在刑罚的残酷性上,较之秦王朝实在有过之而无不及。高后元年,宣布废除三族之罪。文帝二年下诏"尽除收律相坐法"。可是,到文帝后元年,"新垣干谋为逆,复行三族之诛"(同上书)。收孥相坐律何时恢复,史书没有记载,但《后汉书·安帝纪》尚载有"没入官为奴婢者",说明这种株连家属的刑罚方法在汉代并没有根除。

三国时,魏文帝承用秦汉旧律,株连制度实际上也继承下来。这里值得特别提出的,是曹魏改定妇女从坐之律。原来魏法规定:犯大逆者诛及已嫁之女。在夷毋丘俭三族时,俭孙女芝嫁与颍川太守刘子元为妻,按律也应连坐处死。这时司隶校尉何曾使主簿程咸上书给皇帝,请求免除出嫁之女与父母连坐的责任。程咸在上书中说:"男不得罪于他族,而女独婴戮于二门,非所以哀矜女弱,蠲明法制之本分也",因而建议"在室之女,从父母之诛;既醮之妇,从夫家之罚,宜改旧科,以为永制"(《晋书·刑法志》)。朝廷接受了这个建议,于高贵乡公二年下诏改定了族刑连坐的律令。

晋朝对株连制度又有所改革,即革除了妇女从坐的旧制。据《册府元龟》卷六一〇载:"惠帝永康元年,解结为孙秀所害,女适裴氏,明日当嫁而祸起……朝廷遂议革旧制,女不从坐,由结女始也。"怀帝永嘉元年,曾废除了三族之刑。明帝大宁三年,又下诏恢复三族之法,"惟不及妇女"(《晋书·明帝纪》)。免除妇女从坐,在株连制度的改革上,较之曹魏免除已嫁之女的连坐,又前进了一步,是很值得称道的。梁武帝时,梁律规定:"其谋反、降叛、大逆以上皆斩,父子同产男无少长皆弃市,母妻姊妹及应从坐弃市者,妻子女妾同补奚官为奴婢"(《隋书·刑法志》),较之晋朝免除妇女连坐者为严厉。北魏孝文帝之前,不仅对大逆不道,"诛其门籍",而且对私自复仇、私养沙门师巫也都滥用株连。针对这种情况，孝文帝决定改革株连制度。延兴四年下诏说："自今以后，非谋反、大逆、干纪、外奔，罪止其身而已。"（《魏书·高祖纪上》）延兴诏书对适用株连法的犯罪加以限制，自是一种进步；可是，太和五年修成新律，"凡八百三十二章，门房之诛十有六"（同上书），关于株连的条款还是相当繁多的。

隋文帝开皇之初，更定新律（即开皇律），废除前朝惨苛的刑罚，刑政比较宽平。新律规定："惟大逆、谋反叛者，父子兄弟皆斩，家口没官。"（《隋书·刑法志》）开皇六年，下诏废除孥戮相坐之法。但是，到了晚年，刑政也逐渐归于严峻。开皇十五年，下诏："盗边粮一升以上皆斩，并籍没其家。"（《隋书·高祖纪下》）炀帝在位后期，为了镇压农民起义，乃更立严刑，大业九年下诏："为盗者籍没其家。"（《隋书·刑法志》）可是，事与愿违，严刑峻法的暴虐统治，反而导致"群盗大起"、"百姓怨嗟，天下大溃"，促成了隋王朝的灭亡。

唐初统治者以隋朝的覆亡为殷鉴，尽削隋律的烦峻之法，对株连之刑有所减轻。《唐律》同前代相比，（1）减少了适用株连的犯罪：《唐律》规定适用株连的犯罪，只限于谋反大逆、谋叛、不道（杀一家三人、造畜蛊毒）等三种严重罪行；（2）对适用株连的对象分别情况处以不同的刑罚：并非一受株连，都处死刑，而是按照血缘关系的远近，分别处以死刑、流刑或没为官奴婢；（3）规定了免除连坐的情况：具备一定条件如年老、笃疾、废疾等，免除连坐。但株连对象的范围还是很广的，如《唐律》谋反大逆条规定："诸谋反及大逆者皆斩，父子年十六以上皆绞；十五以下母女妻妾（子妻妾亦同）、祖孙兄弟姊妹若部曲资财田宅，并没官；男夫年八十及笃疾、妇人年六十及废疾者并免；伯叔父兄弟之子，皆流三千里，不限籍之异同。"这里连带处罚的对象，就包括：（1）祖父，（2）父母、伯叔父，（3）妻妾、兄弟、姊妹，（4）子和子的妻妾、女、兄弟之子，（5）孙。上下共五代人。

宋朝因袭《唐律》，制定《宋刑统》，株连法也基本上与《唐律》相同，无须多述。明朝开国之初，参照《唐律》，制定《明律》。如同《唐律》一样，《明律》对谋反大逆、谋叛、不道都规定了连坐之制，但处刑较《唐律》为重。如《明律》谋反大逆条规定："凡谋反及大逆但共谋者，不分首从，皆凌迟处死；祖父、父、子、孙、兄、弟及

同居之人不分异性，及伯叔父、兄弟之子不限籍之异同，年十六以上，不论笃疾、废疾、皆斩；其十五以下，及母、女、妻、妾、姊妹若子之妻妾，给付功臣之家为奴，财产入官。”两相比较，可以看出，除对罪犯本人处死方法不同外，株连之刑，《明律》也比《唐律》严厉得多：（1）《唐律》只有父、子年十六以上处死；而《明律》除父、子外，祖父、孙、兄弟、伯叔父、兄弟之子，年十六以上，都处死刑；（2）《唐律》男子八十、笃疾、妇女六十、废疾，都免于连坐；而《明律》合于连坐规定的，虽有笃疾、废疾，也不免连带被处斩刑。

清朝入关之后，根据《明律》，参酌时宜，制定《大清律》，以后屡经修订，内容稍有增减。由于阶级矛盾和民族矛盾的尖锐，清律中的刑罚比明律规定得更重，对适用株连的犯罪也规定得更多。按照清律，除谋反大逆、谋叛、不道等罪规定缘坐外，对奸党、交结近侍官员、反狱、邪教等罪也都规定了缘坐。不仅如此，清王朝还把劳动人民聚集山泽，反抗封建统治的行为，在清律中定为重罪（谋叛），规定“其拒敌官兵者，以谋叛已行论”，对实施这种“犯罪”的，不分首从皆斩，家口缘坐，财产入官。对谋反大逆罪，在《条例》中规定更为严厉的株连之刑：“其子孙讯明实系不知谋逆情事者，无论已未成丁，均交内务府阉割，发配新疆等处给官兵为奴……”他们妄想以此来镇压反抗清王朝的农民起义。可是，反抗清王朝的农民起义却更加汹涌澎湃，彼伏此起。清朝末年，封建社会已走到山穷水尽的地步。为了挽救自己的摇摇欲坠的腐朽统治，他们酝酿变法，欺骗人民。这时，有识之士提出废除缘坐的建议。德宗皇帝接受了这个意见，于光绪三十一年谕令“缘坐各条，除知情者仍治罪外，余悉宽免。”（《清史稿·刑法志》）至此，中国刑律中的株连酷刑遂告废止。

纵观我国历史上株连的刑事立法，可以看出，株连的刑事立法是同社会的政治斗争特别是阶级斗争的形势紧密相联的。当阶级斗争缓和、社会比较安定，株连之刑就规定得较轻，甚至加以废除；而当阶级斗争激烈，社会动乱不已时，株连之刑就规定得很重。然而愈是加强株连的刑事立法，愈是加剧封建社会的矛盾，甚至加速封建王朝的崩溃。这可以说是一条不以人的意志为转移的客观规律。

如果说从株连的刑事立法发展史，可以看到株连制度的残酷性，那么，从株连法的实际执行在我国历史上的发展，可以更清楚地看到反动统治者怎样运用株连法对劳动人民和异己力量的血淋淋的镇压。

远在株连的刑事立法制定之前，株连在实际生活中就已出现了。这在前面论述株连的起源时已经谈到。秦文公二十年（公元前746年），秦国制定株连的刑事立法之后，秦武公三年（公元前695年），“诛三父等而夷三族”（《史记·秦本纪》），说明了三族之诛的刑罚在司法实践上的执行。春秋时期，在其他诸侯国也有实行株连之刑的记载。如公元前669年，“晋士蔿使群公子尽杀游氏之族”（《左传·庄公二十五年》）。公元前515年，楚令尹子常“尽灭郤氏之族党”，“九月己未，子常杀费无极与鄢将师，尽灭其族”（《左传·昭公二十七年》）。诸如此类，不胜枚举，说明株连之刑的执行在各诸侯国已屡见不鲜。根据史书记载，当时执行株连之刑最多的是秦国。商鞅帮助秦国制定连坐之法，可是，作法自毙，他自己也没有逃脱株连之刑。《史记·商君列传》载：“秦惠王车裂商君以徇，曰：‘莫如商鞅反者’！遂灭商君之家。”至秦始皇时，株连之刑更为广泛。如秦始皇九年，长信侯嫪毒发动政变失败，除嫪毒本人被杀外，“卫尉竭、内史肆、佐弋竭、中大夫令齐等二十人皆枭首。车裂以徇，灭其宗。及其舍人，轻者为鬼薪。及夺爵迁蜀四千余家”（《史记·秦始皇本纪》）。株连之广，实在骇人听闻。秦始皇三十六年，发现东郡一块陨石上刻有“始皇帝死而地分”字样，由于抓不到作案人，便按邻里连坐法，“尽取石旁居人诛之”（同上书），不知多少人无辜被杀。秦二世篡夺帝位之后，更加疯狂地推行株连法，相连坐者不可胜数。曾为秦始皇丞相的李斯，也受到腰斩于市并夷三族的酷刑，造成了“赭衣塞路，囹圄成市”的恐怖局面。秦朝统治者妄想用包括株连在内的严刑峻法来制止人民的反抗，然而愈是滥用刑罚，不论有罪无罪，都连带受刑，人民的反抗就愈是激烈。因为反抗是死，不反抗也是死，与其坐以待毙，不如起而反抗，可能还有出路。这样包括株连在内的酷刑就完全失去了刑罚本来的作用。马克思说：“不论历史或是理性都同样证实这样一件事实：不考虑任何差别的残酷手段，使惩罚毫无结果，因为它消灭了作为法的结果的惩罚。”① 秦王朝实行株连酷刑的结局，再一次证实了

① 见《马克思恩格斯全集》（第1卷），第139～140页。

马克思的科学论断。

汉朝初年，虽曾一度废除过株连法，然而株连的实施比秦王朝还要残酷。刘邦在位时，对韩信、彭越夷三族，使之历受五种刑罚，谓之“具五刑”。这在我国史书上是仅见的。汉武帝时，农民起义蓬勃兴起，汉王朝为了镇压农民起义，特设“通行饮食”的罪名，凡给起义农民以通行和饮食的人，就要与起义者同罪处以死刑。《史记·酷吏列传》载：朝廷“以法诛通行饮食，坐连诸郡，甚者数千人”。王温舒为河内太守时，“捕郡中‘豪猾’，相连千余家……大者至族，小者乃死……至血流十余里”（《汉书·酷吏传》）。可见汉王朝对农民起义的镇压是多么残暴。另一方面，统治者对自己内部的叛乱，也不放松用株连法加以惩治。汉武帝元狩元年，淮南王安、衡山王赐谋反，自杀，“凡二狱所连引列侯二千石豪杰死者数万人”（《通鉴纲目》卷四）。此后，汉王朝对危及自己封建统治的犯罪，一直实行着广泛株连的酷刑。到东汉后期发生的几起大案，株连都十分严重。如桓帝延熹年间，名士张俭得罪宦官侯览，侯览使人诬告张俭谋反，张俭被迫逃亡，在逃亡中，很多人“破家相容”，结果都遭受株连，“其所经历，伏重诛重者以十数，宗族并皆殄灭，郡县为之残破”（《后汉书·党锢列传》）。又如灵帝时大兴党狱，杀李膺、范榜等一百多人，禁锢六七百人，大学生被捕一千余人，而且，凡是党人五服以内的亲属以及门生、故吏、父子、兄弟有职者全部免官禁锢。这种大规模的株连，直闹到汉朝灭亡为止。

汉魏之际、魏晋之际，株连法还被用以作为排除异己、夺取政权的武器。汉献帝建安年间，为了巩固自己的权位，曹操先后把反对他的车骑将军董承、太中大夫孔融、卫尉马腾、丞相司直韦晃、少府耿纪、太医令吉平等杀掉，并且都“夷三族”或“夷其族”。魏嘉平元年，为了夺取权力，司马懿用灭族的酷刑杀戮曹氏集团中人。他借口曹爽同名士何宴等谋反，“于是收爽、羲、训、晏、飏、谧、轨、胜、范、当等，皆伏诛，夷三族”（《三国志·曹爽传》）。南北朝到隋朝，株连之刑愈演愈烈。北魏太武帝时，司徒崔浩因修国史事被揭发，“真君十一年六月诛浩。清河崔氏无远近、范阳卢氏、太原郭氏、河东柳氏，皆浩之姻亲，尽夷族”（《魏书·崔浩列传》）。这里不仅崔氏被灭族，而且他的三家姻亲也都被株连受到灭族的酷刑。到了隋朝末年，为了维护自己的反动统治，隋炀帝不仅在刑律上，而且在司法实践上疯狂地加强株连之刑。《唐六典·注》：炀帝“末年严刻，生杀任情，不复依例。杨玄感反，诛九族，复行轘裂枭首，磔而射之”。①所谓九族，历来有不同的解释。《尚书·尧典》孔颖达传：“上自高祖，下至玄孙，凡九族。”王应麟《小学绀珠》谓：九族指，“外祖父、外祖母、从母子、妻父、妻母、姑之子、姊妹之子、女子之子、己之同族”。不论依何种解释，都可看到，九族之诛，株连是何等广泛！其实，诛九族，在《大业律》中本是没有规定的，但为了镇压敌对力量，什么成文法，都践踏在脚下。“生杀任情，不复依例”，道出了封建主义的残暴本质。九族之诛，在株连的广泛上创造了历史的最高记录。

唐朝初年，鉴于隋代严刑峻法之失，用刑较轻。当时唐律中虽然也规定有株连之法，但在实际上却很少适用，及至武则天称帝以后，情况就发生了变化。她以女王临朝称制，深恐人心不服，欲以威制天下。为了维护自己的统治，她对唐朝宗室和旧臣，采取了严厉的镇压措施。广泛采用株连之刑，也就成为她的镇压手段之一。到垂拱四年，唐朝宗室诸王相继诛死殆尽，“其子孙年幼者咸配岭表，诛其亲党数百余家”（《旧唐书·则天皇后本纪》）。《新唐书·刑法志》评论说：“其毒虐所被，自古未之有也。”武则天统治时期，可以说是唐朝株连之刑最滥的时期。

历史发展到明朝，株连之刑又被封建帝王用做杀戮功臣，加强专制的武器。而且株连范围之广，十分惊人。洪武十三年，朱元璋以通倭谋反的罪名，杀了左丞相胡惟庸，“词所连及坐诛者三万余人……株连蔓引，迄数年未靖”（《明史·胡惟庸传》）。洪武二十六年，太子太傅兰玉被控谋反，“狱具，族诛之。列侯以下坐党夷灭者不可胜记”，“于是元功宿将相继尽矣”（《明史·兰玉传》）。及至明成祖以“靖难”之名，夺取了政权，株连之刑自然成为他手中对付异己力量的工具。成祖夺取政权后，命方孝孺（曾任建文帝的侍讲学士）为他起草登极诏书，遭到拒绝。成祖一怒下诏诛灭方孝孺十族。九族之外，“乃及朋友门生廖镛、林嘉猷等为一族并坐，然后诏磔于市，坐

① 转引自程树德：《九进律考·隋律考》。

死者八百七十三人，谪戍绝徼死者不可胜计”（《明史记事本末，壬午殉难》）。据郑晓《建文逊国臣记》载：景清（曾任建文帝的御史大夫）谋刺成祖未成，成祖“族其家，又命籍其乡，转相攀染，谓之瓜蔓抄，村里为虚”。封建统治集团内部的异己力量，所受株连之刑尚且这样广泛，这样残酷，被压迫的劳动人民遭受株连残害的程度，也就可以想见了。

清朝是文字狱最为严重的朝代，而清代株连之刑的适用在文字狱中也最为突出。如康熙二年庄廷鑨案：庄廷鑨因所修《明史辑略》，书中多处触犯清朝忌讳，被认为大逆不道，构成大狱。当时庄廷鑨已死，戮其尸，诛其弟廷钺，旧礼部侍郎李令皙曾作序，伏法受诛，并株连及他的四个儿子。有个叫李尚白的，听说阊门书坊有此书出售，派仆人前往购买，恰好书商外出，仆人即在书坊邻居朱姓家中等待，结果李尚白以购买逆书罪名立斩，书贾及仆人皆斩首，姓朱的邻居因年过七十免死，偕同其妻发往极边。江浙许多名士如潘柽、吴炎等亦株连被杀。“是狱也，死者七十余人，妇女并发边。”（《满清野史续编·康雍乾间文字之狱》）株连之广，令人瞠目。这还不过是清朝许多文字狱中的一个案例，康、雍、乾三朝，屡兴大狱，株连受者成千累万，充分暴露了封建专制主义的黑暗、残酷。

株连法执行的历史告诉我们：株连既是封建统治者镇压劳动人民的武器，也是惩治封建阶级内部异己力量的工具，统治者不仅依照法律规定适用株连，而且也常在法律之外随意适用株连。封建专制主义是残暴的、野蛮的。株连法执行的历史就是最好的证明。

我国古代典籍如《尚书》、《左传》等虽然有株连刑罚方法的记载，但关于建立株连制度的理论说明都付阙如。最早从理论上说明建立株连制度的必要性的，是法家商鞅和韩非。

商鞅是积极主张实行株连法的。他说：“守法守职之吏有不行王法者，罪死不赦，刑及三族。”为什么要实行“刑及三族”之法呢？理由是“重刑，连其罪，则民不敢试”（《商君书·赏刑》）。这是威吓主义的刑罚理论。它认为刑罚的目的是威吓人们不敢实施犯罪。为了使刑罚的威吓能够发生实际效果，刑罚应该具有最大的残酷性，而族刑、连坐法在刑罚体系中是最残酷的刑罚方法，所以，加重刑罚，实行连坐，可以威吓人们不敢实施犯罪。人们不敢实施犯罪，就可以不用刑罚了，这就叫做“以刑去刑”。法家思想之集大成者韩非也是主张株连之刑的。他进一步指出：“然则去微奸之道奈何？其务令之相规（窥）其情者也。然则相窥奈何？曰：盍里相坐而已。禁尚（倘）有连于己者，理（里）不得不相窥，惟恐不得免。有奸心者不令得作，窥者多也。如此，则慎己而窥彼，发奸之密，告过者免罪受赏，失奸者必株连刑。如此，则奸情发矣。奸不容细。私告任坐使然也。”（《韩非子·制分》）如果说商鞅是从刑罚的一般预防着眼，用残酷的株连之刑威吓人们不敢实施犯罪来说明采用株连的理由；那么，韩非则是从连坐可以造成人们之间相互监视的状态，以制止或揭发人们实施犯罪行为来说明采用株连的理由。商鞅和韩非的这些言论就是历代封建统治者制定和推行株连法的理论根据。这是问题的一个方面。

另一方面，株连之制很早就受到较有远见的地主阶级思想家的反对。在封建社会初期，面对“罪人以族”的暴政，孟子针锋相对地提出“罪人不孥”（《孟子·梁惠王下》）作为“王政”的一项基本内容。战国末期荀子从理论上论证了“以族论罪”的错误。他指出：（1）“以族论罪”，对犯人的刑罚超过犯罪，是“乱世”的做法；（2）“一人有罪而三族皆夷”，其结果必然是虽有像舜那样好的品德，也同样要受到刑罚，很不合理；（3）“以族论罪”是造成社会动乱的一个根源，“虽欲无乱，得乎哉！”（《荀子·君子》）在两千多年以前，荀子能用罪与刑相当的思想反对三族之诛，应当说是很有见地的。

此后，对应否采用株连法，在统治阶级内部长期都存在着争论。

首先汉文帝元年，在汉文帝同有关大臣之间，对应否废除株连法发生了意见分歧。这年十二月，汉文帝准备废除收孥相坐律，他下诏书说：“法者，治之正也，所以禁暴而率善人也。今犯法已论，而使毋罪之父母妻子同产坐之，及为收孥，朕甚不取。”他认为法律是治理天下的准则，目的是为了制止暴乱，引导人民向善。如果一个人犯了罪，依法处理以后，还要让他们的父母、妻子、儿女和弟兄连坐，一起判罪，就不符合法律的目的。因此，他让有关大臣议论修改。可是这个意见遭到有关大臣的反对。他们认为还是不变为好，理由是“民不能自治，故为法以禁之。相坐坐收，所以累其心，使重犯法。所从来远矣”。实行连坐，将罪犯的亲属和犯人一起判罪，就会使人们内心恐惧，不敢轻易犯法。这还是威吓主义的刑罚理论。汉文帝不听这些，立即批驳说：“朕闻法正则民悫，罪当则民从。且夫牧民而导之善者，吏也。其既不能导，又以不正之法罪之，是反害于民为暴者也。何以禁之？朕未见其便，其孰计之。”（《史记·文帝本纪》）在汉文帝看来，株连之制是不合理的法令，用这种法令进行惩罚，是促使人们从事暴乱，又怎么能禁止人们犯罪呢？因之，他要有关大臣考虑修改。有关大臣只好听命。这样反对株连法的主张取得了暂时的胜利，虽然，不久就又恢复了株连之刑。

其次，在汉昭帝时召开的盐铁会议上，御史大夫同贤良文学们对株连问题又展开一次激烈争论。御史大夫是坚决主张株连酷刑的，他论证应该实行株连的理由说：“一室之中，父兄之际，若身体相属，一节动而知于心。故自今关内侯以下，比地于伍，居家相察，出入相司，父不教子，兄不正弟，舍是谁责乎？”他把家庭成员之间的关系，比做身体各部分之间的关系。说什么动哪一部分心里都知道，所以应当互相监督。既然父兄不能教育、规劝子弟，犯了法就应当实行株连。贤良文学们是坚决反对株连法的，他们驳斥御史大夫说：《春秋》中说，儿子有罪而抓他的父亲，臣有罪而抓他的君主，这是判案者最大的错误。现在的法令，因为儿子犯罪就杀他的父亲，弟弟犯罪就杀他的哥哥，亲戚、邻居都牵连有罪，好像拔树根连带花和叶，伤了一个小指而连带四肢一样，“如此，则以有罪诛及无罪，无罪者寡矣”。贤良文学们以古论今，深刻揭露了株连的危害。于是御史大夫又拿出威吓主义的刑罚理论为实行株连辩护，说什么一个人由于知道干违法的事一定要被处罚，并会连累他的父兄也会有罪，他就会害怕而去做好事。所以实行株连酷刑，“则民畏忌而无敢犯禁矣”。贤良文学们更以严酷的历史批驳了御史大夫的谬论。他们正确地指出：“……政宽则下亲上，政严则民谋主；晋厉以幽，二世见杀”（《盐铁论·周秦》），怎么能说严刑峻法就没有违禁犯罪的人呢？确凿无误的历史事实批驳得御史大夫哑口无言。在株连盛行的历史条件下，贤良文学们旗帜鲜明地提出深刻、正确的反对意见，尽管它是从维护封建统治者的根本利益出发的，但在我国政治法律思想史上，还是应该加以肯定的。

在封建社会以后发展的进程中，株连制度仍不时受到统治阶级中有识之士的反对和抨击。

南北朝北魏孝文帝时，曾制定有罪徙边者一人逃亡合门充役的连坐法。光州刺史崔挺表示反对。他上书论证株连的不当说：“若一人有罪延及阖门，则司马牛受恒魋之罪，柳下惠婴盗跖之诛，岂不哀哉！”（《文献通考》卷一六八）这虽是针对脱逃连坐法而发的，实际上揭露了所有株连制度的弊端，具有普遍的意义。

明朝中叶，文渊阁大学士丘濬在他的《大学衍义补》中，对株连法进行了激烈的抨击。他说：“……三族之法，罪及于妻子同产，夫以一人之有罪，而其妻子固无罪也，况一族乎？父之族同一气脉之相传，且犹不可，又况于母族妻族乎？是人家以一女子适人之故，而累及其一家一族，无辜至于绝宗殄祀；若推其类而至于义之尽，则生女可以不举矣。使家家皆惩之而不举，则人类不几绝乎？”（《大学衍义补》卷113）他把株连法的严重危害，尖锐地提了出来：株连酷刑推行的结果，人类恐怕就要灭绝了。议论精辟，发前人之所未发，在对株连法的批判上，可以说是作出了新的贡献。

到了封建社会晚期，阶级斗争十分尖锐，国内国外矛盾重重。为了谋求出路，“先进的中国人，经过千辛万苦，向西方国家寻找真理”。① 这时，西方资产阶级“刑罚止于一身”的民主思想传入中国，于是有志改良刑政者利用这一思想武器，提出了废除缘坐的建议。光绪三十一年（1905年），修订法律大臣沈家本在《删除律例内重法摺》中，即将缘坐列为亟应删除的最重刑罚之一。他在奏摺中指斥缘坐的弊害说：“一案株连，动辄数十人。夫以一人之故而波及全家，以无罪之人而科以重罪”，实在是“不正之法，反害于民”。因此，他建议应依近世各国“刑罚止及一身”的主张和“罪人不孥”的古训，“将律例缘坐各条除知情者，仍治罪外，其不知情者，悉予宽免”。光绪皇帝接受了沈家本的建议，反对株连的思想，随着社会的发展，终于在历史上取得了胜利。

从关于株连的理论的历史发展中，可以清楚地看到，株连在封建社会也是极不得人心的，甚至在统治阶级内部也遭到较有见识的思想家和政治家的反对和抨击。反对株连的思想理论终于取得胜利，不是偶然的，这是社会发展、人类进步的必然结果。

从以上的简略考察中，我们能够作出什么结论呢？（1）株连是奴

① 见《毛泽东选集》（第4卷），第1406页。

隶主统治者、封建统治者维护其专制统治的工具；（2）株连是极为残酷、极为野蛮的刑罚，株连的历史是由无辜者的鲜血写成的；（3）株连是以威吓主义的刑罚理论和客观归罪为其理论基础的，它同社会主义刑法原则是格格不入的。这就是我国历史上的株连的本质特征。林彪、“四人帮”在“念念不忘无产阶级专政”等口号下所实行的株连，就是从我国奴隶社会、封建社会那里学来的。他们像古代反动统治者一样，利用株连残酷迫害妨碍他们篡党夺位的老一代无产阶级革命家和广大人民。株连之广，用刑之惨，使历史上最残暴的帝王也为之逊色。不仅如此，他们还把株连运用到社会生活的许多方面，肆无忌惮地破坏社会主义法制，给中国人民造成了巨大灾难。这充分说明，他们所讲的“无产阶级专政，那是最腐朽、最黑暗的封建法西斯专政”。① 而由于我国封建社会的历史很长，封建专制主义的法律思想影响仍然存在；再加上林彪、“四人帮”给株连披上“无产阶级专政”的革命外衣，使人不易清楚地看出它的反动本质。所以，虽然这些丑类覆灭了，但株连的流毒却还有待肃清。因此，我们必须彻底批判林彪、“四人帮”所推行的封建专制主义，彻底揭露株连的封建主义反动本质，为肃清株连的流毒，健全社会主义法制而进行不懈的斗争。

（原载《武汉大学哲学社会科学论丛（法学专辑）》1979年12月）

① 叶剑英：《在庆祝中华人民共和国成立三十周年大会上的讲话》。

论贝卡里亚的刑法思想①

贝卡里亚（Cesare Beccaria，1738～1794年）是意大利著名刑法学家和刑事古典学派的创始人。1764年他的成名之作《论犯罪与刑罚》，被认为是现代刑法理论的奠基著作。他在这部不朽的著作中提出的一系列刑法原理，为后来西方大陆法系国家的刑事立法和刑法理论奠定了基础。下面拟从刑法的基本原则、犯罪理论、刑罚理论三方面对他的刑法思想加以论述。

一、关于刑法的基本原则

贝卡里亚所处的那个时代，犯罪和刑罚笼上了浓重的宗教色彩，罪刑擅断、刑罚残酷、惩罚的任意性以及身份刑法同社会文明的进步形成鲜明的对比，要求变革刑法的呼声也日趋强烈。在这样的形势下，贝卡里亚提出了后来为现代刑法制度所确认的三大原则，即罪刑法定原则、罪刑相适应原则和刑罚人道化原则。

（一）罪刑法定原则。贝卡里亚极力反对封建社会的罪刑擅断主义，主张罪刑法定主义。他认为刑法应当是成文法，什么是犯罪和对该犯罪应处以什么刑罚，都必须事先由法律加以规定，只有法律才能规定犯罪与刑罚。他说："只有法律才能确定一个人在什么情况下应受刑罚。"② 为了避免法律用语的含混不清，将人们变成捉摸不定的法律随意操纵的对象，他主张，法律用语应当明确、通俗，只有这样，一部公共神圣的法律典籍，才不会变成一本家用私书。只有"了

① 本文与宋建立合作撰写。

② 贝卡里亚：《论犯罪与刑罚》，中国大百科全书出版社1993年版，第17页。

解和掌握神圣法典的人越多，犯罪就越少。因为，对刑罚的无知和刑罚的捉摸不定，无疑会帮助欲望强词夺理。”① 在法律的解释权上，他坚决反对法官拥有解释法律的权利，而只有立法者才是惟一、合法的解释者。立法者根据全社会的总体利益规定人们可以做什么和不能做什么，法官根据法律判断行为实际上是怎样的，即对某一行为是否符合法律作出单纯的肯定或否定，法官无权过问行为应当怎样，惟一的使命就是判定公民的行为是否符合成文法律。立法者也无权判定行为是否触犯了法律，法官也只能在法律规定的范围内判定行为是否符合法律，超越法律滥施刑罚，都不再是一种正义的刑罚。

（二）罪刑相适应原则。贝卡里亚认为刑罚的本质就是痛苦，它之所以施加于犯罪人身上，是为了防止可能对社会造成更大的危害，且认为，刑罚也应控制在必要的限度之内，否则，就是多余的，是对社会的新侵害。如何精确地确定刑罚量，达到既要维护社会的秩序，又要不能剥夺或限制公民的自由的目的，他说：“犯罪对公共利益的危害越大，促使人们犯罪的力量越强，制止犯罪的手段就应该越强有力，这就需要刑罚与犯罪相对称。”②“罪刑对称”是贝卡里亚刑事政策思想的核心，它包含三层含义。

第一层含义就是指刑罚的轻重应与犯罪危害的大小相适应。他写道：人们“能找到一个由一系列越轨行为构成的阶梯，它的最高一级就是那些直接毁灭社会的行为，最低一级就是对于作为社会成员的个人所可能犯下的、最轻微的非正义行为。在这两极之间，包括了所有侵害公共利益的，我们称之为犯罪的行为，这些行为都沿着这无形的阶梯，从高到低顺序排列”。③ 犯罪阶梯的建立为人们对不同的犯罪采取相应不同的对策奠定了基础，自然“很需要有一个相应的、由最强到最弱的刑罚阶梯”，④ 有了这两个阶梯，就可以对危害较重的犯罪处以较重的刑罚，对危害较轻的犯罪处以较轻的刑罚，实现“罪与刑的对称”。他说，如果对两种不同程度地侵犯社会的犯罪处以同等

① 贝卡里亚：《论犯罪与刑罚》，中国大百科全书出版社 1993 年版，第 15 页。
② 贝卡里亚：《论犯罪与刑罚》，中国大百科全书出版社 1993 年版，第 65 页。
③ 贝卡里亚：《论犯罪与刑罚》，中国大百科全书出版社 1993 年版，第 66 页。
④ 贝卡里亚：《论犯罪与刑罚》，中国大百科全书出版社 1993 年版，第 66 页。

的刑罚，那么人们就找不到更有力的手段去制止实施能带来较大好处的较大犯罪了。他打比方说，对打死一只山鸡、杀死一个人或伪造一份重要文件的行为同样适用死刑，就抹杀这些罪行之间的区别，在人们心目中就会造成与其犯轻微犯罪会受到严厉的惩处，不如犯严重的犯罪的变异心态，刑罚的威慑作用同样成了一句空话。

第二层含义是指刑罚的种类与犯罪的性质相适应。刑罚所剥夺的利益应当是犯罪所追求或侵害的利益，应当针对犯罪人所追求的不同利益设置不同的刑种。对于走私犯罪的刑罚应当是“没收违禁品和随行财物，这是对走私者极为公正的刑罚”；① 对于盗窃犯的刑罚应当是“即在一定的时间内，使罪犯的劳作和人身受公共社会的奴役，以其自身的完全被动来补偿他对社会公约任意的非正义践踏”；② 对于那些在盗窃活动中增加了暴力行为的强盗，刑罚应当是“身体刑和劳役的结合”；对于那些想从痛苦中获取荣耀和精神给养的狂热之徒不能适用身体刑，讥笑和耻辱却是行之有效的，这种刑罚用观众的高傲约束狂热者的妄自尊大。

第三层含义是指刑罚也应从实施刑罚的方式上与犯罪相适应。贝卡里亚认为“刑罚不但应该从强度上与犯罪相对称，也应从实施刑罚的方式上与犯罪相对称”。③ 刑罚是因犯罪行为而带给犯罪人的一种痛苦，这种痛苦正是通过犯罪人的“肉体感受性”来达到抑制犯罪人的犯罪行为的目的，他把罪刑对称视为使刑罚发挥最佳效益的策略。如何使具有“易感性”的刑罚发挥更大的社会效益，那么就必须注意刑罚的方式。“公开惩罚那些容易打动人心的较轻犯罪的刑罚，则具有这样一种作用，它在阻止人们进行较轻犯罪的同时，更使他们不可能去进行重大的犯罪。”④ 相反，如果公开惩罚那些被大部分人看做是与己无关的和不可能对自己利益发生影响的重大犯罪，则只会被视为是表演，而起不到刑罚的作用。

---

① 贝卡里亚：《论犯罪与刑罚》，中国大百科全书出版社 1993 年版，第 80 页。

② 贝卡里亚：《论犯罪与刑罚》，中国大百科全书出版社 1993 年版，第 78 页。

③ 贝卡里亚：《论犯罪与刑罚》，中国大百科全书出版社 1993 年版，第57～58页。

④ 贝卡里亚：《论犯罪与刑罚》，中国大百科全书出版社 1993 年版，第 57 页。

（三）刑罚人道主义原则。贝卡里亚从刑罚的人道主义出发，对封建社会的严刑苛罚作了猛烈的抨击。他指出："纵观历史，目睹由那些自命不凡、冷酷无情的智者所设计和实施的野蛮而无益的酷刑，谁能不怵目惊心呢……目睹某些具有同样感官、因而也具有同样的欲望的人在戏弄狂热的群众，他们采用刻意设置的手续和漫长残酷的刑讯，指控不幸的人们犯有不可能的或可怕的愚昧所罗织的犯罪，或者仅仅因为人们忠实于自己的原则就把他们指为罪犯，谁能不浑身发抖呢?"① 贝卡里亚主张刑罚应当宽和，一种正确的刑罚，它的强度只要足以阻止人们犯罪就够了。只要刑罚的惩罚后果大于犯罪所带来的好处，刑罚就收到了它的效果，除此之外一切都是多余的，因而也是野蛮的。他指出，严峻的刑罚造成这样一种局面：罪犯所面临的恶果越大，也就越限于规避刑罚。为了摆脱对一次罪行的刑罚，人们会犯下更多的罪行。刑罚最残酷的国家和年代，往往就是行为最血腥、最不人道的国家和年代。严酷的刑罚，不但违背了公正和社会契约的本质，而且会造成有害结果，即不容易使犯罪与刑罚之间保持实质的对应关系，导致犯罪不受处罚或犯下更多的罪行。

二、关于犯罪理论

在贝卡里亚的那个时代，犯罪是道德评价的范畴，道义责任成了刑事责任的基础。罪孽、意图均成了衡量犯罪的标尺，思想犯这种缺乏客观基础的犯罪，限制了人们的言行，制约着人们的自由。而以贝卡里亚为代表的新兴资产阶级强烈要求自己的财产权利、人身自由以及他们所创建的生产方式和生活方式得到国家的保护，要求刑法彻底摆脱宗教观念和封建政治伦理观念的束缚，实现自身的独立。在犯罪理论上，他提出了一系列观点，现分述如下：

（一）客观主义的犯罪论。所谓客观主义，指是否构成犯罪，对犯罪罪行的评价都只能以客观的事实为标准，在衡量犯罪的标准问题上，贝卡里亚主张客观主义或事实主义。他认为衡量犯罪的标准是行为人的行为使社会遭受的危害，而不是行为人的犯罪意图。他指出：

① 贝卡里亚：《论犯罪与刑罚》，中国大百科全书出版社 1993 年版，第 40 页。

"我们已经看到，什么是衡量犯罪的真正标尺，即犯罪对社会的危害。"① 量刑也应根据犯罪行为的客观危害程度来决定，刑罚的轻重应以行为对社会危害的大小为标准来确定。他坚决反对意图（即一个人的内心邪恶）是衡量犯罪的标尺。他写道，有人认为：犯罪时所怀有的意图是衡量犯罪的真正标尺，看来他们错了。因为，这种标尺所依据的只是客观对象的一时印象和头脑中的事先意念，而这些东西随着思想、欲望和环境迅速发展，在每个人身上都各不相同。如果那样的话，就不仅需要为每个公民制定一部特殊的法典，而且需要为每次犯罪制定一条新的法律。有时候会出现这样的情况，最好的意图却对社会造成了最坏的恶果，或者，最坏的意图却给社会带来了最大的好处。一个人内心邪恶，如果没有实施外部的危害行为，他是不可能对社会造成危害的。至于宗教的罪孽能否成为衡量犯罪的标准，他指出：罪孽的轻重取决于叵测的内心堕落的程度，除了借助启迪之外，凡胎俗人是不可能了解它的，因而，怎么能以此作为惩罚犯罪的依据呢。他强调衡量犯罪时，考虑的应当是犯罪对公共利益的侵害。

（二）关于犯罪的主观方面。贝卡里亚在"关于债务人"一章（《论犯罪与刑罚》第三十二章）中认为，故意破产者和无辜破产者在受刑罚处罚上应加以区别，不能一概而论，应该着重考察行为人的主观方面，即行为人在主观上是否存在故意、严重过失、轻微过失和完全无辜这四种情况中的一种。他认为，应该将1. 故意和过失相区别。过失构成的犯罪应处以比故意犯罪稍轻的刑罚；2. 严重过失和轻微过失相区别。他认为，对于严重过失的犯罪除处以较轻的刑罚外，还应剥夺其自由；3. 过失和完全无辜区别开来。他论述道，对于完全无辜的破产者应当为其保留选择恢复元气的方法的权利，如果破产的原因是由于他人的作恶或不仁或是人的谨慎所无法避免的不测风云，就没有必要将其投入监狱，否则就是野蛮的、毫无理由，而过失破产者仍然不能摆脱债权人的控制，并应承担相应的刑罚后果。在"关于债务人"一章中论及的故意和过失只是贝卡里亚针对当时惩罚破产者一概而论的不公正性而闪现的思想火花，并未隐含着上升到犯罪构成

① 贝卡里亚：《论犯罪与刑罚》，中国大百科全书出版社1993年版，第67页。

理论的高度，但这一思想的火花，为今后人们建立完整的、系统的犯罪构成理论体系奠定了基础。

（三）关于犯意外化的行为、既遂。贝卡里亚认为，法律不惩罚犯意。法律只惩罚犯意客观外化的行为，即使犯意刚开始表露为行为时，也要处以比实施该犯罪达到既遂时要轻的刑罚。这表明贝卡里亚已经注意到对犯意外化的客观行为的处罚与对既遂行为处罚要加以区别，对前者要轻，后者要重，区别处罚的意义就在于能引起行为者的后悔。他说："针对已遂犯罪的较重刑罚就可以促使人们悔罪。"①

（四）关于共犯。贝卡里亚认为，如某一犯罪中有共犯多人，但并不都是犯罪的直接实施者，那么，对他们的刑罚也可以有区别。②也就是说，对直接实施者处罚要重，对非直接实施者处罚要轻。他特别强调指出，在共同犯罪中对冒着巨大风险分享较多报酬的实施者处罚比一般实施者要重。理由是：既然他获得了一份较大的报酬，那么对他的刑罚也应当相应增加。增加对此类人的刑罚是为了体现法律的公正性和预防性，一方面，是因为此类犯罪人甘愿冒巨大的风险，说明其社会危害性较重，理应承担较重的刑罚；另一方面，对此类人处罚较重，能尽可能少地促成犯罪同伙之间的团结，减少因共同结伙犯罪对社会造成的危害。

（五）关于犯罪的分类。从《论犯罪与刑罚》一书中，我们可将贝卡里亚关于犯罪分类的划分可归结为两类：1. 从总则上的分类，可将犯罪分成两类：（1）是包括杀人罪在内的一些罪大恶极、凶残的犯罪；（2）是罪行较轻的犯罪。2. 从分则上的分类，可将犯罪分为三类：（1）是直接毁坏社会或社会代表的犯罪，如叛逆罪；（2）是从生命财产或名誉上侵犯公民个人安全的犯罪，如杀人、盗窃、侮辱罪等；（3）扰乱公共秩序或公民安宁的犯罪，即指公民违反公共利益要求的应做和不应做的事情的行为，这是一类较轻的犯罪，相当于资本主义国家刑法中所称的"违警罪"。

① 贝卡里亚：《论犯罪与刑罚》，中国大百科全书出版社 1993 年版，第 40 页。
② 贝卡里亚：《论犯罪与刑罚》，中国大百科全书出版社 1993 年版，第 40 页。

三、关于刑罚理论

欧洲大陆法系国家在封建社会末期，各种社会调节手段还没有形成层次分明、功能互补的有序的体系，并且刑罚极为残酷。针对这种情况，贝卡里亚以资产阶级的政治学、哲学、伦理学思想为基础，要求刑法应彻底摆脱宗教观念和封建伦理观念的束缚，提出了一系列有关刑罚原则、刑罚的人道化、刑罚权的根据、刑罚的目的等富有创造性的刑罚变革理论。

（一）刑罚权的根据。所谓刑罚权的根据，指统治阶级根据什么拥有刑罚处罚犯罪的权力。在贝卡里亚之前，存在着“神意”说，即认为统治阶级之所以拥有刑罚权，是神的旨意。贝卡里亚则用卢梭的社会契约论来说明国家刑罚权的根据。他认为刑罚权是基于人们相互缔结的契约而产生的。在他看来，人们原来为你争我夺的战争所困扰，自由得不到保障，于是缔结契约，让出各自的部分自由，以便能享受剩下的部分自由。也就是说，每个人为了能够享有人身自由和安全，就互相缔结契约，将自己的一小部分自由交给社会的统治者，由统治者处罚违反契约的犯罪人。“这一份份最少量自由的结晶形成惩罚权。”① 由此，他认为，凡是超过这个根据（即各个所让出的很少一部分自由的总和）行使刑罚权的，都是刑罚权滥用，因而是不公正的，无需服从。

（二）刑罚的目的。贝卡里亚以启蒙思想为指导，承认刑罚是有目的的，他指出：“刑罚的目的既不是摧残一个感知者，也不是要消除业已犯下的罪行……刑罚的目的仅仅在于，阻止罪犯重新侵害公民，并规诫其他人不要重蹈覆辙。”② 有的学者认为贝卡里亚的刑罚目的论是双面预防的理论，即刑罚具有一般预防的功能，还具有特殊预防的目的。而有的学者则认为贝卡里亚实际上只主张一般预防，通过刑罚造成犯人痛苦来阻止他人犯罪。我们认为，贝卡里亚也谈到了特别预防，但他强调的是一般预防，他对“如何预防犯罪”作了专章

① 贝卡里亚：《论犯罪与刑罚》，中国大百科全书出版社 1993 年版，第 9 页。
② 贝卡里亚：《论犯罪与刑罚》，中国大百科全书出版社 1993 年版，第 42 页。

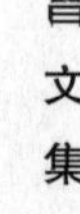

论述，提出预防犯罪比惩罚犯罪更高明，要想预防犯罪，就应该把法律制定得明确和通俗，使人们了解法律，知道违反法律将要受到痛苦惩罚的恶果，造成人人畏惧法律并且仅仅畏惧法律。此外，他还从其他方面论述了对犯罪的预防，表现了他对预防犯罪的重视。

（三）刑罚的地位。刑罚在预防犯罪中究竟占什么地位？贝卡里亚认为，刑罚在预防犯罪方面是必要的、重要的，但不是主要的。人们为实现预防犯罪的目的，可以运用或不运用刑罚，也可以这样运用或那样运用刑罚。刑罚并非预防犯罪的惟一方法。他指出，预防犯罪，除了应将法律制定得明确、通俗，使法律的执行机构注意遵守法律而不腐化外，更主要的是奖励美德，改善教育。贝卡里亚的这种刑罚并非是主要的预防犯罪方法的观点，对后世的影响是深远的。随着人们认识的提高，意识到犯罪的原因是多种多样的，是受经济的、社会的、自然环境、人的生理需求等方面影响。因此，要预防犯罪，就必须查找犯罪的根源，调动社会各方面的力量，采取惩罚、教育、奖励、改造等各种手段来综合治理。

（四）刑罚的原则。贝卡里亚讲刑罚效益，在他的刑法理论中就如何发挥刑罚的功能，取得最佳的效果所必须遵循的原则做了简要的阐述。

1. 刑罚的公开性原则。贝卡里亚认为，只有法律规定的公开、刑罚执行的公开，才能真正起到刑罚的威慑作用。

2. 刑罚的及时性原则。贝卡里亚指出，犯罪与刑罚之间的时间隔得越短，在人们心中，犯罪与刑罚这两个概念的联系就越突出、越持续，因而，人们就自然地把犯罪看做起因，把刑罚看做犯罪的必然结果。犯罪能否得以及时惩罚影响到刑罚效果的实现。他认为，犯罪一经发生，社会即刻作出惩罚性反应，将犯罪者迅速控制起来，其再犯意念便失去了外化为再犯的时间条件，刑罚剥夺或限制再犯能力的功效便显现出来。

3. 刑罚的必定性原则。即犯罪一定要受刑罚处罚。贝卡里亚指出："对于犯罪最强有力的结束力量不是刑罚的严酷性，而是刑罚的必定性……即便是最小的恶果，一旦成了确定的，总令人心悸。"①

① 贝卡里亚：《论犯罪与刑罚》，中国大百科全书出版社1993年版，第59页。

要想充分发挥刑罚的积极作用，必须做到有罪必罚，使一切犯罪都不能逃避刑罚的制裁。

4. 刑罚的谦抑性原则，又称刑罚的经济原则。所谓刑罚谦抑性，即指以最少量的刑罚投入，获得最大的经济效益和社会效益。贝卡里亚认为，刑罚只有在不得已的时候才适用，能不处刑的就不要处刑，能不用重刑的就无必要用重刑。

5. 刑罚的适度性。贝卡里亚认为，一种正确的刑罚，它的强度只是足以阻止人们犯罪就够了。只要刑罚的恶果大于犯罪所带来的好处，刑罚就可以达到它的效果。刑罚的严厉程度，一定意义上体现着国家对某些犯罪行为的否定评价力度。刑罚过轻，国家对犯罪的否定力度不足，犯罪者会认为犯罪之“得”大于受刑之“失”，从而助长犯罪；但刑罚过重，刑罚的威慑功能看似得到了充分发挥，但其消极影响却会随之增大。同时，过重的刑罚超出了保护社会利益的量的必要，因而有悖公正原则和等价观念，刑罚的一般预防功能也失去了其赖以存在及发挥作用的社会基础。所以刑罚不能畸轻畸重，必须做到适度、平稳。

6. 刑罚的法定性。所谓法定性，即指法律没有规定的刑罚，法官就不准使用。贝卡里亚指出，任何司法官员都不得以“热忱和公共福利”为借口，不按照法律规定定罪处罚。

（五）关于刑罚的种类。贝卡里亚认为犯罪是多种多样的，对付犯罪的刑罚应当与犯罪的性质相适应，因此，刑罚的种类也应该是多样的，主要有：

1. 死刑。贝卡里亚并不主张无条件地彻底废除死刑。他认为在两种情况下，死刑是必要的：第一，当一个人被剥夺了自由以后，他还拥有某种联系和某种力量，影响着这个国家的安全；或者他的存在可能会在既定的政府体制中引起危险的动乱；再者，当一个国家陷入无政府状态或正在恢复秩序时，这时混乱取代了法律，因而处死某些公民就变得必要了。第二，处死他是预防他人犯罪的惟一的防范手段。除以上这两种情况之外，在正常的社会条件下，死刑超越了社会防卫的必要限度，因而说，它是非正义的和不必要的。他指出死刑存在许多弊端：(1) 死刑的威吓是多余的。只要刑罚的恶果大于犯罪所带来的好处，刑罚就可以发挥其效用。任何额外的刑罚都是非正义

的。(2) 死刑容易引起旁观者对受刑人的怜悯。他指出，由于死刑执行的残酷性，使死刑的威慑作用降低，却带来了围观者对受刑人的同情，因此，在大部分人眼里，死刑只不过是一种表演而已。(3) 死刑的影响是暂时的。他认为对人类心灵产生较大影响的，不是刑罚的强烈性而是刑罚的延续性，处死罪犯尽管可怕，但只是暂时的。(4) 死刑具有纵容人类流血，树立残暴榜样的作用。他认为，体现公共意志的法律憎恶并惩罚谋杀行为，而自己却在做这种事情，它阻止公民做杀人犯，却安排了一个公共杀人犯，这是一种荒谬的现象。以暴行镇压暴行，只会造成暴行的恶性循环。

2. 没收财产。贝卡里亚认为没收财产这种刑罚主要适用于财产性犯罪中，根据犯罪的程度，可分别给予剥夺全部、剥夺部分、不予剥夺三种不同的处置。若在财产性犯罪中使用暴力的，还可以使用身体刑。

3. 驱逐。贝卡里亚认为驱逐主要针对违反公共安宁或公共秩序的人使用，既可驱逐出地区，也可驱逐出国家。他指出，"对于那些被指控犯有凶残罪行的人，如若只是有重大嫌疑，但还确定不了他们就是罪犯的话，看来应该将他们驱逐。"①

4. 耻辱刑。指使犯罪人感受到耻辱的一种刑罚。主要是针对那些从别人痛苦中获取荣耀和精神给养的一类犯罪人，对这类犯罪不适用痛苦的身体刑，相反，讥笑和耻辱却是行之有效的。耻辱刑的执行有鞭打、戴枷示众、强制劳动等方式。使用耻辱刑的原则，贝卡里亚认为有三条：(1) 耻辱刑不能适用于轻的犯罪；(2) 耻辱刑不能频繁使用，因为如果过于频繁使用耻辱刑，反而会削弱威慑力；(3) 耻辱刑不应当适用于一大批人，如果耻辱刑一次施用于一大批人，大家都被羞辱就等于谁也不羞辱了。

此外，刑罚的种类还有身体刑、苦役、监禁等。

(六) 关于时效。贝卡里亚主张应当建立时效制度。他指出法律应该为犯人的辩护和查证犯罪确定一定的时间范围，以便与刑罚的及时性相联系。如果不在法律上限制辩护时间和查证犯罪的时间，那么，这种制度上的缺陷就有可能导致被追诉人无限期地被追诉，造成

① 贝卡里亚：《论犯罪与刑罚》，中国大百科全书出版社 1993 年版，第 52 页。

众多冤假错案的出现。如果确定时效的长短，贝卡里亚指出：法律应根据犯罪的轻重程度缩短或延长时效时间。也就是说，罪行重的，时效规定应该长一些；反之，就应该短一些，时效的长短应与犯罪的轻重成正比。然而，对于凶残的犯罪，事实确凿的在逃犯，不应规定时效。

（七）关于恩赦。贝卡里亚主张刑罚的必定性，即犯罪必定受刑罚处罚，他反对恩赦。他从社会契约论的角度指出：有些人免受处罚是因为受害者方面对于轻微犯罪表示宽大为怀，这种做法是符合仁慈和人道的，但却是违背公共福利的。“受害的公民个人可以宽免侵害者的赔偿，然而他难道也可以通过他的宽恕同样取消必要的鉴戒吗?!使犯罪受到惩罚的权利并不属于某个人，而属于全体公民，或属于君主。某个人只能放弃他那份权利，但不能取消他人的权利。”① 他认为，在过去的混乱制度下，因为法律荒诞离奇，刑罚严酷，仁慈和宽恕就变得必要了。但随着社会文明程度的提高和刑罚变得日益宽和，恩赦反而会带来一系列的副作用：1. 如果让人们看到犯罪可能受到宽恕，或者刑罚并不一定是犯罪的必然结果，那么就会煽惑起犯罪不受处罚的幻想；2. 恩赦会使人感到刑罚不是正义的伸张，而是强暴。

贝卡里亚由于受孟德斯鸠、洛克、卢梭等启蒙思想家刑法思想的影响，深刻地揭露了旧的刑法制度的蒙昧本质，并依据人性论和功利主义的哲学观点分析了犯罪和刑罚的基本特征，明确提出了后来为现代刑法制度所确认的三大刑法原则，即罪刑法定原则、罪刑相适应原则和刑罚人道主义原则。不足之处，从刑法学体系上看，还未建立起一个完整的体系。从其理论基础上看，也未摆脱以社会契约论这一虚幻的理论为其理论基础。但是，他的刑法思想毕竟对后世刑法理论的发展产生了深远的影响。

（原载《武汉大学学报》（哲学社会科学版）1997 年第 1 期）

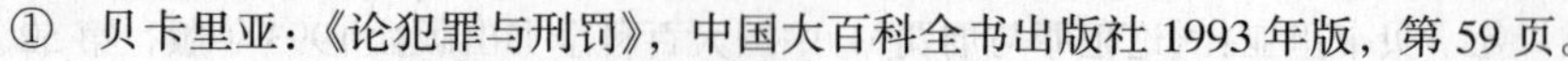

① 贝卡里亚：《论犯罪与刑罚》，中国大百科全书出版社 1993 年版，第 59 页。

刑法中行为理论发展述略

行为论在刑法理论中占有重要地位。刑事古典学派创始人贝卡里亚 1764 年在其名著《论犯罪与刑罚》中指出："没有列入上述阶梯（按，指刑罚阶梯）中的行为，不能称为犯罪"，揭示了"无行为则无犯罪"的原则，但他的著作还没有对行为展开论述。即使在被誉为"刑法学之父"的费尔巴哈的体系中，也难以找到行为的定义。

最早重视刑法中的行为的，是黑格尔。黑格尔认为，犯罪是一种"不法行为"，而不是单纯主观意志。只有意志，没有行为，绝对不能构成犯罪。所谓行为是主观意思的客观化。他说："主观的或道德的意思的外化是行为。"由于他最早对刑法中的行为加以研究，因而德国学者拉德布路赫（Radbruch）称黑格尔为"刑法的行为概念之父"。但给予行为概念在刑法学上以重要地位的，还是黑格尔的刑法学的弟子们，其中影响最大的，是黑格里亚纳（Hegelianer）。黑格里亚纳的行为概念由于重视行为意思的主观归责论，因而行为性的确定几乎与故意的有责的态度相等。但他与黑格尔的行为概念仍然有所不同。黑格尔的行为概念仅仅预定是故意的态度，黑格里亚纳的行为概念以认识结果发生的盖然性这种形式，介入行为意思而给过失犯以基础；然而他对无认识过失仍然不能解释。为了克服这种行为概念的缺陷，于是德国学者拉德布路赫的行为理论应时而生。

拉德布路赫的立场是最彻底的自然主义的立场。他根据因果的行为概念，使故意行为与过失行为统一于行为获得成功。在他看来，行为是意思与行动的因果关系，因而行为概念的标志有三，即意思、行动及其间的因果关系。这种行为理论虽然解决了过失行为的行为性问题，但不能论证不作为是行为。因为身体的不作为与积极的结果发生之间没有因果关系，不仅如此，不实施行为的意思与积极的结果之间也没有因果关系。这样，犯罪论就成了基于作为的行为与基于不作为的非行为的二元的体系。由于存在如此缺点，所以自1904年达德布路赫发表其《刑法体系中行为概念的意义》重要论文以来，刑法理论中关于行为概念的议论一直处于不平静的状态。一方面一些学者继续坚持自然的行为论，如著名刑法学家李斯特在1919年出版的其代表作《德国刑法教科书》中，仍然认为“行为系由于人之有意的举动对外界的变更”；另一方面一些学者别创异说，反对自然的行为论。

由于自然的行为论不能解释不作为的行为性，于是德国学者威尔哲尔（Welzel）、韦伯（Weber）等出而主张目的的行为论。威尔哲尔1930年发表其《因果关系与行为》的论文，开始提出目的的行为论的基本思想。他以新康德哲学为方法论的基础，与当时居于通说地位的规范主义刑法理论告别，以存在论为基础，建立以目的的行为论为中心的新刑法理论。1951年发行其目的的行为理论专著《刑法体系的新模式——目的的行为论序说》初版，在书中第一章“行为概念”里，一开始便阐明目的的行为概念。他说：“人的行为，是目的活动的实行。所以，行为是‘目的的’现象，而非单纯的‘因果的’现象。行为的‘目的性’，即行为具有目的，指人以关于因果法则的知识为基础，在一定范围内预见由于自己的活动可能发生的结果，并依此设定种种目标，有计划地指导向达成此目标的活动。”接着论述了行为的基本构造、刑法规范之前的行为，批判了因果的行为论，并答复了因果的行为论对目的的行为论的批评。第二次世界大战后，由于威尔哲尔的大力提倡，且得到玛拉哈（Maurach）、尼塞（Niese）等的积极支持，目的的行为论在德国一度成为有力的理论，但这种理论也遭到一些学者的反对。批评者指出，目的的行为概念对故意犯的行为虽然能够作出恰当的说明，然而用以说明过失犯的行为确有困难，因为过失行为并无刑法上的违法目的。在这种情况下，遂有社会的行为论出而纠正它的失误。

社会的行为论也出现在20世纪30年代，由德国学者谢密特（E.Schmidt）所首倡，得到恩利西（Engisch）、迈耶（Mayer）等学者的赞同而确立。1932年谢密特在修订李斯特的《德国刑法教科书》中，明确提出了社会的行为论。主张“在刑法学上，不得将行为认定为‘生理学的现象’而在自然科学的观点下加以研究，必须将其行为

认定为‘社会的现象’而在对于现实的社会作用上加以研究”。从这种行为论的观点来看，行为是对社会的外界的有意的态度，它是法律上的观念，不是自然科学上的观念，一方面承认它是“因果的实现”，另一方面需了解其与社会价值关系的联系，无论是故意的或非故意的，作为或不作为的，只要是人的有意识的社会举动，都可能是刑法上的行为。这一理论还得到麦合化（Maihofer）等著名学者的支持，现在在德国已居于通说的地位。但一些学者也对它提出批评，指责它使行为受到双重评价，并致行为概念不能发挥界限的机能。

纵观行为理论在德国的发展，可以看到德国学者在行为理论研究上作出的卓越贡献。

日本在20世纪20～30年代，刑法学上的行为理论多采自然的行为论。如著名新派刑法学者牧野英一在其1916年初版1939年重订的《日本刑法》中，认为“行为是基于意思发动的人的举动。须有两个要件：其一是作为主观要件的意思的发动（意识的作用），其二是作为客观要件的一定的举动（外界的动作）”。综合主义刑法学者久礼田益喜在1925年出版的《日本刑法总论》中主张：“所谓行为是给外界带来变状的基于意思的动止”，意思活动、结果、因果关系是行为必须具备的三个特征。著名旧派刑法学者泷川幸辰在1929年出版的《刑法总论》中一再说明，“行为是基于行为者的意志的态度的全体”，“行为包含由决心经过意志表现至结果发生的所有事项”。由此不难看出，自然的行为论在当时日本刑法学的行为理论中居于通说地位。第二次世界大战后，这种行为论虽为很多学者所抛弃，但仍有一些学者继续采用。例如植松正1974年出版的再订《刑法概论Ⅰ总论》，仍根据自然的行为论给行为下定义，指出“所谓行为是作为意志发动的身体的意识的运动或静止”。不过，这种观点在日本毕竟呈现着日益减少的趋势。

日本刑法理论受德国刑法理论很大的影响。德国刑法理论出现目的的行为论和社会的行为论之后，在日本都得到强烈的反响。

德国学者威尔哲尔的目的的行为论专著1960年的第4版由福田平等译成日文，译名为《目的的行为论序说——刑法体系的新样相》，他也就成为目的的行为论的支持者。此外，木村龟二、平场安治等学者也都采这一行为理论。木村龟二在其1959年初版1984年增补版的

《刑法总论》中写道："目的（的）行为论意义上的行为概念是妥当的。在这个意义上，所谓行为应当解释为实现被预见的结果的意识的、目的的动作。"平场安治不仅在其《刑法总论讲义》中采用目的的行为论，而且发表论文如《刑法中的行为概念与行为论的地位》(1951年)、《行为的目的性——目的的行为论序说》（1960年）等，从目的的行为论的观点对刑法中的行为进行研究。随后，将有关论文汇集成书，题名为《刑法中的行为概念的研究》于1966年出版，成为在日本的目的的行为论的专著。

德国学者提倡的社会的行为论在日本也得到一些学者的赞同。如西原春夫、大谷实都以社会的行为论观点为依据解释行为的概念。西原春夫在其1978年的《刑法总论》中说："所谓行为，从本书的立场看，指人的外部的态度。如在内容上详述之，指由意思支配可能的具有某种社会意义的运动或静止。"大谷实在其1986年《刑法总则讲义》中说："所谓行为是基于人的意思支配可能的身体的外部态度(动静)，按照一般人的经验被认为有社会意义者。"他强调为了成为行为，必须人的外部态度具有某种社会的意义。此外，米田泰邦根据社会的行为论的观点发表一系列长篇论文，如《刑法的行为概念之条件》(1963年)、《作为法概念的行为》（1968年)、《主观的目的的行为论与体系的行为概念》（1971年）等，研究行为理论，于1986年将有关论文汇辑成书，以《行为论与刑法理论》为书名出版，全书分为八章，对刑法中的行为进行了比较全面的探析。他采实质的社会的行为概念，认为"所谓行为是基于人（含法人等团体）的态度为一般人预见支配可能的范围的社会现象（社会影响的惹起)"。本书是一本有分量的著作，它使日本对行为理论的研究引向深入。

日本学者不是单纯地接受德国学者所创立的各种行为理论，而是对这些行为论均有所发展。不仅如此，他们还创建了新的行为论——人格的行为论。人格的行为论是以行为者人格的主体的现实化的身体动静为刑法上行为的学说，系日本著名刑法学者团藤重光所首创。1957年团藤教授在其初版《刑法纲要（总论)》中说："人的身体动作与其背后的其人的主体的人格态度相结合，被认为其人的人格的主体的现实化的场合——只有这样的场合——才认为是行为。"1974年在该书的改订版中，他又继续强调："行为是作为行为者人格的主体的现实化的生动活动，具有生物学的基础和社会的基础。”在团藤看来，主体的人格态度，不限于以“作为”的形式体现，也可能以“不作为”的形式体现；并且不仅限于故意，即使轻视规范的“主体的人格态度”而基于过失者，亦可认为是行为。1983 年日冲宪郎、大塚仁分别发表《人的行为概念》、《关于人格的行为论》的论文，对团藤的行为理论给予支持。但这种理论也受到一些学者的批评。中山研一教授就认为“人格的主体的现实化”这一概念的内容，特别是确定行为性界限的具体标准，是最大的问题。

日本学者就刑法中的行为问题发表了大量的论文，涉及的范围极为广泛，甚至对不作为以及不纯正的不作为都发表不少论文乃至专著，如 1978 年出版了堀内捷三的《不作为犯论》、1979 年出版了日高义博的《不纯正不作为犯的理论》等，使日本刑法学界对行为理论的研究日益深化。

新中国成立初期，主要学习前苏联的刑法理论，当时对刑法中的行为几乎没有什么研究。1979 年《中华人民共和国刑法》公布后，各种刑法教材不断问世，论文的发表也日益增多，但各种教材对刑法中的行为或叫危害行为，或叫犯罪行为，给行为所下定义，大多与自然的行为概念相近似。如 1982 年出版的高等学校法学试用教材《刑法学》中说：“一般地讲，行为就是表现人的意识和意志的外部动作……我国刑法所指的行为是表现人的意识和意志，在客观上危害社会并为刑法所禁止的行为。”上述一般行为的定义，近似自然的行为概念；刑法所指的行为的定义，则近似犯罪的概念。1987 年大专法学试用教材《刑法教程》中说：“犯罪行为是犯罪主体有意识、有意志的行为，是主体主观意识和意志的客观表现。”上述对行为的解释也与自然的行为概念相差无多。而且刑法教材对行为的论述一般篇幅不大，各种行为学说大多鲜有涉及，专门研究刑法上行为的论文也比较少见。可以看出，我国刑法学界对行为理论的研究还是薄弱环节。我所指导的博士研究生熊选国同志在学习过程中，有感于刑法中行为理论的重要和我国对此研究的欠缺，以勇于开拓的精神，决定选择“刑法中行为论”作为自己博士论文的题目，孜孜矻矻穷年，始行脱稿。论文在吸收前人研究成果的基础上，对刑法中的行为从概念、学说、地位、作用、分类、阶段到单复，作了比较全面深入的论述，不囿成见，大胆探索，文风朴实，不乏新意。在以杨春洗教授为主席的论文答辩会上，与会专家给予了肯定的评价，同时提出了一些有益的意见。选国同志分配到最高人民法院后，根据专家意见，对论文作了认真修改。在高法研究室和人民法院出版社的关怀下，论文行将付梓，我国刑法学在行为理论研究上的不足，可望得到适当弥补。闻讯之下，不胜欣喜。同时感到它毕竟是一个青年学子的起步成果，疏漏在所难免。因而寄语作者能不以有成而自满，不以疏漏而自馁，兢兢业业，奋进不息，无畏险阻，勇攀高峰，庶不负领导和前辈的厚望，是为序。

（原载《当代法学》1992 年第 3 期）

中外共同犯罪理论的发展

共同犯罪是一种复杂的社会现象，它比个人单独犯罪对统治阶级具有更大的社会危害性。为了便于同这种犯罪现象作斗争，各国刑法都有关于共同犯罪的规定。但是在理论上对共同犯罪进行专门研究的著作，还是到近代才出现。

德国是出版共同犯罪专著最早的国家。1860 年德国刑法学者布黎（Buri）出版了《共犯与犯罪庇护的理论》，提出了主观主义的共犯论，主张应当以行为的目的——利益的差别，探求共同正犯与从犯的区别。1890 年德国刑法学者毕克迈耶（Birkmeyer）出版了《德国最高法院的共犯与裁决的理论》，提出了客观主义的共犯论，主张以因果关系论中的原因说为基础，说明共同正犯与教唆犯、从犯的区分。两种不同的共犯理论的提出，在刑法学界产生了广泛的影响。以后德国刑法学者发表了不少关于共同犯罪的论文或专著，形成行为共同说与犯罪共同说、共犯独立性说与共犯从属性说的长期对立和争论，至今未获解决，以至有的学者感叹："共犯论是德国刑法学上最黑暗而混乱的一章。"

日本对共同犯罪的研究，不亚于德国。1909 年日本著名刑法学者牧野英一发表了《共犯的基础观念》一文，提出了因果关系的拓宽与因果关系的延长的论点，用以阐明横的共犯与纵的共犯的不同特征，受到不少刑法学者的赞同。1932 年刑法学者草野豹一郎发表了《刑法改正草案与从犯的从属性》一文，提出了共同意思主体说，为日本审判实践中早已存在的共谋共同正犯的见解提供了理论根据。这一观点在日本刑法学界引起了激烈的争论。第二次世界大战后，1952 年植田重正出版了《共犯的基本问题》，1954 年齐藤金作出版了《共犯理论研究》。齐藤的专著对主观的共犯论、客观的共犯论、共同意思主体说——进行了分析和评价，表明了支持共同意思主体说的立场。20 世纪 50 年代末，相继出版了大塚仁的《间接正犯研究》(1958 年)、齐藤金作的《共犯判例与共犯立法》(1959 年)，显示了对共同犯罪理论研究的注意。60 年代，日本刑法学界对共同犯罪问题的研究更为重视，这方面出版了不少专著和论文集。其中影响较著者有：西村克彦的《共犯论序说》(1961 年)、《共犯理论与共犯立法》(1962 年)，西原春夫的《间接正犯理论》(1962 年)，中义胜的《间接正犯》(1963 年)，齐藤金作六十诞辰论文集《现代共犯理论》(1964 年)，西村克彦的《共犯的分析》(1966 年)。诚如共同犯罪理论专家西村克彦所说："这段时间里，共犯理论获得了大丰收。"1975 年下村康正出版了《共谋共同正犯与共犯理论》专著，系统地论述了共谋共同正犯理论，对之给予了充分的肯定。80 年代，日本刑法学者对共同犯罪的研究更深入一步，除了论文集之外，特别注重专著的出版。1981 年大越义久出版了《共犯的处罚根据》，逐一评述了责任共犯说、社会的完全性侵害说、行为无价值惹起说、纯粹的惹起说与修正的惹起说，阐明了自己赞成修正的惹起说的理由。1982 年西田典之出版了《共犯与身份》，以身份概念为中心，论述了围绕德国刑法第 50 条的理论，批判地检讨了构成的身份、加减的身份的区别，提出了自己对日本刑法第 65 条的解释。1987 年佐伯千仞出版了《共犯理论的源流》，收录了作者早年发表的关于共同犯罪的论文，同时收录了中义胜等学者的评论。日本刑法学者对共同犯罪的研究付出了巨大努力，在不少方面取得了可喜的进展；但是仍然存在很多争论的问题没有解决，因而中义胜在评论中说："认为'共犯论是绝望之章'，确实不足为怪。"

前苏联建国后，在社会主义建设过程中，对共同犯罪的研究逐步引起关注。建国初期，苏联刑法学者以马克思主义为指导，在刑法教科书中对共同犯罪进行了论述，围绕共犯从属性观点进行了争论和批评。20 世纪 30 年代，维辛斯基就共同犯罪问题提出了一系列错误观点，在司法实践中造成了很大危害。1941 年苏维埃著名刑法学者 A·H·特拉依宁出版了《共同犯罪论》——苏维埃刑法科学史上研究共同犯罪的第一部专著，被誉为"是 50 年代末期以前这方面惟一有价值的著作"。在这些年里，还发表了 B·高里吉涅尔、A·拉普捷夫、B

·A·孟沙金、B·C·乌捷夫斯基等学者关于共同犯罪问题的论著。1956年对维辛斯基在共同犯罪问题上的错误观点进行了公正的批判。60年代以后，苏联刑法学者进一步开展了对共同犯罪的研究，出版了一批有影响的专著。1960年、1962年M·U·克瓦廖夫先后出版了《共同犯罪》的第一部分和第二部分，1968年巴依姆尔津出版了《牵连行为的责任》，1969年布尔恰克出版了《苏维埃刑法中的共同犯罪学说》，1974年捷利诺夫出版了《共同犯罪的责任》。苏联刑法学者用主客观相统一的观点对共同犯罪的概念进行了科学的分析，在共同犯罪形式的研究上给予了较多的注意，将牵连行为（预先未通谋的隐匿、不检举和纵容）作为共同犯罪的专门问题予以阐述，表现了苏联刑法学者关于共同犯罪理论研究的特点。

中华人民共和国成立后，我国刑法学者就对共同犯罪的研究给予了一定的注意。1957年李光灿同志出版了《论共犯》一书，这是新中国第一本关于共同犯罪的著作，随后又于1981年再版。1986年吴振兴同志出版了《论教唆犯》，1987年李光灿等同志出版了《论共同犯罪》，林文肯等同志出版了《共同犯罪理论与司法实践》。两年内有三本共同犯罪理论著作问世，显示了我国刑法学者对共同犯罪问题的关注。

1988年初，高铭暄教授的第一届博士研究生陈兴良同志撰写了博士论文《共同犯罪论》，随后送我评审，我得以较早地阅读了这本专著。这本专著以马克思主义为指导，广泛地吸取了已有的研究成果，从我国的实际情况出发，对共同犯罪进行了系统而全面的研究。规模宏大，构思精密，材料丰富，内容充实。对存在的争论不仅如实地加以介绍，而且一一加以评析，表示了自己的独立见解。不少观点，发前人之所未发，表现了作者的开拓精神。尽管个别看法尚有可议之处，但将本书放在共同犯罪理论著作发展史上来考察，可以看出，这是一本发展了前人研究成果、对共同犯罪理论作出贡献的力作。我为陈兴良同志写出体大思精的著作感到由衷的高兴。在本专著行将出版之际，特应作者函约，欣然命笔，乐为作序。

（原载《法学评论》1990年第3期）

第四编 其他

略论《古今图书集成》

《古今图书集成》是我国现存最大的类书。同其他类书相比，它具有许多明显的优点，同时也有着大量的甚至严重的错误。本文从它的编印、特点、功用和讹误四个方面略加论述。

《古今图书集成》编纂于清康熙、雍正年间。当时正是清王朝向上发展时期。爱新觉罗福临于 1644 年（顺治元年）在北京建立清政权后，由于社会日趋稳定，经济逐渐恢复，清王朝的文化政策措施，这时也就提到日程上来了。

“所有一切压迫阶级，为了维持自己的统治，都需要有两种社会职能：一种是刽子手的职能，另一种是牧师的职能。”① 清朝统治者为了维持自己的封建统治，他们在实行血腥镇压的同时，还对汉族地主及其知识分子实行笼络的政策与玩弄“稽古右文”的把戏。1678 年（康熙十七年）清政府宣布在北京开设博学鸿词科，罗致天下名士；并且购求遗书，编纂群籍。从 1679 年（康熙十八年）到 1722 年（康熙六十一年），先后敕撰经、史、子、集各类图书三十余种。如《康熙字典》（康熙五十五年敕撰》，《明史》（康熙十八年敕撰），《佩文韵府》（康熙四十三年敕撰），《渊鉴类函》（康熙四十九年敕撰），《骈文类编》（康熙五十九年敕撰），《全唐诗》（康熙四十六年敕撰），就是这一时期编撰的著名图书。现存最大的类书《古今图书集成》也是这一时期编纂的。如同《康熙字典》等图书一样，它也是清王朝笼络知识分子和实行“稽古右文”政策的产物。

《古今图书集成》，题“蒋廷锡奉敕恭校”，《清史稿·艺文志》著录“蒋廷锡等奉敕撰”，实际上系陈梦雷所纂辑，蒋廷锡只是稍加润

① 见《列宁选集》（第 2 卷），第 638 页。

色增删编定而已。

陈梦雷，字则震，福建闽侯县人。① 1651 年（顺治八年）生，1670 年（康熙九年）登进士，授翰林院编修。1673 年（康熙十二年）返闽省亲。次年耿精忠起兵叛乱，幽挚梦雷，胁受伪官。梦雷托言有病，辞不受职。“三藩之变”平定后，为人诬告，被逮议罪，几遭不测。1682 年（康熙二十一年）圣祖特旨减死，谪戍奉天。陈梦雷学识渊博，在谪戍奉天时，士人执经问业的，络绎不绝。并善著述，当时代当局修纂志乘多种，体例详允，为人称道。1698 年（康熙三十七年）圣祖东巡盛京，梦雷献诗称旨，召回京师，侍诚亲王胤祉（康熙第三子）读书，颇受知遇。《古今图书集成》就是这个时期奉胤祉之命编纂的。此书原名《汇编》。它的编辑缘起和情况，陈梦雷在《进汇编启》中，谈得非常清楚。他说：

“为恭进汇编目录凡例昌恳慈恩代奏……事：雷以万死余生，侍我王爷殿下笔墨……深恐上负慈恩，惟有掇拾简编，以类相从，仰备顾问。而我王爷聪明睿智，于讲论经史之余，赐之教诲。谓《三通》、《衍义》等书详于政典，未及虫鱼草木之微；《类函》、《御览》诸书，但资词藻，未及天德王道之大。必大小一贯，上下古今，类别部分，有纲有纪，勒成一书，庶足大光圣朝文治。雷闻命踊跃，喜惧交并。自揣五十年来，无他嗜好，惟有日抱遗编，今何幸大慰所怀。不揣蚊力负山，遂以一人独肩斯任。谨于康熙四十年十月为始，领银雇人缮写。蒙我王爷殿下颁发协一堂所藏鸿编，合之雷家经史子集，约计一万五千余卷，至此四十五年四月内书得告成。分为汇编者六，为志三十有二，为部六千中有零……雷五载之内，目营手捡，无间晨夕，幸而纲举目张，差有条理。谨先誊目录、凡例为一册上呈，伏维删定……”②

由此可见：(1)《古今图书集成》是胤祉感到当时使用的政书和类书各有所偏，不够赅博，为了争胜往古，大光清王朝的文治而命陈梦雷编纂的。(2) 这部类书是由胤祉拨给经费、资料，由陈梦雷独立主持并亲手纂录而编辑完成的。(3) 编辑工作从 1701 年 11 月（康熙

① 见《闽侯县志》卷 71。

② 见陈梦雷：《松鹤山房文集》卷 2。

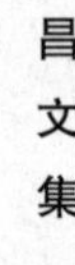

四十年十月）开始，到 1706 年 5 月（康熙四十五年四月）完成，历时将近 5 年。当然，这时完成的，还是一部尚待裁定的初稿。

《汇编》编成后，由诚亲王胤祉代为进书的情况现在还没有看到原始文献的任何记载。据陶湘《故宫殿本书库现存目》卷中类书类《古今图书集成》著录内转引孟森先生的说法，谓“是书原名《汇编》，为陈梦雷承命纂辑，由诚亲王胤祉代进，钦定改名《古今图书集成》”。

《古今图书集成》既是陈梦雷所纂辑，为什么无论书中或《清志》著录都没有他的名字呢？这是因为陈梦雷在当时清王朝统治阶级内部政治斗争中做了牺牲品的缘故。原来雍正帝（胤祯）用阴谋手段夺取了帝位，排斥异己，猜嫌诸兄弟，因而罪及依附诸王的名士。陈梦雷在诚亲王处甚得宠信，因之，胤祯夺得帝位之初，即于 1723 年 1 月 18 日（康熙六十一年十二月十二日）颁发上谕，以陈梦雷“累年以来，招摇无忌，不法甚多”为借口，仍将他谪戍关外。此时，《古今图书集成》尚未完工，于是别诏蒋廷锡等，令其“润色增删”，“编辑竣事”。蒋廷锡等经过 3 年编校，将三十二志改为三十二典，厘定三千余卷，增删数十万言，于 1726 年（雍正四年）编成。这样，仅仅做了“润色增删”工作的蒋廷锡，在书中就没有敢于写上“蒋廷锡等纂辑”，而如实题为“蒋廷锡等恭校”。真正的纂辑者陈梦雷，由于雍正妄加罪名，服刑边塞，反被淹没无闻了。

《古今图书集成》编成后，共刊刻四次：

第一次印本是武英殿铜活字本。1728 年（雍正六年）印成。据清档《内务府奏请查武英殿修书处余书请将监造司库等官员议处摺》中说：共印六十四部和样书一部。纸用桃花纸（即开化纸），亦参用太史连纸。全书一万卷，分订五千册，目录四十卷，分订二十册，合计一万零四十卷，五千零二十册。装五百二十二函（其中目录两函），每函八至十册。当时除在内府等处收藏外，间亦颁赐大臣或藏书家。铜活字本是最早的印本，印数有限，当年就不易得到，现在更属罕见，凡有收藏的，都列为善本书。

第二次印本是图书集成局本或“扁字本”。1884 年（光绪十年）上海设立“图书集成印书局”，募股以连史纸十开尺寸，用扁体三号铅字排印《古今图书集成》，绘图部分则缩影石印。同年开印，历时四载，于1888年（光绪十四年）竣工。全书分订一千六百二十八册（其中目录八册），共印一千五百部。由于所用活字为“扁体”字，所以又被称为“扁字本”。扁字本与殿本相比，篇幅少，印数多，便于购买、使用，《古今图书集成》亦因而流传日广。惟“铅字体扁排密，颇费目力，脱叶脱卷，不可胜数，后经配补，终缺二十三页。至脱行讹字，无从校刊，世多病之”。①

第三次印本是同文书局石印本。1890年7月（光绪十六年六月），光绪帝面谕总理各国事务衙门，著照殿本式样石印《古今图书集成》。同年11月25日（阴历10月14日），总理各国事务衙门具奏：当即电知上海道聂缉槼就近与上海同文局洽定，用料半纸三开尺寸，照殿本原式印一百部。至1894年（光绪二十年）石印告成。书品装帧，完全与殿本相同。并新增订正引文错讹脱阙的《古今图书集成考证》二十四册，总计册数为五千零四十四册。《考证》无题识和职名表。惟据刘永济《龙继栋先生遗著十三经、二十四史地名韵编今译稿本述略》，② 知《考证》系龙松琴（继栋）先生所撰。同文书局本，尺寸大小既一依殿本，而且字体清晰，又增《考证》，因而在版本上颇得好评，甚至被认为“是为最善者”。③

第四次印本是中华书局影印本。由于殿本和石印本印数不多，存数更少；扁字本校勘粗疏，讹脱太多；因而，1934年上海中华书局乃重印《古今图书集成》。该局购得原孔氏岳雪楼所藏铜活字本原书，采用连史纸三开大本摄影缩制，合原书九页为一页，以节篇幅。全书分订八百册（其中1～6册为目录，7～800册为正文）。同时向浙江省图书馆借得同文书局石印本所附考证，以原书六页合一页，另行影印，分装八册，附于书后。这部影印本，册数大减，只相当于“扁字本”的二分之一，便于翻阅、收藏；印刷也较审慎，对同文书局石印本的某些错讹、脱漏，多有订正。如《学行典》性命部总论之十九，石印本缺，此影印本则据浙江省书馆藏书印补；并且在目录上方，印有册次，按目检索，极为方便，因而很受欢迎。

---

① 见陶湘：《故宫殿本书库现存目》中册，《古今图书集成》提要。

② 载《国风半月刊》第6卷第9、10期合刊。

③ 见陶湘：《故宫殿本书库现存目》中册，《古今图书集成》提要。

自三国魏文帝敕撰《皇览》以后，踵其事者不可胜记。六朝时，梁有《华林遍略》，北齐有《修文殿御览》，至隋有《北堂书钞》，唐有《初学记》、《艺文类聚》，宋有《太平御览》、《册府元龟》、《玉海》，明有《永乐大典》，清初有《佩文韵府》、《渊鉴类函》、《骈字类编》、《古今图书集成》等。这些都是类书发展史上著名的类书。要了解《古今图书集成》的特点，必须把它放在类书发展的过程中来考察。同其他著名类书相比较，可以清楚地看到《古今图书集成》具有如下一些特点：

一、分类细密，便于检索

类书的编排方法，大体说来，可有两种：一是按韵编排，如《永乐大典》、《佩文韵府》等；一是按类编排，如《艺文类聚》、《太平御览》等。《古今图书集成》是按分类编排的，但它在分类上同其他类书的分类却不一样。这主要是：分类极为细密，类目分为三级，能够以简驭繁，因而检索起来，比较方便。为了说明问题，现将几种主要类书的分类情况，列表如下：

书　名	分类数目	
	部	类
北堂书钞	80 部	801 类
艺文类聚	46 部	727 类
太平御览	55 部	4 558 类
册府元龟	31 部	1 104 类
玉海	21 部	240 类

《古今图书集成》则分为 6 汇编、32 典、6 109 部。将《古今图书集成》的分类情况，同其他类书的分类情况相比较，可以看出《古今图书集成》的分类是最为细密的。它不仅远远超过《艺文类聚》、《册府元龟》等，而且比《太平御览》也多出一千多个子目。其次，其他重要类书，类目都只有两级，而《古今图书集成》却将类目分为

三级；并且一级类目只有6个，然后，通过32个二级类目，将6 109个子目统驭起来。这样以简驭繁，似振裘而挈领，如纲举而目张，寻检资料，颇为方便。清代以至解放以后，我国学者对《古今图书集成》的这一优点，曾经屡有赞扬。如清代学者法式善说：“若明之《永乐大典》……依韵排类，终伤雅道……至于我朝之《古今图书集成》……则荟萃古今载籍，或分或合，尽善尽美，发凡起例，纲举目张，猗欤盛哉。”① 解放后，谢国祯先生说：“《古今图书集成》罗列群书，分门别类，供读者以翻检之便利，其编纂方法，实较诸《永乐大典》为善。”② 法式善是清朝人，他的赞誉，不免言过其实。但谢国祯先生的赞语，却是中肯的。我们在参考咨询工作中也有这样的体会。例如，有位读者读了苏轼的《石钟山记》，想了解一下后人对苏文有些什么评价，要我们提供资料。我们即查找《古今图书集成》。在《方舆汇编·山川典》石钟山部艺文中，很快便找到了宋周必大《游石钟山录》、明丘濬《后石钟山赋》、何乔新《石钟山赋》、罗洪先《游石钟山记》、章潢《游石钟山记》等几篇文章，其中都有对苏文或赞许或批评的议论，因而迅速地答复了读者的咨询。从这里，我们感到《古今图书集成》查找起来，确实是比较方便。

二、体例周详，别开生面

类书的体例，不仅因类书类别的不同而不同，如综合性类书的体例，不同于专科类书的体例，而且即使同一类别的类书，其体例也随时代的发展变化而不一样。最早的类书，大都专辑故事，而总集则选辑诗文。正如欧阳询在《艺文类聚序》上所说：“《流别》、《文选》，专取其文，《皇览》、《遍略》，直书其事。”欧阳询等认为这种辑录文献的方法不利于寻检，于是对《艺文类聚》的体例作了创新。这就是把“事”与“文”的两条龙并成了一条龙。在具体编排上，“事居其前，文列于后”。“事”则不作标目，“文”则题以“诗”、“赋”、“表”等。《太平御览》在子目下没有标目，但体例仍是事前文后，则昭然

① 见法式善：《陶庐杂录》卷4。

② 见谢国桢：《明清笔记谈丛》，中华书局1962年版，第289~290页。

可见。作为综合性类书的《古今图书集成》，其体例同其他类书完全不同。它打破了先事后文的体例，别开生面地创造了崭新的体例，即“每部中有汇考，有总论，有图，有表，有列传，有艺文，有选句，有纪事，有杂录，有外编，无者阙之”。① 这种体例，同其他类书相比，表现了三个特点：（1）体例周详，事文间出：《古今图书集成》各部之中，共有十项：凡事之大纲，即有关该一事物因革损益的源流、古今称谓、与其种类、性情、制造方法编者按入于“汇考”；议论之“纯正”者，即经书及其注疏中的论述和子集中有关该事物的确当议论入于“总论”；疆域、山川、禽兽、草木、器用等需藉图以显者，则绘“图”；星躔、宫度、纪元等非表不能详者则立“表”；其关于部中之名人则载之于“列传”；词藻可采者皆入于“艺文”；丽词偶句则入于“选句”；事之锁细亦有可传者入于“纪事”；经书中旁引曲喻偶及之者，或集部所载，考究未真，议论偏颇，文藻未工者，则统入于“杂录”；百家及佛道之书，所纪有荒唐难信及寄寓譬托之辞、臆造之说，则另入于“外编”。这种体例，较之只有纪事、艺文和选名的通常体例，实在周详得多。而且这个体例，并非将“事”、“文”先后截然分开，而是根据情况，“事”、“文”交错出现。艺文、选句固然是在汇考、总论之后，可是艺文、选句之后，还有纪事、杂录，并且杂录之中，间亦有文藻未工的艺文。(2) 各“部”编纂，不拘一格：《古今图书集成》凡例中虽说，每部之中有上列十项，但不是说每部之中都完全具备这十个项目。因而后面特别指出“无者阙之”。图、表和列传固然只是少数“部”中才有，即使其他七个项目，在各部中也不都是完全具备，如五行部缺选句，烟部缺总论，算法总部缺选句、杂录、外编等。这是一个方面。另一方面，在上述十个项目之外，偶而也有另外增加项目的，如易经部外编之后另增“易学别传”。这种不拘一格，因类制宜的做法，表现了《古今图书集成》体例的灵活性。(3) 撰写纲要，并加考证：类书编纂的体制，原来仅限于辑录古代文献中的现成文句，大体依照时代先后加以排比，如《修文殿御览》。随着类书的发展，体制每有创新：有用偶句的，如《初学记》等；有用诗体的，如《李峤杂咏》等；有用赋体的，如《事类赋》

---

① 见《古今图书集成》凡例。

等。《古今图书集成》则别开生面地在很多汇考中，自己撰定纲要，然后在纲要下面进行考证，辑录引文。如《食货典》户口部汇考五宋代第一条汇考是：

“太祖建隆元年，户九十六万有奇。按《宋史·太祖本纪》不载。按《地理志》：‘唐室既衰，五季迭兴，五十余年，更易八姓，寓县分裂，莫之能一。宋太祖受周禅，初有州百一十一，县六百三十八，户九十六万七千三百五十二。’”（中华书局影印本第678册之5页）

其中“太祖建隆元年，户九十六万有奇”是编纂者撰写的纲要，“《宋史·太祖本纪》不载”是编纂者撰写的考证，《地理志》以下是辑录的引文。这种自己撰写纲要和考证的做法，在类书编纂的体制上，可以说是又一新的创造。由于在材料的辑录上作了加工，大量的材料由编纂者言简意赅地在前面提示出来，并指出材料出处在哪里和不在哪里，因而在资料的查阅上，给读者以很大的方便。

三、收罗宏富，卷帙巨大

《古今图书集成》是综合性类书，收罗极为宏富，内容十分广博。陈梦雷在《进汇编启》中谈到它的内容时说：“凡在六合之内，巨细毕举；其在十三经二十一史者，只字不遗。其在稗史子集者，十亦只删一二。”这些话不免有些夸张，但《古今图书集成》收罗宏富，内容广博，确系事实，学者对此曾给予高度评价。如清代学者张廷玉在《澄怀园语》中说：“自有书契以来，以一书贯串古今，包罗万有，未有如我朝《古今图书集成》者。是书……搜罗经史诸子百家，别类分门，自天象、舆地、明伦、博物、理学、经济以至昆虫草木之微，无不具备，诚册府之巨观，为群书之渊海……”①《古今图书集成》收罗古代的典籍，上自先秦，下迄明末清初，时限较《太平御览》以至《永乐大典》都长。它收录有丰富的明代资料，这是其他任何类书所不及的。在这一点上，即使卷帙远远超过它的《永乐大典》，也无法与之相比。

《古今图书集成》内容广博，以现在的学科来看，它包括了我国

① 见张廷玉：《澄怀园语》卷3。

古代哲学、历史、地理、经济、政治、法律、军事、文化、教育、语言、文学、艺术、宗教、数学、农业、医学、药物、天文、历法、植物、动物、工艺等方面的丰富资料。

试看下面主要类书分量情况表：①

书名	卷数	约计字数
艺文类聚	100	1 026 000（一百万）
太平御览	1 000	4 784 000（四百八十万）
册府元龟	1 000	9 392 000（九百四十万）
永乐大典	22 877	370 000 000（三亿七千万）
古今图书集成	10 000	100 000 000（一亿）

从这里不难看出，《古今图书集成》不论在卷数或字数上，都远远超过《艺文类聚》、《太平御览》和《册府元龟》，而仅仅不及《永乐大典》。不过，《永乐大典》现在只残存百分之三，因而没有哪一部类书在分量上能够同《古今图书集成》相匹敌了。

我国古代的类书，相当于现代的百科全书。同资本主义国家百科全书相比，《古今图书集成》在分量上也远远超过它们。英国人翟理斯（L. Giles）说："十一版之在英百科全书，为字约四千万，译中国文言百字，约需英文一百五十字。故《古今图书集成》一书，可谓大于最巨之英文百科全书三四倍。"② 因此，《古今图书集成》确如赵万里先生所说："这是从来未有的大百科全书。"③

类书的主要功用，有的同志概括为五点："便省览"，"利寻检"，

① 分量表详见胡道静：《古今图书集成的情况、特点和作用》，载《图书馆》1962 年第 1 期。惟《古今图书集成》的字数，则依《类书流别》中的估计："殿本《古今图书集成》，每页十八行，每行二十字，每卷平均约一万字，全书一万卷，当有一万万字。"

② 转引自张涤华：《类书流别》，商务印书馆 1958 年版，第 30～31 页。

③ 见赵万里：《中国印本书籍发展简史》，转引自《中国近代出版史料》编二，中华书局 1957 年版，第 539 页。

"供采摭"，"存遗佚"和"资考证"。① 这是就整个类书而言的。具体到某一类书，由于辑录内容和编纂时代不同，功用也不尽一致。那么，《古今图书集成》的主要功用是什么呢？

（一）便于查找诗文、典故、历史人物

人们在看书学习或阅读报刊时，常常会碰到文中引用前人的诗词文句或成语典故。为了弄懂这些引文和典故，就需要查找其出处或解释。要解决这类问题，有时一般工具书无力解决，那就不能不去找《古今图书集成》了。例如有位读者从《佩文韵府》里找到杨榖《落花诗》中两句："衔空百匝凭训雀，扫去千回赖老媖"，想看一下该诗全文，要我们查找。并说已翻阅过《中国人名大辞书》，没有查到杨榖其人。我们即查《古今图书集成》，在《博物汇编·草木典》花部艺文三中找到杨榖的《落花次石田翁二首》。其一是："典衣问酒午桥西，团雪纷纷路已迷。钿破宝钗难寄恨，骨理青冢半封啼。衔空百匝凭训雀，扫去千回赖老媖。乐事暂违风物改，画竿红馂更谁携?"正是读者想要查找的诗。

查找典故，也有同样的情形。有时，诗文中的用典，从其他工具书看来，简直无法查找，而往往可从《古今图书集成》中得到解答。我们在参考咨询工作的实践中，就有一些这样的例子。如一位读者看了罗隐的《牡丹》诗，不了解最后两句"可怜韩令功成后，辜负秾华过此身"的意思，向我们提出咨询。我们分析：韩令的"令"可能是官职称谓，不是真正的名字，因而韩令这个人就很难在《中国人名大辞典》以及类似的工具书中检索。同时"韩令功成"还不是一个成语，因而也无法在《辞海》一类工具书中查找。从诗的题目和内容看，这是一首咏牡丹诗，典故自然同牡丹有关。在《古今图书集成》的《草木典》牡丹部纪事中就找到了这个典故："《清异录》：'韩弘②罢宣武节度，归长安，私第有牡丹杂花，命劚去之，曰：'吾岂效儿女辈耶?'当时为牡丹包羞'。"看了这则资料，又查阅了《唐书·韩弘传》，上面的问题自然就解决了。

① 见张涤华：《类书流别·利病第五》。

② 韩弘，后曾任司徒兼中书令（见《唐书·韩弘传》），因而称韩令。

查找历史人物，固然有很多专门工具书可资使用，但《古今图书集成》仍不失为查找人名和人物资料的重要工具书。《古今图书集成》全书 2 613 个部中有列传，计 1 958 卷，尚不包括虽有传记但未标“列传”题目的部类。在这些列传中，《古今图书集成》收集了丰富的人物资料：除收有正史的本传外，正史无本传的，还从《尚友录》、《万姓统谱》等以及各省通志人物传记中酌情收录。这样，在其他专门查找人物的工具书如《中国人名大辞典》中找不到的，往往在《古今图书集成》中可以找到。如前面提到的《落花诗》的作者杨穀就是一个例子。杨穀其人在《中国人名大辞典》中查不到，可是《古今图书集成》“文学名家列传”九十一中却收录了。同时正史上有本传的，所收材料除本传外，往往还兼收其他有关材料。“皆录其本传于前，而附他传所载及稗官所记于后”。如宋苏轼在《文学典》“文学名家列传”中，除收有《宋史》本传外，还收有《春渚纪闻》、《扪蝨新语》、《泊宅编》、《冷斋夜话》、《清波杂志》、《彦周诗话》、《避署录话》、《退斋笔录》、《游宦纪闻》、《随手杂录》、《行营杂录》和王宗稷《东坡年谱》等所载有关苏轼的资料。因之，有些同志把“文学名家列传”誉为“这是我们研究古代作家生平的一部重要工具书”，是很有见地的。

（二）提供资料或资料线索

《古今图书集成》搜罗极为宏富，每一部中都收有关于该一事物各方面的论述或记载，因而对研究有关问题能够提供资料或资料线索，甚至可以提供比较系统的资料。例如，如要研究我国古代关于“天”的哲学思想，翻检《古今图书集成》的《乾象典》中的天地总部、天部可以找到这方面的大量资料。它不仅收录了《易经》、《书经》、《礼记》、《老子》、《管子》等书中有关“天”的论述，而且辑录了古代哲学家、文学家关于“天”的专门论著：如屈原的《天问》、荀子的《天论》、王充的《论衡·谈天篇》、柳宗元的《天对》、《天说》、刘禹锡的《天论》、张载的《正蒙·天道篇》、《朱子全书》中的《天地》、《天度》等。持此一编，可以省去许多查找功夫。正因为这样，《古今图书集成》得到学术工作者的高度评价。如陆费逵在《影印古今图书集成缘起》中说：“儿时闻《图书集成》之名……弱冠以后，编书撰文，时时利用是书，获益匪尠。盖我国图籍浩如烟海，研究一学问，检查多种图书，不惟费时费力，抑且无从下手：例如研究田赋，虽将《周礼》、《论》、《孟》、《管子》、《二十四史》、《通典》、《通考》以及政论家专集，尽行检阅，尚不能免遗漏，此书则每一事项，将关系之书，分条列入，一检即得。古人云：事半功倍，此真可谓事一功万也。"① 说事一功万，当然是溢美之词，但它在提供资料上也确实给学术工作者以极大的方便。因此，很多学术工作者都非常重视和注意利用《古今图书集成》。如张煋先生编注的《中西交通史料汇编》，摘录了明末以前我国与欧洲、非洲、业洲西部、中亚、印度半岛等国家和地区往来关系的大量史料，其来源之一就是《古今图书集成》。

《古今图书集成》不仅可以提供哲学社会科学方面的历史资料，而且能够提供科学技术方面的历史资料。因之，研究我国科学技术史的学者也很注意利用这部类书。如英国学者李约瑟（Joreph Nedham）在其对我国科学技术发展的历史进行长期研究的重要成果《中国科学技术史》的巨著中，就把《古今图书集成》列为常用参考文献，并且在《百科全书、辞典和其他参考书》一节中还特别介绍说："我们经常查阅的最大的百科全书是《古今图书集成》。"

（三）用以辑佚和校勘古籍传本

我国的类书同现代的百科全书在编辑方法上的区别在于，百科全书的每一条目都是专门撰写的一篇完整的论文；而类书则是辑录前人著作中的文句、片段或整篇、整书，并注明出处。因此，辑佚和校勘就成为某些类书的重要功用。这是因为古书在流传过程中，往往由于社会动荡、朝代更迭等原因的亡佚；这些亡佚的古书由于某些类书的收录而被保存在其中，人们可以从这些类书中将亡佚的古书辑录出来。如清乾隆时开四库馆，馆内学者从《永乐大典》中辑出佚书达数百种。值得注意的是，从类书中辑逸主要是能辑录该类书编纂前较近几个朝代的逸书。从隋时编的《北堂书钞》、唐初编的《艺文类聚》中能辑六朝的逸文，从宋初编的《太平御览》中能辑唐代和以前的逸

① 见《中国现代出版史料》乙编，中华书局 1957 年版，第 479 页。

著，从明初编的《永乐大典》中能辑宋、金、元代的逸文。显然，从《古今图书集成》中当能辑明代以及金、元的逸著。的确，时代愈是距今较近，古书亡佚愈是较少。距今较近的类书《古今图书集成》，在辑逸的功用上，自然比不上时代较远的类书如《太平御览》等；但它在这方面的功用还是不可忽视的。如清嘉庆时常熟张月霄（金吾）从《古今图书集成》中辑录金代逸文，所得有丁暐仁《释迦成道赋》、吴浩《重修平山县城记》、郭松《瑞芝记》、姜国器《嘉禾记》、乔扆《太清观记》、王易《北岳诗序》、陈大中《小儿痘疹方论序》、张亿《创建文庙学校碑》、路伯达《冀州节度使王公名鲁重修庙学碑》、陈思忠《伊尹墓碑阴》等篇，皆录入《金文最》中。这就证明《古今图书集成》也有辑逸的功用。

同时，由于古书在传刻过程中，往往刻印一次，会增加一些讹误，所以愈是较古的版本，讹误就愈少；而类书引用的都是较古的版本，因而它又可以用来校正古书传刻本的讹误。做校勘古书工作的，往往取《艺文类聚》、《太平御览》、《册府元龟》等相对照，并斟酌其他情况以解决问题。如清道光年间刘文淇等人校勘《旧唐书》，即大用《册府元龟》，成绩甚为可观。同样，《古今图书集成》也有校勘古书传本讹误的作用。如明末宋应星的《天工开物》，清朝中期以后成为逸书。近世国内流传的本子是根据日本翻刻本刊印的。“惟日本翻刻本及传钞本，图版不精，读者引以为憾”，而“《古今图书集成》引是书十之七、八，图则十之三、四”。① 陶湘（涉园）乃“据《图书集成》所引，校订原书”② 改正误字。又如1957年古典文学出版社出版的《剪灯新话》，其中“如《金凤钗记》、《联芳楼记》、《滕穆醉游聚景园记》、《牡丹灯记》、《翠翠传》、《绿衣人传》、《秋夕访琵琶亭记》、《凤尾草记》、《琼奴传》、《至正妓人行》等，都以《古今图书集成》校勘”。③ 可见《古今图书集成》在校勘古书上也是能起一定作用的。

《古今图书集成》是封建统治者的御用文人奉命编纂，并为封建

---

① 见涉园《重印天工开物缘起》。

② 见1929年丁文江：《重印天工开物卷跋》。

③ 见周夷校注：《剪灯新话》，《前言》第5页。

统治阶级服务的，因而，它也同其他类书特别是其他敕撰类书一样，存在着许多严重的问题和错误。

首先，《古今图书集成》在思想上浸透了封建正统观点、封建伦理道德和唯心主义的世界观。

《古今图书集成》的体系是以天人感应、英雄史观的唯心主义世界观为指导原则建立起来的。《古今图书集成》共分六个汇编，即历象、方舆、明伦、博物、理学、经济。他们以儒家经典《易·系词》上所说："法象莫大于天地"① 为理论根据，把《历象汇编》放在第一位，《方舆汇编》放在第二位。在《历象汇编》中，除把《乾象典》放在第一位外，并特别列了《庶征典》，用以专门汇集所谓预示人们吉凶祸福的各种征兆。这种编排明显地反映了天是至高无上能够佑善罚恶的天人感应的观点。在《明伦汇编》中，首列《皇极典》、《宫闱典》、《官常典》，把历代帝王后妃、封建官僚摆在首要地位，正是帝王将相创造历史的英雄史观的表现。《明伦汇编》之后列《博物汇编》。理由是"三才既定，庶类繁生，故次博物"。② 这种理论根据简直是上帝创造了人才又创造万物的上帝创世说的翻版。汇编的最后两个是理学、经济，即所谓"圣功"、"王道"，③ 用以辑录帝王圣贤施行教化、经国济世的统治经验。雍正《御制古今图书集成序》在谈到后面三个汇编时说："格物、致知、诚意、正心、治国、平天下之道咸具于是矣"，明白地道出了这是以改头换面的《大学》治国平天下的唯心主义体系。

从类目的名称上，《古今图书集成》也强烈地表现了封建文化的特质。例如：庶征、谣谶、敬天、法祖、卜筮、星命、相术、堪舆、神异、冥司、祀典等表现了浓厚的封建迷信思想；皇极、帝纪、僭号等反映了封建正统观念；登极、圣寿、君德、圣学、圣人、圣门诸贤等洋溢着对封建帝王圣贤的歌颂；忠烈、闺孝、闺义、闺烈、闺节、五常、仁、义、礼、智、信、忠恕、孝悌等完全是封建伦理道德的说教，无不散发着封建文化的腐朽气息。

① 见《古今图书集成》凡例。

② 见《古今图书集成》凡例。

③ 见《古今图书集成》凡例。

至于内容，不论从材料的编排上或取舍上，都更明显地表现了《古今图书集成》的局限性。

从材料的编排上，凡是维护封建统治秩序的，都放在重要部类；而反对封建统治的，就列入被贬抑的类目。例如，它把历代帝王放在帝纪部，表示这是历代帝王的正统，并以此暗示清王朝的正统地位。另一方面，将历代农民起义领袖，都列入僭号部，并且其中绝大部分以及东晋末的孙恩、卢循，唐末的黄巢，明末的李自成、张献忠等卓越的农民大起义领袖都列入《祥刑典》盗贼部盗贼杂传，反映了编纂者对农民起义的刻骨仇恨。

在同一部中，合乎封建统治者要求的，就列入汇考、总论，否则就认为“议论偏驳”，而列入杂录、外编。例如《经籍典》孟子部中，一些赞颂孟子的文章或议论，如后汉赵岐的《孟子题辞》、宋孙奭《孟子正义序》、唐韩愈《原道》等列入汇考或总论。而汉代唯物主义哲学家王充《论衡·刺孟篇》，由于对孟子的言行作了无情的揭露和批判，因而列之于杂录。这清楚地表明了编纂人封建卫道者的立场。

从材料的取舍上看，有利于清王朝的封建统治的，都加以收录，并给以重要地位；相反地，就认为是异端邪说，概不收录。例如，《神异典》释教部，在总论中收录了崇信佛教的齐萧子良《竟陵王集·净住子净行法门》三十一条、梁武帝宣扬佛教的文章二十多篇，其中还特别收录了《敕答臣下神灭论》。可是，对我国唯物主义哲学发展作出重要贡献的范缜的《神灭论》，甚至在杂录外编中都没有收录。这也表现了《古今图书集成》维护神学迷信的倾向性。

此外，在内容上，宣扬三纲五常，鼓吹封建迷信，美化帝王将相，污蔑劳动人民的材料，更是举不胜举。因之，我们使用《古今图书集成》时，必须批判地对待其中的资料。

其次，《古今图书集成》在资料辑录上也还存在着大量讹误、脱漏、衍文、妄删、失收等问题。

前面提到龙继栋先生曾对《古今图书集成》的错误作过考证，写成《古今图书集成考证》一书。它所考证的《古今图书集成》的错误，据粗略统计，共有 19 726 条。实际上错误还远远不止这些。我没有对它作过系统的考证，但在参考咨询工作实践中，另外发现它还存在不少问题：

（一）讹误：《古今图书集成》校订粗疏，错字甚多，真可以说是鲁鱼亥豕，泛滥成灾。如《交谊典》饯别部艺文一江淹《别赋》引文："惊驷马之素沫"（中华书局影印本第336册之50页），"素沫"为"仰秣"之误。又"刎血相视"（同上），"刎"为"抆"字之误。又"术将妙而犹学"（同上书之51页），"将"为"既"字之误。又"讵能摹暂离之状"（同上），"讵"为"谁"字之误。又如《禽虫典》狐狸部艺文一一苏舜钦《猎狐篇》引文："晚登陴郧坞"（第520册之53页），"郧坞"为"埙鸣"之误。又"不知几千年"（同上），"千"为"十"字之误。又"髓血相濡沫"（同上），"濡"为"溃"字之误。又"久矣纵凶妖"（同上），"矣纵"为"纵此"之误。

（二）脱漏：书中脱字漏词亦复不少。如《乾象典》天部总论之一王充《谈天篇》引文："此天地之极际也"（第7册之20页），"此"字后脱"则"字。又"今从东海会稽鄞、郧"（同上），"海"字后脱"之上"两字。又"远则东方之地尚多，多，则天极之北，天地之长……"（同上）。"尚多"之后脱"东方之地尚"五字。又"如是，邹衍之言未可非"（同上），"如"字前脱"夫"字。又"今从东海察日及从流沙视日，小大同也"（同上），"海"字后脱"上"字，"沙"字后脱"之地"两字。又"东海去雒阳三千里"（同上），"海"字后脱"之上"两字。又"推此度，从流沙之地……"（同上），"此"字后脱"以"字。又如《神异典》岳忠武王部汇考《岳飞传》引文："当先取六郡，以除心膂之病……"（第492册之38页），"当"字前脱"今"字。又"帝累诏趣飞还职，力辞"（同上），"力"字前脱"飞"字。又"又命梁兴渡河，纠合忠义，往取河东、北州县"（同上），"义"字后脱"社"字。

（三）衍文：《古今图书集成》引文同原著相较，还往往有字多出。如《山川典》石钟山部艺文苏轼《石钟山记》引文："郦道元以为下临深潭，微风鼓浪……"和"盖叹郦道元之简而笑李勃之陋也"（第195册之2页），两句中"道"字皆为衍文。《苏东坡集·石钟山记》作"郦元以为下临深潭，微风鼓浪……""盖叹郦元之简而笑李勃之陋也"。又如《皇极典》登极部汇考一《高祖本纪》引文："高祖即自疑之，亡匿，隐于芒砀山泽岩石之间"（第235册之29页），"之"字为衍文。《史记·高祖本纪》作"隐于芒砀山泽岩石间"。又

“项羽使人阴弑义帝于江南”（同上书之30页），“于”字为衍文。《史记·高祖本纪》作“阴弑义帝江南”。

（四）妄删：随意删节原文，是类书的通病，《古今图书集成》也不例外。由于任意删节，引文有时几乎失去原文面貌。如《禽虫典》蟹部纪事载：“《东坡志林》：‘予不喜杀生，有见饷蟹蛤者，皆放之江中，不复以口腹之故，使有生之类受无量怖苦尔’。”这则纪事，同原文相较，即面目大异。《东坡志林》卷八所载原文是这样的：“予少不喜杀生，时未能断也。近年始能不杀猪羊；然性嗜蟹蛤，故不免杀。自去年得罪下狱，始意不免，既而得脱，遂自此不复杀一物。有见饷蟹蛤者，皆放之江中。虽知蛤在江中无活理，然犹庶几万一；便使之活，尚愈于煎烹也。非有所求觊，但以亲经患难，不异鸡鸭之在庖厨，不复以口腹之故，使有生之类受无量怖苦尔。”两相比较，可以看到，引文既删改了原文的句子，又删掉了原文的77%，大量的删削，使我们简直无法看到原文的庐山真面目了。

（五）失败：一部类书，当然不可能包罗无遗，但像《古今图书集成》这样卷帙巨大的百科全书性质的类书，收录资料应当完备一些，实际它失败的却也不少。如在《学行典》圣人部总论中收了不少歌颂孔子的论赞，但明代进步思想家李贽评价孔子的重要文章《题孔子像于芝佛院》等甚至在杂录、外编中都没有收录。这当然是编纂者为了维护封建统治的利益有意摒弃不录的。又如在《草木典》杏部选句中，许多为人熟知的著名诗句，如唐韦庄《思帝乡》“春日游，杏花吹满头”，杜牧《清明》“牧童遥指杏花村”，宋宋祁《来楼青》“红杏枝头春意闹”，叶绍翁《游园不值》“一枝红杏出墙来”，陈与义《临江仙》“杏花疏影里，吹笛到天明”，陆游《临安春雨初霁》“深巷明朝卖杏花”，明唐寅《杏林春燕》“红杏梢头挂酒旗”等，都没有收录。不管什么原因，这是不利于读者查找的。

再次，《古今图书集成》在编排和引文出处上也有分类不当、引文出处著录不详甚至著录错误等缺点：

（一）分类不当：《古今图书集成》的类目和材料编排，颇有一些分属不当。如火与烟并非天象，而列入《乾象典》；衣服、袍、衫、蓑衣、雨衣、裙、袜、履、屐、靴、行滕与礼仪关系不大，而列入

《礼仪典》；商贾、佣工、乞丐、优伶、娼妓本是人们的社会职业，却列入《博物汇编·艺术典》；笔、墨、纸、砚等是文房用品，却列入《理学汇编·字学典》；三国蜀昭烈帝刘备、后主刘禅列入帝纪部后汉，而不另列蜀汉；吴大帝孙权、会稽王孙亮、景帝孙休、乌程侯孙皓不列入帝纪部，而列入僭号部。这样，读者不知归属，查找起来，就很不方便。

（二）引文出处著录欠详：《古今图书集成》在汇考、总论、列传等部分中的引文出处，不仅注明书名，而且大多注明篇名，便于读者查对。可是在纪事、艺文中的选句、杂录、外编等部分中，引文出处绝大部分只注明书名或作者，而没有注出篇名或卷次。例如杏部选句，大多是只注出作者。如杜甫诗“盈盈当雪杏”，未注篇名《早花》。又“种杏仙家近白榆”，未注篇名《大觉高僧兰若》。寇准诗：“孤林芳草远，斜日杏花飞”，未注词牌《江南春》。苏轼诗“花褪残红青杏小”，未注词牌《蝶恋花》。诸如此类，读者要想查对原文，就要另外花费不少功夫。

（三）引文出处著录错误：《古今图书集成》引文出处的著录也存在不少错误。分析起来，约有以下几种情况：一是失于考证，因袭旧刻而致错误。如《文学典》文学总部总论八引书列有宋虎《涧泉日记》（第621册之33页和37页），作者宋虎系宋韩淲之误。《四库全书总目》考之颇详。它指出：“陶宗仪《说郛》载此书数条，题曰宋虎撰，盖传刻讹脱。”① 《古今图书集成》当系照抄《说郛》而致错误。一是疏于查对，粗心大意而致错误。如《职方典》汉中府部纪事引书列有《萧何传》（第104册之9页）。前面两条引书是《史记·高祖本纪》和《留侯列传》（按应为《留侯世家》），本条不列书名，自当属于《史记》。可是查对一下原文，实是《汉书·萧何传》。误《汉书》为《史记》，盖由疏忽大意而造成。一是不顾原书篇名，随意更改而致错误。如《史记·项羽本纪》，引文出处有时写做《史记·项羽传》（见《职方典》西安府部纪事，第102册之53页），有时又写做

① 见《四库全书总目》卷121，子部，杂家类五。

《史记·项籍本纪》（见《家范典》叔侄部纪事，第 327 册之 30 页）。又如《汉书·高祖纪》，引文出处有时写做《汉书·高帝本纪》，有时又写做《汉书·高祖本纪》（均见《职方典》西安府部纪事，第 102 册之 53 页）。这种随意增删更改原书篇名字词的事例，为数甚多。尽管如此，从整个来看，它仍不失为一部值得学术工作者重视的大型类书。它在资料上和编排上的缺点，正有待于学术工作者进行研究、校勘或编制索引，予以改正和补救。

（载《古籍论丛》，福建人民出版社 1983 年版）

公民的法律意识与精神文明建设

党的十二届六中全会通过的《中共中央关于社会主义精神文明建设指导方针的决议》指出："要在全体人民中坚持不懈地普及法律常识，增强社会主义的公民意识，使人们懂得公民的基本权利和义务，懂得与自己工作和生活直接有关的法律和纪律，养成守法遵纪的良好习惯。"这就明确告诉我们：增强公民的法律意识与精神文明建设具有极为密切的关系。

社会主义精神文明建设是一个系统工程，它与思想、道德、教育、科学、文化建设等不可分割。与社会主义法制建设的关系也至关重要。社会主义法制是社会主义精神文明建设的重要组成部分，公民有哪些权利和义务，如何行使权利和履行义务以及提倡什么行为、禁止什么现象，在我国社会主义法律、法规中有许多明确规定。很好地执行这些规定，就会促进我国社会主义精神文明建设的进一步发展。同时社会主义法制又是保障社会主义精神文明建设的有力武器。在我国《刑法》、《治安管理处罚条例》及其他法律、法规中，对危害社会主义精神文明建设的违法犯罪行为，如拐卖人口，制作、贩卖淫书、淫画，赌博，聚众斗殴、寻衅滋事、侮辱妇女的流氓活动等伤风败俗的丑恶行为，都规定了应有的制裁方法，执法机关依法惩治这些行为，就给社会主义精神文明建设的顺利进行以有力的保证。

但是，"徒法不足以自行"，法律是要人执行的，也是要人遵守的；如果公民缺乏法律意识，法律也就很难严格执行和遵守。所以要使社会主义法制确实能够促进和保障社会主义精神文明建设，必须培养和加强公民的法律意识，使公民知法守法，形成严格依法办事的观念，然后才可能真正做到。然而由于我国长期封建专制制度的影响以及我们在全民中进行法制教育的时间很短，公民的法律意识还比较淡

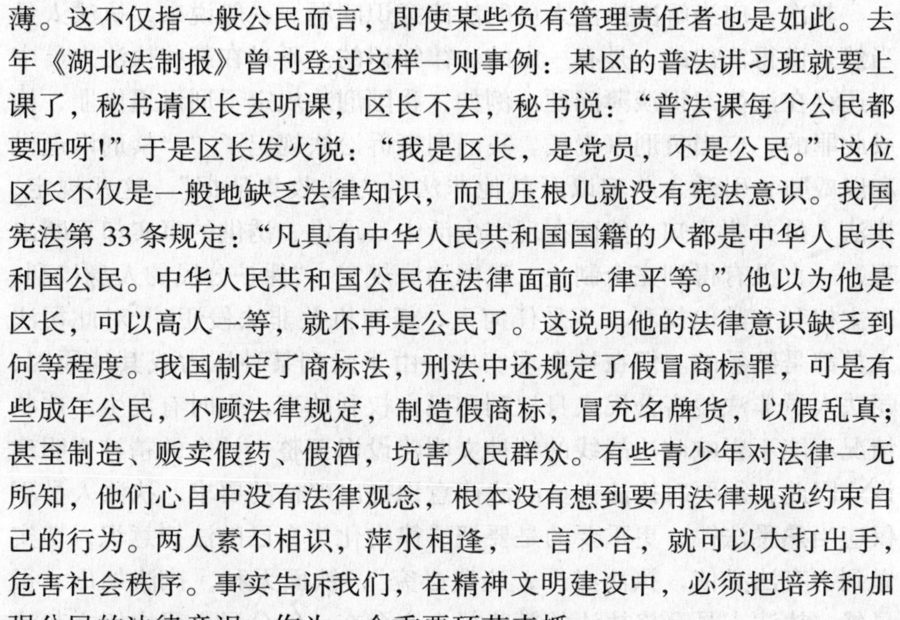

薄。这不仅指一般公民而言，即使某些负有管理责任者也是如此。去年《湖北法制报》曾刊登过这样一则事例：某区的普法讲习班就要上课了，秘书请区长去听课，区长不去，秘书说："普法课每个公民都要听呀！"于是区长发火说："我是区长，是党员，不是公民。"这位区长不仅是一般地缺乏法律知识，而且压根儿就没有宪法意识。我国宪法第33条规定："凡具有中华人民共和国国籍的人都是中华人民共和国公民。中华人民共和国公民在法律面前一律平等。"他以为他是区长，可以高人一等，就不再是公民了。这说明他的法律意识缺乏到何等程度。我国制定了商标法，刑法中还规定了假冒商标罪，可是有些成年公民，不顾法律规定，制造假商标，冒充名牌货，以假乱真；甚至制造、贩卖假药、假酒，坑害人民群众。有些青少年对法律一无所知，他们心目中没有法律观念，根本没有想到要用法律规范约束自己的行为。两人素不相识，萍水相逢，一言不合，就可以大打出手，危害社会秩序。事实告诉我们，在精神文明建设中，必须把培养和加强公民的法律意识，作为一个重要环节来抓。

当前培养和增强公民的法律意识，应当着重抓好以下几个问题：

首先，应当解决领导干部的法律意识问题。领导干部只有树立起很强的法律意识，才能以自己的模范行动影响一般公民的法律意识。党中央对加强社会主义法制是非常重视的。这些年来，全国人民代表大会及其常委会制定了很多法律。去年7月中共中央又发出了《关于全党必须坚决维护社会主义法制的通知》。《通知》一方面指出了各级党组织和广大党员干部的法制观念正在不断增强，依法办事的自觉性正在不断提高。同时指出，目前党的组织和党员、干部，特别是有的党政军领导机关和领导干部，仍然自恃特殊，以言代法，以权压法，甚至徇私枉法，把自己置于法律之上或法律之外。这些情况确实是存在的，并且造成了很坏的影响，对社会主义法制建设是不利的，对社会主义精神文明建设也是不利的。作为领导干部应当做到像中央所要求的那样，"越是领导机关，越是领导干部，越要带头学法、懂法，严格依法办事，不做违宪、违法的事"。要做到这一点，就必须养成很强的法律意识，自觉地在宪法和法律的范围内活动。榜样的力量是无穷的。领导干部能够作出表率，必然会对增强公民的法律意识以有力的影响。

其次，应当解决执法人员的法律意识问题。一般说来，执法人员当然是懂得法律的，是有一定的法律知识的。不过在某些执法人员中也还存在法律意识淡薄问题。例如，我国刑法规定了刑讯逼供罪，构成此罪的，应当负刑事责任。我国刑事诉讼法规定了“严禁刑讯逼供和以威胁、引诱、欺骗以及其他非法的方法收集证据”。这些规定，执法人员并非不知，然而在现实生活中，逼供、诱供的事实却不断出现，一直没有得到完全制止。我国刑法规定：“保护公民的人身权利、民主权利和其他权利，不受任何人、任何机关非法侵犯。”对此司法人员都是熟悉的。但在社会现实中，由于受到某种压力或其他原因，司法人员非法侵害公民人身权利和民主权利的事，也时有发生。这些情况不能不影响政法战线的精神文明建设以至整个社会的精神文明建设。因此，须要对执法人员的法律意识提出严格的要求。执法人员不仅应当熟悉法律，更重要的是要把法律内化为自己的法律意识，切实做到“有法必依，执法必严，违法必究”，铁面无私，执法如山。很显然，执法人员严格执法的模范行为，会在一般公民心目中树立起法律的权威，对培养和增强公民的法律意识将起着不可估量的作用。

最后，要大力加强对一般公民的法律意识的培养。由于我国缺乏法治的传统，一般公民的法律意识是比较淡薄的。所以在普法工作中，虽然要按照普法的要求，使公民特别是青少年学好中央要求学习的“九法一例”，但更重要的是要花大力气培养和增强他们的法律意识，使他们通过学习，形成法律是神圣的、不可违反的，自觉地把自己的行为纳入法律规范之内的观念。

对公民法律意识的培养，一定要符合我国社会主义社会的特点。不能使公民在自己的法律意识中，只有守法的观念，而不知道如何利用法律来保护自己。换言之，既要使公民懂得自己负有什么义务，也要使公民懂得自己享有什么权利；既要使他们懂得必须履行应尽的义务，也要懂得如何正确行使自己的权利。要使他们知道，我国的法律是保护人民的，当他们的权利受到非法侵犯时，法律会给予保护的，他们应当依法保护自己的权利不受侵犯，而不能不顾法律的规定，用非法的方式来保护自己的权利。同时还需要改变我国历史上只把刑律看做是法律的传统观念。要使公民知道不仅刑法是法律，民法、婚姻法、治安管理处罚条例等也是法律，国务院制定的行政法规如关于严

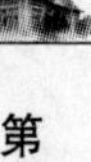

禁淫秽物品的规定以及各省、直辖市、自治区制定的地方性法规如广东省人民政府关于取缔嫖宿、卖淫活动的暂行规定等也都是法律。所在各省市的公民应把所有这些法律都化为自己的法律意识，自觉地遵守、执行这些法律的规定，并积极与违反这些法律的现象作坚决的斗争。如果每一公民都能这样做，我国的社会主义精神文明建设必将大大地向前推进。

(原载《学习与实践》1987 年第 9 期)

培养高素质研究生的体会

培养高质量的研究生，是社会主义现代化建设的需要。如何培养高质量的研究生，涉及很多问题，例如生源素质、课程设置、教材建设、教学方法、教学改革、考试制度、科学研究、思想教育、导师修养、行政管理等，无不与之密切相关。限于篇幅，本文不拟对上述问题一一论述，只就自己在工作上的体会加以说明。

一、确保录取新生素质是培养高质量研究生的首要条件。我们要求的素质是：有扎实的专业理论基础，有一定的写作能力和科研能力，有一门外语能阅读专业资料，思想进步，有报效祖国的事业心；并非单纯指专业理论功底。能否培养出高质量的研究生，新生素质情况是一个首要条件。新生素质高，可能培养出高质量的研究生；否则，就很难达到这一目标。实践反复证明了这一点。例如，1984 年第二届硕士生，新生素质高，经过三年培养，他们大多学有所成。以后其中两人考取了博士生，成绩都较优异，一位博士生后来成为新中国第一位法学博士后，在工作中很受领导重视。最近几年在博士生的招生中，每年都有副教授报考，他们大多在刑法学上有一定的造诣，甘心在学术研究上成长。录取后，经过培养，多成为高质量的研究生，走上工作岗位，都是各单位的骨干力量。有的很快升为教授，并被提升担任院系行政领导职务，受到重用。有时新生素质不高，但考试合格，也被招收入学，结果虽也毕业取得学位，但工作平平，达不到高质量的目标。基于这样的经验，我们在招生时曾采取宁缺勿滥的原则，实在招不到合格的新生时，宁愿不招，以保证录取的研究生有较好的素质。最近几年硕士研究生考生中，跳槽人员占很大比例。他们没有受过法学的专门训练，也没有司法实践经验，仅靠临时对考试课程的自学准备应考。所以虽然报考人数很多，但合乎标准录取的人

员却为数甚少，这就很难保证录取的新生有较高的素质。所以如何想方设法，做好确保研究生生源有较高素质的工作，实在是培养高质量研究生必须解决的首要问题。

二、打好专业理论功底是培养高质量研究生的中心内容。研究生教育是在大学本科毕业基础上的教育，研究生一般说来对所学专业的一级学科已有广泛的专业基础，所以在研究生阶段，应当是系统深入的专业理论的教育。培养研究生，首先应该严格要求他们学好专业理论，系统深入地掌握该专业的理论知识，打好扎实的专业理论功底。为此，对刑法硕士研究生，我们采取了如下措施：（一）在课程设置上，开设了刑法总论专题、刑法各论专题、中国刑法史、外国刑法学、国际刑法等课程，力求在专业上让研究生掌握古今中外的刑法理论和刑法知识。（二）在教材建设上，编著出版了《犯罪通论》、《刑罚通论》和《刑法专题研究》等教材。前两书均总结和反映了国内外刑法学研究的最新成果，体例创新，资料翔实，内容丰富，篇幅巨大，合计近 140 万字，为研究生系统学习专业基本理论提供了适用的教材。后一书是专题研究，提供了对某一问题深入研究的资料。（三）在讲授方法上，根据有无教材采取不同的方法，有教材的课程如刑法总论专题，采取重点讲授与课堂讨论相结合的方式，要求课外认真阅读教材和参考资料，针对讨论的问题，事前写出发言提纲，做好讨论准备。由于准备充分，讨论时能展开热烈的争论。这样互相启发，使所学的理论得以深入下去。没有教材的课程如外国刑法学，则采用系统讲授与阅读参考资料相结合的方式，既按照外国刑法学的体系逐章讲授，又指定必读的参考资料课外阅读，使研究生比较全面地掌握外国刑法学说和刑事立法，开拓了他们在刑法理论上的视野。

对刑法博士生，开设了中国刑法与外国刑法学两门专业课程，列出每门课程的最低必读书目，其中每门课又列出几种要目，要求认真阅读，并做读书笔记。授课方法以自学阅读为主，辅以答疑和研究式讨论。对外国刑法学则要求读一些名著，如贝卡里亚的《论犯罪与刑罚》、特拉依宁的《犯罪构成的一般学说》、小野清一郎的《犯罪构成的一般学说》等，同时作一些专题讲授，介绍外国刑法理论的最新研究成果而使研究生在刑法专业理论上能够打下坚实的功底。

三、扩大知识领域是培养高质量研究生的重要环节。记得《庄子·逍遥游》中说："水之积也不厚，则其负大舟也无力。"这句话对如何培养高质量的研究生很有启发。它告诉我们：必须水积也厚，才能有力负载大舟。引申到做学问上，这就是必须有坚实宽广的知识领域，才可能在深入的专业理论上有所建树。因而要培养高质量的研究生，固然必须使之系统深入地掌握刑法理论，但仅仅这样还是不够的；除此之外，还必须将系统深入的刑法理论建筑在坚实宽广的知识领域之上，所以我们十分注意扩大研究生的知识领域。为此，对硕士研究生除按照规定，开设马列主义政治课，加强他们的马列主义理论修养；开设法理学，提高他们的法学基础理论水平外，我们采取了如下措施：1. 开设与刑法学相关的学科，如犯罪学、近代西方刑法学说史等。后一课程在国内尚属首次开设，在这一课程中，从启蒙思想家格劳秀斯、孟德斯鸠的刑法思想讲起，相继评介了古典学派、近代学派、后期古典学派、日本的新派与旧派的主要代表人物的刑法思想，直至"二战"以后的刑法思想也作了评析。讲授过程中，要求他们读原著，写心得，进行讨论。他们感到经过刑法学说史的学习，确实开阔了刑法理论知识。2. 鼓励选修外系课程和阅读其他学科图书。学好法学必须要有广泛的社会科学知识，因之对刑法研究生，除开设相关课程外，还鼓励他们利用综合大学的优势，选修外系课程，以提高他们的文化素质和开拓他们的知识面。如国际经济法、计算机、西方哲学等课程都有研究生选修或旁听。同时为了研究经济犯罪，他们还注意阅读市场经济、证券、期货等方面的书籍，这就扩大了他们的知识领域。有些博士研究生在阅读外国刑法原著上花了不少精力，不仅提高了专业理论水平，而且写出了有分量的论文，取得很好的效果。如一位博士生在导师指导下，阅读了法国安塞尔的《新社会防卫论》、意大利格拉马蒂卡的《社会防卫原理》，做了详细笔记，写了两篇评介论文，分别在《中国法学》和《中外法学》上发表，效果颇为显著。

四、培养独立工作能力是培养高质量研究生的当然要求。《礼记·劝学》中说："记问之学不足以为人师。"这要求老师不能只教给学生某些知识，让学生记住，而应当通过传授知识，提高学生的工作能力和思想水平。刑法学是一门应用法学，给研究生讲授刑法学，就是要培养研究生运用刑法理论解决实际问题的能力。所以在培养研究生过

程中，我们十分注意培养他们的独立工作能力即办案能力、科研能力和教学能力：（一）办案能力。在研究生进入二年级下学期之后，在导师指导下，让他们办理刑事案件，为刑事被告人进行辩护。他们从阅卷、会见被告人、撰写辩护词，到出庭辩护和在法庭上辩论，都独立进行。这样经过实践锻炼，他们在办案能力上都有显著提高。至于从法院或检察院来的研究生，由于他们有办案的实践经验，主要需在理论上提高，这方面就没有给他们提出要求了。（二）科研能力。研究生不像大学生那样主要着重于读书学习，而是着重于科学研究，所以培养研究生的科研能力至关重要。在这方面，我们采取了如下措施：1. 布置撰写研究综述，即让每一研究生就某一论题所发表的论文有哪些观点加以综述。他们首先必须查找、收集、阅读这方面的资料，然后构思如何归纳整理，最后完成综述的撰写。这可以锻炼他们的查阅资料能力和专题写作能力。2. 要求公开发表论文，即要求每一个研究生在三年学习期间，至少要在省级以上刊物上发表2～3篇论文，否则不能参加论文答辩。这对研究生撰写论文起了促进作用。研究生三年学习期间发表的论文一般都不止3篇，发表多的可达8篇左右，表现了他们在科研能力上的成长。3. 吸收参加项目研究，即吸收研究生参加导师取得的社科基金项目、博士点基金项目及其他项目的研究。刑法学科的导师大多取得有各种各样的项目，这些项目具有较高的层次；在导师指导下吸收他们参加研究，可以较大地提高他们的研究能力。我们的《犯罪通论》、《中国刑事政策学》等著作，都是有博士生或硕士生参加的项目研究成果。这两本著作都获得省部级以上奖励，表明他们已具有较强的科研能力。（三）教学能力。对一部分研究生，我们也注意培养他们从事教学的能力，在三年级时安排他们给本科生上课，少者4学时，多者16学时。上课前让他们写好讲稿试讲，上课时导师听讲，下课后组织评讲，帮助他们掌握教学方法，能够独立从事教学。这些研究生毕业后留在高等学校工作的，讲课都较受或很受欢迎。

五、严格进行考试，答辩是培养高质量研究生的必要保证。考试是检查研究生学习好坏的必要方法，也是促进他们深入学习、系统掌握学科知识的有力保证。而如果不严格进行，就很难取得预期的效果。因此，十多年来我们一直坚持对研究生严格进行考试。我们的考试不只是要求写一篇论文作为评分的依据，因为我们感到这样做，虽然可以使被考者对某一问题有深入的了解，但却忽视了对学科知识的系统掌握。所以我们采取如下方法进行考试：（一）撰写论文同时进行面试。论文要求需有一定分量。面试，事前制好考题签，考试时由各人抽签，按照签上题目，口头进行回答。根据回答是否全面，准确给予评分，将论文的评分与口试的评分相加除以二，即为所得分数。由于采取抽签办法，应考人员不知抽到何题，所以必须全面复习，这对他们系统掌握该门课程大有裨益。（二）笔试。即通常的闭卷考试，考前不指重点，要求全面复习。这样的考试也有助于应考的研究生系统掌握该学科的知识。由于考试要求严格，一些研究生在学习期间确实得到提高。一位硕士生入学考试时，考分勉强及格，经过三年学习之后，他考上了博士生。博士生入学时他满怀感激之情说："我能考上博士生，多亏老师在硕士生阶段的严格要求，让我扎扎实实学到很多东西。"

对于论文答辩，我们要求也比较严格：除了各课考试及格，至少发表有2～3篇符合要求的论文水准，学位论文必须在构思、主题、论证、篇幅等方面达到基本要求，才能进行答辩。如果论文初稿距离要求较远，不具备修改的基础，那就要求重写，推迟1年答辩，以保证学位论文的质量。不论对硕士生或对博士生，我们都曾这样做过。这样做时，对其他研究生均产生较大震动，促使他们更加认真地撰写学位论文。事实证明：这些严格要求，对提高研究生的质量确实起了积极作用。

（原载《研究生教育》1996年第2期）

日本学者一席话引起的思考

1998年孟夏，我应日本被害者学会会长宫泽浩一教授的邀请访问东瀛。当时我院刘明祥教授正在对华十分友好的创价大学进修，到达日本的第二天我去学校看望他。创价大学校长、民法专家小室金之助教授当时亲切地接见了我，并于次日在酒楼设宴为我接风。宴会上在座的除小室校长和我外，还有该校国际交流部部长、刘明祥教授和在同志社大学学习的黎宏博士。同志社大学在京都，黎宏是专门从京都赶到东京接待我并为我作翻译的。

小室校长是中国的好朋友，对中国古文化富有感情，善饮、健谈。宴会一开始，他就明确地说："中国文化是日本文化的恩人，我们年轻的时候，都认真学习中国古代文献，在我们这一代人看来，一个学者如果没有深厚的中国古文化功底，是不可能成为大学者的。"宴会上他用日本清酒招待，拿来招待的清酒叫"上善若水"。他指着酒的名称说："这种酒叫'上善若水'，'上善若水'就来自中国的古书，记不清是来自《老子》还是来自《孟子》。"我说记得是来自《老子》，《老子》第八章说："上善若水。水善利万物，又不争。"然后他对"上善若水"做了解释："水的本性是就小而不攀上，你看水总是往下流的。它滋润万物，而不与万物相争。所以叫'上善若水'。"他的谈话显示了对中国古文化的素养。我曾经在大学图书馆工作17年，对古籍也有所涉猎，听了他的谈话，不胜欣喜。于是说："记得屈原《九歌》中有句名言'乐莫乐兮新相知'，现在可借用这句话表达与您相识的心情。"黎宏听了后说"乐莫乐兮新相知"不知该怎么翻译，我只好提笔在纸上写出。他看了颔首微笑，表示理解。

接着他谈到很喜欢中国的古诗，特别喜欢唐代的李白、杜甫、白居易的诗。他说，李白、杜甫、白居易的诗，很多过去背过，白居易的《长恨歌》现在还记得。说到这里，他提笔在纸上写了一句“春寒赐浴华清池”递给我。我看了看说：“看来您对《长恨歌》还很熟悉。”我在他写的诗句后面，接着写了三句：“温泉水滑洗凝脂，侍儿扶起娇无力，始是新承恩泽时。”写罢又递给他，他看了与我相视而笑，表示出遇到知音的喜悦。随后又谈到了清代的文学作品，他表示对《红楼梦》和《聊斋》情有独钟，印象深刻，接着说，日本有个菊花精的故事，说的是菊花精变化成一个绝代佳人，与一位家道不丰的菊花爱好者结为伉俪，在菊花精的操持下，菊花爱好者变得富裕起来，好像这个故事是从《聊斋》中的故事演变来的。我听后说：“是的，《聊斋》中有一个故事，篇名《黄英》，内容大致相同，如果说菊花精的故事与《聊斋》有源流关系，当非《黄英》莫属。”他听后表示赞同。就这样，两位法学教授以中国古文化为主题，兴致勃勃地谈了3个小时，宴会才告结束。时已更深，而兴犹未尽。

小室校长的一席谈话，给我留下了深刻的印象，令人经久难忘。“在我们这一代人看来，一个学者如果没有深厚的中国古文化功底，是不可能成为大学者的。”这句话仍然经常回荡耳际。需要说明：他所说的学者，指法学学者；所说的一代人，指日本上世纪20～30年代出生的人。为什么他们有那样的观念，不得而知，因为小室校长没有说明。我猜想原因可能有二：首先，中国古文化博大精深，他们从中可以汲取丰富的营养，使自己的法学专业建筑在深厚的文化根基上，不只是懂得法律如何规定，而且懂得其规定的文化根源。例如日本刑法规定亲属间的盗窃，根据亲属关系的亲近程度，或免予处罚，或经告诉的才提起公诉。他们解释这条规定是源于东方道德，即孔子所说的“父为子隐，子为父隐，直在其中矣”，这就从文化根源上对法律规定作出了进一步的解释。其次，一个大学者不应当是只限于狭小范围的专业人士，而应当有广博的知识，辉煌的建树，博大的胸怀，高尚的情操。中国古文化在这方面能够给他们以启迪与帮助。可以明显看出：小室校长对中国古文化的修养，帮助他成为了不逐流俗、维护正义、事业有成的学者。

现在我国正在强调教育的人文理念，法学的人文精神。我不禁默

然在想：日本老一辈法学家能有那样的观念，那么，当前我国法学学者究竟应当如何对待这一问题呢?

（原载《法学家茶座》第3辑）

附　编

对作者的学术思想、学术著作的介绍和评论

开拓与繁荣我国刑法基本理论的研究

——评马克昌主编《犯罪通论》

高铭暄　赵秉志　李希慧

关于犯罪的原理在刑法基本理论中居于基础和核心的地位，其开拓的广度与深度直接影响和制约着刑法学科的整体研究水平，也是正确、深入地开拓研究刑事责任、刑罚总论以及罪刑各论等领域的必备基础与重要条件。现行刑法典颁行十多年来，随着一批刑法学专题著作先后问世，使我国关于犯罪理论问题的研究有了显著的进展。但是，这些论著都还局限于犯罪领域的某一个专题或某一方面的问题，对犯罪论领域进行全面、系统研究的论著尚付阙如，刑法学界引为缺憾。现在，由马克昌教授主编的《犯罪通论》（武汉大学出版社 1991 年 8 月出版）一书的出版，填补了犯罪论研究领域的这种欠缺状况，是对犯罪基本理论问题进行全面、系统而深入研究的力作。

《犯罪通论》（以下简称《通论》），全书共 12 章，约 66 万言。通览该书，我们认为它具有以下几个方面的突出特点：

体系创新　结构合理　科学的理论体系是研究内容合理伸展的外在保证。《通论》把犯罪论体系的建立摆在十分重要的地位。在“绪论”部分设专节论述我国应该建立怎样的犯罪论体系。作者在评述了中外学者依据不同的标准建立的各种不同的犯罪论体系，并剖析了我国现有的几种犯罪论体系后，构建了一个由“绪论”、“犯罪构成”编、“犯罪形态”编、“排除犯罪性行为”编四个部分组成的犯罪论体系。这一体系在宏观上对我国通行的犯罪论体系有所突破，在微观上对通行的犯罪论体系作了发展。

从宏观上来讲，《通论》对我国通行的犯罪论体系的突破主要表现在以下两方面：

（一）重新整合归类有关内容。即将纵向的故意犯罪发展过程中的犯罪形态、横向的基于犯罪人数的犯罪形态即共同犯罪形态和基于犯罪个数的罪数形态整合归类为“犯罪形态”编，分章具体论述。这种新的整合归类与通行的犯罪论体系颇有不同。通行的犯罪论体系将犯罪形态仅仅理解为犯罪发展过程中的停止状态，而将共犯和罪数形态排除在犯罪形态之外，甚至将罪数形态附属在“刑罚论”中的数罪并罚的内容中。这种对犯罪形态的狭隘见解，导致对犯罪形态的研究缺乏整体性和关联性。《通论》将三类犯罪形态整合一体后，有利于保持对犯罪形态研究的系统性。其做法与通行的犯罪论体系相比，不仅具有新颖性，而且更为科学。

（二）重新编排了有关章目的次序。根据通行的犯罪论体系，排除犯罪性行为（即排除社会危害性行为）列于“犯罪构成的主观方面”的章目之后，而位于“故意犯罪发展过程中的犯罪形态”之前，这种排列所遵循的标准是刑法条文的先后次序。其缺陷在于从犯罪（犯罪构成的内容）到非罪（排除社会危害性行为的内容）再到犯罪（犯罪过程中的犯罪形态）的排列，使章与章之间缺乏逻辑上的连贯性，从而使整个犯罪论体系具有较浓的刑法解释学色彩。《通论》一改传统做法，在“犯罪构成的主观方面”的章目之后，紧接“犯罪形态“的有关章目，而在犯罪形态的尾章之后，再有“排除犯罪性行为”的有关章目。这种从犯罪的基本形态到犯罪的特殊形态再到非罪的排列，使章与章之间具有严密的逻辑联系，克服了通行犯罪论体系的不足，增强了犯罪论体系的科学性。

微观上讲，《通论》所构建的犯罪论体系对通行犯罪论体系的发展主要表现在：

（一）在“犯罪的客观方面”一章的“危害行为”一节中增设了“构成要件的危害行为”的专门内容。危害行为与具体构成要件的危害行为（即实行行为）之间存在着属种关系。在论述了作为属概念的危害行为的定义和特征以后，紧接着阐释作为种概念的实行行为的定义和特性，顺于逻辑，紧于结构，并为以后的“故意犯罪发展过程中的犯罪形态”和“共同犯罪”的章节中论述实行行为时提供统领。通行的犯罪论在“危害行为”一节中，没有专门论及构成要件的危害行为，而是在“故意犯罪发展过程的犯罪形态”和“共同犯罪”的章节

中分别阐释，这种做法不仅使内容的排列缺乏逻辑顺序上的紧凑性，而且致具体章节中论及实行行为时缺乏统一的原理指导。因此，《通论》在“危害行为”一节中增设“构成要件的危害行为”的专门内容，不仅新颖，而且可取。

（二）在“犯罪的客观方面”一章中将通行的犯罪论体系称之为“犯罪的时间、地点和方法”的篇目概括地称为“危害行为实施的客观条件”，并增加了“犯罪的特定前提”之专门内容。篇目的修改使得其更具有概括性，使得节的标题与具体内容的标题显现出级的差别和层次性。从形式上来讲更加完美。“犯罪的特定前提”之专门内容的增加，起到了使犯罪客观方面内容的研究臻于全面的作用。《通论》所讲的犯罪的特定前提，是指某些行为构成犯罪以其违反特定的非刑法法规或特定的规章制度为前提，以具备这种犯罪的特定前提为构成要件的犯罪在我国刑法分则中并非个别。犯罪的特定前提虽然属于犯罪客观方面的内容，但它既不属于危害行为本身的内容，也不能和犯罪时间、地点、方法相提并论，克服了通行的犯罪论对其置之不问的不足，使犯罪客观方面内容的理论研究更加全面。

（三）在“排除犯罪性行为”一编中，设“其他排除犯罪性行为”一章，专门研究了除正当防卫和紧急避险以外的依照法令行为、正当业务行为、自救行为和基于权利人承诺或自愿的行为等现行刑法上没有、理论研究也关注不够的问题，尤其是还专节讨论了“安乐死”问题。安乐死，从具体的犯罪认定来讲，它所涉及的是故意杀人罪的罪与非罪的问题。但是，从一般理论上言，它又是涉及是否排除犯罪性的问题，因此，将安乐死置于其他排除犯罪性行为的范围内予以探讨，不失为一种有益的尝试。

评议诸说　力陈己见　《通论》的作者对古今中外的有关犯罪论的各种学说尽收笔底，每论述一个问题，都对各种现有的观点予以客观和较为详尽的介述。例如，《通论》论述未完成形态的犯罪承担刑事责任的根据时，就介绍了中外学者的5种学说，即：（1）基本要件齐备说；（2）修正构成要件齐备说；（3）截断的犯罪构成要件说；（4）第二次犯罪类型说；（5）刑罚扩张原因说。[①] 作者介绍现有学术

① 马克昌主编：《犯罪通论》，武汉大学出版社1991年版，第387～388页。

观点的目的是分析和借鉴，因此，《通论》在每介述某一问题的不同理论观点后，总是予以条分缕析，孰优孰劣，一一评断。通过这种分析，作者或同意一说排除他说，或另立新说。

大胆开拓　勇立新论　纵览《通论》，我们不难发现作者锐意进取、勇于探索的精神，以及作为这种探索精神成果的新论迭出。例如，刑法理论的通说认为，意外事件既包括由于不能预见的原因造成损害的情况，也包括由于不能抗拒的原因造成损害的情况。《通论》则指出，意外事件最本质的特征是“不能预见”，而在由于不能抗拒的原因造成损害结果的情况下，行为人主观上对损害结果的发生是有预见的，只是对损害结果的发生无力抗阻从而致损害结果发生。既然此种情况不具备意外事件“不能预见”的本质特征，那就当然不应将其包括在意外事件的内容之中。① 这一观点，突破了通行的意外事件定义。再如，《通论》对于犯罪动机这一概念作了以下与众不同的界定：犯罪动机是驱使行为人实施犯罪行为以达到一定犯罪目的的内心起因或意识冲动。② 这一定义克服了通行的犯罪动机概念的模糊性，明确指出了犯罪动机与犯罪目的的内在联系，排除了间接故意犯罪和过失犯罪中存在犯罪动机的可能性。

既重理论　又切实际　《通论》遵循理论联系实际的原则，在对大量的问题进行深入的理论阐述的同时，又对许多刑事司法实践中的疑点、难点问题进行了有益的探讨，提出了一些司法实际部门可资遵循的理论意见。例如，在司法实践中，大量的犯罪是由于犯罪人在一定的外界因素影响下而自己停止的。这类犯罪，是认定为犯罪中止还是认定为预备犯或未遂犯，司法实践颇感疑难，其实际认定处理也不尽相同。对此，《通论》指出，应根据犯罪人对事实认识情况，结合外界因素的性质及表现形式，分别不同情形予以认定：（1）如果不存在着任何外在的物质障碍，行为人也没有因外界因素受到精神强制而停止犯罪的，应当以犯罪中止论。（2）如果外界因素并不能直接迫使犯罪人放弃犯罪意图而行为人停止犯罪的，应以犯罪中止论。（3）外界因素虽然客观上不是以阻止犯罪进行的，但由于行为人的认识错误

① 马克昌主编：《犯罪通论》，武汉大学出版社 1991 年版，第 342～343 页。

② 马克昌主编：《犯罪通论》，武汉大学出版社 1991 年版，第 359 页。

或受到精神上的威胁，因而停止犯罪的，以预备犯或未遂犯论处。(4) 外界因素虽然在客观上足以阻止犯罪的进行，但行为人并没有意识到这些因素的存在，而是出于害怕、悔悟等动机而停止犯罪的，以犯罪中止论处。(5) 外界因素按其性质和作用看，不仅在客观上足以阻止犯罪的发展，而且行为人主观上也认识到难以完成，此种情况下行为人停止犯罪的，成立预备犯或未遂犯。① 这种详尽的意见，可操作性较强，对司法实践具有重要的指导意义。此外，《通论》在"共同犯罪"、"正当防卫"、"紧急避险"等章节中，也提出了许多紧切司法实际的具体主张。

立足国内　借鉴国外　《通论》的作者将大部分笔墨用于阐述国内刑法中的有关问题，同时，又用一定的篇幅介绍了国外尤其日本在犯罪论有关问题上的立法例和理论上的争鸣观点，并加以分析、评价，不合理的予以否定，合理的加以借鉴。例如，在论述片面共犯问题时，《通论》介评日本学者的观点达 5 处之多。除此之外，《通论》也介绍了一些前苏联关于犯罪论某些问题的主张。

治学严谨　论证充分　前文已述，《通论》每每论及一个问题往往介绍国内外若干不同观点。由于属集体合作，各作者在加注的角度和疏密上难免有所不同。但从整体上看，凡书中介绍的他人的观点，大多注有出处。据我们统计，全书的注释达 430 多个，这表明《通论》作者治学的态度是严谨的。此外，《通论》在肯定或者否定某一现有的学术观点或者另立新论时，决不简言相待，流于空浮，而是予以充分的论证，以理服人。例如，《通论》在否定"任何犯罪都有犯罪对象"的观点时，论述的理由达 5 条之多，有的一条理由之下又分若干之点。②

《通论》作为我国第一部系统研究犯罪论问题的专著，也存在一些尚可进一步完善之处。其一，个别提法不尽科学。例如，《通论》将"3 人或 3 人以上组成"这一犯罪集团成立的条件，说成是"在人数上犯罪集团与一般共同犯罪的区别"。③ 这一提法就有失妥当。因

① 马克昌主编：《犯罪通论》，武汉大学出版社 1991 年版，第 445～446 页。

② 马克昌主编：《犯罪通论》，武汉大学出版社 1991 年版，第 124～126 页。

③ 马克昌主编：《犯罪通论》，武汉大学出版社 1991 年版，第 503 页。

为一般共同犯罪同样可以由3人或3人以上构成。犯罪主体是3人或3人以上，只是犯罪集团成立的条件之一，而不能将它说成是“在人数上犯罪集团与一般共同犯罪的区别”。其二，有的内容失之不全。例如，《通论》在论述我国刑法中犯罪故意和犯罪过失时，只引用了刑法关于故意犯罪和过失的规定，而没有给犯罪故意和犯罪过失作一般的界定。讲的是犯罪故意和犯罪过失的概念却又不给其下定义，这不能不说是一个缺憾。其三，有些问题的论述对刑事立法实际考虑得不够，例如，1988年1月21日全国人大常委会颁布的《关于惩治走私罪的补充规定》第10条第2款，同期颁布的《关于惩治贪污罪贿赂罪的补充规定》第3条第3款、第5条第2款，对有的牵连犯已明文规定实行数罪并罚。而在上述两个《补充规定》颁布几年之后面世的《通论》，无论是在“故意犯罪阶段上犯罪形态”的章节中，还是在“一罪与数罪”等章节中，论述牵连犯时皆一概断言：对牵连犯按“从一重处断”的原则，不实行数罪并罚。① 而对上述刑事立法中有关牵连犯实行数罪并罚的明文规定未予涉及。当然，我们并不是说，刑法理论不可以研究刑事立法的恰当与否并提出与刑事立法规定不同的理论主张；但是，如果理论上探讨的某一问题在刑事立法上已有一定规定的情况下，那就不能不对有关的立法规定加以反映，以便让读者了解作者的理论主张和立法现实之间的差异，并作出判断和选择。所以，我们认为，在论述牵连犯的处理原则时对有关的立法实际未予述及的做法尚有改进的余地。最后，有的观点也还值得商榷。如《通论》中所持的存在着“犯罪既遂之后的犯罪中止”的观点即属于此。限于篇幅，本文只予提及，不加评述。

《通论》虽然存在着上述一些不够完美之处，但瑕不掩瑜，无论从理论的深度，还是从其广度来讲，该书都堪称我国犯罪论领域研究的一部力作。《通论》的问世，无疑为我国加强刑法基本理论研究带了一个好头。

（原载《中国法学》1992年第6期）

① 马克昌主编：《犯罪通论》，武汉大学出版社1991年版，第411、663页。

一部开创性的新著

——评马克昌主编的《刑罚通论》

叶高峰 刘德法

1991年8月，由马克昌教授主编，武汉大学出版社出版的《犯罪通论》一书，对我国通行的犯罪论体系作了较为全面的发展，开拓和繁荣了我国刑法基本理论的研究，为我国加强犯罪论的研究“带了一个好头”。① 继《犯罪通论》之后，作者又主编了《刑罚通论》（武汉大学出版社1995年12月出版）一书，作为《犯罪通论》的姊妹篇，对刑罚的基本理论问题进行了全面系统的研究。《刑罚通论》不但与《犯罪通论》前呼后应，浑然一体，相得益彰，而且大笔挥洒，见解独到，理论性与实践性较强，是迄今为止国内刑法学界有关刑罚论研究的一部具有开创性的著作，读之受益，掩之回味。

《刑罚通论》全书共23章，70万余言，是国内已出版的有关刑罚理论专著中信息量最大的一部学术著作。通览全书，其主要特点可概括为以下几个方面：

一、体系新颖、科学。按照我国刑法学界通行的观点，一般将刑罚论体系分为绪论、刑理编、刑种编、量刑编、行刑编、附论编。而《刑罚通论》作者以马克思主义理论为指导，对西方国家和前苏联刑法学中几种有代表性的刑罚论体系，以及我国刑法学中的刑罚论体系作了比较研究，最后以我国的刑法总则第3章刑罚和第4章刑罚的具体运用的规定为法律根据，以我国刑罚论专著所采用的体系为基础，借鉴外国刑法学中的刑罚论体系的可取之处，在贯彻一元论体系的前提下，遵循事物发展前后顺序，提出一个独具特色的、科学新颖的刑

① 《中国法学》1992年第2期，第107页。

罚论体系。

新刑罚论体系首设绪论，绪论之后，设正编四编：刑罚种类、刑罚裁量、刑罚执行、刑罚消灭。编、章的标题及其顺序安排，清楚地展示出刑罚发展的全过程。正编之后设附编，论述非刑罚措施，即非刑罚处理方法和保安措施。

新体系从宏观上看，突破了传统的刑罚论体系研究的固定框架，首次将刑罚的消灭纳入刑罚论体系之中，并使之独立成编而与刑罚的种类、裁量、执行三编自然呼应，使刑罚论的正编内容更为完善。《刑罚通论》在刑罚论正编的前后，将刑罚的基本理论和非刑措施作为全书的绪论和附编。绪、正、附三部分合理配置，内容有机联系，逻辑层次清晰，从而建构了一个从理论到实践、从立法到司法、从刑罚的产生到消灭、从刑罚到非刑措施这样一个严密、完整的科学体系。

我国传统刑法学囿于立法规定，侧重注释研究，在关于刑罚论的研究方面，忽略了刑罚消灭这一至关重要的问题，长期以来将刑罚消灭置于刑罚论体系之外。《刑罚通论》作者借鉴了外国刑罚论体系的可取之处，将刑罚消灭这个长期以来被国内学者所忽略但又确实难以回避的问题，纳入刑罚论体系中并对之进行了深入的研究。我们认为，这一刑罚论体系的建立，必将对我国的刑罚理论研究产生深远而又重要的影响。

从微观上看，《刑罚通论》所建立的新体系也独具特色。如，在绪论部分，作者开门见山不落俗套，直接从刑罚的前提刑事责任开始，进而论证刑事责任的主要实现形式刑罚，然后详述与刑罚相关的刑罚权、刑罚本质、刑罚功能、刑罚目的等一系列基本理论，言简意深，层层递进，令人耳目一新。又如，在第二编刑罚裁量部分，先论述裁量的原则，再论述裁量的模式和方法，然后再从微观角度论证量刑的情节和制度，以及各种刑罚的具体量刑规则，使每一编都形成一个从理论到操作的相辅相成关系。纵观全书，不但体系新而且章、节编排科学合理，内容观点也新颖独到。如，该书设专章或专节研究了立功、再犯、数罪并罚、刑罚执行原则、对犯罪军人战时缓刑的执行以及前科消灭和复权等问题，这些问题都是以前国内学者在刑罚论中

没有专门论述或研究不够深入的方面。

二、内容充实、完整。该书是目前国内研究刑罚制度较为系统、内容较为全面的著作。作者从刑罚的最基本理论入手，按照刑罚制度运作的发展规律，深刻地阐述了我国刑法中规定的每个刑种，科学地探讨了刑罚的裁量原则、方法和各种具体的操作规则，结合刑法、刑事诉讼法和监狱法的规定，较为全面地分析论证了刑罚执行过程中的一系列问题，开拓性地研究了刑罚消灭的概念、特征和刑罚消灭的具体事由。为了使刑罚论体系更为完整，该书在刑罚论正编之后列附编，对处置犯罪的手段，非刑罚措施也进行了富有新意的论述。本书既深入探讨了刑罚的本质、目的、功能等基本理论问题，又分析论述了刑种、裁量、行刑、刑罚消灭等具体的法律制度；既正确地反映出我国刑事立法的本意，又指出了正确适用各种刑罚制度的途径；既充分展现了现行的立法、司法状况，又探讨了进一步完善我国刑罚制度的立法构想，从而使本书不但具备相当的理论深度，而且又具有很强的实践指导意义。

三、论证深刻、有力。《刑罚通论》对学术界流行的观点，若持肯定赞成的态度，则作进一步深入的考证和论述，不简言相待；若持否定态度或另立新论，则旁征博引，充分论证，以理服人。如：针对我国刑法学界关于死刑存废的争论，作者以极为理性的态度指出：加强死刑的适用，能够有效地遏制犯罪率增长的思想和广大民众对严重的刑事犯罪有强烈的报应观念，这两个支撑点的存在，决定了当前中国不可能立即废除死刑。而中国的死刑制度将在今后多长的时间内逐步废除，也取决于这两个支撑点支撑力的弱化程度和速度。在死刑的裁量问题上，论证了应当遵循的少杀、慎杀、必需三原则，依据法律规定和司法解释，归纳界定了死刑裁量的根据和标准，为死刑的适用勾画出了一套清晰可见的操作规程。

关于量刑的概念，作者评议诸说，力陈己见。首先，作者介绍了不同国家和地区刑法学者关于量刑内涵和外延的理解，然后将我国刑法学者的观点归纳为狭义说、广义说和折中说三种，并对之一一评判，进而认为，非刑罚处理方法的裁量和是否免予处罚的裁量，也应包括在刑罚裁量之内。

四、资料丰富、翔实。作者在阐述国内刑法中的有关问题和展示自己的观点时，充分发挥占有的资料优势，用相当篇幅介绍评析了国外尤其是日本在刑罚论有关问题上的立法例和理论上的争论焦点。如，关于罚金刑问题，作者在该书第四章第一节仅引用注释日本学者的学术著作出处就达25个，其他注释18个，这就使读者较为全面地了解到了中外刑法关于罚金刑的立法和理论全貌，也为作者主张扩大罚金刑的适用范围和正确适用罚金刑的观点，奠定了坚实的理论基础。又如，在论述刑罚权的根据时，作者介绍了西方学者的7种观点，注释达20个之多。作者运用马克思主义理论，在对西方学者的各种观点进行评述的基础上，最后认为"统治阶级为了对付违反它的生存条件的行为而进行自卫，这才是刑罚权的根据"。

《刑罚通论》作为一部集体合作完成的理论专著，由于各位作者所持观点的差异和写作风格不同，致使全书内容前后照应关系上尚存在着可进一步完善之处。一是作者在论述民愤与量刑的关系时，认为"在我国现实社会条件下，民愤不宜再成为影响量刑的因素"。而另一位作者在论述死刑的裁量所应遵循的必需原则时，却说："必需原则，是指死刑只能在预防犯罪或平息民愤所必需的前提下适用。"这里显然表明民愤是影响死刑量刑的一个重要因素，说明民愤与量刑有较大的关系。这就使得前后观点出现矛盾和冲突。二是该书第十一章第二节论述的是"自由刑的裁量"，但作者将"缓刑的裁量"与无期徒刑、有期徒刑、拘役、管制的裁量并列起来讨论，使人感觉到缓刑也是自由刑的一种而非一种刑罚执行制度，这种体例的安排显然不够科学。三是该书中却存在着一些前后不一致的概念表述问题。如关于量刑情节的定义，第七章中作者认为："量刑情节是人民法院在定罪和确定相应法定刑的基础上，对犯罪分子量刑时据以从重从轻，加重减轻处罚和免除处罚以及暂缓执行刑罚的，表明行为的社会危害程度和行为人的人身危险程度的主客观事实情况。"在第八章中另一作者则认为："量刑情节，是指定罪事实以外的，与犯罪人或其侵害行为密切相关的，表明行为的社会危害程度和行为人的人身危险性程度，并进而决定是否适用刑罚或处刑宽严或者免除处罚的各种具体事实情况。"这里不但表述方式不一致，实际上其内涵也有差别，因为第二种定义法

没有将“暂缓执行刑罚”包括进去。如果结合该书第六章给“刑罚的裁量或量刑”所下的定义，那么，可以认为关于量刑情节的第一种定义表述是较为符合全书统一观点的。

（原载《法律科学》1997 年第 1 期）

比较与借鉴：在诠释与理论之间着力求索

——马克昌教授《比较刑法原理》评介

赵秉志　曾粤兴

刚刚进入21世纪第二个金秋，著名刑法学家、武汉大学法学院教授马克昌先生的新作《比较刑法原理——外国刑法学总论》面世。数年来，我们陆续拜读过马先生主编的《刑法学全书》、《犯罪通论》、《刑罚通论》、《近代西方刑法学说史略》等论著，深知马先生学贯中西而治学严谨，思想深邃而勤于耕耘，不鸣则已，鸣而必有高论。研读马先生著述，不独有茅塞顿开、明白事理之愉悦，亦有品味马先生独特朴实的语言和冷静睿智的文风时的击节赞叹。此等感受，必不为笔者所独有。拜读马先生这部鸿篇巨制后，作为晚辈后进，以好书共赏之心愿写成此文，既作书评，更作读后感发表，推介之外，更慕方家指教。

一、严谨：初读此书之感受

刑法比较研究，为一般学者所不敢轻易涉足，盖因仅当代刑法学说发展至今已有200余年历史，加诸启蒙思想家的刑法思想，已逾400年，可谓博大精深，卷帙浩繁，学者之林群星璀璨，此其一。其二，作比较研究，若仅掌握二手资料，也难以准确把握学者原意。是故20年来刑法比较研究成果寥若晨星，其间几本拓荒之作或侧重于个罪比较，或兼顾刑法总则分则法条与原理，或拘谨于时代思潮的禁锢，体系与非理性的选择局限了原理的拓展。即使如本文作者之一赵秉志教授主持的《海峡两岸刑法问题比较研究》四卷著作，也局限于区际刑法之比较。[①] 马先生以耳顺之年攻克日语难关，能直接领悟刑法典立法滞后但刑法理论颇为发达的日本国知名刑法学者的代表作，加之功力深厚，年逾古稀而耗时近4年一笔一笔写下80万字的此书，[②] 殊属不易，更可贵的是作者严谨的学风未因年事渐高而稍有懈怠。以该书第九章《正犯与共犯》为例。此部分内容，作者曾发表过7万余字的论文，[③] 若作忙里偷闲计，完全可以仅仅改动序号而全文移入此书，但马先生没有这样做，他参考了1999年出版的《德国刑法总论》（日文版）、2000年出版的《德国刑法教科书》（中文版）和《俄罗斯联邦刑法典释义》（中文版）作了认真修改，内容增至8万余字。不仅如此，作者参考的论著多达60部，内容几乎泛及整个犯罪论和刑罚论体系，可见作者对读者负责的程度和写作此书之精心，谓之呕心沥血之作当不为过。

二、全面：通读此书之认识

此书由刑法的基础理论、犯罪论、刑罚论三编组成。首编包括刑法与刑法学、近代刑法理论、罪刑法定主义3章，内容涉及刑法思想史、刑法学说史；中编包括犯罪论概说、构成要件理论、违法论、责任论、未遂犯论、正犯与共犯、罪数论7章；末编含刑罚论概说、刑罚的体系和种类、刑罚的适用、刑罚的执行、刑罚的消灭和保安处分6章。后两编以大陆法系国家刑法总则理论为主，个别问题如羞辱刑兼及英美刑法规定，学说与规范广及德国、法国、日本、意大利、荷兰、韩国、越南、泰国、前苏联、俄罗斯、美利坚等有代表性国家以及深受大陆法系影响的中国台湾地区，故本书副名为《外国刑法学总论》。虽然作者谦言不求体系之完整，但全书内容除缺“适用范围”外，不仅涵盖整个刑法总论，而且首编内容已跨入理论刑法学范畴，

---

① 陈明华、曾粤兴：《两岸刑法学交流的世纪硕果》，载《政法论坛》2002年第2期，收入赵秉志主编：《刑法评论》（第1卷），法律出版社2002年版，第280页以下。

② 马克昌：《比较刑法原理》，武汉大学出版社2002年版，后记。

③ 马克昌：《关于共犯的比较研究》，载高铭暄、赵秉志主编：《刑法论丛》（第3卷），法律出版社1999年版。

末章内容已延伸至非刑罚处置方法，堪称比较刑法原理之集大成者。这无疑为中国比较刑法研究提供了一本最全面的教科书和专著。

三、精当：细读此书之评价

大陆法系刑法理论源远流长，各种思潮、理念、学说杂糅其间。除立足于客观主义的学说外，又有主观主义的理论和两者结合的观点。刑法理论由欧洲大陆传向前苏联时又产生了许多流变，新中国刑法理论一度盲从于兹，使2000余年来一向注重诠释刑律的本土，催生出瘦瘠的理论之树，而如此理论之树汲取理论法学营养的功能先天不足。因此，开放我国的刑法理论，在比较研究中茁壮我们的理论之树，显有必要。然而不同政治制度的国家有不尽相同的价值观念，同一政治制度的国家的价值观念也有差别，历史、传统、习惯乃至语言使同源的刑法理论在不同国家培植的刑法规范、刑法原理亦千差万别。因此，比较研究容易产生的弊端，一是简单化，其表现可能是停留于事实层面的客观介绍，也可能是对本国或外国的规范或理论轻率加以肯定或否定。月亮在谁的天空最圆之类的结论，即为其证。若是盲从化，其实质仍然是简单化，其表现是不顾及本国政治、经济、文化的现实，偶见外国刑法理论或判例中有新奇之处，便想拿来为我所用。存此弊端之作，读来使人易生不适之感。细读马先生此书，则心悦诚服；其各章各节，条理分明；各派理论之梳理清晰明快，各种学说之介绍简明扼要。对于不同观点的评价，均立足于一致的立场，寥寥数语，便直指其要。例如对前期古典学派的评价，马先生指出：以社会契约说作为刑罚权根据不符合历史事实，但却是对封建神学法律观的否定；意思自由论属于唯心主义，但在承认人的主观能动性上具有进步意义；适用刑罚只考虑犯罪行为是片面的，一般预防论忽视特殊预防也不全面，但他们提出的罪刑法定主义、罪刑相适应原则、刑罚人道主义是对封建刑法罪刑擅断主义和刑罚惨无人道的扬弃，反映了广大人民的意愿，为法治国家刑罚的发展指明了道路，同时，其死刑存废论不仅影响了许多国家的死刑立法，而且至今影响着刑法学界关于死刑存废的讨论；报应刑论不考虑刑罚的目的，是同态复仇刑罚的思辨再现，但其个人责任原则否定了封建刑法的株连无辜，限制了

刑罚惩罚的范围，表现了刑法的时代进步，因此，它虽有不足，但开创了作为法学部门之一的近代刑法学，为许多国家制定现代刑法提供了理论基础。① 再如对犯罪本质论的比较。近年来，一些学者对主观主义、客观主义的刑法理论作了总结或介绍，② 其间一些文章的结论给人的印象，似乎这两种理论是截然对立的。也有学者能够在更深层次上指出："一种刑法观是否有利于限制刑罚权，保障个人权利与自由，才是区分刑法客观主义和主观主义的试金石。"③ 马先生指出："客观主义虽然重视外部的行为与实害，但不是全然无视行为者的动机、意思即主观的部分；主观主义虽然重视行为者的人格、性格、动机、意思即主观的部分，但决不是无视外部的客观部分。"并进而指出，这两种刑法观都没有解释清楚为什么某种法益侵害被规定为犯罪，而另一种法益侵害却不规定为犯罪。而这只有从是否危害统治关系和法律秩序上，才能给予科学的说明。因为犯罪的本质正在于此。④ 这些分析，将学说事实置于唯物辩证法和历史辩证法的轨道，从而使作者的评价产生了高屋建瓴的效果，不能不信其结论的客观公允。

比较刑法研究，不可能无视古典与规范两大学派的存在，否则无法厘清外国刑法理论及其关系，而各学派的学说大致在客观主义和主观主义的引导下展开，在许多方面形成对立。⑤ 但国内学者的介绍，往往突出的是代表性人物和学说内容，鲜有概括。日本的木村龟二从特征的角度，将客观主义、主观主义分别概括为行为主义和行为者主义，马先生则不仅诠释了两者的特征，而且参考大塚仁、藤木英雄等学者的观点，从关系的角度指出："古典学派的理论立于客观主义之上，近代学派的理论立于主观主义之上。"⑥ 这就给读者在两大学派

---

① 马克昌：《比较刑法原理》，武汉大学出版社 2002 年版，第 37 页。

② 代表性著作有张明楷：《刑法的基本立场》，中国法制出版社 2002 年版；周光权：《法治视野中的刑法客观主义》，清华大学出版社 2002 年版。

③ 周光权：《法治视野中的刑法客观主义》，清华大学出版社 2002 年版，第 7 页。

④ 马克昌：《比较刑法原理》，武汉大学出版社 2002 年版，第 88～93 页。

⑤ 张明楷：《刑法的基本立场》，中国法制出版社 2002 年版，第 60 页。

⑥ 马克昌：《比较刑法原理》，武汉大学出版社 2002 年版，第 89 页。

理论的认识上有了一个更加简明而准确的轮廓。

两大学派理论的嬗变，绽放出万紫千红，为比较研究的取舍平添了许多困难。本书的取舍或繁或简，详略得当。重要处浓墨泼洒，见细入微，淋漓尽致；次要处铁笔勾勒，不枝不蔓，惜墨如金。如对构成要件机能理论的比较，由于有关构成要件的分类截然割裂了主观因素和客观因素，作者只对构成要件的理论机能、社会机能作了客观介绍。对于名誉刑和保安处分制度，张明楷教授所著的《外国刑法纲要》、赵秉志教授主编的《外国刑法原理（大陆法系）》已有较全面的介绍，本书于此尽量简约。有关刑法的适用范围的理论，于我国而言尽为舶来品，国人已深为了解，故本书舍而未及。而罪刑法定主义奠定了近、现代刑法的基础，构成要件论、违法性论、责任论是犯罪论的核心，罪数论、正犯与共犯论对于解决复杂形态的犯罪具有决定意义，作者用大量篇幅使之纵横其间，并且全书以事实比较为主、理论评价为辅，事实比较本身具有客观属性，作者的评价又精辟妥当，所有内容不会因社会情势的变更而使读者产生相反认识。如此裁剪得体、精工创造之作，不可不谓精当。由是以观，此书堪称比较刑法研究最权威的范本。

四、诠释与理论之间求索

理解外国刑事立法与原理，以一定的方法论为指导作出比较性解释，实际上是一种诠释的方法和过程。在这一方法和过程中，仅仅注重外国刑事立法与原理的客观描述，使刑法的比较研究徘徊于事实本身，是常见的做法。这种做法，实质上只有比较而缺少研究，故被认为是学术缺陷。① 如果说理论的生命在于实践，那么法学的生命就在于应用。停留于事实层面的比较将使人知其然而不知其所以然，从而难以对本国立法和理论发展作出借鉴，因此，必要的理论提升或者说进一步的结论的产生是应当进行的工作。然而，这种理论的提升，必须在认知比较对象赖以存在的历史、文化、传统、习惯和价值观念的基础之上进行，同时，科学的方法论和学术技巧如研究角度的选取、

① 黄文艺：《比较法：批评与重构》，载《法制与社会发展》2002 年第 1 期。

研究素材的取舍等当然是必不可缺的主观要素。这一切对研究者来说是具有较高难度的要求。读马先生此书，可以品味双重的价值：一是学术方法；二是研究结果。马先生将大陆法系诸代表性国家和地区置于同一视角平面，使刑法思想的产生与影响、刑法学说的建立与流变、刑法判例的出现与变化得以平行展开，对每个刑法学说和基本原理的分析和评价都在主客观统一的原则和辩证唯物主义、历史唯物主义的指引下进行，思辨色彩浓厚，哲理韵味悠长。这样的研究方法，不露痕迹，不弄玄虚，研究结果的产生、结论的推出，有充分的事实依据。故其方法易生潜移默化之效，其结论易收自然而然之功。以期待可能性学说为例，近年来，我国刑法学人几乎一片叫好，纷纷主张将其引入我国。马先生指出：该理论虽然发端于德国，但德国目前对期待可能性作为超规范的免责事由持否定态度；基于主客观统一的犯罪观，该理论有可借鉴性，但把它作为超法规的阻却事由不加限制地适用，也会产生副作用，因此应当慎重。①

又如对罪刑法定主义的比较。我国多数刑法学教材对罪刑法定原则的介绍都已落后于该理论目前的状况。个别教材和学者的对该原则所派生的明确性原则有所涉及，但回避了日本刑法学者提出的“实体适当原则”是罪刑法定主义的派生原则的观点。在日本刑法学者看来，实体适当意味着刑法规定的犯罪应当是确实需要用刑罚处罚的行为，并且所规定的刑罚不是酷刑同时又与犯罪相均衡，大谷实教授甚至认为明确性原则也是实体适当原则的内容。马先生指出：明确性原则是从语言表述形式而言的，实体的适当原则是就法规内容的实质而言的，两者不宜混淆。同时，马先生认为，在实体适当原则中讨论罪刑均衡问题是可取的。② 应当说，这与罪刑法定原则在世界范围内的立法实际是一致的，因为多数国家在刑法或刑事诉讼法中只规定了罪刑法定原则，罪刑均衡的内容涵盖于罪刑法定原则之中。

修正的构成要件说，曾经受到我国一些学者的肯定，近年来又受到部分学者的质疑。马先生在比较有关之后认为，修正的构成要件理论，解决了未遂犯和共犯的构成要件问题，应当予以肯定，但日本刑

---

① 马克昌：《比较刑法原理》，武汉大学出版社 2002 年版，第 500 页。

② 马克昌：《比较刑法原理》，武汉大学出版社 2002 年版，第 74～77 页。

法学者认为未遂犯是犯罪的扩张原因之一的观点，没有揭示未遂犯不同于共犯的特点，相比之下，关于未遂犯是阶段上的犯罪形态的观点，由于揭示了未遂犯不同于共犯及罪数的特点，更为可取。① 这实际上已经正确说明，即使修正的构成要件理论尚有缺陷，也应当承认其存在的价值。

对于帮助教唆犯问题，日本刑法仅仅规定“教唆从犯者，判处从犯的刑罚”，而未规定教唆教唆犯问题。有的学者主张这种间接的教唆帮助了正犯的实行，故应定罪，日本法院的判例也支持了这种观点。马先生则认为，一个国家的刑法如果采取罪刑法定主义为刑法的基本原则时，就应当严格按照刑法的规定处理案件，不应离开刑法的规定任意作无限扩大的解释。② 这些精辟的结论，对于研究我国司法实践中出现的新问题，对于罪刑法定原则司法化的实现，无疑是深有启迪的。

以死刑论为例。从启蒙思想家开始，死刑问题就一直缠绕着人类的神经。格劳秀斯、孟德斯鸠和卢梭都不反对死刑的适用，但都主张限制其适用。③ 同样属于前期古典学派的贝卡里亚和康德，对死刑存在的价值作出了相反的评价。贝卡里亚主张废除死刑，康德认为死刑是对谋杀者必须产生的报应。④ 近代学派过于强调刑罚的特别预防而轻视一般预防，主张刑罚个别化，因此，死刑在他们的学说中一般受到冷遇，个别学者如龙勃罗梭赞成对“天生犯罪人”适用死刑。“二战”后，人权思潮涌起，饱经战乱的人类对生命焕发出强烈的热情，死刑存在的正当性受到广泛怀疑，相继有 70 余个国家废除了死刑，15 个国家对普通犯罪废除了死刑。主张废除死刑的国际组织和废除死刑的国家，对保留死刑的国家颇有微词，甚至保留死刑的国家对其他保留死刑的国家也有抨击。马先生指出：应当承认废除死刑的议论，推动了一些国家废除了死刑，起了历史进步作用；但死刑的存废不应抽象论证。死刑有善、恶双重性，它既非十全十美，也并非一无

① 马克昌:《比较刑法原理》，武汉大学出版社 2002 年版，第 131、519 页。
② 马克昌:《比较刑法原理》，武汉大学出版社 2002 年版，第 723 页。
③ 马克昌:《比较刑法原理》，武汉大学出版社 2002 年版，第 20～22 页。
④ 陈兴良:《刑法的人性基础》，中国方正出版社 1999 年版，第 39 页。

是处。在一个国家中死刑应否废除的议论，绝不能脱离该国国情，特别是不能脱离该国的严重犯罪的发案率状况和国民对于死刑的感情与观念，否则，就不免陷于脱离实际的空谈，从而无助于废除死刑的努力。①

在我国所有刑法分则的教材和大量专著中，都有对各类犯罪的构成特征的分析。这实际上是以分则结构对犯罪构成作出的分类。这种做法，源自前苏联刑法学者，似乎我国刑法学界同仁已经认为此乃理所当然，笔者对此也习以为常，尚未作过反思性考量。马先生认为："这样的分类并不妥当，因为这是按照类罪名分类的，实际上法律并没有规定类罪名的犯罪构成，因而也就不发生这类犯罪构成的分类。"你能说马先生不是"世人独醉，惟我独醒"吗？

以上仅是随手撷来的几个小例，未必能说明马先生在理论求索中的辛劳和成就。事实上，马先生此宏著已经筑起了一座高峰。仰止于此山之高，许多内容食而尚不解其味。本文只能就已理解的部分简要谈谈感想。相信读者在研读马先生此书的过程中会有更多的获益，这应该是没有疑问的。

（原载《政法论坛》2003 年第 2 期）

---

① 马克昌：《比较刑法原理》，武汉大学出版社 2002 年版，第 844 页。

马克昌：把握现代刑法理念

唐六勇

日前，在武汉大学樱花校园里，见到了仰慕已久的马克昌先生。79 岁高龄的马老，身体还很健朗，每天能饮几杯白酒。

在中国刑法学界，“北高南马”是公认的泰斗。“北高”指中国人民大学的高铭暄教授，“南马”就是马克昌教授。

为法律的尊严而辩护

问：在“文革”中您曾受到不公正对待，而 1980 年 11 月，您却为林彪江青反革命集团中的主犯吴法宪辩护。在情与法之间有没有冲突？

马克昌（以下简称马）：当时，我 54 岁，已经饱经忧患。1957 年，我和著名法学家韩德培教授一起被划为右派。到“文革”，又被放逐到农场，做过图书管理员……1979 年才被平反。20 年的黄金岁月都在远离法学教研的活动中渡过。当时，一听说是为林彪江青反革命集团作辩护，受邀到北京的法律专家们一时感情上都难以接受。还有不少人心存顾虑，担心以后又搞运动再受冲击。我思前想后，觉得为这些被告辩护是有重要意义的，就是要从这开始，恢复曾被林彪江青反革命集团恣意践踏的法律尊严。

问：在当时的情况下，是假辩呢，还是真辩？

马：应该说，一开始辩护律师们心里也没有底。这是一个史无前例的特别审判，被审判的又是一群曾经权倾一时的“风云人物”。真辩还是假辩？不容回避。有关方面并没有“划框框”。大家开始严肃

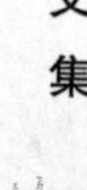

地讨论，争论非常激烈。有的律师认为，10 名被告罪行十恶不赦，辩护摆个样子就可以了。但更多的律师认为，这次审判是中国法制建设走向完善的标志，应该以事实为依据，以法律为准绳，依法进行辩护。

问：您认为自己为吴法宪的辩护是成功的吗？

马：在法庭辩论时，我为被告人吴法宪提出了 3 点辩护意见，希望量刑时对被告人依法从轻判处。有的同志认为为吴法宪辩护得太认真了，后将辩护词送著名的法学家张友渔审阅，得到了他的认可。法庭宣判后，吴法宪心服口服，他表示，不仅他感谢我们，他的儿女也感谢我们。

树立现代刑法观

问：从 1982 年与高铭暄教授一起编刑法学教材开始，您参与了很多重要的全国统编刑法学教材的编写。您的书影响了一代又一代学法律的人。从传统刑法到现代刑法转变过程中，您认为有哪些观念需要树立？

马：随着市场经济体制的发展，需要更新刑法观念。首先，改变强调作为阶级斗争工具的刑法观，树立为发展社会主义市场经济服务的刑法观。就刑法的功能来说，不仅要重视刑法规范人们行为，维护社会秩序的功能，更要重视刑法保护社会主义市场经济发展和保障公民合法权益的功能。其次，改变单纯以危害统治关系为标准的犯罪观，补充树立以危害社会生产力发展为标准的犯罪观。是否危害社会生产力的发展，也应当成为判断某一行为是否构成犯罪的标准。再次，改变与计划经济相适应的刑罚观，树立与市场经济相适应的刑法观，增加适用罚金刑的条款。

问：现在学界对死刑的存废争议很大，您是怎么看这个问题的？

马：在目前社会情况下，当然还不能废除死刑，应当严格限制死刑的适用，慎重使用死刑。另外，要尽快废除对非暴力犯罪的死刑，等到将来条件成熟的时候，就能够废除死刑。我曾经在一个研讨会上说：“死刑尚未废除，同志仍须努力！”意思是主张积极创造条件废除死刑。

做学问要创新

问：您是怎样走向法学研究道路的呢？

马：（笑）我当初并不是抱着什么远大理想走上法学研究道路的，纯属偶然。我中学时由于日寇入侵中原，读书的环境日趋恶劣。1944年我提前毕业赋闲在家。1946 年，得知武汉大学法律系有“不用交学费、就业有保障”的司法组招生名额，于是报考并被录取。大学期间，勤奋研习法学典籍，涉猎了文史哲，打下良好的日语基础。1950年留校任教。同年，被保送进入中国人民大学法律系刑法专业攻读研究生，师从前苏联法学家贝斯特洛娃研究刑法。

问：您觉得现在学法律的学生应该怎么做呢？

马：随着依法治国方略的推进，学法律的人一定大有作为。现在的学生要有一个决心，要为建设社会主义法治国家作贡献。法学院的学生不但要学知识，首先要学做人。一个有理想、有道德、有修养的人，才能做一个好法官、好检察官、好律师。法学院的学生不但要学法律具体知识，更重要的是掌握现代法律的理念。譬如，刑法不但是打击犯罪的，而且是保障人权的。法学教师最重要的是教给学生法律的理念。具体到学术方法上，做学问一定要创新，要深入实际，要有世界的眼光，开阔的眼界。

（原载《人民日报》2005 年 6 月 15 日第 14 版）

马克昌：构筑中国刑法学大厦的工程师

陈晓明

他没有歌星那般地显赫，亦没有英雄那么荣耀，他，藏身在英国剑桥国际人物传记中心的《澳大利亚与远东名人词典》中，刑法学家漫长的一生化成了十几行蝇头铅字：

马克昌，笔名马克，刑法学家，河南省西华县人。1950 年在武汉大学法律系本科毕业后，进入中国人民大学法律系做苏联刑法学家贝斯特洛娃教授的研究生……1957 年受到不公正待遇离开讲台，长期在武汉大学图书馆任馆员；1979 年，受学校委托参与负责武汉大学法律系的恢复筹建工作，先后任法律系副主任、主任、法学院院长、教授、博士研究生导师；现兼任中国法学会常务理事、中国法学会刑法学研究会副总干事、中国检察学会理事、中国犯罪学会学术顾问、国际刑法学会会员、湖北省法学会顾问、武汉市人民政府首席法律顾问、全国法学“八五”规划小组成员……

法不容情，为吴法宪作辩护

1980 年 11 月 20 日，在北京正义路 1 号，中华人民共和国历史上史无前例的篡党篡国的重大刑事案开庭审判了。

54 岁的马克昌应全国人大法制委员会的邀请，于 10 月赴北京参加对林彪、江青反革命集团起诉书的讨论。随后，他受中华人民共和国司法部的指派，担任被告人吴法宪的辩护人。

林、江反革命集团给亿万中国人民带来了深重灾难，制造了一系列骇人听闻的大冤案。开国元勋陷囹圄，栋梁之才被摧折，冤狱遍中国。作为一名深受迫害的知识分子，在举世瞩目的超级审判即将开始的前夜，心情是多么地复杂呀！他和每一位在“文革”十年浩劫中遭受痛苦和屈辱的中国人一样，对林、江反革命集团的罪行深恶痛绝，希望对“十恶”严刑重罚，以平国民之愤慨。法不容情，作为一名律师，他只能从有利被告的方面进行辩护，决不能忽视和损害被告人的合法权益——这是两难选择，这是情与法的矛盾冲突。

他毕竟最终以一名律师应有的理性战胜了个人的感情，在长达两个多月的审判中，他忠实地履行了一位律师的职责，在法律建设刚刚起步的80年代初期，为全国人民塑造了中国律师的应有形象。

时间：1980年12月18日。

地点：北京空军学院——特别法庭第二审判庭即特别军事法庭就设在这里。

这里，早就坐满了旁听的群众。这里，将开始人们期待已久的法庭辩论。他带着心灵的伤痕、人民的希望以及对林、江反革命集团的仇视，在辩护人的位置就座。

旁听者是带着各种疑虑来到特别法庭的，他们担心特别法庭上的律师席是不是形同虚设？律师是否敢大胆为被告人辩护？律师的辩护意见是否会被特别法庭接受？旁听者的担心并非多余，因为他们的追求曾被愚昧和偏见捆绑在现实生活冰冷而坚硬的峭壁上，遭受着来自极左的和封建意识的啄食。然而，作为被告人吴法宪的辩护人马克昌反复细致地查阅案卷，到监狱与被告见面，以事实为依据，以法律为准绳，为被告人吴法宪提出了三点辩护意见：

——没有证据能够证明吴法宪参与了策动反革命武装政变的活动，起诉书指控吴法宪的这一罪行不能成立。

——吴法宪是林、江反革命集团案的主犯而不是首犯，在量刑时应与首犯区别对待。

——吴法宪在接到起诉书后直到开庭审判的过程中，能够认罪、悔罪，并揭发同伙，对此应考虑予以从轻处罚。

马克昌的辩护意见实事求是，合理合法，博得了旁听者的好评，也引起了特别法庭的重视。

也许，人们不会忘记1981年1月25日的终审判决，最高人民法院特别法庭对起诉书指控的吴法宪参与策动反革命政变的罪行未予以认定，对吴法宪能供认自己的罪行并且揭发他人的表现，以明确的文字予以肯定，最后以组织领导反革命集团罪、阴谋颠覆政府罪、诬告陷害罪三罪并罚，判处吴法宪有期徒刑 17 年，剥夺政治权利 5 年。这一判决是经得起历史的检验的。吴法宪对马克昌为他的法庭辩护而感恩戴德，对特别法庭的判决口服心服。

马克昌回到武汉后便接受了《长江日报》记者的采访，该报发表了记者的长篇访问：《无产阶级执法者的宽广胸怀》，对他为法制事业无私奉献精神大加褒扬——马克昌成为了全国的新闻人物。

工作着是美丽的。因为在工作中他能感觉到作为一个公民和国家和历史和时代的沟通，工作着，他的肺叶才能舒畅地呼吸和吐纳，四肢筋脉才能有力地聚结和伸展。一个文明的制度总是最大限度地让生命的岩浆去喷发。

马克昌从 1983 年起就担任了武汉市人大常委会委员兼法制委员会委员。他反对人治而力主法治，在一个新的层面上向一个古老的神话进行挑战，并力图把一百多年前被法国君主所剥夺的个人自由权利重新高扬；他强调严格执法，坚决纠正违法现象；他经常应邀参加司法机关对疑难案件的讨论，严把办案质量关；他忠实履行人大代表和人大常委会委员的职责，热情接待群众咨询、控告和申告；他正直不阿，十年来与其他委员一起纠正了一些错判、误判的案件，仅将有罪改判为无罪的就有三件。作为法律卫士，马克昌竭力维护国家法律尊严和公民的合法权益，伸张正义、秉公执法，深受人民群众的尊敬与爱戴。

求学的足迹曾这样衔接

1926 年 8 月 12 日，河南省西华县红花集镇的一个殷实的家庭里喜得贵子，全家人为他的到来而高兴，父母给他取了一个既文雅且内蕴的名字——马克昌。

1946 年，马克昌以优异成绩考取了河南大学、武汉大学、西北师院等三所大学，但他对武汉大学情有独钟，毫不犹豫地南下武昌，进入武大法律系。这分明是他对未来对人生的别无选择的选择。

武汉大学法学院始建于 1929 年，是武大重建后设立较早的一个学院——人才麇集，实力雄厚，在国内高校法律院系中堪称一流，一大批国内、国际法学界的著名专家学者如韩德培、李浩培、曾昭琼等在这里任教。

1950 年，23 岁的马克昌大学毕业后留校任教，继而又被保送到中国人民大学法律系研究生班从事刑法学的专门学习。作为新中国的第一届研究生，他师从前苏联刑法学家贝斯特洛娃教授，系统地学习研究了苏联的刑法学理论。

马克昌的法学教育生涯是从 26 岁时开始的，担任武大法律系的行政秘书，积极协助系主任韩德培办学。1956 年马克昌晋升为讲师时刚好 30 岁，以他的"韧劲"在法学道路上不断攀登、求索。

疯狂的岁月·扭曲的生活·苦涩的泪水……

历史一个浪涌，中国的航船被推到了 1958 年。这年 5 月，马克昌被勒令离开武汉大学，下放到湖北省蕲春县八里湖农场劳动。其"罪状"是在《武汉大学学报》上发表了题为《×××是出污泥而不染的荷花吗?》的署名文章，"右派分子"的帽子戴在了他的头上。在那歌德颂圣的谀词谄语和指鹿为马的谎言梦呓年代里，哭耶？欲哭无泪！笑耶？啼笑皆非！

1959 年 9 月他奉命回武大时，拥有 30 年历史的武汉大学法律系已不复存在，他的恩师韩德培教授和几位才华横溢的青年学者已被遣送到农村去接受改造……他漫步在珞珈山崎岖不平的小路上，遥望银河长叹息。"心有千千结，结有千千忧"啊！

在中国，教鞭无法铲除生产政治愚昧的土壤，就像严密的罗马法不能阻止斯巴达克斯的起义，德国的魏玛宪法无法阻止希特勒上台——法理不能从法律本身去寻找，应该从社会的经济基础上去寻找，一个真正的法制社会应该是由人民当家作主、人民来立法的社会。法律系被撤销后，他被安排到学校伙食科任出纳员——这是何等的荒唐！两年后他从出纳员调到图书馆做管理员工作。毕竟回到了知识的海洋，他对这份"美差"感到庆幸。

1966 年，史无前例的"无产阶级文化大革命"爆发了。就在这疯狂运动之始的春天，沾有"右派"污点的他被送往湖北省咸宁县参加“四清运动”。8月20日，经领导批准，他返回武大休假。图书馆的造反派们以特别的方式迎接他。他和当时的图书馆馆长、秘书被打成武大图书馆的“三家村”。李达校长也被打成武大“三家村”头目，这位共产党“一大”代表、党的杰出理论家被声讨被辱骂被审讯被开除党籍。在这无法无天的日子里，身为法学家和律师的马克昌也无力来捍卫自己的权利，在大批判会上不止一次地用沉默来表示自己的不满和抗争。后来，他又被送到武昌县东升公社进行劳动改造……1969年11月，被“文革”运动折磨得精疲力竭的马克昌被送往襄阳隆中进行“政治野营”。接着，他又来到湖北荆门的武汉大学沙洋分校，走在了“光辉”的“五·七”道路上，参加农业生产劳动，后来又以做饭为主兼做出纳工作……

在这民主与法制荒芜的日子里，马克昌有许多许多的思考，但却无法把它们见诸文字——这种智者的痛苦是这个时代的悲剧。他不随波逐流，也没有随风向而倒。如此坚贞与真实刻画出他健康的文化心态和健全的人格心理。

法律女神从睡梦中醒来

历史的脚步按其内在的节奏行进着。1976年，倒行逆施的“四人帮”垮台了。

1979年，历史性的灾难终于被制止了，马克昌被宣布彻底平反。他阖家欣喜若狂，还有那么多的客人来看他，小屋空间狭窄，显得很挤很挤，因为里面装着太多的辛酸和太多的思考……20多年的历史已经过去了。如今的他头发花白，严酷的生活和无情的岁月在他的额头、眼角留下了深深的印记。对于个人，他20多年没有正常地工作，对于一个国家，有多少年没有法律？

在他平反的同时，世界各国报纸都竞相报道了一则消息：罗马教皇宣布为三百多年前蒙冤的伽俐略平反。

科学家都是最勇敢的人。当哥白尼因他的“太阳中心说”被宗教裁判所烧死在鲜花广场，伽俐略仍然以科学的论证向神学的世界挑战，写出了《关于两种世界体系的对话》，被判终身囚禁。三百年后人造飞船已经神话般登上了月球，宇宙探测器又飞往更遥远的星空。

科学的真理打破了一个又一个神话，宗教在新文明面前不得不垂首反思。

中国共产党人纠正自己的错误未用三百年，他们及时地拨乱反正，扶起倾斜的历史。真理标准的讨论之春风已将裹着顿悟与原宥的暖流送进中国人僵冷了绝不仅仅20年的心，它吹开了沉重的云翳，使无数孕育成熟的种子破土而出。于是，沉睡的法律女神醒来了。

1979年8月25日，时任武汉大学副校长、副书记的刘道玉代表校方通知韩德培、马克昌、陈明义、兰远庆四人到学校开会，共商恢复重建武汉大学法律系的大计。这位惜才如命、勇于开拓的著名教育家，曾为武汉大学80年代的崛起和腾飞作出卓越的贡献。他创造的“武大改革模式”，在全国产生了广泛而强烈的反响。刘道玉副校长在宣布成立以韩德培教授为首的“武汉大学法律系筹备工作组”会上，打了一个巧妙的比喻：“重建法律系困难重重，最关键的是师资问题，不过，用一句化学术语来说，‘晶体’虽然被破坏了，‘晶核’还在，我相信一个新的晶体很快就会形成。现在法律系虽然被破坏了，但法律系原有的晶核还存在，这就是在座和健在的各位法律专家学者。有了你们这些晶核，法律系很快将得到恢复和发展，并在全校全国确立自己的地位。”

有什么消息比这更使人振奋和激动呢?!

法律系的恢复意味着国家接受了历史的教训，要重还法律以尊严。年届70岁的韩德培和53岁的马克昌做梦也没有想到会被刘道玉副校长委以重任，去创造和迎接中国法律建设及法学教育的春天。

以“复向联系结果”而著称于中国教育界的刘道玉副校长所比喻的“晶核”，不仅指称马克昌，也指称法律系“保存”下来的7名教师。1958年法律系撤销后，教师重新分配工作，剩下了些“老右”没人乐于接受，都改行去管资料、教外语、打杂工，后来一起到湖北沙洋农场接受改造——民法学教授姚梅镇理发；研究宪法学的何华辉喂猪；研究法理的张泉林放牛；教刑法学的马克昌烧火……

在那次会议后不久，武汉大学正式任命韩德培为法律系主任，马克昌为副主任——20年前亲密合作的师徒二人再度成为工作上的搭档。

马克昌胸怀时代的紧迫感，与何华辉一道到吉林大学考察，向这

所国内惟一没有停办的法律系取经。

武汉大学法律系的牌子挂出来了。他们有了三间由寝室改做的办公室和资料室。他们这群年事已高的“晶核”登上学校图书馆的最高层，拭去岁月的尘埃，寻找着当年遭劫失落的法律之页，搬回一块块铺设法律之路的知识之砖。

1980 年 9 月丹桂飘香的时候，武汉大学的新生报到了。

在开学典礼上，各个系热热闹闹列队参加，60 位新生组成的“法律系”也到会场了。这个久违的“老”系，以全新的面貌庄严地站立其间。他们引起全校师生的注目，马克昌身临其境，感慨良多。历史留下的断裂带终于在今天衔接起来。

当回到阔别了 22 年的讲坛向各位新生介绍法律系的历史时，当他第一次给新生们主讲《刑法学》时，他思绪万千，百感交集。

于是，在这以后的日子里，为了中国刑法大厦的构筑，马克昌“输肝剖胆效英才”，用深邃的目光穿透历史的表象，用犀利的笔锋撕破世俗的陋网，去激扬文字……

生命的华彩乐章·“马家军”弟子竞风流

知识的隐没是国家的不幸。知识的屈辱总是以时代的落后为代价的。他带着沉重的历史感和对历史的反思来考虑法律教育和教学。1983 年 9 月，刚刚被批准晋升为教授的马克昌受命担任武大法律系主任；三年后，武大法学院成立，他出任第一任法学院院长。

马克昌的求实进取产生了“共生效应”，使武大法学院不仅很快跻身于中国最著名的法律院系之列，而且一直保持着领先地位。

也许，在世界上有些人只能这样活着，生命的红线永远在公众事务的坐标上定位，无奈地挤掉了享乐的空间。马克昌视法学事业为天职，全身心地投入到法学教学与科研上，却很少过问家里的事；他心无后顾之忧，身无病累之苦，是因为他相濡以沫的妻子曹智慧的理解和支持。他的妻子出身于书香门第，在高中读书时他们两颗相爱的心就融合了。她很了解他，所以，他们之间没有或不需要许多的语言，相互眼神和微笑代替了一切要说的话。华中师范学院美术专业毕业的她被分配到武汉市第 11 中后又调至 62 中任教，为了他的事业与成功，她默默地为他分担忧与愁，默默地奉献着——这种真正的理解是人生五线谱上的一个十分重要的音符！

马克昌是中国仅有的五位刑法学博士导师之一。他为追求真理和探究学术，不知渡过了多少个苦其心志的夜晚和劳其筋骨的白昼。如果说选择与之对应的责任是神圣的，那么抱负与之对称的挑战则是严峻的。在人生的历程中，他曾历尽苦难与孤寂、困顿与焦灼，但它却孕育着追求和希冀——"过程"本身显示出了最令人叹服的哲理。

《如何解决刑法科学中的因果关系》一文发表在1957年的《法学》杂志第一期上，这是他以"马克"为笔名发表的第一篇论文，令当时法学界关注，而且在今天仍有其正确性。

1956年冬，他与全国人大代表法制委员会顾问高西江等一道参加了中国第一部刑法的起草……

无论古老世界崩溃的情景对于我们个人感情是怎样难受，但从历史的观点来看，我们有权利同歌德一起高唱：既然痛苦是欢乐的源泉，那又何必因痛苦而伤心？这一切在痛苦的时刻经过回忆的过滤剩下的就是动力。马克昌已经站在动力的起点上，晚年充溢着生命的华彩乐章。

由高铭暄教授主编、马克昌出任副主编的全国高校法学教材《刑法学》，是我国恢复法学教育后出版的第一部最权威的刑法学教科书，荣获全国高校优秀教材一等奖和司法部优秀教材一等奖；他与李光灿、罗平教授合著的《论共同犯罪》一书是国内第一部研究共同犯罪问题的高水平专著；他主编的《犯罪通论》一书是国家教委博士点基金项目，得到刑法学界高度评价；他的专著《中国刑法政策学》是中国第一部刑事政策专著，在国内法学界反响强烈；他出任第一主编的《刑法学全书》是迄今为止国内最权威的第一部刑法学百科知识巨型工具书，《光明日报》评价说："《刑法学全书》在刑法学乃至整个法学领域都是独一无二的……"

他还撰写了《我国刑法学的任务》、《我国刑法适用范围理论的发展》、《向市场经济转变时期刑法观念的更新》等数十篇论文，其观点新颖、立意深刻，给中国刑法学带来盎然生机！

马克昌以中国刑法学家身份曾多次出国参加国际会议，如"中日刑事法学研讨会"、"世界法律大会"等，进行国际间的学术交流。他先后在美国耶鲁大学、哥伦比亚大学、明尼苏达大学、华盛顿大学和加拿大的渥太华大学讲解中国的法律，回答了外国同行提出的有关中国法律和法学教育的各种问题，引起了强烈反响。《中国日报》在报道他的加拿大之行时写道："不论是最高法院的法官、议会的法律委员会主席，还是司法部、刑法修改委员会的官员和渥太华大学法学院的教授学者，都对他们的加拿大之行给以极高的评价。"如今，他兼了太多太多的职务，补偿了他往日太多太多的寂寞！

呕心沥血为几许，殷红点点傲枝头。

如今，武汉大学法学院建起了中国高校第一所国际法研究所，建起了亚洲第一所环境法研究所，建起了香港、台湾法研究所，建起了中国第一个社会弱者权利保护中心……

马克昌在几十年的教学科研生涯中，积累了丰富的治学经验，形成了严谨认真、朴实无华的学术风格；他博学多才，不仅有很高的古汉语水平，而且还通晓日、俄、英三国语言……在具有悠久历史的中国，在这片土地上，他在超越自我时敢于创新，勇于开拓。人才学研究专家王通讯先生的研究成果集中表现在一个公式上：成才＝遗传素质×个人努力×环境×机会。这个公式若用数学中的函数概念来解释则是：成才的遗传素质、个人努力、环境和机会的函数，各因子之间所以用乘号而不用加号，是因为其中任何一个因子等于零，人才的成功便不可能。他充分利用和拓展王通讯的成才公式，延伸其内涵，有意识地指导他的硕士和博士研究生，收到了理想的效果。如果说中国体育界的"马家军"为中国的田径运动赢得了荣誉，那么，中国刑法学界的"马家军"则给刑法学的理论研究注入了活力。

命运是多么的坎坷。动乱夺走了他生命中最宝贵的时光，他并没有因之而伤悲。他的生命用另一种形式得到了延伸——年轻的门生一批又一批地涌来，吸取了知识和才能后又像蒲公英一样飞向万水千山，成为共和国法律卫士和理性的眼睛。他创造性的人才教育观使连绵不断的人才梯队在接力、在冲刺。他输送了新中国的第一个刑法学博士后，指导了新中国第二个刑法学博士后，带出了新中国的第一个女刑法学博士以及成批的硕士研究生。

马克昌在60岁的时候站到了绣着镰刀斧头的红旗下，激动的心久久难以平静！

追求是无止境的

时光把马克昌剪辑成为中国法学界名人和世界名人。他在平淡中展现出高尚人格的纵深度——真实与正直、谦和与宽容。生活中有缺憾有沉浮并不要紧，但对他来说却是进一步探索的动力。德国启蒙运动思想家莱辛说："决定人的价值的是追求真理的孜孜不倦的精神。"是的，一个人的真正价值不在他得到了多少，而在他留下了什么……

1995年8月21日，在马克昌生命之树的第70个年轮的起点上，来自全国各地法学界的专家学者以及他所培养的弟子们聚集一堂，研讨他的刑法思想。武汉大学校长陶德麟教授在研讨会上高度评价了马克昌对中国刑法学理论与实践所作的探索与贡献，炽烈地颂扬了他真实正直的高尚人格与"耗己照人"的蜡炬精神——会场爆发出的经久不息的雷鸣般的掌声是他人生真正价值的折射！绚丽的花环戴在他脖子上，他精神矍铄，热泪盈眶；面对眼前的此情此景，他笑了，笑得是那样的真实……

如今，终于看到了他人生构图和色块中呈现的函数曲线般的信息以及从色阶中解析而出的灵感的密码！

一个有相当成就的专家要突破自己超越自己是艰难的，但一位真正的研究者的追求是无止境的，他总是在做着驶向成功的光辉彼岸的运动——这是我怀着崇敬心情采访马克昌后得到的启示！

当我在斗室撰写马克昌的人生和事业的文章时，眼前浮现出在暮霭中的他——因对中国法学教育和法学理论研究作出了卓越贡献而获国家颁发的政府特殊津贴的著名刑法学教授正伏身书案，钢笔在书桌上面敲出马蹄一样的响声，我觉得，他在拼命地追赶着一种东西——历史！

（原载《今日名流》1996年第2期）

马克昌：毕生致力于法学教学与研究的刑法学家

于改之　赵　慧

马克昌教授是我国著名的刑法学家。作为刑法学界的一代名师，他从事刑法学教学和研究已逾半个世纪，为我国刑事立法、刑事司法、刑法理论事业以及人才培养做出了巨大贡献，成就卓著。年近八十的马克昌教授，至今仍辛勤地耕耘在刑法学这块土地上，精神饱满地为中国刑法和刑法学的发展殚精竭虑、无私奉献。

献身于中国的法学教育和研究事业

1926年8月12日，马克昌教授出生在河南省西华县一个殷实的家庭。幼时聪颖好学，6岁上学，12岁高小毕业，13岁考入西华联中读初中，15岁以优异成绩考入河南省周口联中读高中。中学时期，他学习刻苦，成绩优异，并因拾金不昧而受到校方嘉奖；高中时涉猎文学，遍读中国古典文学名著，尤喜唐诗宋词。但是，由于日寇入侵中原，读书的净土被打破，1944年他被迫提前毕业；1945年9月起，应邀到项城县一学校教书，半年后又回母校西华联中执教。

抗日战争胜利后，马克昌以优异成绩同时考取河南大学、武汉大学和西北师范学院。基于武汉大学在全国的声望以及对法学的热爱，他决定到山清水秀的珞珈山学习，从此毕生献身于中国的法学教育和研究事业。大学期间，他积极参加进步活动，勤奋研习法学典籍，广泛涉猎哲学、史学、文学、逻辑学，并打下良好的日语基础。由于品学兼优，深受我国著名法学家、时任武汉大学法律系主任的韩德培教授赏识，于1950年留校任教。同年，被保送进入中国人民大学法律系刑法专业攻读研究生。1952年研究生毕业后，马克昌登上珞珈法学讲坛。1957年，发表了《如何解决刑法科学中的因果关系》一文，引起学界关注。正当马克昌为祖国法律建设无私奉献其青春汗水时，1957年的“反右”斗争使其戴上了“右派分子”的帽子。此后，经过送往农场改造，先被安排在武大伙食科任出纳，后又调到武大图书馆当馆员。在馆藏丰富的图书馆里，马克昌得以广泛阅读文史哲方面的书籍。“文化大革命”开始后，又强加给他“武大图书馆三家村”的罪名，无辜遭受批斗。尔后多年都在农村劳动改造，饱受磨难。至1979年被彻底平反，20年的黄金岁月都在远离法学教育与研究的活动中流逝。

1979年平反后，，已53岁的马克昌受命与自己的恩师韩德培教授重建武汉大学法律系。1980年10月，马克昌应全国人大法制委员会之邀，参加对林、江反革命集团案起诉书的讨论；随后，受中华人民共和国司法部的委派，担任该案被告人吴法宪的辩护人。在为吴法宪担任辩护人期间，马克昌不计个人恩怨，忠实地履行律师职责，根据事实和法律对特别法庭提出了3点辩护意见，得到了特别法庭的重视。1983年，已晋升为教授的马克昌，受命担任武汉大学法律系主任，三年后任法学院院长，为武汉大学法学院发展殚精竭虑，立下汗马功劳。

马克昌教授深知法学与国家兴亡以及人民福祉之间的密切关系，对新中国法学事业抱有强烈责任感和使命感。半个世纪以来，马克昌教授广泛涉猎中国刑法、比较刑法、刑事政策、犯罪学等研究领域，为本科生、硕士生、博士生等讲授刑法学、比较刑法学、刑事政策学等一系列课程或专题。同时，潜心刑名，兀兀而穷年，把自己的后半生全力投入到中国社会主义刑事法治的建设事业中。迄今为止，马克昌教授已出版20余部著作，一百多篇学术论文，对中国刑法学体系和基本理论的创建作出了巨大贡献。

1979年以来，马克昌教授在法学基本理论建设方面所做的工作主要有：

（1）1982年，与高铭暄教授主编高等学校法学教材《刑法学》，对1979年刑法进行理论阐释，初步建立起一个比较完善的刑法学体系。该书是我国恢复法学教育后出版的第一部最权威的刑法学教科书，曾获首届普通高校优秀教材全国一等奖、司法部优秀教材一等奖。

(2) 1989年，与高铭暄教授主编高等学校文科教材《中国刑法学》，对原建刑法学体系进行修正，如将“故意犯罪的阶段”改为“故意犯罪过程中的犯罪形态”，将“一罪与数罪”从刑罚论移入犯罪论，将犯罪原因剔出刑法学体系等。这些修改得到了刑法学界的广泛赞同，并成为以后类似专著和教材的范例，标志着具有中国特色的刑法学体系的建立。该书为中国高校广泛采用，并获得第二届普通高等学校优秀教材全国特等奖。

(3) 1990年，与杨春洗教授等共同主编《刑事法学大辞书》。该书对中国刑法学、外国刑法学、刑事诉讼法学、犯罪学、劳动改造法学、刑事侦查学、法医学、中国刑法史进行了汇集与系统梳理。该书1995年获全国高校人文社会科学研究优秀成果著作二等奖。

(4) 1991年，主编国家教委博士点基金科研项目《犯罪通论》。在该书中，马克昌教授提出了富有创见的“犯罪论序说——犯罪构成——犯罪形态——排除犯罪性行为”的犯罪论体系，受到了学术界的广泛赞同，并被多所大学列为研究生必读书目，成为刑法学者案前必备之书。著名刑法学家高铭暄教授撰文评价：这种从犯罪的基本形态到犯罪的特殊形态再到非罪的排列，使章与章之间具有严密的逻辑联系，克服了通行犯罪论体系的不足，增强了犯罪论体系的科学性。① 该书1995年获全国高等学校人文社会科学研究优秀成果著作一等奖、第二届全国高校出版社优秀学术著作奖。

(5) 1992年，主编《中国刑事政策学》。该书是新中国第一部刑事政策学专著，在国内法学界引起强烈反响，并获得湖北省首届社会科学优秀成果省级（著作）二等奖。

(6) 1993年，与杨春洗教授等共同主编《刑法学全书》。该书对中国刑法学、外国刑法学、刑法史、刑法学者以及改革开放以来的刑法论著都进行了系统梳理，是迄今为止我国刑法学者引用最广泛、最

---

① 高铭暄、赵秉志、李希慧：《开拓与繁荣我国刑法基本理论研究——评马克昌主编〈犯罪通论〉》，载《中国法学》1993年第6期。

权威的一部刑法学巨型工具书。

（7）1995 年，主编《刑罚通论》，该书是《犯罪通论》的姊妹篇。在该书中，马克昌教授建立了“刑罚论序说——刑罚种类——刑罚裁量——刑罚执行——刑罚消灭——非刑措施”的刑罚学体系，引起学界关注并得到广泛认同。叶高峰教授撰文指出：《刑罚通论》不仅与《犯罪通论》前后呼应，浑然一体，相得益彰，而且见解独到，理论性与实践性强，是目前国内刑法学界有关刑罚学研究的一部具有开创性的著作。① 该书 1998 年获第二届全国高等学校人文社会科学成果著作类二等奖。

（8）1998 年，主编《经济犯罪新论》。该书是我国 1997 年刑法实施后率先推出的关于经济犯罪的力作。在对经济犯罪的概念、特征、犯罪构成以及罪与非罪的界限进行具体研究的基础上，对我国新型经济犯罪的具体犯罪构成、种类、认定等问题进行了细密研究，为我国经济犯罪理论的发展作出了重要贡献。赵秉志教授等撰文指出：该书体系结构科学合理，著述内容丰富完整，分析内容严谨可靠，理论实践结合完美，是一部研究深入细致、观点鲜明可靠、资料新颖翔实的著作，堪称我国经济犯罪与经济刑法研究领域的杰作。② 该书获 2000 年第十二届中国图书奖、2001 年湖北省社会科学优秀成果一等奖。

（9）1996 年，主编《近代西方刑法学说史略》。该书是我国第一部系统研究西方刑法学说的刑法论著。全书围绕西方刑法学说的论争，对刑法理论中的主、客观主义进行了认真梳理和比较，并对典型刑法学者的学说思想进行了具体介绍与评述。

（10）2000 年，与高铭暄教授主编全国高等学校法学专业核心课程教材《刑法学》。该书根据 1997 年刑法对前述《中国刑法学》进行了修订，反映了最新刑事立法与科研成果，为中国高校所广泛采用，并于 2002 年获全国普通高等学校优秀教材一等奖。

---

① 叶高峰：《一部开创性的新著——评马克昌主编的〈刑罚通论〉》，载《法律科学》1997 年第 1 期。

② 赵秉志、谢望原：《一部经济犯罪研究的力作——评马克昌主编的〈经济犯罪新论：破坏社会主义经济秩序罪研究〉》，载《中国法学》1999 年第 5 期。

(11) 1998～2002 年，写作《比较刑法原理——外国刑法学总论》一书。该书是马克昌教授对国外刑法学进行比较研究的扛鼎之作。全书由刑法基础理论、犯罪论和刑罚论三部分组成，除刑法的适用范围以外，对刑法学其他基本问题都进行了具体论述，内容虽以大陆法系刑法为主，但个别问题亦涉及英美刑法，学说与规范遍及德国、法国、日本、意大利、荷兰、韩国、越南、苏联、俄罗斯等主要国家和地区。该书结构严谨，论证严密，评价精辟，语言精炼，资料翔实，行文流畅。该书获 2003 年第六届国家图书奖。

(12) 2003 年，主编 21 世纪法学创新系列教材《刑法学》。该书体例新、内容新、资料全，反映了最新刑事立法、司法解释以及刑法理论研究成果，为中国一些高校所采用。

怀着对教育事业的一颗赤诚之心，马克昌教授还投入大量的精力从事刑法学科的建设和人才培养工作。在学科建设方面，以他为学术带头人的武汉大学刑法学科，1986 年被批准为刑法学博士学位授予点；1990 年取得首批刑法学博士流动站资格；1998 年和 2003 年首次和再次被评为省重点学科。就教师梯队的实力而言，成为与人大、北大之刑法学科相鼎立的“三足”之一，刑法基础理论研究甚至走在二者之前。在人才培养方面，马克昌教授指导、培养的刑法专业研究生迄今已有 31 人获得博士学位，16 人获得硕士学位，4 位博士后出站。其早年培养的毕业生，有多人成为我国刑法学研究的中坚力量，有的还担任高校或司法实务部门的重要领导职务，他本人亦成为我国刑法学界“北高南马”的标志性人物。马克昌教授现为武汉大学资深教授，博士生导师，兼任武汉大学学术委员会顾问、中国法学会名誉理事、中国法学会刑法学研究会名誉会长、最高人民法院特邀咨询员。

主要理论贡献

在几十年的教学与科研生涯中，马克昌教授积累了丰富的治学经验，并形成了自己独特的治学风格：(1) 学品与人品相统一。前者要求治学必须严谨认真、朴实无华，严禁抄袭、剽窃及马虎草率；后者要求做人正直、善良，不歪曲学者之良心，所谓“厚德载物”者也。(2) 理论与实践相统一。刑法学乃实用性极强之学科，因此，理论研究必须时刻关注刑事立法与刑事司法的最新动向，以理论指导实践；同时在司法实践中不断更新、丰富和发展刑法理论，坚决反对“闭门造车”。(3) 厚积而薄发。即注重基础，脚踏实地，在知识积累深厚、博大的基础上发前人所未发；坚决反对薄积而厚发或不积而厚发，或人云亦云的做法，所谓“博大才能精深”。(4) 面向世界，开放交流。主张不断地扩大中外刑法学界的交流与合作，取人之长，补己之短，以发展和完善我国法制，推进人类法律文化的发展。正是基于上述思想，马克昌教授不仅勤于笔耕，对中国刑法学、外国刑法学、刑法学说史、刑事政策学以及刑法思想等相关问题进行一系列的探索，而且身体力行，积极投入到法律实践中（如担任武汉市人大常委会暨法制委员会委员；经常参加司法机关对疑难案件的讨论；代理刑事案件，伸张正义；等等)，同时，还不断接受国外大学或司法机构的邀请，出外讲学或访问。就其学术思想而言，马克昌教授的主要理论贡献如下：

(一) 关于犯罪论体系

犯罪论是研究犯罪一般原理的理论，是刑法学的重要组成部分。犯罪论体系如何，直接关系到刑法学体系的科学与否。马教授认为，要建立科学的犯罪论体系，必须坚持以下三点：(1) 以一定的哲学思想为指导。在我国，就是以马克思主义为指导，坚持主客观相统一原则，以内心支配与外在表现的统一来界定行为。(2) 符合一国实际，体系应能够指导并运用于本国司法实践。(3) 借鉴国外相关的刑法理论。以上述思想为指导，马教授在对西方一元和二元的犯罪论体系、前苏联犯罪论体系以及我国刑法学者所构建的两种犯罪论体系进行比较、考察和研究的基础上，重新构建了一个富有创见的犯罪论体系。该体系除将“犯罪论序说”单列一章外，依次将“犯罪构成”、“犯罪形态”、“排除犯罪性行为”分列三编。第一编分章分别研究“犯罪构成理论概述”、“犯罪客体”、“犯罪的客观方面”、“犯罪主体”、“犯罪主观方面”的内容。第二编分章分别研究“故意犯罪阶段上的犯罪形态”“共同犯罪”、“一罪与数罪”的内容。第三编分章分别研究“正当防卫”、“紧急避险”、“其他排除犯罪性行为”等内容。对于上述体系，马教授认为，由于犯罪论是研究犯罪的概念、犯罪成立的基本要件、各种犯罪形态等以解决刑事责任的根据或程度问题，因而不能不将犯罪构成的研究放在重要地位，因此，在序说章之后，第一编即研究犯罪构成。另由于立法上和实践中还存在着修正的犯罪构成问题(即犯罪阶段中的犯罪形态、共同犯罪以及罪数这些不同的犯罪形态)，因而在犯罪构成编之后，第二编即研究犯罪形态。考虑到排除犯罪性行为表面上好像符合犯罪构成，实际上并不符合犯罪构成，且有利于社会，因而不宜放在研究犯罪基本构成要件的编章与研究犯罪形态的编章之间，而宜排在犯罪形态编之后。① 该犯罪论体系甫一面世，即得到了同行们的肯定。②

（二）关于犯罪的基本特征

关于犯罪的基本特征，刑法理论上通行的观点为“三特征说”，即严重的社会危害性、刑事违法性、应受刑罚处罚性。马教授指出：“三特征说”将应受刑罚处罚性作为犯罪的基本特征之一，是值得商榷的。第一，应受刑罚处罚性是犯罪的法律后果，不是犯罪的基本特征。第二，将应受到刑罚处罚性作为犯罪的基本特征之一并无必要。第三，不是应受刑罚处罚性制约犯罪，而是严重的社会危害性决定行为构成犯罪，从而决定行为应受刑罚处罚。第四，在犯罪定义中将应受刑罚处罚性列为犯罪的一个基本特征，在逻辑上犯了定义项包括被定义项的循环定义的错误。第五，根据我国的有关法律规定也不便说应受刑罚处罚性是犯罪的基本特征。第六，外国不少立法例，并未把应受刑罚惩罚性列为犯罪的特征。据此，应受刑罚处罚性不是犯罪的一个基本特征，犯罪的基本特征应是两个：（1）犯罪的本质特征——行为的严重社会危害性；（2）犯罪的法律特征——行为的刑事违法性。行为的严重社会危害性是刑事违法性的前提，刑事违法性是行为的严重社会危害性在刑事法律上的表现。严重社会危害性是第一性

---

① 马克昌主编：《犯罪通论》，武汉大学出版社 1991、1999 年版。

② 高铭暄、赵秉志、李希慧：《开拓与繁荣我国刑法基本理论研究——评马克昌主编〈犯罪通论〉》，载《中国法学》1993 年第 6 期。

的，刑事违法性是第二性的，是由行为的严重社会危害性所决定的。①

（三）关于犯罪构成的分类

犯罪构成是刑法所规定的构成某种犯罪必须具备的主客观要件的总和。马克昌教授认为，根据不同的标准，可将犯罪构成划分为以下种类：(1) 以犯罪构成的形态为标准，可分为基本的犯罪构成与修正的犯罪构成。基本的犯罪构成，指刑法条文就某一犯罪的基本形态规定的犯罪构成。修正的犯罪构成是以基本的犯罪构成为基础，适应行为的发展阶段或共同犯罪的形式而分别加以修改变更的犯罪构成。(2) 以犯罪构成中行为的社会危害程度为标准，可分为普通犯罪构成与危害严重或危害较轻的犯罪构成。普通犯罪构成，指刑法条文对具有通常危害程度的行为所规定的犯罪构成。危害严重的犯罪构成，是指由于犯罪主体、犯罪情节或结果不同，行为的社会危害性增大，相应地规定加重刑罚或从重处罚的犯罪构成。危害较轻的犯罪构成，是指由于犯罪情节较轻，行为的社会危害性因而较小，相应地规定减轻刑罚的犯罪构成。(3) 以法律条文对犯罪构成要件表述的情况为标准，可分为叙述的犯罪构成和空白的犯罪构成。叙述的犯罪构成，或称完结的犯罪构成，是指刑法条文对犯罪构成的要件予以简单或详细叙述的犯罪构成。空白的犯罪构成，或称待补充的犯罪构成，指刑法条文未将犯罪构成的要件予以明白地揭示，而是需要援引其他规范来说明的犯罪构成。(4) 以犯罪构成内部的结构状况为标准，可分为简单的犯罪构成和复杂的犯罪构成。简单的犯罪构成，或称单纯的犯罪构成，指刑法条文规定的犯罪构成的诸要件均属单一的犯罪构成。复杂的犯罪构成，或称混合的犯罪构成，指刑法条文规定的犯罪构成的诸要件并非均属单一的犯罪构成，而分为选择的犯罪构成、包括两个行为的犯罪构成、包括两个罪过形式的犯罪构成以及包括两个客体的犯罪构成。(5) 以犯罪构成包含属于独立犯罪行为的数目为标准，可分为单一的犯罪构成与结合的犯罪构成。单一的犯罪构成，是指刑法

① 马克昌：《论犯罪的概念和特征》，载《武汉大学学报》(哲学社会科学版) 1990 年第 4 期。

条文包括单一犯罪行为的犯罪构成。结合的犯罪构成，是指刑法条文规定一个犯罪构成中包括两个或两个以上原为独立犯罪行为的犯罪构成。①

（四）关于刑法上的行为

关于刑法上的行为，学界一般认为，是指自然人在自己的意识和意志支配下所实施的危害社会的、违反刑法的外部的身体动静。马教授对此提出异议：（1）刑法上的行为并不限于有意行为，缺乏意识和意志支配的无意行为也在行为之列。具体包括两种：一是意外事件中的行为；二是精神病人在丧失意识和意志能力状态下所实施的侵害行为。（2）刑法上的行为不限于包含危害结果的行为，不包含结果的行为也在行为之列。（3）刑法上的行为不限于具有社会危害性和刑事违法性的犯罪行为，也存在着非罪行为、权利行为的情况。据此，我国刑法上的行为可根据不同的标准分为以下几种：（1）以是否基于意思支配为标准，可分为有意行为和无意行为；（2）以是否包含结果为标准，可分为包含结果的行为和不包含结果的行为；（3）以是否具有社会危害性和刑事违法性为标准，可分为犯罪行为、非罪行为与排除社会危害性和刑事违法性行为（即权利行为）。②

（五）关于故意犯罪过程中的犯罪形态

马教授认为，故意犯罪过程，是指从犯罪预备，经犯罪的实行，到犯罪结果发生的全过程。故意犯罪在其发展过程中往往表现出阶段性，此即故意犯罪阶段。故意犯罪阶段是指故意犯罪行为发展过程中一定的进程。犯意的产生或形成，虽是犯罪的起因，但只是思想活动，尚未表现为外在的犯罪行为；犯意表示只是犯罪意图的单纯的流露，不是为了实现犯罪意图而采取的活动，故二者均不能列为一个独立的阶段。犯罪的着手是犯罪实行的开始，不应脱离犯罪实行而独立存在。犯罪的完成或犯罪结果的发生，意味着行为完全符合刑法规定

① 马克昌：《犯罪构成的分类》，载《法学》1984 年第 10 期。

② 马克昌、鲍遂献：《论我国刑法上行为的概念》，载《法学研究》1991 年第 2 期。

的犯罪构成要件，它是犯罪的一种形态，而不是一个阶段。因此，故意犯罪过程应当分为犯罪预备、犯罪实行和实行后三个阶段。故意犯罪过程中的犯罪形态，是指故意犯罪在其发展过程中的不同阶段所发生的各种犯罪形态。在理论上，故意犯罪过程中的犯罪形态表现为两种类型：（1）犯罪的完成形态，即既遂；（2）犯罪的未完成形态，即预备、未遂与中止。既遂或预备、未遂与中止，都是在犯罪过程中发生的行为状态。犯罪既遂是在犯罪实行之后发生的行为状态，犯罪未遂是在实行阶段或实行之后发生的行为状态，犯罪中止则是在犯罪预备阶段，实行阶段或实行之后危害结果发生之前发生的行为状态。①

（六）关于预备犯

马教授认为，预备犯是指已经实施犯罪的预备行为，由于行为人意志以外的原因而未至于着手实行犯罪。在我国，构成预备犯必须具备如下条件：（1）已经实施犯罪的预备行为；（2）必须在犯罪预备过程中停顿下来；（3）犯罪在预备过程中停顿下来，是由于行为人意志以外的原因。

根据我国审判实践，犯罪预备的表现形式主要有：（1）准备犯罪工具；（2）调查犯罪场所和被害人行踪；（3）出发前往犯罪场所或诱骗被害人赴犯罪地点；（4）追踪被害人或守候被害人的到来；（5）排除实施犯罪的障碍；（6）拟订实施犯罪的计划；等等。

预备犯与犯罪预备是既有联系又相区别的不同概念。其联系在于：犯罪预备行为是构成预备犯的必要条件，而预备犯只有行为停留于犯罪预备阶段才能构成；预备犯离不开犯罪预备，离开犯罪预备就无预备犯可言。区别在于：犯罪预备是犯罪行为的一个阶段，行为人实施了预备行为之后可以转入实行阶段；预备犯是犯罪的形态之一，是在预备阶段停顿的状态，行为既构成预备犯就不可能转为未遂犯，它与未遂犯、共犯同是构成要件的修正形式。构成预备犯，不仅应具有犯罪预备行为这一要件，而且还必须具备其他要件，如由于行为人意志以外的原因而未至于着手实行等。

① 马克昌：《故意犯罪过程中的犯罪形态概说》，载《中国律师》1989年第1期。

预备犯也不同于阴谋。所谓阴谋，是指两人以上就实行一定的犯罪共同进行谋议。马克昌教授认为，根据我国刑法规定，阴谋已经超越于犯意表示，也不是犯罪的一个独立阶段，而是犯罪预备的一种表现形式。从其实际作用来看，阴谋也是为犯罪制造条件，完全符合犯罪预备的本质特征。对于我国刑法规定的阴谋犯，应根据条文规定的法定刑进行处理；对于其他未规定为阴谋犯的犯罪，应按照该种犯罪的预备，根据刑法分则的有关条文和刑法总则第 22 条的规定予以处理。①

（七）关于片面共犯

片面共犯是指行为人单方面有与他人共同实施犯罪的故意，并与之共同实施犯罪，但他人不知情的情况。片面共犯能否成立共同犯罪？中外刑法学界存在肯定说与否定说两种主张。肯定说中又存在片面共犯存在范围无限制说、片面共同正犯和片面从犯说、片面教唆犯说、片面从犯说以及片面有形从犯说五种主张。马教授认为，由于我国刑法第 25 条明文规定“共同犯罪是两人以上共同故意犯罪”，很容易使人认为“片面共犯这个概念自身在逻辑上就是矛盾的”。但是，共同犯罪与共犯的概念有所不同：共同犯罪，指数人共同实施犯罪的现象；而共犯一词有时指共同犯罪的现象，有时指加功于他人犯罪者，如帮助犯、教唆犯等。构成共同犯罪，需要参加人的犯罪意思互相沟通；加功于他人犯罪的，即使没有与他人沟通也能成立某种共犯，如帮助犯。我国刑法虽没有规定帮助犯，但刑法理论上存在这种共犯形式，因此，我国可以采取德、日等国刑法所作的规定和学者的解释，而承认片面帮助犯；如此，就不会发生概念本身存在逻辑上的矛盾的问题。至于片面共犯的存在范围，马克昌教授认为，由于片面共同正犯在实际生活中鲜有发生，即使发生也可以据情依单独实行犯论处，因此，没必要予以承认。而片面教唆犯，只要被教唆者确系因教唆者唆使其犯罪的言词而引起犯意，教唆者就符合刑法关于教唆犯的规定，因而也不需承认。据此，立法上可对片面（有形）帮助者的

① 马克昌：《论预备犯》，载《河南法学》1984 年第 1 期；《预备犯比较研究》，载《中央检察官管理学院学报》1993 年第 1 期。

刑事责任加以规定；但刑法未规定前，也可承认片面帮助犯。①

（八）关于共同犯罪人分类

刑法对于共同犯罪人采用何种标准进行分类？教唆犯是否共同犯罪人的独立种类？刑法学界存在争议。一种观点认为，我国刑法采用的分类方法，主要是以共同犯罪人在共同犯罪中所起的作用为分类标准，同时又照顾到共同犯罪人的分工，将教唆犯纳入以作用为分类标准的体系中，以获得分类的统一性。另有学者认为，因教唆犯可视不同情形分别被归入主犯或从犯，故不能与主犯、从犯相并列而成为共同犯罪人的独立种类。针对上述观点，马教授认为，我国刑法确实规定了主犯、从犯、胁从犯和教唆犯，但前三种是按作用为标准分类的，后一种则是按分工为标准分类的，根据刑法规定对教唆犯按主犯或从犯处罚，只是如何处罚而已，并未因而将之纳入以“作用”为分类标准的分类体系中，从而根本谈不上“获得分类标准的统一性”；此外，由于教唆犯与前三种共同犯罪人的分类方法不同，将教唆犯列入主犯、从犯、胁从犯的体系违反了一种分类只能根据同一标准的逻辑规则，犯了逻辑错误，因此，不能将教唆犯与主犯、从犯、胁从犯相并列。但是，据此而否定教唆犯是我国刑法中的共同犯罪人的独立种类也是不妥当的。是否我国刑法中共同犯罪人的独立种类，只能以法律规定为准；而从我国刑法规定来看，第 26～29 条分别规定了主犯、从犯、胁从犯、教唆犯。既然承认第 26～28 条规定的主犯、从犯、胁从犯为共同犯罪人的种类，有何理由否认第 29 条规定的教唆犯也是共同犯罪人的独立种类？因此，我国刑法中的共同犯罪人在理论上可分为两类：第一类，以分工为标准分为组织犯、实行犯、帮助犯、教唆犯；第二类，以作用为标准分为主犯、从犯、胁从犯。如此分类，不仅使理论上趋于完善，同时也便于司法实践中解决共同犯罪人的定罪量刑问题。当然，在论述以分工为标准的分类时，应当指明

① 马克昌主编：《犯罪通论》，武汉大学出版社 1991、1999 年版；马克昌：《共同犯罪理论中的若干争议问题》，载《华中科技大学学报（社会科学版）》2004 年第 1 期。

除教唆犯外，组织犯、实行犯、帮助犯都不是法定的共同犯罪人种类。①

(九) 关于教唆犯

1. 教唆犯的性质

关于教唆犯的性质，刑法理论上有从属性说、独立性说、两重性说（抽象的两重性说与具体的两重性说）以及两重性否定说的观点。针对上述观点，马教授认为，教唆犯从属性说与独立性说，虽然都有一定的道理，但都具有片面性。两重性说突破了从属性与独立性的传统之争，颇有见地，但抽象的两重说没有结合刑法的规定来论述，难免给人不足之感；具体的两重说虽然根据刑法规定加以说明，但以被教唆犯着手实行犯罪与否作为是否构成共犯的标准，也还值得商榷。两重性否定说无视我国刑法规定的实际情况，因而也有失妥当。并进一步分析：教唆犯固然是一种社会现象，但它毕竟是一个法律概念，因此，论证它的独立性或从属性，必须在了解其从属性或独立性之含义的基础上，结合一国的刑法规定来进行。从属性通常包括犯罪的从属性和处罚的从属性两个方面。前者指教唆犯因被教唆者实施犯罪而构成，被教唆者未实施犯罪，教唆犯即不成立；被教唆者犯罪既遂、未遂或预备，教唆犯也是犯罪既遂、未遂或预备。后者指对教唆犯依照实行犯的刑罚处罚。从我国刑法规定来看，教唆犯确实具有两重性，但独立性是主要的。详言之，刑法第29条第1款规定的教唆犯，只有在被教唆人实施犯罪时才能成立。此时教唆人与被教唆人构成共同犯罪关系，被教唆人实施的犯罪行为是犯罪预备、未遂或既遂，教唆犯也是犯罪预备、未遂或既遂，表明教唆犯犯罪的从属性。但该款规定的教唆犯的刑事责任，则是依其在共同犯罪中的作用处罚，而不是依照实行犯的刑罚处罚，表明教唆犯处罚的独立性。刑法第29条第2款规定的教唆犯，是被教唆人没有犯被教唆之罪的情况。此种情况下，教唆犯与被教唆人根本不成立共同犯罪关系，刑法却仍然对之规定了刑事责任，表明此处之教唆犯既无犯罪的从属性，也无刑罚的

---

① 马克昌:《共同犯罪理论中的若干争议问题》，载《华中科技大学学报（社会科学版)》2004年第1期。

从属性，亦即只有独立性。①

2. 教唆犯的条件

根据刑法规定，教唆犯的成立需具备两个要件：(1) 必须有教唆他人犯罪的行为，或者教唆行为引起被教唆人实施所教唆的犯罪。(2) 必须有教唆他人犯罪的故意。教唆的故意，通常是直接故意，但也不排除间接故意的可能。具体来讲，构成刑法第 29 条第 2 款规定的教唆犯只能是出于直接故意；构成刑法第 29 条第 1 款规定的教唆犯，通常是出于直接故意，但也可能是出于间接故意。

3. 关于刑法第 29 条第 2、3 款的理解

关于“被教唆的人没有犯被教唆的罪”应如何理解，刑法学界颇有争议。马教授认为，所谓被教唆的人没有犯被教唆的罪，包括以下情况：(1) 被教唆人拒绝教唆犯的教唆；(2) 被教唆人当时接受了教唆，但随后又打消了犯罪的意思，并未进行任何犯罪活动；(3) 被教唆人当时接受了教唆犯所教唆的犯罪，但实际上他所犯的不是教唆犯所教唆的罪；(4) 教唆犯对被教唆人进行教唆时，被教唆人已有实施该种犯罪的故意，即被教唆人实施犯罪不是教唆犯的教唆所引起，也应理解为被教唆的人没有犯被教唆的罪的情况。

关于“教唆不满 18 周岁的人犯罪的，应当从重处罚”的理解。马教授认为，对此应具体情况具体分析：(1) 教唆 16 周岁以上不满 18 周岁的人犯任何罪的，作为教唆犯从重处罚。(2) 教唆 14 周岁以上不满 16 周岁的人犯故意杀人、故意伤害致人重伤或者死亡、强奸、抢劫、贩卖毒品、放火、爆炸、投毒的，也按照教唆犯从重处罚。(3)“教唆”14 周岁以上不满 16 周岁的人犯刑法第 17 条第 2 款规定的以外之罪，以及“教唆”不满 14 周岁的人犯任何罪的，不能成立教唆犯，而成立间接正犯，应当按照间接正犯从重处罚。②

(十) 关于共同犯罪与犯罪既遂犯罪未遂、犯罪中止

关于共同犯罪与犯罪既遂、未遂和中止问题，马教授认为，在简

① 马克昌：《共同犯罪理论中的若干争议问题》，载《华中科技大学学报（社会科学版）》2004 年第 1 期。

② 马克昌主编：《犯罪通论》，武汉大学出版社 1991、1999 年版；马克昌：《论教唆犯》，载《法律学习与研究》1987 年第 5 期。

单共同犯罪的情况下，当共同犯罪人的共同实行行为未得逞时，共同犯罪人当然都构成犯罪未遂；如果共同犯罪人中一个人的行为造成危害结果发生，其余共同犯罪人的行为对危害结果的发生没有起作用，那么，各共同犯罪人仍均构成犯罪既遂。共同实行犯中一人在共同实行犯罪过程中自动中止犯罪，并且劝说其他共同实行犯中止犯罪，以致共同停止实行犯罪，共同犯罪人均构成犯罪中止；如果在共同犯罪过程中自动中止犯罪者，劝说其他共同实行犯罪中一人自动中止犯罪，或劝说其他共同实行犯中止犯罪无效，转而采取防止措施，避免了危害结果发生，则自动中止犯罪者构成犯罪中止，其他共同实行犯则构成犯罪未遂；当在共同实行犯中一人自动中止犯罪，并竭力阻止其他共同犯罪人继续犯罪，但终因力所不及，未能阻止危害结果发生，自动中止犯罪者不能成立犯罪中止，与其他共同犯罪人一样成立犯罪既遂。但其中止行为以及为防止犯罪结果发生所作的诚恳努力，可以在量刑时作为酌定从轻情节予以考虑。在复杂共同犯罪的情况下，当实行犯着手实行犯罪而未遂时，对于教唆犯或帮助犯来说，如果实行犯未遂也是出于他们意志以外的原因，教唆犯或帮助犯与实行犯同样构成犯罪未遂。当实行犯在犯罪预备阶段或实行阶段中止犯罪时，如果这种中止出于教唆犯意志以外的原因，实行犯中止的效力就不应及于教唆犯，对教唆犯应分别以预备犯或者未遂犯论处；如果实行犯的中止，也出于教唆犯的意志，教唆犯也应构成犯罪中止。教唆犯、帮助犯在教唆、帮助他人犯罪后，在他人已预备犯罪或已着手实行犯罪时，自动中止犯罪，防止了他人继续犯罪或有效地防止了犯罪结果发生的，教唆犯、帮助犯构成犯罪中止，实行犯构成犯罪未遂；如果实行犯经教唆犯、帮助犯的劝说，也自动中止犯罪时，教唆犯、帮助犯、实行犯均构成犯罪中止；如果教唆犯、帮助犯虽然自动中止犯罪，实行犯也没有完成犯罪，但其原因不是由于教唆犯、帮助犯的自动中止，而是由于他们意志以外的障碍，教唆犯、帮助犯、实行犯都构成犯罪未遂；如果教唆犯、帮助犯虽然自动中止犯罪，但未能有效地防止犯罪结果发生时，教唆犯、帮助犯、实行犯都构成犯罪既遂。①

① 马克昌主编:《犯罪通论》，武汉大学出版社 1991、1999 年版。

（十一）关于结果加重犯

什么是结果加重犯？刑法学界有广义和狭义两种主张。马教授认为，研究结果加重犯的概念，不能脱离刑事立法实际；鉴于有些国家的刑事立法规定有基本犯为过失的结果加重犯，“狭义说”的结果加重犯的概念就失之过窄。但是，如果认为重结果可以出于故意，就难以区分结果加重犯与结合犯；同时，故意的结果加重犯，归根到底是故意犯，故“广义说”的结果加重犯的概念又失之过宽。比较而言，折中的结果加重犯概念是适宜的，即所谓结果加重犯，指实施基本犯罪构成的行为，过失致发生基本构成要件以外的重结果，刑法规定较重刑罚处罚的犯罪。

结果加重犯，必须具备三个要件才能成立：（1）须有基本的犯罪构成。基本犯既可以是实害犯，也可以是危险犯，但不可能是行为犯。基本犯既可以是故意犯，也可以是过失犯。（2）产生了基本犯罪构成以外的重结果。结果加重犯的重结果，原则上应以基本犯罪的实行行为所产生的为必要，但与该犯罪具有直接密切相关的行为也可以。同时，基本犯罪行为与重结果之间还应当具有因果关系。（3）刑法规定了比基本犯较重的刑罚。对于结果加重犯的较重刑罚的规定，马教授认为，直接规定单独的加重处罚的法定刑较为妥当，如此，既符合结果加重犯的立法本意，也便于司法操作。

结果加重犯有无未遂？马教授在对西方刑法学者的主张进行逐一评析后认为，结果加重犯的“加重结果”只能是出于过失，重结果没有发生，则不构成结果加重犯；重结果发生了，不问基本犯罪行为是既遂或未遂，均构成结果加重犯既遂，不发生未遂问题。①

（十二）关于死刑

马教授认为，死刑是与犯罪作斗争的最严厉的暴力手段，较之其他刑种具有更大的威慑力量；但死刑也存在难以克服的缺点，如威慑力有限，容易杀错人，消灭了证据等，因此，对于死刑必须用一分为

① 马克昌：《结果加重犯比较研究》，载《武汉大学学报》（哲学社会科学版）1993年第6期。

二的观点来看待，既不能轻视死刑，废除死刑，也绝不能迷信死刑，乱用死刑。为此，适用死刑，应以以下思想为指导：坚持少杀，严防错杀；适用死刑，必须慎重。同时，应坚持以下原则：（1）坚持少杀、慎杀政策；（2）必须犯罪事实清楚、证据确凿充分；（3）严格根据刑法分则的规定；（4）必须罪行极其严重；（5）要与犯罪分子应当承担的刑事责任相适应。

由于死刑案件不同于其他案件，具有特别性和重要性，因此，为了保证死刑的正确适用，死刑裁量虽以量刑的一般规定为依据，但更应考虑其自身的特点，即特别强调以犯罪事实为根据；必须准确地认定犯罪性质；必须认真考虑犯罪情节；综合考虑犯罪对社会的危害程度。对死刑复核案件仅以超过半数的多数通过的做法也应加以改进，由以2/3以上的多数票通过取而代之，不仅更符合慎重适用死刑的指导思想，也更有利于保证死刑的正确适用。①

由于死刑缓期执行制度体现了党和国家的“少杀、慎杀”政策，是限制死刑执行的有力措施，同时，也有利于集中力量打击最严重的犯罪分子并鼓励罪犯悔罪自新，符合世界上限制适用死刑的趋势，并表现了我国刑罚的特点，在国际上产生了良好的影响。因此，死刑缓期执行是一种比较合理的制度，我们应对此予以充分肯定和正确认识。在适用死缓时，严格根据刑法规定的条件而进行：（1）罪犯应当判处死刑。所谓应当判处死刑，是指犯罪分子的罪行极其严重，即从主客观相统一来看，犯罪的性质与危害后果特别严重，或者情节特别恶劣。（2）不是必须立即执行。即与立即执行死刑者相比，前者罪行的社会危害性比后者严重，或者罪犯具有法定的应当减轻处罚或从轻处罚的情节，具有其刑事责任适当减轻的情形。②

面对各国日益高涨的废除死刑的呼声，马教授认为，根据中国国情，短期内不可能废除死刑，但是，适应当前形势，应有效地限制死刑的适用。如何限制？具体应从以下几方面着手：（1）切实执行“少杀、慎杀”的刑事政策，严格限制死刑适用。（2）做好舆论工作，尽可能地减少死刑罪名。“做好工作”主要是指做好上层领导（尤其是

---

① 马克昌：《论死刑的适用》，载《人民检察》1993年第1期。

② 马克昌：《论死刑缓期执行》，载《中国法学》1999年第2期。

负责刑事立法的领导人）的工作；“减少死刑罪名”，是指根据罪刑相适应原则，同时考虑国民的心理承受能力、国际上对适用死刑的要求，以及外国刑法规定死刑犯罪的情况，视情形对刑法规定的68个死刑罪名进行减少，如全部废除经济犯罪的死刑以及普通刑事罪中不直接涉及人的生命的犯罪之死刑，等等。(3) 提高法官认识，自觉限制死刑的适用。具体包括严格掌握适用死刑的条件；扩大死刑缓期执行的适用；改进死刑核准制度，将死刑核准权完全交由最高人民法院行使；等等。①

（十三）关于普通自首

自首根据我国刑法的规定，有普通自首和特别自首之分。对于普通自首，马教授认为，是指犯罪分子在犯罪以后自动投案，主动地如实交待自己的罪行，并接受审判的行为。自首的成立应具备如下条件：(1) 必须于犯罪后自动投案。自动投案包括四种情况。其一，犯罪后犯罪事实未被发觉以前投案；其二，犯罪事实已被发觉，但犯罪人尚未被发觉以前投案；其三，犯罪事实和犯罪人均已被发觉，有关机关尚未对犯罪人传讯或采取强制措施以前投案；其四，犯罪被发觉后，犯罪分子逃跑后或被通缉时自动归案。自动投案，通常是指犯罪分子亲自主动向有关机关投案。犯罪分子具有投案诚意，但由于急于消除危害后果或其他正当原因，不能亲自投案，而委托他人代为投案的，也应认为是自动投案。另外，犯罪分子在亲友劝说下投案，或在亲友陪同下投案，或自知罪行败露无法掩盖而投案的，都可以视为自动投案。(2) 必须主动地如实交待自己的罪行。主动交待罪行一般是犯罪分子投案后主动交待所犯罪行，但在侦查、审判或者服刑中主动交待其他没有被发觉的犯罪，也应认为是自首。交待是否如实，以是否交待主要犯罪事实为准。主要犯罪事实交待清楚了，就认为是如实交待；即使没有交待全部的犯罪情节，也无碍于自首的成立。(3) 必须接受审判。犯罪分子交待罪行后，接受国家审判，说明其愿负刑事责任，并便于国家对其行使审判权，这才符合刑法规定自首制度的宗

① 马克昌：《有效限制死刑的适用》，载《法学家》2003年第1期。

旨，因而才能成立自首。①

马教授的学术思想博大精深，但限于篇幅，未能一一详述。作为先生的授业弟子，祝马先生学术思想长青；而我们自己，亦当不辜负先生教诲，竭吾辈之力倾情刑法之学。

（原载《高校理论战线》2005年第2期，收入本书时作了部分修改）

① 马克昌：《论自首》，载《法学评论》1983年第1期。

马克昌教授著述表

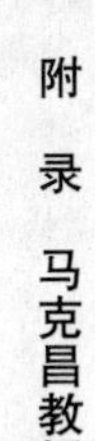

一、著　作

1.《刑法学》（高等学校法学试用教材），副主编，法律出版社1982年版。

2.《法学知识手册》，参加编写，中州书画社1983年版。

3.《刑法学》（修订版）（高等学校法学试用教材），副主编，法律出版社1984年版。

4.《中华人民共和国刑法论》（上编），副主编，吉林人民出版社1984年版。

5.《关于刑法的若干问题》，河南省法学会印，1984年版。

6.《刑法》，与人合著，法律出版社1985年版。

7.《刑法学教学大纲》（高等学校法学教材大纲），副主编，中国人民大学出版社1985年版。

8.《刑法总论》，与人合著，西南政法学院刑法教研室印，1985年版。

9.《论共同犯罪》，与人合著，中国政法大学出版社1987年版。

10.《中国刑法学》，副主编，中国人民大学出版社1989年版。

11.《刑事法学大辞书》，主编之一，南京大学出版社1990年版。

12.《犯罪通论》，主编，武汉大学出版社1991年版、1999年修订版。

13.《中国刑事政策学》，主编，武汉大学出版社1992年版。

14.《刑法学全书》，第一主编，上海科学技术文献出版社1993年版。

15.《刑法的修订与完善》，第一主编，人民法院出版社1995年版。

16.《刑法理论探索》，独著，法律出版社1995年版。

17.《刑罚通论》，主编，武汉大学出版社1995年版、1999年修订版。

18.《近代西方刑法学说史略》，主编，中国检察出版社 1996 年版、2004 年再版。

19.《经济犯罪新论》，主编，武汉大学出版社 1998 年版。

20.《刑法学》，第二主编，中国法制出版社 1999 年版。

21.《刑法学》，第二主编，北京大学出版社、高等教育出版社 2000 年版。

22.《比较刑法原理——外国刑法学总论》，独著，武汉大学出版社 2002 年版。

23.《刑法热点疑难问题探讨》，第二主编，中国人民公安大学出版社 2002 年版。

24.《刑法学》，主编，高等教育出版社 2003 年版。

25.《中日共同犯罪比较研究》，第一主编，武汉大学出版社 2003 年版。

二、论文

（一）刑法

1.《如何解决刑法科学中的因果关系》，载《法学》1957 年第 1 期。

2.《株连考略》，载《武汉大学哲学社会科学论丛（法学专辑）》，武汉大学法律系编 1979 年版。

3.《什么是妨害社会管理秩序罪》，载《长江日报》1979 年 9 月 13 日。

4.《株连小考》，载《长江日报》1979 年 12 月 20 日。

5.《我国刑法为什么没有规定“恶毒攻击罪”?》，载《法学研究资料》1980 年第 2 期。

6.《我国刑法中的死刑》，载《法学研究资料》1980 年第 3 期。此文被收入《刑法学参考资料（上）》，中央人民广播电视大学出版社 1985 年版。

7.《我国刑法中的管制》，载《法学研究》1980 年第 5 期。此文被收入《刑法学参考资料（上）》，中央人民广播电视大学出版社

1985年版。

8.《我国刑法的任务》，载《武汉大学学报（哲学社会科学版）》1980年第5期。此文被收入《刑法学参考资料（上）》，中央人民广播电视大学出版社1985年版。

9.《罚金刑的比较研究》，载《法学研究资料》1981年第1期。

10.《为被告人吴法宪辩护的辩护词》，载《历史的审判》，群众出版社1981年版。

11.《略论罚金刑》，载《西南政法学院学报》1981年第3期。此文被收入《刑法学参考资料（上）》，中央人民广播电视大学出版社1985年版。

12.《想象的数罪与法规竞合》，载《法学研究资料》1982年第1期。此文被收入《刑法学参考资料（上）》，中央人民广播电视大学出版社1985年版。

13.《想象的数罪与法规竞合》，载《法学》1982年第1期。此文系上列同一题名论文的缩写。

14.《论马克思主义经典作家关于死刑的基本观点》，载《社会科学论丛》1982年试刊第2期。

15.《打击严重经济犯罪的锐利武器》，载《法学研究资料》1982年第3、4期。

16.《试论结合犯兼论抢劫罪的未遂》，载《法学》1982年第8期。

17.《论自首》，载《法学评论》1983年第1期。此文被收入《中国法学文集》，法律出版社1984年版；《刑法学参考资料》，中国人民大学出版社1988年版。

18.《刑事立法中共同犯罪的历史考察》，载《武汉大学学报（哲学社会科学版）》1983年第4期。此文被收入《刑法学参考资料（上）》，中央人民广播电视大学出版社1985年版。

19.《略论简单共同犯罪》，载《法学》1983年第6期。

20.《论预备犯》，载《河南法学》1984年试刊第1期。

21.《评资产阶级关于共同犯罪的学说》，载《法学评论》1984年第4期。

22.《略论教唆犯》，载《北京律师》1984年第4期。

23.《犯罪构成的分类》，载《法学》1984 年第 10 期。此文被收入《刑法学参考资料（上）》，中央广播电视大学出版社 1985 年版。

24.《论犯罪集团与犯罪团伙》，载《法学杂志》1984 年第 6 期。

25.《论奸淫幼女罪》，载《刑法学论文集》，中国法学会刑法学研究会 1984 年编。

26.《关于故意犯罪阶段的几个问题》，载《法学学刊》1985 年第 1 期。

27.《〈刑法学〉重点问题解答》，载《法学评论》1985 年第 2、3 期。(合著)

28.《论共同犯罪的概念和要件》，载《政法论坛》1985 年第 4 期。(合著)

29.《怎样学习〈刑法学〉》，载《自学指南》1985 年第 5 期。

30.《刑法理论与实践》，载《学习资料：法律系列讲座专刊》(2)，政协湖北省委员会学习委员会 1986 年编。

31.《日、德刑法中的间接正犯》，载《法学评论》1986 年第 2 期。

32.《共同犯罪与身份》，载《法学研究》1986 年第 5 期。此文被收入《刑法学参考资料》，中国人民大学出版社 1988 年版。

33.《刑法学界的一笔精神财富——评〈新中国刑法研究综述〉》，载《法学评论》1987 年第 4 期；《法律学习与研究》1987 年第 4 期同时刊载。

34.《论正当防卫与防卫过当》，载《当代法学》1987 年第 4 期。

35.《论教唆犯》，载《法律学习与研究》1987 年第 5 期。

36.《刑法学教材修订中的改进与补充》，载《法学天地》1987 年第 5 期。

37.《共同犯罪的若干特殊问题》，载《武汉大学学报（哲学社会科学版）》1987 年第 6 期。

38.《故意犯罪过程中的犯罪形态概说》，载《中国律师》1989 年第 1 期。

39.叶高峰主编《故意犯罪过程中的犯罪形态论》（河南大学出版社 1989 年版）书序。

40.《从借鉴刑法立法例，谈我国刑法的修改》，载《湖北审判》

1989年第1期。

41.《借鉴刑法立法例，修改完善我国刑法》，载《法学评论》1989年第3期。

42.《法律面前的困惑》，载《中国律师》1989年第3期。（合著）

43.《盗运珍贵文物出口罪取消说异议》，载《刑法发展与司法完善》，中国人民公安大学出版社1989年版。

44.《论惩办与宽大相结合的刑事政策在惩治腐败中的运用》，载《法律学习与研究》1990年第3期。(合著)

45.《论犯罪的概念和特征》，载《武汉大学学报（哲学社会科学版)》1990年第4期。

46.《论犯罪的本质》，载《法学》1990年第8期。

47.《勇于开拓、锐意进取——评赵秉志著〈犯罪主体论〉》，载《中国法学》1990年第4期。

48.《中外共同犯罪理论的发展》，载《法学评论》1990年第2期。此文即陈兴良著《共同犯罪论》（中国社会科学出版社1992年版）书序。

49.《有关共同犯罪的几个争议问题》，载《现代法学》1990年第5期。

50.伍柳村主编《案例研究丛书》（四川大学出版社1990年版）书序。

51.《论我国刑法上行为的概念》，载《法学研究》1991年第2期。(合著)

52.《论受贿罪》，载《中国法学》1991年第6期。

53.《论完善对刑法进行经常性修改的立法技术》，载《廉政建设与刑法功能》，法律出版社1991年版。

54.《关于贪污罪与贿赂罪》，载《楚天检察》1991年创刊号—1992年第1期。

55.《〈关于严惩拐卖、绑架妇女、儿童的犯罪分子的决定〉简析》，载《湖北审判》1992年第1期。

56.《受贿罪客观要件探析》，载《武汉大学学报（哲学社会科学版)》1992年第1期。

57.《刑法中行为理论发展论略》，载《当代法学》1992 年第 3 期。(此文即熊选国著《刑法中行为论》书序，人民法院出版社 1992 年版。

58.《关于贪污罪贿赂罪的学术报告》，载《改革开放中的刑法问题》，广西教育出版社 1992 年版。

59.《向市场经济转变时期刑法观念的更新》，载《武汉检察》1993 年第 1 期，《山西检察》1993 年第 2 期、《人民检察》1993 年第 8 期摘登。

60.《论死刑的适用》，载《人民检察》1993 年第 1 期。

61.《预备犯的比较研究》，载《中央检察官管理学院学报》1993 年第 1 期。

62.《我国刑法适用范围理论的发展》，载《政治与法律》1993 年第 3 期。

63.《结果加重犯比较研究》，载《武汉大学学报（哲学社会科学版）》1993 年第 6 期。

64.《向市场经济过渡时期经济犯罪罪与非罪的界限刍议》，载《特区经济犯罪研究》，企业管理出版社 1993 年版。

65.《向市场经济过渡时期经济犯罪趋势探讨》，载《江西检察》1993 年第 6 期。

66.《违反〈国家安全法〉的法律责任》，载《长江日报》1994 年 2 月 22 日。

67.《经济犯罪的罪与非罪界限》，载《法学》1994 年第 4 期。

68.《刑罚执行论》书序，辽宁人民出版社 1994 年版。

69.《国际刑法协会第 15 届大会概述》，载《法苑论坛》1995 年第 1 期。

70.《谈国际刑法学界研究动态及方向》，载《楚天主人》1995 年第 4 期。

71.《论刑罚的功能》，载《武汉大学学报（哲学社会科学版）》1995 年第 5 期。

72.《论刑罚的本质》，载《法学评论》1995 年第 5 期。

73.《刑法学研究展望》，载《政治与法律》1995 年第 1 期。

74.《论刑事责任与刑罚》，载《法制与社会发展》1996 年第 2 期。

75.《邓小平刑法思想研究》，载《法学评论》1996 年第 3 期。(合著)

76.《加大改革力度，修改、完善〈刑法〉》，载《法学评论》1996 年第 5 期。

77.《刑法修改二题》，载《检察日报》1996 年 11 月 4 日。

78.《刑法中的错误论》书序，中国检察出版社 1996 年版。

79.《论贝卡里亚的刑法思想》，载《武汉大学学报（哲学社会科学版）》1997 年第 1 期。(合著)

80.《罪刑法定原则立法化刍议》，载《中国刑事法杂志》1997 年第 1 期。

81.《刑法修订的指导思想》，载《法学前沿》1997 年第 1 辑。

82.《罪刑法定主义的比较研究》，载《中外法学》1997 年第 2 期。

83.《中国刑法的修改与完善》，载《楚天主人》1997 年第 6 期。

84.《刑法学研究的新开拓——评赵秉志主编的〈刑法争议问题研究〉》，载《法学评论》1997 年第 4 期。

85.《新刑法对 1979 年刑法的重大修改》，载《学习与实践》1997 年第 9 期。

86.《论我国刑法的基本原则》，载《中央检察官管理学院学报》1997 年第 4 期。

87.《论内幕交易、泄露内幕信息罪》，载《中国刑事法杂志》1998 年第 1 期。

88.《中华人民共和国刑法中的犯罪集团》，载《西原春夫先生古稀祝贺论文集》(第 5 卷)，日本成文堂 1998 年版。

89.《裨益当代惠及后人——〈新中国刑法立法文献总览〉评介》，载《法学评论》1999 年第 1 期。(合著)

90.《论死刑缓期执行》，载《中国法学》1999 年第 2 期。

91.《中华人民共和国的被害者学》，载日本《被害者学研究》1999 年第 9 卷。

92.《刑事责任的若干问题》，载《郑州大学学报（哲学社会科学版）》1999 年第 5 期。《湖北公安高等专科学校学报》2001 年第 3 期转载。

93.《中国内地刑法与澳门刑法中罪数形态比较研究》，载《法商研究》1999 年第 6 期。

94.《关于共犯的比较研究》，载《刑法论丛》1999 年第 3 卷。

95.《中国内地与澳门刑法中犯罪未完成形态比较研究》，载《武汉大学学报（哲学社会科学版）》2000 年第 1 期；又载《新刑法研究与适用》，人民法院出版社 2000 年版。

96.《未遂犯的比较研究》，载《珞珈法学论坛》，武汉大学出版社 2000 年版。

97.《金融诈骗罪的若干问题研究》，载《人民检察》2001 年第 1 期。

98.《刑法中行为论比较研究》，载《武汉大学学报（社会科学版）》2001 年第 2 期。

99.《构成要件理论的沿革》，载《岳麓法学评论》2000 年第 1 卷。

100.《责任能力比较研究》，载《现代法学》2001 年第 3 期。此文被收入《中国刑法学精粹》（2002 年卷），机械工业出版社 2002 年版。

101.《紧急避险比较研究》，载《浙江社会科学》2001 年第 4 期。此文被收入《比较法在中国》第 2 卷，法律出版社 2002 年版。

102.《德、日刑法理论中的期待可能性》，载《武汉大学学报（社会科学版）》2002 年第 1 期。

103.《关于“严打”的刑法学思考》，载《荆州师范学院学报》2002 年第 1 期。

104.《罪数论比较研究》，载《刑法论丛》2002 年第 5 卷。

105.《刑罚适用失当及其对策》，载《人民司法》2002 年第 10 期。

106.《我国区际刑事司法协助的内容刍议》，载《浙江社会科学》2002 年第 6 期；转载《刑法论丛》2003 年第 7 卷。

107.《大陆法系刑法理论中违法性的若干问题》，载《刑法评论》第 1 卷，法律出版社 2002 年版。

108.《有效限制死刑的适用刍议》，载《法学家》2003 年第 1 期。

109.《刑法有关问题的理论与实践》，载《宜昌审判》2003年第1期。

110.《改进中国刑法学研究之我见》，载《法商研究》2003年第3期。

111.《犯罪构成基本理论比较研究》，载《犯罪构成与犯罪成立基本理论研究》，中国政法大学出版社2003年版。

112.《最高人民法院一项司法解释刍议》，载《中国刑法学会年会论文集》，中国人民公安大学出版社2003年版。

113.《“鸿篇巨制·裨益学人——评赵秉志教授主编之〈当代刑法理论探索〉》，载《法学评论》2003年第4期。

114.《共同犯罪理论中的若干争议问题》，载《华中科技大学学报（社会科学版）》2004年第1期。

115.《有组织犯罪——全球关注的问题》，载《法学论坛》2004年第5期。

（二）译作

1.《日本国籍法》，载《法学研究资料》1980年第2期。

2.《1980年联合国会员国死刑制度存废状况调查表》，载《法学评论》1983年第1期。

3.《废除死刑的国家》，载《法学杂志》1993年第1期。

（三）其他

1.《实行法治就要摈弃人治》，载《法治与人治问题讨论集》，群众出版社1981年版。（合著）

2.《略论〈古今图书集成〉》，载《古籍论丛》，福建人民出版社1982年版。

3.《怎样写辩护词》，载《写作》1983年第2期。

4.《谈〈档案法〉的三个原则》，载《湖北档案》1987年第6期。

5.《公民的法律意识与精神文明建设》，载《学习与实践》1987年第9期。

6.《著名法学家马克昌教授谈〈企业法〉的贯彻》，载《社科信息》1989年第1期。

7.《改革、加强保密工作的法律武器》，载《保密工作》1989年第2期。

8.《论法学教育改革》，载《十年法制论丛》，法律出版社1991年版。

9.《加强对外国法学、比较法学的研究》，载《中国法学》1992年第4期。

10.《略论地方人大常委会对“一府两院”的监督》，载《楚天主人》1993年创刊号。

11.《面向二十一世纪大力改革法学教育》，载《中国法学》1994年第2期。

12.《略论搞好检察官培训的指导思想》，载《国家检察官学院学报》1995年第3期。(合著)

13.《培养高素质研究生的体会》，载《研究生教育》1996年第2期。

14.《我国律师事业发展的里程碑》，载《律师世界》1996年第8期。

15.《推进政治体制改革和民主法制建设的纲领》，载《湖北日报》1997年12月25日。

16.《关于刑法学科的建设问题》，载《武汉大学报》2002年9月20日。

17.《日本学者一席话引起的思考》，载《法学家茶座》第3期。

18.《论党的领导、人民当家作主和依法治国的有机统一》，载《湖北日报》2004年1月28日。

19.《注重科研工作、促进学科发展》，载《武汉大学报》2004年4月8日。

20.《一件往事》，载《法学家茶座》第7期。